Kants Werke

IX

# Kants Werke

## Akademie-Textausgabe

Unveränderter photomechanischer Abdruck
des Textes der von der Preußischen Akademie
der Wissenschaften 1902 begonnenen Ausgabe
von Kants gesammelten Schriften

### Band IX

## Logik, Physische Geographie, Pädagogik

Walter de Gruyter & Co.

Berlin 1968

Unveränderter photomechanischer Abdruck von „Kants gesammelte Schriften.
Herausgegeben von der Königlich Preußischen Akademie der Wissenschaften",
Band IX, Berlin 1923, S. 1—500

Archiv-Nr. 3408689

# Inhaltsverzeichnis

Nachwort

# Immanuel Kant's

# Logik

## Ein Handbuch zu Vorlesungen.

# Vorrede.

Es sind bereits anderthalb Jahre, seit mir Kant den Auftrag er=
theilte, seine Logik, so wie er sie in öffentlichen Vorlesungen seinen Zu=
hörern vorgetragen, für den Druck zu bearbeiten, und dieselbe in der Ge=
stalt eines compendiösen Handbuches dem Publicum zu übergeben.
Ich erhielt zu diesem Zweck von ihm die selbsteigene Handschrift, deren er
sich bei seinen Vorlesungen bedient hatte, mit Äußerung des besondern,
ehrenvollen Zutrauens zu mir, daß ich, bekannt mit den Grundsätzen sei=
nes Systems überhaupt, auch hier in seinen Ideengang leicht eingehen,
seine Gedanken nicht entstellen oder verfälschen, sondern mit der erforder=
lichen Klarheit und Bestimmtheit und zugleich in der gehörigen Ordnung
sie darstellen werde.  Da nun auf diese Art, indem ich den ehrenvollen
Auftrag übernommen und denselben so gut, als ich vermochte, dem Wun=
sche und der Erwartung des preißwürdigen Weisen, meines vielver=
ehrten Lehrers und Freundes gemäß, auszuführen gesucht habe, alles,
was den Vortrag, die Einkleidung und Ausführung, die Darstellung
und Anordnung der Gedanken, betrifft, auf meine Rechnung zum Theil
zu setzen ist: so liegt es natürlicher Weise auch mir ob, hierüber den
Lesern dieses neuen Kantischen Werkes einige Rechenschaft abzulegen.
Über diesen Punkt also hier eine und die andre nähere Erklärung.

Seit dem Jahre 1765 hatte Herr Prof. Kant seinen Vorlesungen
über die Logik ununterbrochen das Meier'sche Lehrbuch (George Friedrich
Meiers Auszug aus der Vernunftlehre, Halle bei Gebauer 1752) als Leit=
faden zum Grunde gelegt; aus Gründen, worüber er sich in einem zu An=
kündigung seiner Vorlesungen im Jahr 1765 von ihm herausgegebenen
Programm erklärte.  Das Exemplar des gedachten Compendiums, dessen
er sich bei seinen Vorlesungen bediente, ist, wie alle die übrigen Lehrbücher,

die er zu gleichem Zwecke brauchte, mit Papier durchschossen; seine allge=
meinen Anmerkungen und Erläuterungen so wohl als die speciellern, die
sich zunächst auf den Text des Compendiums in den einzelnen §§. beziehen,
finden sich theils auf dem durchschossenen Papiere, theils auf dem leeren
Rande des Lehrbuches selbst. Und dieses hier und da in zerstreuten An=
merkungen und Erläuterungen schriftlich Aufgezeichnete macht nun zu=
sammen das Materialien=Magazin aus, das Kant hier für seine Vor=
lesungen anlegte, und das er von Zeit zu Zeit theils durch neue Ideen
erweiterte, theils in Ansehung verschiedener einzelner Materien immer
wieder von Neuem revidirte und verbesserte. Es enthält also wenigstens
das Wesentliche von alle dem, was der berühmte Commentator des Meier'=
schen Lehrbuches in seinen nach einer freien Manier gehaltenen Vorlesun=
gen seinen Zuhörern über die Logik mitzutheilen pflegte, und das er des
Aufzeichnens werth geachtet hatte.

Was nun die Darstellung und Anordnung der Sachen in diesem
Werke betrifft, so habe ich geglaubt, die Ideen und Grundsätze des großen
Mannes am treffendsten auszuführen, wenn ich mich in Absicht auf die
Ökonomie und die Eintheilung des Ganzen überhaupt an seine ausdrück=
liche Erklärung hielte, nach welcher in die eigentliche Abhandlung der
Logik und namentlich in die Elementarlehre derselben nichts weiter
aufgenommen werden darf als die Theorie von den drei wesentlichen
Hauptfunctionen des Denkens: den Begriffen, den Urtheilen und
Schlüssen. Alles dasjenige also, was bloß von der Erkenntniß über=
haupt und deren logischen Vollkommenheiten handelt und was in dem
Meier'schen Lehrbuche der Lehre von den Begriffen vorhergeht und bei=
nahe die Hälfte des Ganzen einnimmt, muß hiernach noch zur Einleitung
gerechnet werden. „Vorher war," bemerkt Kant gleich am Eingange
zum achten Abschnitte, worin sein Autor die Lehre von den Begriffen vor=
trägt — „Vorher war von der Erkenntniß überhaupt gehandelt, als Pro=
pädeutik der Logik, jetzt folgt Logik selbst."

Diesem ausdrücklichen Fingerzeige zufolge habe ich daher alles,
was bis zu dem erwähnten Abschnitte vorkommt, in die Einleitung her=
über genommen, welche aus diesem Grunde einen viel größern Umfang
erhalten hat, als sie sonst in andern Handbüchern der Logik einzunehmen
pflegt. Die Folge hiervon war denn auch, daß die Methodenlehre, als
der andere Haupttheil der Abhandlung, um so viel kürzer ausfallen mußte,
je mehr Materien, die übrigens jetzt mit Recht von unsern neuern Logikern

in das Gebiet der Methodenlehre gezogen werden, bereits in der Einleitung waren abgehandelt worden, wie z. B. die Lehre von den Beweisen u. dgl. m. Es wäre eine eben so unnöthige als unschickliche Wiederholung gewesen, dieser Materien hier noch einmal an ihrer rechten Stelle Erwähnung zu thun, um nur das Unvollständige vollständig zu machen und alles an seinen gehörigen Ort zu stellen. Das Letztere habe ich indessen doch gethan in Absicht auf die Lehre von den Definitionen und der logischen Eintheilung der Begriffe, welche im Meier'schen Compendium schon zum achten Abschnitte, nämlich zur Elementarlehre von den Begriffen gehört; eine Ordnung, die auch Kant in seinem Vortrage unverändert gelassen hat.

Es versteht sich übrigens wohl von selbst, daß der große Reformator der Philosophie und, was die Ökonomie und äußere Form der Logik betrifft, auch dieses Theils der theoretischen Philosophie insbesondre, nach seinem architektonischen Entwurfe, dessen wesentliche Grundlinien in der Kritik der reinen Vernunft verzeichnet sind, die Logik würde bearbeitet haben, wenn es ihm gefallen und wenn sein Geschäft einer wissenschaftlichen Begründung des gesammten Systems der eigentlichen Philosophie, der Philosophie des reellen Wahren und Gewissen, dieses unweit wichtigere und schwerere Geschäft, das nur er zuerst und auch er allein nur in seiner Originalität ausführen konnte, ihm verstattet hätte, an die selbsteigene Bearbeitung einer Logik zu denken. Allein diese Arbeit konnte er recht wohl Andern überlassen, die mit Einsicht und unbefangener Beurtheilung seine architektonischen Ideen zu einer wahrhaft zweckmäßigen und wohlgeordneten Bearbeitung und Behandlung dieser Wissenschaft benutzen konnten. Es war dies von mehreren gründlichen und unbefangenen Denkern unter unsern deutschen Philosophen zu erwarten. Und diese Erwartung hat Kanten und die Freunde seiner Philosophie auch nicht getäuscht. Mehrere neuere Lehrbücher der Logik sind mehr oder weniger, in Betreff der Ökonomie und Disposition des Ganzen, als eine Frucht jener Kantischen Ideen zur Logik anzusehen. Und daß diese Wissenschaft dadurch wirklich gewonnen, daß sie zwar weder reicher noch eigentlich ihrem Gehalte nach solider oder in sich selbst gegründeter, wohl aber gereinigter theils von allen ihr fremdartigen Bestandtheilen, theils von so manchen unnützen Subtilitäten und bloßen dialektischen Spielwerken, daß sie systematischer und doch bei aller scientifischen Strenge der Methode zugleich einfacher geworden: davon muß wohl Jeden, der übrigens nur richtige

und klare Begriffe von dem eigenthümlichen Charakter und den gesetz=
mäßigen Grenzen der Logik hat, auch die flüchtigste Vergleichung der äl=
tern mit den neuern, nach Kantischen Grundsätzen bearbeiteten Lehrbüchern
der Logik überzeugen.  Denn so sehr sich auch so manche unter den ältern
Handbüchern dieser Wissenschaft an wissenschaftlicher Strenge in der Me=
thode, an Klarheit, Bestimmtheit und Präcision in den Erklärungen und
an Bündigkeit und Evidenz in den Beweisen auszeichnen mögen: so ist
doch fast keines darunter, in welchem nicht die Grenzen der verschiedenen,
zur allgemeinen Logik im weitern Umfange gehörigen Gebiete des bloß
Propädeutischen, des Dogmatischen und Technischen, des Rei=
nen und Empirischen, so in einander und durch einander liefen, daß
sich das eine von dem andern nicht bestimmt unterscheiden läßt.

Zwar bemerkt Herr Jakob in der Vorrede zur ersten Auflage seiner
Logik: „Wolff habe die Idee einer allgemeinen Logik vortrefflich gefaßt
und wenn dieser große Mann darauf gefallen wäre, die reine Logik ganz
abgesondert vorzutragen, so hätte er uns gewiß, vermöge seines systemati=
schen Kopfes, ein Meisterstück geliefert, welches alle künftigen Arbeiten die=
ser Art unnütz gemacht hätte.“  Aber er hat diese Idee nun einmal nicht
ausgeführt und auch keiner unter seinen Nachfolgern hat sie ausgeführt,
so groß und wohlgegründet auch übrigens überhaupt das Verdienst ist,
das die Wolffische Schule um das eigentlich Logische, die formale
Vollkommenheit in unserm philosophischen Erkenntnisse sich erworben.

Aber abgesehen nun von dem, was in Ansehung der äußern Form
zu Vervollkommnung der Logik durch die nothwendige Trennung reiner
und bloß formaler von empirischen und realen oder metaphysischen Sätzen
noch geschehen konnte und geschehen mußte, so ist, wenn es die Beurthei=
lung und Bestimmung des innern Gehaltes dieser Wissenschaft als
Wissenschaft gilt, Kant's Urtheil über diesen Punkt nicht zweifelhaft.  Er
hat sich mehreremale bestimmt und ausdrücklich darüber erklärt: daß die
Logik als eine abgesonderte, für sich bestehende und in sich selbst gegrün=
dete Wissenschaft anzusehen sei, und daß sie mithin auch seit ihrer Ent=
stehung und ersten Ausbildung vom Aristoteles an bis auf unsre Zeiten
eigentlich nichts an wissenschaftlicher Begründung habe gewinnen können.
Dieser Behauptung gemäß hat also Kant weder an eine Begründung
der logischen Principien der Identität und des Widerspruchs selbst durch
ein höheres Princip noch an eine Deduction der logischen Formen der
Urtheile gedacht.  Er hat das Princip des Widerspruchs als einen Satz

anerkannt und behandelt, der seine Evidenz in sich selber habe und keiner
Ableitung aus einem höhern Grundsatze bedürfe. Nur den Gebrauch,
die Gültigkeit dieses Princips hat er eingeschränkt, indem er es aus dem
Gebiete der Metaphysik, worin es der Dogmatismus geltend zu machen
suchte, verwies und auf den bloß logischen Vernunftgebrauch, als allein
gültig nur für diesen Gebrauch, beschränkte.

Ob nun aber wirklich der logische Satz der Identität und des Widerspruchs an sich und schlechthin keiner weitern Deduction fähig und bedürftig sei, das ist freilich eine andre Frage, die auf die vielbedeutende
Frage führt: ob es überhaupt ein absolut erstes Princip aller Erkenntniß und Wissenschaft gebe, ob ein solches möglich sei und gefunden
werden könne?

Die Wissenschaftslehre glaubt, ein solches Princip in dem reinen, absoluten Ich entdeckt und damit das gesammte philosophische
Wissen nicht der bloßen Form, sondern auch dem Gehalte nach vollkommen
begründet zu haben. Und unter Voraussetzung der Möglichkeit und apodiktischen Gültigkeit dieses absolut einigen und unbedingten Princips handelt sie daher auch vollkommen consequent, wenn sie die logischen Grundsätze der Identität und des Widerspruches, die Sätze: A $=$ A und $-$ A
$= -$ A nicht als unbedingt gelten läßt, sondern nur für subalterne
Sätze erklärt, die durch sie und ihren obersten Satz: Ich bin, erst erwiesen und bestimmt werden können und müssen. (Siehe Grundl. d. W. L.
S. 13 ꝛc.) Auf eine gleich consequente Art erklärt sich auch Schelling in
seinem System des transscendentalen Idealismus gegen die Voraussetzung der logischen Grundsätze als unbedingter, d. h. von keinen
höhern abzuleitender, indem die Logik überhaupt nur durch Abstraction
von bestimmten Sätzen und, sofern sie auf wissenschaftliche Art entsteht,
nur durch Abstraction von den obersten Grundsätzen des Wissens entstehen könne, und folglich diese höchsten Grundsätze des Wissens und
mit ihnen die Wissenschaftslehre selbst schon voraussetze. Da aber von der
andern Seite diese höchsten Grundsätze des Wissens, als Grundsätze betrachtet, eben so nothwendig die logische Form schon voraussetzen: so entsteht eben hieraus jener Zirkel, der sich zwar für die Wissenschaft nicht
auflösen, aber doch erklären läßt, erklären durch Anerkennung eines zugleich der Form und dem Gehalte nach (formellen und materiellen) ersten
Princips der Philosophie, in welchem beides, Form und Gehalt, sich
wechselseitig bedingt und begründet. In diesem Princip läge sodann der

Punkt, in welchem das Subjective und das Objective, das identische und das synthetische Wissen, eines und dasselbe wären.

Unter Voraussetzung einer solchen Dignität, wie sie einem solchen Princip ohne Zweifel zukommen muß, würde demnach die Logik, so wie jede andre Wissenschaft, der Wissenschaftslehre und deren Principien subordinirt sein müssen.

Welche Bewandtniß es nun aber auch immer hiermit haben möge, so viel ist ausgemacht: in jedem Falle bleibt die Logik im Innern ihres Bezirkes, was das Wesentliche betrifft, unverändert; und die transscendentale Frage: ob die logischen Sätze noch einer Ableitung aus einem höhern, absoluten Princip fähig und bedürftig sind, kann auf sie selbst und die Gültigkeit und Evidenz ihrer Gesetze so wenig Einfluß haben, als auf die reine Mathematik in Ansehung ihres wissenschaftlichen Gehalts die transscendentale Aufgabe hat: Wie sind synthetische Urtheile a priori in der Mathematik möglich? So wie der Mathematiker als Mathematiker, so kann auch der Logiker als Logiker innerhalb des Bezirks seiner Wissenschaft beim Erklären und Beweisen seinen Gang ruhig und sicher fortgehen, ohne sich um die außer seiner Sphäre liegende transscendentale Frage des Transscendental-Philosophen und Wissenschaftslehrers bekümmern zu dürfen: Wie reine Mathematik oder reine Logik als Wissenschaft möglich sei?

Bei dieser allgemeinen Anerkennung der Richtigkeit der allgemeinen Logik ist daher auch der Streit zwischen den Skeptikern und den Dogmatikern über die letzten Gründe des philosophischen Wissens, nie auf dem Gebiete der Logik, deren Regeln jeder vernünftige Skeptiker so gut als der Dogmatiker für gültig anerkannte, sondern jederzeit auf dem Gebiete der Metaphysik geführt worden. Und wie konnte es anders sein? Die höchste Aufgabe der eigentlichen Philosophie betrifft ja keinesweges das subjective, sondern das objective, nicht das identische, sondern das synthetische Wissen. Hierbei bleibt also die Logik als solche gänzlich aus dem Spiele, und es hat weder der Kritik noch der Wissenschaftslehre einfallen können — noch wird es überall einer Philosophie, die den transscendentalen Standpunkt von dem bloß logischen bestimmt zu unterscheiden weiß, einfallen können — die letzten Gründe des realen philosophischen Wissens innerhalb des Gebiets der bloßen Logik zu suchen und aus einem Satze der Logik, bloß als solchem betrachtet, ein reales Object herausklauben zu wollen.

Wer den himmelweiten Unterschied zwischen der eigentlichen (allgemeinen) Logik, als einer bloß formalen Wissenschaft, der Wissenschaft
des bloßen Denkens als Denkens betrachtet, und der Transscendental-
Philosophie, dieser einigen materialen oder realen reinen Vernunftwissenschaft, der Wissenschaft des eigentlichen Wissens, bestimmt ins Auge gefaßt hat und nie wieder aus der Acht läßt, wird daher leicht beurtheilen
können, was von dem neuern Versuche zu halten sei, den Herr Bardili
neuerdings (in seinem Grundrisse der ersten Logik) unternommen hat, der
Logik selbst noch ihr Prius auszumachen, in der Erwartung, auf dem Wege
dieser Untersuchung zu finden: „ein reales Object, entweder durch sie
(die bloße Logik) gesetzt oder sonst überall keines setzbar; den Schlüssel
zum Wesen der Natur entweder durch sie gegeben oder sonst überall keine
Logik und keine Philosophie möglich." Es ist doch in Wahrheit nicht abzusehen, auf welche mögliche Art Herr Bardili aus seinem aufgestellten
Prius der Logik, dem Princip der absoluten Möglichkeit des Denkens,
nach welchem wir Eines als Eines und Ebendasselbe im Vielen
(nicht Mannigfaltigen) unendlichemal wiederholen können, ein reales
Object herausfinden könne. Dieses vermeintlich neu entdeckte Prius der
Logik ist ja offenbar nichts mehr und nichts weniger als das alte längst
anerkannte, innerhalb des Gebiets der Logik gelegene und an die Spitze
dieser Wissenschaft gestellte Princip der Identität: Was ich denke, denke
ich, und eben dieses und nichts anders kann ich nun eben ins Unendliche wiederholt denken. — Wer wird denn auch bei dem wohl verstan-
denen logischen Satze der Identität an ein Mannigfaltiges und nicht an
ein bloßes Vieles denken, das allerdings durch nichts anders entsteht
noch entstehen kann, als durch bloße Wiederholung Eines und Eben-
desselben Denkens, das bloße wiederholte Setzen eines $A = A = A$
und so weiter ins Unendliche fort. Schwerlich dürfte sich daher wohl auf
dem Wege, den Herr Bardili dazu eingeschlagen und nach derjenigen
heuristischen Methode, deren er sich hierzu bedient hat, dasjenige finden
lassen, woran der philosophirenden Vernunft gelegen ist, der Anfangs-
und Endpunkt, wovon sie bei ihren Untersuchungen ausgehen und
wohin sie wiederum zurückkehren könne. Die hauptsächlichsten und bedeutendsten Einwürfe, die Herr Bardili Kanten und seiner Methode
des Philosophirens entgegensetzt, könnten also auch nicht so wohl
Kanten den Logiker, als vielmehr Kanten den Transscendental-Philosophen und Metaphysiker treffen. Wir können sie da-

her hier insgesammt an ihren gehörigen Ort dahin gestellt sein laffen.

Schließlich will ich hier noch bemerken: daß ich die Kantische Metaphysik, wozu ich die Handschrift auch bereits in den Händen habe, so bald es die Muße mir verstattet, nach derselben Manier bearbeiten und herausgeben werde.   Königsberg, den 20sten September 1800.

### Gottlob Benjamin Jäsche,

Doctor und Privatdocent der Philosophie auf der
Universität in Königsberg, Mitglied der gelehrten
Gesellschaft zu Frankfurt an der Oder.

# Einleitung.

## I.

### Begriff der Logik.

Alles in der Natur, sowohl in der leblosen als auch in der belebten Welt, geschieht nach Regeln, ob wir gleich diese Regeln nicht immer kennen. — Das Wasser fällt nach Gesetzen der Schwere, und bei den Thieren geschieht die Bewegung des Gehens auch nach Regeln. Der Fisch im Wasser, der Vogel in der Luft bewegt sich nach Regeln. Die ganze Natur überhaupt ist eigentlich nichts anders als ein Zusammenhang von Erscheinungen nach Regeln; und es giebt überall keine Regellosigkeit. Wenn wir eine solche zu finden meinen, so können wir in diesem Falle nur sagen: daß uns die Regeln unbekannt sind.

Auch die Ausübung unsrer Kräfte geschieht nach gewissen Regeln, die wir befolgen, zuerst derselben unbewußt, bis wir zu ihrer Erkenntniß allmählig durch Versuche und einen längern Gebrauch unsrer Kräfte gelangen, ja uns am Ende dieselben so geläufig machen, daß es uns viele Mühe kostet, sie in abstracto zu denken. So ist z. B. die allgemeine Grammatik die Form einer Sprache überhaupt. Man spricht aber auch, ohne Grammatik zu kennen; und der, welcher, ohne sie zu kennen, spricht, hat wirklich eine Grammatik und spricht nach Regeln, deren er sich aber nicht bewußt ist.

So wie nun alle unsre Kräfte insgesammt, so ist auch insbesondre der Verstand bei seinen Handlungen an Regeln gebunden, die wir untersuchen können. Ja, der Verstand ist als der Quell und das Vermögen anzusehen, Regeln überhaupt zu denken. Denn so wie die Sinnlichkeit das Vermögen der Anschauungen ist, so ist der Verstand das Vermögen zu denken, d. h. die Vorstellungen der Sinne unter Regeln zu bringen. Er ist daher begierig, Regeln zu suchen, und befriedigt, wenn er sie gefunden hat. Es frägt sich also, da der Verstand die Quelle der Regeln ist, nach welchen Regeln er selber verfahre?

Denn es leidet gar keinen Zweifel: wir können nicht denken oder unsern Verstand nicht anders gebrauchen als nach gewissen Regeln. Diese Regeln können wir nun aber wieder für sich selbst denken, d. h. wir können sie ohne ihre Anwendung oder in abstracto denken. Welches sind nun diese Regeln?

———————

Alle Regeln, nach denen der Verstand verfährt, sind entweder noth= wendig oder zufällig. Die erstern sind solche, ohne welche gar kein Ge= brauch des Verstandes möglich wäre; die letztern solche, ohne welche ein gewisser bestimmter Verstandesgebrauch nicht stattfinden würde. Die zufälligen Regeln, welche von einem bestimmten Object der Erkenntniß abhängen, sind so vielfältig als diese Objecte selbst. So giebt es z. B. einen Verstandesgebrauch in der Mathematik, der Metaphysik, Moral u. s. w. Die Regeln dieses besondern bestimmten Verstandesgebrauches in den gedachten Wissenschaften sind zufällig, weil es zufällig ist, ob ich dieses oder jenes Object denke, worauf sich diese besondern Regeln be= ziehen.

Wenn wir nun aber alle Erkenntniß, die wir bloß von den Gegen= ständen entlehnen müssen, bei Seite setzen und lediglich auf den Ver= standesgebrauch überhaupt reflectiren: so entdecken wir diejenigen Regeln desselben, die in aller Absicht und unangesehen aller besondern Objecte des Denkens schlechthin nothwendig sind, weil wir ohne sie gar nicht den= ken würden. Diese Regeln können daher auch a priori d. i. unabhängig von aller Erfahrung eingesehen werden, weil sie, ohne Unterschied der Gegenstände, bloß die Bedingungen des Verstandesgebrauchs über= haupt, er mag rein oder empirisch sein, enthalten. Und hieraus folgt zugleich: daß die allgemeinen und nothwendigen Regeln des Denkens überhaupt lediglich die Form, keinesweges die Materie desselben be= treffen können. Demnach ist die Wissenschaft, die diese allgemeinen und nothwendigen Regeln enthält, bloß eine Wissenschaft von der Form unsers Verstandeserkenntnisses oder des Denkens. Und wir können uns also eine Idee von der Möglichkeit einer solchen Wissenschaft machen, so wie von einer allgemeinen Grammatik, die nichts weiter als die bloße Form der Sprache überhaupt enthält, ohne Wörter, die zur Materie der Sprache gehören.

Diese Wissenschaft von den nothwendigen Gesetzen des Verstandes und der Vernunft überhaupt oder, welches einerlei ist, von der bloßen 5 Form des Denkens überhaupt, nennen wir nun Logik.

---

Als eine Wissenschaft, die auf alles Denken überhaupt geht, unangesehen der Objecte als der Materie des Denkens ist die Logik

1) als Grundlage zu allen andern Wissenschaften und als die Propädeutik alles Verstandesgebrauchs anzusehen. Sie kann aber auch 10 eben darum, weil sie von allen Objecten gänzlich abstrahirt,

2) kein Organon der Wissenschaften sein.

Unter einem Organon verstehen wir nämlich eine Anweisung, wie ein gewisses Erkenntniß zu Stande gebracht werden solle. Dazu aber gehört, daß ich das Object der nach gewissen Regeln hervorzubringenden 15 Erkenntniß schon kenne. Ein Organon der Wissenschaften ist daher nicht bloße Logik, weil es die genaue Kenntniß der Wissenschaften, ihrer Objecte und Quellen voraussetzt. So ist z. B. die Mathematik ein vortreffliches Organon, als eine Wissenschaft, die den Grund der Erweiterung unserer Erkenntniß in Ansehung eines gewissen Vernunftgebrauches enthält. Die 20 Logik hingegen, da sie als allgemeine Propädeutik alles Verstandes= und Vernunftgebrauchs überhaupt, nicht in die Wissenschaften gehen und deren Materie anticipiren darf, ist nur eine allgemeine Vernunftkunst (canonica Epicuri), Erkenntnisse überhaupt der Form des Verstandes gemäß zu machen, und also nur in so fern ein Organon zu nennen, das 25 aber freilich nicht zur Erweiterung, sondern bloß zur Beurtheilung und Berichtigung unsers Erkenntnisses dient.

3) Als eine Wissenschaft der nothwendigen Gesetze des Denkens, ohne welche gar kein Gebrauch des Verstandes und der Vernunft stattfindet, die folglich die Bedingungen sind, unter denen der Verstand einzig mit 30 sich selbst zusammen stimmen kann und soll, — die nothwendigen Gesetze und Bedingungen seines richtigen Gebrauchs — ist aber die Logik ein Kanon. Und als ein Kanon des Verstandes und der Vernunft darf sie daher auch keine Principien weder aus irgend einer Wissenschaft noch aus irgend einer Erfahrung borgen; sie muß lauter Gesetze a priori,

welche nothwendig sind und auf den Verstand überhaupt gehen, ent=
halten.

Einige Logiker setzen zwar in der Logik psychologische Principien
voraus. Dergleichen Principien aber in die Logik zu bringen, ist eben so
ungereimt als Moral vom Leben herzunehmen. Nähmen wir die Prin=
cipien aus der Psychologie, d. h. aus den Beobachtungen über unsern Ver=
stand, so würden wir bloß sehen, wie das Denken vor sich geht und wie
es ist unter den mancherlei subjectiven Hindernissen und Bedingungen;
dieses würde also zur Erkenntniß bloß zufälliger Gesetze führen. In
der Logik ist aber die Frage nicht nach zufälligen, sondern nach noth=
wendigen Regeln; nicht, wie wir denken, sondern, wie wir denken
sollen. Die Regeln der Logik müssen daher nicht vom zufälligen, son=
dern vom nothwendigen Verstandesgebrauche hergenommen sein, den
man ohne alle Psychologie bei sich findet. Wir wollen in der Logik nicht
wissen: wie der Verstand ist und denkt und wie er bisher im Denken ver=
fahren ist, sondern wie er im Denken verfahren sollte. Sie soll uns den
richtigen, d. h. den mit sich selbst übereinstimmenden Gebrauch des Ver=
standes lehren.

------

Aus der gegebenen Erklärung der Logik lassen sich nun auch noch
die übrigen wesentlichen Eigenschaften dieser Wissenschaft herleiten; näm=
lich daß sie

4) eine Vernunftwissenschaft sei nicht der bloßen Form, sondern
der Materie nach, da ihre Regeln nicht aus der Erfahrung hergenom=
men sind und da sie zugleich die Vernunft zu ihrem Objecte hat. Die
Logik ist daher eine Selbsterkenntniß des Verstandes und der Vernunft,
aber nicht nach den Vermögen derselben in Ansehung der Objecte, sondern
lediglich der Form nach. Ich werde in der Logik nicht fragen: Was er=
kennt der Verstand und wie viel kann er erkennen oder wie weit geht
seine Erkenntniß? Denn das wäre Selbsterkenntniß in Ansehung seines
materiellen Gebrauchs und gehört also in die Metaphysik. In der Logik
ist nur die Frage: Wie wird sich der Verstand selbst erkennen?

Als eine der Materie und der Form nach rationale Wissenschaft ist
die Logik endlich auch

5) eine Doctrin oder demonstrirte Theorie. Denn da sie sich
nicht mit dem gemeinen und als solchem bloß empirischen Verstandes= und

Vernunftgebrauche, sondern lediglich mit den allgemeinen und nothwen=
digen Gesetzen des Denkens überhaupt beschäftigt: so beruht sie auf Prin=
cipien a priori, aus denen alle ihre Regeln abgeleitet und bewiesen werden
können, als solche, denen alle Erkenntniß der Vernunft gemäß sein müßte.

5     Dadurch daß die Logik als eine Wissenschaft a priori oder als eine
Doctrin für einen Kanon des Verstandes= und Vernunftgebrauchs zu
halten ist, unterscheidet sie sich wesentlich von der Ästhetik, die als bloße
Kritik des Geschmacks keinen Kanon (Gesetz), sondern nur eine Norm
(Muster oder Richtschnur bloß zur Beurtheilung) hat, welche in der allge=
10 meinen Einstimmung besteht. Die Ästhetik nämlich enthält die Regeln
der Übereinstimmung des Erkenntnisses mit den Gesetzen der Sinnlichkeit;
die Logik dagegen die Regeln der Übereinstimmung des Erkenntnisses mit
den Gesetzen des Verstandes und der Vernunft. Jene hat nur empirische
Principien und kann also nie Wissenschaft oder Doctrin sein, wofern man
15 unter Doctrin eine dogmatische Unterweisung aus Principien a priori
versteht, wo man alles durch den Verstand ohne anderweitige, von der
Erfahrung erhaltene Belehrungen einsieht, und die uns Regeln giebt,
deren Befolgung die verlangte Vollkommenheit verschafft.

    Manche, besonders Redner und Dichter haben versucht, über den
20 Geschmack zu vernünfteln, aber nie haben sie ein entscheidendes Urtheil
darüber fällen können. Der Philosoph Baumgarten in Frankfurt hatte
den Plan zu einer Ästhetik, als Wissenschaft, gemacht. Allein richtiger hat
Home die Ästhetik Kritik genannt, da sie keine Regeln a priori giebt,
die das Urtheil hinreichend bestimmen, wie die Logik, sondern ihre Regeln
25 a posteriori hernimmt, und die empirischen Gesetze, nach denen wir das
Unvollkommnere und Vollkommnere (Schöne) erkennen, nur durch die
Vergleichung allgemeiner macht.

    Die Logik ist also mehr als bloße Kritik; sie ist ein Kanon, der nach=
her zur Kritik dient, d. h. zum Princip der Beurtheilung alles Ver=
30 standesgebrauchs überhaupt, wiewohl nur seiner Richtigkeit in Ansehung
der bloßen Form, da sie kein Organon ist, so wenig als die allgemeine
Grammatik.

    Als Propädeutik alles Verstandesgebrauchs überhaupt unterscheidet
sich die allgemeine Logik nun auch zugleich von einer andern Seite von
35 der transscendentalen Logik, in welcher der Gegenstand selbst als ein
Gegenstand des bloßen Verstandes vorgestellt wird; dagegen die allge=
meine Logik auf alle Gegenstände überhaupt geht.

Fassen wir nun alle wesentlichen Merkmale zusammen, die zu aus=
führlicher Bestimmung des Begriffs der Logik gehören, so werden wir
also folgenden Begriff von ihr aufstellen müssen:

Die Logik ist eine Vernunftwissenschaft nicht der bloßen
Form, sondern der Materie nach; eine Wissenschaft a pri= 5
ori von den nothwendigen Gesetzen des Denkens, aber nicht in
Ansehung besonderer Gegenstände, sondern aller Gegenstände
überhaupt; — also eine Wissenschaft des richtigen Verstandes=
und Vernunftgebrauchs überhaupt, aber nicht subjectiv, d. h.
nicht nach empirischen (psychologischen) Principien, wie der 10
Verstand denkt, sondern objectiv, d. i. nach Principien a priori,
wie er denken soll.

## II.

Haupteintheilungen der Logik. — Vortrag. — Nutzen dieser
Wissenschaft. — Abriß einer Geschichte derselben. 15

Die Logik wird eingetheilt
1) in die Analytik und in die Dialektik.

Die Analytik entdeckt durch Zergliederung alle Handlungen der Ver=
nunft, die wir beim Denken überhaupt ausüben. Sie ist also eine Ana=
lytik der Verstandes= und Vernunftform und heißt auch mit Recht die 20
Logik der Wahrheit, weil sie die nothwendigen Regeln aller (formalen)
Wahrheit enthält, ohne welche unser Erkenntniß, unangesehen der Objecte,
auch in sich selbst unwahr ist. Sie ist also auch weiter nichts als ein
Kanon zur Dijudication (der formalen Richtigkeit unsers Erkenntnisses).

Wollte man diese bloß theoretische und allgemeine Doctrin zu einer 25
praktischen Kunst, d. i. zu einem Organon brauchen: so würde sie Dia=
lektik werden. Eine Logik des Scheins (ars sophistica, disputatoria),
die aus einem bloßen Mißbrauche der Analytik entspringt, sofern nach
der bloßen logischen Form der Schein einer wahren Erkenntniß, deren
Merkmale doch von der Übereinstimmung mit den Objecten, also vom 30
Inhalte hergenommen sein müssen, erkünstelt wird.

In den vorigen Zeiten wurde die Dialektik mit großem Fleiße studirt.
Diese Kunst trug falsche Grundsätze unter dem Scheine der Wahrheit vor
und suchte diesen gemäß, Dinge dem Scheine nach zu behaupten. Bei
den Griechen waren die Dialektiker die Sachwalter und Redner, welche 35

das Volk leiten konnten, wohin sie wollten, weil sich das Volk durch den
Schein hintergehen läßt. Dialektik war also damals die Kunst des
Scheins. In der Logik wurde sie auch eine Zeitlang unter dem Namen
der Disputirkunst vorgetragen, und so lange war alle Logik und Philo=
sophie die Cultur gewisser geschwätziger Köpfe, jeden Schein zu erkünsteln.
Nichts aber kann eines Philosophen unwürdiger sein als die Cultur einer
solchen Kunst. Sie muß daher in dieser Bedeutung gänzlich wegfallen
und statt derselben vielmehr eine Kritik dieses Scheines in die Logik ein=
geführt werden.

Wir würden demnach zwei Theile der Logik haben: die Analytik,
welche die formalen Kriterien der Wahrheit vortrüge und die Dialektik,
welche die Merkmale und Regeln enthielte, wonach wir erkennen könnten,
daß etwas mit den formalen Kriterien der Wahrheit nicht übereinstimmt,
ob es gleich mit denselben übereinzustimmen scheint. Die Dialektik in
dieser Bedeutung würde also ihren guten Nutzen haben als Katharkti=
kon des Verstandes.

Man pflegt die Logik ferner einzutheilen

2) in die natürliche oder populare und in die künstliche oder wis=
senschaftliche Logik (logica naturalis, log. scholastica s. artifi=
cialis).

Aber diese Eintheilung ist unstatthaft. Denn die natürliche Logik
oder die Logik der gemeinen Vernunft (sensus communis) ist eigentlich
keine Logik, sondern eine anthropologische Wissenschaft, die nur empirische
Principien hat, indem sie von den Regeln des natürlichen Verstandes=
und Vernunftgebrauchs handelt, die nur in concreto, also ohne Bewußt=
sein derselben in abstracto, erkannt werden. — Die künstliche oder wissen=
schaftliche Logik verdient daher allein diesen Namen, als eine Wissenschaft
der nothwendigen und allgemeinen Regeln des Denkens, die unabhängig
von dem natürlichen Verstandes= und Vernunftgebrauche in concreto a
priori erkannt werden können und müssen, ob sie gleich zuerst nur durch
Beobachtung jenes natürlichen Gebrauchs gefunden werden können.

3) Noch eine andre Eintheilung der Logik ist die in theoretische und
praktische Logik. Allein auch diese Eintheilung ist unrichtig.

Die allgemeine Logik, die, als ein bloßer Kanon, von allen Objecten
abstrahirt, kann keinen praktischen Theil haben. Dieses wäre eine contra=
dictio in adjecto, weil eine praktische Logik die Kenntniß einer gewissen
Art von Gegenständen, worauf sie angewandt wird, voraussetzt. Wir

können daher jede Wissenschaft eine praktische Logik nennen; denn in
jeder müssen wir eine Form des Denkens haben. Die allgemeine Logik,
als praktisch betrachtet, kann daher nichts weiter sein als eine Technik
der Gelehrsamkeit überhaupt, ein Organon der Schulmethode.

Dieser Eintheilung zufolge würde also die Logik einen dogmati- 5
schen und einen technischen Theil haben. Der erste würde die Elementarlehre, der andere die Methodenlehre heißen können. Der praktische oder technische Theil der Logik wäre eine logische Kunst in Ansehung
der Anordnung und der logischen Kunstausdrücke und Unterschiede, um
dem Verstande dadurch sein Handeln zu erleichtern. 10

In beiden Theilen, dem technischen so wohl als dem dogmatischen,
würde aber weder auf Objecte noch auf das Subject des Denkens die
mindeste Rücksicht genommen werden dürfen. In der letztern Beziehung
würde die Logik eingetheilt werden können

4) in die reine und in die angewandte Logik. 15

In der reinen Logik sondern wir den Verstand von den übrigen Ge-
müthskräften ab und betrachten, was er für sich allein thut. Die angewandte Logik betrachtet den Verstand, sofern er mit den andern Gemüths-
kräften vermischt ist, die auf seine Handlungen einfließen und ihm eine
schiefe Richtung geben, so daß er nicht nach den Gesetzen verfährt, von 20
denen er wohl selbst einsieht, daß sie die richtigen sind. Die angewandte
Logik sollte eigentlich nicht Logik heißen. Es ist eine Psychologie, in welcher wir betrachten, wie es bei unserm Denken zuzugehen pflegt, nicht,
wie es zugehen soll. Am Ende sagt sie zwar, was man thun soll, um
unter mancherlei subjectiven Hindernissen und Einschränkungen einen rich- 25
tigen Gebrauch vom Verstande zu machen; auch können wir von ihr lernen, was den richtigen Verstandesgebrauch befördert, die Hülfsmittel
desselben oder die Heilungsmittel von logischen Fehlern und Irrthümern.
Aber Propädeutik ist sie doch nicht. Denn die Psychologie, aus welcher
in der angewandten Logik alles genommen werden muß, ist ein Theil der 30
philosophischen Wissenschaften, zu denen die Logik die Propädeutik sein soll.

Zwar sagt man: die Technik, oder die Art und Weise, eine Wissenschaft zu bauen, solle in der angewandten Logik vorgetragen werden. Das
ist aber vergeblich, ja sogar schädlich. Man fängt dann an zu bauen, ehe
man Materialien hat und giebt wohl die Form, es fehlt aber am Inhalte. 35
Die Technik muß bei jeder Wissenschaft vorgetragen werden.

Was endlich

5) die Eintheilung der Logik in die Logik des gemeinen und die des speculativen Verstandes betrifft: so bemerken wir hierbei, daß diese Wissenschaft gar nicht so eingetheilt werden kann.

Sie kann keine Wissenschaft des speculativen Verstandes sein. Denn als eine Logik des speculativen Erkenntnisses oder des speculativen Vernunftgebrauchs wäre sie ein Organon andrer Wissenschaften und keine bloße Propädeutik, die auf allen möglichen Gebrauch des Verstandes und der Vernunft gehen soll.

Eben so wenig kann die Logik ein Product des gemeinen Verstandes sein. Der gemeine Verstand nämlich ist das Vermögen, die Regeln des Erkenntnisses in concreto einzusehen. Die Logik soll aber eine Wissenschaft von den Regeln des Denkens in abstracto sein.

Man kann indessen den allgemeinen Menschenverstand zum Object der Logik annehmen, und in so fern wird sie von den besonderen Regeln der speculativen Vernunft abstrahiren und sich also von der Logik des speculativen Verstandes unterscheiden.

--------

Was den Vortrag der Logik betrifft: so kann derselbe entweder scholastisch oder popular sein.

Scholastisch ist er, sofern er angemessen ist der Wißbegierde, den Fähigkeiten und der Cultur derer, die das Erkenntniß der logischen Regeln als eine Wissenschaft behandeln wollen. Popular aber, wenn er zu den Fähigkeiten und Bedürfnissen derjenigen sich herabläßt, welche die Logik nicht als Wissenschaft studiren, sondern sie nur brauchen wollen, um ihren Verstand aufzuklären. — Im scholastischen Vortrage müssen die Regeln in ihrer Allgemeinheit oder in abstracto; im popularen dagegen im Besondern oder in concreto dargestellt werden. Der scholastische Vortrag ist das Fundament des popularen; denn nur derjenige kann etwas auf eine populare Weise vortragen, der es auch gründlicher vortragen könnte.

Wir unterscheiden übrigens hier Vortrag von Methode. Unter Methode nämlich ist die Art und Weise zu verstehen, wie ein gewisses Object, zu dessen Erkenntniß sie anzuwenden ist, vollständig zu erkennen sei. Sie muß aus der Natur der Wissenschaft selbst hergenommen werden und läßt sich also, als eine dadurch bestimmte und nothwendige Ordnung des Denkens, nicht ändern. Vortrag bedeutet nur die Manier, seine Gedanken andern mitzutheilen, um eine Doctrin verständlich zu machen.

---

Aus dem, was wir über das Wesen und den Zweck der Logik bisher gesagt haben, läßt sich nunmehr der Werth dieser Wissenschaft und der Nutzen ihres Studiums nach einem richtigen und bestimmten Maaßstabe schätzen.

Die Logik ist also zwar keine allgemeine Erfindungskunst und kein Organon der Wahrheit — keine Algebra, mit deren Hülfe sich verborgene Wahrheiten entdecken ließen.

Wohl aber ist sie nützlich und unentbehrlich als eine Kritik der Er=kenntniß, oder zu Beurtheilung der gemeinen so wohl als der speculativen Vernunft, nicht um sie zu lehren, sondern nur um sie correct und mit sich selbst übereinstimmend zu machen. Denn das logische Princip der Wahrheit ist Übereinstimmung des Verstandes mit seinen eigenen all=gemeinen Gesetzen.

---

Was endlich die Geschichte der Logik betrifft, so wollen wir hierüber nur Folgendes anführen:

Die jetzige Logik schreibt sich her von Aristoteles' Analytik. Dieser Philosoph kann als der Vater der Logik angesehen werden. Er trug sie als Organon vor und theilte sie ein in Analytik und Dialektik. Seine Lehrart ist sehr scholastisch und geht auf die Entwickelung der allgemein=sten Begriffe, die der Logik zum Grunde liegen, wovon man indessen kei=nen Nutzen hat, weil fast alles auf bloße Subtilitäten hinausläuft, außer daß man die Benennungen verschiedener Verstandeshandlungen daraus gezogen.

Übrigens hat die Logik von Aristoteles' Zeiten her an Inhalt nicht viel gewonnen und das kann sie ihrer Natur nach auch nicht. Aber sie kann wohl gewinnen in Ansehung der Genauigkeit, Bestimmtheit und Deutlichkeit. Es giebt nur wenige Wissenschaften, die in einen beharrlichen Zustand kommen können, wo sie nicht mehr verändert werden. Zu diesen gehört die Logik und auch die Metaphysik. Aristoteles hatte keinen Moment des Verstandes ausgelassen; wir sind darin nur genauer, methodischer und ordentlicher.

Von Lamberts Organon glaubte man zwar, daß es die Logik sehr vermehren würde. Aber es enthält weiter nichts mehr als nur subtilere Eintheilungen, die, wie alle richtigen Subtilitäten wohl den Verstand schärfen, aber von keinem wesentlichen Gebrauche sind.

5 Unter den neuern Weltweisen giebt es zwei, welche die allgemeine Logik in Gang gebracht haben: Leibniz und Wolff.

Malebranche und Locke haben keine eigentliche Logik abgehande.t, da sie auch vom Inhalte der Erkenntniß und vom Ursprunge der Begriffe handeln.

10 Die allgemeine Logik von Wolff ist die beste, welche man hat. Einige haben sie mit der Aristotelischen verbunden, wie z. B. Reusch.

Baumgarten, ein Mann, der hierin viel Verdienst hat, concentrirte die Wolffische Logik, und Meier commentirte dann wieder über Baumgarten.

15 Zu den neuern Logikern gehört auch Crusius, der aber nicht bedachte, was es mit der Logik für eine Bewandtniß habe. Denn seine Logik enthält metaphysische Grundsätze und überschreitet also in so fern die Grenzen dieser Wissenschaft; überdies stellt sie ein Kriterium der Wahrheit auf, das kein Kriterium sein kann, und läßt also in so fern allen
20 Schwärmereien freien Lauf.

In den jetzigen Zeiten hat es eben keinen berühmten Logiker gegeben, und wir brauchen auch zur Logik keine neuen Erfindungen, weil sie bloß die Form des Denkens enthält.

### III.

25 Begriff von der Philosophie überhaupt. — Philosophie nach dem Schulbegriffe und nach dem Weltbegriffe betrachtet. — Wesentliche Erfordernisse und Zwecke des Philosophirens. — Allgemeinste und höchste Aufgaben dieser Wissenschaft.

Es ist zuweilen schwer, das, was unter einer Wissenschaft verstanden
30 wird, zu erklären. Aber die Wissenschaft gewinnt an Präcision durch Festsetzung ihres bestimmten Begriffs, und es werden so manche Fehler aus gewissen Gründen vermieden, die sich sonst einschleichen, wenn man die Wissenschaft noch nicht von den mit ihr verwandten Wissenschaften unterscheiden kann.

Ehe wir indessen eine Definition von Philosophie zu geben versuchen, müssen wir zuvor den Charakter der verschiedenen Erkenntnisse selbst untersuchen und, da philosophische Erkenntnisse zu den Vernunfterkenntnissen gehören, insbesondre erklären, was unter diesen letztern zu verstehen sei.

Vernunfterkenntnisse werden den historischen Erkenntnissen entgegengesetzt. Jene sind Erkenntnisse aus Principien (ex principiis); diese Erkenntnisse aus Daten (ex datis). — Eine Erkenntniß kann aber aus der Vernunft entstanden und demohngeachtet historisch sein; wie wenn z. B. ein bloßer Literator die Producte fremder Vernunft lernt, so ist sein Erkenntniß von dergleichen Vernunftproducten bloß historisch.

Man kann nämlich Erkenntnisse unterscheiden

1) nach ihrem objectiven Ursprunge, d. i. nach den Quellen, woraus eine Erkenntniß allein möglich ist. In dieser Rücksicht sind alle Erkenntnisse entweder rational oder empirisch;

2) nach ihrem subjectiven Ursprunge, d. i. nach der Art, wie eine Erkenntniß von den Menschen kann erworben werden. Aus diesem letztern Gesichtspunkte betrachtet, sind die Erkenntnisse entweder rational oder historisch, sie mögen an sich entstanden sein, wie sie wollen. Es kann also objectiv etwas ein Vernunfterkenntniß sein, was subjectiv doch nur historisch ist.

Bei einigen rationalen Erkenntnissen ist es schädlich, sie bloß historisch zu wissen, bei andern hingegen ist dieses gleichgültig. So weiß z. B. der Schiffer die Regeln der Schiffahrt historisch aus seinen Tabellen; und das ist für ihn genug. Wenn aber der Rechtsgelehrte die Rechtsgelehrsamkeit bloß historisch weiß, so ist er zum ächten Richter und noch mehr zum Gesetzgeber völlig verdorben.

Aus dem angegebenen Unterschiede zwischen objectiv und subjectiv rationalen Erkenntnissen erhellt nun auch, daß man Philosophie in gewissem Betracht lernen könne, ohne philosophiren zu können. Der also eigentlich Philosoph werden will, muß sich üben, von seiner Vernunft einen freien und keinen bloß nachahmenden und, so zu sagen, mechanischen Gebrauch zu machen.

------

Wir haben die Vernunfterkenntnisse für Erkenntnisse aus Principien erklärt und hieraus folgt: daß sie a priori sein müssen. Es giebt aber zwei Arten von Erkenntnissen, die beide a priori sind, dennoch aber viele namhafte Unterschiede haben, nämlich Mathematik und Philosophie.

Man pflegt zu behaupten, daß Mathematik und Philosophie dem Objecte nach von einander unterschieden wären, indem die erstere von der Quantität, die letztere von der Qualität handele. Alles dieses ist falsch. Der Unterschied dieser Wissenschaften kann nicht auf dem Objecte beruhen, denn Philosophie geht auf alles, also auch auf quanta, und Mathematik zum Theil auch, sofern alles eine Größe hat. Nur die verschiedene Art des Vernunfterkenntnisses oder Vernunftgebrauches in der Mathematik und Philosophie macht allein den specifischen Unterschied zwischen diesen beiden Wissenschaften aus. Philosophie nämlich ist die Vernunfterkenntniß aus bloßen Begriffen, Mathematik hingegen die Vernunfterkenntniß aus der Construction der Begriffe.

Wir construiren Begriffe, wenn wir sie in der Anschauung a priori ohne Erfahrung darstellen oder, wenn wir den Gegenstand in der Anschauung darstellen, der unserm Begriffe von demselben entspricht. — Der Mathematiker kann sich nie seiner Vernunft nach bloßen Begriffen, der Philosoph ihrer nie durch Construction der Begriffe bedienen. In der Mathematik braucht man die Vernunft in concreto, die Anschauung ist aber nicht empirisch, sondern man macht sich hier etwas a priori zum Gegenstande der Anschauung.

Und hierin hat also, wie wir sehen, die Mathematik einen Vorzug vor der Philosophie, daß die Erkenntnisse der erstern intuitive, die der letztern hingegen nur discursive Erkenntnisse sind. Die Ursache aber, warum wir in der Mathematik mehr die Größen erwägen, liegt darin, daß die Größen in der Anschauung a priori können construirt werden, die Qualitäten dagegen sich nicht in der Anschauung darstellen lassen.

----

Philosophie ist also das System der philosophischen Erkenntnisse oder der Vernunfterkenntnisse aus Begriffen. Das ist der Schulbegriff von dieser Wissenschaft. Nach dem Weltbegriffe ist sie die Wissenschaft von den letzten Zwecken der menschlichen Vernunft. Dieser hohe Begriff giebt der Philosophie Würde, d. i. einen absoluten Werth. Und wirklich ist sie es auch, die allein nur innern Werth hat, und allen andern Erkenntnissen erst einen Werth giebt.

Man frägt doch immer am Ende, wozu dient das Philosophiren und der Endzweck desselben die Philosophie selbst als Wissenschaft nach dem Schulbegriffe betrachtet?

In dieser scholastischen Bedeutung des Worts geht Philosophie nur auf Geschicklichkeit; in Beziehung auf den Weltbegriff dagegen auf die Nützlichkeit. In der erstern Rücksicht ist sie also eine Lehre der Geschicklichkeit; in der letztern, eine Lehre der Weisheit die Gesetzgeberin der Vernunft und der Philosoph in so fern nicht Vernunftkünstler, sondern Gesetzgeber.

Der Vernunftkünstler oder, wie Sokrates ihn nennt, der Philodox, strebt bloß nach speculativem Wissen, ohne darauf zu sehen, wie viel das Wissen zum letzten Zwecke der menschlichen Vernunft beitrage; er giebt Regeln für den Gebrauch der Vernunft zu allerlei beliebigen Zwecken. Der praktische Philosoph, der Lehrer der Weisheit durch Lehre und Beispiel, ist der eigentliche Philosoph. Denn Philosophie ist die Idee einer vollkommenen Weisheit, die uns die letzten Zwecke der menschlichen Vernunft zeigt.

Zur Philosophie nach dem Schulbegriffe gehören zwei Stücke:

Erstlich ein zureichender Vorrath von Vernunfterkenntnissen, für's Andre: ein systematischer Zusammenhang dieser Erkenntnisse oder eine Verbindung derselben in der Idee eines Ganzen.

Einen solchen streng systematischen Zusammenhang verstattet nicht nur die Philosophie, sondern sie ist sogar die einzige Wissenschaft, die im eigentlichsten Verstande einen systematischen Zusammenhang hat und allen andern Wissenschaften systematische Einheit giebt.

Was aber Philosophie nach dem Weltbegriffe (in sensu cosmico) betrifft: so kann man sie auch eine Wissenschaft von der höchsten Maxime des Gebrauchs unserer Vernunft nennen, sofern man unter Maxime das innere Princip der Wahl unter verschiedenen Zwecken versteht.

Denn Philosophie in der letztern Bedeutung ist ja die Wissenschaft der Beziehung alles Erkenntnisses und Vernunftgebrauchs auf den Endzweck der menschlichen Vernunft, dem, als dem obersten, alle andern Zwecke subordinirt sind und sich in ihm zur Einheit vereinigen müssen.

Das Feld der Philosophie in dieser weltbürgerlichen Bedeutung läßt sich auf folgende Fragen bringen:

1) Was kann ich wissen?

2) Was soll ich thun?

3) Was darf ich hoffen?

4) Was ist der Mensch?

Die erste Frage beantwortet die Metaphysik, die zweite die Moral, die dritte die Religion und die vierte die Anthropologie. Im Grunde könnte man aber alles dieses zur Anthropologie rechnen, weil sich die drei ersten Fragen auf die letzte beziehen.

Der Philosoph muß also bestimmen können

1) die Quellen des menschlichen Wissens,

2) den Umfang des möglichen und nützlichen Gebrauchs alles Wissens und endlich

3) die Grenzen der Vernunft.

Das letztere ist das nöthigste aber auch das schwerste, um das sich aber der Philodox nicht bekümmert.

Zu einem Philosophen gehören hauptsächlich zwei Dinge: 1) Cultur des Talents und der Geschicklichkeit, um sie zu allerlei Zwecken zu gebrauchen. 2) Fertigkeit im Gebrauch aller Mittel zu beliebigen Zwecken. Beides muß vereinigt sein; denn ohne Kenntnisse wird man nie ein Philosoph werden, aber nie werden auch Kenntnisse allein den Philosophen ausmachen, wofern nicht eine zweckmäßige Verbindung aller Erkenntnisse und Geschicklichkeiten zur Einheit hinzukommt und eine Einsicht in die Übereinstimmung derselben mit den höchsten Zwecken der menschlichen Vernunft.

Es kann sich überhaupt keiner einen Philosophen nennen, der nicht philosophiren kann. Philosophiren läßt sich aber nur durch Übung und selbsteigenen Gebrauch der Vernunft lernen.

Wie sollte sich auch Philosophie eigentlich lernen lassen? Jeder philosophische Denker baut, so zu sagen, auf den Trümmern eines Andern sein eigenes Werk, nie aber ist eines zu Stande gekommen, das in allen seinen Theilen beständig gewesen wäre. Man kann daher schon aus dem Grunde Philosophie nicht lernen, weil sie noch nicht gegeben ist. Gesetzt aber auch, es wäre eine wirklich vorhanden: so würde doch keiner, der sie auch lernte, von sich sagen können, daß er ein Philosoph sei, denn seine Kenntniß davon wäre doch immer nur subjectiv-historisch.

In der Mathematik verhält sich die Sache anders. Diese Wissenschaft kann man wohl gewissermaßen lernen, denn die Beweise sind hier
so evident, daß ein jeder davon überzeugt werden kann; auch kann sie ihrer
Evidenz wegen als eine gewisse und beständige Lehre gleichsam auf-
behalten werden.                                                                                    5

Der philosophiren lernen will, darf dagegen alle Systeme der Philosophie nur als Geschichte des Gebrauchs der Vernunft ansehen und
als Objecte der Übung seines philosophischen Talents.

Der wahre Philosoph muß also als Selbstdenker einen freien und
selbsteigenen, keinen sklavisch nachahmenden Gebrauch von seiner Vernunft        10
machen. Aber auch keinen dialektischen, d. i. keinen solchen Gebrauch,
der nur darauf abzweckt, den Erkenntnissen einen Schein von Wahrheit
und Weisheit zu geben. Dieses ist das Geschäft des bloßen Sophisten,
aber mit der Würde des Philosophen, als eines Kenners und Lehrers der
Weisheit, durchaus unverträglich.                                                                  15

Denn Wissenschaft hat einen innern, wahren Werth nur als Organ
der Weisheit. Als solches ist sie ihr aber auch unentbehrlich, so daß
man wohl behaupten darf: Weisheit ohne Wissenschaft sei ein Schattenriß
von einer Vollkommenheit, zu der wir nie gelangen werden.

Der die Wissenschaft haßt, um desto mehr aber die Weisheit liebt,        20
den nennt man einen Misologen. Die Misologie entspringt gemeiniglich aus einer Leerheit von wissenschaftlichen Kenntnissen und einer gewissen damit verbundenen Art von Eitelkeit. Zuweilen verfallen aber
auch diejenigen in den Fehler der Misologie, welche anfangs mit großem
Fleiße und Glücke den Wissenschaften nachgegangen waren, am Ende        25
aber in ihrem ganzen Wissen keine Befriedigung fanden.

Philosophie ist die einzige Wissenschaft, die uns diese innere Genugthuung zu verschaffen weiß, denn sie schließt gleichsam den wissenschaftlichen Zirkel und durch sie erhalten sodann erst die Wissenschaften Ord-
nung und Zusammenhang.                                                                              30

Wir werden also zum Behuf der Übung im Selbstdenken oder Philosophiren mehr auf die Methode unsers Vernunftgebrauchs zu sehen
haben als auf die Sätze selbst, zu denen wir durch dieselbe gekommen sind.

## IV.

## Kurzer Abriß einer Geschichte der Philosophie.

Es macht einige Schwierigkeit, die Grenzen zu bestimmen, wo der gemeine Verstandesgebrauch aufhört und der speculative anfängt, oder, wo gemeine Vernunfterkenntniß Philosophie wird.

Indessen giebt es doch hier ein ziemlich sicheres Unterscheidungsmerk= mal, nämlich folgendes:

Die Erkenntniß des Allgemeinen in abstracto ist speculative Er= kenntniß, die Erkenntniß des Allgemeinen in concreto gemeine Er= kenntniß. Philosophische Erkenntniß ist speculative Erkenntniß der Vernunft und sie fängt also da an, wo der gemeine Vernunftgebrauch an= hebt, Versuche in der Erkenntniß des Allgemeinen in abstracto zu machen.

Aus dieser Bestimmung des Unterschiedes zwischen gemeinem und speculativem Vernunftgebrauche läßt sich nun beurtheilen, von welchem Volke man den Anfang des Philosophirens datiren müsse. Unter allen Völkern haben also die Griechen erst angefangen zu philosophiren. Denn sie haben zuerst versucht, nicht an dem Leitfaden der Bilder die Ver= nunfterkenntnisse zu cultiviren, sondern in abstracto; statt daß die andern Völker sich die Begriffe immer nur durch Bilder in concreto verständ= lich zu machen suchten. So giebt es noch heutiges Tages Völker, wie die Chinesen und einige Indianer, die zwar von Dingen, welche bloß aus der Vernunft hergenommen sind, als von Gott, der Unsterblichkeit der Seele u. dgl. m. handeln, aber doch die Natur dieser Gegenstände nicht nach Begriffen und Regeln in abstracto zu erforschen suchen. Sie machen hier keine Trennung zwischen dem Vernunftgebrauche in concreto und dem in abstracto. Bei den Persern und Arabern findet sich zwar einiger speculativer Vernunftgebrauch, allein die Regeln dazu haben sie vom Aristoteles, also doch von den Griechen entlehnt. In Zoroasters Zendavesta entdeckt man nicht die geringste Spur von Philosophie. Eben dieses gilt auch von der gepriesenen ägyptischen Weisheit, die in Vergleichung mit der griechischen Philosophie ein bloßes Kinderspiel ge= wesen ist.

Wie in der Philosophie, so sind auch in Ansehung der Mathematik die Griechen die ersten gewesen, welche diesen Theil des Vernunfterkennt= nisses nach einer speculativen, wissenschaftlichen Methode cultivirten, in= dem sie jeden Lehrsatz aus Elementen demonstrirt haben.

Wenn und Wo aber unter den Griechen der philosophische Geist zuerst entsprungen sei, das kann man eigentlich nicht bestimmen.

Der erste, welcher den Gebrauch der speculativen Vernunft einführte, und von dem man auch die ersten Schritte des menschlichen Verstandes zur wissenschaftlichen Cultur herleitete, ist Thales, der Urheber der ionischen Secte. Er führte den Beinamen Physiker, wiewohl er auch Mathematiker war; so wie überhaupt Mathematik der Philosophie immer vorangegangen ist.

Übrigens kleideten die ersten Philosophen alles in Bilder ein. Denn Poesie, die nichts anderes ist als eine Einkleidung der Gedanken in Bilder, ist älter als die Prose. Man mußte sich daher anfangs selbst bei Dingen, die lediglich Objecte der reinen Vernunft sind, der Bildersprache und poetischen Schreibart bedienen. Pherekydes soll der erste prosaische Schriftsteller gewesen sein.

Auf die Jonier folgten die Eleatiker. Der Grundsatz der eleatischen Philosophie und ihres Stifters Xenophanes war: in den Sinnen ist Täuschung und Schein, nur im Verstande allein liegt die Quelle der Wahrheit.

Unter den Philosophen dieser Schule zeichnete sich Zeno als ein Mann von großem Verstande und Scharfsinne und als ein subtiler Dialektiker aus.

Die Dialektik bedeutete anfangs die Kunst des reinen Verstandesgebrauchs in Ansehung abstracter, von aller Sinnlichkeit abgesonderter Begriffe. Daher die vielen Lobeserhebungen dieser Kunst bei den Alten. In der Folge, als diejenigen Philosophen, welche gänzlich das Zeugniß der Sinne verwarfen, bei dieser Behauptung nothwendig auf viele Subtilitäten verfallen mußten, artete Dialektik in die Kunst aus, jeden Satz zu behaupten und zu bestreiten. Und so ward sie eine bloße Übung für die Sophisten, die über alles raisonniren wollten und sich darauf legten, dem Scheine den Anstrich des Wahren zu geben und schwarz weiß zu machen. Deswegen wurde auch der Name Sophist, unter dem man sich sonst einen Mann dachte, der über alle Sachen vernünftig und einsichtsvoll reden konnte, jetzt so verhaßt und verächtlich und statt dessen der Name Philosoph eingeführt.

Um die Zeit der ionischen Schule stand in Groß-Griechenland ein Mann von seltsamem Genie auf, welcher nicht nur auch eine Schule errichtete, sondern zugleich ein Project entwarf und zu Stande brachte, das seines Gleichen noch nie gehabt hatte. Dieser Mann war Pythagoras, zu Samos geboren. Er stiftete nämlich eine Societät von Philosophen, die durch das Gesetz der Verschwiegenheit zu einem Bunde unter sich vereinigt waren. Seine Zuhörer theilte er in zwei Klassen ein: in die der Akusmatiker (ἀκουσμαθικοι), die bloß hören mußten, und die der Akroamatiker (ἀκροαμαθικοι), die auch fragen durften.

Unter seinen Lehren gab es einige exoterische, die er dem ganzen Volke vortrug; die übrigen waren geheim und esoterisch, nur für die Mitglieder seines Bundes bestimmt, von denen er einige in seine vertrauteste Freundschaft aufnahm und von den übrigen ganz absonderte. Zum Vehikel seiner geheimen Lehren machte er Physik und Theologie, also die Lehre des Sichtbaren und des Unsichtbaren. Auch hatte er verschiedene Symbole, die vermuthlich nichts anders als gewisse Zeichen gewesen sind, welche den Pythagoräern dazu gedient haben, sich untereinander zu verständigen.

Der Zweck seines Bundes scheint kein anderer gewesen zu sein, als: die Religion von dem Wahn des Volks zu reinigen, die Tyrannei zu mäßigen und mehrere Gesetzmäßigkeit in die Staaten einzuführen. Dieser Bund aber, den die Tyrannen zu fürchten anfingen, wurde kurz vor Pythagoras' Tode zerstört, und diese philosophische Gesellschaft aufgelöst, theils durch Hinrichtung, theils durch die Flucht und Verbannung des größten Theils der Verbündeten. Die Wenigen, welche noch übrig blieben, waren Novizen. Und da diese nicht viel von des Pythagoras eigenthümlichen Lehren wußten, so kann man davon auch nichts Gewisses und Bestimmtes sagen. In der Folge hat man dem Pythagoras, der übrigens auch ein sehr mathematischer Kopf war, viele Lehren zugeschrieben, die aber gewiß nur erdichtet sind.

————————

Die wichtigste Epoche der griechischen Philosophie hebt endlich mit dem Sokrates an. Denn er war es, welcher dem philosophischen Geiste und allen speculativen Köpfen eine ganz neue praktische Richtung gab. Auch ist er fast unter allen Menschen der einzige gewesen, dessen Verhalten der Idee eines Weisen am nächsten kommt.

Unter seinen Schülern ist Plato, der sich mehr mit den praktischen

Lehren des Sokrates beschäftigte, und unter den Schülern des Plato Aristoteles, welcher die speculative Philosophie wieder höher brachte, der berühmteste.

Auf Plato und Aristoteles folgten die Epikuräer und die Stoiker, welche beide die abgesagtesten Feinde von einander waren. Jene setzten das höchste Gut in ein fröhliches Herz, das sie die Wollust nannten; diese fanden es einzig in der Hoheit und Stärke der Seele, bei welcher man alle Annehmlichkeiten des Lebens entbehren könne.

Die Stoiker waren übrigens in der speculativen Philosophie dialektisch, in der Moralphilosophie dogmatisch und zeigten in ihren praktischen Principien, wodurch sie den Samen zu den erhabensten Gesinnungen, die je existirten, ausgestreut haben, ungemein viel Würde. Der Stifter der stoischen Schule ist Zeno aus Citium. Die berühmtesten Männer aus dieser Schule unter den griechischen Weltweisen sind Kleanth und Chrysipp.

Die epikurische Schule hat nie in den Ruf kommen können, worin die stoische war. Was man aber auch immer von den Epikuräern sagen mag, so viel ist gewiß: sie bewiesen die größte Mäßigung im Genusse und waren die besten Naturphilosophen unter allen Denkern Griechenlands.

Noch merken wir hier an, daß die vornehmsten griechischen Schulen besondere Namen führten. So hieß die Schule des Plato Akademie, die des Aristoteles Lyceum, die Schule der Stoiker Porticus (στοα), ein bedeckter Gang, wovon der Name Stoiker sich herschreibt, die Schule des Epikurs horti, weil Epikur in Gärten lehrte.

Auf Platos Akademie folgten noch drei andere Akademien, die von seinen Schülern gestiftet wurden. Die erste stiftete Speusippus, die zweite Arkesilaus und die dritte Karneades.

Diese Akademien neigten sich zum Skepticismus hin. Speusippus und Arkesilaus, beide stimmten ihre Denkart zur Skepsis und Karneades trieb es darin noch höher. Um deswillen werden die Skeptiker, diese subtilen, dialektischen Philosophen, auch Akademiker genannt. Die Akademiker folgten also dem ersten großen Zweifler Pyrrho und dessen Nachfolgern. Dazu hatte ihnen ihr Lehrer Plato selbst Anlaß gegeben, indem er viele seiner Lehren dialogisch vortrug, so daß Gründe pro und contra angeführt wurden, ohne daß er selbst darüber entschied, ob er gleich sonst sehr dogmatisch war.

Fängt man die Epoche des Skepticismus mit dem Pyrrho an, so be=
kommt man eine ganze Schule von Skeptikern, die sich in ihrer Denkart
und Methode des Philosophirens von den Dogmatikern wesentlich
unterschieden, indem sie es zur ersten Maxime alles philosophirenden Ver=
nunftgebrauchs machten: auch selbst bei dem größten Scheine der
Wahrheit sein Urtheil zurückzuhalten, und das Princip aufstellten:
die Philosophie bestehe im Gleichgewichte des Urtheilens und
lehre uns den falschen Schein aufzudecken. Von diesen Skep=
tikern ist uns aber weiter nichts übrig geblieben als die beiden Werke des
Sextus Empiricus, worin er alle Zweifel zusammengebracht hat.

---

Als in der Folge die Philosophie von den Griechen zu den Römern
überging, hat sie sich nicht erweitert; denn die Römer blieben immer nur
Schüler.

Cicero war in der speculativen Philosophie ein Schüler des Plato,
in der Moral ein Stoiker. Zur stoischen Sekte gehörten Epiktet, An=
tonin der Philosoph und Seneca, als die berühmtesten. Natur=
lehrer gab es unter den Römern nicht, außer Plinius dem jüngern,
der eine Naturbeschreibung hinterlassen hat.

Endlich verschwand die Cultur auch bei den Römern und es ent=
stand Barbarei, bis die Araber im 6ten und 7ten Jahrhundert an=
fingen, sich auf die Wissenschaften zu legen und den Aristoteles wieder in
Flor zu bringen. Nun kamen also die Wissenschaften im Occident wieder
empor und insbesondere das Ansehen des Aristoteles, dem man aber auf
eine sklavische Weise folgte. Im 11ten und 12ten Jahrhundert traten
die Scholastiker auf; sie erläuterten den Aristoteles und trieben seine
Subtilitäten ins Unendliche. Man beschäftigte sich mit nichts als lauter
Abstractionen. Diese scholastische Methode des After=Philosophirens
wurde zur Zeit der Reformation verdrängt, und nun gab es Eklektiker
in der Philosophie, d. i. solche Selbstdenker, die sich zu keiner Schule be=
kannten, sondern die Wahrheit suchten und annahmen, wo sie sie fanden.

Ihre Verbesserung in den neueren Zeiten verdankt aber die Philo=
sophie theils dem größeren Studium der Natur, theils der Verbindung
der Mathematik mit der Naturwissenschaft. Die Ordnung, welche durch
das Studium dieser Wissenschaften im Denken entstand, breitete sich auch

über die besonderen Zweige und Theile der eigentlichen Weltweisheit aus.
Der erste und größte Naturforscher der neuern Zeit war Baco von Be=
rulam. Er betrat bei seinen Untersuchungen den Weg der Erfahrung
und machte auf die Wichtigkeit und Unentbehrlichkeit der Beobachtun=
gen und Versuche zur Entdeckung der Wahrheit aufmerksam. Es ist    5
übrigens schwer zu sagen, von wo die Verbesserung der speculativen Phi=
losophie eigentlich herkommt. Ein nicht geringes Verdienst um dieselbe
erwarb sich Descartes, indem er viel dazu beitrug, dem Denken Deut=
lichkeit zu geben durch sein aufgestelltes Kriterium der Wahrheit, das
er in die Klarheit und Evidenz der Erkenntniß setzte.                 10

Unter die größten und verdienstvollsten Reformatoren der Philo=
sophie zu unsern Zeiten ist aber Leibniz und Locke zu rechnen. Der
letztere suchte den menschlichen Verstand zu zergliedern und zu zeigen,
welche Seelenkräfte und welche Operationen derselben zu dieser oder jener
Erkenntniß gehörten. Aber er hat das Werk seiner Untersuchung nicht voll=  15
endet, auch ist sein Verfahren dogmatisch, wiewohl er den Nutzen stiftete,
daß man anfing, die Natur der Seele besser und gründlicher zu studiren.

Was die besondre, Leibnizen und Wolffen eigene, dogmatische
Methode des Philosophirens betrifft, so war dieselbe sehr fehlerhaft. Auch
liegt darin so viel Täuschendes, daß es wohl nöthig ist, das ganze Ver=  20
fahren zu suspendiren und statt dessen ein anderes, die Methode des
kritischen Philosophirens, in Gang zu bringen, die darin besteht,
das Verfahren der Vernunft selbst zu untersuchen, das gesammte mensch=
liche Erkenntnißvermögen zu zergliedern und zu prüfen: wie weit die
Grenzen desselben wohl gehen mögen.                                       25

In unserm Zeitalter ist Naturphilosophie im blühendsten Zu=
stande, und unter den Naturforschern giebt es große Namen z. B. New=
ton. Neuere Philosophen lassen sich jetzt als ausgezeichnete und bleibende
Namen eigentlich nicht nennen, weil hier alles gleichsam im Flusse fort=
geht. Was der eine baut, reißt der andere nieder.                        30

In der Moralphilosophie sind wir nicht weiter gekommen als die
Alten. Was aber Metaphysik betrifft: so scheint es, als wären wir bei
Untersuchung metaphysischer Wahrheiten stutzig geworden. Es zeigt sich
jetzt eine Art von Indifferentism gegen diese Wissenschaft, da man es
sich zur Ehre zu machen scheint, von metaphysischen Nachforschungen als  35
von bloßen Grübeleien verächtlich zu reden. Und doch ist Metaphysik
die eigentliche, wahre Philosophie!

Unser Zeitalter ist das Zeitalter der Kritik, und man muß sehen,
was aus den kritischen Versuchen unsrer Zeit, in Absicht auf Philosophie
und Metaphysik insbesondre, werden wird.

## V.

5 Erkenntniß überhaupt. — Intuitive und discursive
Erkenntniß; Anschauung und Begriff und deren Unterschied
insbesondre. — Logische und ästhetische Vollkommenheit
des Erkenntnisses.

Alle unsre Erkenntniß hat eine zwiefache Beziehung: erstlich eine
10 Beziehung auf das Object, zweitens eine Beziehung auf das Subject.
In der erstern Rücksicht bezieht sie sich auf Vorstellung, in der letztern
aufs Bewußtsein, die allgemeine Bedingung alles Erkenntnisses über=
haupt. — (Eigentlich ist das Bewußtsein eine Vorstellung, daß eine andre
Vorstellung in mir ist.)

15 In jeder Erkenntniß muß unterschieden werden Materie, d. i. der
Gegenstand, und Form, d. i. die Art, wie wir den Gegenstand erkennen.
Sieht z. B. ein Wilder ein Haus aus der Ferne, dessen Gebrauch er nicht
kennt: so hat er zwar eben dasselbe Object wie ein Anderer, der es be=
stimmt als eine für Menschen eingerichtete Wohnung kennt, in der Vor=
20 stellung vor sich. Aber der Form nach ist dieses Erkenntniß eines und
desselben Objects in beiden verschieden. Bei dem Einen ist es bloße
Anschauung, bei dem Andern Anschauung und Begriff zugleich.

Die Verschiedenheit der Form des Erkenntnisses beruht auf einer
Bedingung, die alles Erkennen begleitet, auf dem Bewußtsein. Bin
25 ich mir der Vorstellung bewußt: so ist sie klar; bin ich mir derselben
nicht bewußt, dunkel.

Da das Bewußtsein die wesentliche Bedingung aller logischen Form
der Erkenntnisse ist: so kann und darf sich die Logik auch nur mit klaren,
nicht aber mit dunkeln Vorstellungen beschäftigen. Wir sehen in der Logik
30 nicht, wie Vorstellungen entspringen, sondern lediglich, wie dieselben mit
der logischen Form übereinstimmen. Überhaupt kann die Logik auch gar
nicht von den bloßen Vorstellungen und deren Möglichkeit handeln. Das
überläßt sie der Metaphysik. Sie selbst beschäftigt sich bloß mit den
Regeln des Denkens bei Begriffen, Urtheilen und Schlüssen, als wodurch
35 alles Denken geschieht. Freilich geht etwas vorher, ehe eine Vorstellung

Begriff wird. Das werden wir an seinem Orte auch anzeigen. Wir
werden aber nicht untersuchen: Wie Vorstellungen entspringen? Zwar
handelt die Logik auch vom Erkennen, weil beim Erkennen schon Denken
stattfindet. Aber Vorstellung ist noch nicht Erkenntniß, sondern Erkenntniß setzt immer Vorstellung voraus. Und diese letztere läßt sich auch    5
durchaus nicht erklären. Denn man müßte, was Vorstellung sei? doch
immer wiederum durch eine andere Vorstellung erklären.

Alle klaren Vorstellungen, auf die sich allein die logischen Regeln anwenden lassen, können nun unterschieden werden in Ansehung der Deutlichkeit und Undeutlichkeit. Sind wir uns der ganzen Vorstellung           10
bewußt, nicht aber des Mannigfaltigen, das in ihr enthalten ist: so ist die
Vorstellung undeutlich. Zur Erläuterung der Sache zuerst ein Beispiel
in der Anschauung.

Wir erblicken in der Ferne ein Landhaus. Sind wir uns bewußt,
daß der angeschaute Gegenstand ein Haus ist, so müssen wir nothwendig    15
doch auch eine Vorstellung von den verschiedenen Theilen dieses Hauses,
den Fenstern, Thüren u. s. w. haben. Denn sähen wir die Theile nicht,
so würden wir auch das Haus selbst nicht sehen. Aber wir sind uns dieser
Vorstellung von dem Mannigfaltigen seiner Theile nicht bewußt und
unsre Vorstellung von dem gedachten Gegenstande selbst ist daher eine un-    20
deutliche Vorstellung.

Wollen wir ferner ein Beispiel von Undeutlichkeit in Begriffen: so
möge der Begriff der Schönheit dazu dienen. Ein jeder hat von der
Schönheit einen klaren Begriff. Allein es kommen in diesem Begriffe verschiedene Merkmale vor, unter andern, daß das Schöne etwas sein müsse,    25
das 1) in die Sinne fällt und das 2) allgemein gefällt. Können wir uns
nun das Mannigfaltige dieser und andrer Merkmale des Schönen nicht
auseinandersetzen, so ist unser Begriff davon doch immer noch undeutlich.

Die undeutliche Vorstellung nennen Wolffs Schüler eine verworrene. Allein dieser Ausdruck ist nicht passend, weil das Gegentheil von    30
Verwirrung nicht Deutlichkeit, sondern Ordnung ist. Zwar ist Deutlichkeit eine Wirkung der Ordnung und Undeutlichkeit eine Wirkung der Verwirrung; und es ist also jede verworrene Erkenntniß auch eine undeutliche. Aber der Satz gilt nicht umgekehrt; nicht alle undeutliche Erkenntniß ist eine verworrene. Denn bei Erkenntnissen, in denen kein    35
Mannigfaltiges vorhanden ist, findet keine Ordnung, aber auch keine Verwirrung statt.

Diese Bewandtniß hat es mit allen einfachen Vorstellungen, die nie deutlich werden; nicht, weil in ihnen Verwirrung, sondern weil in ihnen kein Mannigfaltiges anzutreffen ist. Man muß sie daher undeutlich, aber nicht verworren nennen.

5 Und auch selbst bei den zusammengesetzten Vorstellungen, in denen sich ein Mannigfaltiges von Merkmalen unterscheiden läßt, rührt die Undeutlichkeit oft nicht her von Verwirrung, sondern von Schwäche des Bewußtseins. Es kann nämlich etwas deutlich sein der Form nach, d. h. ich kann mir des Mannigfaltigen in der Vorstellung bewußt sein;
10 aber der Materie nach kann die Deutlichkeit abnehmen, wenn der Grad des Bewußtseins kleiner wird, obgleich alle Ordnung da ist. Dieses ist der Fall mit abstracten Vorstellungen.

Die Deutlichkeit selbst kann eine zwiefache sein:

Erstlich, eine sinnliche. Diese besteht in dem Bewußtsein des
15 Mannigfaltigen in der Anschauung. Ich sehe z. B. die Milchstraße als einen weißlichten Streifen; die Lichtstrahlen von den einzelnen in demselben befindlichen Sternen müssen nothwendig in mein Auge gekommen sein. Aber die Vorstellung davon war nur klar und wird durch das Teleskop erst deutlich, weil ich jetzt die einzelnen in jenem Milchstreifen
20 enthaltenen Sterne erblicke.

Zweitens, eine intellectuelle; Deutlichkeit in Begriffen oder Verstandesdeutlichkeit. Diese beruht auf der Zergliederung des Begriffs in Ansehung des Mannigfaltigen, das in ihm enthalten liegt. So sind z. B. in dem Begriffe der Tugend als Merkmale enthalten
25 1) der Begriff der Freiheit, 2) der Begriff der Anhänglichkeit an Regeln (der Pflicht), 3) der Begriff von Überwältigung der Macht der Neigungen, wofern sie jenen Regeln widerstreiten. Lösen wir nun so den Begriff der Tugend in seine einzelnen Bestandtheile auf, so machen wir ihn eben durch diese Analyse uns deutlich. Durch diese Deutlichmachung selbst
30 aber setzen wir zu einem Begriffe nichts hinzu; wir erklären ihn nur. Es werden daher bei der Deutlichkeit die Begriffe nicht der Materie, sondern nur der Form nach verbessert.

---

Reflectiren wir auf unsre Erkenntnisse in Ansehung der beiden wesentlich verschiedenen Grundvermögen der Sinnlichkeit und des Verstandes, woraus sie entspringen: so treffen wir hier auf den Unterschied zwischen Anschauungen und Begriffen. Alle unsre Erkenntnisse nämlich sind, in dieser Rücksicht betrachtet, entweder Anschauungen oder Begriffe. Die erstern haben ihre Quelle in der Sinnlichkeit, dem Vermögen der Anschauungen, die letztern im Verstande, dem Vermögen der Begriffe. Dieses ist der logische Unterschied zwischen Verstand und Sinnlichkeit, nach welchem diese nichts als Anschauungen, jener hingegen nichts als Begriffe liefert. Beide Grundvermögen lassen sich freilich auch noch von einer andern Seite betrachten und auf eine andre Art definiren; nämlich die Sinnlichkeit als ein Vermögen der Receptivität, der Verstand als ein Vermögen der Spontaneität. Allein diese Erklärungsart ist nicht logisch, sondern metaphysisch. Man pflegt die Sinnlichkeit auch das niedere, den Verstand dagegen das obere Vermögen zu nennen, aus dem Grunde, weil die Sinnlichkeit den bloßen Stoff zum Denken giebt, der Verstand aber über diesen Stoff disponirt und denselben unter Regeln oder Begriffe bringt.

Auf den hier angegebenen Unterschied zwischen intuitiven und discursiven Erkenntnissen, oder zwischen Anschauungen und Begriffen gründet sich die Verschiedenheit der ästhetischen und der logischen Vollkommenheit des Erkenntnisses.

Ein Erkenntniß kann vollkommen sein, entweder nach Gesetzen der Sinnlichkeit, oder nach Gesetzen des Verstandes; im erstern Falle ist es ästhetisch, im andern logisch vollkommen. Beide, die ästhetische und die logische Vollkommenheit, sind also von verschiedener Art, die erstere bezieht sich auf die Sinnlichkeit, die letztere auf den Verstand. Die logische Vollkommenheit des Erkenntnisses beruht auf seiner Übereinstimmung mit dem Objecte; also auf allgemeingültigen Gesetzen, und läßt sich mithin auch nach Normen a priori beurtheilen. Die ästhetische Vollkommenheit besteht in der Übereinstimmung des Erkenntnisses mit dem Subjecte und gründet sich auf die besondere Sinnlichkeit des Menschen. Es finden daher bei der ästhetischen Vollkommenheit keine objectiv- und allgemeingültigen Gesetze statt, in Beziehung auf welche sie sich a priori auf eine für alle denkenden Wesen überhaupt allgemeingeltende Weise beurtheilen ließe. Sofern es indessen auch allgemeine Gesetze der Sinnlichkeit giebt, die, obgleich nicht objectiv und für alle denkenden Wesen überhaupt, doch subjectiv für die gesammte Menschheit Gültigkeit haben: läßt sich auch eine ästhetische Vollkommenheit denken, die den Grund eines subjectiv=allgemeinen Wohlgefallens enthält.  Dieses ist die Schönheit, das, was den Sinnen in der Anschauung gefällt und eben darum der Gegenstand eines allgemeinen Wohlgefallens sein kann, weil die Gesetze der Anschauung allgemeine Gesetze der Sinnlichkeit sind.

5 Durch diese Übereinstimmung mit den allgemeinen Gesetzen der Sinn=lichkeit unterscheidet sich der Art nach das eigentliche, selbstständige Schöne, dessen Wesen in der bloßen Form besteht, von dem Angeneh=men, das lediglich in der Empfindung durch Reiz oder Rührung gefällt, und um deswillen auch nur der Grund eines bloßen Privat=Wohlgefallens 10 sein kann.

Diese wesentliche ästhetische Vollkommenheit ist es auch, welche unter allen mit der logischen Vollkommenheit sich verträgt und am besten mit ihr verbinden läßt.

Von dieser Seite betrachtet kann also die ästhetische Vollkommenheit 15 in Ansehung jenes wesentlich Schönen der logischen Vollkommenheit vor=theilhaft sein.  In einer anderen Rücksicht ist sie ihr aber auch nachtheilig, sofern wir bei der ästhetischen Vollkommenheit nur auf das außerwe=sentlich Schöne sehen, das Reizende oder Rührende, was den Sinnen in der bloßen Empfindung gefällt und nicht auf die bloße Form, sondern 20 die Materie der Sinnlichkeit sich bezieht.  Denn Reiz und Rührung kön=nen die logische Vollkommenheit in unsern Erkenntnissen und Urtheilen am meisten verderben.

Überhaupt bleibt wohl freilich zwischen der ästhetischen und der lo=gischen Vollkommenheit unsers Erkenntnisses immer eine Art von Wider=25 streit, der nicht völlig gehoben werden kann.  Der Verstand will belehrt, die Sinnlichkeit belebt sein, der erste begehrt Einsicht, die zweite Faßlich=keit.  Sollen Erkenntnisse unterrichten, so müssen sie in so fern gründlich sein; sollen sie zugleich unterhalten, so müssen sie auch schön sein.  Ist ein Vortrag schön, aber seicht, so kann er nur der Sinnlichkeit, aber nicht dem 30 Verstande, ist er umgekehrt gründlich, aber trocken, nur dem Verstande, aber nicht auch der Sinnlichkeit gefallen.

Da es indessen das Bedürfniß der menschlichen Natur und der Zweck der Popularität des Erkenntnisses erfordert, daß wir beide Vollkommen=heiten mit einander zu vereinigen suchen: so müssen wir es uns auch an=35 gelegen sein lassen, denjenigen Erkenntnissen, die überhaupt einer ästhe=tischen Vollkommenheit fähig sind, dieselbe zu verschaffen und eine schul=gerechte, logisch vollkommene Erkenntniß durch die ästhetische Form popu=

lär zu machen. Bei diesem Bestreben, die ästhetische mit der logischen Vollkommenheit in unsern Erkenntnissen zu verbinden, müssen wir aber folgende Regeln nicht aus der Acht lassen: nämlich 1) daß die logische Vollkommenheit die Basis aller übrigen Vollkommenheiten sei und daher keiner andern gänzlich nachstehen oder aufgeopfert werden dürfe; 2) daß man hauptsächlich auf die formale ästhetische Vollkommenheit sehe; die Übereinstimmung einer Erkenntniß mit den Gesetzen der Anschauung, weil gerade hierin das wesentlich Schöne besteht, das mit der logischen Vollkommenheit sich am besten vereinigen läßt; 3) daß man mit Reiz und Rührung, wodurch ein Erkenntniß auf die Empfindung wirkt und für dieselbe ein Interesse erhält, sehr behutsam sein müsse, weil hierdurch so leicht die Aufmerksamkeit vom Object auf das Subject kann gezogen werden, woraus denn augenscheinlich ein sehr nachtheiliger Einfluß auf die logische Vollkommenheit des Erkenntnisses entstehen muß.

———————

Um die wesentlichen Verschiedenheiten, die zwischen der logischen und der ästhetischen Vollkommenheit des Erkenntnisses stattfinden, nicht bloß im Allgemeinen, sondern von mehreren besondern Seiten noch kenntlicher zu machen, wollen wir sie beide unter einander vergleichen in Rücksicht auf die vier Hauptmomente der Quantität, der Qualität, der Relation und der Modalität, worauf es bei Beurtheilung der Vollkommenheit des Erkenntnisses ankommt.

Ein Erkenntniß ist vollkommen 1) der Quantität nach, wenn es allgemein ist; 2) der Qualität nach, wenn es deutlich ist; 3) der Relation nach, wenn es wahr ist, und endlich 4) der Modalität nach, wenn es gewiß ist.

Aus diesen angegebenen Gesichtspunkten betrachtet, wird also ein Erkenntniß logisch vollkommen sein der Quantität nach: wenn es objective Allgemeinheit (Allgemeinheit des Begriffs oder der Regel), der Qualität nach: wenn es objective Deutlichkeit (Deutlichkeit im Begriffe), der Relation nach: wenn es objective Wahrheit, und endlich der Modalität nach: wenn es objective Gewißheit hat.

Diesen logischen Vollkommenheiten entsprechen nun folgende ästhetische Vollkommenheiten in Beziehung auf jene vier Hauptmomente; nämlich

1) die ästhetische Allgemeinheit. Diese besteht in der Anwend=
barkeit einer Erkenntniß auf eine Menge von Objecten, die zu Beispielen
dienen, an denen sich die Anwendung von ihr machen läßt, und wodurch
sie zugleich für den Zweck der Popularität brauchbar wird;

2) die ästhetische Deutlichkeit. Dieses ist die Deutlichkeit in der
Anschauung, worin durch Beispiele ein abstract gedachter Begriff in concreto dargestellt oder erläutert wird;

3) die ästhetische Wahrheit. Eine bloß subjective Wahrheit, die
nur in der Übereinstimmung des Erkenntnisses mit dem Subject und den
Gesetzen des Sinnen=Scheines besteht und folglich nichts weiter als ein
allgemeiner Schein ist;

4) die ästhetische Gewißheit. Diese beruht auf dem, was dem
Zeugnisse der Sinne zufolge nothwendig ist, d. i. was durch Empfindung
und Erfahrung bestätigt wird.

———————

Bei den so eben genannten Vollkommenheiten kommen immer zwei
Stücke vor, die in ihrer harmonischen Vereinigung die Vollkommenheit
überhaupt ausmachen, nämlich: Mannigfaltigkeit und Einheit. Beim
Verstande liegt die Einheit im Begriffe, bei den Sinnen in der Anschauung.

Bloße Mannigfaltigkeit ohne Einheit kann uns nicht befriedigen.
Und daher ist unter allen die Wahrheit die Hauptvollkommenheit, weil sie
der Grund der Einheit ist durch die Beziehung unsers Erkenntnisses auf
das Object. Auch selbst bei der ästhetischen Vollkommenheit bleibt die
Wahrheit immer die conditio sine qua non, die vornehmste negative Be=
dingung, ohne welche etwas nicht allgemein dem Geschmacke gefallen kann.
Es darf daher niemand hoffen, in schönen Wissenschaften fortzukommen,
wenn er nicht logische Vollkommenheit in seinem Erkenntnisse zum Grunde
gelegt hat. In der größten möglichen Vereinbarung der logischen mit der
ästhetischen Vollkommenheit überhaupt in Rücksicht auf solche Kenntnisse,
die beides, zugleich unterrichten und unterhalten sollen, zeigt sich auch
wirklich der Charakter und die Kunst des Genies.

# VI.

## Besondre logische Vollkommenheiten des Erkenntnisses.

A) Logische Vollkommenheit des Erkenntnisses der Quantität
nach. — Größe. — Extensive und intensive Größe. — Weit-
läuftigkeit und Gründlichkeit oder Wichtigkeit und Fruchtbarkeit des Erkenntnisses. — Bestimmung des Horizonts unsrer
Erkenntnisse.

Die Größe der Erkenntniß kann in einem zwiefachen Verstande genommen werden, entweder als extensive oder als intensive Größe.
Die erstere bezieht sich auf den Umfang der Erkenntniß und besteht also
in der Menge und Mannigfaltigkeit derselben; die letztere bezieht sich auf
ihren Gehalt, welcher die Vielgültigkeit oder die logische Wichtigkeit
und Fruchtbarkeit einer Erkenntniß betrifft, sofern sie als Grund von
vielen und großen Folgen betrachtet wird (non multa sed multum).

Bei Erweiterung unsrer Erkenntnisse oder bei Vervollkommnung derselben ihrer extensiven Größe nach, ist es gut sich einen Überschlag zu machen, in wie weit ein Erkenntniß mit unsern Zwecken und Fähigkeiten zusammenstimme. Diese Überlegung betrifft die Bestimmung des Horizonts unsrer Erkenntnisse, unter welchem die Angemessenheit der
Größe der gesammten Erkenntnisse mit den Fähigkeiten und
Zwecken des Subjects zu verstehen ist.

Der Horizont läßt sich bestimmen

1) logisch, nach dem Vermögen oder den Erkenntnißkräften in Beziehung auf das Interesse des Verstandes. Hier haben wir zu beurtheilen: wie weit wir in unsern Erkenntnissen kommen können, wie weit
wir darin gehen müssen und in wie fern gewisse Erkenntnisse in logischer
Absicht als Mittel zu diesen oder jenen Haupterkenntnissen, als unsern
Zwecken, dienen;

2) ästhetisch, nach dem Geschmack in Beziehung auf das Interesse des Gefühls. Der seinen Horizont ästhetisch bestimmt, sucht die
Wissenschaft nach dem Geschmacke des Publicums einzurichten, d. h. sie
populär zu machen, oder überhaupt nur solche Erkenntnisse sich zu erwerben, die sich allgemein mittheilen lassen und an denen auch die Klasse
der Nichtgelehrten Gefallen und Interesse findet;

3) praktisch, nach dem Nutzen in Beziehung auf das Interesse

des Willens. Der praktische Horizont, sofern er bestimmt wird nach dem Einflusse, den ein Erkenntniß auf unsre Sittlichkeit hat, ist prag=matisch und von der größten Wichtigkeit.

Der Horizont betrifft also die Beurtheilung und Bestimmung dessen, was der Mensch wissen kann, was er wissen darf, und was er wissen soll.

Was nun insbesondre den theoretisch oder logisch bestimmten Hori=zont betrifft — und von diesem kann hier allein die Rede sein —, so kön=nen wir denselben entweder aus dem objectiven oder aus dem subjec=tiven Gesichtspunkte betrachten.

In Ansehung der Objecte ist der Horizont entweder historisch oder rational. Der erstere ist viel weiter als der andre, ja er ist uner=meßlich groß, denn unsre historische Erkenntniß hat keine Grenzen. Der rationale Horizont dagegen läßt sich fixiren, es läßt sich z. B. bestimmen, auf welche Art von Objecten das mathematische Erkenntniß nicht ausge=dehnt werden könne. So auch in Absicht auf das philosophische Vernunft=erkenntniß, wie weit hier die Vernunft a priori ohne alle Erfahrung wohl gehen könne?

In Beziehung aufs Subject ist der Horizont entweder der allge=meine und absolute, oder ein besondrer und bedingter (Privat=Horizont).

Unter dem absoluten und allgemeinen Horizont ist die Congruenz der Grenzen der menschlichen Erkenntnisse mit den Grenzen der gesammten menschlichen Vollkommenheit überhaupt zu verstehen. Und hier ist also die Frage: Was kann der Mensch als Mensch überhaupt wissen?

Die Bestimmung des Privat = Horizonts hängt ab von mancherlei empirischen und speciellen Rücksichten, z. B. des Alters, des Geschlechts, Standes, der Lebensart u. dgl. m. Jede besondre Klasse von Menschen hat also in Beziehung auf ihre speciellen Erkenntnißkräfte, Zwecke und Stand=punkte, ihren besondern, jeder Kopf nach Maaßgabe der Individualität seiner Kräfte und seines Standpunktes seinen eigenen Horizont. Endlich können wir uns auch noch einen Horizont der gesunden Vernunft und einen Horizont der Wissenschaft denken, welcher letztere noch Princi=pien bedarf, um nach denselben zu bestimmen, was wir wissen und nicht wissen können.

Was wir nicht wissen können, ist über unsern Horizont, was wir nicht wissen dürfen oder nicht zu wissen brauchen, außer unserm Horizonte. Dieses letztere kann jedoch nur relativ gelten in Beziehung auf diese oder jene besondren Privatzwecke, zu deren Erreichung gewisse Erkenntnisse nicht nur nichts beitragen, sondern ihr sogar hinderlich sein könnten. Denn schlechthin und in aller Absicht unnütz und unbrauchbar ist doch kein Erkenntniß, ob wir gleich seinen Nutzen nicht immer einsehen können. Es ist daher ein eben so unweiser als ungerechter Vorwurf, der großen Männern, welche mit mühsamem Fleiße die Wissenschaften bearbeiten, von schalen Köpfen gemacht wird, wenn diese hierbei fragen: wozu ist das nütze? Diese Frage muß man, indem man sich mit Wissenschaften beschäftigen will, gar nicht einmal aufwerfen. Gesetzt, eine Wissenschaft könnte nur über irgend ein mögliches Object Aufschlüsse geben, so wäre sie um deswillen schon nützlich genug. Jede logisch vollkommene Erkenntniß hat immer irgend einen möglichen Nutzen, der, obgleich uns bis jetzt unbekannt, doch vielleicht von der Nachkommenschaft wird gefunden werden. Hätte man bei Cultur der Wissenschaften immer nur auf den materiellen Gewinn, den Nutzen derselben gesehen, so würden wir keine Arithmetik und Geometrie haben. Unser Verstand ist auch überdies so eingerichtet, daß er in der bloßen Einsicht Befriedigung findet und mehr noch als in dem Nutzen, der daraus entspringt. Dieses merkte schon Plato an. Der Mensch fühlt seine eigene Vortrefflichkeit dabei, er empfindet, was es heiße, Verstand haben. Menschen, die das nicht empfinden, müssen die Thiere beneiden. Der innere Werth, den Erkenntnisse durch logische Vollkommenheit haben, ist mit ihrem äußern, dem Werthe in der Anwendung, nicht zu vergleichen.

Wie das, was außer unserm Horizonte liegt, sofern wir es nach unsern Absichten, als entbehrlich für uns, nicht wissen dürfen, so ist auch das, was unter unserm Horizont liegt, sofern wir es, als schädlich für uns, nicht wissen sollen, nur in einem relativen, keinesweges aber im absoluten Sinne zu verstehen.

_____

In Absicht auf die Erweiterung und Demarcation unserer Erkenntniß sind folgende Regeln zu empfehlen:

Man muß sich seinen Horizont

1) zwar frühzeitig bestimmen, aber freilich doch erst alsdann, wenn man ihn sich selbst bestimmen kann, welches gewöhnlich vor dem 20ten Jahre nicht stattfindet;

2) ihn nicht leicht und oft verändern (nicht von einem auf das andre fallen);

3) den Horizont Anderer nicht nach dem seinigen messen, und nicht das für unnütz halten, was uns zu Nichts nützt; es würde verwegen sein, den Horizont Anderer bestimmen zu wollen, weil man theils ihre Fähigkeiten, theils ihre Absichten nicht genug kennt;

4) ihn weder zu sehr ausdehnen, noch zu sehr einschränken. Denn der zu viel wissen will, weiß am Ende nichts, und der umgekehrt von einigen Dingen glaubt, daß sie ihn nichts angehen, betrügt sich oft; wie wenn z. B. der Philosoph von der Geschichte glaubte, daß sie ihm entbehrlich sei;

Auch suche man

5) den absoluten Horizont des ganzen menschlichen Geschlechts (der vergangenen und künftigen Zeit nach) zum voraus zu bestimmen, so wie insbesondre auch

6) die Stelle zu bestimmen, die unsre Wissenschaft im Horizonte der gesammten Erkenntniß einnimmt. Dazu dient die Universal=Encyklopädie als eine Universalcharte (Mappe-monde) der Wissenschaften;

7) Bei Bestimmung seines besondern Horizonts selbst prüfe man sorg=fältig: zu welchem Theile des Erkenntnisses man die größte Fähig=keit und Wohlgefallen habe, was in Ansehung gewisser Pflichten mehr oder weniger nöthig sei, was mit den nothwendigen Pflich=ten nicht zusammen bestehen könne und endlich

8) suche man seinen Horizont immer doch mehr zu erweitern als zu verengen.

Es ist überhaupt von der Erweiterung des Erkenntnisses das nicht zu besorgen, was d'Alembert von ihr besorgt. Denn uns drückt nicht die Last, sondern uns verengt das Volumen des Raums für unsre Erkennt=nisse. Kritik der Vernunft, der Geschichte und historischen Schriften, ein allgemeiner Geist, der auf das menschliche Erkenntniß en gros und nicht bloß im detail geht, werden immer den Umfang kleiner machen, ohne im Inhalte etwas zu vermindern. Bloß die Schlacke fällt vom Metalle weg oder das unedlere Vehikel, die Hülle, welche bis so lange nöthig war. Mit der Erweiterung der Naturgeschichte, der Mathematik u. s. w. werden neue Methoden erfunden werden, die das Alte verkürzen und die Menge der Bücher entbehrlich machen. Auf Erfindung solcher neuen Methoden und Principien wird es beruhen, daß wir, ohne das Gedächtniß zu belästigen, alles mit Hülfe derselben nach Belieben selbst finden können. Daher macht sich der um die Geschichte wie ein Genie verdient, welcher sie unter Ideen faßt, die immer bleiben können.

———————

Der logischen Vollkommenheit des Erkenntnisses in Ansehung seines Umfanges steht die Unwissenheit entgegen. Eine negative Unvollkommenheit oder Unvollkommenheit des Mangels, die wegen der Schranken des Verstandes von unserm Erkenntnisse unzertrennlich bleibt.

Wir können die Unwissenheit aus einem objectiven und aus einem subjectiven Gesichtspunkte betrachten.

1) Objectiv genommen, ist die Unwissenheit entweder eine materiale oder eine formale. Die erstere besteht in einem Mangel an historischen, die andere in einem Mangel an rationalen Erkenntnissen. Man muß in keinem Fache ganz ignorant sein, aber wohl kann man das historische Wissen einschränken, um sich desto mehr auf das rationale zu legen, oder umgekehrt.

2) In subjectiver Bedeutung ist die Unwissenheit entweder eine gelehrte, scientifische oder eine gemeine. Der die Schranken der Erkenntniß, also das Feld der Unwissenheit, von wo es anhebt, deutlich einsieht, der Philosoph z. B., der es einsieht und beweist, wie wenig man aus Mangel an den dazu erforderlichen Datis in Ansehung der Structur des Goldes wissen könne, ist kunstmäßig oder auf eine gelehrte Art unwissend. Der hingegen unwissend ist, ohne die Gründe von den Grenzen des Wissens einzusehen und sich darum zu bekümmern, ist es auf eine gemeine, nicht wissenschaftliche Weise. Ein solcher weiß nicht einmal, daß er nichts wisse. Denn man kann sich seine Unwissenheit niemals anders vorstellen als durch die Wissenschaft, so wie ein Blinder sich die Finsterniß nicht vorstellen kann, als bis er sehend geworden.

Die Kenntniß seiner Unwissenheit setzt also Wissenschaft voraus und macht zugleich bescheiden, dagegen das eingebildete Wissen aufbläht. So war Sokrates' Nichtwissen eine rühmliche Unwissenheit, eigentlich ein

Wissen des Nichtwissens nach seinem eigenen Geständnisse. Diejenigen
also, die sehr viele Kenntnisse besitzen und bei alle dem doch über die
Menge dessen, was sie nicht wissen, erstaunen, kann der Vorwurf der Unwissenheit eben nicht treffen.

Untadelhaft (inculpabilis) ist überhaupt die Unwissenheit in Dingen, deren Erkenntniß über unsern Horizont geht, und erlaubt (wiewohl auch nur im relativen Sinne) kann sie sein in Ansehung des speculativen Gebrauchs unserer Erkenntnißvermögen, sofern die Gegenstände
hier, obgleich nicht über, aber doch außer unserm Horizonte liegen.
Schändlich aber ist sie in Dingen, die zu wissen uns sehr nöthig und
auch leicht ist.

Es ist ein Unterschied, etwas nicht wissen und etwas ignoriren,
d. i. keine Notiz wovon nehmen. Es ist gut viel zu ignoriren, was
uns nicht gut ist zu wissen. Von beidem ist noch unterschieden das Abstrahiren. Man abstrahirt aber von einer Erkenntniß, wenn man die
Anwendung derselben ignorirt, wodurch man sie in abstracto bekommt
und im Allgemeinen als Princip sodann besser betrachten kann. Ein solches Abstrahiren von dem, was bei Erkenntniß einer Sache zu unserer
Absicht nicht gehört, ist nützlich und lobenswerth.

Historisch unwissend sind gemeiniglich Vernunftlehrer.

Das historische Wissen ohne bestimmte Grenzen ist Polyhistorie;
diese bläht auf. Polymathie geht auf das Vernunfterkenntniß. Beides,
das ohne bestimmte Grenzen ausgedehnte historische so wohl als rationale
Wissen kann Pansophie heißen. Zum historischen Wissen gehört die
Wissenschaft von den Werkzeugen der Gelehrsamkeit — die Philologie,
die eine kritische Kenntniß der Bücher und Sprachen (Literatur und
Linguistik) in sich faßt.

Die bloße Polyhistorie ist eine cyklopische Gelehrsamkeit, der ein
Auge fehlt, das Auge der Philosophie, und ein Cyklop von Mathematiker, Historiker, Naturbeschreiber, Philolog und Sprachkundiger ist ein
Gelehrter, der groß in allen diesen Stücken ist, aber alle Philosophie darüber für entbehrlich hält.

Einen Theil der Philologie machen die Humaniora aus, worunter
man die Kenntniß der Alten versteht, welche die Vereinigung der
Wissenschaft mit Geschmack befördert, die Rauhigkeit abschleift und
die Communicabilität und Urbanität, worin Humanität besteht, befördert.

Die Humaniora betreffen also eine Unterweisung in dem, was zur Cultur des Geschmacks dient, den Mustern der Alten gemäß. Dahin gehört z. B. Beredsamkeit, Poesie, Belesenheit in den classischen Autoren u. dgl. m. Alle diese humanistischen Kenntnisse kann man zum praktischen, auf die Bildung des Geschmacks zunächst abzweckenden Theile der Philologie rechnen. Trennen wir aber den bloßen Philologen noch vom Humanisten, so würden sich beide darin von einander unterscheiden, daß jener die Werkzeuge der Gelehrsamkeit bei den Alten sucht, dieser hingegen die Werkzeuge der Bildung des Geschmacks.

Der Belletrist oder bel esprit ist ein Humanist nach gleichzeitigen Mustern in lebenden Sprachen. Er ist also kein Gelehrter, denn nur todte Sprachen sind jetzt gelehrte Sprachen, sondern ein bloßer Dilettant der Geschmackskenntnisse nach der Mode, ohne der Alten zu bedürfen. Man könnte ihn den Affen des Humanisten nennen. Der Polyhistor muß als Philolog Linguist und Literator und als Humanist muß er Klassiker und ihr Ausleger sein. Als Philolog ist er cultivirt, als Humanist civilisirt.

In Ansehung der Wissenschaften giebt es zwei Ausartungen des herrschenden Geschmacks: Pedanterie und Galanterie. Die eine treibt die Wissenschaften bloß für die Schule und schränkt sie dadurch ein in Rücksicht ihres Gebrauches, die andre treibt sie bloß für den Umgang oder die Welt und beschränkt sie dadurch in Absicht auf ihren Inhalt.

Der Pedant ist entweder als Gelehrter dem Weltmanne entgegengesetzt und ist in so fern der aufgeblasene Gelehrte ohne Weltkenntniß, d. i. ohne Kenntniß der Art und Weise, seine Wissenschaft an den Mann zu bringen, oder er ist zwar als der Mann von Geschicklichkeit überhaupt zu betrachten, aber nur in Formalien, nicht dem Wesen und Zwecke nach. In der letztern Bedeutung ist er ein Formalienklauber; eingeschränkt in Ansehung des Kerns der Sachen, sieht er nur auf das Kleid und die Schale. Er ist die verunglückte Nachahmung oder Caricatur vom methodischen Kopfe. Man kann daher die Pedanterie auch die grüblerische Peinlichkeit und unnütze Genauigkeit (Mikrologie) in Formalien nennen. Und ein solches Formale der Schulmethode außer der Schule ist nicht bloß bei Gelehrten und im gelehrten Wesen, sondern auch bei andern Ständen und in andern Dingen anzutreffen. Das Ceremoniell an Höfen, im Umgange, was ist es anders als Formalienjagd und Klauberei? Im Militär ist es nicht völlig so, ob es gleich so scheint. Aber im Gespräche, in der Kleidung, in der Diät, in der Religion herrscht oft viel Pedanterie.

Eine zweckmäßige Genauigkeit in Formalien ist Gründlichkeit (schulgerechte, scholastische Vollkommenheit). Pedanterie ist also eine affectirte Gründlichkeit, so wie Galanterie, als eine bloße Buhlerin um den Beifall des Geschmacks, nichts als eine affectirte Popularität ist. Denn die Galanterie ist nur bemüht, sich dem Leser gewogen zu machen und ihn daher auch nicht einmal durch ein schweres Wort zu beleidigen.

Pedanterie zu vermeiden, dazu werden ausgebreitete Kenntnisse nicht nur in den Wissenschaften selbst, sondern auch in Ansehung des Gebrauches derselben erfordert. Daher kann sich nur der wahre Gelehrte von der Pedanterie losmachen, die immer die Eigenschaft eines eingeschränkten Kopfes ist.

Bei dem Bestreben, unserm Erkenntnisse die Vollkommenheit der scholastischen Gründlichkeit und zugleich der Popularität zu verschaffen, ohne darüber in die gedachten Fehler einer affectirten Gründlichkeit oder einer affectirten Popularität zu gerathen, müssen wir vor Allem auf die scholastische Vollkommenheit unsers Erkenntnisses, die schulgerechte Form der Gründlichkeit, sehen und sodann erst dafür sorgen, wie wir die methodisch in der Schule gelernte Erkenntniß wahrhaft populär, d. i. Andern so leicht und allgemein mittheilbar machen, daß doch die Gründlichkeit nicht durch die Popularität verdrängt werde. Denn um der populären Vollkommenheit willen, dem Volke zu Gefallen, muß die scholastische Vollkommenheit nicht aufgeopfert werden, ohne welche alle Wissenschaft nichts als Spielwerk und Tändelei wäre.

Um aber wahre Popularität zu lernen, muß man die Alten lesen, z. B. Cicero's philosophische Schriften, die Dichter Horaz, Virgil u. s. w., unter den Neuern Hume, Shaftesbury u. a. m. Männer, die alle vielen Umgang mit der verfeinerten Welt gehabt haben, ohne den man nicht populär sein kann. Denn wahre Popularität erfordert viele praktische Welt- und Menschenkenntniß, Kenntniß von den Begriffen, dem Geschmacke und den Neigungen der Menschen, worauf bei der Darstellung und selbst der Wahl schicklicher, der Popularität angemessener Ausdrücke beständige Rücksicht zu nehmen ist. Eine solche Herablassung (Condescen=

benz) zu der Fassungskraft des Publicums und den gewohnten Ausdrücken, wobei die scholastische Vollkommenheit nicht hintenan gesetzt, sondern nur die Einkleidung der Gedanken so eingerichtet wird, daß man das
Gerüst, das Schulgerechte und Technische von jener Vollkommenheit
nicht sehen läßt (so wie man mit Bleistift Linien zieht, auf die man schreibt
und sie nachher wegwischt), diese wahrhaft populäre Vollkommenheit des
Erkenntnisses ist in der That eine große und seltene Vollkommenheit, die
von vieler Einsicht in die Wissenschaft zeigt.  Auch hat sie außer vielen
andern Verdiensten noch dieses, daß sie einen Beweis für die vollständige
Einsicht in eine Sache geben kann.  Denn die bloß scholastische Prüfung
einer Erkenntniß läßt noch den Zweifel übrig: ob die Prüfung nicht ein-
seitig sei, und ob die Erkenntniß selbst auch wohl einen von allen Menschen
ihr zugestandenen Werth habe?  Die Schule hat ihre Vorurtheile so wie
der gemeine Verstand.  Eines verbessert hier das andre.  Es ist daher
wichtig, ein Erkenntniß an Menschen zu prüfen, deren Verstand an keiner
Schule hängt.

Diese Vollkommenheit der Erkenntniß, wodurch sich dieselbe zu einer
leichten und allgemeinen Mittheilung qualificirt, könnte man auch die
äußere Extension oder die extensive Größe eines Erkenntnisses nennen,
sofern es äußerlich unter viele Menschen ausgebreitet ist.

---

Da es so viele und mannigfaltige Erkenntnisse giebt, so wird man
wohl thun, sich einen Plan zu machen, nach welchem man die Wissenschaften so ordnet, wie sie am besten zu seinen Zwecken zusammen stimmen
und zu Beförderung derselben beitragen.  Alle Erkenntnisse stehen unter
einander in einer gewissen natürlichen Verknüpfung.  Sieht man nun bei
dem Bestreben nach Erweiterung der Erkenntnisse nicht auf diesen ihren
Zusammenhang: so wird aus allem Vielwissen doch weiter nichts als bloße
Rhapsodie.  Macht man sich aber eine Hauptwissenschaft zum Zweck und
betrachtet alle andern Erkenntnisse nur als Mittel, um zu derselben zu gelangen: so bringt man in sein Wissen einen gewissen systematischen Character.  Und um nach einem solchen wohlgeordneten und zweckmäßigen
Plane bei Erweiterung seiner Erkenntnisse zu Werke zu gehen, muß man
also jenen Zusammenhang der Erkenntnisse unter einander kennen zu lernen suchen.  Dazu giebt die Architektonik der Wissenschaften Anleitung,

die ein System nach Ideen ist, in welchem die Wissenschaften in
Ansehung ihrer Verwandtschaft und systematischen Verbindung in einem Ganzen der die Menschheit interessirenden Erkenntniß betrachtet werden.

———————

5        Was nun insbesondere aber die intensive Größe des Erkenntnisses,
d. h. ihren Gehalt, oder ihre Vielgültigkeit und Wichtigkeit betrifft, die
sich, wie wir oben bemerkten, von der extensiven Größe, der bloßen Weit-
läufigkeit desselben wesentlich unterscheidet: so wollen wir hierüber nur
noch folgende wenige Bemerkungen machen:

10        1) Eine Erkenntniß, die aufs Große, d. i. das Ganze im Gebrauch des Verstandes geht, ist von der Subtilität im Kleinen (Mikrologie) zu unterscheiden.

        2) Logisch wichtig ist jedes Erkenntniß zu nennen, das die logische
Vollkommenheit der Form nach befördert, z. B. jeder mathematische
15 Satz, jedes deutlich eingesehene Gesetz der Natur, jede richtige philosophische Erklärung. Die praktische Wichtigkeit kann man nicht voraussehen, sondern man muß sie abwarten.

        3) Man muß die Wichtigkeit nicht mit der Schwere verwechseln.
Ein Erkenntniß kann schwer sein, ohne wichtig zu sein, und umgekehrt.
20 Schwere entscheidet daher weder für noch auch wider den Werth und die
Wichtigkeit eines Erkenntnisses. Diese beruht auf der Größe oder Viel-
heit der Folgen. Je mehr oder je größere Folgen ein Erkenntniß hat, je
mehr Gebrauch sich von ihm machen läßt, desto wichtiger ist es. Eine
Erkenntniß ohne wichtige Folgen heißt eine Grübelei; dergleichen z. B.
25 die scholastische Philosophie war.

## VII.

B) Logische Vollkommenheit des Erkenntnisses der Relation
nach. — Wahrheit. — Materiale und formale oder logische
Wahrheit. — Kriterien der logischen Wahrheit. — Falschheit
30 und Irrthum. — Schein, als Quelle des Irrthums. — Mittel
zu Vermeidung der Irrthümer.

        Eine Hauptvollkommenheit des Erkenntnisses, ja die wesentliche
und unzertrennliche Bedingung aller Vollkommenheit desselben, ist die

Wahrheit. Wahrheit, sagt man, besteht in der Übereinstimmung der Erkenntniß mit dem Gegenstande. Dieser bloßen Worterklärung zufolge soll also mein Erkenntniß, um als wahr zu gelten, mit dem Object übereinstimmen. Nun kann ich aber das Object nur mit meinem Erkenntnisse vergleichen, dadurch daß ich es erkenne. Meine Erkenntniß soll sich also selbst bestätigen, welches aber zur Wahrheit noch lange nicht hinreichend ist. Denn da das Object außer mir und die Erkenntniß in mir ist, so kann ich immer doch nur beurtheilen: ob meine Erkenntniß vom Object mit meiner Erkenntniß vom Object übereinstimme. Einen solchen Cirkel im Erklären nannten die Alten Diallele. Und wirklich wurde dieser Fehler auch immer den Logikern von den Skeptikern vorgeworfen, welche bemerkten: es verhalte sich mit jener Erklärung der Wahrheit eben so, wie wenn jemand vor Gericht eine Aussage thue und sich dabei auf einen Zeugen berufe, den niemand kenne, der sich aber dadurch glaubwürdig machen wolle, daß er behaupte, der, welcher ihn zum Zeugen aufgerufen, sei ein ehrlicher Mann. Die Beschuldigung war allerdings gegründet. Nur ist die Auflösung der gedachten Aufgabe schlechthin und für jeden Menschen unmöglich.

Es frägt sich nämlich hier: Ob und in wie fern es ein sicheres, allgemeines und in der Anwendung brauchbares Kriterium der Wahrheit gebe? Denn das soll die Frage: Was ist Wahrheit? bedeuten.

Um diese wichtige Frage entscheiden zu können, müssen wir das, was in unserm Erkenntnisse zur Materie desselben gehört und auf das Object sich bezieht, von dem, was die bloße Form, als diejenige Bedingung betrifft, ohne welche ein Erkenntniß gar kein Erkenntniß überhaupt sein würde, wohl unterscheiden. Mit Rücksicht auf diesen Unterschied zwischen der objectiven, materialen und der subjectiven, formalen Beziehung in unserm Erkenntnisse, zerfällt daher die obige Frage in die zwei besondern:

1) Giebt es ein allgemeines materiales, und

2) Giebt es ein allgemeines formales Kriterium der Wahrheit?

Ein allgemeines materiales Kriterium der Wahrheit ist nicht möglich; es ist sogar in sich selbst widersprechend. Denn als ein allgemeines, für alle Objecte überhaupt gültiges, müßte es von allem Unterschiede derselben völlig abstrahiren und doch auch zugleich als ein materiales Kriterium eben auf diesen Unterschied gehen, um bestimmen zu können, ob ein Erkenntniß gerade mit demjenigen Objecte, worauf es bezogen

wird, und nicht mit irgend einem Object überhaupt — womit eigentlich
gar nichts gesagt wäre — übereinstimme. In dieser Übereinstimmung
einer Erkenntniß mit demjenigen bestimmten Objecte, worauf sie bezogen
wird, muß aber die materiale Wahrheit bestehen. Denn ein Erkenntniß,
5 welches in Ansehung Eines Objectes wahr ist, kann in Beziehung auf
andre Objecte falsch sein. Es ist daher ungereimt, ein allgemeines mate=
riales Kriterium der Wahrheit zu fordern, das von allem Unterschiede der
Objecte zugleich abstrahiren und auch nicht abstrahiren solle.

Ist nun aber die Frage nach allgemeinen formalen Kriterien
10 der Wahrheit, so ist die Entscheidung hier leicht, daß es dergleichen aller=
dings geben könne. Denn die formale Wahrheit besteht lediglich in der
Zusammenstimmung der Erkenntniß mit sich selbst bei gänzlicher Ab=
straction von allen Objecten insgesammt und von allem Unterschiede der=
selben. Und die allgemeinen formalen Kriterien der Wahrheit sind dem=
15 nach nichts anders als allgemeine logische Merkmale der Übereinstimmung
der Erkenntniß mit sich selbst oder — welches einerlei ist — mit den all=
gemeinen Gesetzen des Verstandes und der Vernunft.

Diese formalen, allgemeinen Kriterien sind zwar freilich zur objec=
tiven Wahrheit nicht hinreichend, aber sie sind doch als die conditio sine
20 qua non derselben anzusehen.

Denn vor der Frage: ob die Erkenntniß mit dem Object zusammen=
stimme, muß die Frage vorhergehen, ob sie mit sich selbst (der Form nach)
zusammenstimme? Und dies ist Sache der Logik.

Die formalen Kriterien der Wahrheit in der Logik sind
25 1) der Satz des Widerspruchs,
2) der Satz des zureichenden Grundes.

Durch den erstern ist die logische Möglichkeit, durch den letztern
die logische Wirklichkeit eines Erkenntnisses bestimmt.

Zur logischen Wahrheit eines Erkenntnisses gehört nämlich
30 Erstlich: daß es logisch möglich sei, d. h. sich nicht widerspreche.
Dieses Kennzeichen der innerlichen logischen Wahrheit ist aber nur ne=
gativ; denn ein Erkenntniß, welches sich widerspricht, ist zwar falsch,
wenn es sich aber nicht widerspricht, nicht allemal wahr.

Zweitens: daß es logisch gegründet sei, d. h. daß es a) Gründe
35 habe und b) nicht falsche Folgen habe.

Dieses zweite, den logischen Zusammenhang eines Erkenntnisses mit
Gründen und Folgen betreffende Kriterium der äußerlichen logischen

Wahrheit oder der Rationabilität des Erkenntnisses ist positiv. Und
hier gelten folgende Regeln:

1) Aus der Wahrheit der Folge läßt sich auf die Wahrheit des
Erkenntnisses als Grundes schließen, aber nur negativ: wenn
Eine falsche Folge aus einer Erkenntniß fließt, so ist die Erkenntniß
selbst falsch. Denn wenn der Grund wahr wäre, so müßte die Folge
auch wahr sein, weil die Folge durch den Grund bestimmt wird. —

Man kann aber nicht umgekehrt schließen: wenn keine falsche Folge
aus einem Erkenntnisse fließt, so ist es wahr; denn man kann aus einem
falschen Grunde wahre Folgen ziehen.

2) Wenn alle Folgen eines Erkenntnisses wahr sind: so ist
das Erkenntniß auch wahr. Denn wäre nur etwas Falsches im
Erkenntnisse, so müßte auch eine fasche Folge stattfinden.

Aus der Folge läßt sich also zwar auf einen Grund schließen, aber
ohne diesen Grund bestimmen zu können. Nur aus dem Inbegriffe aller
Folgen allein kann man auf einen bestimmten Grund schließen, daß
dieser der wahre sei.

Die erstere Schlußart, nach welcher die Folge nur ein negativ und
indirect zureichendes Kriterium der Wahrheit eines Erkenntnisses sein
kann, heißt in der Logik die apagogische (modus tollens).

Dieses Verfahren, wovon in der Geometrie häufig Gebrauch gemacht
wird, hat den Vortheil, daß ich aus einem Erkenntnisse nur Eine falsche
Folge herleiten darf, um seine Falschheit zu beweisen. Um z. B. darzuthun, daß die Erde nicht platt sei, darf ich, ohne positive und directe
Gründe vorzubringen, apagogisch und indirect nur so schließen: Wäre die
Erde platt, so müßte der Polarstern immer gleich hoch sein; nun ist dieses aber nicht der Fall, folglich ist sie nicht platt.

Bei der andern, der positiven und directen Schlußart (modus
ponens) tritt die Schwierigkeit ein, daß sich die Allheit der Folgen nicht
apodiktisch erkennen läßt, und daß man daher durch die gedachte Schlußart nur zu einer wahrscheinlichen und hypothetisch-wahren Erkenntniß
(Hypothesen) geführt wird, nach der Voraussetzung: daß da, wo viele
Folgen wahr sind, die übrigen auch alle wahr sein mögen.

Wir werden also hier drei Grundsätze, als allgemeine, bloß formale
oder logische Kriterien der Wahrheit aufstellen können; diese sind

1) der Satz des Widerspruchs und der Identität (principium
contradictionis und identitatis), durch welchen die innere Mög=

lichkeit eines Erkenntnisses für problematische Urtheile bestimmt ist;

2) der Satz des zureichenden Grundes (principium rationis suffi-
cientis), auf welchem die (logische) Wirklichkeit einer Erkenntniß
beruht, daß sie gegründet sei, als Stoff zu assertorischen Urtheilen;

3) der Satz des ausschließenden Dritten (principium exclusi
medii inter duo contradictoria), worauf sich die (logische) Nothwendigkeit eines Erkenntnisses gründet — daß nothwendig so und
nicht anders geurtheilt werden müsse, d. i. daß das Gegenteil falsch
sei — für apodiktische Urtheile.

---

Das Gegentheil von der Wahrheit ist die Falschheit, welche, sofern
sie für Wahrheit gehalten wird, Irrthum heißt. Ein irriges Urtheil —
denn Irrthum sowohl als Wahrheit ist nur im Urtheile — ist also ein
solches, welches den Schein der Wahrheit mit der Wahrheit selbst verwechselt.

Wie Wahrheit möglich sei, das ist leicht einzusehen, da hier der
Verstand nach seinen wesentlichen Gesetzen handelt.

Wie aber Irrthum in formaler Bedeutung des Worts, d. h.
wie die verstandeswidrige Form des Denkens möglich sei, das ist
schwer zu begreifen, so wie es überhaupt nicht zu begreifen ist, wie irgend
eine Kraft von ihren eigenen wesentlichen Gesetzen abweichen solle. Im
Verstande selbst und dessen wesentlichen Gesetzen können wir also den
Grund der Irrthümer nicht suchen, so wenig als in den Schranken des
Verstandes, in denen zwar die Ursache der Unwissenheit, keinesweges
aber des Irrthumes liegt. Hätten wir nun keine andre Erkenntnißkraft
als den Verstand: so würden wir nie irren. Allein es liegt, außer dem
Verstande, noch eine andre unentbehrliche Erkenntnißquelle in uns. Das
ist die Sinnlichkeit, die uns den Stoff zum Denken giebt und dabei nach
andern Gesetzen wirkt als der Verstand. Aus der Sinnlichkeit an und
für sich selbst betrachtet kann aber der Irrthum auch nicht entspringen,
weil die Sinne gar nicht urtheilen.

Der Entstehungsgrund alles Irrthums wird daher einzig und allein
in dem unvermerkten Einflusse der Sinnlichkeit auf den Verstand, oder genauer zu reden, auf das Urtheil, gesucht werden müssen.

Dieser Einfluß nämlich macht, daß wir im Urtheilen bloß subjective Gründe für objective halten und folglich den bloßen Schein der Wahrheit mit der Wahrheit selbst verwechseln. Denn darin besteht eben das Wesen des Scheins, der um deswillen als ein Grund anzusehen ist, eine falsche Erkenntniß für wahr zu halten.

Was den Irrthum möglich macht, ist also der Schein, nach welchem im Urtheile das bloß Subjective mit dem Objectiven verwechselt wird.

In gewissem Sinne kann man wohl den Verstand auch zum Urheber der Irrthümer machen, sofern er nämlich aus Mangel an erforderlicher Aufmerksamkeit auf jenen Einfluß der Sinnlichkeit sich durch den hieraus entsprungenen Schein verleiten läßt, bloß subjective Bestimmungsgründe des Urtheils für objective zu halten, oder das, was nur nach Gesetzen der Sinnlichkeit wahr ist, für wahr nach seinen eigenen Gesetzen gelten zu lassen.

Nur die Schuld der Unwissenheit liegt demnach in den Schranken des Verstandes, die Schuld des Irrthums haben wir uns selbst beizumessen. Die Natur hat uns zwar viele Kenntnisse versagt, sie läßt uns über so Manches in einer unvermeidlichen Unwissenheit, aber den Irrthum verursacht sie doch nicht. Zu diesem verleitet uns unser eigener Hang zu urtheilen und zu entscheiden, auch da, wo wir wegen unsrer Begrenztheit zu urtheilen und zu entscheiden nicht vermögend sind.

————————

Aller Irrthum, in welchen der menschliche Verstand gerathen kann, ist aber nur partial, und in jedem irrigen Urtheile muß immer etwas Wahres liegen. Denn ein totaler Irrthum wäre ein gänzlicher Widerstreit wider die Gesetze des Verstandes und der Vernunft. Wie könnte er, als solcher, auf irgend eine Weise aus dem Verstande kommen, und, sofern er doch ein Urtheil ist, für ein Product des Verstandes gehalten werden!

In Rücksicht auf das Wahre und Irrige in unserer Erkenntniß unterscheiden wir ein genaues von einem rohen Erkenntnisse.

Genau ist das Erkenntniß, wenn es seinem Object angemessen ist, oder wenn in Ansehung seines Objects nicht der mindeste Irrthum stattfindet, roh ist es, wenn Irrthümer darin sein können, ohne eben der Absicht hinderlich zu sein.

Dieser Unterschied betrifft die weitere oder engere Bestimmtheit unsers Erkenntnisses (cognitio late vel stricte determinata). Anfangs ist es zuweilen nöthig, ein Erkenntniß in einem weitern Umfange zu bestimmen (late determinare), besonders in historischen Dingen. In Ver-
5 nunfterkenntnissen aber muß alles genau (stricte) bestimmt sein. Bei der laten Determination sagt man: ein Erkenntniß sei praeter propter determinirt. Es kommt immer auf die Absicht eines Erkenntnisses an, ob es roh oder genau bestimmt sein soll. Die late Determination läßt noch immer einen Spielraum für den Irrthum übrig, der aber doch seine be-
10 stimmten Grenzen haben kann. Irrthum findet besonders da statt, wo eine late Determination für eine stricte genommen wird, z. B. in Sachen der Modalität, wo alles stricte determinirt sein muß. Die das nicht thun, werden von den Engländern Latitudinarier genannt.

Von der Genauigkeit, als einer objectiven Vollkommenheit des Er-
15 kenntnisses — da das Erkenntniß hier völlig mit dem Object congruirt — kann man noch die Subtilität als eine subjective Vollkommenheit desselben unterscheiden.

Ein Erkenntniß von einer Sache ist subtil, wenn man darin das-jenige entdeckt, was Anderer Aufmerksamkeit zu entgehen pflegt. Es erfor-
20 dert also einen höhern Grad von Aufmerksamkeit und einen größern Auf-wand von Verstandeskraft.

Viele tadeln alle Subtilität, weil sie sie nicht erreichen können. Aber sie macht an sich immer dem Verstande Ehre und ist sogar verdienstlich und nothwendig, sofern sie auf einen der Beobachtung würdigen Gegen-
25 stand angewandt wird. Wenn man aber mit einer geringern Aufmerk-samkeit und Anstrengung des Verstandes denselben Zweck hätte erreichen können, und man verwendet doch mehr darauf: so macht man unnützen Aufwand und verfällt in Subtilitäten, die zwar schwer sind, aber zu nichts nützen (nugae difficiles).

30 So wie dem Genauen das Rohe, so ist dem Subtilen das Grobe entgegengesetzt.

_____

Aus der Natur des Irrthums, in dessen Begriffe, wie wir bemerkten, außer der Falschheit, noch der Schein der Wahrheit als ein wesentliches Merkmal enthalten ist, ergiebt sich für die Wahrheit unsers Erkenntnisses
35 folgende wichtige Regel:

Um Irrthümer zu vermeiden — und unvermeidlich ist wenigstens absolut oder schlechthin kein Irrthum, ob er es gleich beziehungsweise sein kann für die Fälle, da es, selbst auf die Gefahr zu irren, unvermeidlich für uns ist, zu urtheilen — also um Irrthümer zu vermeiden, muß man die Quelle derselben, den Schein, zu entdecken und zu erklären suchen Das haben aber die wenigsten Philosophen gethan. Sie haben nur die Irrthümer selbst zu widerlegen gesucht, ohne den Schein anzugeben, woraus sie entspringen. Diese Aufdeckung und Auflösung des Scheines ist aber ein weit größeres Verdienst um die Wahrheit als die directe Widerlegung der Irrthümer selbst, wodurch man die Quelle derselben nicht verstopfen und es nicht verhüten kann, daß nicht der nämliche Schein, weil man ihn nicht kennt, in andern Fällen wiederum zu Irrthümern verleite. Denn sind wir auch überzeugt worden, daß wir geirrt haben: so bleiben uns doch, im Fall der Schein selbst, der unserm Irrthume zum Grunde liegt, nicht gehoben ist, noch Scrupel übrig, so wenig wir auch zu deren Rechtfertigung vorbringen können.

Durch Erklärung des Scheins läßt man überdies auch dem Irrenden eine Art von Billigkeit widerfahren. Denn es wird niemand zugeben, daß er ohne irgend einen Schein der Wahrheit geirrt habe, der vielleicht auch einen Scharfsinnigern hätte täuschen können, weil es hierbei auf subjective Gründe ankommt.

Ein Irrthum, wo der Schein auch dem gemeinen Verstande (sensus communis) offenbar ist, heißt eine Abgeschmacktheit oder Ungereimtheit. Der Vorwurf der Absurdität ist immer ein persönlicher Tadel, den man vermeiden muß, insbesondre bei Widerlegung der Irrthümer.

Denn demjenigen, welcher eine Ungereimtheit behauptet, ist selbst doch der Schein, der dieser offenbaren Falschheit zum Grunde liegt, nicht offenbar. Man muß ihm diesen Schein erst offenbar machen. Beharrt er auch alsdann noch dabei, so ist er freilich abgeschmackt; aber dann ist auch weiter nichts mehr mit ihm anzufangen. Er hat sich dadurch aller weitern Zurechtweisung und Widerlegung eben so unfähig als unwürdig gemacht. Denn man kann eigentlich Keinem beweisen, daß er ungereimt sei; hierbei wäre alles Vernünfteln vergeblich. Wenn man die Ungereimtheit beweist, so redet man nicht mehr mit dem Irrenden, sondern mit dem Vernünftigen. Aber da ist die Aufdeckung der Ungereimtheit (deductio ad absurdum) nicht nöthig.

Einen abgeschmackten Irrthum kann man auch einen solchen nennen, dem nichts, auch nicht einmal der Schein zur Entschuldigung dient; so wie ein grober Irrthum ein Irrthum ist, welcher Unwissenheit im gemeinen Erkenntnisse oder Verstoß wider gemeine Aufmerksamkeit beweist.

5     Irrthum in Principien ist größer als in ihrer Anwendung.

———————

Ein äußeres Merkmal oder ein äußerer Probirstein der Wahr=heit ist die Vergleichung unserer eigenen mit Anderer Urtheilen, weil das Subjective nicht allen Andern auf gleiche Art beiwohnen wird, mithin der Schein dadurch erklärt werden kann. Die Unvereinbarkeit Anderer
10 Urtheile mit den unsrigen ist daher als ein äußeres Merkmal des Irr=thums und als ein Wink anzusehen, unser Verfahren im Urtheilen zu untersuchen, aber darum nicht sofort zu verwerfen. Denn man kann doch vielleicht recht haben in der Sache und nur unrecht in der Manier, d. i. dem Vortrage.
15     Der gemeine Menschenverstand (sensus communis) ist auch an sich ein Probirstein, um die Fehler des künstlichen Verstandesgebrauchs zu entdecken. Das heißt: sich im Denken oder im speculativen Vernunft=gebrauche durch den gemeinen Verstand orientiren, wenn man den ge=meinen Verstand als Probe zur Beurtheilung der Richtigkeit des specu=
20 lativen gebraucht.

———————

Allgemeine Regeln und Bedingungen der Vermeidung des Irrthums überhaupt sind: 1) selbst zu denken, 2) sich in der Stelle eines Andern zu denken, und 3) jederzeit mit sich selbst einstimmig zu denken. Die Maxime des Selbstdenkens kann man die aufgeklärte; die Maxime sich in An=
25 derer Gesichtspunkte im Denken zu versetzen, die erweiterte; und die Maxime, jederzeit mit sich selbst einstimmig zu denken, die consequente oder bündige Denkart nennen.

## VIII.

C) Logische Vollkommenheit des Erkenntnisses der Qualität
nach. — Klarheit. — Begriff eines Merkmals überhaupt.
— Verschiedene Arten der Merkmale. — Bestimmung des
logischen Wesens einer Sache. — Unterschied desselben vom
Realwesen. — Deutlichkeit, ein höherer Grad der Klarheit.
— Ästhetische und logische Deutlichkeit. — Unterschied
zwischen analytischer und synthetischer Deutlichkeit.

Das menschliche Erkennen ist von Seiten des Verstandes discursiv, d. h. es geschieht durch Vorstellungen, die das, was mehreren
Dingen gemein ist, zum Erkenntnißgrunde machen, mithin durch Merkmale als solche. Wir erkennen also Dinge nur durch Merkmale und
das heißt eben Erkennen, welches von Kennen herkommt.

Ein Merkmal ist dasjenige an einem Dinge, was einen
Theil der Erkenntniß desselben ausmacht, oder — welches dasselbe
ist — eine Partialvorstellung, sofern sie als Erkenntnißgrund
der ganzen Vorstellung betrachtet wird. Alle unsre Begriffe sind
demnach Merkmale und alles Denken ist nichts anders als ein Vorstellen
durch Merkmale.

Ein jedes Merkmal läßt sich von zwei Seiten betrachten:

Erstlich, als Vorstellung an sich selbst;

Zweitens, als gehörig wie ein Theilbegriff zu der ganzen Vorstellung eines Dinges und dadurch als Erkenntnißgrund dieses Dinges selbst.

Alle Merkmale, als Erkenntnißgründe betrachtet, sind von zwie-
fachem Gebrauche, entweder einem innerlichen oder einem äußerlichen. Der innere Gebrauch besteht in der Ableitung, um durch
Merkmale, als ihre Erkenntnißgründe, die Sache selbst zu erkennen. Der
äußere Gebrauch besteht in der Vergleichung, sofern wir durch Merkmale ein Ding mit andern nach den Regeln der Identität oder Diver-
sität vergleichen können.

---

Es giebt unter den Merkmalen mancherlei specifische Unterschiede,
auf die sich folgende Classification derselben gründet.

1) **Analytische oder synthetische Merkmale.** Jene sind Theil=
begriffe meines wirklichen Begriffs (die ich darin schon denke), diese da=
gegen sind Theilbegriffe des bloß möglichen ganzen Begriffs, (der also
durch eine Synthesis mehrerer Theile erst werden soll.) Erstere sind
alle Vernunftbegriffe, die letztern können Erfahrungsbegriffe sein.

2) **Coordinirte oder subordinirte.** Diese Eintheilung der Merk=
male betrifft ihre Verknüpfung nach oder unter einander.

Coordinirt sind die Merkmale, sofern ein jedes derselben als ein
unmittelbares Merkmal der Sache vorgestellt wird, und subordinirt,
sofern ein Merkmal nur vermittelst des andern an dem Dinge vorgestellt
wird. Die Verbindung coordinirter Merkmale zum Ganzen des Begriffs
heißt ein Aggregat, die Verbindung subordinirter Merkmale eine
Reihe. Jene, die Aggregation coordinirter Merkmale macht die Tota=
lität des Begriffs aus, die aber in Ansehung synthetischer empirischer Be=
griffe nie vollendet sein kann, sondern einer geraden Linie ohne Grenzen
gleicht.

Die Reihe subordinirter Merkmale stößt a parte ante, oder auf
Seiten der Gründe, an unauflösliche Begriffe, die sich ihrer Einfachheit
wegen nicht weiter zergliedern lassen, a parte post, oder in Ansehung der
Folgen hingegen, ist sie unendlich, weil wir zwar ein höchstes
genus, aber keine unterste species haben.

Mit der Synthesis jedes neuen Begriffs in der Aggregation coordi=
nirter Merkmale wächst die extensive oder ausgebreitete Deutlichkeit,
so wie mit der weitern Analysis der Begriffe in der Reihe subordinirter
Merkmale die intensive oder tiefe Deutlichkeit. Diese letztere Art der
Deutlichkeit, da sie nothwendig zur Gründlichkeit und Bündigkeit des
Erkenntnisses dient, ist darum hauptsächlich Sache der Philosophie und
wird insbesondre in metaphysischen Untersuchungen am höchsten ge=
trieben.

3) **Bejahende oder verneinende Merkmale.** Durch jene erkennen
wir, was das Ding ist, durch diese, was es nicht ist.

Die verneinenden Merkmale dienen dazu, uns von Irrthümern ab=
zuhalten. Daher sind sie unnöthig, da wo es unmöglich ist zu irren,
und nur nöthig und von Wichtigkeit in denjenigen Fällen, wo sie uns von
einem wichtigen Irrthume abhalten, in den wir leicht gerathen können.
So sind z. B. in Ansehung des Begriffs von einem Wesen, wie Gott, die
verneinenden Merkmale sehr nöthig und wichtig.

Durch bejahende Merkmale wollen wir also etwas verstehen, durch
verneinende — in die man alle Merkmale insgesammt verwandeln kann
— nur nicht mißverstehen oder darin nur nicht irren, sollten wir auch
nichts davon kennen lernen.

4) Wichtige und fruchtbare oder leere und unwichtige Merk=      5
male.

Ein Merkmal ist wichtig und fruchtbar, wenn es ein Erkenntnißgrund
von großen und zahlreichen Folgen ist, theils in Ansehung seines innern
Gebrauchs, des Gebrauchs in der Ableitung, sofern es hinreichend
ist, um dadurch sehr viel an der Sache selbst zu erkennen, theils in Rück=   10
sicht auf seinen äußern Gebrauch, den Gebrauch in der Vergleichung,
sofern es dazu dient, sowohl die Ähnlichkeit eines Dinges mit vielen
andern als auch die Verschiedenheit desselben von vielen andern zu er=
kennen.

Übrigens müssen wir hier die logische Wichtigkeit und Fruchtbar=   15
keit von der praktischen, der Nützlichkeit und Brauchbarkeit unter=
scheiden.

5) Zureichende und nothwendige oder unzureichende und
zufällige Merkmale.

Ein Merkmal ist zureichend, sofern es hinreicht, das Ding jeder=   20
zeit von allen andern zu unterscheiden; widrigenfalls ist es unzureichend,
wie z. B. das Merkmal des Bellens vom Hunde. Die Hinlänglichkeit
der Merkmale ist aber so gut wie ihre Wichtigkeit nur in einem relativen
Sinne zu bestimmen, in Beziehung auf die Zwecke, welche durch ein Er=
kenntniß beabsichtigt werden.                                       25

Nothwendige Merkmale sind endlich diejenigen, die jederzeit bei
der vorgestellten Sache müssen anzutreffen sein. Dergleichen Merkmale
heißen auch wesentliche und sind den außerwesentlichen und zu=
fälligen entgegengesetzt, die von dem Begriffe des Dinges getrennt
werden können.                                                     30

Unter den nothwendigen Merkmalen giebt es aber noch einen Unter=
schied.

Einige derselben kommen dem Dinge zu als Gründe andrer
Merkmale von Einer und derselben Sache, andre dagegen nur als Fol=
gen von andern Merkmalen.                                          35

Die erstern sind primitive und constitutive Merkmale (constitutiva, essentialia in sensu strictissimo), die andern heißen Attribute

(consectaria, rationata) und gehören zwar auch zum Wesen des Dinges, aber nur, sofern sie aus jenen wesentlichen Stücken desselben erst abgeleitet werden müssen; wie z. B. die drei Winkel im Begriffe eines Triangels aus den drei Seiten.

5 Die außerwesentlichen Merkmale sind auch wieder von zwiefacher Art, sie betreffen entweder innere Bestimmungen eines Dinges (modi) oder dessen äußere Verhältnisse (relationes). So bezeichnet z. B. das Merkmal der Gelehrsamkeit eine innere Bestimmung des Menschen, Herr oder Knecht sein, nur ein äußeres Verhältniß desselben.

------

10 Der Inbegriff aller wesentlichen Stücke eines Dinges oder die Hinlänglichkeit der Merkmale desselben der Coordination oder der Subordination nach, ist des Wesen (complexus notarum primitivarum, interne conceptui dato sufficientium; s. complexus notarum, conceptum aliquem primitive constituentium).

15 Bei dieser Erklärung müssen wir aber hier ganz und gar nicht an das Real- oder Natur-Wesen der Dinge denken, das wir überall nicht einzusehen vermögen. Denn da die Logik von allem Inhalte des Erkenntnisses, folglich auch von der Sache selbst abstrahirt: so kann in dieser Wissenschaft lediglich nur von dem logischen Wesen der Dinge die Rede 20 sein. Und dieses können wir leicht einsehen. Denn dazu gehört weiter nichts als die Erkenntniß aller der Prädicate, in Ansehung deren ein Object durch seinen Begriff bestimmt ist; anstatt daß zum Real-Wesen des Dinges (esse rei) die Erkenntniß derjenigen Prädicate erfordert wird, von denen alles, was zu seinem Dasein gehört, als Bestimmungsgründen, 25 abhängt. Wollen wir z. B. das logische Wesen des Körpers bestimmen: so haben wir gar nicht nöthig die Data hierzu in der Natur aufzusuchen; wir dürfen unsre Reflexion nur auf die Merkmale richten, die als wesentliche Stücke (constitutiva, rationes) den Grundbegriff desselben ursprünglich constituiren. Denn das logische Wesen ist ja selbst nichts anders als 30 der erste Grundbegriff aller nothwendigen Merkmale eines Dinges (esse conceptus).

------

Die erste Stufe der Vollkommenheit unsers Erkenntnisses der Qualität nach ist also die Klarheit desselben. Eine zweite Stufe, oder ein höhe-

rer Grad der Klarheit, ist die Deutlichkeit. Diese besteht in der Klar=
heit der Merkmale.

Wir müssen hier zuvörderst die logische Deutlichkeit überhaupt von
der ästhetischen unterscheiden. Die logische beruht auf der objectiven, die
ästhetische auf der subjectiven Klarheit der Merkmale. Jene ist eine Klar=
heit durch Begriffe, diese eine Klarheit durch Anschauung. Die letz=
tere Art der Deutlichkeit besteht also in einer bloßen Lebhaftigkeit und
Verständlichkeit, d. h. in einer bloßen Klarheit durch Beispiele in concreto, (denn verständlich kann vieles sein, was doch nicht deutlich ist, und
umgekehrt kann Vieles deutlich sein, was doch schwer zu verstehen ist, weil
es bis auf entfernte Merkmale zurückgeht, deren Verknüpfung mit der
Anschauung nur durch eine lange Reihe möglich ist).

Die objective Deutlichkeit verursacht öfters subjective Dunkelheit und
umgekehrt. Daher ist die logische Deutlichkeit nicht selten nur zum Nach=
theil der ästhetischen möglich und umgekehrt wird oft die ästhetische Deut=
lichkeit durch Beispiele und Gleichnisse, die nicht genau passen, sondern
nur nach einer Analogie genommen werden, der logischen Deutlichkeit
schädlich. Überdies sind auch Beispiele überhaupt keine Merkmale und
gehören nicht als Theile zum Begriffe, sondern als Anschauungen nur zum
Gebrauche des Begriffs. Eine Deutlichkeit durch Beispiele, die bloße
Verständlichkeit, ist daher von ganz anderer Art als die Deutlichkeit
durch Begriffe als Merkmale. In der Verbindung beider, der ästhetischen
oder populären mit der scholastischen oder logischen Deutlichkeit, besteht
die Helligkeit. Denn unter einem hellen Kopfe denkt man sich das
Talent einer lichtvollen, der Fassungskraft des gemeinen Verstandes
angemessenen Darstellung abstracter und gründlicher Erkenntnisse.

Was nun hiernächst insbesondre die logische Deutlichkeit betrifft:
so ist sie eine vollständige Deutlichkeit zu nennen, sofern alle Merk=
male, die zusammen genommen den ganzen Begriff ausmachen, bis zur
Klarheit gekommen sind. Ein vollständig oder complet deutlicher Be=
griff kann es nun hinwiederum sein, entweder in Ansehung der Totalität
seiner coordinirten oder in Rücksicht auf die Totalität seiner subordi=
nirten Merkmale. In der totalen Klarheit der coordinirten Merkmale
besteht die extensiv vollständige oder zureichende Deutlichkeit eines Be=
griffs, die auch die Ausführlichkeit heißt. Die totale Klarheit der sub=
ordinirten Merkmale macht die intensiv vollständige Deutlichkeit aus,
die Profundität.

Die erſtere Art der logiſchen Deutlichkeit kann auch die äußere Vollſtändigkeit (completudo externa), ſo wie die andre, die innere Vollſtändigkeit (completudo interna) der Klarheit der Merkmale genannt werden. Die letztere läßt ſich nur von reinen Vernunftbegriffen und von willkürlichen Begriffen, nicht aber von empiriſchen erlangen.

Die extenſive Größe der Deutlichkeit, ſofern ſie nicht abundant iſt, heißt Präciſion (Abgemeſſenheit). Die Ausführlichkeit (completudo) und Abgemeſſenheit (praecisio) zuſammen machen die Angemeſſenheit aus (cognitionem, quae rem adaequat); und in der intenſiv abäqua= ten Erkenntniß, in der Profundität, verbunden mit der extenſiv adä= quaten in der Ausführlichkeit und Präciſion, beſteht (der Qualität nach) die vollendete Vollkommenheit eines Erkenntniſſes (con- summata cognitionis perfectio).

———————

Da es, wie wir bemerkt haben, das Geſchäft der Logik iſt, klare Begriffe deutlich zu machen, ſo frägt es ſich nun: Auf welche Art ſie dieſelben deutlich mache?

Die Logiker aus der Wolffiſchen Schule ſetzen alle Deutlichmachung der Erkenntniſſe in die bloße Zergliederung derſelben. Allein nicht alle Deutlichkeit beruht auf der Analyſis eines gegebenen Begriffs. Dadurch entſteht ſie nur in Anſehung derjenigen Merkmale, die wir ſchon in dem Begriffe dachten, keinesweges aber in Rückſicht auf die Merkmale, die zum Begriffe erſt hinzukommen, als Theile des ganzen möglichen Begriffs.

Diejenige Art der Deutlichkeit, die nicht durch Analyſis, ſondern durch Syntheſis der Merkmale entſpringt, iſt die ſyntheti ſche Deutlich= keit. Und es iſt alſo ein weſentlicher Unterſchied zwiſchen den beiden Sätzen: Einen deutlichen Begriff machen und einen Begriff deutlich machen.

Denn wenn ich einen deutlichen Begriff mache: ſo fange ich von den Theilen an und gehe von dieſen zum Ganzen fort. Es ſind hier noch keine Merkmale vorhanden; ich erhalte dieſelben erſt durch die Syntheſis. Aus dieſem ſyntheti ſchen Verfahren geht alſo die ſyntheti ſche Deutlichkeit her= vor, welche meinen Begriff durch das, was über denſelben in der (reinen oder empiriſchen) Anſchauung als Merkmal hinzukommt, dem Inhalte nach wirklich erweitert. Dieſes ſyntheti ſchen Verfahrens in Deutlich=

machung der Begriffe bedient sich der Mathematiker und auch der Natur=
philosoph. Denn alle Deutlichkeit des eigentlich mathematischen so wie
alles Erfahrungserkenntnisses beruht auf einer solchen Erweiterung dessel=
ben durch Synthesis der Merkmale.

Wenn ich aber einen Begriff deutlich mache: so wächst durch diese 5
bloße Zergliederung mein Erkenntniß ganz und gar nicht dem Inhalte
nach. Dieser bleibt derselbe, nur die Form wird verändert, indem ich das,
was in dem gegebenen Begriffe schon lag, nur besser unterscheiden oder
mit klärerem Bewußtsein erkennen lerne. So wie durch die bloße Illu=
mination einer Karte zu ihr selbst nichts weiter hinzukommt: so wird auch 10
durch die bloße Aufhellung eines gegebenen Begriffs vermittelst der Ana=
lysis seiner Merkmale dieser Begriff selbst nicht im mindesten vermehrt.

Zur Synthesis gehört die Deutlichmachung der Objecte, zur Ana=
lysis die Deutlichmachung der Begriffe. Hier geht das Ganze den
Theilen, dort gehen die Theile dem Ganzen vorher. Der Philosoph 15
macht nur gegebene Begriffe deutlich. Zuweilen verfährt man synthetisch,
auch wenn der Begriff, den man auf diese Art deutlich machen will, schon
gegeben ist. Dieses findet oft statt bei Erfahrungssätzen, wofern man
mit den in einem gegebenen Begriffe schon gedachten Merkmalen noch
nicht zufrieden ist. 20

Das analytische Verfahren, Deutlichkeit zu erzeugen, womit sich die
Logik allein beschäftigen kann, ist das erste und hauptsächlichste Erforder=
niß bei der Deutlichmachung unseres Erkenntnisses. Denn je deutlicher
unser Erkenntniß von einer Sache ist: um so stärker und wirksamer kann
es auch sein. Nur muß die Analysis nicht so weit gehen, daß darüber der 25
Gegenstand selbst am Ende verschwindet.

Wären wir uns alles dessen bewußt, was wir wissen, so müßten wir
über die große Menge unserer Erkenntnisse erstaunen.

————

In Ansehung des objectiven Gehaltes unserer Erkenntniß überhaupt
lassen sich folgende Grade denken, nach welchen dieselbe in dieser Rücksicht 30
kann gesteigert werden:

Der erste Grad der Erkenntniß ist: sich etwas vorstellen;

Der zweite: sich mit Bewußtsein etwas vorstellen oder wahrneh=
men (percipere);

Der dritte: etwas kennen (noscere) oder sich etwas in der Vergleichung mit andern Dingen vorstellen sowohl der Einerleiheit als der Verschiedenheit nach;

Der vierte: mit Bewußtsein etwas kennen, d. h. erkennen (cognoscere). Die Thiere kennen auch Gegenstände, aber sie erkennen sie nicht.

Der fünfte: etwas verstehen (intelligere), d. h. durch den Verstand vermöge der Begriffe erkennen oder concipiren. Dieses ist vom Begreifen sehr unterschieden. Concipiren kann man Vieles, obgleich man es nicht begreifen kann, z. B. ein perpetuum mobile, dessen Unmöglichkeit in der Mechanik gezeigt wird.

Der sechste: etwas durch die Vernunft erkennen oder einsehen (perspicere). Bis dahin gelangen wir in wenigen Dingen und unsre Erkenntnisse werden der Zahl nach immer geringer, je mehr wir sie dem Gehalte nach vervollkommnen wollen.

Der siebente endlich: etwas begreifen (comprehendere), d. h. in dem Grade durch die Vernunft oder a priori erkennen, als zu unsrer Absicht hinreichend ist. Denn alles unser Begreifen ist nur relativ, d. h. zu einer gewissen Absicht hinreichend, schlechthin begreifen wir gar nichts. Nichts kann mehr begriffen werden, als was der Mathematiker demonstrirt, z. B. daß alle Linien im Cirkel proportional sind. Und doch begreift er nicht: wie es zugehe, daß eine so einfache Figur diese Eigenschaften habe. Das Feld des Verstehens oder des Verstandes ist daher überhaupt weit größer als das Feld des Begreifens oder der Vernunft.

## IX.

## D) Logische Vollkommenheit des Erkenntnisses der Modalität nach.

Gewißheit. — Begriff des Fürwahrhaltens überhaupt. — Modi des Fürwahrhaltens: Meinen, Glauben, Wissen. — Überzeugung und Überredung. — Zurückhalten und Aufschieben eines Urtheils. — Vorläufige Urtheile. — Vorurtheile, deren Quellen und Hauptarten.

Wahrheit ist objective Eigenschaft der Erkenntniß, das Urtheil, wodurch etwas als wahr vorgestellt wird; die Beziehung auf einen

Verstand und also auf ein besonderes Subject ist subjectiv das Für=
wahrhalten.

Das Fürwahrhalten ist überhaupt von zwiefacher Art, ein gewisses
oder ein ungewisses. Das gewisse Fürwahrhalten oder die Gewißheit
ist mit dem Bewußtsein der Nothwendigkeit verbunden, das ungewisse da= 5
gegen oder die Ungewißheit, mit dem Bewußtsein der Zufälligkeit oder
der Möglichkeit des Gegentheils. Das letztere ist hinwiederum entweder
sowohl subjectiv als objectiv unzureichend, oder zwar objectiv un=
zureichend, aber subjectiv zureichend. Jenes heißt Meinung,
dieses muß Glaube genannt werden. 10

Es giebt hiernach drei Arten oder Modi des Fürwahrhaltens:
Meinen, Glauben und Wissen. Das Meinen ist ein problemati=
sches, das Glauben ein assertorisches und das Wissen ein apodikti=
sches Urtheilen. Denn was ich bloß meine, das halte ich im Urtheilen
mit Bewußtsein nur für problematisch; was ich glaube, für assertorisch, 15
aber nicht als objectiv, sondern nur als subjectiv nothwendig (nur für
mich geltend); was ich endlich weiß, für apodiktisch gewiß, d. i. für
allgemein und objectiv nothwendig (für Alle geltend), gesetzt auch, daß der
Gegenstand selbst, auf den sich dieses gewisse Fürwahrhalten bezieht, eine
bloß empirische Wahrheit wäre. Denn diese Unterscheidung des Fürwahr= 20
haltens nach den so eben genannten drei modis betrifft nur die Urtheils=
kraft in Ansehung der subjectiven Kriterien der Subsumtion eines Ur=
theils unter objective Regeln.

So wäre z. B. unser Fürwahrhalten der Unsterblichkeit bloß proble=
matisch; wofern wir nur so handeln, als ob wir unsterblich wären, 25
assertorisch aber, sofern wir glauben, daß wir unsterblich sind,
und apodiktisch endlich: sofern wir Alle wüßten, daß es ein ande=
res Leben nach diesem giebt.

Zwischen Meinen, Glauben und Wissen findet demnach ein wesent=
licher Unterschied statt, den wir hier noch genauer und ausführlicher aus= 30
einandersetzen wollen.

1) Meinen. Das Meinen oder das Fürwahrhalten aus einem Er=
kenntnißgrunde, der weder subjectiv noch objectiv hinreichend ist, kann als
ein vorläufiges Urtheilen (sub conditione suspensiva ad interim) an=
gesehen werden, dessen man nicht leicht entbehren kann. Man muß erst 35
meinen, ehe man annimmt und behauptet, sich dabei aber auch hüten, eine
Meinung für etwas mehr als bloße Meinung zu halten. Vom Meinen

fangen wir größtenteils bei allem unserm Erkennen an. Zuweilen haben wir ein dunkles Vorgefühl von der Wahrheit, eine Sache scheint uns Merkmale der Wahrheit zu enthalten; wir ahnen ihre Wahrheit schon, noch ehe wir sie mit bestimmter Gewißheit erkennen.

5 Wo findet nun aber das bloße Meinen eigentlich statt? In keinen Wissenschaften, welche Erkenntnisse a priori enthalten, also weder in der Mathematik, noch in der Metaphysik, noch in der Moral, sondern lediglich in empirischen Erkenntnissen: in der Physik, der Psychologie u. dgl. Denn es ist an sich ungereimt, a priori zu meinen. Auch könnte in der

10 That nichts lächerlicher sein, als z. B. in der Mathematik nur zu meinen. Hier, so wie in der Metaphysik und Moral, gilt es: entweder zu wissen oder nicht zu wissen. Meinungssachen können daher immer nur Gegenstände einer Erfahrungserkenntniß sein, die an sich zwar möglich, aber nur für uns unmöglich ist nach den empirischen Einschränkun-

15 gen und Bedingungen unsers Erfahrungsvermögens und dem davon abhängenden Grade dieses Vermögens, den wir besitzen. So ist z. B. der Äther der neuern Physiker eine bloße Meinungssache. Denn von dieser, so wie von jeder Meinung überhaupt, welche sie auch immer sein möge, sehe ich ein: daß das Gegentheil doch vielleicht könnte bewiesen werden.

20 Mein Fürwahrhalten ist also hier objectiv sowohl als subjectiv unzureichend, obgleich es an sich betrachtet, vollständig werden kann.

2) Glauben. Das Glauben oder das Fürwahrhalten aus einem Grunde, der zwar objectiv unzureichend, aber subjectiv zureichend ist, bezieht sich auf Gegenstände, in Ansehung deren man nicht allein nichts

25 wissen, sondern auch nichts meinen, ja auch nicht einmal Wahrscheinlichkeit vorwenden, sondern bloß gewiß sein kann, daß es nicht widersprechend ist, sich dergleichen Gegenstände so zu denken, wie man sie sich denkt. Das Übrige hierbei ist ein freies Fürwahrhalten, welches nur in praktischer, a priori gegebener Absicht nöthig ist, also ein Fürwahrhalten dessen, was

30 ich aus moralischen Gründen annehme und zwar so, daß ich gewiß bin, das Gegentheil könne nie bewiesen werden.*)

---

*) Das Glauben ist kein besonderer Erkenntnißquell. Es ist eine Art des mit Bewußtsein unvollständigen Fürwahrhaltens und unterscheidet sich, wenn es, als auf besondre Art Objecte (die nur für's Glauben gehören) restringirt, betrachtet wird,

35 vom Meinen nicht durch den Grad, sondern durch das Verhältniß, was es als Erkenntniß zum Handeln hat. So bedarf z. B. der Kaufmann, um einen Handel einzuschlagen, daß er nicht bloß meine, es werde dabei was zu gewinnen sein, sondern

Sachen des Glaubens sind also I) keine Gegenstände des empiri=
schen Erkenntnisses. Der sogenannte historische Glaube kann daher eigent=

daß er's glaube, d. i. daß seine Meinung zur Unternehmung auf's Ungewisse zu=
reichend sei. Nun haben wir theoretische Erkenntnisse (vom Sinnlichen), darin wir
es zur Gewißheit bringen können und in Ansehung alles dessen, was wir mensch= 5
liches Erkenntniß nennen können, muß das Letztere möglich sein. Eben solche ge=
wisse Erkenntnisse und zwar gänzlich a priori haben wir in praktischen Gesetzen,
allein diese gründen sich auf ein übersinnliches Princip (der Freiheit) und zwar in
uns selbst, als ein Princip der praktischen Vernunft. Aber diese praktische Vernunft
ist eine Causalität in Ansehung eines gleichfalls übersinnlichen Objects, des höch= 10
sten Guts, welches in der Sinnenwelt durch unser Vermögen nicht möglich ist.
Gleichwohl muß die Natur als Object unsrer theoretischen Vernunft dazu zusammen=
stimmen, denn es soll in der Sinnenwelt die Folge oder Wirkung von dieser
Idee angetroffen werden. Wir sollen also handeln, um diesen Zweck wirklich zu
machen. 15

Wir finden in der Sinnenwelt auch Spuren einer Kunstweisheit, und nun
glauben wir: die Welturfache wirke auch mit moralischer Weisheit zum höchsten
Gut. Dieses ist ein Fürwahrhalten, welches genug ist zum Handeln, d. i. ein Glaube.
Nun bedürfen wir diesen nicht zum Handeln nach moralischen Gesetzen, denn die
werden durch praktische Vernunft allein gegeben, aber wir bedürfen der Annahme 20
einer höchsten Weisheit zum Object unsers moralischen Willens, worauf wir außer
der bloßen Rechtmäßigkeit unserer Handlungen nicht umhin können, unsre Zwecke
zu richten. Obgleich dieses objectiv keine nothwendige Beziehung unsrer Willkür
wäre: so ist das höchste Gut doch subjectiv nothwendig das Object eines guten
(selbst menschlichen) Willens, und der Glaube an die Erreichbarkeit desselben wird 25
dazu nothwendig vorausgesetzt.

Zwischen der Erwerbung einer Erkenntniß durch Erfahrung (a posteriori) und
durch die Vernunft (a priori) giebt es kein Mittleres. Aber zwischen der Erkenntniß
eines Objects und der bloßen Voraussetzung der Möglichkeit desselben giebt es ein
Mittleres, nämlich einen empirischen oder einen Vernunftgrund die letztere anzunehmen 30
in Beziehung auf eine nothwendige Erweiterung des Feldes möglicher Objecte über
diejenige, deren Erkenntniß uns möglich ist. Diese Nothwendigkeit findet nur in An=
sehung dessen statt, da das Object als praktisch und durch Vernunft praktisch noth=
wendig erkannt wird, denn zum Behuf der bloßen Erweiterung der theoretischen
Erkenntniß etwas anzunehmen, ist jederzeit zufällig. Diese praktisch nothwendige 35
Voraussetzung eines Objects ist die der Möglichkeit des höchsten Guts als Objects
der Willkür, mithin auch der Bedingung dieser Möglichkeit (Gott, Freiheit und Un=
sterblichkeit). Dieses ist eine subjective Nothwendigkeit, die Realität des Objects um
der nothwendigen Willensbestimmung halber anzunehmen. Dies ist der casus extra=
ordinarius, ohne welchen die praktische Vernunft sich nicht in Ansehung ihres noth= 40
wendigen Zwecks erhalten kann, und es kommt ihr hier favor necessitatis zu statten
in ihrem eigenen Urtheil. Sie kann kein Object logisch erwerben, sondern sich nur

lich auch nicht Glaube genannt und als solcher dem Wissen entgegengesetzt werden, da er selbst ein Wissen sein kann. Das Fürwahrhalten auf ein Zeugniß ist weder dem Grade noch der Art nach vom Fürwahrhalten durch eigene Erfahrung unterschieden.

5     II) auch keine Objecte des Vernunfterkenntnisses (Erkenntnisses a priori), weder des theoretischen, z. B. in der Mathematik und Metaphysik, noch des praktischen in der Moral.

Mathematische Vernunftwahrheiten kann man auf Zeugnisse zwar glauben, weil Irrthum hier theils nicht leicht möglich ist, theils auch leicht 10 entdeckt werden kann, aber man kann sie auf diese Art doch nicht wissen. Philosophische Vernunftwahrheiten lassen sich aber auch nicht einmal glauben, sie müssen lediglich gewußt werden; denn Philosophie leidet in sich keine bloße Überredung. Und was insbesondre die Gegenstände des praktischen Vernunfterkenntnisses in der Moral, die Rechte und Pflichten,

15 allein dem widersetzen, was sie im Gebrauch dieser Idee, die ihr praktisch angehört, hindert.

Dieser Glaube ist die Nothwendigkeit, die objective Realität eines Begriffs (vom höchsten Gut) d. i. die Möglichkeit seines Gegenstandes, als a priori nothwendigen Objects der Willkür anzunehmen. Wenn wir bloß auf Handlungen sehen, 20 so haben wir diesen Glauben nicht nöthig. Wollen wir aber durch Handlungen uns zum Besitz des dadurch möglichen Zwecks erweitern: so müssen wir annehmen, daß dieser durchaus möglich sei. Ich kann also nur sagen: Ich sehe mich durch meinen Zweck nach Gesetzen der Freiheit genöthigt, ein höchstes Gut in der Welt als möglich anzunehmen, aber ich kann keinen Andern durch Gründe nöthigen 25 (der Glaube ist frei).

Der Vernunftglaube kann also nie auf's theoretische Erkenntniß gehen, denn da ist das objectiv unzureichende Fürwahrhalten bloß Meinung. Er ist bloß eine Voraussetzung der Vernunft in subjectiver, aber absolutnothwendiger praktischer Absicht. Die Gesinnung nach moralischen Gesetzen führt aus ein Object der durch reine 30 Vernunft bestimmbaren Willkür. Das Annehmen der Thunlichkeit dieses Objects und also auch der Wirklichkeit der Ursache dazu ist ein moralischer Glaube oder ein freies und in moralischer Absicht der Vollendung seiner Zwecke nothwendiges Fürwahrhalten.

Fides ist eigentlich Treue im pacto oder subjectives Zutrauen zu einander, daß 35 einer dem Andern sein Versprechen halten werde, Treue und Glauben. Das erste, wenn das pactum gemacht ist, das zweite, wenn man es schließen soll.

Nach der Analogie ist die praktische Vernunft gleichsam der Promittent, der Mensch der Promissarius, das erwartete Gute aus der That das Promissum.

betrifft: so kann in Ansehung dieser eben so wenig ein bloßes Glauben stattfinden. Man muß völlig gewiß sein: ob etwas recht oder unrecht, pflichtmäßig oder pflichtwidrig, erlaubt oder unerlaubt sei. Auf's Unge- wisse kann man in moralischen Dingen nichts wagen, nichts auf die Gefahr des Verstoßes gegen das Gesetz beschließen. So ist es z. B. 5 für den Richter nicht genug, daß er bloß glaube, der eines Verbrechens wegen Angeklagte habe dieses Verbrechen wirklich begangen. Er muß es (juridisch) wissen, oder handelt gewissenlos.

III) Nur solche Gegenstände sind Sachen des Glaubens, bei denen das Fürwahrhalten nothwendig frei, d. h. nicht durch objective, von der 10 Natur und dem Interesse des Subjects unabhängige Gründe der Wahr- heit bestimmt ist.

Das Glauben giebt daher auch wegen der bloß subjectiven Gründe keine Überzeugung, die sich mittheilen läßt und allgemeine Beistimmung gebietet, wie die Überzeugung, die aus dem Wissen kommt. Ich selbst 15 kann nur von der Gültigkeit und Unveränderlichkeit meines praktischen Glaubens gewiß sein und mein Glaube an die Wahrheit eines Satzes oder die Wirklichkeit eines Dinges ist das, was in Beziehung auf mich nur die Stelle eines Erkenntnisses vertritt, ohne selbst ein Erkenntniß zu sein.

Moralisch ungläubig ist der, welcher nicht dasjenige annimmt, 20 was zu wissen zwar unmöglich, aber vorauszusetzen, moralisch noth- wendig ist. Dieser Art des Unglaubens liegt immer Mangel an mora- lischem Interesse zum Grunde. Je größer die moralische Gesinnung eines Menschen ist: desto fester und lebendiger wird auch sein Glaube sein an alles dasjenige, was er aus dem moralischen Interesse in praktisch noth- 25 wendiger Absicht anzunehmen und vorauszusetzen sich genöthigt fühlt.

3) Wissen. Das Fürwahrhalten aus einem Erkenntnißgrunde, der sowohl objectiv als subjectiv zureichend ist, oder die Gewißheit ist ent- weder empirisch oder rational, je nachdem sie entweder auf Erfah- rung — die eigene sowohl als die fremde mitgetheilte — oder auf Ver- 30 nunft sich gründet. Diese Unterscheidung bezieht sich also auf die beiden Quellen, woraus unser gesammtes Erkenntniß geschöpft wird: die Er- fahrung und die Vernunft.

Die rationale Gewißheit ist hinwiederum entweder mathematische oder philosophische Gewißheit. Jene ist intuitiv, diese discursiv. 35

Die mathematische Gewißheit heißt auch Evidenz, weil ein intui- tives Erkenntniß klärer ist als ein discursives. Obgleich also beides, das mathematische und das philosophische Vernunfterkenntniß an sich gleich gewiß ist: so ist doch die Art der Gewißheit in beiden verschieden.

Die empirische Gewißheit ist eine ursprüngliche (originarie empirica), sofern ich von etwas aus eigener Erfahrung, und eine abge=
5 leitete (derivative empirica), sofern ich durch fremde Erfahrung wo= von gewiß werde. Diese letztere pflegt auch die historische Gewißheit genannt zu werden.

Die rationale Gewißheit unterscheidet sich von der empirischen durch das Bewußtsein der Nothwendigkeit, das mit ihr verbunden ist, sie ist
10 also eine apodiktische, die empirische dagegen nur eine assertorische Gewißheit. Rational gewiß ist man von dem, was man auch ohne alle Erfahrung a priori würde eingesehen haben. Unsre Erkenntnisse können daher Gegenstände der Erfahrung betreffen und die Gewißheit davon kann doch empirisch und rational zugleich sein, sofern wir nämlich einen em=
15 pirisch gewissen Satz aus Principien a priori erkennen.

Rationale Gewißheit können wir nicht von Allem haben, aber da, wo wir sie haben können, müssen wir sie der empirischen vorziehen.

Alle Gewißheit ist entweder eine unvermittelte oder eine ver= mittelte, d. h. sie bedarf entweder eines Beweises, oder ist keines Be=
20 weises fähig und bedürftig. Wenn auch noch so Vieles in unserm Erkennt= nisse nur mittelbar, d. h. nur durch einen Beweis gewiß ist: so muß es doch auch etwas Indemonstrables oder unmittelbar Gewisses geben und unser gesammtes Erkenntniß muß von unmittelbar ge= wissen Sätzen ausgehen.

25 Die Beweise, auf denen alle vermittelte oder mittelbare Gewißheit eines Erkenntnisses beruht, sind entweder directe oder indirecte d. h. apagogische Beweise. Wenn ich eine Wahrheit aus ihren Gründen be= weise, so führe ich einen directen Beweis für dieselbe, und wenn ich von der Falschheit des Gegentheils auf die Wahrheit eines Satzes schließe,
30 einen apagogischen. Soll aber dieser letztere Gültigkeit haben, so müssen sich die Sätze contradictorisch oder diametraliter entgegengesetzt sein. Denn zwei einander bloß conträr entgegengesetzte Sätze (contrarie opposita) können beide falsch sein. Ein Beweis, welcher der Grund mathe= matischer Gewißheit ist, heißt Demonstration und der der Grund phi=
35 losophischer Gewißheit ist, ein akroamatischer Beweis. Die wesentlichen Stücke eines jeden Beweises überhaupt sind die Materie und die Form desselben, oder der Beweisgrund und die Consequenz.

Vom Wissen kommt Wissenschaft her, worunter der Inbegriff einer Erkenntniß als System zu verstehen ist. Sie wird der gemeinen Erkenntniß entgegengesetzt, d. i. dem Inbegriff einer Erkenntniß als bloßem Aggregate. Das System beruht auf einer Idee des Ganzen, welche den Theilen vorangeht, beim gemeinen Erkenntnisse dagegen oder dem bloßen Aggregate von Erkenntnissen gehen die Theile dem Ganzen vorher. Es giebt historische und Vernunftwissenschaften.

In einer Wissenschaft wissen wir oft nur die Erkenntnisse, aber nicht die dadurch vorgestellten Sachen; also kann es eine Wissenschaft von demjenigen geben, wovon unsre Erkenntniß kein Wissen ist.

----

Aus den bisherigen Bemerkungen über die Natur und die Arten des Fürwahrhaltens können wir nun das allgemeine Resultat ziehen: daß also alle unsre Überzeugung entweder logisch oder praktisch sei. Nämlich wenn wir wissen, daß wir frei sind von allen subjectiven Gründen und doch das Fürwahrhalten zureichend ist, so sind wir überzeugt und zwar logisch oder aus objectiven Gründen überzeugt (das Object ist gewiß).

Das complete Fürwahrhalten aus subjectiven Gründen, die in praktischer Beziehung so viel als objective gelten, ist aber auch Überzeugung, nur nicht logische, sondern praktische (ich bin gewiß). Und diese praktische Überzeugung oder dieser moralische Vernunftglaube ist oft fester als alles Wissen. Beim Wissen hört man noch auf Gegengründe, aber beim Glauben nicht, weil es hierbei nicht auf objective Gründe, sondern auf das moralische Interesse des Subjects ankommt.*)

----

*) Diese praktische Überzeugung ist also der moralische Vernunftglaube, der allein im eigentlichsten Verstande ein Glaube genannt und als solcher dem Wissen und aller theoretischen oder logischen Überzeugung überhaupt entgegengesetzt werden muß, weil er nie zum Wissen sich erheben kann. Der sogenannte historische Glaube dagegen darf, wie schon bemerkt, nicht von dem Wissen unterschieden werden, da er, als eine Art des theoretischen oder logischen Fürwahrhaltens, selbst ein Wissen sein kann. Wir können mit derselben Gewißheit eine empirische Wahrheit auf das Zeugniß Anderer annehmen, als wenn wir durch Facta der eigenen Erfahrung dazu gelangt wären. Bei der erstern Art des empirischen Wissens ist etwas Trügliches, aber auch bei der letztern.

Das historische oder mittelbare empirische Wissen beruht auf der Zuverlässigkeit der Zeugnisse. Zu den Erfordernissen eines unverwerflichen Zeugen gehört: Authenticität (Tüchtigkeit) und Integrität.

Der Überzeugung steht die Überredung entgegen, ein Fürwahr=
halten aus unzureichenden Gründen, von denen man nicht weiß, ob sie
bloß subjectiv oder auch objectiv sind.

Die Überredung geht oft der Überzeugung vorher. Wir sind uns
5 vieler Erkenntnisse nur so bewußt, daß wir nicht urtheilen können, ob die
Gründe unsers Fürwahrhaltens objectiv oder subjectiv sind. Wir müssen
daher, um von der bloßen Überredung zur Überzeugung gelangen zu kön=
nen, zuvörderst überlegen, d. h. sehen, zu welcher Erkenntnißkraft ein
Erkenntniß gehöre, und sodann untersuchen, d. i. prüfen, ob die Gründe
10 in Ansehung des Objects zureichend oder unzureichend sind. Bei Vielen
bleibt es bei der Überredung. Bei Einigen kommt es zur Überlegung, bei
Wenigen zur Untersuchung. Der da weiß, was zur Gewißheit gehört, wird
Überredung und Überzeugung nicht leicht verwechseln und sich also auch
nicht leicht überreden lassen. Es giebt einen Bestimmungsgrund zum Bei=
15 fall, der aus objectiven und subjectiven Gründen zusammengesetzt ist, und
diese vermischte Wirkung setzen die mehresten Menschen nicht aus einander.

Obgleich jede Überredung der Form nach (formaliter) falsch ist, so=
fern nämlich hierbei eine ungewisse Erkenntniß gewiß zu sein scheint: so
kann sie doch der Materie nach (materialiter) wahr sein. Und so unter=
20 scheidet sie sich denn auch von der Meinung, die eine ungewisse Erkenntniß
ist, sofern sie für ungewiß gehalten wird.

Die Zulänglichkeit des Fürwahrhaltens (im Glauben) läßt sich auf
die Probe stellen durch Wetten oder durch Schwören. Zu dem ersten
ist comparative, zum zweiten absolute Zulänglichkeit objectiver
25 Gründe nöthig, statt deren, wenn sie nicht vorhanden sind, dennoch ein
schlechterdings subjectiv zureichendes Fürwahrhalten gilt.

———

Man pflegt sich oft der Ausdrücke zu bedienen: Seinem Urtheile
beipflichten, sein Urtheil zurückhalten, aufschieben oder auf=
geben. Diese und ähnliche Redensarten scheinen anzudeuten, daß in
30 unserm Urtheilen etwas Willkürliches sei, indem wir etwas für wahr hal=
ten, weil wir es für wahr halten wollen. Es frägt sich demnach hier: Ob
das Wollen einen Einfluß auf unsre Urtheile habe?

Unmittelbar hat der Wille keinen Einfluß auf das Fürwahrhalten;
dies wäre auch sehr ungereimt. Wenn es heißt: Wir glauben gern,

was wir wünschen, so bedeutet das nur unsre gutartigen Wünsche, z. B. die des Vaters von seinen Kindern. Hätte der Wille einen unmittelbaren Einfluß auf unsre Überzeugung von dem, was wir wünschen: so würden wir uns beständig Chimären von einem glücklichen Zustande machen und sie sodann auch immer für wahr halten. Der Wille kann aber nicht wider überzeugende Beweise von Wahrheiten streiten, die seinen Wünschen und Neigungen zuwider sind.

Sofern aber der Wille den Verstand entweder zur Nachforschung einer Wahrheit antreibt oder davon abhält, muß man ihm einen Einfluß auf den Gebrauch des Verstandes und mithin auch mittelbar auf die Überzeugung selbst zugestehen, da diese so sehr von dem Gebrauche des Verstandes abhängt.

Was aber insbesondre die Aufschiebung oder Zurückhaltung unsers Urtheils betrifft: so besteht dieselbe in dem Vorsatze, ein bloß vorläufiges Urtheil nicht zu einem bestimmenden werden zu lassen. Ein vorläufiges Urtheil ist ein solches, wodurch ich mir vorstelle, daß zwar mehr Gründe für die Wahrheit einer Sache, als wider dieselbe da sind, daß aber diese Gründe noch nicht zureichen zu einem bestimmenden oder definitiven Urtheile, dadurch ich geradezu für die Wahrheit entscheide. Das vorläufige Urtheilen ist also ein mit Bewußtsein bloß problematisches Urtheilen.

Die Zurückhaltung des Urtheils kann in zwiefacher Absicht geschehen: entweder, um die Gründe des bestimmenden Urtheils aufzusuchen, oder um niemals zu urtheilen. Im erstern Falle heißt die Aufschiebung des Urtheils eine kritische (suspensio judicii indagatoria), im letztern eine skeptische (suspensio judicii sceptica). Denn der Skeptiker thut auf alles Urtheilen Verzicht, der wahre Philosoph dagegen suspendirt bloß sein Urtheil, wofern er noch nicht genugsame Gründe hat, etwas für wahr zu halten.

Sein Urtheil nach Maximen zu suspendiren, dazu wird eine geübte Urtheilskraft erfordert, die sich nur bei zunehmendem Alter findet. Überhaupt ist die Zurückhaltung unsers Beifalls eine sehr schwere Sache, theils weil unser Verstand so begierig ist durch Urtheilen sich zu erweitern und mit Kenntnissen zu bereichern, theils weil unser Hang immer auf gewisse Sachen mehr gerichtet ist als auf andre. Wer aber seinen Beifall oft hat zurücknehmen müssen und dadurch klug und vorsichtig geworden ist, wird ihn nicht so schnell geben, aus Furcht, sein Urtheil in der Folge wie=

der zurücknehmen zu müssen. Dieser Widerruf ist immer eine Kränkung und eine Ursache, auf alle andren Kenntnisse ein Mißtrauen zu setzen.

Noch bemerken wir hier: daß es etwas anders ist, sein Urtheil in dubio, als es in suspenso zu lassen. Bei diesem habe ich immer ein
5 Interesse für die Sache, bei jenem ist es nicht immer meinem Zwecke und Interesse gemäß zu entscheiden, ob die Sache wahr sei oder nicht.

Die vorläufigen Urtheile sind sehr nöthig, ja unentbehrlich' für den Gebrauch des Verstandes bei allem Meditiren und Untersuchen. Denn sie dienen dazu, den Verstand bei seinen Nachforschungen zu leiten und
10 ihm hierzu verschiedene Mittel an die Hand zu geben.

Wenn wir über einen Gegenstand meditiren, müssen wir immer schon vorläufig urtheilen und das Erkenntniß gleichsam schon wittern, das uns durch die Meditation zu Theil werden wird. Und wenn man auf Erfindungen oder Entdeckungen ausgeht, muß man sich immer einen vorläu=
15 figen Plan machen, sonst gehen die Gedanken bloß aufs Ohngefähr. Man kann sich daher unter vorläufigen Urtheilen Maximen denken zur Unter= suchung einer Sache. Auch Anticipationen könnte man sie nennen, weil man sein Urtheil von einer Sache schon anticipirt, noch ehe man das bestimmende hat. Dergleichen Urtheile haben also ihren guten Nutzen
20 und es ließen sich sogar Regeln darüber geben, wie wir vorläufig über ein Object urtheilen sollen.

––––––––––

Von den vorläufigen Urtheilen müssen die Vorurtheile unterschie= den werden.

Vorurtheile sind vorläufige Urtheile, in so fern sie als Grund=
25 sätze angenommen werden. Ein jedes Vorurtheil ist als ein Princip irriger Urtheile anzusehen und aus Vorurtheilen entspringen nicht Vor= urtheile, sondern irrige Urtheile. Man muß daher die falsche Erkenntniß, die aus dem Vorurtheil entspringt, von ihrer Quelle, dem Vorurtheil selbst, unterscheiden. So ist z. B. die Bedeutung der Träume an sich
30 selbst kein Vorurtheil, sondern ein Irrthum, der aus der angenommenen allgemeinen Regel entspringt: Was einigemal eintrifft, trifft immer ein oder ist immer für wahr zu halten. Und dieser Grundsatz, unter welchen die Bedeutung der Träume mit gehört, ist ein Vorurtheil.

Zuweilen sind die Vorurtheile wahre vorläufige Urtheile, nur daß
35 sie uns als Grundsätze oder als bestimmende Urtheile gelten, ist un=

recht. Die Ursache von dieser Täuschung ist darin zu suchen, daß subjective Gründe fälschlich für objective gehalten werden, aus Mangel an
Überlegung, die allem Urtheilen vorhergehen muß. Denn können wir
auch manche Erkenntnisse, z. B. die unmittelbar gewissen Sätze, annehmen, ohne sie zu untersuchen, d. h. ohne die Bedingungen ihrer Wahr-          5
heit zu prüfen: so können und dürfen wir doch über nichts urtheilen, ohne
zu überlegen, d. h. ohne ein Erkenntniß mit der Erkenntnißkraft, woraus es entspringen soll, (der Sinnlichkeit oder dem Verstande) zu vergleichen. Nehmen wir nun ohne diese Überlegung, die auch da nöthig ist,
wo keine Untersuchung stattfindet, Urtheile an: so entstehen daraus Vor-      10
urtheile, oder Principien zu urtheilen aus subjectiven Ursachen, die fälschlich für objective Gründe gehalten werden.

Die Hauptquellen der Vorurtheile sind: Nachahmung, Gewohnheit und Neigung.

Die Nachahmung hat einen allgemeinen Einfluß auf unsere Urtheile,      15
denn es ist ein starker Grund, das für wahr zu halten, was Andre dafür
ausgegeben haben. Daher das Vorurtheil: was alle Welt thut, ist Recht.
Was die Vorurtheile betrifft, die aus der Gewohnheit entsprungen sind,
so können sie nur durch die Länge der Zeit ausgerottet werden, indem der
Verstand, durch Gegengründe nach und nach im Urtheilen aufgehalten       20
und verzögert, dadurch allmählig zu einer entgegengesetzten Denkart gebracht wird. Ist aber ein Vorurtheil der Gewohnheit zugleich durch
Nachahmung entstanden: so ist der Mensch, der es besitzt, davon schwerlich zu heilen. Ein Vorurtheil aus Nachahmung kann man auch den
Hang zum passiven Gebrauch der Vernunft nennen, oder zum               25
Mechanism der Vernunft statt der Spontaneität derselben
unter Gesetzen.

Vernunft ist zwar ein thätiges Princip, das nichts von bloßer Autorität Anderer, auch nicht einmal, wenn es ihren reinen Gebrauch gilt,
von der Erfahrung entlehnen soll. Aber die Trägheit sehr vieler Men-    30
schen macht, daß sie lieber in Anderer Fußtapfen treten als ihre eigenen
Verstandeskräfte anstrengen. Dergleichen Menschen können immer nur
Copien von Andern werden, und wären alle von der Art, so würde die
Welt ewig auf einer und derselben Stelle bleiben. Es ist daher höchst
nöthig und wichtig: die Jugend nicht, wie es gewöhnlich geschieht, zum   35
bloßen Nachahmen anzuhalten.

Es giebt so manche Dinge, die dazu beitragen, uns die Maxime der

Nachahmung anzugewöhnen und dadurch die Vernunft zu einem frucht=
baren Boden von Vorurtheilen zu machen.  Zu dergleichen Hülfsmitteln
der Nachahmung gehören

5 1) Formeln.  Dieses sind Regeln, deren Ausdruck zum Muster der
Nachahmung dient.  Sie sind übrigens ungemein nützlich zur Erleichte=
rung bei verwickelten Sätzen und der erleuchtetste Kopf sucht daher der=
gleichen zu erfinden.

2) Sprüche, deren Ausdruck eine große Abgemessenheit eines präg=
10 nanten Sinnes hat, so daß es scheint, man könne den Sinn nicht mit
weniger Worten umfassen.  Dergleichen Aussprüche (dicta), die immer
von Andern entlehnt werden müssen, denen man eine gewisse Unfehlbar=
keit zutraut, dienen, um dieser Autorität willen, zur Regel und zum Ge=
setz.  Die Aussprüche der Bibel heißen Sprüche κατ᾽ ἐξοχην.

15 3) Sentenzen, d. i. Sätze, die sich empfehlen und ihr Ansehen oft
Jahrhunderte hindurch erhalten, als Producte einer reifen Urtheilskraft
durch den Nachdruck der Gedanken, die darin liegen.

4) Canones.  Dieses sind allgemeine Lehrsprüche, die den Wissen=
schaften zur Grundlage dienen und etwas Erhabenes und Durchdachtes
20 andeuten.  Man kann sie noch auf eine sententiöse Art ausdrücken, damit
sie desto mehr gefallen.

5) Sprüchwörter (proverbia).  Dieses sind populäre Regeln des
gemeinen Verstandes oder Ausdrücke zu Bezeichnung der populären Ur=
theile desselben.  Da dergleichen bloß provinziale Sätze nur dem gemeinen
25 Pöbel zu Sentenzen und Canonen dienen: so sind sie bei Leuten von fei=
nerer Erziehung nicht anzutreffen.

Aus den vorhin angegebenen drei allgemeinen Quellen der Vorur=
theile, und insbesondere auch der Nachahmung, entspringen nun so manche
besondre Vorurtheile, unter denen wir folgende, als die gewöhnlichsten,
hier berühren wollen.

30 1) Vorurtheile des Ansehens.  Zu diesen ist zu rechnen:

a) das Vorurtheil des Ansehens der Person.  Wenn wir
in Dingen, die auf Erfahrung und Zeugnissen beruhen, unsre Er=
kenntniß auf das Ansehen andrer Personen bauen: so machen wir
uns dadurch keiner Vorurtheile schuldig, denn in Sachen dieser Art

muß, da wir nicht alles selbst erfahren und mit unserm eigenen Verstande umfassen können, das Ansehen der Person die Grundlage unsrer Urtheile sein. Wenn wir aber das Ansehen Anderer zum Grunde unsers Fürwahrhaltens in Absicht auf Vernunfterkenntnisse machen: so nehmen wir diese Erkenntnisse auf bloßes Vorurtheil an. Denn Vernunftwahrheiten gelten anonymisch; hier ist nicht die Frage: Wer hat es gesagt, sondern Was hat er gesagt? Es liegt nichts daran, ob ein Erkenntniß von edler Herkunft ist; aber dennoch ist der Hang zum Ansehen großer Männer sehr gemein, theils wegen der Eingeschränktheit eigner Einsicht, theils aus Begierde, dem nachzuahmen, was uns als groß beschrieben wird. Hierzu kommt noch: daß das Ansehen der Person dazu dient, unsrer Eitelkeit auf eine indirecte Weise zu schmeicheln. So wie nämlich die Unterthanen eines mächtigen Despoten stolz darauf sind, daß sie nur alle gleich von ihm behandelt werden, indem der Geringste mit dem Vornehmsten in so fern sich gleich dünken kann, als sie beide gegen die unumschränkte Macht ihres Beherrschers nichts sind, so beurtheilen sich auch die Verehrer eines großen Mannes als gleich, sofern die Vorzüge, die sie unter einander selbst haben mögen, gegen die Verdienste des großen Mannes betrachtet, für unbedeutend zu achten sind. Die hochgepriesenen großen Männer thun daher dem Hange zum Vorurtheile des Ansehens der Person aus mehr als einem Grunde keinen geringen Vorschub.

b) Das Vorurtheil des Ansehens der Menge. Zu diesem Vorurtheil ist hauptsächlich der Pöbel geneigt. Denn da er die Verdienste, die Fähigkeiten und Kenntnisse der Person nicht zu beurtheilen vermag: so hält er sich lieber an das Urtheil der Menge, unter der Voraussetzung, daß das, was Alle sagen, wohl wahr sein müsse. Indessen bezieht sich dieses Vorurtheil bei ihm nur auf historische Dinge, in Religionssachen, bei denen er selbst interessirt ist, verläßt er sich auf das Urtheil der Gelehrten.

Es ist überhaupt merkwürdig, daß der Unwissende ein Vorurtheil für die Gelehrsamkeit hat und der Gelehrte dagegen wiederum ein Vorurtheil für den gemeinen Verstand.

Wenn dem Gelehrten, nachdem er den Kreis der Wissenschaften schon ziemlich durchgelaufen ist, alle seine Bemühungen nicht die gehörige Genugthuung verschaffen: so bekommt er zuletzt ein Mißtrauen gegen die Gelehrsamkeit, insbesondre in Ansehung solcher Speculationen, wo die Begriffe nicht sinnlich gemacht werden können, und deren Fundamente schwankend sind, wie z. B. in der Metaphysik. Da er aber doch glaubt, der Schlüssel zur Gewißheit über gewisse Gegenstände müsse irgendwo zu finden sein: so sucht er ihn nun beim gemeinen Verstande, nachdem er ihn so lange vergebens auf dem Wege des wissenschaftlichen Nachforschens gesucht hatte.

Allein diese Hoffnung ist sehr trüglich, denn wenn das cultivirte Vernunftvermögen in Absicht auf die Erkenntniß gewisser Dinge nichts ausrichten kann, so wird es das uncultivirte sicherlich eben so wenig. In der Metaphysik ist die Berufung auf die Aussprüche des gemeinen Verstandes überall ganz unzulässig, weil hier kein Fall in concreto kann dargestellt werden. Mit der Moral hat es aber freilich eine andre Bewandniß. Nicht nur können in der Moral alle Regeln in concreto gegeben werden, sondern die praktische Vernunft offenbart sich auch überhaupt klärer und richtiger durch das Organ des gemeinen als durch das des speculativen Verstandesgebrauchs. Daher der gemeine Verstand über Sachen der Sittlichkeit und Pflicht oft richtiger urtheilt als der speculative.

c) Das Vorurtheil des Ansehens des Zeitalters. Hier ist das Vorurtheil des Alterthums eines der bedeutendsten. Wir haben zwar allerdings Grund vom Alterthum günstig zu urtheilen, aber das ist nur ein Grund zu einer gemäßigten Achtung, deren Grenzen wir nur zu oft dadurch überschreiten, daß wir die Alten zu Schatzmeistern der Erkenntnisse und Wissenschaften machen, den relativen Werth ihrer Schriften zu einem absoluten erheben und ihrer Leitung uns blindlings anvertrauen. Die Alten so übermäßig schätzen, heißt: den Verstand in seine Kinderjahre zurückführen und den Gebrauch des selbsteigenen Talentes vernachlässigen. Auch würden wir uns sehr irren, wenn wir glaubten, daß Alle aus dem Alterthum so classisch geschrieben hätten, wie die, deren Schriften bis auf uns gekommen sind. Da nämlich die Zeit alles sichtet und nur das sich erhält, was einen innern Werth hat: so dürfen wir nicht ohne Grund annehmen, daß wir nur die besten Schriften der Alten besitzen.

Es giebt mehrere Ursachen, durch die das Vorurtheil des Alterthums erzeugt und unterhalten wird.

Wenn etwas die Erwartung nach einer allgemeinen Regel über=
trifft: so verwundert man sich anfangs darüber und diese Verwun=
derung geht sodann oft in Bewunderung über.  Dieses ist der Fall
mit den Alten, wenn man bei ihnen etwas findet, was man, in Rück=
sicht auf die Zeitumstände, unter welchen sie lebten, nicht suchte.
Eine andre Ursache liegt in dem Umstande, daß die Kenntniß von
den Alten und dem Alterthum eine Gelehrsamkeit und Belesenheit
beweist, die sich immer Achtung erwirbt, so gemein und unbedeutend
die Sachen an sich selbst sein mögen, die man aus dem Studium der
Alten geschöpft hat.  Eine dritte Ursache ist die Dankbarkeit, die wir
den Alten dafür schuldig sind, daß sie uns die Bahn zu vielen Kennt=
nissen gebrochen.  Es scheint billig zu sein, ihnen dafür eine besondre
Hochschätzung zu beweisen, deren Maaß wir aber oft überschreiten.
Eine vierte Ursache ist endlich zu suchen in einem gewissen Neide
gegen die Zeitgenossen.  Wer es mit den Neuern nicht aufnehmen
kann, preist auf Unkosten derselben die Alten hoch, damit sich die
Neuern nicht über ihn erheben können.

Das entgegengesetzte von diesem ist das Vorurtheil der Neuig=
keit.  Zuweilen fiel das Ansehen des Alterthums und das Vorur=
theil zu Gunsten desselben, insbesondre im Anfange dieses Jahrhun=
derts, als der berühmte Fontenelle sich auf die Seite der Neuern
schlug.  Bei Erkenntnissen, die einer Erweiterung fähig sind, ist es
sehr natürlich, daß wir in die Neuern mehr Zutrauen setzen als in
die Alten.  Aber dieses Urtheil hat auch nur Grund als ein bloßes
vorläufiges Urtheil.  Machen wir es zu einem bestimmenden: so
wird es Vorurtheil.

2) Vorurtheile aus Eigenliebe oder logischem Egoismus,
nach welchem man die Übereinstimmung des eigenen Urtheils mit den
Urtheilen Anderer für ein entbehrliches Kriterium der Wahrheit hält.
Sie sind den Vorurtheilen des Ansehens entgegengesetzt, da sie sich in
einer gewissen Vorliebe für das äußern, was ein Product des eigenen Ver=
standes ist, z. B. des eigenen Lehrgebäudes.

--------

Ob es gut und rathsam sei, Vorurtheile stehen zu lassen oder sie wohl
gar zu begünstigen?  Es ist zum Erstaunen, daß in unserm Zeitalter der=

gleichen Fragen, besonders die wegen Begünstigung der Vorurtheile, noch
können aufgegeben werden. Jemandes Vorurtheile begünstigen, heißt
eben so viel als Jemanden in guter Absicht betrügen. Vorurtheile un-
angetastet lassen, ginge noch an; denn wer kann sich damit beschäftigen,
eines Jeden Vorurtheile aufzudecken und wegzuschaffen. Ob es aber nicht
rathsam sein sollte, an ihrer Ausrottung mit allen Kräften zu arbeiten,
das ist doch eine andre Frage. Alte und eingewurzelte Vorurtheile
sind freilich schwer zu bekämpfen, weil sie sich selbst verantworten und gleichsam ihre eigenen Richter sind. Auch sucht man das Stehenlassen der Vorurtheile damit zu entschuldigen, daß aus ihrer Ausrottung Nachtheile entstehen würden. Aber man lasse diese Nachtheile nur immer zu, in der
Folge werden sie desto mehr Gutes bringen.

## X.

Wahrscheinlichkeit. — Erklärung des Wahrscheinlichen. —
Unterschied der Wahrscheinlichkeit von der Scheinbarkeit. —
Mathematische und philosophische Wahrscheinlichkeit. —
Zweifel — subjectiver und objectiver. — Skeptische, dogma-
tische und kritische Denkart oder Methode des
Philosophirens. — Hypothesen.

Zur Lehre von der Gewißheit unsers Erkenntnisses gehört auch die
Lehre von der Erkenntniß des Wahrscheinlichen, das als eine Annäherung
zur Gewißheit anzusehen ist.

Unter Wahrscheinlichkeit ist ein Fürwahrhalten aus unzureichenden
Gründen zu verstehen, die aber zu den zureichenden ein größeres Verhältniß haben, als die Gründe des Gegentheils. Durch diese Erklärung
unterscheiden wir die Wahrscheinlichkeit (probabilitas) von der bloßen
Scheinbarkeit (verisimilitudo), einem Fürwahrhalten aus unzureichenden Gründen, in so fern dieselben größer sind als die Gründe des
Gegentheils.

Der Grund des Fürwahrhaltens kann nämlich entweder objectiv
oder subjectiv größer sein als der des Gegentheils. Welches von beiden er sei, das kann man nur dadurch ausfindig machen, daß man die
Gründe des Fürwahrhaltens mit den zureichenden vergleicht; denn als-
denn sind die Gründe des Fürwahrhaltens größer, als die Gründe des

Gegentheils sein können. Bei der Wahrscheinlichkeit ist also der Grund
des Fürwahrhaltens objectiv gültig, bei der bloßen Scheinbarkeit dagegen nur subjectiv gültig. Die Scheinbarkeit ist bloß Größe der
Überredung, die Wahrscheinlichkeit ist eine Annäherung zur Gewißheit.
Bei der Wahrscheinlichkeit muß immer ein Maßstab da sein, wonach ich   5
sie schätzen kann. Dieser Maßstab ist die Gewißheit. Denn indem
ich die unzureichenden Gründe mit den zureichenden vergleichen soll, muß
ich wissen, wie viel zur Gewißheit gehört. Ein solcher Maßstab fällt aber
bei der bloßen Scheinbarkeit weg, da ich hier die unzureichenden
Gründe nicht mit den zureichenden, sondern nur mit den Gründen des  10
Gegentheils vergleiche.

Die Momente der Wahrscheinlichkeit können entweder gleichartig
oder ungleichartig sein. Sind sie gleichartig, wie im mathematischen
Erkenntnisse: so müssen sie numerirt werden; sind sie ungleichartig, wie
im philosophischen Erkenntnisse: so müssen sie ponderirt, d. i. nach der  15
Wirkung geschätzt werden; diese aber nach der Überwältigung der Hindernisse im Gemüthe. Letztere geben kein Verhältniß zur Gewißheit, sondern nur einer Scheinbarkeit zur andern. Hieraus folgt: daß nur der
Mathematiker das Verhältniß unzureichender Gründe zum zureichenden
Grunde bestimmen kann, der Philosoph muß sich mit der Scheinbarkeit,  20
einem bloß subjectiv und praktisch hinreichenden Fürwahrhalten begnügen.
Denn im philosophischen Erkenntnisse läßt sich wegen der Ungleichartig-
keit der Gründe die Wahrscheinlichkeit nicht schätzen; die Gewichte sind
hier, so zu sagen, nicht alle gestempelt. Von der mathematischen Wahrscheinlichkeit kann man daher auch eigentlich nur sagen: daß sie mehr  25
als die Hälfte der Gewißheit sei.

Man hat viel von einer Logik der Wahrscheinlichkeit (logica proba-
bilium) geredet. Allein diese ist nicht möglich; denn wenn sich das Verhältniß der unzureichenden Gründe zum zureichenden nicht mathematisch
erwägen läßt: so helfen alle Regeln nichts. Auch kann man überall keine  30
allgemeinen Regeln der Wahrscheinlichkeit geben, außer daß der Irrthum
nicht auf einerlei Seite treffen werde, sondern ein Grund der Einstimmung sein müsse im Object; ingleichen: daß, wenn von zwei entgegengesetzten Seiten in gleicher Menge und in gleichem Grade geirrt wird,
im Mittel die Wahrheit sei.                                          35

Zweifel ist ein Gegengrund oder ein bloßes Hinderniß des Für=
wahrhaltens, das entweder subjectiv oder objectiv betrachtet werden
kann. Subjectiv nämlich wird Zweifel bisweilen genommen als ein
Zustand eines unentschlossenen Gemüths, und objectiv als die Erkennt=
5 niß der Unzulänglichkeit der Gründe zum Fürwahrhalten. In der letz=
tern Rücksicht heißt er ein Einwurf, das ist: ein objectiver Grund, ein
für wahr gehaltenes Erkenntniß für falsch zu halten.

Ein bloß subjectiv gültiger Gegengrund des Fürwahrhaltens ist ein
Scrupel. Beim Scrupel weiß man nicht: ob das Hinderniß des Für=
10 wahrhaltens objectiv oder nur subjectiv, z. B. nur in der Neigung, der
Gewohnheit u. dgl. m. gegründet sei. Man zweifelt, ohne sich über den
Grund des Zweifelns deutlich und bestimmt erklären und ohne einsehen
zu können: ob dieser Grund im Object selbst oder nur im Subjecte liege.
Sollen nun solche Scrupel hinweggenommen werden können: so müssen
15 sie zur Deutlichkeit und Bestimmtheit eines Einwurfs erhoben werden.
Denn durch Einwürfe wird die Gewißheit zur Deutlichkeit und Vollstän=
digkeit gebracht, und keiner kann von einer Sache gewiß sein, wenn nicht
Gegengründe rege gemacht worden, wodurch bestimmt werden kann: wie
weit man noch von der Gewißheit entfernt, oder wie nahe man noch der=
20 selben sei. Auch ist es nicht genug: daß ein jeder Zweifel bloß beant=
wortet werde, man muß ihn auch auflösen, das heißt: begreiflich machen,
wie der Scrupel entstanden ist. Geschieht dieses nicht: so wird der Zweifel
nur abgewiesen, aber nicht aufgehoben, der Same des Zweifelns
bleibt dann immer noch übrig. In vielen Fällen können wir freilich nicht
25 wissen: ob das Hinderniß des Fürwahrhaltens in uns nur subjective oder
objective Gründe habe und also den Scrupel nicht heben durch Aufdeckung
des Scheines, da wir unsere Erkenntnisse nicht immer mit dem Object,
sondern oft nur unter einander selbst vergleichen können. Es ist daher
Bescheidenheit, seine Einwürfe nur als Zweifel vorzutragen.

_____

30 Es giebt einen Grundsatz des Zweifelns, der in der Maxime besteht,
Erkenntnisse in der Absicht zu behandeln, daß man sie ungewiß macht und
die Unmöglichkeit zeigt, zur Gewißheit zu gelangen. Diese Methode des
Philosophirens ist die skeptische Denkart oder der Skepticismus.
Sie ist der dogmatischen Denkart oder dem Dogmatismus entgegen=

gesetzt, der ein blindes Vertrauen ist auf das Vermögen der Vernunft, ohne Kritik sich a priori durch bloße Begriffe zu erweitern, bloß um des scheinbaren Gelingens willen.

Beide Methoden sind, wenn sie allgemein werden, fehlerhaft. Denn es giebt viele Kenntnisse, in Ansehung deren wir nicht dogmatisch ver- 5
fahren können, und von der andern Seite vertilgt der Skepticism, indem er auf alle behauptende Erkenntniß Verzicht thut, alle unsre Bemühungen zum Besitz einer Erkenntniß des Gewissen zu gelangen.

So schädlich nun aber auch dieser Skepticism ist: so nützlich und zweckmäßig ist doch die skeptische Methode, wofern man darunter nichts 10
weiter als nur die Art versteht, etwas als ungewiß zu behandeln und auf die höchste Ungewißheit zu bringen, in der Hoffnung, der Wahrheit auf diesem Wege auf die Spur zu kommen. Diese Methode ist also eigentlich eine bloße Suspension des Urtheilens. Sie ist dem kritischen Ver-
fahren sehr nützlich, worunter diejenige Methode des Philosophirens zu 15
verstehen ist, nach welcher man die Quellen seiner Behauptungen oder Einwürfe untersucht, und die Gründe, worauf dieselben beruhen; eine Methode, welche Hoffnung giebt, zur Gewißheit zu gelangen.

In der Mathematik und Physik findet der Skepticism nicht statt. Nur diejenige Erkenntniß hat ihn veranlassen können, die weder mathe- 20
matisch noch empirisch ist: die rein philosophische. Der absolute Skepticism giebt alles für Schein aus. Er unterscheidet also Schein von Wahrheit und muß mithin doch ein Merkmal des Unterschiedes haben, folglich ein Erkenntniß der Wahrheit voraussetzen, wodurch er sich selbst widerspricht. 25

––––––––––

Wir bemerkten oben von der Wahrscheinlichkeit, daß sie eine bloße Annäherung zur Gewißheit sei. Dieses ist nun insbesondre auch der Fall mit den Hypothesen, durch die wir nie zu einer apodiktischen Gewißheit, sondern immer nur zu einem bald größern, bald geringern Grade der Wahrscheinlichkeit in unserm Erkenntnisse gelangen können. 30

Eine Hypothese ist ein Fürwahrhalten des Urtheils von der Wahrheit eines Grundes um der Zulänglichkeit der Folgen willen, oder kürzer; das Fürwahrhalten einer Voraussetzung als Grundes.

Alles Fürwahrhalten in Hypothesen gründet sich demnach darauf, 35

daß die Voraussetzung, als Grund, hinreichend ist, andre Erkenntnisse, als Folgen, daraus zu erklären. Denn wir schließen hier von der Wahrheit der Folge auf die Wahrheit des Grundes. Da aber diese Schlußart, wie oben bereits bemerkt worden, nur dann ein hinreichendes Kriterium
5 der Wahrheit giebt und zu einer apodiktischen Gewißheit führen kann, wenn alle möglichen Folgen eines angenommenen Grundes wahr sind: so erhellt hieraus, daß, da wir nie alle möglichen Folgen bestimmen können, Hypothesen immer Hypothesen bleiben, das heißt: Voraussetzungen, zu deren völliger Gewißheit wir nie gelangen können. Demohngeachtet kann
10 die Wahrscheinlichkeit einer Hypothese doch wachsen und zu einem Analogon der Gewißheit sich erheben, wenn nämlich alle Folgen, die uns bis jetzt vorgekommen sind, aus dem vorausgesetzten Grunde sich erklären lassen. Denn in einem solchen Falle ist kein Grund da, warum wir nicht annehmen sollten, daß sich daraus alle möglichen Folgen werden
15 erklären lassen. Wir ergeben uns also in diesem Falle der Hypothese, als wäre sie völlig gewiß, obgleich sie es nur durch Induction ist.

Und etwas muß doch auch in jeder Hypothese apodiktisch gewiß sein, nämlich

1) die Möglichkeit der Voraussetzung selbst. Wenn wir z. B.
20 zu Erklärung der Erdbeben und Vulcane ein unterirdisches Feuer annehmen: so muß ein solches Feuer doch möglich sein, wenn auch eben nicht als ein flammender, doch als ein hitziger Körper. Aber zum Behuf gewisser andrer Erscheinungen die Erde zu einem Thiere zu machen, in welchem die Circulation der inneren Säfte die Wärme bewirke, heißt eine
25 bloße Erdichtung und keine Hypothese aufstellen. Denn Wirklichkeiten lassen sich wohl erdichten, nicht aber Möglichkeiten; diese müssen gewiß sein.

2) Die Consequenz. Aus dem angenommenen Grunde müssen die Folgen richtig herfließen; sonst wird aus der Hypothese eine bloße Chimäre.

30 3) Die Einheit. Es ist ein wesentliches Erforderniß einer Hypothese, daß sie nur Eine sei und keiner Hülfshypothesen zu ihrer Unterstützung bedürfe. Müssen wir bei einer Hypothese schon mehrere andre zu Hülfe nehmen: so verliert sie dadurch sehr viel von ihrer Wahrscheinlichkeit. Denn je mehr Folgen aus einer Hypothese sich ableiten lassen,
35 um so wahrscheinlicher ist sie, je weniger, desto unwahrscheinlicher. So reichte z. B. die Hypothese des Tycho de Brahe zu Erklärung vieler Erscheinungen nicht zu; er nahm daher zur Ergänzung mehrere neue Hypo=

thesen an. Hier ist nun schon zu errathen, daß die angenommene Hypothese der ächte Grund nicht sein könne. Dagegen ist das Copernikanische
System eine Hypothese, aus der sich Alles, was daraus erklärt werden
soll, soweit es uns bis jetzt vorgekommen ist, erklären läßt.
Wir brauchen hier keine Hülfshypothesen (hypotheses subsidiarias). 5

Es giebt Wissenschaften, die keine Hypothesen erlauben, wie z. B. die
Mathematik und Metaphysik. Aber in der Naturlehre sind sie nützlich
und unentbehrlich.

## Anhang.

Von dem Unterschiede des theoretischen und des praktischen 10
Erkenntnisses.

Ein Erkenntniß wird praktisch genannt im Gegensatze des theoretischen, aber auch im Gegensatze des speculativen Erkenntnisses.

Praktische Erkenntnisse sind nämlich entweder:

1) Imperative und in so fern den theoretischen Erkenntnissen ent- 15
   gegengesetzt; oder sie enthalten
2) die Gründe zu möglichen Imperativen und werden in so fern
   den speculativen Erkenntnissen entgegengesetzt.

Unter Imperativ überhaupt ist jeder Satz zu verstehen, der eine
mögliche freie Handlung aussagt, wodurch ein gewisser Zweck wirklich ge- 20
macht werden soll. Eine jede Erkenntniß also, die Imperative enthält,
ist praktisch, und zwar im Gegensatze des theoretischen Erkenntnisses
praktisch zu nennen. Denn theoretische Erkenntnisse sind solche, die da
aussagen: nicht, was sein soll, sondern was ist, also kein Handeln, sondern ein Sein zu ihrem Object haben. 25

Setzen wir dagegen praktische Erkenntnisse den speculativen entgegen: so können sie auch theoretisch sein, wofern aus ihnen nur
Imperative können abgeleitet werden. Sie sind alsdann, in
dieser Rücksicht betrachtet, dem Gehalte nach (in potentia) oder objectiv praktisch. Unter speculativen Erkenntnissen nämlich verstehen wir 30
solche, aus denen keine Regeln des Verhaltens können hergeleitet werden,
oder die keine Gründe zu möglichen Imperativen enthalten. Solcher bloß
speculativen Sätze giebt es z. B. in der Theologie die Menge. Dergleichen speculative Erkenntnisse sind also immer theoretisch, aber nicht um-

gekehrt ist jede theoretische Erkenntniß speculativ; sie kann, in einer andern
Rücksicht betrachtet, auch zugleich praktisch sein.

Alles läuft zuletzt auf das Praktische hinaus, und in dieser Ten=
denz alles Theoretischen und aller Speculation in Ansehung ihres Ge=
brauchs besteht der praktische Werth unsers Erkenntnisses. Dieser Werth
ist aber nur alsdann ein unbedingter, wenn der Zweck, worauf der
praktische Gebrauch des Erkenntnisses gerichtet ist, ein unbedingter
Zweck ist. Der einige, unbedingte und letzte Zweck (Endzweck), worauf
aller praktische Gebrauch unsers Erkenntnisses zuletzt sich beziehen muß,
ist die Sittlichkeit, die wir um deswillen auch das schlechthin oder
absolut Praktische nennen. Und derjenige Theil der Philosophie, der
die Moralität zum Gegenstande hat, würde demnach praktische Philo=
sophie κατ' ἐξοχήν heißen müssen; obgleich jede andre philosophische Wis=
senschaft immer auch ihren praktischen Theil haben, d. h. von den auf=
gestellten Theorien eine Anweisung zum praktischen Gebrauche derselben
für die Realisirung gewisser Zwecke enthalten kann.

# I.

# Allgemeine Elementarlehre.

# Erster Abschnitt.
# Von den Begriffen.

## §. 1.

### Begriff überhaupt und dessen Unterschied von der Anschauung.

Alle Erkenntnisse, das heißt: alle mit Bewußtsein auf ein Object bezogene Vorstellungen sind entweder Anschauungen oder Begriffe. Die Anschauung ist eine einzelne Vorstellung (repraesentatio singularis), der Begriff eine allgemeine (repraesentatio per notas communes) oder reflectirte Vorstellung (repraesentatio discursiva).

Die Erkenntniß durch Begriffe heißt das Denken (cognitio discursiva).

_____

Anmerkung 1. Der Begriff ist der Anschauung entgegengesetzt, denn er ist eine allgemeine Vorstellung oder eine Vorstellung dessen, was mehreren Objecten gemein ist, also eine Vorstellung, sofern sie in verschiedenen enthalten sein kann.

2. Es ist eine bloße Tautologie, von allgemeinen oder gemeinsamen Begriffen zu reden, — ein Fehler, der sich auf eine unrichtige Eintheilung der Begriffe in allgemeine, besondre und einzelne gründet. Nicht die Begriffe selbst, nur ihr Gebrauch kann so eingetheilt werden.

## §. 2.

### Materie und Form der Begriffe.

An jedem Begriffe ist Materie und Form zu unterscheiden. Die Materie der Begriffe ist der Gegenstand, die Form derselben die Allgemeinheit.

## §. 3.

### Empirischer und reiner Begriff.

Der Begriff ist entweder ein empirischer oder ein reiner Begriff (vel empiricus vel intellectualis). Ein reiner Begriff ist ein solcher, der nicht von der Erfahrung abgezogen ist, sondern auch dem Inhalte nach aus dem Verstande entspringt.

Die Idee ist ein Vernunftbegriff, deren Gegenstand gar nicht in der Erfahrung kann angetroffen werden.

———————

Anmerkung 1. Der empirische Begriff entspringt aus den Sinnen durch Vergleichung der Gegenstände der Erfahrung und erhält durch den Verstand bloß die Form der Allgemeinheit. Die Realität dieser Begriffe beruht auf der wirklichen Erfahrung, woraus sie, ihrem Inhalte nach, geschöpft sind. Ob es aber reine Verstandesbegriffe (conceptus puri) gebe, die, als solche, unabhängig von aller Erfahrung lediglich aus dem Verstande entspringen, muß die Metaphysik untersuchen.

2. Die Vernunftbegriffe oder Ideen können gar nicht auf wirkliche Gegenstände führen, weil diese alle in einer möglichen Erfahrung enthalten sein müssen. Aber sie dienen doch dazu, durch Vernunft in Ansehung der Erfahrung und des Gebrauchs der Regeln derselben in der größten Vollkommenheit, den Verstand zu leiten oder auch zu zeigen, daß nicht alle mögliche Dinge Gegenstände der Erfahrung seien, und daß die Principien der Möglichkeit der letztern nicht von Dingen an sich selbst, auch nicht von Objecten der Erfahrung als Dingen an sich selbst gelten.

Die Idee enthält das Urbild des Gebrauchs des Verstandes, z. B. die Idee vom Weltganzen, welche nothwendig sein muß, nicht als constitutives Princip zum empirischen Verstandesgebrauche, sondern nur als regulatives Princip zum Behuf des durchgängigen Zusammenhanges unsers empirischen Verstandesgebrauchs. Sie ist also als ein nothwendiger Grundbegriff anzusehen, um die Verstandeshandlungen der Subordination entweder objectiv zu vollenden oder als unbegrenzt anzusehen. — Auch läßt sich die Idee nicht durch Zusammensetzung erhalten, denn das Ganze ist eher als der Theil. Indessen giebt es doch Ideen, zu denen eine Annäherung stattfindet. Dieses ist der Fall mit den mathematischen oder den Ideen der mathematischen Erzeugung eines Ganzen, die sich wesentlich von den dynamischen unterscheiden, welche allen concreten Begriffen gänzlich heterogen sind, weil das Ganze nicht der Größe (wie bei den mathematischen), sondern der Art nach von den concreten Begriffen verschieden ist.

Man kann keiner theoretischen Idee objective Realität verschaffen oder dieselbe beweisen, als nur der Idee von der Freiheit, und zwar, weil diese die Be-
5 dingung des moralischen Gesetzes ist, dessen Realität ein Axiom ist. Die Realität der Idee von Gott kann nur durch diese und also nur in praktischer Absicht, d. i. so zu handeln, als ob ein Gott sei, also nur für diese Absicht bewiesen werden.

In allen Wissenschaften, vornehmlich denen der Vernunft, ist die Idee der
10 Wissenschaft der allgemeine Abriß oder Umriß derselben, also der Umfang aller Kenntnisse, die zu ihr gehören. Eine solche Idee des Ganzen — das Erste, worauf man bei einer Wissenschaft zu sehen und was man zu suchen hat, ist architektonisch, wie z. B. die Idee der Rechtswissenschaft.

Die Idee der Menschheit, die Idee einer vollkommenen Republik, eines glück-
15 seligen Lebens u. dgl. m. fehlt den meisten Menschen. Viele Menschen haben keine Idee von dem, was sie wollen, daher verfahren sie nach Instinct und Autorität.

### §. 4.

## Gegebene (a priori oder a posteriori) und gemachte Begriffe.

20 Alle Begriffe sind der Materie nach entweder gegebene (conceptus dati) oder gemachte Begriffe (conceptus factitii). Die erstern sind entweder a priori oder a posteriori gegeben.

Alle empirisch oder a posteriori gegebenen Begriffe heißen Erfahrungsbegriffe, a priori gegebene, Notionen.

---

25 Anmerkung. Die Form eines Begriffs als einer discursiven Vorstellung ist jederzeit gemacht.

### §. 5.

## Logischer Ursprung der Begriffe.

Der Ursprung der Begriffe der bloßen Form nach beruht auf
30 Reflexion und auf der Abstraction von dem Unterschiede der Dinge, die durch eine gewisse Vorstellung bezeichnet sind. Und es entsteht also hier die Frage: Welche Handlungen des Verstandes einen Begriff ausmachen oder — welches dasselbe ist — zu Erzeugung eines Begriffes aus gegebenen Vorstellungen gehören?

---

Anmerkung 1. Da die allgemeine Logik von allem Inhalte des Erkenntnisses durch Begriffe, oder von aller Materie des Denkens abstrahirt: so kann sie den Begriff nur in Rücksicht seiner Form, d. h. nur subjectivisch erwägen; nicht wie er durch ein Merkmal ein Object bestimmt, sondern nur, wie er auf mehrere Objecte kann bezogen werden. Die allgemeine Logik hat also nicht die Quelle 5 der Begriffe zu untersuchen; nicht wie Begriffe als Vorstellungen entspringen, sondern lediglich, wie gegebene Vorstellungen im Denken zu Begriffen werden; diese Begriffe mögen übrigens etwas enthalten, was von der Erfahrung hergenommen ist, oder auch etwas Erdichtetes, oder von der Natur des Verstandes Entlehntes. — Dieser logische Ursprung der Begriffe 10 — der Ursprung ihrer bloßen Form nach — besteht in der Reflexion, wodurch eine mehreren Objecten gemeine Vorstellung (conceptus communis) entsteht, als diejenige Form, die zur Urtheilskraft erfordert wird. Also wird in der Logik bloß der Unterschied der Reflexion an den Begriffen betrachtet.

2. Der Ursprung der Begriffe in Ansehung ihrer Materie, nach welcher ein Be- 15 griff entweder empirisch oder willkürlich oder intellectuell ist, wird in der Metaphysik erwogen.

## §. 6.

### Logische Actus der Comparation, Reflexion und Abstraction.

Die logischen Verstandes=Actus, wodurch Begriffe ihrer Form nach 20 erzeugt werden, sind:

1) die Comparation, d. i. die Vergleichung der Vorstellungen unter einander im Verhältnisse zur Einheit des Bewußtseins;

2) die Reflexion, d. i. die Überlegung, wie verschiedene Vorstellungen in Einem Bewußtsein begriffen sein können; und endlich 25

3) Die Abstraction oder die Absonderung alles Übrigen, worin die gegebenen Vorstellungen sich unterscheiden.

————————

Anmerkung 1. Um aus Vorstellungen Begriffe zu machen, muß man also comparjren, reflectiren und abstrahiren können, denn diese drei logischen Operationen des Verstandes sind die wesentlichen und allgemeinen Bedin- 30 gungen zu Erzeugung eines jeden Begriffs überhaupt. Ich sehe z. B. eine Fichte, eine Weide und eine Linde. Indem ich diese Gegenstände zuvörderst unter einander vergleiche, bemerke ich, daß sie von einander verschieden sind in Ansehung des Stammes, der Äste, der Blätter u. dgl. m.; nun reflectire ich aber hiernächst nur auf das, was sie unter sich gemein haben, den Stamm, die 35

Äste, die Blätter selbst und abstrahire von der Größe, der Figur derselben u. s. w.;
so bekomme ich einen Begriff vom Baume.

2. Man braucht in der Logik den Ausdruck Abstraction nicht immer richtig.
Wir müssen nicht sagen: Etwas abstrahiren (abstrahere aliquid), sondern
von Etwas abstrahiren (abstrahere ab aliquo). Wenn ich z. B. beim Schar-
lach=Tuche nur die rothe Farbe denke: so abstrahire ich vom Tuche, abstrahire
ich auch von diesem und denke mir den Scharlach als einen materiellen Stoff
überhaupt: so abstrahire ich von noch mehreren Bestimmungen, und mein Begriff ist dadurch noch abstracter geworden. Denn je mehrere Unterschiede der
Dinge aus einem Begriffe weggelassen sind oder, von je mehreren Bestimmungen in demselben abstrahirt worden: desto abstracter ist der Begriff. Abstracte
Begriffe sollte man daher eigentlich abstrahirende (conceptus abstrahentes)
nennen, d. h. solche, in denen mehrere Abstractionen vorkommen. So ist z. B.
der Begriff Körper eigentlich kein abstracter Begriff, denn vom Körper selbst
kann ich ja nicht abstrahiren, ich würde sonst nicht den Begriff von ihm haben.
Aber wohl muß ich von der Größe, der Farbe, der Härte oder Flüssigkeit, kurz:
von allen speciellen Bestimmungen besondrer Körper abstrahiren. Der ab-
stracteste Begriff ist der, welcher mit keinem von ihm verschiedenen etwas
gemein hat. Dieses ist der Begriff von Etwas, denn das von ihm Verschiedene ist Nichts, und hat also mit dem Etwas nichts gemein.

3. Die Abstraction ist nur die negative Bedingung, unter welcher allgemeingültige Vorstellungen erzeugt werden können, die positive ist die Comparation
und Reflexion. Denn durchs Abstrahiren wird kein Begriff, die Abstraction
vollendet ihn nur und schließt ihn in seine bestimmten Grenzen ein.

## §. 7.
### Inhalt und Umfang der Begriffe.

Ein jeder Begriff, als Theilbegriff, ist in der Vorstellung der
Dinge enthalten, als Erkenntnißgrund, d. i. als Merkmal sind diese
Dinge unter ihm enthalten. In der erstern Rücksicht hat jeder Begriff
einen Inhalt, in der andern einen Umfang.

Inhalt und Umfang eines Begriffes stehen gegen einander in umge=
kehrtem Verhältnisse. Je mehr nämlich ein Begriff unter sich enthält,
desto weniger enthält er in sich und umgekehrt.

---

Anmerkung. Die Allgemeinheit oder Allgemeingültigkeit des Begriffes beruht
nicht darauf, daß der Begriff ein Theilbegriff, sondern daß er ein Erkenntnißgrund ist.

## §. 8.

### Größe des Umfanges der Begriffe.

Der Umfang oder die Sphäre eines Begriffes ist um so größer, je mehr Dinge unter ihm stehen und durch ihn gedacht werden können.

———

Anmerkung.  So wie man von einem Grunde überhaupt sagt, daß er die    5
Folge unter sich enthalte: so kann man auch von dem Begriffe sagen, daß er
als Erkenntnißgrund alle diejenigen Dinge unter sich enthalte, von denen
er abstrahirt worden, z. B. der Begriff Metall das Gold, Silber, Kupfer u. s. w.
Denn da jeder Begriff, als eine allgemeingültige Vorstellung, dasjenige enthält, was mehreren Vorstellungen von verschiedenen Dingen gemein ist: so    10
können alle diese Dinge, die in so fern unter ihm enthalten sind, durch ihn
vorgestellt werden.  Und eben dies macht die Brauchbarkeit eines Begriffs
aus.  Je mehr Dinge nun durch einen Begriff können vorgestellt werden: desto
größer ist die Sphäre desselben.  So hat z. B. der Begriff Körper einen
größeren Umfang als der Begriff Metall.    15

## §. 9.

### Höhere und niedere Begriffe.

Begriffe heißen höhere (conceptus superiores), sofern sie andre Begriffe unter sich haben, die im Verhältnisse zu ihnen niedere Begriffe genannt werden.  Ein Merkmal vom Merkmal — ein entferntes Merk-    20
mal — ist ein höherer Begriff, der Begriff in Beziehung auf ein entferntes Merkmal, ein niederer.

———

Anmerkung.  Da höhere und niedere Begriffe nur beziehungsweise (respec-
tive) so heißen: so kann also Ein und derselbe Begriff in verschiedenen Be-
ziehungen, zugleich ein höherer und ein niederer sein.  So ist z. B. der Begriff    25
Mensch in Beziehung auf den Begriff Neger ein höherer, in Beziehung auf
den Begriff Thier aber ein niederer.

## §. 10.

### Gattung und Art.

Der höhere Begriff heißt in Rücksicht seines niederen Gattung    30
(genus), der niedere Begriff in Ansehung seines höheren Art (species).

So wie höhere und niedere, so sind also auch Gattungs= und Art=
begriffe nicht ihrer Natur nach, sondern nur in Ansehung ihres Verhält=
nisses zu einander (termini a quo oder ad quod) in der logischen Subordi=
nation unterschieden.

§. 11.

#### Höchste Gattung und niedrigste Art.

Die höchste Gattung ist die, welche keine Art ist (genus summum
non est species), sowie die niedrigste Art die, welche keine Gattung ist
(species, quae non est genus, est infima).

Dem Gesetze der Stetigkeit zufolge kann es indessen weder eine nie=
drigste, noch eine nächste Art geben.

———————

Anmerkung. Denken wir uns eine Reihe von mehreren einander subordinirten
Begriffen, z. B. Eisen, Metall, Körper, Substanz, Ding: so können wir hier
immer höhere Gattungen erhalten, — denn eine jede Species ist immer zu=
gleich als Genus zu betrachten in Ansehung ihres niederen Begriffes, z. B.
der Begriff Gelehrter in Ansehung des Begriffs Philosoph — bis wir
endlich auf ein Genus kommen, das nicht wieder Species sein kann. Und
zu einem solchen müssen wir zuletzt gelangen können, weil es doch am Ende
einen höchsten Begriff (conceptum summum) geben muß, von dem sich, als
solchem nichts weiter abstrahiren läßt, ohne daß der ganze Begriff verschwindet.
— Aber einen niedrigsten Begriff (conceptum infimum) oder eine niedrigste
Art, worunter kein anderer mehr enthalten wäre, giebt es in der Reihe der
Arten und Gattungen nicht, weil ein solcher sich unmöglich bestimmen läßt.
Denn haben wir auch einen Begriff, den wir unmittelbar auf Individuen
anwenden: so können in Ansehung desselben doch noch specifische Unterschiede
vorhanden sein, die wir entweder nicht bemerken, oder die wir aus der Acht
lassen. Nur comparativ für den Gebrauch giebt es niedrigste Begriffe,
die gleichsam durch Convention diese Bedeutung erhalten haben, sofern man
übereingekommen ist, hierbei nicht tiefer zu gehen.
In Absicht auf die Bestimmung der Art= und Gattungsbegriffe gilt also folgendes allgemeine Gesetz: Es giebt ein Genus, das nicht mehr
Species sein kann, aber es giebt keine Species, die nicht wieder
sollte Genus sein können.

### §. 12.
#### Weiterer und engerer Begriff. — Wechselbegriffe.

Der höhere Begriff heißt auch ein weiterer; der niedere ein engerer Begriff.

Begriffe, die einerlei Sphäre haben, werden Wechselbegriffe (conceptus reciproci) genannt.

### §. 13.
#### Verhältniß des niederen zum höhern, des weitern zum engeren Begriffe.

Der niedere Begriff ist nicht in dem höhern enthalten, denn er enthält mehr in sich als der höhere; aber er ist doch unter demselben enthalten, weil der höhere den Erkenntnißgrund des niederen enthält.

Ferner ist ein Begriff nicht weiter als der andre, darum weil er mehr unter sich enthält — denn das kann man nicht wissen —, sondern sofern er den andern Begriff, und außer demselben noch mehr, unter sich enthält.

### §. 14.
#### Allgemeine Regeln in Absicht auf die Subordination der Begriffe.

In Ansehung des logischen Umfanges der Begriffe gelten folgende allgemeine Regeln:

1) Was den höhern Begriffen zukommt oder widerspricht, das kommt auch zu oder widerspricht allen niedrigern Begriffen, die unter jenen höhern enthalten sind; und

2) umgekehrt: Was allen niedrigern Begriffen zukommt oder widerspricht, das kommt auch zu oder widerspricht ihrem höhern Begriffe.

---

Anmerkung. Weil das, worin Dinge übereinkommen, aus ihren allgemeinen Eigenschaften, und das, worin sie von einander verschieden sind, aus ihren besondern Eigenschaften herfließt, so kann man nicht schließen: Was einem niedrigern Begriffe zukommt oder widerspricht, das kommt auch zu oder widerspricht andern niedrigeren Begriffen, die mit jenem zu Einem höhern Begriffe

gehören. So kann man z. B. nicht schließen: Was dem Menschen nicht zukommt, das kommt auch den Engeln nicht zu.

## §. 15.

Bedingungen der Entstehung höherer und niederer Begriffe:
Logische Abstraction und logische Determination.

Durch fortgesetzte logische Abstraction entstehen immer höhere, so wie
dagegen durch fortgesetzte logische Determination immer niedrigere Begriffe. Die größte mögliche Abstraction giebt den höchsten oder abstractesten
Begriff — den, von dem sich keine Bestimmung weiter wegdenken läßt.
Die höchste vollendete Determination würde einen durchgängig bestimmten Begriff (conceptum omnimode determinatum) d. i. einen solchen geben, zu dem sich keine weitere Bestimmung mehr hinzu denken ließe.

———

Anmerkung. Da nur einzelne Dinge oder Individuen durchgängig bestimmt
sind: so kann es auch nur durchgängig bestimmte Erkenntnisse als Anschauungen, nicht aber als Begriffe, geben; in Ansehung der letztern kann die
logische Bestimmung nie als vollendet angesehen werden (§. 11. Anm.).

## §. 16.

Gebrauch der Begriffe in abstracto und in concreto.

Ein jeder Begriff kann allgemein und besonders (in abstracto
und in concreto) gebraucht werden. In abstracto wird der niedere Begriff in Ansehung seines höhern, in concreto der höhere Begriff in Ansehung seines niederen gebraucht.

———

Anmerkung 1. Die Ausdrücke des Abstracten und Concreten beziehen sich
also nicht sowohl auf die Begriffe an sich selbst — denn jeder Begriff ist ein
abstracter Begriff — als vielmehr nur auf ihren Gebrauch. Und dieser Gebrauch kann hinwiederum verschiedene Grade haben, je nachdem man einen
Begriff bald mehr bald weniger abstract oder concret behandelt, d. h. bald mehr
bald weniger Bestimmungen entweder wegläßt oder hinzusetzt. Durch den ab-

stracten Gebrauch kommt ein Begriff der höchsten Gattung, durch den concreten Gebrauch dagegen dem Individuum näher.

2. Welcher Gebrauch der Begriffe, der abstracte oder der concrete, hat vor dem andern einen Vorzug? Hierüber läßt sich nichts entscheiden. Der Werth des einen ist nicht geringer zu schätzen, als der Werth des andern. Durch sehr abstracte Begriffe erkennen wir an vielen Dingen wenig, durch sehr concrete Begriffe erkennen wir an wenigen Dingen viel; was wir also auf der einen Seite gewinnen, das verlieren wir wieder auf der andern. Ein Begriff, der eine große Sphäre hat, ist in so fern sehr brauchbar, als man ihn auf viele Dinge anwenden kann; aber es ist auch dafür um so weniger in ihm enthalten. In dem Begriffe Substanz denke ich z. B. nicht so viel als in dem Begriffe Kreide.

3. Das Verhältniß zu treffen zwischen der Vorstellung in abstracto und in concreto in derselben Erkenntniß, also der Begriffe und ihrer Darstellung, wodurch das Maximum der Erkenntniß, dem Umfange sowohl als dem Inhalte nach, erreicht wird, darin besteht die Kunst der Popularität.

## Zweiter Abschnitt.

# Von den Urtheilen.

### §. 17.
### Erklärung eines Urtheils überhaupt.

Ein Urtheil ist die Vorstellung der Einheit des Bewußtseins verschiedener Vorstellungen oder die Vorstellung des Verhältnisses derselben, sofern sie einen Begriff ausmachen.

### §. 18.
### Materie und Form der Urtheile.

Zu jedem Urtheile gehören als wesentliche Bestandstücke desselben Materie und Form. In den gegebenen, zur Einheit des Bewußtseins im Urtheile verbundenen Erkenntnissen besteht die Materie, in der Bestimmung der Art und Weise, wie die verschiedenen Vorstellungen, als solche, zu Einem Bewußtsein gehören, die Form des Urtheils.

### §. 19.
### Gegenstand der logischen Reflexion die bloße Form der Urtheile.

Da die Logik von allem realen oder objectiven Unterschiede des Erkenntnisses abstrahirt: so kann sie sich mit der Materie der Urtheile so wenig als mit dem Inhalte der Begriffe beschäftigen. Sie hat also lediglich den Unterschied der Urtheile in Ansehung ihrer bloßen Form in Erwägung zu ziehen.

## §. 20.

### Logische Formen der Urtheile: Quantität, Qualität, Relation und Modalität.

Die Unterschiede der Urtheile in Rücksicht auf ihre Form lassen sich auf die vier Hauptmomente der Quantität, Qualität, Relation und Modalität zurückführen, in Ansehung deren eben so viele verschiedene Arten von Urtheilen bestimmt sind.

## §. 21.

### Quantität der Urtheile: Allgemeine, Besondre, Einzelne.

Der Quantität nach sind die Urtheile entweder allgemeine oder besondre oder einzelne, je nachdem das Subject im Urtheile entweder ganz von der Notion des Prädicats ein= oder ausgeschlossen, oder davon zum Theil nur ein= zum Theil ausgeschlossen ist. Im allgemeinen Urtheile wird die Sphäre eines Begriffs ganz innerhalb der Sphäre eines andern beschlossen; im particularen wird ein Theil des erstern unter die Sphäre des andern, und im einzelnen Urtheile endlich wird ein Begriff, der gar keine Sphäre hat, mithin bloß als Theil unter die Sphäre eines andern beschlossen.

---

Anmerkung 1. Die einzelnen Urtheile sind der logischen Form nach im Gebrauche den allgemeinen gleich zu schätzen, denn bei beiden gilt das Prädicat vom Subject ohne Ausnahme. In dem einzelnen Satze: z. B. Cajus ist sterblich, kann auch so wenig eine Ausnahme stattfinden als in dem allgemeinen: Alle Menschen sind sterblich. Denn es giebt nur Einen Cajus.

2. In Absicht auf die Allgemeinheit eines Erkenntnisses findet ein realer Unterschied statt zwischen generalen und universalen Sätzen, der aber freilich die Logik nichts angeht. Generale Sätze nämlich sind solche, die bloß etwas von dem Allgemeinen gewisser Gegenstände und folglich nicht hinreichende Bedingungen der Subsumtion enthalten, z. B. der Satz: man muß die Beweise gründlich machen. Universale Sätze sind die, welche von einem Gegenstande etwas allgemein behaupten.

3. Allgemeine Regeln sind entweder analytisch oder synthetisch allgemein. Jene abstrahiren von den Verschiedenheiten, diese attendiren auf die Unterschiede und bestimmen folglich doch auch in Ansehung ihrer. Je einfacher ein

Object gedacht wird, desto eher ist analytische Allgemeinheit zufolge eines Begriffs möglich.

4. Wenn allgemeine Sätze, ohne sie in concreto zu kennen, in ihrer Allgemeinheit
nicht können eingesehen werden, so können sie nicht zur Richtschnur dienen und
5 also nicht heuristisch in der Anwendung gelten, sondern sind nur Aufgaben
zu Untersuchung der allgemeinen Gründe zu dem, was in besondern Fällen
zuerst bekannt worden. Der Satz zum Beispiel: Wer kein Interesse hat
zu lügen und die Wahrheit weiß, der spricht Wahrheit, — dieser
Satz ist in seiner Allgemeinheit nicht einzusehen, weil wir die Einschränkung
10 auf die Bedingung des Uninteressirten nur durch Erfahrung kennen, nämlich
daß Menschen aus Interesse lügen können, welches daher kommt, daß sie nicht
fest an der Moralität hängen. Eine Beobachtung, die uns die Schwäche der
menschlichen Natur kennen lehrt.

5. Von den besondern Urtheilen ist zu merken, daß, wenn sie durch die Ver-
15 nunft sollen können eingesehen werden und also eine rationale, nicht bloß in-
tellectuale (abstrahirte) Form haben: so muß das Subject ein weiterer Begriff
(conceptus latior) als das Prädicat sein. Es sei das Prädicat jederzeit = O,
das Subject □, so ist

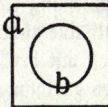

ein besonderes Urtheil, denn einiges unter a Gehörige ist b, einiges nicht b, —
20 das folgt aus der Vernunft. Aber es sei

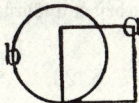

so kann zum wenigsten alles a unter b enthalten sein, wenn es kleiner ist, aber
nicht wenn es größer ist, also ist es nur zufälliger Weise particular.

§. 22.

Qualität der Urtheile: Bejahende, Verneinende, Unendliche.

25 Der Qualität nach sind die Urtheile entweder bejahende oder
verneinende oder unendliche. Im bejahenden Urtheile wird das
Subject unter der Sphäre eines Prädicats gedacht, im verneinenden
wird es außer der Sphäre des letztern gesetzt, und im unendlichen wird

es in die Sphäre eines Begriffs, die außerhalb der Sphäre eines andern
liegt, gesetzt.

––––––––––

Anmerkung 1.  Das unendliche Urtheil zeigt nicht bloß an, daß ein Subject
    unter der Sphäre eines Prädicats nicht enthalten sei, sondern daß es außer
    der Sphäre desselben in der unendlichen Sphäre irgendwo liege; folglich stellt   5
    dieses Urtheil die Sphäre des Prädicats als beschränkt vor.
        Alles Mögliche ist entweder A oder non A. Sage ich also: etwas ist non A,
    z. B. die menschliche Seele ist nicht=sterblich, einige Menschen sind Nicht=
    gelehrte u. dgl. m., so ist dies ein unendliches Urtheil. Denn es wird durch
    dasselbe über die endliche Sphäre A hinaus nicht bestimmt, unter welchen Be=   10
    griff das Object gehöre, sondern lediglich, daß es in die Sphäre außer A ge=
    höre, welches eigentlich gar keine Sphäre ist, sondern nur die Angrenzung
    einer Sphäre an das Unendliche oder die Begrenzung selbst. Ob=
    gleich nun die Ausschließung eine Negation ist: so ist doch die Beschränkung
    eines Begriffs eine positive Handlung. Daher sind Grenzen positive Begriffe   15
    beschränkter Gegenstände.
2. Nach dem Principium der Ausschließung jedes Dritten (exclusi tertii) ist die
    Sphäre eines Begriffs relativ auf eine andre entweder ausschließend oder ein=
    schließend. Da nun die Logik bloß mit der Form des Urtheils, nicht mit den
    Begriffen ihrem Inhalte nach, es zu thun hat: so ist die Unterscheidung der   20
    unendlichen von den negativen Urtheilen nicht zu dieser Wissenschaft gehörig.
3. In verneinenden Urtheilen afficirt die Negation immer die Copula, in unend=
    lichen wird nicht die Copula, sondern das Prädicat durch die Negation afficirt,
    welches sich im Lateinischen am besten ausdrücken läßt.

## §. 23.                                                                    25

### Relation der Urtheile: Kategorische, Hypothetische,
### Disjunctive.

    Der Relation nach sind die Urtheile entweder kategorische oder
hypothetische oder disjunctive. Die gegebenen Vorstellungen im
Urtheile sind nämlich eine der andern zur Einheit des Bewußtseins unter=   30
geordnet, entweder: als Prädicat dem Subjecte, oder: als Folge dem
Grunde, oder: als Glied der Eintheilung dem eingetheilten Be=
griffe. Durch das erste Verhältnis sind die kategorischen, durch das
zweite die hypothetischen und durch das dritte die disjunctiven Ur=
theile bestimmt.                                                            35

## §. 24.

### Kategorische Urtheile.

In den kategorischen Urtheilen machen Subject und Prädicat die
Materie derselben aus, die Form, durch welche das Verhältniß (der Einstimmung oder des Widerstreits) zwischen Subject und Prädicat bestimmt
und ausgedrückt wird, heißt die Copula.

---

Anmerkung. Die kategorischen Urtheile machen zwar die Materie der übrigen
Urtheile aus, aber darum muß man doch nicht, wie mehrere Logiker, glauben,
daß die hypothetischen sowohl als die disjunctiven Urtheile weiter nichts als
verschiedene Einkleidungen der kategorischen seien und sich daher insgesammt
auf die letztern zurückführen ließen. Alle drei Arten von Urtheilen beruhen auf
wesentlich verschiedenen logischen Functionen des Verstandes und müssen daher
nach ihrer specifischen Verschiedenheit erwogen werden.

## §. 25.

### Hypothetische Urtheile.

Die Materie der hypothetischen Urtheile besteht aus zwei Urtheilen, die mit einander als Grund und Folge verknüpft sind. Das eine
dieser Urtheile, welches den Grund enthält, ist der Vordersatz (antecedens, prius), das andre, das sich zu jenem als Folge verhält, der Nach-
satz (consequens, posterius), und die Vorstellung dieser Art von Verknüpfung beider Urtheile unter einander zur Einheit des Bewußtseins wird
die Consequenz genannt, welche die Form der hypothetischen Urtheile
ausmacht.

---

Anmerkung 1. Was für die kategorischen Urtheile die copula, das ist für die
hypothetischen also die Consequenz — die Form derselben.
2. Einige glauben, es sei leicht, einen hypothetischen Satz in einen kategorischen
zu verwandeln. Allein dieses geht nicht an, weil beide ihrer Natur nach ganz
von einander verschieden sind. In kategorischen Urtheilen ist nichts problematisch, sondern alles assertorisch, in hypothetischen hingegen ist nur die Consequenz assertorisch. In den letztern kann ich daher zwei falsche Urtheile mit einander verknüpfen, denn es kommt hier nur auf die Richtigkeit der Verknüpfung

— die Form der Consequenz an, worauf die logische Wahrheit dieser Urtheile beruht. Es ist ein wesentlicher Unterschied zwischen den beiden Sätzen:
Alle Körper sind theilbar, und: Wenn alle Körper zusammengesetzt sind, so sind
sie theilbar. In dem erstern Satze behaupte ich die Sache gerade zu, im letztern
nur unter einer problematisch ausgedrückten Bedingung.                    5

## §. 26.

### Verknüpfungsarten in den hypothetischen Urtheilen: modus ponens und modus tollens.

Die Form der Verknüpfung in den hypothetischen Urtheilen ist zwiefach: die setzende (modus ponens) oder die aufhebende (modus tollens).  10
1) Wenn der Grund (antecedens) wahr ist: so ist auch die durch ihn
   bestimmte Folge (consequens) wahr; heißt der modus ponens.
2) Wenn die Folge (consequens) falsch ist: so ist auch der Grund (antecedens) falsch; modus tollens.

## §. 27.          15

### Disjunctive Urtheile.

Ein Urtheil ist disjunctiv, wenn die Theile der Sphäre eines gegebenen Begriffs einander in dem Ganzen oder zu einem Ganzen als Ergänzungen (complementa) bestimmen.

## §. 28.          20

### Materie und Form disjunctiver Urtheile.

Die mehreren gegebenen Urtheile, woraus das disjunctive Urteil zusammengesetzt ist, machen die Materie desselben aus und werden die
Glieder der Disjunction oder Entgegensetzung genannt. In der
Disjunction selbst, d. h. in der Bestimmung des Verhältnisses der ver-  25
schiedenen Urtheile, als sich wechselseitig einander ausschließender und einander ergänzender Glieder der ganzen Sphäre des eingetheilten Erkenntnisses, besteht die Form dieser Urtheile.

––––––––––

Anmerkung. Alle disjunctiven Urtheile stellen also verschiedene Urtheile als in
  der Gemeinschaft einer Sphäre vor und bringen jedes Urtheil nur durch  30

die Einschränkung der andern in Ansehung der ganzen Sphäre hervor, sie bestimmen also jedes Urtheils Verhältniß zur ganzen Sphäre, und dadurch zugleich das Verhältniß, das diese verschiedenen Trennungsglieder (membra
disjuncta) unter einander selbst haben. Ein Glied bestimmt also hier jedes
andre nur, sofern sie insgesammt als Theile einer ganzen Sphäre von Erkenntniß, außer der sich in gewisser Beziehung nichts denken läßt,
in Gemeinschaft stehen.

## §. 29.

### Eigenthümlicher Character der disjunctiven Urtheile.

Der eigenthümliche Character aller disjunctiven Urtheile, wodurch
ihr specifischer Unterschied dem Momente der Relation nach von den übrigen, insbesondre von den kategorischen Urtheilen bestimmt ist, besteht
darin: daß die Glieder der Disjunction insgesammt problematische Urtheile sind, von denen nichts anders gedacht wird, als daß sie, wie Theile
der Sphäre einer Erkenntniß, jedes des andern Ergänzung zum Ganzen
(complementum ad totum), zusammengenommen, der Sphäre des ersten
gleich seien. Und hieraus folgt: daß in Einem dieser problematischen Urtheile die Wahrheit enthalten sein oder — welches dasselbe ist —, daß Eines von ihnen assertorisch gelten müsse, weil außer ihnen die Sphäre
der Erkenntniß unter den gegebenen Bedingungen nichts mehr befaßt und
eine der andern entgegengesetzt ist, folglich weder außer ihnen etwas
anders, noch auch unter ihnen mehr als Eines wahr sein kann.

---

Anmerkung. In einem kategorischen Urtheile wird das Ding, dessen Vorstellung
als ein Theil von der Sphäre einer andern subordinirten Vorstellung betrachtet wird, als enthalten unter dieses seinem obern Begriffe betrachtet, also
wird hier in der Subordination der Sphären der Theil vom Theile mit dem
Ganzen verglichen. Aber in disjunctiven Urtheilen gehe ich vom Ganzen auf
alle Theile zusammengenommen. Was unter der Sphäre eines Begriffs enthalten ist, das ist auch unter einem der Theile dieser Sphäre enthalten. Darnach muß erstlich die Sphäre eingetheilt werden. Wenn ich z. B. das disjunctive Urtheil fälle: Ein Gelehrter ist entweder ein historischer oder ein Vernunft-
gelehrter, so bestimme ich damit, daß diese Begriffe der Sphäre nach Theile
der Sphäre der Gelehrten sind, aber keineswegs Theile von einander, und daß
sie alle zusammengenommen complet sind.

Daß in den disjunctiven Urtheilen nicht die Sphäre des eingetheilten Begriffs, als enthalten in der Sphäre der Eintheilungen, sondern das, was unter dem eingetheilten Begriffe enthalten ist, als enthalten unter einem der Glieder der Eintheilung, betrachtet werde, mag folgendes Schema der Vergleichung zwischen kategorischen und disjunctiven Urtheilen anschaulicher machen. 5

In kategorischen Urtheilen ist x, was unter b enthalten ist, auch unter a:

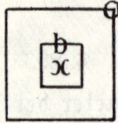

In disjunctiven ist x, was unter a enthalten ist, entweder unter b oder c u. s. w. enthalten:

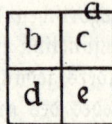

Also zeigt die Division in disjunctiven Urtheilen die Coordination nicht der Theile des ganzen Begriffs, sondern alle Theile seiner Sphäre an. Hier denke 10 ich viel Dinge durch einen Begriff, dort ein Ding durch viel Begriffe, z. B. das Definitum durch alle Merkmale der Coordination.

### §. 30.
### Modalität der Urtheile: Problematische, assertorische, apodiktische. 15

Der Modalität nach, durch welches Moment das Verhältniß des ganzen Urtheils zum Erkenntnißvermögen bestimmt ist, sind die Urtheile entweder problematische oder assertorische oder apodiktische. Die problematischen sind mit dem Bewußtsein der bloßen Möglichkeit, die assertorischen mit dem Bewußtsein der Wirklichkeit, die apodiktischen end= 20 lich mit dem Bewußtsein der Nothwendigkeit des Urtheilens begleitet.

───────────

Anmerkung 1. Dieses Moment der Modalität zeigt also nur die Art und Weise an, wie im Urtheile etwas behauptet oder verneint wird: ob man über die Wahrheit oder Unwahrheit eines Urtheils nichts ausmacht, wie in dem proble-

matischen Urtheile: die Seele des Menschen mag unsterblich sein; oder ob man
darüber etwas bestimmt, wie in dem assertorischen Urtheile: die menschliche
Seele ist unsterblich; oder endlich, ob man die Wahrheit eines Urtheils sogar
mit der Dignität der Nothwendigkeit ausdrückt, wie in dem apodiktischen Urtheile: die Seele des Menschen muß unsterblich sein. Diese Bestimmung der
bloß möglichen oder wirklichen oder nothwendigen Wahrheit betrifft also nur
das Urtheil selbst, keineswegs die Sache, worüber geurtheilt wird.

2. In problematischen Urtheilen, die man auch für solche erklären kann, deren
Materie gegeben ist mit dem möglichen Verhältniß zwischen Prädicat und Subject, muß das Subject jederzeit eine kleinere Sphäre haben als das Prädicat.

3. Auf dem Unterschiede zwischen problematischem und assertorischem Urtheilen
beruht der wahre Unterschied zwischen Urtheilen und Sätzen, den man sonst
fälschlich in den bloßen Ausdruck durch Worte, ohne die man ja überall nicht
urtheilen könnte, zu setzen pflegt. Im Urtheile wird das Verhältniß verschiedener Vorstellungen zur Einheit des Bewußtseins bloß als problematisch
gedacht, in einem Satze hingegen als assertorisch. Ein problematischer Satz
ist eine contradictio in adjecto. Ehe ich einen Satz habe, muß ich doch erst
urtheilen; und ich urtheile über vieles, was ich nicht ausmache, welches ich aber
thun muß, sobald ich ein Urtheil als Satz bestimme. Es ist übrigens gut,
erst problematisch zu urtheilen, ehe man das Urtheil als assertorisch annimmt,
um es auf diese Art zu prüfen. Auch ist es nicht allemal zu unsrer Absicht
nöthig, assertorische Urtheile zu haben.

## §. 31.
### Exponible Urtheile.

Urtheile, in denen eine Bejahung und Verneinung zugleich, aber versteckter Weise, enthalten ist, so daß die Bejahung zwar deutlich, die Verneinung aber versteckt geschieht, sind exponible Sätze.

---

Anmerkung. In dem exponiblen Urtheile, z. B. wenige Menschen sind gelehrt,
liegt 1), aber auf eine versteckte Weise, das negative Urtheil: viele Menschen
sind nicht gelehrt, und 2) das affirmative: einige Menschen sind gelehrt. Da
die Natur der exponiblen Sätze lediglich von Bedingungen der Sprache abhängt, nach welchen man zwei Urtheile auf einmal in der Kürze ausdrücken
kann: so gehört die Bemerkung, daß es in unsrer Sprache Urtheile geben
könne, die exponirt werden müssen, nicht in die Logik, sondern in die Grammatik.

## §. 32.

### Theoretische und praktische Sätze.

Theoretische Sätze heißen die, welche sich auf den Gegenstand beziehen und bestimmen, was demselben zukomme oder nicht zukomme; praktische Sätze hingegen sind die, welche die Handlung aussagen, wodurch, als nothwendige Bedingung desselben, ein Object möglich wird.

---

Anmerkung. Die Logik hat nur von praktischen Sätzen der Form nach, die in so fern den theoretischen entgegengesetzt sind, zu handeln. Praktische Sätze, dem Inhalte nach, und in so fern von den speculativen unterschieden, gehören in die Moral.

## §. 33.

### Indemonstrable und demonstrable Sätze.

Demonstrable Sätze sind die, welche eines Beweises fähig sind; die keines Beweises fähig sind, werden indemonstrable genannt.

Unmittelbar gewisse Urtheile sind indemonstrabel und also als Elementar-Sätze anzusehen.

## §. 34.

### Grundsätze.

Unmittelbar gewisse Urtheile a priori können Grundsätze heißen, sofern andre Urtheile aus ihnen erwiesen, sie selbst aber keinem andern subordinirt werden können. Sie werden um deswillen auch Principien (Anfänge) genannt.

## §. 35.

### Intuitive und discursive Grundsätze: Axiome und Akroame.

Grundsätze sind entweder intuitive oder discursive. Die erstern können in der Anschauung dargestellt werden und heißen Axiome (axiomata), die letztern lassen sich nur durch Begriffe ausdrücken und können Akroame (acroamata) genannt werden.

## §. 36.

### Analytische und synthetische Sätze.

Analytische Sätze heißen solche, deren Gewißheit auf Identität der Begriffe (des Prädicats mit der Notion des Subjects) beruht. Sätze, deren Wahrheit sich nicht auf Identität der Begriffe gründet, müssen syn= thetische genannt werden.

Anmerkung 1. Alles x, welchem der Begriff des Körpers (a + b) zukommt, dem kommt auch die Ausdehnung (b) zu, ist ein Exempel eines analyti= schen Satzes.

Alles x, welchem der Begriff des Körpers (a + b) zukommt, dem kommt auch die Anziehung (c) zu, ist ein Exempel eines synthetischen Satzes. Die synthetischen Sätze vermehren das Erkenntniß materialiter, die analyti= schen bloß formaliter. Jene enthalten Bestimmungen (determinationes), diese nur logische Prädicate.

2. Analytische Principien sind nicht Axiome, denn sie sind discursiv. Und syn= thetische Principien sind auch nur dann Axiome, wenn sie intuitiv sind.

## §. 37.

### Tautologische Sätze.

Die Identität der Begriffe in analytischen Urtheilen kann entweder eine ausdrückliche (explicita) oder eine nicht=ausdrückliche (impli= cita) sein. Im erstern Falle sind die analytischen Sätze tautologisch.

Anmerkung 1. Tautologische Sätze sind virtualiter leer oder folgeleer, denn sie sind ohne Nutzen und Gebrauch. Dergleichen ist z. B. der tautologische Satz: der Mensch ist Mensch. Denn wenn ich vom Menschen nichts weiter zu sagen weiß, als daß er ein Mensch ist: so weiß ich gar weiter nichts von ihm. Implicite identische Sätze sind dagegen nicht folge= oder fruchtleer, denn sie machen das Prädicat, welches im Begriffe des Subjects unentwickelt (impli= cite) lag, durch Entwickelung (explicatio) klar.

2. Folgeleere Sätze müssen von sinnleeren unterschieden werden, die darum leer an Verstand sind, weil sie die Bestimmung sogenannter verborgener Eigen= schaften (qualitates occultae) betreffen.

## §. 38.

### Postulat und Problem.

Ein Postulat ist ein praktischer, unmittelbar gewisser Satz oder ein Grundsatz, der eine mögliche Handlung bestimmt, bei welcher vorausgesetzt wird, daß die Art sie auszuführen, unmittelbar gewiß sei.

Probleme (problemata) sind demonstrable, einer Anweisung bedürftige Sätze, oder solche, die eine Handlung aussagen, deren Art der Ausführung nicht unmittelbar gewiß ist.

---

Anmerkung 1. Es kann auch theoretische Postulate geben zum Behuf der praktischen Vernunft. Dieses sind theoretische, in praktischer Vernunftabsicht nothwendige Hypothesen, wie die des Daseins Gottes, der Freiheit und einer andern Welt.

2. Zum Problem gehört 1) die Quästion, die das enthält, was geleistet werden soll, 2) die Resolution, die die Art und Weise enthält, wie das zu leistende könne ausgeführt werden, und 3) die Demonstration, daß, wenn ich so werde verfahren haben, das Geforderte geschehen werde.

## §. 39.

### Theoreme, Corollarien, Lehnsätze und Scholien.

Theoreme sind theoretische, eines Beweises fähige und bedürftige Sätze. Corollarien sind unmittelbare Folgen aus einem der vorhergehenden Sätze. Lehnsätze (lemmata) heißen Sätze, die in der Wissenschaft, worin sie als erwiesen vorausgesetzt werden, nicht einheimisch, sondern aus andern Wissenschaften entlehnt sind. Scholien endlich sind bloße Erläuterungssätze, die also nicht als Glieder zum Ganzen des Systems gehören.

---

Anmerkung. Wesentliche und allgemeine Momente eines jeden Theorems sind die Thesis und die Demonstration. Den Unterschied zwischen Theoremen und Corollarien kann man übrigens auch darin setzen, daß diese unmittelbar geschlossen, jene dagegen durch eine Reihe von Folgen aus unmittelbar gewissen Sätzen gezogen werden.

## §. 40.

## Wahrnehmungs= und Erfahrungsurtheile.

Ein Wahrnehmungsurtheil ist bloß subjectiv, ein objectives Urtheil aus Wahrnehmungen ist ein Erfahrungsurtheil.

---

5 Anmerkung. Ein Urtheil aus bloßen Wahrnehmungen ist nicht wohl möglich als nur dadurch, daß ich meine Vorstellung, als Wahrnehmung, aussage: Ich, der ich einen Thurm wahrnehme, nehme an ihm die rothe Farbe wahr. Ich kann aber nicht sagen: er ist roth. Denn dieses wäre nicht bloß ein empirisches, sondern auch ein Erfahrungsurtheil, d. i. ein empirisches Ur-
10 theil, dadurch ich einen Begriff vom Object bekomme. Z. B. Bei der Berührung des Steins empfinde ich Wärme, ist ein Wahrnehmungsurtheil, hingegen: der Stein ist warm, ein Erfahrungsurtheil. Es gehört zum letztern, daß ich das, was bloß in meinem Subject ist, nicht zum Object rechne, denn ein Erfahrungsurtheil ist die Wahrnehmung, woraus ein Begriff
15 vom Object entspringt; z. B. ob im Monde lichte Punkte sich bewegen oder in der Luft oder in meinem Auge.

### Dritter Abschnitt.

## Von den Schlüssen.

### §. 41.

#### Schluß überhaupt.

Unter Schließen ist diejenige Function des Denkens zu verstehen, woburch ein Urtheil aus einem andern hergeleitet wird. Ein Schluß überhaupt ist also die Ableitung eines Urtheils aus dem andern.

### §. 42.

#### Unmittelbare und mittelbare Schlüsse.

Alle Schlüsse sind entweder unmittelbare oder mittelbare.

Ein unmittelbarer Schluß (consequentia immediata) ist die Ableitung (deductio) eines Urtheils aus dem andern ohne ein vermittelndes Urtheil (judicium intermedium). Mittelbar ist ein Schluß, wenn man außer dem Begriffe, den ein Urtheil in sich enthält, noch andre braucht, um ein Erkenntniß daraus herzuleiten.

### §. 43.

#### Verstandesschlüsse, Vernunftschlüsse und Schlüsse der Urtheilskraft.

Die unmittelbaren Schlüsse heißen auch Verstandesschlüsse, alle mittelbaren Schlüsse hingegen sind entweder Vernunftschlüsse oder Schlüsse der Urtheilskraft. Wir handeln hier zuerst von den unmittelbaren oder den Verstandesschlüssen.

# I. Verstandesschlüsse.

## §. 44.

### Eigenthümliche Natur der Verstandesschlüsse.

Der wesentliche Character aller unmittelbaren Schlüsse und das
Princip ihrer Möglichkeit besteht lediglich in einer Veränderung der blo=
ßen Form der Urtheile, während die Materie der Urtheile, das Subject
und Prädicat, unverändert dieselbe bleibt.

---

Anmerkung 1. Dadurch daß in den unmittelbaren Schlüssen nur die Form und
keinesweges die Materie der Urtheile verändert wird, unterscheiden sich diese
Schlüsse wesentlich von allen mittelbaren, in welchen die Urtheile auch der
Materie nach unterschieden sind, indem hier ein neuer Begriff als vermitteln=
des Urtheil, oder als Mittelbegriff (terminus medius) hinzukommen muß, um
das eine Urtheil aus dem andern zu folgern. Wenn ich z. B. schließe: Alle
Menschen sind sterblich, also ist auch Cajus sterblich: so ist dies kein unmittel=
barer Schluß. Denn hier brauche ich zu der Folgerung noch das vermittelnde
Urtheil: Cajus ist ein Mensch; durch diesen neuen Begriff wird aber die Ma=
terie der Urtheile verändert.

2. Es läßt sich zwar auch bei den Verstandesschlüssen ein judicium intermedium
machen, aber alsdann ist dieses vermittelnde Urtheil bloß tautologisch. Wie
z. B. in dem unmittelbaren Schlusse: Alle Menschen sind sterblich. Einige
Menschen sind Menschen. Also sind einige Menschen sterblich, der Mittel=
begriff ein tautologischer Satz ist.

## §. 45.

### Modi der Verstandesschlüsse.

Die Verstandesschlüsse gehen durch alle Klassen der logischen Func=
tionen des Urtheilens und sind folglich in ihren Hauptarten bestimmt
durch die Momente der Quantität, der Qualität, der Relation und der
Modalität. Hierauf beruht die folgende Eintheilung dieser Schlüsse.

### §. 46.

**1. Verstandesschlüsse (in Beziehung auf die Quantität der Urtheile) per judicia subalternata.**

In den Verstandesschlüssen per judicia subalternata sind die beiden Urtheile der Quantität nach unterschieden, und es wird hier das besondre Urtheil aus dem allgemeinen abgeleitet, dem Grundsatze zufolge: Vom Allgemeinen gilt der Schluß auf das Besondere (ab universali ad particulare valet consequentia).

Anmerkung. Ein judicium heißt subalternatum, sofern es unter dem andern enthalten ist; wie z. B. besondre Urtheile unter allgemeinen.

### §. 47.

**2. Verstandesschlüsse (in Beziehung auf die Qualität der Urtheile) per judicia opposita.**

Bei den Verstandesschlüssen dieser Art betrifft die Veränderung die Qualität der Urtheile und zwar in Beziehung auf die Entgegensetzung betrachtet. Da nun diese Entgegensetzung eine dreifache sein kann, so ergiebt sich hieraus folgende besondre Eintheilung des unmittelbaren Schließens: durch contradictorisch entgegengesetzte, durch conträre und durch subconträre Urtheile.

Anmerkung. Verstandesschlüsse durch gleichgeltende Urtheile (judicia aequipollentia) können eigentlich keine Schlüsse genannt werden, denn hier findet keine Folge statt, sie sind vielmehr als eine bloße Substitution der Worte anzusehen, die einen und denselben Begriff bezeichnen, wobei die Urtheile selbst auch der Form nach unverändert bleiben. Z. B.: Nicht alle Menschen sind tugendhaft, und: Einige Menschen sind nicht tugendhaft. Beide Urtheile sagen ein und dasselbe.

### §. 48.

**a. Verstandesschlüsse per judicia contradictorie opposita.**

In Verstandesschlüssen durch Urtheile, die einander contradictorisch entgegengesetzt sind und als solche die ächte, reine Opposition ausmachen, wird die Wahrheit des einen der contradictorisch entgegengesetzten Urtheile aus der Falschheit des andern gefolgert und umgekehrt. Denn die ächte Opposition, die hier stattfindet, enthält nicht mehr noch weniger als was zur Entgegensetzung gehört. Dem Princip des ausschließenden Dritten

5 zufolge können daher nicht beide widersprechende Urtheile wahr, aber auch auch eben so wenig können sie beide falsch sein. Wenn daher das eine wahr ist, so ist das andre falsch und umgekehrt.

### §. 49.

b. Verstandesschlüsse per judica contrarie opposita.

10 Conträre oder widerstreitende Urtheile (judicia contrarie opposita) sind Urtheile, von denen das eine allgemein bejahend, das andre allgemein verneinend ist. Da nun eines derselben mehr aussagt, als das andre, und in dem Überflüssigen, das es außer der bloßen Verneinung des andern noch mehr aussagt, die Falschheit liegen kann: so können sie zwar nicht

15 beide wahr, aber sie können beide falsch sein. In Ansehung dieser Urtheile gilt daher nur der Schluß von der Wahrheit des einen auf die Falschheit des andern, aber nicht umgekehrt.

### §. 50.

c. Verstandesschlüsse per judicia subcontrarie opposita.

20 Subconträre Urtheile sind solche, von denen das eine besonders (particulariter) bejaht oder verneint, was das andre besonders verneint oder bejaht.

Da sie beide wahr, aber nicht beide falsch sein können, so gilt in An= sehung ihrer nur der folgende Schluß: Wenn der eine dieser Sätze

25 falsch ist, so ist der andre wahr; aber nicht umgekehrt.

---

Anmerkung. Bei den subconträren Urtheilen findet keine reine, strenge Oppo= sition statt, denn es wird in dem einen nicht von denselben Objecten verneint oder bejaht, was in dem andern bejaht oder verneint wurde. In dem Schlusse z. B. Einige Menschen sind gelehrt, also sind einige Menschen nicht gelehrt,

30 wird in dem ersten Urtheile nicht von denselben Menschen das behauptet, was im andern verneint wird.

### §. 51.

3. **Verstandesschlüsse** (in Rücksicht auf die Relation der Urtheile) per judicia conversa sive per conversionem.

Die unmittelbaren Schlüsse durch Umkehrung betreffen die Relation der Urtheile und bestehen in der Versetzung der Subjecte und Prädicate in den beiden Urtheilen, so daß das Subject des einen Urtheils zum Prädicat des andern Urtheils gemacht wird, und umgekehrt.

### §. 52.
#### Reine und veränderte Umkehrung.

Bei der Umkehrung wird die Quantität der Urtheile entweder verändert oder sie bleibt unverändert. Im erstern Falle ist das Umgekehrte (conversum) von dem Umkehrenden (convertente) der Quantität nach unterschieden, und die Umkehrung heißt eine veränderte (conversio per accidens), im letztern Falle wird die Umkehrung eine reine (conversio simpliciter talis) genannt.

### §. 53.
#### Allgemeine Regeln der Umkehrung.

In Absicht auf die Verstandesschlüsse durch die Umkehrung gelten folgende Regeln:

1) Allgemein bejahende Urtheile lassen sich nur per accidens umkehren; denn das Prädicat in diesen Urtheilen ist ein weiterer Begriff, und es ist also nur Einiges von demselben in dem Begriffe des Subjects enthalten.

2) Aber alle allgemein verneinenden Urtheile lassen sich simpliciter umkehren; denn hier wird das Subject aus der Sphäre des Prädicats herausgehoben. Ebenso lassen sich endlich

3) Alle particulär bejahenden Sätze simpliciter umkehren; denn in diesen Urtheilen ist ein Theil der Sphäre des Subjects dem Prädicate subsumirt worden, also läßt sich auch ein Theil von der Sphäre des Prädicats dem Subjecte subsumiren.

---

Anmerkung 1. In allgemein bejahenden Urtheilen wird das Subject als ein contentum des Prädicats betrachtet, da es unter der Sphäre desselben enthalten ist. Ich darf daher z. B. nur schließen: Alle Menschen sind sterblich, also sind einige von denen, die unter dem Begriff Sterbliche enthalten sind, Menschen. Daß aber allgemein verneinende Urtheile sich simpliciter umkehren lassen, davon ist die Ursache diese: daß zwei einander allgemein widersprechende Begriffe sich in gleichem Umfange widersprechen.

2. Manche allgemein bejahenden Urtheile lassen sich zwar auch simpliciter umkehren. Aber der Grund hievon liegt nicht in ihrer Form, sondern in der besondern Beschaffenheit ihrer Materie; wie z. B. die beiden Urtheile: Alles Unveränderliche ist nothwendig, und alles Nothwendige ist unveränderlich.

### §. 54.

4. Verstandesschlüsse (in Beziehung auf die Modalität der Urtheile) per judicia contraposita.

Die unmittelbare Schlußart durch die Contraposition besteht in derjenigen Versetzung (metathesis) der Urtheile, bei welcher bloß die Quantität dieselbe bleibt, die Qualität dagegen verändert wird. Sie betreffen nur die Modalität der Urtheile, indem sie ein assertorisches in ein apodiktisches Urtheil verwandeln.

### §. 55.

Allgemeine Regel der Contraposition.

In Absicht auf die Contraposition gilt die allgemeine Regel:
Alle allgemein bejahenden Urtheile lassen sich simpliciter contraponiren. Denn wenn das Prädicat als dasjenige, was das Subject unter sich enthält, mithin die ganze Sphäre verneint wird: so muß auch ein Theil derselben verneint werden, d. i. das Subject.

---

Anmerkung 1. Die Metathesis der Urtheile durch die Conversion und die durch die Contraposition sind also in so fern einander entgegengesetzt, als jene bloß die Quantität, diese bloß die Qualität verändert.

2. Die gedachten unmittelbaren Schlußarten beziehen sich bloß auf kategorische Urtheile.

## II. Vernunftschlüsse.

### §. 56.

#### Vernunftschluß überhaupt.

Ein Vernunftschluß ist das Erkenntniß der Nothwendigkeit eines
Satzes durch die Subsumtion seiner Bedingung unter eine gegebene all=
gemeine Regel.

### §. 57.

#### Allgemeines Princip aller Vernunftschlüsse.

Das allgemeine Princip, worauf die Gültigkeit alles Schließens
durch die Vernunft beruht, läßt sich in folgender Formel bestimmt aus=
drücken:

Was unter der Bedingung einer Regel steht, das steht auch
unter der Regel selbst.

───────

Anmerkung. Der Vernunftschluß prämittirt eine allgemeine Regel und eine
Subsumtion unter die Bedingung derselben. Man erkennt dadurch die
Conclusion a priori nicht im Einzelnen, sondern als enthalten im Allgemeinen
und als nothwendig unter einer gewissen Bedingung. Und dies, daß alles
unter dem Allgemeinen stehe und in allgemeinen Regeln bestimmbar sei, ist
eben das Princip der Rationalität oder der Nothwendigkeit (principium
rationalitatis sive necessitatis).

### §. 58.

#### Wesentliche Bestandstücke des Vernunftschlusses.

Zu einem jeden Vernunftschlusse gehören folgende wesentlichen drei
Stücke:

1) eine allgemeine Regel, welche der Obersatz (propositio major) ge=
nannt wird,

2) der Satz, der ein Erkenntniß unter die Bedingung der allgemeinen
Regel subsumirt und der Untersatz (propositio minor) heißt, und
endlich

3) der Satz, welcher das Prädicat der Regel von der subsumirten Er=
kenntniß bejaht oder verneint: der Schlußsatz (conclusio).

Die beiden erstern Sätze werden in ihrer Verbindung mit einander die Vordersätze oder Prämissen genannt.

---

Anmerkung. Eine Regel ist eine Assertion unter einer allgemeinen Bedingung. Das Verhältniß der Bedingung zur Assertion, wie nämlich diese unter jener steht, ist der Exponent der Regel.

Die Erkenntniß, daß die Bedingung (irgendwo) stattfinde, ist die Subsumtion.

Die Verbindung desjenigen, was unter der Bedingung subsumirt worden, mit der Assertion der Regel, ist der Schluß.

---

## §. 59.

### Materie und Form der Vernunftschlüsse.

In den Vordersätzen oder Prämissen besteht die Materie, und in der Conclusion, sofern sie die Consequenz enthält, die Form der Vernunftschlüsse.

---

Anmerkung 1. Bei jedem Vernunftschlusse ist also zuerst die Wahrheit der Prämissen und sodann die Richtigkeit der Consequenz zu prüfen. Nie muß man bei Verwerfung eines Vernunftschlusses zuerst die Conclusion verwerfen, sondern immer erst entweder die Prämissen oder die Consequenz.

2. In jedem Vernunftschlusse ist die Conclusion sogleich gegeben, so bald die Prämissen und die Consequenz gegeben sind.

## §. 60.

### Eintheilung der Vernunftschlüsse (der Relation nach) in kategorische, hypothetische und disjunctive.

Alle Regeln (Urtheile) enthalten objective Einheit des Bewußtseins des Mannigfaltigen der Erkenntniß, mithin eine Bedingung, unter der ein Erkenntniß mit dem andern zu einem Bewußtsein gehört. Nun lassen sich aber nur drei Bedingungen dieser Einheit denken, nämlich: als Subject der Inhärenz der Merkmale, oder als Grund der Dependenz eines Erkenntnisses zum andern, oder endlich als Verbindung der Theile in einem Ganzen (logische Eintheilung). Folglich kann es auch nur eben so

viele Arten von allgemeinen Regeln (propositiones majores) geben, durch
welche die Consequenz eines Urtheils aus dem andern vermittelt wird.

Und hierauf gründet sich die Eintheilung aller Vernunftschlüsse in
kategorische, hypothetische und disjunctive.

———————

Anmerkung 1. Die Vernunftschlüsse können weder der Quantität nach ein-  5
geteilt werden, denn jeder major ist eine Regel, mithin etwas Allgemeines;
noch in Ansehung der Qualität, denn es ist gleichgeltend, ob die Conclusion
bejahend oder verneinend ist; noch endlich in Rücksicht auf die Modalität,
denn die Conclusion ist immer mit dem Bewußtsein der Nothwendigkeit begleitet und hat folglich die Dignität eines apodiktischen Satzes. Also bleibt  10
allein nur die Relation als einzig möglicher Eintheilungsgrund der Vernunftschlüsse übrig.
2. Viele Logiker halten nur die kategorischen Vernunftschlüsse für ordentliche,
die übrigen hingegen für außerordentliche. Allein dieses ist grundlos und
falsch. Denn alle drei dieser Arten sind Producte gleich richtiger, aber von ein-  15
ander gleich wesentlich verschiedener Functionen der Vernunft.

## §. 61.

### Eigenthümlicher Unterschied zwischen kategorischen,
### hypothetischen und disjunctiven Vernunftschlüssen.

Das Unterscheidende unter den drei gedachten Arten von Vernunft=  20
schlüssen liegt im Obersatze. In kategorischen Vernunftschlüssen ist
der Major ein kategorischer, in hypothetischen ist er ein hypothetischer
oder problematischer, und in disjunctiven ein disjunctiver Satz.

## §. 62.

### I. Kategorische Vernunftschlüsse.                              25

In einem jeden kategorischen Vernunftschlusse befinden sich drei
Hauptbegriffe (termini), nämlich:

1) das Prädicat in der Conclusion, welcher Begriff der Oberbegriff
(terminus major) heißt, weil er eine größere Sphäre hat als das
Subject,                                                         30

2) das Subject (in der Conclusion), dessen Begriff der Unter=
begriff (terminus minor) heißt, und

3) ein vermittelndes Merkmal (nota intermedia), welches der **Mittelbegriff** (terminus medius) heißt, weil durch denselben ein Erkenntniß unter die Bedingung der Regel subsumirt wird.

---

**Anmerkung.** Dieser Unterschied in den gedachten terminis findet nur in kategorischen Vernunftschlüssen statt, weil nur diese allein durch einen terminum
medium schließen; die andern dagegen nur durch die Subsumtion eines im
**Major** problematisch und im **Minor** assertorisch vorgestellten Satzes.

### §. 63.
### Princip der kategorischen Vernunftschlüsse.

Das Princip, worauf die Möglichkeit und Gültigkeit aller kategorischen Vernunftschlüsse beruht, ist dieses:

**Was dem Merkmale einer Sache zukommt, das kommt auch
der Sache selbst zu; und was dem Merkmale einer Sache widerspricht, das widerspricht auch der Sache selbst** (nota notae est
nota rei ipsius; repugnans notae, repugnat rei ipsi).

---

**Anmerkung.** Aus dem so eben aufgestellten Princip läßt sich das sogenannte
Dictum de omni et nullo leicht deduciren, und es kann um deswillen nicht
als das oberste Princip weder für die Vernunftschlüsse überhaupt, noch für die
kategorischen insbesondre gelten.

Die Gattungs- und Art-Begriffe sind nämlich allgemeine Merkmale
aller der Dinge, die unter diesen Begriffen stehen. Es gilt demnach hier die
Regel: Was der Gattung oder Art zukommt oder widerspricht, das
kommt auch zu oder widerspricht allen den Objecten, die unter
jener Gattung oder Art enthalten sind. Und diese Regel heißt eben das
Dictum de omni et nullo.

### §. 64.
### Regeln für die kategorischen Vernunftschlüsse.

Aus der Natur und dem Princip der kategorischen Vernunftschlüsse
fließen folgende Regeln für dieselben:

1) In jedem kategorischen Vernunftschlusse können nicht mehr noch
   weniger Hauptbegriffe (termini) enthalten sein als drei; denn
   ich soll hier zwei Begriffe (Subject und Prädicat) durch ein vermittelndes Merkmal verbinden.

2) Die Vordersätze oder Prämissen dürfen nicht insgesammt verneinen (ex puris negativis nihil sequitur); denn die Subsumtion
   im Untersatze muß bejahend sein, als welche aussagt, daß ein Erkenntniß unter der Bedingung der Regel stehe.

3) Die Prämissen dürfen auch nicht insgesammt besondere (particulare) Sätze sein (ex puris particularibus nihil sequitur); denn alsdann gäbe es keine Regel, d. h. keinen allgemeinen Satz, woraus ein
   besonderes Erkenntniß könnte gefolgert werden.

4) Die Conclusion richtet sich allemal nach dem schwächern
   Theile des Schlusses; d. h. nach dem verneinenden und besondern
   Satze in den Prämissen, als welcher der schwächere Theil des kategorischen Vernunftschlusses genannt wird (conclusio sequitur partem debiliorem). Ist daher

5) einer von den Vordersätzen ein negativer Satz: so muß die Conclusion auch negativ sein, und

6) ist ein Vordersatz ein particularer Satz: so muß die Conclusion auch
   particular sein.

7) In allen kategorischen Vernunftschlüssen muß der Major ein allgemeiner (universalis), der Minor aber ein bejahender Satz (affir-
   mans) sein, und hieraus folgt endlich,

8) daß die Conclusion in Ansehung der Qualität nach dem Obersatze, in Rücksicht auf die Quantität aber nach dem Untersatze
   sich richten müsse.

---

Anmerkung. Daß sich die Conclusion jederzeit nach dem verneinenden und besondern Satze in den Prämissen richten müsse, ist leicht einzusehen.

Wenn ich den Untersatz nur particular mache und sage: Einiges ist
unter der Regel enthalten, so kann ich in der Conclusion auch nur sagen, daß
das Prädicat der Regel Einigem zukomme, weil ich nicht mehr als
dieses unter die Regel subsumirt habe. Und wenn ich einen verneinenden
Satz zur Regel (Obersatz) habe: so muß ich die Conclusion auch verneinend
machen. Denn wenn der Obersatz sagt: Von allem, was unter der Bedingung
der Regel steht, muß dieses oder jenes Prädicat verneint werden: so muß die

Conclusion das Prädicat auch von dem (Subject) verneinen, was unter die Bedingung der Regel subsumirt worden.

### §. 65.

#### Reine und vermischte kategorische Vernunftschlüsse.

Ein kategorischer Vernunftschluß ist rein (purus), wenn in demselben kein unmittelbarer Schluß eingemischt, noch die gesetzmäßige Ordnung der Prämissen verändert ist; widrigenfalls wird er ein unreiner oder ver= mischter (ratiocinium impurum oder hybridum) genannt.

### §. 66.

#### Vermischte Vernunftschlüsse durch Umkehrung der Sätze — Figuren.

Zu den vermischten Schlüssen sind diejenigen zu rechnen, welche durch die Umkehrung der Sätze entstehen und in denen also die Stellung dieser Sätze nicht die gesetzmäßige ist. Dieser Fall findet statt bei den drei letztern sogenannten Figuren des kategorischen Vernunftschlusses.

### §. 67.

#### Vier Figuren der Schlüsse.

Unter Figuren sind diejenigen vier Arten zu schließen zu verstehen, deren Unterschied durch die besondre Stellung der Prämissen und ihrer Begriffe bestimmt wird.

### §. 68.

#### Bestimmungsgrund ihres Unterschiedes durch die verschiedene Stellung des Mittelbegriffes.

Es kann nämlich der Mittelbegriff, auf dessen Stellung es hier eigent= lich ankommt, entweder 1) im Obersatze die Stelle des Subjects und im Untersatze die Stelle des Prädicats, oder 2) in beiden Prämissen die Stelle des Prädicats, oder 3) in beiden die Stelle des Subjects, oder endlich 4) im Obersatze die Stelle des Prädicats und im Untersatze die Stelle des Subjects einnehmen. Durch diese vier Fälle ist der Unterschied der vier Figuren bestimmt. Es bezeichne S das Subject der Conclusion, P das Prädicat derselben und M den terminum medium, so läßt sich das Schema für die gedachten vier Figuren in folgender Tafel darstellen:

| M  P | P  M | M  P | P  M |
|------|------|------|------|
| S  M | S  M | M  S | M  S |
|      |      |      |      |
| S  P | S  P | S  P | S  P |

§. 69.

**Regel für die erste Figur, als die einzig gesetzmäßige.**

Die Regel der ersten Figur ist: daß der Major ein allgemeiner, der Minor ein bejahender Satz sei. Und da dieses die allgemeine Regel aller kategorischen Vernunftschlüsse überhaupt sein muß: so ergiebt sich hieraus, daß die erste Figur die einzig gesetzmäßige sei, die allen übrigen zum Grunde liegt, und worauf alle übrigen, sofern sie Gültigkeit haben sollen, durch Umkehrung der Prämissen (metathesin praemissorum) zurückgeführt werden müssen.

Anmerkung. Die erste Figur kann eine Conclusion von aller Quantität und Qualität haben. In den übrigen Figuren giebt es nur Conclusionen von gewisser Art; einige modi derselben sind hier ausgeschlossen. Dies zeigt schon an, daß diese Figuren nicht vollkommen, sondern daß gewisse Einschränkungen dabei vorhanden sind, die es verhindern, daß die Conclusion nicht in allen modis, wie in der ersten Figur, stattfinden kann.

§. 70.

**Bedingung der Reduction der drei letztern Figuren auf die erstere.**

Die Bedingung der Gültigkeit der drei letztern Figuren, unter welcher in einer jeden derselben ein richtiger Modus des Schließens möglich ist,

läuft darauf hinaus: daß der Medius Terminus in den Sätzen eine solche Stelle erhalte, daraus durch unmittelbare Schlüsse (consequentias immediatas) die Stelle derselben nach den Regeln der ersten Figur ent= springen kann. — Hieraus ergeben sich folgende Regeln für die drei
5 letztern Figuren.

## §. 71.
### Regel der zweiten Figur.

In der zweiten Figur steht der Minor recht, also muß der Major umgekehrt werden, und zwar so, daß er allgemein (universalis) bleibt.
10 Dieses ist nur möglich, wenn er allgemein verneinend ist; ist er aber bejahend, so muß er contraponirt werden. In beiden Fällen wird die Conclusion negativ (sequitur partem debiliorem).

———————

Anmerkung. Die Regel der zweiten Figur ist: Wem ein Merkmal eines Dinges widerspricht, das widerspricht der Sache selbst. Hier muß ich nun erst um=
15 kehren und sagen: Wem ein Merkmal widerspricht, das widerspricht diesem Merkmal, oder ich muß die Conclusion umkehren: Wem ein Merkmal eines Dinges widerspricht, dem widerspricht die Sache selbst, folglich widerspricht es der Sache.

## §. 72.
20 ### Regel der dritten Figur.

In der dritten Figur steht der Major recht, also muß der Minor umgekehrt werden; doch so, daß ein bejahender Satz daraus entspringt. Dieses aber ist nur möglich, indem der bejahende Satz particular ist, folglich ist die Conclusion particular.

———————

25 Anmerkung. Die Regel der dritten Figur ist: Was einem Merkmale zukommt oder widerspricht, das kommt auch zu oder widerspricht Einigen, unter denen dieses Merkmal enthalten ist. Hier muß ich erst sagen: Es kommt zu oder widerspricht Allen, die unter diesem Merkmal enthalten sind.

### §. 73.

### Regel der vierten Figur.

Wenn in der vierten Figur der Major allgemein verneinend ist: so läßt er sich rein (simpliciter) umkehren, eben so der Minor als particular; also ist die Conclusion negativ. Ist hingegen der Major allgemein be= 5
jahend: so läßt er sich entweder nur per accidens umkehren oder contra=
poniren; also ist die Conclusion entweder particular oder negativ. Soll
die Conclusion nicht umgekehrt (PS in SP verwandelt) werden: so muß
eine Versetzung der Prämissen (metathesis praemissorum) oder eine Um=
kehrung (conversio) beider geschehen. 10

---

Anmerkung. In der vierten Figur wird geschlossen: das Prädicat hängt am
medio termino, der medius terminus am Subject (der Conclusion), folglich
das Subject am Prädicat; welches aber gar nicht folgt, sondern allenfalls
sein Umgekehrtes. Um dieses möglich zu machen, muß der Major zum Minor
und vice versa gemacht und die Conclusion umgekehrt werden, weil bei der 15
erstern Veränderung terminus minor in majorem verwandelt wird.

### §. 74.

### Allgemeine Resultate über die drei letztern Figuren.

Aus den angegebenen Regeln für die drei letztern Figuren erhellt,

1) daß in keiner derselben es eine allgemein bejahende Conclusion giebt, 20
   sondern daß die Conclusion immer entweder negativ oder parti=
   cular ist;

2) daß in einer jeden ein unmittelbarer Schluß (consequentia im=
   mediata) eingemischt ist, der zwar nicht ausdrücklich bezeichnet wird,
   aber doch stillschweigend mit einverstanden werden muß, daß also 25
   auch um deswillen

3) alle diese drei letztern modi des Schließens nicht reine, sondern un=
   reine Schlüsse (ratiocinia hybrida, impura) genannt werden müssen,
   da jeder reine Schluß nicht mehr als drei Hauptsätze (termini)
   haben kann. 30

## §. 75.

## 2. Hypothetische Vernunftschlüsse.

Ein hypothetischer Schluß ist ein solcher, der zum Major einen hypothetischen Satz hat. Er besteht also aus zwei Sätzen, 1) einem Vorder-
5 satze (antecedens) und 2) einem Nachsatze (consequens), und es wird
hier entweder nach dem modo ponente oder dem modo tollente gefolgert.

---

Anmerkung 1. Die hypothetischen Vernunftschlüsse haben also keinen medium
terminum, sondern es wird bei denselben die Consequenz eines Satzes aus
dem andern nur angezeigt. Es wird nämlich im Major derselben die Conse-
10 quenz zweier Sätze aus einander ausgedrückt, von denen der erste eine Prämisse, der zweite eine Conclusion ist. Der Minor ist eine Verwandlung der
problematischen Bedingung in einen kategorischen Satz.

2. Daraus daß der hypothetische Schluß nur aus zwei Sätzen besteht, ohne einen
Mittelbegriff zu haben, ist zu ersehen: daß er eigentlich kein Vernunftschluß sei,
15 sondern vielmehr nur ein unmittelbarer, aus einem Vordersatze und Nachsatze,
der Materie oder der Form nach, zu erweisender Schluß (conse quentia immediata demonstrabilis [ex antecedente et consequente] vel quoad materiam
vel quoad formam).

Ein jeder Vernunftschluß soll ein Beweis sein. Nun führt aber der hypo-
20 thetische nur den Beweis-Grund bei sich. Folglich ist auch hieraus klar, daß
er kein Vernunftschluß sein könne.

## §. 76.

## Princip der hypothetischen Schlüsse.

Das Princip der hypothetischen Schlüsse ist der Satz des Grundes:
25 A ratione ad rationatum; a negatione rationati ad negationem rationis
valet consequentia.

## §. 77.

## 3. Disjunctive Vernunftschlüsse.

In den disjunctiven Schlüssen ist der Major ein disjunctiver Satz
30 und muß daher, als solcher, Glieder der Eintheilung oder Disjunction
haben.

Es wird hier entweder 1) von der Wahrheit Eines Gliedes der Dis=
junction auf die Falschheit der übrigen geschlossen, oder 2) von der Falsch=
heit aller Glieder, außer Einem, auf die Wahrheit dieses Einen. Jenes
geschieht durch den modum ponentem (oder ponendo tollentem), dieses
durch den modum tollentem (tollendo ponentem).

Anmerkung 1. Alle Glieder der Disjunction, außer Einem, zusammengenommen, machen das contradictorische Gegentheil dieses Einen aus. Es
findet also hier eine Dichotomie statt, nach welcher, wenn eines von beiden
wahr ist, das andre falsch sein muß und umgekehrt.

2. Alle disjunctiven Vernunftschlüsse von mehr als zwei Gliedern der Disjunction
sind also eigentlich polysyllogistisch. Denn alle wahre Disjunction kann
nur bimembris sein, und die logische Division ist auch bimembris, aber die
membra subdividentia werden um der Kürze willen unter die membra dividentia gesetzt.

### §. 78.
### Princip der disjunctiven Vernunftschlüsse.

Das Prinzip der disjunctiven Schlüsse ist der Grundsatz des aus=
schließenden Dritten:

A contradictorie oppositorum negatione unius ad affirmationem
alterius, a positione unius ad negationem alterius valet consequentia.

### §. 79.
### Dilemma.

Ein Dilemma ist ein hypothetisch=disjunctiver Vernunftschluß, oder
ein hypothetischer Schluß, dessen consequens ein disjunctives Urtheil ist.
Der hypothetische Satz, dessen consequens disjunctiv ist, ist der Obersatz;
der Untersatz bejaht, daß das consequens (per omnia membra) falsch ist,
und der Schlußsatz bejaht, daß das antecedens falsch sei. (A remotione
consequentis ad negationem antecedentis valet consequentia.)

Anmerkung. Die Alten machten sehr viel aus dem Dilemma und nannten
diesen Schluß cornutus. Sie wußten einen Gegner dadurch in die Enge zu

treiben, daß sie alles hersagten, wo er sich hinwenden konnte und ihm dann
auch alles widerlegten.  Sie zeigten ihm viele Schwierigkeiten bei jeder Meinung, die er annahm.  Aber es ist ein sophistischer Kunstgriff, Sätze nicht geradezu zu widerlegen, sondern nur Schwierigkeiten zu zeigen; welches denn
auch bei vielen, ja bei den mehresten Dingen angeht.

Wenn wir nun alles das sogleich für falsch erklären wollen, wobei sich
Schwierigkeiten finden: so ist es ein leichtes Spiel, alles zu verwerfen.  Zwar
ist es gut, die Unmöglichkeit des Gegentheils zu zeigen, allein hierin liegt doch
etwas Täuschendes, wofern man die Unbegreiflichkeit des Gegentheils für
die Unmöglichkeit desselben hält.  Die Dilemmata haben daher vieles
Verfängliche an sich, ob sie gleich richtig schließen.  Sie können gebraucht werden,
wahre Sätze zu vertheidigen, aber auch wahre Sätze anzugreifen durch Schwierigkeiten, die man gegen sie aufwirft.

### §. 80.

#### Förmliche und versteckte Vernunftschlüsse (ratiocinia formalia und cryptica.)

Ein förmlicher Vernunftschluß ist ein solcher, der nicht nur der
Materie nach alles Erforderliche enthält, sondern auch der Form nach richtig und vollständig ausgedrückt ist.  Den förmlichen Vernunftschlüssen sind
die versteckten (cryptica) entgegengesetzt, zu denen alle diejenigen können
gerechnet werden, in welchen entweder die Prämissen versetzt, oder eine der
Prämissen ausgelassen, oder endlich der Mittelbegriff allein mit der Conclusion verbunden ist.  Ein versteckter Vernunftschluß von der zweiten
Art, in welchem die eine Prämisse nicht ausgedrückt, sondern nur mit gedacht wird, heißt ein verstümmelter oder ein Enthymema.  Die der
dritten Art werden zusammengezogene Schlüsse genannt.

### III. Schlüsse der Urtheilskraft.

#### §. 81.
#### Bestimmende und reflectirende Urtheilskraft.

Die Urtheilskraft ist zwiefach: die bestimmende oder die reflec-
tirende Urtheilskraft.  Die erstere geht vom Allgemeinen zum Besondern, die zweite vom Besondern zum Allgemeinen.  Die letztere
hat nur subjective Gültigkeit, denn das Allgemeine, zu welchem sie vom

Besondern fortschreitet, ist nur empirische Allgemeinheit — ein bloßes Analogon der logischen.

## §. 82.

### Schlüsse der (reflectirenden) Urtheilskraft.

Die Schlüsse der Urtheilskraft sind gewisse Schlußarten, aus besondern Begriffen zu allgemeinen zu kommen. Es sind also nicht Functionen der bestimmenden, sondern der reflectirenden Urtheilskraft; mithin bestimmen sie auch nicht das Object, sondern nur die Art der Reflexion über dasselbe, um zu seiner Kenntniß zu gelangen.

## §. 83.

### Princip dieser Schlüsse.

Das Princip, welches den Schlüssen der Urtheilskraft zum Grunde liegt, ist dieses: daß Vieles nicht ohne einen gemeinschaftlichen Grund in Einem zusammenstimmen, sondern daß das, was Vielem auf diese Art zukommt, aus einem gemeinschaftlichen Grunde nothwendig sein werde.

----

Anmerkung. Da den Schlüssen der Urtheilskraft ein solches Princip zum Grunde liegt, so können sie um deswillen nicht für unmittelbare Schlüsse gehalten werden.

## §. 84.

### Induction und Analogie — die beiden Schlußarten der Urtheilskraft.

Die Urtheilskraft, indem sie vom Besondern zum Allgemeinen fortschreitet, um aus der Erfahrung, mithin nicht a priori (empirisch) allgemeine Urtheile zu ziehen, schließt entweder von vielen auf alle Dinge einer Art, oder von vielen Bestimmungen und Eigenschaften, worin Dinge von einerlei Art zusammenstimmen, auf die übrigen, sofern sie zu demselben Princip gehören. Die erstere Schlußart heißt der Schluß durch Induction, die andre der Schluß nach der Analogie.

----

Anmerkung 1. Die Induction schließt also vom Besondern aufs Allgemeine (a particulari ad universale) nach dem Princip der Allgemeinmachung: Was vielen Dingen einer Gattung zukommt, das kommt auch den übrigen zu. Die Analogie schließt von particularer Ähnlichkeit zweier Dinge auf totale, nach dem Princip der Specification: Dinge von einer Gattung, von denen man vieles Übereinstimmende kennt, stimmen auch in dem Übrigen überein, was wir in einigen dieser Gattung kennen, an andern aber nicht wahrnehmen. Die Induction erweitert das empirisch Gegebene vom Besondern aufs Allgemeine in Ansehung vieler Gegenstände, die Analogie dagegen die gegebenen Eigenschaften eines Dinges auf mehrere eben desselben Dinges — Eines in Vielen, also in Allen: Induction, Vieles in Einem (was auch in Andern ist), also auch das Übrige in demselben: Analogie. So ist z. B. der Beweisgrund für die Unsterblichkeit aus der völligen Entwickelung der Naturanlagen eines jeden Geschöpfs ein Schluß nach der Analogie.

Bei dem Schlusse nach der Analogie wird indessen nicht die Identität des Grundes (par ratio) erfordert. Wir schließen nach der Analogie nur auf vernünftige Mondbewohner, nicht auf Menschen. Auch kann man nach der Analogie nicht über das tertium comparationis hinaus schließen.

2. Ein jeder Vernunftschluß muß Nothwendigkeit geben. Induction und Analogie sind daher keine Vernunftschlüsse, sondern nur logische Präsumtionen oder auch empirische Schlüsse; und durch Induction bekommt man wohl generale, aber nicht universale Sätze.

3. Die gedachten Schlüsse der Urtheilskraft sind nützlich und unentbehrlich zum Behuf der Erweiterung unsers Erfahrungserkenntnisses. Da sie aber nur empirische Gewißheit geben: so müssen wir uns ihrer mit Behutsamkeit und Vorsicht bedienen.

## §. 85.

### Einfache und zusammengesetzte Vernunftschlüsse.

Ein Vernunftschluß heißt einfach, wenn er nur aus einem, zusammengesetzt, wenn er aus mehreren Vernunftschlüssen besteht.

## §. 86.

### Ratiocinatio polysyllogistica.

Ein zusammengesetzter Schluß, in welchem die mehreren Vernunftschlüsse nicht durch bloße Coordination, sondern durch Subordination,

d. h. als Gründe und Folgen mit einander verbunden sind, wird eine Kette von Vernunftschlüssen genannt (ratiocinatio polysyllogistica).

## §. 87.
### Prosyllogismen und Episyllogismen.

In der Reihe zusammengesetzter Schlüsse kann man auf eine doppelte Art, entweder von den Gründen herab zu den Folgen, oder von den Folgen herauf zu den Gründen schließen. Das erste geschieht durch Episyllogismen, das andre durch Prosyllogismen.

Ein Episyllogismus ist nämlich derjenige Schluß in der Reihe von Schlüssen, dessen Prämisse die Conclusion eines Prosyllogismus, also eines Schlusses wird, welcher die Prämisse des erstern zur Conclusion hat.

## §. 88.
### Sorites oder Kettenschluß.

Ein aus mehreren abgekürzten und unter einander zu einer Conclusion verbundenen Schlüssen bestehender Schluß heißt ein Sorites oder Kettenschluß, der entweder progressiv oder regressiv sein kann; je nachdem man von den nähern Gründen zu den entferntern hinauf-, oder von den entferntern Gründen zu den nähern herabsteigt.

## §. 89.
### Kategorische und hypothetische Sorites.

Die progressiven sowohl als die regressiven Kettenschlüsse können hinwiederum entweder kategorische oder hypothetische sein. Jene bestehen aus kategorischen Sätzen als einer Reihe von Prädicaten, diese aus hypothetischen, als einer Reihe von Consequenzen.

## §. 90.
### Trugschluß — Paralogismus — Sophisma.

Ein Vernunftschluß, welcher der Form nach falsch ist, ob er gleich den Schein eines richtigen Schlusses für sich hat, heißt ein Trugschluß (fallacia). Ein solcher Schluß ist ein Paralogismus, in so fern man sich selbst dadurch hintergeht, ein Sophisma, sofern man Andre dadurch mit Absicht zu hintergehen sucht.

———

Anmerkung. Die Alten beschäftigten sich sehr mit der Kunst, dergleichen Sophismen zu machen. Daher sind viele von der Art aufgekommen; z. B. das Sophisma figurae dictionis, worin der medius terminus in verschiedener Bedeutung genommen wird — fallacia a dicto secundum quid ad dictum simpliciter, sophisma heterozeteseos, elenchi, ignorationis u. dgl. m.

## §. 91.

### Sprung im Schließen.

Ein Sprung (saltus) im Schließen oder Beweisen ist die Verbindung einer Prämisse mit der Conclusion, so daß die andre Prämisse ausgelassen wird. Ein solcher Sprung ist rechtmäßig (legitimus), wenn ein Jeder die fehlende Prämisse leicht hinzudenken kann, unrechtmäßig (illegitimus) aber, wenn die Subsumtion nicht klar ist. Es wird hier ein entferntes Merkmal mit einer Sache ohne Zwischenmerkmal (nota intermedia) verknüpft.

## §. 92.

### Petitio principii. — Circulus in probando.

Unter einer petitio principii versteht man die Annehmung eines Satzes zum Beweisgrunde als eines unmittelbar gewissen Satzes, obgleich er noch eines Beweises bedarf. Und einen Cirkel im Beweisen begeht man, wenn man denjenigen Satz, den man hat beweisen wollen, seinem eigenen Beweise zum Grunde legt.

———

Anmerkung. Der Cirkel im Beweisen ist oft schwer zu entdecken, und dieser Fehler wird gerade da gemeiniglich am häufigsten begangen, wo die Beweise schwer sind.

## §. 93.

## Probatio plus und minus probans.

**Ein Beweis kann zu viel, aber auch zu wenig beweisen. Im letztern Falle beweist er nur einen Theil von dem, was bewiesen werden soll, im erstern geht er auch auf das, welches falsch ist.**                    5

---

**Anmerkung.** Ein Beweis, der zu wenig beweist, kann wahr sein und ist also nicht zu verwerfen. Beweist er aber zu viel: so beweist er mehr, als was wahr ist; und das ist denn falsch. So beweist z. B. der Beweis wider den Selbstmord: daß, wer sich nicht das Leben gegeben, es sich auch nicht nehmen könne, zu viel; denn aus diesem Grunde dürften wir auch keine Thiere tödten. Er ist    10 also falsch.

---

## II.

# Allgemeine Methodenlehre.

## §. 94.
### Manier und Methode.

Alle Erkenntniß und ein Ganzes derselben muß einer Regel gemäß sein. (Regellosigkeit ist zugleich Unvernunft.) Aber diese Regel ist entweder die der Manier (frei) oder die der Methode (Zwang).

## §. 95.
### Form der Wissenschaft. — Methode.

Die Erkenntniß, als Wissenschaft, muß nach einer Methode eingerichtet sein. Denn Wissenschaft ist ein Ganzes der Erkenntniß als System und nicht bloß als Aggregat. Sie erfordert daher eine systematische, mithin nach überlegten Regeln abgefaßte Erkenntniß.

## §. 96.
### Methodenlehre. — Gegenstand und Zweck derselben.

Wie die Elementarlehre in der Logik die Elemente und Bedingungen der Vollkommenheit einer Erkenntniß zu ihrem Inhalt hat: so hat dagegen die allgemeine Methodenlehre, als der andre Theil der Logik, von der Form einer Wissenschaft überhaupt, oder von der Art und Weise zu handeln, das Mannigfaltige der Erkenntniß zu einer Wissenschaft zu verknüpfen.

## §. 97.
### Mittel zu Beförderung der logischen Vollkommenheit der Erkenntniß.

Die Methodenlehre soll die Art vortragen, wie wir zur Vollkommenheit des Erkenntnisses gelangen. Nun besteht eine der wesentlichsten logi=

schen Vollkommenheiten des Erkenntnisses in der Deutlichkeit, der Gründlichkeit und systematischen Anordnung derselben zum Ganzen einer Wissenschaft. Die Methodenlehre wird demnach hauptsächlich die Mittel anzugeben haben, durch welche diese Vollkommenheiten des Erkenntnisses befördert werden.

### §. 98.
#### Bedingungen der Deutlichkeit des Erkenntnisses.

Die Deutlichkeit der Erkenntnisse und ihre Verbindung zu einem
systematischen Ganzen hängt ab von der Deutlichkeit der Begriffe sowohl
in Ansehung dessen, was in ihnen, als in Rücksicht auf das, was unter
ihnen enthalten ist.

Das deutliche Bewußtsein des Inhalts der Begriffe wird befördert
durch Exposition und Definition derselben, das deutliche Bewußtsein ihres Umfanges dagegen durch die logische Eintheilung derselben. — Zuerst also hier von den Mitteln zu Beförderung der Deutlichkeit
der Begriffe in Ansehung ihres Inhalts.

## I. Beförderung der logischen Vollkommenheit
### des Erkenntnisses durch Definition, Exposition und
### Beschreibung der Begriffe.

### §. 99.
#### Definition.

Eine Definition ist ein zureichend deutlicher und abgemessener Begriff (conceptus rei adaequatus in minimis terminis, complete deter-
minatus).

---

Anmerkung. Die Definition ist allein als ein logisch vollkommener Begriff anzusehen, denn es vereinigen sich in ihr die beiden wesentlichsten Vollkommenheiten eines Begriffs: die Deutlichkeit und die Vollständigkeit und Präcision
in der Deutlichkeit (Quantität der Deutlichkeit).

## §. 100.
### Analytische und synthetische Definition.

Alle Definitionen sind entweder analytisch oder synthetisch. Die erstern sind Definitionen eines gegebenen, die letztern Definitionen eines gemachten Begriffs.

## §. 101.
### Gegebene und gemachte Begriffe a priori und a posteriori.

Die gegebenen Begriffe einer analytischen Definition sind entweder a priori oder a posteriori gegeben; so wie die gemachten Begriffe einer synthetischen Definition entweder a priori oder a posteriori gemacht sind.

## §. 102.
### Synthetische Definitionen durch Exposition oder Construction.

Die Synthesis der gemachten Begriffe, aus welcher die synthetischen Definitionen entspringen, ist entweder die der Exposition (der Erscheinungen) oder die der Construction. Die letztere ist die Synthesis willkürlich gemachter, die erstere, die Synthesis empirisch, d. h. aus gegebenen Erscheinungen, als der Materie derselben, gemachter Begriffe (conceptus factitii vel a priori vel per synthesin empiricam). Willkürlich gemachte Begriffe sind die mathematischen.

---

Anmerkung. Alle Definitionen der mathematischen und — wofern anders bei empirischen Begriffen überall Definitionen stattfinden könnten — auch der Erfahrungsbegriffe, müssen also synthetisch gemacht werden. Denn auch bei den Begriffen der letztern Art, z. B. den empirischen Begriffen Wasser, Feuer, Luft u. dgl. soll ich nicht zergliedern, was in ihnen liegt, sondern durch Erfahrung kennen lernen, was zu ihnen gehört. Alle empirischen Begriffe müssen also als gemachte Begriffe angesehen werden, deren Synthesis aber nicht willkürlich, sondern empirisch ist.

## §. 103.
### Unmöglichkeit empirisch synthetischer Definitionen.

Da die Synthesis der empirischen Begriffe nicht willkürlich, sondern empirisch ist und als solche niemals vollständig sein kann (weil man in

der Erfahrung immer noch mehr Merkmale des Begriffs entdecken kann):
so können empirische Begriffe auch nicht definirt werden.

---

Anmerkung. Synthetisch lassen sich also nur willkürliche Begriffe definiren.
Solche Definitionen willkürlicher Begriffe, die nicht nur immer möglich, sondern auch nothwendig sind, und vor alle dem, was vermittelst eines willkürlichen Begriffs gesagt wird, vorangehen müssen, könnte man auch Declara-
tionen nennen, sofern man dadurch seine Gedanken declarirt oder Rechenschaft von dem giebt, was man unter einem Worte versteht. Dies ist der Fall
bei den Mathematikern.

## §. 104.

### Analytische Definitionen durch Zergliederung a priori oder a posteriori gegebene Begriffe.

Alle gegebenen Begriffe, sie mögen a priori oder a posteriori gegeben sein, können nur durch Analysis definirt werden. Denn gegebene
Begriffe kann man nur deutlich machen, sofern man die Merkmale derselben successiv klar macht. Werden alle Merkmale eines gegebenen Begriffs klar gemacht: so wird der Begriff vollständig deutlich, enthält er
auch nicht zu viel Merkmale, so ist er zugleich präcis und es entspringt
hieraus eine Definition des Begriffs.

---

Anmerkung. Da man durch keine Probe gewiß werden kann, ob man alle
Merkmale eines gegebenen Begriffs durch vollständige Analyse erschöpft habe:
so sind alle analytischen Definitionen für unsicher zu halten.

## §. 105.

### Erörterungen und Beschreibungen.

Nicht alle Begriffe können also, sie dürfen aber auch nicht alle
definirt werden.

Es giebt Annäherungen zur Definition gewisser Begriffe; dieses sind
theils Erörterungen (expositiones), theils Beschreibungen (des-
criptiones).

Das Exponiren eines Begriffs besteht in der an einander hängenden (successiven) Vorstellung seiner Merkmale, so weit dieselben durch Analyse gefunden sind.

Die Beschreibung ist die Exposition eines Begriffs, sofern sie nicht 5 präcis ist.

Anmerkung 1. Wir können entweder einen Begriff oder die Erfahrung exponiren. Das erste geschieht durch Analysis, das zweite durch Synthesis.

2. Die Exposition findet also nur bei gegebenen Begriffen statt, die dadurch deutlich gemacht werden, sie unterscheidet sich dadurch von der Declaration, 10 die eine deutliche Vorstellung gemachter Begriffe ist.

Da es nicht immer möglich ist, die Analysis vollständig zu machen, und da überhaupt eine Zergliederung, ehe sie vollständig wird, erst unvollständig sein muß: so ist auch eine unvollständige Exposition, als Theil einer Definition, eine wahre und brauchbare Darstellung eines Begriffs. Die Definition bleibt 15 hier immer nur die Idee einer logischen Vollkommenheit, die wir zu erlangen suchen müssen.

3. Die Beschreibung kann nur bei empirisch gegebenen Begriffen stattfinden. Sie hat keine bestimmten Regeln und enthält nur die Materialien zur Definition.

## §. 106.
20 ## Nominal= und Real=Definitionen.

Unter bloßen Namen=Erklärungen oder Nominal=Definitionen sind diejenigen zu verstehen, welche die Bedeutung enthalten, die man willkürlich einem gewissen Namen hat geben wollen, und die daher nur das logische Wesen ihres Gegenstandes bezeichnen, oder bloß zu 25 Unterscheidung desselben von andern Objecten dienen. Sach=Erklärungen oder Real=Definitionen hingegen sind solche, die zur Erkenntniß des Objects, seinen innern Bestimmungen nach, zureichen, indem sie die Möglichkeit des Gegenstandes aus innern Merkmalen darlegen.

Anmerkung 1. Wenn ein Begriff innerlich zureichend ist, die Sache zu unter= 30 scheiden, so ist er es auch gewiß äußerlich, wenn er aber innerlich nicht zureichend ist: so kann er doch bloß in gewisser Beziehung äußerlich zureichend sein, nämlich in der Vergleichung des Definitums mit andern. Allein die unum= schränkte äußere Zulänglichkeit ist ohne die innere nicht möglich.

2. Erfahrungsgegenstände erlauben bloß Nominalerklärungen. Logische Nominal-
Definitionen gegebener Verstandesbegriffe sind von einem Attribut hergenommen, Real-Definitionen hingegen aus dem Wesen der Sache, dem ersten
Grunde der Möglichkeit. Die letztern enthalten also das, was jederzeit der
Sache zukommt — das Realwesen derselben. Bloß verneinende Defini- [5]
tionen können auch keine Real-Definitionen heißen, weil verneinende Merkmale wohl zur Unterscheidung einer Sache von andern eben so gut dienen
können als bejahende, aber nicht zur Erkenntniß der Sache ihrer innern Möglichkeit nach.

In Sachen der Moral müssen immer Real-Definitionen gesucht werden, [10]
dahin muß alles unser Bestreben gerichtet sein. Real-Definitionen giebt es in
der Mathematik, denn die Definition eines willkürlichen Begriffs ist immer
real.

3. Eine Definition ist genetisch, wenn sie einen Begriff giebt, durch welchen der
Gegenstand a priori in concreto kann dargestellt werden; dergleichen sind alle [15]
mathematischen Definitionen.

## §. 107.
### Haupterfordernisse der Definition.

Die wesentlichen und allgemeinen Erfordernisse, die zur Vollkommenheit einer Definition überhaupt gehören, lassen sich unter den vier Haupt- [20]
momenten der Quantität, Qualität, Relation und Modalität betrachten:

1) der Quantität nach — was die Sphäre der Definition betrifft —
müssen die Definition und das Definitum Wechselbegriffe (conceptus reciproci), und mithin die Definition weder weiter noch
enger sein als ihr Definitum, [25]

2) der Qualität nach muß die Definition ein ausführlicher und
zugleich präciser Begriff sein,

3) der Relation nach muß sie nicht tautologisch, d. i. die Merkmale
des Definitums müssen, als Erkenntnißgründe desselben, von
ihm selbst verschieden sein, und endlich [30]

4) der Modalität nach müssen die Merkmale nothwendig und also
nicht solche sein, die durch Erfahrung hinzukommen.

———

Anmerkung. Die Bedingung: daß der Gattungsbegriff und der Begriff des
specifischen Unterschiedes (genus und differentia specifica) die Definition aus-

machen sollen, gilt nur in Ansehung der Nominal-Definitionen in der Vergleichung, aber nicht für die Real-Definitionen in der Ableitung.

### §. 108.

### Regeln zu Prüfung der Definitionen.

5      Bei Prüfung der Definitionen sind vier Handlungen zu verrichten;
es ist nämlich dabei zu untersuchen: ob die Definition
    1) als ein Satz betrachtet, wahr sei, ob sie
    2) als ein Begriff, deutlich sei,
    3) ob sie als ein deutlicher Begriff auch ausführlich, und endlich
10     4) als ein ausführlicher Begriff zugleich bestimmt, d. i. der Sache
selbst adäquat sei.

### §. 109.

### Regeln zu Verfertigung der Definitionen.

     Eben dieselben Handlungen, die zu Prüfung der Definition gehören,
15 sind nun auch beim Verfertigen derselben zu verrichten. Zu diesem Zweck
suche also: 1) wahre Sätze, 2) solche, deren Prädicat den Begriff der
Sache nicht schon voraussetzt, 3) sammle deren mehrere und vergleiche sie
mit dem Begriffe der Sache selbst, ob sie adäquat sei, und endlich 4) siehe
zu, ob nicht ein Merkmal im andern liege oder demselben subordinirt sei.

———

20 Anmerkung 1. Diese Regeln gelten, wie sich auch wohl ohne Erinnerung versteht, nur von analytischen Definitionen. Da man nun hier nie gewiß sein
kann, ob die Analyse vollständig gewesen: so darf man die Definition auch nur
als Versuch aufstellen und sich ihrer nur so bedienen, als wäre sie keine Definition. Unter dieser Einschränkung kann man sie doch als einen deutlichen und
25 wahren Begriff brauchen und aus den Merkmalen desselben Corollarien ziehen.
Ich werde nämlich sagen können: dem der Begriff des Definitums zukommt,
kommt auch die Definition zu, aber freilich nicht umgekehrt, da die Definition
nicht das ganze Definitum erschöpft.
    2. Sich des Begriffs vom Definitum bei der Erklärung bedienen, oder das Defi-
30 nitum bei der Definition zum Grunde legen, heißt durch einen Cirkel erklären
(circulus in definiendo).

## II. Beförderung der Vollkommenheit des Erkenntnisses durch logische Eintheilung der Begriffe.

### §. 110.
### Begriff der logischen Eintheilung.

Ein jeder Begriff enthält ein Mannigfaltiges unter sich, in so fern es übereinstimmt, aber auch, in so fern es verschieden ist. Die Bestimmung eines Begriffs in Ansehung alles Möglichen, was unter ihm enthalten ist, sofern es einander entgegengesetzt, d. i. von einander unterschieden ist, heißt die logische Eintheilung des Begriffs. Der höhere Begriff heißt der eingetheilte Begriff (divisum), und die niedrigern Begriffe die Glieder der Eintheilung (membra dividentia).

---

Anmerkung 1. Einen Begriff theilen und ihn eintheilen ist also sehr verschieden. Bei der Theilung des Begriffs sehe ich, was in ihm enthalten ist (durch Analyse), bei der Eintheilung betrachte ich, was unter ihm enthalten ist. Hier theile ich die Sphäre des Begriffs, nicht den Begriff selbst ein. Weit gefehlt also, daß die Eintheilung eine Theilung des Begriffs sei: so enthalten vielmehr die Glieder der Eintheilung mehr in sich als der eingetheilte Begriff.

2. Wir gehen von niedrigern zu höhern Begriffen hinauf und nachher können wir wieder von diesen zu niedrigern herabgehen — durch Eintheilung.

### §. 111.
### Allgemeine Regeln der logischen Eintheilung.

Bei jeder Eintheilung eines Begriffs ist darauf zu sehen:

1) daß die Glieder der Eintheilung sich ausschließen oder einander entgegengesetzt seien, daß sie ferner

2) unter Einen höhern Begriff (conceptum communem) gehören, und daß sie endlich

3) alle zusammengenommen die Sphäre des eingetheilten Begriffs ausmachen oder derselben gleich seien.

Anmerkung. Die Glieder der Eintheilung müssen durch contradictorische Entgegensetzung, nicht durch ein bloßes Widerspiel (contrarium) von einander getrennt sein.

## §. 112.

### Codivision und Subdivision.

Verschiedene Eintheilungen eines Begriffes, die in verschiedener Absicht gemacht werden, heißen Nebeneintheilungen, und die Eintheilung der Glieder der Eintheilung wird eine Untereintheilung (subdivisio) genannt.

Anmerkung 1. Die Subdivision kann ins Unendliche fortgesetzt werden, comparativ aber kann sie endlich sein. Die Codivision geht auch, besonders bei Erfahrungsbegriffen, ins Unendliche; denn wer kann alle Relationen der Begriffe erschöpfen?

2. Man kann die Codivision auch eine Eintheilung nach Verschiedenheit der Begriffe von demselben Gegenstande (Gesichtspunkte), sowie die Subdivision eine Eintheilung der Gesichtspunkte selbst nennen.

## §. 113.

### Dichotomie und Polytomie.

Eine Eintheilung in zwei Glieder heißt Dichotomie; wenn sie aber mehr als zwei Glieder hat, wird sie Polytomie genannt.

Anmerkung 1. Alle Polytomie ist empirisch, die Dichotomie ist die einzige Eintheilung aus Principien a priori, also die einzige primitive Eintheilung. Denn die Glieder der Eintheilung sollen einander entgegengesetzt sein und von jedem A ist doch das Gegentheil nichts mehr als non A.

2. Polytomie kann in der Logik nicht gelehrt werden, denn dazu gehört Erkenntniß des Gegenstandes. Dichotomie aber bedarf nur des Satzes des Widerspruchs, ohne den Begriff, den man eintheilen will, dem Inhalte nach, zu kennen. Die Polytomie bedarf Anschauung; entweder a priori, wie in der Mathematik (z. B. die Eintheilung der Kegelschnitte), oder empirische Anschauung, wie in der Naturbeschreibung. Doch hat die Eintheilung aus dem Princip der Synthesis a priori Trichotomie, nämlich: 1) den

Begriff als die Bedingung, 2) das Bedingte, und 3) die Ableitung des letztern aus dem erstern.

## §. 114.

### Verschiedene Eintheilungen der Methode.

Was nun insbesondre noch die Methode selbst bei Bearbeitung und Behandlung wissenschaftlicher Erkenntnisse betrifft: so giebt es verschiedene Hauptarten derselben, die wir nach folgender Eintheilung hier angeben können.

## §. 115.

### 1. Scientifische oder populare Methode.

Die scientifische oder scholastische Methode unterscheidet sich von der popularen dadurch, daß jene von Grund= und Elementar=Sätzen, diese hingegen vom Gewöhnlichen und Interessanten ausgeht. Jene geht auf Gründlichkeit und entfernt daher alles Fremdartige, diese zweckt auf Unterhaltung ab.

Anmerkung. Diese beiden Methoden unterscheiden sich also der Art und nicht dem bloßen Vortrage nach, und Popularität in der Methode ist mithin etwas anders als Popularität im Vortrage.

## §. 116.

### 2. Systematische oder fragmentarische Methode.

Die systematische Methode ist der fragmentarischen oder rhap= sodistischen entgegengesetzt. Wenn man nach einer Methode gedacht hat, und sodann diese Methode auch im Vortrage ausgedrückt und der Über= gang von einem Satze zum andern deutlich angegeben ist, so hat man ein Erkenntniß systematisch behandelt. Hat man dagegen nach einer Methode zwar gedacht, den Vortrag aber nicht methodisch eingerichtet: so ist eine solche Methode rhapsodistisch zu nennen.

Anmerkung. Der systematische Vortrag wird dem fragmentarischen, so wie der methodische dem tumultuarischen entgegengesetzt. Der methodisch denkt, kann nämlich systematisch oder fragmentarisch vortragen. Der äußerlich fragmentarische, an sich aber methodische Vortrag ist **aphoristisch**.

## §. 117.
### 3. Analytische oder synthetische Methode.

Die **analytische** Methode ist der **synthetischen** entgegengesetzt. Jene fängt von dem Bedingten und Begründeten an und geht zu den Principien fort (a principiatis ad principia), diese hingegen geht von den Principien zu den Folgen oder vom Einfachen zum Zusammengesetzten. Die erstere könnte man auch die **regressive**, so wie die letztere die **progressive** nennen.

Anmerkung. Die analytische Methode heißt auch sonst die Methode des Erfindens. Für den Zweck der Popularität ist die analytische, für den Zweck der wissenschaftlichen und systematischen Bearbeitung des Erkenntnisses aber ist die synthetische Methode angemessener.

## §. 118.
### 4. Syllogistische — Tabellarische Methode.

Die **syllogistische** Methode ist diejenige, nach welcher in einer Kette von Schlüssen eine Wissenschaft vorgetragen wird.

**Tabellarisch** heißt diejenige Methode, nach welcher ein schon fertiges Lehrgebäude in seinem ganzen Zusammenhange dargestellt wird.

## §. 119.
### 5. Akroamatische oder erotematische Methode.

**Akroamatisch** ist die Methode, sofern Jemand allein lehrt, **erotematisch**, sofern er auch frägt. Die letztere Methode kann hinwiederum in die dialogische oder sokratische und in die katechetische eingetheilt werden, je nachdem die Fragen entweder an den Verstand, oder bloß an das Gedächtniß gerichtet sind.

Anmerkung. Erotematisch kann man nicht anders lehren als durch den Sokratischen Dialog, in welchem sich beide fragen und auch wechselsweise antworten müssen, so daß es scheint, als sei auch der Schüler selbst Lehrer. Der Sokratische Dialog lehrt nämlich durch Fragen, indem er den Lehrling seine eigenen Vernunftprincipien kennen lehrt und ihm die Aufmerksamkeit darauf schärft. Durch die gemeine Katechese aber kann man nicht lehren, sondern nur das, was man akroamatisch gelehrt hat, abfragen. Die katechetische Me- 5 thode gilt daher auch nur für empirische und historische, die dialogische dagegen für rationale Erkenntnisse.

## §. 120.

## Meditiren.

Unter Meditiren ist Nachdenken oder ein methodisches Denken 10 zu verstehen. Das Meditiren muß alles Lesen und Lernen begleiten, und es ist hierzu erforderlich, daß man zuvörderst vorläufige Untersuchungen anstelle und sodann seine Gedanken in Ordnung bringe oder nach einer Methode verbinde.

# Immanuel Kants

# physische Geographie.

Auf

Verlangen des Verfassers

aus seiner Handschrift herausgegeben

und zum Theil bearbeitet

von

D. Friedrich Theodor Rink.

Erster Band.

# Vorrede des Herausgebers.

Die phyſiſche Geographie ſetzt bei dem, der ſich ihrer Bearbeitung unterzieht, außer einer großen Beleſenheit im Fache der Reiſebeſchreibungen, noch ungemein genaue Kenntniſſe der Naturbeſchreibung, Phyſik und Chemie, ſelbſt in mancher Hinſicht, der Mathematik, und einen geübten philoſophiſchen Blick voraus.

Der Verfaſſer gegenwärtigen Werkes, mein ehrwürdiger Lehrer und Freund, iſt dem inländiſchen Publicum nicht nur, ſondern auch dem auswärtigen in Hinſicht auf die erwähnten Kenntniſſe und Wiſſenſchaften von einer zu ausgezeichneten Seite bekannt, als daß ich erſt das Geſchäft übernehmen dürfte oder mich demſelben auch nur zu unterziehen wagen ſollte, ihn als den Mann darzuſtellen, der vor vielen andern, vielleicht einzig, den Beruf dazu hatte, ein Werk dieſer Art zu liefern. Schade! daß er dieſes nicht früher that, und daß ich der Herausgeber ſeiner in frühern Zeiten darüber niedergeſetzten Hefte ſein muß.

Die von ihm gewählte und eingeſchlagene Methode im Vortrage der phyſiſchen Geographie liegt in der Natur des Gegenſtandes und iſt daher, zum Theil aber auch vermittelſt mehrerer nach ſeinen Vorleſungen angefertigter und in das Publicum gekommener Nachſchriften mit mehrern oder mindern Abweichungen auch ſchon von Andern befolgt worden.

Außer dieſer Methode aber iſt es vorzüglich die Reichhaltigkeit, Neuheit, Vollſtändigkeit und zweckmäßige Anordnung der Materialien, wodurch ein Werk dieſer Art, wenn es noch jetzt Glück machen ſoll, ſich auszeichnen muß.

Gewiß hätte Kant auch alle dieſe Anforderungen befriedigt, wenn ihm anderweitige Umſtände es vergönnt hätten, dieſes ſein Werk aufs Neue zu revidiren und ſelbſt herauszugeben. Es geſchah mit ſeinem Vorwiſſen und nach ſeinem Verlangen, daß ich, ſofern es die Sachen, wie ſie

einmal da lagen, erlaubten, mit möglichst geringer Beeinträchtigung des
ihm Eigenthümlichen, dasjenige meistens nur in Anmerkungen zu jedem
Paragraphen nachtrug, was zu Folge neuerer Untersuchungen eine veränderte Gestalt gewonnen hatte; das Einzige, was sich überhaupt noch thun
ließ, wenn dieses Werk einmal in die Hände des Publicums kommen sollte.          5

So schwierig dieses indessen schon an sich war, um so schwieriger noch
mußte es mir bei meinen anderweitigen Amtsgeschäften, meiner fast zwei-
jährigen Kränklichkeit und bei dem Umtausche meines Aufenthaltsortes
und Wirkungskreises werden, um so mehr, da das unrechtmäßige Verfahren des Buchhändlers Vollmer den Wunsch bei dem Herrn Verfasser um          10
so dringender weckte, sein Werk baldmöglichst in einer ächten Ausgabe her-
vortreten zu sehen, wodurch ich also um so fester an die Jubilatemesse des
nächsten Jahres gefesselt wurde, das Ganze aber, seine Bearbeitung und
Anordnung, wie ich selbst sehr gut weiß, und besser vielleicht als es mancher Andere, ein tumultuarisches Ansehn — um mich dieses Ausdruckes zu          15
bedienen — erhalten mußte.

Als ich nun aber aus öffentlichen Urtheilen über die von meinem
Freunde Jäsche besorgte Ausgabe der Kantischen Logik abnahm, daß
man die Schriften unsers Lehrers lieber in ihrer ganzen Eigenthümlich-
keit zu erhalten wünsche, und da der genannte Hr. Vollmer einen so starken          20
Nachdruck gerade darauf legt, daß ich auch wohl nicht Kants eigne physische Geographie liefern werde, oder wohl gar, wie er voraussetzt, würde
liefern können: so glaubte ich meinen Antheil, in so weit sich dieses noch
thun ließ, bei diesem Werke ganz zurücknehmen zu müssen, daher die letzte
Hälfte desselben, außer einigen höchst nöthigen Litterarnotizen, ohne meine          25
Anmerkungen erscheint und sonach ganz ihrem Verfasser ausschließlich
zugehört.

Damit aber mußte zugleich auch die Benutzung der kurz hingeworfenen neuern Marginalien des Kantischen Manuscriptes zurückbleiben, die
ich bis dahin, so viel es sich thun ließ, in meine Anmerkungen verwebte,          30
die aber das Publicum, sobald ich minder durch eine angewiesene Zeit
und so mannigfache Distraction beengt und gehindert bin, nebst einigen
andern hierhergehörigen scharfsinnigen Bemerkungen Kants, noch als
besondern Anhang zu gegenwärtigem Werke erhalten soll.

Bei einer etwaigen zweiten Auflage dieses Werkes, die hoffentlich          35
unter günstigern Umständen erscheinen dürfte, soll dann alles zweckmäßi-
ger zu einem Ganzen verbunden werden, das alsdann noch deutlicher die

Spuren des Eigenthümlichen an sich tragen wird, indem ich bereit bin, meine Anmerkungen, die der oben angeführten Umstände wegen das nicht leisten konnten, was ich so gerne geleistet hätte, gänzlich zurückzunehmen und Kants Marginalien auf eine möglichst ungezwungene Weise, ohne
5 fremdes Hinzuthun, mit dem Texte in Verbindung zu setzen. Schon jetzt hätte dieses Werk meinen eignen Wünschen nach in einer vortheilhaftern Gestalt erscheinen müssen, aber Hrn. Vollmers vorschnelle Industrie machte es sogar unmöglich, auch nur für den Augenblick und auf der Stelle, einen andern, weniger überhäuften Gelehrten ausfindig zu machen, der die Be-
10 arbeitung und Herausgabe desselben unter solchen Umständen von mir übernommen hätte.

Noch muß ich hier eines Umstandes erwähnen, auf den Hr. Vollmer ebenfalls ein Gewicht legt. Kant hatte öffentlich gesagt, seine Hefte der physischen Geographie seien verloren gegangen. Dasselbe hatte er ehedeß
15 gegen mich und Andere seiner Freunde geäußert. Vor etwa zwei Jahren aber übertrug er Hrn. Dr. Jäsche und mir die Revision und Anordnung seiner beträchtlich angewachsenen Papiere und Handschriften. Bei dieser Arbeit fanden sich nun, gegen Kants eigne Vermuthung, fast dreifache, zu verschiedenen Zeiten von ihm ausgearbeitete Hefte dieser physischen
20 Geographie vor, aus denen diese Ausgabe hervorgegangen ist. So viel auch zur Berichtigung dieses Punktes und genug, wie ich hoffe, um das Publicum in einen gefälligen Gesichtspunkt für die Beurtheilung des gegenwärtigen Werkes zu stellen.

Indessen bemerke ich schließlich nur dieses noch, daß vorzüglich der
25 naturbeschreibende oder naturhistorische Theil gegenwärtigen Werkes fast einer gänzlichen Umarbeitung bedurft hätte, wie jeder einsehen muß, der auch nur eine sehr gewöhnliche Kenntniß der Sache nach Maßgabe unserer Zeit besitzt. Aber hätte ich das gewagt, wie viele Krittler würde ich, namentlich nach dem oben Gesagten, gegen mich gehabt haben! Von com-
30 petenten Richtern erwarte ich die Entscheidung, was bei einer etwaigen künftigen Auflage für das Ganze überhaupt, wie für diesen Theil desselben insbesondere, geschehen dürfte. Zwar glaube ich, dessen selbst nicht ganz unkundig zu sein, indessen liebe ich meine litterarische Ruhe zu sehr, als daß ich sie ohne entscheidenden Beitritt jedem langweiligen und sich
35 langweilenden Raisonneur hingeben sollte.

Zur Jubilatemesse
1802.  Rink.

# Physische Erdbeschreibung.

## Einleitung.

### §. 1.

Bei unsern gesammten Erkenntnissen haben wir zuvörderst auf die Quellen oder den Ursprung derselben unser Augenmerk zu richten, nächst dem aber auch auf den Plan ihrer Anordnung oder auf die Form, wie nämlich diese Erkenntnisse können geordnet werden, zu merken, weil wir sonst nicht im Stande sind, sie uns in vorkommenden Fällen, wenn wir ihrer gerade bedürfen, in das Gedächtniß zurückzurufen. Wir müssen sie demzufolge, noch bevor wir sie selbst erlangen, gleichsam in bestimmte Fächer abtheilen.

### §. 2.

Was nun die Quellen und den Ursprung unserer Erkenntnisse anlangt: so schöpfen wir diese letztern insgesammt entweder aus der reinen Vernunft oder aus der Erfahrung, die weiterhin selbst die Vernunft instruirt.

Die reinen Vernunfterkenntnisse giebt uns unsere Vernunft; Erfahrungserkenntnisse aber bekommen wir durch die Sinne. Weil nun aber unsere Sinne nicht über die Welt hinausreichen: so erstrecken sich auch unsere Erfahrungserkenntnisse bloß auf die gegenwärtige Welt.

So wie wir indessen einen doppelten Sinn haben, einen äußern und einen innern: so können wir denn auch nach beiden die Welt als Inbegriff aller Erfahrungserkenntnisse betrachten. Die Welt, als Gegenstand des äußern Sinnes, ist Natur, als Gegenstand des innern Sinnes aber, Seele oder der Mensch.

Die Erfahrungen der Natur und des Menschen machen zusammen die Welterkenntnisse aus. Die Kenntniß des Menschen lehrt uns die Anthropologie, die Kenntniß der Natur verdanken wir der phy= sischen Geographie oder Erdbeschreibung. Freilich Erfahrungen

5 im strengsten Sinne giebt es nicht, sondern nur Wahrnehmungen, die zusammengenommen die Erfahrung ausmachen würden. Wir nehmen jenen Ausdruck hier auch wirklich nur als den gewöhnlichen in der Be= deutung von Wahrnehmungen.

Die physische Erdbeschreibung ist also der erste Theil der Weltkennt=

10 niß. Sie gehört zu einer Idee, die man die Propädeutik in der Er= kenntniß der Welt nennen kann. Der Unterricht in derselben scheint noch sehr mangelhaft zu sein. Nichtsdestoweniger ist es gerade sie, von der man in allen nur möglichen Verhältnissen des Lebens den nützlichsten Gebrauch zu machen im Stande ist. Demzufolge wird es nothwendig, sie

15 sich als eine Erkenntniß bekannt zu machen, die man durch Erfahrung ver= vollständigen und berichtigen kann.

Wir anticipiren unsere künftige Erfahrung, die wir nachmals in der Welt haben werden, durch einen Unterricht und allgemeinen Abriß dieser Art, der uns gleichsam von Allem einen Vorbegriff giebt. Von demjeni=

20 gen, der viele Reisen gemacht hat, sagt man, er habe die Welt gesehen. Aber zur Kenntniß der Welt gehört mehr, als bloß die Welt sehen. Wer aus seiner Reise Nutzen ziehen will, der muß sich schon im Voraus einen Plan zu seiner Reise entwerfen, nicht aber die Welt bloß als einen Gegen= stand des äußern Sinnes betrachten.

25 Der andere Theil der Weltkenntniß befaßt die Kenntniß des Menschen. Der Umgang mit Menschen erweitert unsere Erkenntnisse. Nichtsdestoweniger ist es nöthig, für alle künftigen Erfahrungen dieser Art eine Vorübung zu geben, und das thut die Anthropologie. Aus ihr macht man sich mit dem bekannt, was in dem Menschen pragmatisch ist

30 und nicht speculativ. Der Mensch wird da nicht physiologisch, so daß man die Quellen der Phänomene unterscheidet, sondern kosmologisch betrachtet.*)

Es mangelt noch sehr an einer Unterweisung, wie man seine bereits erworbenen Erkenntnisse in Anwendung zu bringen und einen seinem

---

35 *) Vergl. Kants Vorrede zu seiner Anthropologie in pragmatischer Hinsicht. Zweite Aufl. Königsb. 1800. gr. 8.

Verſtande, ſo wie den Verhältniſſen, in denen man ſteht, gemäßen, nützlichen Gebrauch von ihnen zu machen, oder unſern Erkenntniſſen das
Praktiſche zu geben habe. Und dieſes iſt die Kenntniß der Welt.

Die Welt iſt das Subſtrat und der Schauplatz, auf dem das Spiel
unſerer Geſchicklichkeit vor ſich geht. Sie iſt der Boden, auf dem unſere       5
Erkenntniſſe erworben und angewendet werden. Damit aber das in Ausübung könne gebracht werden, wovon der Verſtand ſagt, daß es ge-
ſchehen ſoll: ſo muß man die Beſchaffenheit des Subjectes kennen, ohne
welches das erſtere unmöglich wird.

Ferner aber müſſen wir auch die Gegenſtände unſerer Erfahrung im      10
Ganzen kennen lernen, ſo daß unſere Erkenntniſſe kein Aggregat, ſondern ein Syſtem ausmachen; denn im Syſtem iſt das Ganze eher als
die Theile, im Aggregat hingegen ſind die Theile eher da.

Dieſe Bewandtniß hat es mit allen Wiſſenſchaften, die eine Verknüpfung in uns hervorbringen, z. B. mit der Encyklopädie, wo das Ganze       15
erſt im Zuſammenhange erſcheint. Die Idee iſt architektoniſch; ſie
ſchafft die Wiſſenſchaften. Wer z. E. ein Haus bauen will, der macht ſich
zuerſt eine Idee für das Ganze, aus der hernach alle Theile abgeleitet
werden. So iſt alſo auch unſere gegenwärtige Vorbereitung eine Idee
von der Kenntniß der Welt. Wir machen uns hier nämlich gleichfalls       20
einen architektoniſchen Begriff, welches ein Begriff iſt, bei dem das
Mannigfaltige aus dem Ganzen abgeleitet wird.

Das Ganze iſt hier die Welt, der Schauplatz, auf dem wir alle Erfahrungen anſtellen werden. Umgang mit Menſchen und Reiſen erweitern den Umfang aller unſerer Kenntniſſe. Jener Umgang lehrt uns den       25
Menſchen kennen, erfordert aber, wenn dieſer Endzweck ſoll erreicht werden, viele Zeit. Sind wir aber ſchon durch Unterweiſung vorbereitet: ſo
haben wir bereits ein Ganzes, einen Inbegriff von Kenntniſſen, die uns
den Menſchen kennen lehren. Nun ſind wir im Stande, jeder gemachten
Erfahrung ihre Claſſe und ihre Stelle in derſelben anzuweiſen. Durch       30
Reiſen erweitert man ſeine Kenntniß der äußern Welt, welches aber von
wenigem Nutzen iſt, wenn man nicht bereits durch Unterricht eine gewiſſe
Vorübung erhalten hat. Wenn man demnach von dieſem oder jenem ſagt,
er kenne die Welt: ſo verſteht man darunter dies, daß er den Menſchen
und die Natur kenne.       35

## §. 3.

Von den Sinnen fangen sich unsere Erkenntnisse an. Sie geben uns die Materie, der die Vernunft nur eine schickliche Form ertheilt. Der Grund aller Kenntnisse liegt also in den Sinnen und in der Erfahrung, welche letztere entweder unsere eigne oder eine fremde ist.

Wir sollten uns wohl nur mit unserer eignen Erfahrung beschäftigen, weil diese aber nicht hinreicht, alles zu erkennen, indem der Mensch in Ansehung der Zeit nur einen kleinen Theil derselben durchlebt, also darin wenig selbst erfahren kann, in Hinsicht auf den Raum aber, wenn er gleich reist, vieles doch nicht selbst zu beobachten und wahrzunehmen im Stande ist: so müssen wir uns denn auch nothwendig fremder Erfahrungen bedienen. Diese müssen indeß zuverlässig sein, und als solche sind schriftlich verzeichnete Erfahrungen den bloß mündlich geäußerten vorzuziehen.

Wir erweitern demnach unsere Erkenntnisse durch Nachrichten, wie wenn wir selbst die ganze ehemalige Welt durchlebt hätten. Wir erweitern unsere Kenntniß der gegenwärtigen Zeit durch Nachrichten von fremden und entlegenen Ländern, wie wenn wir selbst in ihnen lebten.

Aber zu merken ist dies: Jede fremde Erfahrung theilt sich uns mit, entweder als Erzählung, oder als Beschreibung. Die erstere ist eine Geschichte, die andere eine Geographie. Die Beschreibung eines einzelnen Ortes der Erde heißt Topographie. — Ferner Chorographie, d. i. Beschreibung einer Gegend und ihrer Eigenthümlichkeiten. — Orographie, Beschreibung dieser oder jener Gebirge. — Hydrographie, Beschreibung der Gewässer.

Anmerkung. Es ist hier nämlich von Weltkenntniß die Rede und sonach auch von einer Beschreibung der ganzen Erde. Der Name Geographie wird hier also in keiner andern als der gewöhnlichen Bedeutung genommen.

## §. 4.

Was den Plan der Anordnung betrifft: so müssen wir allen unsern Erkenntnissen ihre eigenthümliche Stelle anweisen. Wir können aber unsern Erfahrungs-Erkenntnissen eine Stelle anweisen, entweder unter den Begriffen, oder nach Zeit und Raum, wo sie wirklich anzutreffen sind.

Die Eintheilung der Erkenntnisse nach Begriffen ist die logische, die nach Zeit und Raum aber die physische Eintheilung. Durch die erstere erhalten wir ein Natursystem (Systema naturae), wie z. B. das

des Linné, durch die letztere hingegen eine geographische Naturbe=
schreibung.

Sage ich z. B.: die Rinderart wird unter das Geschlecht der vierfüßi=
gen Thiere oder auch unter die Gattung dieser Thiere mit gespaltenen
Klauen gezählt: so ist dieses eine Eintheilung, die ich in meinem Kopfe 5
mache, also eine logische Eintheilung. Das Systema naturae ist gleich=
sam eine Registratur des Ganzen, wo ich alle Dinge, ein jedes in seine
ihm eigenthümlich zukommende Classe setze, mögen sie sich gleich auf der
Erde in verschiedenen, weit von einander entlegenen Gegenden vorfinden.

Zufolge der physischen Eintheilung hingegen werden die Dinge ge= 10
rade nach den Stellen, die sie auf der Erde einnehmen, betrachtet. Das
System weist die Stelle in der Classeneintheilung an. Die geographische
Naturbeschreibung aber weist die Stellen nach, an denen jene Dinge auf
der Erde wirklich zu finden sind. So sind z. B. die Eidechse und das Kroko=
dil im Grunde ein und dasselbe Thier. Das Krokodil ist nur eine unge= 15
heuer große Eidechse. Aber die Örter sind verschieden, an denen sich diese
und jenes auf der Erde aufhalten. Das Krokodil lebt im Nil, die Eidechse
auf dem Lande, auch bei uns. Überhaupt betrachten wir hier den Schau=
platz der Natur, die Erde selbst und die Gegenden, wo die Dinge wirklich
angetroffen werden. Im System der Natur aber wird nicht nach dem 20
Geburtsorte, sondern nach ähnlichen Gestalten gefragt.

Indessen dürfte man die Systeme der Natur, die bisher verfaßt sind,
richtiger wohl Aggregate der Natur nennen, denn ein System setzt schon
die Idee des Ganzen voraus, aus der die Mannigfaltigkeit der Dinge
abgeleitet wird. Eigentlich haben wir noch gar kein Systema naturae. In 25
den vorhandenen sogenannten Systemen der Art sind die Dinge bloß zu=
sammengestellt und an einander geordnet.

Wir können aber beides, Geschichte und Geographie, auch gleichmä=
ßig eine Beschreibung nennen, doch mit dem Unterschiede, daß erstere eine
Beschreibung der Zeit, letztere eine Beschreibung dem Raume nach ist. 30

Geschichte also und Geographie erweitern unsere Erkenntnisse in An=
sehung der Zeit und des Raumes. Die Geschichte betrifft die Begeben=
heiten, die, in Ansehung der Zeit, sich nacheinander zugetragen haben.
Die Geographie betrifft Erscheinungen, die sich, in Ansehung des Raums,
zu gleicher Zeit ereignen. Nach den verschiedenen Gegenständen, mit 35
denen sich die letztere beschäftigt, erhält sie verschiedene Namen. Dem=
zufolge heißt sie bald die physische, die mathematische, die politische,

bald die moralische, theologische, litterarische oder mercantilische Geo=
graphie*).

Die Geschichte desjenigen, was zu verschiedenen Zeiten geschieht, und
welches die eigentliche Historie ist, ist nichts anders als eine continuir=
5 liche Geographie, daher es eine der größten historischen Unvollständig=
keiten ist, wenn man nicht weiß, an welchem Orte etwas geschehen sei,
oder welche Beschaffenheit es damit gehabt habe.

Die Historie ist also von der Geographie nur in Ansehung des Rau=
mes und der Zeit verschieden. Die erste ist, wie gesagt, eine Nachricht
10 von Begebenheiten, die auf einander folgen, und hat Beziehung auf die
Zeit. Die andere aber ist eine Nachricht von Begebenheiten, die neben
einander im Raume vor sich gehen. Die Geschichte ist eine Erzählung,
die Geographie aber eine Beschreibung. Daher können wir denn zwar
auch eine Naturbeschreibung, aber keine Naturgeschichte haben.

15 Diese letztere Benennung nämlich, wie sie von Vielen gebraucht wird,
ist ganz unrichtig. Weil wir aber gewöhnlich, wenn wir nur den Namen

---

*) Fabri in seiner Geistik S. 3 nennt noch eine Producten=Geographie. Die
gewöhnlichen Eintheilungen der Geographie findet man von ihm a. a. O. auf die
gewöhnliche Weise definirt. Aber eben diesen Definitionen hat man die lange nicht
20 dem Kenner gnügende Anordnung aller unserer geographischen Werke, vorzüglich über
politische Geographie, beizumessen. Mehr darüber an einem andern Orte. Die politische
Geographie wird übrigens noch in die alte, mittlere und neuere eingetheilt.

In Hinsicht auf diese letztere siehe:

Mannerts Geographie der Griechen und Römer. Nürnberg. gr. 8. Neue
25 Aufl. 1799.

D'Anvilles alte und mittlere Erdbeschreibung. gr. 8. Nürnberg. 1782.
Von ersterer eine neue Aufl. 1800.

Mentelle, vergleichende Erdbeschreibung a. d. Franz. gr. 8. Winterthur. 1785.

Die große Zahl der neuern die politische Geographie betreffenden Schriften, vor=
30 züglich von Büsching, Bruns, Ebeling, Hartmann, Gatterer, Gaspari,
Canzler und Fabri sind bekannt. Vergl. auch Crome, Europens Producte.
Dessau. 1782. 2te Aufl. Th. 1. Leipz. 1784. Nebst der Productenkarte.

v. Breitenbauch, Vorstellung der vornehmsten Völkerschaften der Welt
nach ihrer Abstammung, Ausbreitung und Sprachen. Mit 1 Karte.
35 Leipz. 1794. gr. 8.

Desselben Religionszustand der verschiedenen Länder der Welt in den
ältern und neuern Zeiten. Nebst Karte. das. 1794. gr. 8.

Die Litteratur der mathematischen Geographie s. weiter unten.

Bearbeitungen der Geographie nach den übrigen, oben angegebenen Gesichts=
40 punkten fehlen uns fast noch gänzlich.

haben, mit ihm auch die Sache zu haben glauben: so denkt nun niemand
daran, wirklich eine solche Naturgeschichte zu liefern.

Die Geschichte der Natur enthält die Mannigfaltigkeit der Geographie, wie es nämlich in verschiednen Zeiten damit gewesen ist, nicht aber,
wie es jetzt zu gleicher Zeit ist, denn dies wäre ja eben Naturbeschreibung.
Trägt man dagegen die Begebenheiten der gesammten Natur so vor, wie
sie durch alle Zeiten beschaffen gewesen, so liefert man, und nur erst dann,
eine richtig sogenannte Naturgeschichte. Erwägt man z. B., wie die verschiedenen Racen der Hunde aus einem Stamme entsprungen sind, und
welche Veränderungen sich mit ihnen vermittelst der Verschiedenheit des
Landes, des Klima, der Fortpflanzung u. s. w. durch alle Zeiten zugetragen
haben: so wäre das eine Naturgeschichte der Hunde, und eine solche könnte
man über jeden einzelnen Theil der Natur liefern, z. B. über die Pflanzen
u. dergl. m.*) Allein sie hat das Beschwerliche, daß man sie mehr durch
Experimente errathen müßte, als daß man eine genaue Nachricht von
allem zu geben im Stande sein sollte. Denn die Naturgeschichte ist um
nichts jünger als die Welt selbst, wir können aber für die Sicherheit unserer Nachrichten nicht einmal seit Entstehung der Schreibekunst bürgen.
Und welch ein ungeheurer, wahrscheinlich ungleich größerer Zeitraum,
als der ist, den man uns gewöhnlich in der Geschichte darüber nachweist,
liegt jenseits derselben wohl!

Wahre Philosophie aber ist es, die Verschiedenheit und Mannigfaltigkeit einer Sache durch alle Zeiten zu verfolgen. Wenn man die wilden
Pferde in den Steppen zahm machen könnte: so wären das sehr dauer-
hafte Pferde. Man merkt an, daß Esel und Pferde aus einem Stamme
herrühren und daß jenes wilde Pferd das Stammpferd ist, denn es hat
lange Ohren. So ist ferner auch das Schaf der Ziege ähnlich, und nur
die Art der Cultur macht hier eine Verschiedenheit. So ist es auch
mit dem Weine u. dergl.

Ginge man demnach den Zustand der Natur in der Art durch, daß
man bemerkte, welche Veränderungen sie durch alle Zeiten erlitten habe:
so würde dieses Verfahren eine eigentliche Naturgeschichte geben.

Der Name Geographie bezeichnet also eine Naturbeschreibung, und
zwar der ganzen Erde. Geographie und Geschichte füllen den gesammten

---

*) S. z. B. Ch. F. Ludwigs schönen Grundriß der Naturgeschichte der
Menschenspecies. Mit Kupf. Leipz. 1796. gr. 8.

Umfang unserer Erkenntnisse aus; die Geographie nämlich den des Rau=
mes, die Geschichte aber den der Zeit.

Wir nehmen gewöhnlich eine alte und eine neue Geographie an, denn
Geographie ist zu allen Zeiten gewesen. Aber was war früher da, Ge=
schichte oder Geographie? Die letztere liegt der erstern zum Grunde, denn
die Begebenheiten müssen sich doch auf etwas beziehen. Die Geschichte ist
in einem unablässigen Fortgange; aber auch die Dinge verändern sich
und geben zu gewissen Zeiten eine ganz andre Geographie. Die Geo=
graphie also ist das Substrat. Haben wir nun eine alte Geschichte, so
müssen wir natürlich auch eine alte Geographie haben.

Die Geographie der gegenwärtigen Zeit kennen wir am besten. Sie
dient außer andern, noch nähern Zwecken auch dazu, die alte Geographie
vermittelst der Geschichte aufzuklären. Allein unsere gewöhnliche Schul=
geographie ist sehr mangelhaft, obwohl nichts fähiger ist, den gesunden
Menschenverstand mehr aufzuhellen als gerade die Geographie. Denn
da der gemeine Verstand sich auf die Erfahrung bezieht: so ist es ihm
nicht möglich, sich ohne Kenntniß der Geographie auf eine nur einiger=
maßen beträchtliche Weise zu extendiren. Vielen sind die Zeitungsnach=
richten etwas sehr Gleichgültiges. Das kommt daher, weil sie jene Nach=
richten nicht an ihre Stelle bringen können. Sie haben keine Ansicht
von dem Lande, dem Meere und der ganzen Oberfläche der Erde. Und
doch ist, wenn dort z. B. etwas von der Fahrt der Schiffe in das Eismeer
gemeldet wird, dies eine äußerst interessante Sache, weil die freilich jetzt
schwerlich mehr zu hoffende Entdeckung oder auch nur die Möglichkeit der
Durchfahrt durch das Eismeer in ganz Europa die wichtigsten Verände=
rungen zuwege bringen müßte. Es giebt schwerlich eine Nation, bei der
sich der Verstand so allgemein und bis auf die niedrigsten Volksklassen
erstreckte, als dies bei der englischen der Fall ist. Ursache davon sind die
Zeitungen, deren Lectüre einen extendirten Begriff der ganzen Oberfläche
der Erde voraussetzt, weil uns sonst alle darin enthaltenen Nachrichten
gleichgültig sind, indem wir keine Anwendung von ihnen zu machen wissen.
Die Peruaner sind in der Art einfältig, daß sie alles, was ihnen darge=
boten wird, in den Mund stecken, weil sie nicht im Stande sind einzu=
sehen, wie sie eine zweckmäßigere Anwendung davon machen könnten.
Jene Leute, die die Zeitungsnachrichten nicht zu benutzen verstehen, weil
sie keine Stelle für sie haben, befinden sich mit diesen armen Peruanern,
wenn nicht in einem gleichen, so wenigstens in einem sehr ähnlichen Falle.

## §. 5.

Die physische Geographie ist also ein allgemeiner Abriß der Natur, und weil sie nicht allein den Grund der Geschichte, sondern auch den aller übrigen möglichen Geographieen ausmacht: so würden die Hauptstücke einer jeden dieser letztern hier gleichfalls in der Kürze müssen abgehandelt werden. Hierher gehört demnach: 5

1. Die mathematische Geographie, in der von der Gestalt, Größe und Bewegung der Erde, so wie von ihrem Verhältnisse zu dem Sonnensysteme, in dem sie sich befindet, gehandelt wird.

2. Die moralische Geographie, in der von den verschiedenen Sitten 10 und Charakteren der Menschen nach den verschiedenen Gegenden geredet wird. Z. B. wenn in China und besonders in Japan der Vatermord als das fürchterlichste Verbrechen in der Art bestraft wird, daß man nicht nur den Missethäter selbst auf die grausamste Weise zu Tode martert, sondern auch seine ganze Familie umbringt und alle 15 seine Nachbaren, die mit ihm in einer Straße wohnen, in gefängliche Verwahrung bringt. Man glaubt nämlich, ein solches Laster kann unmöglich auf einmal, sondern nur nach und nach entstanden sein, daher die Nachbaren dies bereits hätten voraussehen und es der Obrigkeit anzeigen können. Dagegen wird es in Lappland für eine ausge- 20 zeichnete Liebespflicht gehalten, wenn der Sohn seinen auf der Jagd verwundeten Vater mit einer Sehne vom Rennthiere tödtet, daher sie derselbe auch allezeit seinem geliebtesten Sohne anvertraut.

3. Die politische Geographie. Wenn der erste Grundsatz einer bürgerlichen Gesellschaft ein allgemeines Gesetz so wie eine unwider= 25 stehliche Gewalt bei Übertretung desselben ist, die Gesetze sich aber gleichfalls auf die Beschaffenheit des Bodens und der Einwohner beziehen: so gehört die politische Geographie ebenfalls hierher, indem sie sich gänzlich auf die physische Geographie gründet. Ergössen sich die Ströme in Rußland südlich: so wäre das für das ganze Reich von dem 30 ausgezeichnetesten Nutzen, aber nun fließen sie fast alle in das Eismeer. In Persien gab es geraume Zeit zwei Regenten, deren einer seinen Sitz zu Ispahan, der andere aber zu Kandahar hatte. Sie vermochten es nicht sich gegenseitig zu überwältigen, denn daran hinderte sie die zwischen inne liegende Wüste Kerman, die größer ist als manches Meer. 35

4. Die mercantilische Geographie. Hat ein Land der Erde dasjenige im Überflusse, was ein anderes gänzlich entbehren muß: so wird

vermittelst der Handlung in der ganzen Welt ein gleichförmiger Zustand erhalten. Hier wird also angezeigt werden müssen, warum und woher ein Land dasjenige im Überflusse hat, dessen ein anderes entbehren muß. Mehr als irgend etwas hat die Handlung die Menschen ver-
5 feinert und ihre gegenseitige Bekanntschaft begründet *).

5. Die theologische Geographie. Da die theologischen Principien nach der Verschiedenheit des Bodens mehrentheils sehr wesentliche Ver-änderungen erleiden: so wird auch hierüber die nothwendigste Auskunft müssen gegeben werden. Man vergleiche z. B. nur die christliche Re-
10 ligion im Oriente mit der im Occidente und hier wie dort die noch feinern Nuancen derselben. Noch stärker fällt dies bei wesentlich in ihren Grundsätzen verschiedenen Religionen auf. Vergl. H. E. G. Paulus, Memorabilien. St. 1. Leipzig 1791. S. 129. und v. Breitenbauch in dessen zweitem, oben genannten Buche.

15 Außerdem werden hier die Abweichungen der Natur in dem Unter-schiede zwischen Jugend und Alter, ferner das, was jedem Lande eigen-thümlich ist, bemerkt werden müssen. Z. B. die Thiere, jedoch nicht die einheimischen, es sei denn, daß sie in verschiedenen Ländern auch anders beschaffen wären. So schlagen unter andern die Nachtigallen lange
20 nicht so stark in Italien als in den nordischen Gegenden. Auf wüsten Inseln bellen die Hunde gar nicht. Auch von Pflanzen, Steinen, Kräutern, Gebirgen, u. s. w. wird hier die Rede sein müssen.

Der Nutzen dieses Studiums ist sehr ausgedehnt. Es dient zur zweckmäßigen Anordnung unserer Erkenntnisse, zu unserm eignen Ver-
25 gnügen und gewährt reichen Stoff zu gesellschaftlichen Unterhaltungen.

### §. 6.

Bevor wir nun wirklich zu der Abhandlung der physischen Geogra-phie selbst übergehen, müssen wir nach den bereits vorangeschickten vor-läufigen Anmerkungen uns nothwendiger Weise erst noch einen Vorbe-
30 griff von der mathematischen Geographie machen, weil wir dessen in jener Abhandlung nur zu oft bedürfen werden. Demzufolge erwähnen wir hier der Gestalt, Größe und Bewegung der Erde, so wie ihres Verhält-nisses zu dem übrigen Weltgebäude.

---

*) Fabri in seiner Geistik. S. 4. giebt den Grundriß einer solchen mercan-
35 tilischen oder Handlungsgeographie.

# Mathematische Vorbegriffe.

## §. 7.

Was also zuvörderst die Gestalt der Erde betrifft: so ist dieselbe bei= nahe kugelähnlich, oder, wie Newton es aus den Centralgesetzen und der Anziehung genauer bestimmt hat, eine Sphäroide, welche Behauptung nachmals auch durch wiederholte Beobachtungen und Ausmessungen be= stätigt ist*).

Man stellt sich dabei aber die Figur der Erde so vor, als wäre sie ganz vom Wasser umgeben, also eine hydrostatische Gestalt derselben. Die Berge machen hier keinen Unterschied, da sie nicht einmal im Erd= schatten zu bemerken sind, und der höchste von ihnen kaum den 1900sten Theil des Erddurchmessers ausmacht**). Beweise von der runden Ge= stalt der Erde sind folgende:

1. Die Sonne geht nicht überall zu gleicher Zeit auf und unter, welches geschehen müßte, wenn, was man geraume Zeit glaubte, die Erde eine Ebene wäre. Hieraus würde indessen nur folgen, daß die Erde von Morgen gegen Abend rund sei. Aber

2. auch die Polhöhen und Mittagshöhen sind nicht an allen Örtern die= selben. Reisen wir um fünfzehn Meilen weiter nach Süden, so steht der Polarstern um einen Grad niedriger und einen Grad höher, wenn wir um eben so viel weiter nach Norden reisen, bis er uns endlich unter dem Pole selbst in den Scheitelpunkt tritt. Daraus schließen wir denn mit vollem Rechte auch auf eine Rundung der Erde von Norden nach Süden.

3. Der Erdschatten bei Mondfinsternissen ist, und zwar in allen Lagen der Erde, beständig rund.

4. Man erblickt selbst bei der unbegrenzten Aussicht auf offnem Meere zuerst nur die äußersten Spitzen der Objecte und allmählig erst die untern Theile derselben.

---

*) Vergl. Gaspari a. a. O. S. 73 u. f.

**) „Dies ist", sagt Bode, „verhältnißmäßig kaum die Dicke des Papiers, womit ein Erdglobus von einem Fuß im Durchmesser überzogen ist." Allgem. Betrachtungen über das Weltgebäude. Berl. 1801. 8. S. 5. Der Durch= messer der Erde nämlich beträgt 1720 geographische Meilen, jede, dem mittlern Um= fange nach, zu $3811\frac{8}{15}$ Toisen. Der höchste Berg unserer Erde dagegen, der Chim= borasso, hält nur eine Höhe von 3567 Pariser Fuß weniger als eine solche Meile.

5. Man hat die Erde nach allen Gegenden umschifft, was nicht möglich gewesen wäre, hätte sie keine runde Gestalt*).

Jene vorhin erwähnte sphäroidische Gestalt der Erde rührt daher, weil alle Materie, die nach den Polen zu liegt, sich zufolge der Gesetze der Schwere und der Schwungkraft gegen den Äquator hin sammelt und um denselben anhäuft, welches auch geschehen würde, wenn die Erde ganz vom Wasser umflossen wäre, und zwar deshalb, weil um den Pol gar keine, bei dem Äquator aber die stärkste Bewegung stattfindet, daher auch der Durchschnitt, welcher durch die beiden Pole geht (die Erdaxe), kleiner ist als der Äquator. Newton hat bewiesen, daß ein jeder sich frei bewegender Körper diese Gestalt annehmen müsse.

Ist nun aber die Figur der Erde eine Sphäroide: so giebt es auch Antipoden, die wie wir den Himmel über sich und die Erde unter ihren Füßen haben. Die gemeine Meinung, als müßten diejenigen, die unter uns wohnen und uns die Füße zukehren, herunterfallen, ist pöbelhaft, denn nach den Gesetzen der Schwere, die aus der Anziehung der Erde entspringen, muß sich alles auf der Erde nach dem Mittelpunkte derselben bewegen, so daß auch nicht das kleinste Partikelchen sich von ihr zu entfernen im Stande ist. Wenn ein Körper durch die Erde auf die andere, entgegenstehende Seite derselben fallen könnte: so würde er nicht unten, sondern wieder oben sein. Denn ein Körper, der eben so viel steigt, als er gefallen war, steht nicht unten, sondern oben. Jeder Körper fällt nur bis in das Centrum; von da an muß er wieder steigen. Die Kraft aber, die ihn bis in das Centrum trieb, würde ihn auch weiter treiben, triebe ihn nicht seine Schwere dagegen wieder zurück. Man kann hiermit die Lehre vom Pendel vergleichen.

Weil nun das bisher bekannt gewordene feste Land nebst den Bergen beinahe allein auf der einen und zwar nördlichen Halbkugel der Erde, das Wasser aber hauptsächlich auf der entgegengesetzten Hemisphäre befindlich ist: so hat man vermuthet, daß auch im Süden noch ungleich mehr Land, als bis jetzt entdeckt ist, vorhanden sein müsse, und zwar aus dem Grunde, weil man sich sonst keine Auskunft darüber zu geben im Stande war, wie die Erde ihr Gleichgewicht behalten könne. Man sollte

---

*) Ein ziemlich genaues Verzeichniß dieser Reisen um die Welt, wie man sie zu nennen pflegt, giebt Fabri a. a. O. S. 10. u. f. Auch zählt er die ältern Meinungen von der Gestalt der Erde S. 7. u. f. auf. Noch mehrere Gründe für die runde Gestalt der Erde liefert fast jede physische Geographie.

vermuthen, die Leute stellten sich die Erde wie ein Schiff vor, in dem des Gleichgewichtes wegen eine Seite nicht stärker beladen sein darf als die andere. Das ist aber nur bei einem schwimmenden Körper erforderlich. Wollte man annehmen, daß die Erde nach einem Punkte außer sich ihren Lauf richte: dann wäre es freilich nöthig, ein solches Gleichgewicht anzu- 5 nehmen, allein auf der Erde hat alles seine Schwere nach dem Mittel= punkte. Hier ziehen sich alle Theile und ein Körper den andern an, ja, je größer seine Masse ist, um so stärker ist seine Anziehung. Da nun die Erde vor allen auf ihr befindlichen Körpern die bei weitem größte Masse hat: so muß sie alle andere Körper auch am stärksten anziehen, 10 und daraus entspringt die Schwere aller Körper gegen die Erde.

Der Umschwung der Erde, der noch außer der Anziehung nöthig ist, ist eine Kraft, vermöge der alle Körper von der Erde würden weggeschleu= dert werden, wenn nicht die in ihrer Wirkung ungleich stärkere Schwere dies verhinderte. Unter den Polen haben die Körper ihre vollste Schwere, 15 weil dort die Schwungkraft gerade am schwächsten ist. Am stärksten ist sie dagegen unter dem Äquator, und daher wird denn dort auch der Un= terschied der Schwere am merklichsten. Wollten wir annehmen, die Erde sei eine wirkliche Kugel, kein Sphäroid, und es befände sich nirgend Wasser auf ihrer Oberfläche, aber irgendwo ein Berg: so müßte dieser, er sei an 20 welchem Orte er wolle, allmählig dem Äquator näher rücken, bis er sich endlich gänzlich unter ihm befände. Oder gäbe es unter denselben Um= ständen zwei solcher Berge auf der Erde, so würden beide sich äquili= briren. Die Schwungkraft ist demnach vermögend, die Materie dem Äqua= tor immer näher zu bringen. Obgleich die Bewegung sehr geringe ist, 25 so ist sie dennoch, da sie unaufhörlich stattfindet, keineswegs ohne alle Wirkung. Wie wir denn überhaupt auch nicht die kleinste Kraft je als völlig nichtsbedeutend betrachten dürfen, denn, wäre sie auch noch so ge= ringe, so muß sie doch durch ihre wiederholte und vielfältige Äußerung endlich eine gewisse Größe erreichen und hervorbringen. Das kleinste 30 Insect stößt bei seinem Sprunge die Erde zurück; allein, wie sich die Masse des Insectes zu der Masse der ganzen Erde verhält: so verhält sich auch der Stoß des Insectes zu der Bewegung der Erde, die durch diesen Stoß entsteht. Man darf sich also gar nicht daran stoßen, daß man glaubte, die Pole der Erde dürften verrückt werden, indem etwa der Ma= 35 terie mehr von einer Seite der Erde auf die andere übergehe.

So dürfen denn nun auch die Länder der Erde auf beiden Hemi=

sphären nicht in Ansehung des Gleichgewichtes in gegenseitiger Proportion stehen. Die Ursache ist diese: die Erde ist keine völlige Kugel, sondern abgeplattet oder ein Sphäroid, welches ein jeder flüssiger Körper wird, sobald er sich regelmäßig bewegt.

Die Erde ist demnach unter dem Äquator erhaben oder um vier und eine halbe bis sechs deutsche Meilen höher als unter den Polen. Wir haben also unter dem Äquator einen Berg von gegen sechs Meilen Höhe. Im Verhältnisse zu diesem Berge machen alle übrigen Berge und Länder nicht den eintausendsten Theil aus, indem der Fuß der ansehnlichsten Berge nur eine halbe Meile beträgt, dahingegen jener sich um den ganzen Äquator ausdehnt. Vermag also das gesammte feste Land der Erde es nicht, jenen Berg aus seiner Stelle zu rücken, so kann sich auch die Axe der Erde nicht verschieben, sondern sie bleibt beständig dieselbe. Diese Gestalt und Abplattung der Erde nun ist dem allen zufolge eine ganz natürliche Wirkung der gegenseitig wirkenden Schwungkraft und Anziehung.

### §. 8.

Die Größe der Erde beträgt dem Umfange nach 5400 Meilen, deren also 1720 auf den Durchmesser derselben zu zählen sind. Weil aber eine Meile für den fünfzehnten Theil des Grades angenommen ist, jeder Cirkel aber, er sei groß oder klein, 360 Grade hält, deren jeder in 15 Theile kann getheilt werden: so werde ich im Stande sein, jeder, auch der kleinsten Kugel, schlechthin ein Maß von 5400 Meilen beizulegen, denn wenn ich die 360 Grade des kleinsten Cirkels durch den fünfzehnten Theil eines Grades, also mit 15 multiplicire: so bekomme ich die Summe von 5400. Demnach weiß ich also so gut wie gar nichts, wenn ich bloß weiß, daß die Erde 5400 Meilen im Umfange habe, deren jede der fünfzehnte Theil eines Grades ist. Es muß daher das hier gemeinte Meilenmaß genauer bestimmt werden.

In Sachsen giebt es eine zwiefache Meile, nämlich eine Polizeimeile, die 30 000 Werkschuhe hält, und eine geographische Meile von 2000 rheinländischen Ruthen oder 24 000 Werkschuhen. Ein geometrischer Schritt, oder der eintausendste Theil einer deutschen Viertelmeile, macht 5 Fuß oder nach der neuesten Ausrechnung 6 rheinländische Fuß aus. Mit andern Worten: der sechzigste Theil eines Grades der Erde ist eine Minute der Erde. Der eintausendste Theil einer solchen Minute aber ist ein geometrischer Schritt. Wenn nun eine geographische Meile 24 000

Werkschuhe beträgt, solcher Meilen aber 15 auf einen Grad gehen: so
beläuft sich die Größe einer Minute der Erde auf eine Viertelmeile und
hat 6000 Werkschuhe Länge. Folglich hat der eintausendste Theil dieser
Minute 6 Fuß, und das ist der geometrische Schritt. Nach älteren
Messungen hatte eine geographische Meile nur 20000 Schuhe, folglich
die Viertelmeile oder Minute der Erde auch nur 5000 und der geo=
metrische Schritt nur 5 Fuß.

Eine Klafter oder eine Toise ist dasselbe, was bei den Schiffern
ein Faden und in der Sprache der Bergleute ein Lachter heißt. Er
beträgt 6 Fuß oder 5 Dresdner Ellen.

Anmerkung. In Rücksicht auf das neue französische Maß ist zu be=
merken, daß jeder Viertelkreis in 100 Grade getheilt wird. Jeder Grad hält
100 Minuten, jede Minute 100 Secunden. Der gewöhnliche Grad verhält sich
zu dem neufranzösischen wie 60 zu 54, oder wie 10 zu 9, die alte Minute des
Kreises zur neuen wie 60 zu 32,4, die alte Secunde zur neuen wie 1 zu 0,324.
S. v. Zach, Allgem. geograph. Ephemeriden. Bd. 1. S. 91, in
welcher trefflichen Zeitschrift man, so wie über andere Gegenstände der mathe=
matischen und physischen Geographie, so auch über ältere und neuere Erd= und
Grademessungen überaus viel Schönes antrifft. Zu dem im Obigen von der
geographischen Meile Gesagten muß man nothwendig noch vergleichen: Gehlers
physikalisches Wörterbuch. Th. III. S. 186. u. f., so wie die Meilen=
tafel bei Gaspari a. a. O S. 80. u. f.

## §. 9.

Die Erde hat eine Bewegung von Abend gegen Morgen, daher er=
folgt der Aufgang der Sonne und der Gestirne in entgegengesetzter Rich=
tung der Erdbewegung, das heißt, von Morgen gegen Abend.

Die Bewegung des Sternhimmels ist nur scheinbar, denn weil wir
die Bewegung der Erde, auf der wir uns befinden, nicht wahrnehmen:
so haben wir eine scheinbare Bewegung des Himmels, wissen aber nicht,
ob sich der Himmel oder die Erde bewege. Es ist hier derselbe Fall, als
wenn ein Schiff auf offner stiller See vor Anker liegt, ein anderes Schiff
aber, auf dem ich mich etwa befinde, von dem Meerstrome getrieben wird:
so weiß ich nicht, welches von beiden Schiffen sich bewege, ob das erste
oder das letztere. Gerade in derselben Art wissen denn auch wir nicht, ob
der Sternhimmel oder ob wir unsere Stelle verändern. Der Beweis, daß
die Erde nicht stille stehe, sondern daß gerade sie es sei, die sich bewege,
mußte mit ungemeiner Subtilität geführt werden.

Hätte die Erde gar keine Bewegung: so würden auch keine Cirkel auf derselben bestimmt sein. Da sie nun im Gegentheil aber eine zwiefache Bewegung hat, eine nämlich um ihre Axe oder ihre tägliche, die andere um die Sonne oder ihre jährliche Bewegung: so originiren sich daher folgende Punkte und Linien:

I. Aus der Bewegung der Erde um ihre Axe entstehen:

1. Zwei Punkte, die gar keine Bewegung haben, sondern fest sind, und um welche sich die ganze Erde bewegt. Diese heißen Pole, nämlich Süd= und Nordpol. Die Linie aber, die ich mir durch beide Pole gezogen denke, kann die Axe heißen. Sonach haben wir schon auf der Kugelfläche, auf der wir gewöhnlich nichts unterscheiden, zwei Punkte und eine Linie. Da die Axe aber innerhalb der Kugel liegt, so geht sie uns für jetzt nichts weiter an.

2. Durch jene beiden Punkte, die Pole, kann ein Kreis gezogen werden, der die Erde der Hälfte nach durchschneidet, und dieser ist der Meridian. Nun kann man unendlich viele Meridiane ziehen, weil man aus den beiden Punkten viele Kreise zu ziehen im Stande ist.

Aber wie ziehe ich nun den Meridian eines jeden Ortes? — Diese Frage begründet eine neue Art von Punkten, die durch jeden Zuschauer bestimmt werden und nicht beständig sind.

In der Mitte der Erde nämlich muß ich, wie in jeder Kugel oder Kreisfläche, ein Centrum annehmen. Von diesem kann ich durch meinen Standpunkt über meinen Kopf hinaus und von da wieder durch das Centrum herab eine Linie ziehen. Dies ist dann der Zenith und Nadir, die ein jeder für und durch sich selbst bestimmt. Zwischen zwei Punkten kann nur eine Linie gezogen werden. In der Erde ist ein Punkt und über mir gleichfalls einer. Beide begrenzen eine und dieselbe Linie. Jeder Einzelne hat also seinen Zenith, weil ein jeder eine Linie aus dem Centrum über sich heraus zu ziehen im Stande ist. Demnach kann auch ein jeder seinen eignen Meridian haben. Viele Örter indessen haben einen und denselben Meridian, wie z. B. Königsberg und das Vorgebirge der guten Hoffnung.

Jeder Meridian theilt die Erde in zwei Theile, den östlichen und den westlichen. Diejenigen Örter aber, welche unter einem und demselben Meridian liegen, sind nicht östlich oder westlich, sondern südlich und nördlich unterschieden, indem hier ein Ort nur näher

nach Süden oder Norden als ein anderer liegen kann.   Doch
müssen in jedem Meridian selbst wieder zwei Theile unterschieden
werden, in so fern er nämlich der Meridian unsers Ortes und
demnächst auch der Meridian unserer Antipoden ist. Wenn die
Sonne bei uns den Mittag macht: so befindet sie sich in unserm Me=   5
ridian.   Zur Mitternachtsstunde hingegen steht sie in dem Me=
ridian unserer Antipoden.

Es giebt also so viele Meridiane, als sich verschiedene Stand=
punkte um die Erde von Osten nach Westen denken lassen.

3. Durch die Umdrehung der Erde um ihre Axe wird noch eine Linie   10
bestimmt, und diese ist der Äquator, der von beiden Polen gleich
weit entfernt, in dem aber die Bewegung der Erde am stärksten
ist.   Denn je näher den Polen, um so kleiner werden die Cirkel,
also auch die Bewegung.   Die Linie, die gleich weit von beiden
Polen absteht, theilt ebenfalls die Erde in zwei gleiche Theile, näm=   15
lich in die südliche und nördliche Halbkugel.   Der Meridian konnte
vielfach sein, aber es giebt nur eine einzige gleich weit von beiden
Polen abstehende Kreislinie, die dadurch also determinirt ist.   Die
durch diese Linie entstandenen beiden Hälften der Erde werden He=
misphären genannt.   Zwar theilt, wie schon gesagt, auch jeder Me=   20
ridian die Erde in zwei Hemisphären, nur daß diese freilich nicht
durch die Natur bestimmt sind.   Örter unter einem Meridian sind
nach Süden und Norden, aber nicht nach Osten und Westen unter=
schieden.   Dagegen sind unter dem Äquator die Örter nach Osten
und Westen, nicht aber nach Süden und Norden verschieden. Wie   25
also der Meridian zum Unterschiede von Osten nach Westen dient:
so dient der Äquator zum Unterschiede von Norden und Süden.

Nun hat jeder Cirkel 360 Grade, also auch der Äquator. Die=
ser giebt die Bestimmung, um wie viele Grade ein Ort von Osten
nach Westen absteht.   Da nun aber die Frage entsteht, von wo   30
aus man dabei eigentlich anfangen soll die Grade zu zählen, in=
dem der Äquator eine Kreislinie ist, die keinen festen Anfangs=
punkt hat, an der man also nach Belieben wählen kann: so hat man
nun auch wirklich nach Belieben einen ersten Punkt auf dem Äqua=
tor angenommen, von dem man anfängt die Grade des Äquators   35
zu zählen. Dieser erste Punkt ist vermittelst der Ziehung eines
Meridians durch die Insel Ferro angenommen, von wo aus man

den Äquator und zwar von Westen nach Osten hin in die be=
stimmten Grade abtheilt, weil die Bewegung der Erde eben diese
ist *).

Wir haben demnach zwei Kreislinien, die einander rechtwinklicht
durchschneiden. Will ich nun den Unterschied der Lage zweier Örter,
namentlich z. B. von Königsberg und Moskwa, in Hinsicht auf ihre
Lage von Westen nach Osten erfahren: so ziehe ich den Meridian
beider Städte, und beide Meridiane durchschneiden den Äquator.
Demzufolge zählt man denn den Unterschied der Grade auf dem
Äquator. Der Bogen zwischen den beiden Meridianen und die Zahl
der Grade macht alsdann den Unterschied in der Lage der Örter von
Westen nach Osten bemerkbar.

Alle Grade des Meridians sind Grade der Breite und alle Grade
des Äquators sind Grade der Länge. Was bedeutet denn aber die
Breite und Länge eines Ortes? — Die Breite ist die Entfernung
eines Ortes vom Äquator und wird auf dem Meridian abgezählt;
die Länge aber ist die Entfernung eines Ortes von dem Meridian
und wird auf dem Äquator abgezählt, und zwar von Westen nach
Osten. Sie wird auch die Länge des Meeres genannt und ist wegen
Einerleiheit der Gestalt des Himmels schwer ausfindig zu machen.
Die Breite läßt sich hingegen leicht auffinden, weil sich bei der Ver=
änderung der Breite auch jederzeit die Gestalt des Himmels ver=
ändert, und weil sie überdies der Polhöhe gleich ist. Es giebt aber,
so wie zwei Hemisphären, so auch eine zwiefache Breite, eine nörd=
liche nämlich und eine südliche. Die größte mögliche Breite beläuft
sich auf 90 Grade, und dieses ist der Pol. Die Örter unter dem
Äquator haben ganz und gar keine Breite.

In Hinsicht auf die Länge ist noch zu merken, daß, da man sie
von Westen an zu zählen beginnt, jeder Ort auch nur eine östliche
Länge haben sollte. So würde z. B. Philadelphia 320 Grade
östliche Länge haben, obgleich diese Stadt nur um 40 Grade von

---

*) Es wäre zu wünschen, daß es einmal in Bestimmung des ersten Meri-
dians zu einer Einigung käme. Bei der durch die Natur gar nicht begrenzten
Willkür, haben denn Andere auch einen andern ersten Meridian festgesetzt. So giebt
es außer dem genannten noch: 1) einen Meridian von Greenwich. Er steht von
dem auf Ferro um 17° 41' östlich ab. 2) Der Meridian von Flores, mit 13° 26' 30''
westlichem Abstande von Ferro.

dem erften Meridian entfernt ift, nämlich wenn wir von Often
aus die Grade zurückzählen. Zählen wir dagegen die öftliche Länge
ab: fo müffen wir mit dem erften Grade beginnen und von ihm
die übrigen Grade herum um die ganze Erde abzählen. Die Länge
follte alfo ein für allemal und immer entweder bloß öftlich oder bloß        5
weftlich beftimmt werden. Man ift indeffen häufig davon abge=
gangen, weil es zu weitläuftig fchien, immer die ganze Zahl der
Grade herumzuzählen. Daher fagt man denn nun auch entweder,
Philadelphia hat 40 Grade weftliche oder 320 Grade öftliche Länge.

Außer dem Äquator giebt es noch andere, mit ihm parallel lau=        10
fende Kreislinien oder Cirkel, deren Zahl fich fehr vergrößern ließe.
Sie heißen Tagescirkel (circuli diurni). Durch diefe Parallelkreife
wird die Verfchiedenheit der Lage der Länder beftimmt, welche man
durch den Namen der Klimate bezeichnet.

Örter, die in einem und demfelben Parallelkreife liegen, haben        15
einerlei Breite, fo wie Örter, die unter einem Meridian liegen, auch
eine gleiche Länge haben, und das daher, weil die erftern gleich
weit vom Äquator, die letztern aber gleich weit von dem erften Me=
ridian entfernt find.

Örter, die in einem Parallelkreife befindlich find, haben ein und        20
daffelbe (wie fich von felbft verfteht, geographifche, nicht phyfifche)
Klima, da hingegen die, welche unter einem Meridian liegen, ver=
fchiedene Klimate haben, indem der Meridian durch alle Parallel=
kreife hinläuft. Gegenden, die fich auf einer verfchiedenen Hemifphäre
befinden, aber gleich weit von dem Äquator entfernt find, haben ein        25
gleiches Klima. — Örter, die unter einem Meridian liegen, haben
zu einer und derfelben Zeit Mittag. Örter aber, die in einem Pa=
rallelkreife liegen, haben zwar nicht gleichzeitig Mittag, indeffen
einerlei Tageslänge, welches wieder nicht im entgegengefetzten Falle
von Örtern gilt, die einerlei Meridian haben. Unter dem Äquator,        30
wo die Polhöhe und Ascenfionaldifferenz = 0 ift, ift die Länge des
Tages fich zu jeder Zeit gleich, und zwar von 12 Stunden. Eine
folche gleiche Tag= und Nachtlänge findet aber nur zweimal im Jahre
für die feitwärts von dem Äquator nach den Polen hin liegenden
Gegenden ftatt, am 20. März nämlich und am 23. September, wenn        35
die Sonne gerade im Äquator fteht. Steigt fie von da aus höher
über der nördlichen Halbkugel herauf, fo verlängern fich die Tage

auf dieser und werden kürzer auf der südlichen Halbkugel, so wie dies umgekehrt der Fall ist, wenn sie sich in der Ekliptik mehr dem Südpole nähert.

Der längste Tag für die nördliche Halbkugel ist der 21. Juni, für die südliche der 21. December, so wie dieses der kürzeste auf jener und jenes der kürzeste auf dieser ist. Der längste Tag z. B. in Königsberg beträgt 17 Stunden und 4 Minuten, der kürzeste 6 Stunden und 56 Minuten. Unter den Polen währt der Tag ein halb Jahr, unter dem Südpole vom 23. September bis zum 20. März, unter dem Nordpole vom 20. März bis zum 23. September, und eben so giebt es dort eine halbjährige, durch Nordlichte u. dergl. indessen erträglicher gemachte Nacht.

Die Alten theilten die Erde in der Art in Klimate ein, daß, wo der Tag um eine ganze Stunde länger wurde, ein neues Klima begann.

So haben wir bisher bloß die Bewegung der Erde um ihre Axe erwogen und näher kennen gelernt.

II. Eine zweite Bewegung der Erde ist die ihres jährlichen Laufes oder ihres Umlaufes um die Sonne. Der hier zu bemerkende Cirkel ist die Bahn der Erde oder die scheinbare Sonnenbahn. Die Erde aber bewegt sich dabei in einem Cirkel, dessen Mittelpunkt die Sonne ist. Machte die Axe der Erde einen rechten Winkel mit der Erd= bahn, oder stände jene immer perpendiculär auf dieser: so befände sich die Sonne auch fortwährend in dem Äquator und würde jederzeit eine Tag= und Nachtgleiche bewirken, aber auch den Jahreszeiten= wechsel für die ganze Erde aufheben. So aber steht die Axe nun wirklich nicht perpendiculär auf jener Bahn, sondern weicht von einer solchen Stellung um $23\frac{1}{2}$ Grade ab*).

Hat die Erde nun dem vorhin Gesagten zufolge eine schiefe Rich= tung gegen die Sonne: so folgt daraus, daß auch ein Hemisphär von der

---

*) Man hat noch nicht an ein Zusammenstellen der Abweichung der Eklip= tik mit der Abweichung des magnetischen Pols gedacht. Vielleicht könnten die Re= sultate einer solchen für die Physik selbst von Wichtigkeit werden. S. de la Lande, Astronom. Handbuch. A. d. Franz. Leipz. 1775. gr. 8. § 794. u. f. Auch Gehlers Physikal. Wörterbuch. Leipz. 1798. gr. 8 Th. IV. S. 622. u. f. Magnetism und Elektricität sind vielleicht nur als Producte der Länge und Breite verschieden. Die Gründe für diese Meinung an einem andern Orte. Neuerdings finde ich auch in den Ideen Schellings etwas mit dieser Meinung Übereinstimmendes.

Sonne entlegener sein müsse als ein anderes, und daß daraus eben der
Wechsel der Jahreszeiten entstehe. Die Bewegung dabei hat das Be=
sondere, daß die Erde mit der Bewegung um die Sonne jederzeit einerlei
Richtung der Axe hat. Die Stellung der Axe in Ansehung der Bahn ist
dieselbe. Die Axe nämlich bleibt sich durch das ganze Jahr parallel, und      5
die Schiefe der Axe auf der Fläche ihrer Bahn bleibt sich immer gleich.
Wäre das nicht der Fall: so könnte die Sonne nur einer Erdhälfte sicht=
bar werden. Am 21. December steht die Erde im Norden, also ist die
nördliche Seite der Erde der schiefen Richtung wegen von der Sonne
abgelegener, folglich ist es Winter. Alsdann bescheint die Sonne die      10
Erde nicht einmal bis zu dem Nordpole hin, sondern der größte Theil der
nördlichen Erdhemisphäre entbehrt ihres Lichtes, und wo es noch einen
Tag giebt, da wird er zu dieser Zeit verhältnißmäßig kürzer.

Wenn aber die Erde am 21. März gerade in Westen steht, so befindet
sich die Sonne im Äquator, und alle haben einen gleich langen Tag, so      15
wie eine gleich lange Nacht, indem die Sonne gleichmäßig beide Pole be=
scheirt. Um den 21. Juni beleuchtet die Sonne den größten Theil der
nördlichen Hemisphäre, und die Gegend des Südpols ist im Schatten,
also dort der Tag länger als die Nacht, gerade das Gegentheil von dem,
was in Rücksicht des 21. Decembers vorhin bemerkt wurde. Am 21. Sep=      20
tember endlich steht die Sonne wieder im Äquator, folglich ist dann zum
zweiten Male im Jahre Tag und Nacht gleich.

Der Unterschied der Jahreszeiten beruht demnach auf der schiefen
Stellung der Erde in ihrer Bahn. Stände die Erde noch schiefer: so wäre
im nördlichen Theile oder im Winter gar kein Tag und im südlichen      25
Theile oder im Sommer gar keine Nacht.

Aus dieser Bewegung der Erde nun um die Sonne entstehen folgende
Kreise:

1. Die Wendekreise (Tropici), welche durch die Punkte gezogen werden,
   in denen die Sonne ihre höchste Entfernung von dem Äquator er=      30
   reicht, und von denen sie dann sich allmählig wieder dem Äquator
   nähert. Auf jeder Hemisphäre befindet sich einer dieser Wendekreise,
   und zwar in einem Abstande von 23° 30′ von dem Äquator. Sie
   machen eben die Schiefe der Ekliptik aus, bei deren Mangel diese in
   den Äquator fallen und dadurch der Jahreszeitenwechsel aufgehoben      35
   würde. Die Abweichung der Ekliptik beträgt demnach 23° 30′.
   Die Sonne steht zu irgend einer Zeit in dem Scheitelpunkte eines

jeden zwischen den Wendecirkeln liegenden Ortes, aber sie tritt nie=
mals in den Scheitelpunkt eines Ortes, der außerhalb den Wendecir=
keln liegt. Dort leuchtet sie bis auf den Boden eines tiefen Brunnens,
hier bescheint sie dagegen bloß die eine Seite desselben.

5   2. Die Polarkreise werden in einer Entfernung von 23° 30' von den
    Polen gezogen, und auf jeder Halbkugel befindet sich einer von ihnen.
    Alle innerhalb den Polarkreisen gelegene Länder haben wenigstens
    einmal im Jahre keinen Aufgang und keinen Untergang der Sonne.

3. Endlich müssen wir auch eines Kreises Erwähnung thun, der
10  weder durch die Bewegung der Erde um ihre Axe, noch durch ihre
    Bewegung um die Sonne, sondern der durch die Optik erzeugt wird.
    Dieses ist der Horizont, welcher ein Cirkel ist, der vom Zenith und
    Nadir gleich weit absteht.

§. 10.

15  Die Zonen oder Cirkelstriche der Erde sind folgende:

1. Die heiße Zone. Sie liegt zwischen den beiden Wendekreisen. Weil
   der Äquator die Erde in zwei Hemisphären theilt, so kann man sagen,
   daß es zwei heiße Zonen giebt, nämlich auf jeder Halbkugel eine. Es
   wird also eine nördliche und eine südliche heiße Zone geben.

20  2. Die zwei gemäßigten Zonen. Diese liegen zwischen den Wende=
    und Polarkreisen und heißen deswegen so, weil gegen die Mitte dersel=
    ben die meisten Menschen und Thierarten zu leben im Stande sind.
    Jedoch ist es in denselben näher an den Wendekreisen oft heißer als
    am Äquator selbst, weil die Sonne hier länger in der Nähe des
25  Scheitelpunktes steht, und es länger Tag ist als unter dem Äquator,
    wo beständig Tag und Nacht gleich sind, also die Nacht lang genug
    ist, um eine erforderliche Abkühlung der Erde zu bewirken.

3. Die zwei kalten Zonen liegen zwischen den Polarkreisen und
   den Polen auf beiden Hemisphären.

30  Die Zonen haben ihre Beziehung auf die Tageslänge der Gegenden.
    Die heiße Zone nämlich begreift alle diejenigen Gegenden (Örter) in
    sich, an denen der Tag und die Nacht ziemlich gleich lang sind. Alle
    Örter in dieser Zone haben die Sonne in jedem Jahre zweimal über
    ihrem Scheitelpunkte. Die gemäßigten Zonen hingegen befassen alle
35  diejenigen Örter unter sich, an denen auch der längste Tag noch immer
    nicht 24 Stunden beträgt. Die in dieser Zone gelegenen Länder haben
    die Sonne niemals über ihrem Scheitelpunkte, sie haben aber das

ganze Jahr hindurch einmal in 24 Stunden abwechselnd Tag und
Nacht. In den kalten Zonen endlich liegen diejenigen Örter, an denen
der längste Tag ein halbes Jahr währt. Der längste Tag ist also
immer länger, je näher man den Polen kommt. Die etwanigen Bewoh=
ner der Gegenden unter den Polen würden den Äquator zum Horizonte
haben, folglich bliebe die Sonne ein ganzes halbes Jahr hindurch
beständig in ihrem Horizonte.

## §. 11.

Wir haben bisher von den Kreislinien und Veränderungen geredet,
die durch die Bewegung der Erde um die Sonne auf der erstern veran=
laßt werden. Aber es giebt der Weltkörper mehrere, die in gewisser Hin=
sicht einen nähern unleugbaren Einfluß auf die Erde haben, wenn sich
derselbe gleich vor der Hand nicht von allen gleichmäßig ausführlich, son=
dern von dem einen mehr als von dem andern darthun läßt. — Den In=
begriff solcher in einem nähern gemeinschaftlichen Verhältnisse gegen ein=
ander stehenden Weltkörper nennt man nun ein Sonnensystem. Es be=
steht ein solches aber aus einem selbstleuchtenden und mehreren dunkeln
Körpern, die von jenem ihr Licht erhalten. Die letzteren heißen Planeten,
die ersteren Sonnen, oder in Beziehung auf andere, von dem unsrigen
verschiedenen Sonnensysteme Fixsterne.

Wandellos fest, nur einmal in 25 Tagen und etwa 12 Stunden um
ihre eigne Axe sich drehend, steht die Sonne im Mittelpunkte unseres
Systems und verbreitet ihr Licht, wie über unsere Erde, so auch über alle
sich in bestimmten größern oder kleinern Kreisen um sie drehenden und
daher Planeten (Irrsterne) genannten Weltkörper*).

Die Sonne hat eine fast anderthalb millionenmal unsern Erdkörper
überwiegende Größe und ihr Durchmesser beträgt 193871,35 Meilen.
Ob sie ein festerer oder ein lockererer Körper ist als die Erde, ob sie an sich
eine Lichtmasse ist, oder woher ihr das Licht und die Wärme kommen,
die sie um sich her verbreitet, darüber giebt es der möglichen Meinungen
viele, so wie über die dunkeln sowohl als vorzüglich leuchtenden Stellen,
die sich auf ihrer Oberfläche vorfinden, und von denen die erstern Sonnen=
flecken, die andern aber Sonnenfackeln genannt werden.

---

*) Ganz eigentlich steht die Sonne zwar nicht in dem Mittelpunkte ihres
Systems, sondern nur beinahe. Auch leugnen wir im Obengesagten keineswegs das
Fortrücken der Sonne und ihres ganzen Systems im Weltgebäude.

Zu dem Systeme unserer Sonne gehören, so weit wir es kennen, sieben Planeten, von denen der Mercur seinen Umlauf in einer mittlern Entfernung von acht Millionen, die Venus von fünfzehn Millionen, die Erde von vierundzwanzig, Mars von einunddreißig, Jupiter von einhundertundzehn, Saturn von einhundertneunundneunzig und Uranus von vierhundert Millionen Meilen um die Sonne hat.

Mercur hat einen Durchmesser von 608 Meilen oder etwa ein Drittheil des Erddurchmessers. (S. Bode, Astronom. Jahrb. f. d. Jahr 1803. Berl. 1800. 8. Aufsatz XII.). Die Zeit seines Umlaufes um die Sonne, also eines Jahres in ihm, beträgt 87 Tage, 23 und eine Viertelstunde. Das Sonnenlicht bedarf, um ihn zu erreichen, nur 3' 8''

Der Durchmesser der Venus beträgt 1615 Meilen, ihre Umlaufzeit um die Sonne aber 224 Tage und 17 Stunden. Die Strahlen der Sonne erreichen sie nach 5 Minuten und 52 Secunden. Ihr zunächst wälzt sich die

Erde einmal in 365 Tagen, 5 Stunden und 48 Minuten um die Sonne, von der sie nach 8' 7'' ihr Licht erhält. Jenseits der Erde und ihr am nächsten steht der

Mars, der nur 920 Meilen im Durchmesser hält und seinen Umlauf um die Sonne innerhalb 686 Tagen, 23 Stunden und 30½ Minuten zurücklegt, wobei er nur in einer Zeit von 12' und 22'' das Sonnenlicht erst auffängt.

Jupiter hat einen Durchmesser von 18920 Meilen. Ein Jahr in ihm beträgt eilf unserer gemeinen Jahre, 315 Tage, 14 Stunden, 27' und 11''. Das Sonnenlicht bedarf einer Zeit von 42' 13'', ehe es diesen Planeten erreicht.

Saturn hält 17160 Meilen im Durchmesser, und sein Jahr beläuft sich auf 29 unserer gemeinen Jahre, 167 Tage, 1 Stunde, 51 Minuten und 11 Secunden. Siebenzehn Minuten und 25 Secunden über eine Stunde sind dazu erforderlich, daß die Sonnenstrahlen ihn erreichen. Der letzte erst seit dem Jahre 1781 uns bekannte Planet unseres Sonnensystems ist:

Uranus. Bei einem Durchmesser von 8665 astronomischen Meilen beträgt ein einziges Jahr auf ihm nach unserer Jahrrechnung 84 gemeine Jahre, 8 Tage, 18 Stunden und 14 Minuten, und das Licht erreicht ihn erst nach 2 Stunden und 36 Minuten.

Alle diese Planeten haben wie unsere Erde eine sphäroidische Ge=
stalt, nur daß einige von ihnen bald mehr bald minder abgeplattet oder
bei den Polen eingedrückt sind, welches indessen nicht immer, wie man
vermuthen sollte, von ihrer, wenigstens uns bekannten langsamern oder
schnellern Rotation abzuhängen scheint, wie dies z. E. am Mars zu er=
sehen ist, dessen Axenlänge sich zum Durchmesser seines Äquators fast wie
15 zu 16 verhält, der also eine stärkere Abplattung hat als die Erde,
ohngeachtet sein Volumen weit geringer und seine Axendrehung um
vieles langsamer ist.

Unsere Unbekanntschaft mit einem achten oder mehrern andern Pla=
neten unseres Sonnensystems ist übrigens kein entscheidender Beweis,
daß es deren wirklich keine mehr gebe. Vielmehr läßt uns der ungeheure
Abstand des Uranus von dem nächsten Fixsterne (dieser dürfte von unserer
Sonne wenigstens um 200000 Halbmesser der Erdbahn oder vier Billionen
Meilen weit entfernt sein) vermuthen, daß es jenseits desselben der Pla=
neten noch mehrere gebe. So wie es sogar aus vollwichtigen Gründen
wahrscheinlich wird, daß selbst innerhalb der bekannten Grenzen unseres
Sonnensystems, namentlich zwischen dem Mars und Jupiter, ein noch
unentdeckter Planet vorhanden sein dürfte*).

Mehrere dieser Planeten haben ihre Trabanten oder Monde, die
außer ihrer eignen Axendrehung sich nicht nur um ihre Planeten, sondern
auch mit diesen zugleich um die Sonne drehen. Dergleichen Planeten
sind nun:

1) Die Erde mit einem Monde.
2) Jupiter mit vier Monden.
3) Saturn mit sieben Monden, und
4) Uranus mit sechs Monden.

In Betreff der Venus ist es wenigstens noch nicht als ausgemacht
anzusehen, ob sie einen solchen Begleiter wirklich habe, indessen läßt es
sich auch nicht mit zureichenden Gründen behaupten, daß sie, Mercur

*) Piazzi zu Palermo wollte am 1sten Januar 1801 einen Kometen in der
Gestalt eines Sternes achter Größe und ohne merklichen Nebel entdeckt haben. Nach
den Beobachtungen Piazzis aber glaubt Bode nun berechtigt zu sein, diesen ver=
meintlichen Kometen für jenen zwischen Mars und Jupiter als befindlich angenomme=
nen Planeten halten zu dürfen. Die berühmten Astronomen: v. Zach, Oriani
und selbst Piazzi stimmen ihm bei. S. Berl. Haude= und Spenersche Zeitung
1801. No. 57.

und Mars seiner nothwendig entbehren müßten. Übrigens hat Saturn außer seinen Monden noch einen bisher an keinem andern Planeten entdeckten Ring, der ihn in einer Entfernung von mehr als sechstehalb tausend Meilen umgiebt, und gleichfalls ein dunkler und fester Körper zu sein und zur Verstärkung des Sonnenlichts auf jenem Planeten zu dienen scheint. Ob auch Uranus zwei dergleichen, und zwar nicht in einander liegende, sondern concentrische Ringe habe, wie Herschel muthmaßte, darüber muß die Bestätigung noch abgewartet werden.

Unter allen diesen Begleitern der Planeten interessirt uns hier zunächst nur der unserer Erde, der Mond, welcher sich, wie die Planeten um die Sonne, in einer elliptischen Bahn um unsern Erdkörper dreht, und daher demselben bald näher steht (Perigäum) in einer Entfernung von 48020 Meilen, bald aber auch 54680 Meilen von ihm entfernt ist, (Apogäum). Diese Verschiedenheit im Stande der Planeten zur Sonne heißt Perihelium und Aphelium, jenes beträgt in Hinsicht auf die Erde 23852, dieses 24667 Erdhalbmesser.

Zu seinem Umlaufe um die Erde von Abend gegen Morgen bedarf der Mond eines Zeitraums von 27 Tagen und 8 Stunden, obwohl, weil auch die Erde mittlerweile auf ihrer Bahn um die Sonne fortrückt, von einem Neumonde bis zum andern 29 Tage und 13 Stunden verfließen. Die Zeit seiner Axendrehung ist aber der seines eigentlichen Umlaufs um die Erde gleich, woraus denn von selbst folgt, was ein allgemeines Gesetz aller Trabanten zu sein scheint, daß er uns nur immer eine und dieselbe Seite zukehrt.

Der Durchmesser des Mondes beträgt nur 468 Meilen. Er ist ein dunkler und fester Körper wie unsere Erde, der sein Licht gleichfalls von der Sonne erhält. Befindet er sich zwischen dieser und der Erde, so verbirgt er uns das Licht der Sonne, und es ist Neumond. Rückt er allmählig nach Osten auf seiner Bahn um die Erde fort, so wird seine uns zugekehrte Westseite erleuchtet, und nachdem er so 90 Grade seiner Kreisbahn zurückgelegt hat, haben wir das erste Viertel. Je näher er dem 180ten Grade seiner Bahn kommt, um so weiter wird er erhellt, bis er in jenem Grade der Sonne gerade gegenüber steht und unsern Vollmond macht. Auf seinem immer fortgesetzten Laufe nimmt nun die westliche Erleuchtung allmählig wieder ab, so daß er im 270° seiner Bahn nur noch auf der östlichen Hälfte hell ist und sich, wie wir sagen, im letzten Viertel befindet. Je mehr er sich alsdann der Sonne nähert,

um so mehr nimmt auch dieses Licht ab, bis er wieder zwischen die
Sonne und Erde tritt.

Die Oberfläche des Mondes ist der unserer Erde sehr ähnlich, nur
daß sich auf ihr kein Meer oder keine so großen Flüsse vorfinden, dagegen
aber giebt es weit größere Gebirge, welches alles das Vorhandensein
vieler Vulcane verräth. Ob der Mond eine Atmosphäre wie die unsrige,
ob er gar keine oder einen feinern Dunstkreis habe, ist noch nicht ent=
schieden; das letzte aber das Wahrscheinlichste. Übrigens findet auf ihm,
wie sich dies mit aus dem vorhin Gesagten ergiebt, auch kein Jahres=
zeitenwechsel wie der unsrige statt, noch eine solche Verschiedenheit von
Tages= und Nachtlänge.

Die Verfinsterungen, die der Mond erleidet, entstehen, wenn die
Erde mehr oder minder zwischen ihn und die Sonne tritt und ihm dadurch
das Licht dieser letztern entzieht, so wie er dagegen in einem ähnlichen
Falle eine sogenannte Sonnenfinsterniß auf der Erde bewirkt. Übrigens
hat der Mond einen unleugbaren Einfluß auf die Erde, wie Ebbe und
Fluth dies beweisen. Wie weit sich derselbe aber in seinem ganzen Um=
fange erstreckt, ist bisher mehr die Sache der Muthmaßung und des Aber=
glaubens als der sichern Einsicht gewesen. Möglich indessen, daß diese
einst durch Angabe der Ursachen manche Behauptung jener zur Evidenz
erhebt*). So viel von dem Monde!

Noch giebt es außer diesen Haupt= und Nebenplaneten eine unbe=
stimmbar große Menge anderer Weltkörper, die in langen und schmalen
elliptischen Bahnen sich durch unser Sonnensystem bewegen und Kometen
heißen. Bis jetzt sind etwa 93 derselben in ihren Bahnen berechnet.
Höchst wahrscheinlich bestehen sie aus einem feinern Stoffe, als der der
Planeten ist. Sie durchkreuzen von Osten nach Westen und umgekehrt
in allen möglichen Richtungen die Planetenbahnen, tauchen sich in die
Sonnenatmosphäre und eilen dann weit davon wieder über die Bahn des
Uranus hinaus. Nach allen Beobachtungen und Erfahrungen hat die
Erde indessen nie etwas mit Grund von dem Zusammentreffen mit irgend
einem Kometen zu fürchten.

---

*) Welche Bewandtniß es mit der Ebbe und Fluth in der Atmosphäre habe, und
wodurch sie bewirkt werde, ist noch ungewiß; indessen erwähnt ihrer Hr. v. Hum=
boldt als von ihm in Amerika beobachtet, und vor ihm Francis Balfour.
S. 201 u. f. der Dissertations and miscellaneous pieces, relating to the history etc.
of Asia. By W. Jones. Vol. IV. Lond. 1798.

Anmerkung. Da sich hier bloß das Nothwendigste über die mathema= tische Geographie beibringen ließ, so mag für den, der sich genauer hierüber zu unterrichten wünscht, folgendes Verzeichniß dahin gehöriger Schriften hier seine Stelle finden.

5 Fried. Mallet, allgem. oder mathematische Beschreibung der Erdkugel, aus dem Schwedischen übersetzt von L. Th. Röhl. Greifs= walde 1774. gr. 8.

Walchs ausführliche mathematische Geographie, zweite Aufl. Göttingen 1794.

10 Kästner's weitere Ausführung der mathematischen Geographie. Daselbst 1795.

J. H. Voigt, Lehrbuch einer populären Sternkunde. Weimar 1799.

J. E. Bode, Anleitung zur Kenntniß des gestirnten Himmels. Berlin 1800. Siebente Aufl. gr. 8.

15 La Place, *Exposition du système du monde.* Paris 1796. 2 Vol. 8. übersetzt von Hauff, Frankf. a. M. 1798. 2 Bde. gr. 8.

Auch gehören hierher vorzüglich:

v. Zach, allgemeine geographische Ephemeriden. Weimar 1798. 1799. Fortgesetzt seit 1800 von Gaspari und Bertuch.

20 v. Zach, Monatliche Correspondenz. Gotha 1800 und 1801.

---

# Abhandlung

## der

# physischen Geographie.

### §. 12.

25 Wir gehen jetzt zur Abhandlung der physischen Geographie selbst über und theilen sie ab:

I. In den allgemeinen Theil, in dem wir die Erde nach ihren Bestandtheilen und das, was zu ihr gehört, das Wasser, die Luft und das Land untersuchen.

30 II. In den besondern Theil, in welchem von den besondern Produc= und Erdgeschöpfen die Rede ist.

# Erster Theil.

## Erster Abschnitt.

## Vom Wasser.

### §. 13.

Die Oberfläche der Erde wird in das Wasser und in das feste Land
abgetheilt. Hier werden wir zuvörderst nicht von den Flüssen, Strömen
und Quellen, sondern von dem Meerwasser als der Mutter aller Gewässer
reden, weil jene nur Producte der Erde sind und von dem Meere ihren
Ursprung haben. Indessen wollen wir doch noch einige Bemerkungen über
das Wasser im Allgemeinen vorausschicken.

### §. 14.

Die am allgemeinsten vorhandene tropfbare Flüssigkeit ist das
Wasser. Als solche wird es aus dem Luftkreise im Regen niedergeschla-
gen, dringt in die Erde, quillt aus ihr in Flüssen, Teichen und Seen hervor, bildet das Weltmeer und macht einen Bestandtheil fast aller übrigen
Körper aus. Kein Wunder ist es also, wenn schon Thales es für den
Urquell aller andern Stoffe hielt. Selbst späterhin glaubte man sich in
dieser Meinung dadurch bestätigt zu sehen, daß man bei Destillationen
und andern Versuchen Erde daraus abgesondert zu haben wähnte. Die
Ungültigkeit dieser Versuche ist durch Aufdeckung des dabei stattfindenden
Irrthums zur Gnüge dargethan. Dagegen haben andere Experimente
auf die sehr wahrscheinliche Vermuthung geführt, daß das Wasser aus
Wasserstoff und Sauerstoff bestehe, und zwar in einer Mischung, die bei
einhundert Theilen, 15 des erstern und 85 des letztern enthält. In wie fern
uns die neuesten, mit der Galvani=Voltaischen Batterie angestellten Versuche hierüber mit Sicherheit eines andern belehren dürften, steht für jetzt
wenigstens noch dahin. Übrigens hat man mit Wahrscheinlichkeit annehmen zu können geglaubt, daß das Wasser durch chemische Veränderung
selbst wohl in atmosphärische Luft übergehen möge.

Nach Maßgabe der Temperatur erscheint uns das Wasser in einer
dreifachen Gestalt, nämlich als Eis, als Wasser und als Dämpfe. So
sehr man daher Recht hat, wenn man es auf einer Seite für einen flüssigen Körper erklärt: so kann man doch mit eben dem Rechte von ihm behaupten, daß es ein fester Körper sei.

Als ein solcher erscheint es uns bis zum 0 Grade nach Reaumür oder dem 32ten Grade des Fahrenheit'schen Thermometers und besteht dann aus Krystallen, die sich unter einem Winkel von 60 Graden durchkreuzen.

Tritt aber eine größere Masse Wärmestoff hinzu, dann erst erscheint uns jener bisher fester Körper als Flüssigkeit oder Wasser, welche Gestalt es aber wieder bei einer Wärme von 80 Graden Reaumür oder 212 Graden Fahrenheit mit der eines Dampfes vertauscht, der selbst bei dem heitersten Himmel immer noch in der Atmosphäre vorhanden ist, und die Luft erst bei einer etwa eintretenden Verdichtung seiner als Thau, Reif, Nebel oder Wolken trübt und minder durchsichtig macht.

Das Wasser ist selten oder nie in seinem natürlichen Zustande ganz rein vorhanden, indem es nicht nur ein Auflösungsmittel vorzüglich der Salze, sondern auch vieler andern Stoffe ist. Noch am unvermischtesten mit andern Stoffen trifft man es als Regen oder Schnee an. Minder rein sind die Brunnen= und Quellwasser, und unter diesen wieder die harten weniger als die weichen, indem jene mit erdigen Mittelsalzen geschwängert sind. Am stärksten ist die fremdartige Beimischung in dem Mineralwasser, zu dem theils auch das Meerwasser kann gezählt werden. Erst durch eine sorgsame Destillation erhält man ganz reines Wasser, und dieses ist an sich keiner Fäulniß fähig, sondern eine völlig durchsichtige, farbe=, geschmack= und geruchlose, keiner Entzündung fähige, tropfbare Flüssigkeit.

So viel für diese Stelle. Mehr hierüber kann man nachlesen in den bekannten physischen und chemischen Werken von Lavoisier, Girtanner, Hermbstädt, Gren, Hildebrand, Hube, Grimm, Gehler und Andern. Dabei vergleiche man Otto's schönes System einer allgemeinen Hydographie des Erdbodens. Berlin 1800. gr. 8. S. 8—50. und in Hinsicht auf die neuesten Galvani=Volta'schen Versuche, Voigts Magazin für den neuesten Zustand der Naturkunde. Band 2. St. 2.

## §. 15.

Das allgemeine Wasser ist gleichsam ein großes Behältniß und ein tiefes Thal, in dem sich das auf der Erde befindliche Wasser gesammelt hat. Das feste Land ist nur eine Erhöhung über demselben. Es ist auf der Erde ungleich mehr Wasser als festes Land befindlich, und dieses bildet, da es ringsum von Wasser umgeben wird, gleichsam eine große Insel.

Das allgemeine, das Land umfließende Wasser nennt man den Oce=
an, so wie das allgemeine Land das Continent. Dieses letztere ist schwer
zu bestimmen, da es beinahe kein solches giebt, indem es der Ocean fast
überall und wie ein allgemeiner Archipelagus umschließt.

Von dem Continente in dieser Bedeutung verschieden, benennt man
mit diesem Namen auch jedes zusammenhängende Land von beträchtlicher
Ausdehnung, das man eben dadurch von einem minder großen, vom Meere
umflossenen Lande oder einer Insel unterscheidet. Will man demnach ein
Land, das sich etwa 450 deutsche Meilen nach jeder Richtung ausdehnt
(Siehe Philipps Reise nach Neu=Süd=Wallis in Forsters Ma=
gazin merkwürdiger neuer Reisebeschreibungen Band 1. Seite 6.)
mit jenem Namen belegen: so hätten wir ein dreifaches Continent in letz=
terer Bedeutung. Das erste besteht aus den drei Welttheilen: Europa,
Asien und Afrika, das andere aus Amerika, das dritte endlich aus Neu=
holland. Umgekehrt aber und wenigstens mit eben so vielem Rechte nennt
man auch das gesammte feste Land eine Insel. Siehe DIONYSII *Perie-
gesis.* v. 4.

Die Oberfläche der Erde hat eine Ausdehnung von mehr als neun
Millionen Quadratmeilen, von denen das Meer oder der Ocean 6$\frac{1}{2}$, das
feste Land noch nicht 2$\frac{1}{2}$ Millionen Quadratmeilen beträgt.

Ein Wasser, das viele Inseln umschließt, nennt man Archipelagus,
so wie dagegen ein Wasser, das vom Lande umgeben wird, ein inländi=
sches, Mittel= oder mittelländisches Meer heißt. — Was ein in=
ländisches Meer in Ansehung des Wassers ist, das ist eine Insel in Be=
ziehung auf das Land, denn das erste ist in eben der Art mit Land, wie
das andere mit Wasser umgeben. Die Wasser, welche Salz enthalten,
werden Meere genannt; auch einige der inländischen Meere enthalten
Salz, und obgleich sie vom Ocean getrennt sind, so haben sie doch einen
Zusammenhang unter einander und werden gleichfalls mit dem Namen
Meere belegt.

Der Ocean ist die Mutter aller Gewässer auf der Erde, denn er be=
deckte zuerst die Erde, die hernach aus seinem Schooße hervortrat. Die
Abtheilung des Oceans ist zum Theil willkürlich, zum Theil aber auch
der Natur gemäß. Unter dem Pole heißt er das Eis=Meer, weiter
hinab das große Atlantische, und zwischen Asien und Amerika, das
Pacifische oder Stille Meer. Ein Busen oder Golf wird dasjenige
Gewässer genannt, das sich in das Land hinein erstreckt und von demsel=

ben umschlossen wird, jedoch mit einem Theile der See zusammenhängt.
Er ist also nichts anderes als ein von einer Seite geöffnetes mittelländi=
sches Meer, nur muß seine Länge größer als seine Breite sein, denn ist er
breiter als länger, so heißt er eine Bai, wiewohl beides häufig mit einan=
der verwechselt wird, denn ein Busen ist in Ansehung des Landes der
Halbinsel entgegengesetzt, welche ein Land ist, das sich in das Wasser
erstreckt, von demselben umschlossen ist, aber doch an einer Seite mit dem
festen Lande zusammenhängt. So ist Italien eine Halbinsel und das
Adriatische Meer ein Busen. Mit dem Namen einer Bucht belegt man
eine kleinere Bai. Eine Straße oder Meerenge ist ein Gewässer, das
auf zwei Seiten von dem festen Lande umgeben ist, an zwei andern Stellen
aber mit dem Wasser zusammenhängt. Der Straße steht auf dem festen
Lande der Isthmus entgegen, der in einem schmalen, von zwei Seiten
mit Wasser umgebenen Landstriche besteht. Das Mittelländische Meer
wäre mit Recht ein Busen des Oceans zu nennen, weil es von demselben
nicht gänzlich abgeschnitten ist. Da aber die Straße bei Gibraltar im
Verhältnisse zu der Größe dieses Meeres selbst sehr enge ist, so wird es
als von ihm getrennt angesehen.

Die merkwürdigsten Meerbusen sind:

**I. In Europa:**

A. Das Mittelländische Meer, als ein großer Busen des Welt=
meeres, in dem sich außer dem Golfo d'Otranto noch das Abria=
tische Meer als ein mittlerer Busen befindet, unter dem wieder als
noch kleiner begriffen sind, der

a) Golfo di Venezia und

b) Golfo di Genua. Dann

B. Das Biscayische Meer im Norden von Spanien und westlich
von Frankreich.

C. Die Ostsee mit den beiden kleinern Meerbusen:

a) Dem Bottnischen tief herein in Schweden.

b) Dem Finnischen zwischen Schweden und Rußland.

D. Das Weiße Meer, ein Golf des Eismeeres bei Archangel.

**II. In Asien.**

A. Der Arabische Meerbusen oder das Rothe Meer. Eine westliche
Grenzscheide Asiens gegen Afrika.

B. Der Persische Meerbusen zwischen Persien und der Halbinsel
Arabien, in den sich der Euphrat und Tigris ergießen.

C. Der Bengalische zwischen den beiden Halbinseln des Ganges.

D. Der Siamische zwischen Malakka, Siam und Kambodscha.

E. Der Penschinkische zwischen Kamtschatka und der Tatarei.

## III. In Afrika.

A. Der Meerbusen von Guinea auf der Westseite von Afrika, neben
Guinea.

B. Der Meerbusen Sydra im Norden von Tripolis.

C. Der Meerbusen Gabes östlich bei Tunis.

## IV. In Amerika.

A. Der Mexikanische, im Süden von Florida.

B. Der Busen von Campeche, nördlich der Halbinsel Yucatan.

C. Die Bai von Honduras, südöstlich derselben Halbinsel.

D. Der Meerbusen von Darien, östlich der Erdenge von Panama.

E. Der Meerbusen von Panama, südlich von dieser Erdenge.

F. Der Californische Meerbusen, zwischen Californien und Neu=
Mexiko.

G. Die Hudsonsbai, zwischen Neubritannien.

**V. In Australien** befindet sich der im Norden gelegene Meerbusen
von Carpentaria.

Die berühmtesten Straßen oder Meerengen nun sind:

## I. In Europa.

A. Die Straße bei Gibraltar, bei den Holländern schlechtweg die
Straße, daher die nach der Levante fahrenden Schiffer, Straßen=
fahrer genannt werden. Sie ist zwar vier Meilen breit, kommt
aber den Schiffern wie gegraben vor, weil die Küsten sehr hoch und
steil sind.

B. Die Straße von Caffa verbindet das Asow'sche mit dem Schwarzen
Meere.

C. Die Straße von Constantinopel verbindet das Schwarze Meer
mit dem Marmor=Meere.

D. Die Dardanellen sind der Canal zwischen dem Marmor=Meere
und dem Mittelländischen.

E. Der Canal, schlechtweg so genannt, oder la Manche, auch Pas de Calais, zwischen Frankreich und England.

F. Der St. Georgen=Canal. Bei den Holländern heißt er auch der umgekehrte Canal zwischen England und Irland.

G. Der Sund (dieser Name bezeichnet so viel als Untiefe), zwischen der Insel Seeland und Schweden.

H. Der kleine und der große Belt, jener zwischen der Insel See=land und Fünen, dieser zwischen Fünen und der Halbinsel Jütland.

## II. In Asien.

A. Die Straße Babelmandab oder Bab=el=mandeb, d. h. die Trauer= oder Thränenpforte, weil hier viele Schiffe scheitern. Sie ver=bindet das Rothe Meer mit dem Indischen.

B. Die Straße von Ormus, einer der ehemaligen berühmtesten Marktplätze der Welt, verbindet den Persischen Meerbusen mit dem Arabischen Meere.

C. Die Straße von Malakka, zwischen der gleichnamigen Halb=insel und der Insel Sumatra.

D. Die Straße Sunda, zwischen den Inseln Sumatra und Java. Daher auch der Name der Sundainseln und des Sundameers.

Auch kann man noch merken: die Meerenge Makassar, zwischen den Inseln Borneo und Celebes.

## III. In Afrika ist bloß die Straße von Mozambique zwischen Afrika und der Insel Madagaskar.

## IV. In Amerika, und zwar

### 1. In Nordamerika.

A. Die Straße Davis, nach der westlichen Küste von Grönland. Die Fischer, welche hierher auf den Häringsfang gehen, heißen Davisfahrer.

B. Die Hudsonsstraße zwischen Baffinland und Labrador.

C. Die Straße von Bahama, zwischen Ostflorida und der Insel Cuba.

### 2. In Südamerika.

A. Die Magellanische Straße, 80 Meilen lang, zwischen der Insel del Fuego und Patagonien.

B. Die Straße le Maire, zwischen del Fuego und der Staaten=Insel.
Einige schiffen durch die erstere, Andere durch die letztere in das
Südmeer aus dem Atlantischen Ocean.

## V. In Australien.

Die Providencestraße zwischen Neuholland und Neuguinea.

### §. 16.

Was nun die Figur und Gestalt des Wassers betrifft, so ist dasselbe
dem unermeßlichen Raume gleich und hat eigentlich gar keine Figur,
sondern giebt diese vielmehr dem Lande. Allein da man bemerkt hat, daß
fast alle Flüsse in Amerika, Europa und dem größten Theile Afrikas sich
in das Atlantische Meer ergießen; daß sich ferner zwischen Amerika und
Asien nur eine kleine Trennung befindet, ja, daß man sogar, wenn Paris
zum Standpunkte gewählt wird, fast alles Land wie auf einer einzigen
Halbinsel gewahr wird: so läßt es sich mit Wahrscheinlichkeit vermuthen,
daß das Atlantische Meer ehemals ein großes Bassin gewesen, und das
darin befindliche Wasser gewissermaßen den Damm ausgerissen und auf
solche Art eine Communication mit dem übrigen Gewässer erhalten habe.

Man nimmt in der That nicht ohne Grund an, daß das Wasser vom
Lande gleichsam eingeschränkt worden und daher eine Figur gehabt habe,
wovon wir Gelegenheit nehmen werden in dem Abschnitte von dem alten
Zustande der Erde umständlicher zu reden. Wenn man die Ufer mit
dem Boden des Meeres vergleicht: so findet man, daß der Boden sich fast
beständig nach dem benachbarten Ufer richtet, daß wenn dasselbe steil ist,
es auch der Boden ist, daß wenn jenes sich schräge herabsenkt, auch dieser
in einer ähnlichen Richtung sich neigt. Daß dem in der That also sei,
erhellt aus der für allgemein angenommenen Regel der Schiffer, die sich
von dem berühmten Seefahrer Dampier herschreibt, daß, wo das Ufer
steil sei, man auch leicht an das Land fahren könne, wo hingegen jenes
sich schräge niedersenke, da müsse man sich in einer gewissen Entfernung
von demselben halten. Je entfernter von dem Lande, um desto tiefer wird
das Meer, denn das Land neigt sich mit allmähliger Abschüssigkeit herab.
Indem das Meer nur ein Thal ist, so ist der Seegrund nichts anders als
eine Fortsetzung des festen Landes und diesem in Hinsicht auf die Be=
schaffenheit des Bodens überaus gleichförmig, denn auch im Wasser trifft
man ganze Strecken von Bergen an, dergestalt, daß das Wasser zuweilen
bei dem Vordertheile des Schiffes 20 Loth, an dem Hintertheile aber

200—300 Loth Tiefe hat. Auch die Bestandtheile des Seegrundes sind denen des Erdbodens ungemein gleich.

Die Spitzen der Berge im Wasser, wenn sie abgestumpft und breit sind und über das Meer hervorragen, heißen Inseln. Lange Sand=
5 bänke, die die Küste bedecken und daher das Herannahen der Schiffe an das Land hindern, heißen Barren oder Riegel. So hat z. E. die Koromandel=Küste wegen der davor liegenden Barren keinen brauchbaren Hafen. Ein Riff ist eine Untiefe im Meere, bei der eine Sandbank be= findlich ist, die sich von dem Lande anfängt und weit in das Meer hinein
10 erstreckt, und zwar unter dem Wasser. Aus dem allen ist es zu ver= muthen, daß eine große Revolution auf der Erde vorgegangen sei, so daß der gegenwärtige Boden des Meeres aus ehemals eingesunkenen Ländern besteht, und daß es ein und eben dieselbe Kraft gewesen, welche den Boden des Meeres concav, das übrige Land hingegen erhaben ge=
15 macht und ihm eine convexe Gestalt gegeben habe.

Doch finden sich auch große Unähnlichkeiten zwischen dem Boden des Meeres und dem Lande. Man darf daher denen nicht beistimmen, welche glauben, daß zwischen beiden eine völlige Ähnlichkeit stattfinde. So be= finden sich im Meere Sand= und Erdbänke, wie z. B. die Doggers=
20 bank, die sich von England bis Jütland erstreckt. Sie besteht aus einem langen Hügel, der von beiden Seiten abschüssig ist, und wo man dennoch ankern kann. Dergleichen giebt es aber auf dem Lande nicht.

Es finden sich in der See lange nicht so ansehnliche Berge wie auf der Erde, und auf dieser dagegen nicht solche Abplattungen wie im Wasser.
25 Das vorher Angeführte ist eben die Ursache, warum man so wenige Häfen in der Welt antrifft, weil nämlich an den wenigsten Stellen die Ufer steil sind, und zum Hafen erfordert wird, daß man dicht am Lande an= legen und gegen Stürme und Wellen gesichert sein könne, auch daselbst mit jedem Anker Grund anzutreffen sei. Es giebt nämlich auch Moräste
30 und Triebsand, wo der Anker versinkt, oder der Seegrund ist steinicht, wodurch das Ankertau zerrieben wird. Am liebsten ankert man an den Küsten, und das sind Rheden, es ist aber schlimm, wenn die Küste durchweg nur aus Rheden besteht, wie die Koromandel=Küste. Der Boden ist aber alsdann erst zum Ankern tauglich, wenn der Seegrund nicht
35 steinicht, sondern weich ist. Außer einem guten Ankerplatze wird auch noch zu einem Hafen erfordert, daß man sich dicht dem Lande nähern könne, ferner, daß er inwendig geräumig sei, aber gegen das Meer hin

eine schmale Öffnung habe, damit er füglich vertheidigt werden könne und das Anspielen der See das Schiff nicht beunruhige.

In Norwegen sind der Häfen so viele, daß sie nicht einmal alle benannt werden können. Überhaupt trifft man in Europa die meisten Häfen an, welches auch wohl mit eine Haupturſache sein mag, daß der Handel in diesem Welttheile am meisten blüht. Ferner ist noch zu bemerken, daß im Westen und Süden die meisten steilen Ufer, im Norden und Osten aber deren nur wenigere sind, welches wohl daher rührt, weil das Wasser oder der Strom des Oceans, der in alten Zeiten höher war, von Osten gegen Süden floß, und das Erdreich, das er mit sich fortführte, sich am ersten an der Westseite ansetzte.

Anmerkung 1. Barren entstehen meistens in Gegenden, an welchen sich Sand fortführende Ströme in das Meer ergießen, indem hier das letztere die erstern zurückhält und so ein Absetzen des Sandes an einer und derselben Stelle bewirkt.

Anmerkung 2. Der Boden des Meeres hat mit dem Lande auch darin Ähnlichkeit, daß er auf eine gleiche Weise geschichtet ist und nicht selten die nämlichen Erdlagen wie das benachbarte Land enthält. Dies geht so weit, daß bei entgegenstehenden, nicht zu sehr durch das Meer getrennten Ufern sich jene Erdschichten von dem einen bis zu dem andern erstrecken, welches, noch mehr aber die gleichsam in einander fassende Gestalt der Ufer, die aus guter Ursache aber bei den Flüssen leichter bemerklich ist, ein gewaltsames Zerreißen der Länder vermittelst des einströmenden Meeres verräth.

## §. 17.

Was die Art und Weise die Tiefe zu erforschen betrifft, so müssen wir merken, daß solches durch ein, an ein dünnes Seil befestigtes Gewicht geschieht, welches die Holländer Loth nennen, und 30 Pfunde schwer ist. Das Gewicht selbst hat die Gestalt eines Zuckerhutes mit einem eingebogenen Boden. Es muß eine größere Schwere haben als das Seil, an welchem es befestigt ist, damit man abzunehmen im Stande sei, wenn es bis auf den Boden gelangt ist. Man hat die Bemerkung gemacht, daß die größte Tiefe des Meeres den unweit davon gelegenen höchsten Bergen gleich sei, wenn man ungefähr $\frac{1}{3}$ davon abzieht. Folglich würde die größte Tiefe 2000 rheinländische Ruthen betragen. Daß die Ostsee nicht tief ist, rührt daher, weil das benachbarte Polen und Preußen flache Länder sind. Wenn man nun gleich nicht annehmen wollte, daß das Seil oder überhaupt jeder schwere Körper durch sein eignes Gewicht zerreißen

könne: so ergiebt sich dennoch die Schwierigkeit von selbst, auf eine solche
Art die Tiefe auszumessen, weil man ein solches Seil, das eine deutsche
Meile lang wäre, zu verfertigen nicht im Stande sein würde, da das
Schiff überdies mehrentheils fortgeht, ob es gleich still zu stehen scheint,
und im Grunde des Meeres öfters Ströme sind, die eine dem oberen
Meerwasser ganz entgegengesetzte Richtung haben, auf welche Weise man
mehrentheils statt der perpendiculären eine schiefe Tiefenlänge erhält.

Es giebt nämlich öfters an ein und eben derselben Stelle des Meeres
zwei verschiedene Ströme, der eine ist der, welcher von dem Lande herkommt, der andere aber scheint dem Monde vermittelst der Ebbe und Fluth
seine Entstehung zu verdanken. Der eine Strom geht demnach auf dem
Boden des Meeres fort und erhält weder durch Winde noch durch Hindernisse eine andere Richtung, der andere aber befindet sich auf der
Oberfläche des Meeres.

Man kann aber auch durch das Loth zugleich die Beschaffenheit des
Meergrundes erfahren, weil die Höhlung des Gewichtes mit Talg be-
strichen wird, an das sich Sand, Muscheln, und was sich sonst noch auf
dem Boden befindet, anhängen. Eine Untersuchung dieser Art dient dazu,
damit auch andere Schiffer daraus sowohl, als aus der gefundenen Tiefe
des Meeres selbst zur Nachtzeit wissen können, welchem Ufer sie gegenüber sind, welches sie zur Tageszeit aus der Gleichheit des auf der See-
karte gezeichneten und des gegenüberstehenden Ufers wissen können, zur
Nachtzeit aber öfters weiter fahren, als sie den Raum bei Tage zu übersehen im Stande sind. Weil aber auch der Grund des Meeres nicht
selten seine Gestalt wechselt: so kann man nicht allemal daraus mit bestimmter Sicherheit schließen, wie weit man fortgerückt sei, und eben daher muß man denn auch die Tiefe zu Hülfe nehmen. Wenn z. E. 20
Meilen vom Ufer auch sandichter Grund ist und 40 Meilen davon
der Boden dieselbe Beschaffenheit hat: so muß man nothwendig die
Tiefe wissen, um sich in diesem Falle nicht über die Entfernung des
Ufers zu täuschen. Ist es nun tiefer als an dem Orte, der nur 20
Meilen entfernt ist: so schließt man daraus, daß man schon weiter fortgerückt sei.

Anmerkung. Die größte bisher gemessene Tiefe, in die das Senkblei,
doch ohne Grund zu treffen, herabgelassen wurde, beträgt 4680 Fuß. Also
eine Tiefe, beinahe der Höhe der Schneekoppe im Riesengebirge gleich. Wir
dürfen aber annehmen, daß die Tiefe des Meeres sich an manchen Stellen,

um nur unſern höchſten Bergen gleich zu kommen oder ähnlich zu werden,
wohl vier bis fünf Mal höher belaufe.

## §. 18.

Mehr zur Curioſität, obwohl auch zu einigem reellen Nutzen, dienen
die Taucher, welche vermittelſt einer hölzernen und unten am Boden mit 5
eiſernen Bändern befeſtigten Glocke, in die das Waſſer der in ihr enthaltenen Luft wegen nicht bis oben zu dringen kann, um das Verſunkene
herauf zu holen, in das Meer herabgelaſſen werden. In der Mitte dieſer
Glocke iſt eine Kette befindlich, an der ſich ein Menſch mit den Füßen erhalten kann. Dieſe Taucher werden gebraucht, theils um die Perlen, die 10
ſich bei Californien, an der Küſte von Mexico und bei Ceylon finden,
herauf zu bringen, theils um die Beſchaffenheit des Seegrundes zu erfahren.

Man hat es mit den Glocken ſo weit gebracht, daß eine Geſellſchaft
von 12 Perſonen ſich unter das Waſſer herab zu laſſen im Stande iſt. 15
Man kann auf dieſe Weiſe gegen zwei Stunden unter dem Waſſer bleiben,
ja ſogar leſen, nur nicht reden, denn der Schall iſt hier unerträglich, daher ein ſolcher Taucher wirklich einmal in das Meer fiel, als der andere
auf der Trommete zu blaſen begann. Die größte Ungemächlichkeit dabei
entſteht nicht ſowohl aus dem Mangel an Luft, als vielmehr aus der 20
Vergiftung dieſer Luft vermittelſt der eignen Ausdünſtungen der in
einer ſolchen Glocke eingeſchloſſenen Perſonen. Von einem dieſer Taucher
erzählt man, er ſei im Stande geweſen, ſo lange als er wollte, unter dem
Waſſer zu bleiben, als er aber einſt eine ins Waſſer geworfene goldene
Schale herauf bringen ſollte, kam er nicht mehr zum Vorſchein und iſt 25
vermuthlich von den Haifiſchen, über deren Anfälle er ſonſt ſchon geklagt
hatte, verſchlungen worden.

Verſunkene Sachen bringt man auch auf die Art in die Höhe, daß
man ledige Fäſſer daran befeſtigt, die alsdann vom Waſſer in die Höhe
gehoben werden. Die Taucher bekommen auch ſonſt nur eine von ge- 30
branntem Leder verfertigte Kappe, die mit einer langen Röhre verſehen iſt.

Das Unvermögen der Menſchen aber lange im Waſſer auszuhalten,
rührt daher, weil das Blut nur vermittelſt der Lunge in die linke Herz-
kammer, die von der rechten durch eine Scheidewand abgeſondert iſt,
kommen kann, aus welcher es ſich durch die große Aorte in die übrigen 35
Kanäle und Adern ergießt. Dieſe beiden Herzkammern haben im Mutter-

leibe durch eine Öffnung, die das foramen ovale heißt, eine Verbindung
mit einander. Sollte dieses erhalten werden können: so dürfte jenes
Unvermögen dadurch vielleicht zu heben sein. Daher können die Kinder
denn auch im Mutterleibe leben, ob sie sich daselbst gleich im Wasser
befinden. Einige haben diesen Versuch mit jungen Hunden vorgenommen,
die man sogleich, als sie geworfen waren, in warme Milch that, in der
sie auch wirklich eine geraume Zeit ausdauerten.

Anmerkung. Über die Taucher und Taucherglocke ist nachzulesen Gehlers: Physikalisches Wörterbuch. Auch vergleiche Wünschens kosmologische
Unterhaltungen über den Menschen. Leipzig 1798. Th. 2. S. 140f.

### §. 19.

Was die Farbe des Meerwassers betrifft, so scheint dieselbe, von
fern und in Masse gesehen, ein bläulichtes Grün zu sein, im Glase dagegen ist es ganz klar. Das süße Wasser hat eine stärkere grüne Farbe,
daher man z. B. auch das süße Haffwasser von dem Wasser der Ostsee bei
Pillau wie durch einen eignen Streif getrennt erblickt. Einige Meere,
wie z. E. das Rothe, Weiße, Schwarze Meer u. s. w. haben nicht, wie einige
vorgeben, ihren Namen von der Farbe des in ihnen enthaltenen Wassers,
sondern wahrscheinlich von der Kleidung der umherlebenden Bewohner.
Das Rothe Meer nämlich, sagt man, führe diesen Namen von einem
rothen Sande oder den Corallenfunken und das Schwarze von dem
Schatten, den die an der Küste gelegenen hohen Berge bewirken. Und
selbst in diesem Falle lägen jene Benennungen nicht in der durch die darin
enthaltenen Stoffe, sondern durch äußere zufällige Umstände bestimmten
Farbe des Wassers.

Das Meerwasser ist durchsichtig, welches von dem Salze herkommt,
daher man da, wo es am salzigsten ist, 20 Faden tief den Boden und bei
den südlichen Inseln sogar die Schildkröten auf demselben wie auf einer
grünen Wiese einhergehend entdecken kann.

Die Durchsichtigkeit des Meerwassers entsteht folgendermaßen: Das
Licht dringt durch einen Mittelraum, in welchem die Partikelchen continuirlich hinter einander liegen, fort, und wird nun durch einen leeren
Raum, wie Newton sagt, zurück getrieben, oder, um richtiger zu sprechen,
wenn das Licht nicht mehr von einem Körper angezogen wird, so geht es
zu der Materie wieder zurück, von welcher es ausgegangen war, und von
der es stärker als von dem leeren Raume, der gar keine Attractionskraft

hat, angezogen wird. Folglich wird auf eine solche Art der Körper durchsichtig; doch muß eine Materie, insofern sie sichtbar sein soll, nicht ganz
durchsichtig sein, weil sonst alle Strahlen durch sie durchfallen und nicht
von ihr in das Auge zurück geworfen werden würden. Nun wird das
Salz am allererften und in größerer Menge von dem Waffer aufgelöst,
folglich liegen die Partikelchen Salz im Waffer continuirlich hinter einander, und auf solche Weise wird das Meerwaffer durchsichtig.

Diese Durchsichtigkeit hat das Meerwaffer nur alsdann, wenn es
gänzlich stille ist, denn zu manchen Zeiten ist es weit stiller und ruhiger
als das Waffer in den Flüffen und stehenden Seen. So bald sich aber
die Oberfläche nur ein wenig bewegt, wird es ganz dunkel, weil alsdann
die Lichtstrahlen nicht ungehindert fortzugehen im Stande sind.

Das Meerwaffer ist klarer als das Flußwaffer, denn dies führt nicht
allein vielen Schlamm mit sich, der sich nur schwer absetzen kann, sondern
auch der meistens starke Schaum auf der Oberfläche desselben macht, daß
die Lichtstrahlen zurückprallen, wodurch es natürlich undurchsichtig werden muß. Das süße Waffer enthält zudem viele Luft, die in Bläschen
vertheilt ist, und das ist es eben, was das süße Waffer undurchsichtig
macht. Das Salz aber treibt die Luft weg und setzt sich an die Stelle derselben, auf welche Weise denn ein gewiffer Zusammenhang entsteht. So
wie auch zerstoßenes Glas nicht durchsichtig ist, obgleich ein jeder einzelner
Theil desselben es ist. Dort nämlich verhindert die Luft dieses, sobald
man es aber durch Öl oder eine andere flüssige Materie wieder in einen
genauern Zusammenhang bringt, so wird es immer durchsichtiger.

Da nun das Salz das Waffer gewiffermaßen zu einem Continuo
macht: so muß das Meerwaffer auch am durchsichtigsten sein. Will aber
derjenige, der sich unter dem Waffer befindet, nach oben sehen, so braucht
er nur ein wenig Öl aus dem Munde zu laffen, das zur Oberfläche hin-
aufsteigt, und ihm an derselben gleichsam ein Fenster eröffnet. Unter dem
Waffer sieht übrigens das Sonnenlicht dem Mondenlichte gleich.

Es giebt in der Mitte des Atlantischen Meeres zwischen Amerika und
Europa einen Strich von 200 bis 300 Meilen, der von einem mit weiß-
lichten Beeren versehenen Kraute ganz grün und einer Wiese ähnlich sieht,
dergestalt, daß ein etwas starker Wind dazu erfordert wird, wenn ein
Schiff ungehindert hindurch segeln soll. Die Spanier nennen dieses Kraut
Sargasso, Margasso, auch Meerpeterfilie. Es befindet sich im Meere del
Nord bei den Capverdischen Inseln, wie auch bei der Küste von Califor-

nien. Auch an andern Stellen bemerkt man es, doch nie in so beträcht=
licher Menge als an den benannten Örtern. Weil von Westen sowohl als
von Osten her, nämlich von der amerikanischen und europäischen Küste
aus, ein und eben derselbe Wind in entgegengesetzter Richtung weht: so
entstehen von beiden Seiten Ströme, die in der Mitte zusammenstoßen
und einen Wirbel bilden, in der Art, daß jenes Kraut, welches beide
Ströme mit sich führen, in diesem Wirbel herumgedreht und beisammen
erhalten wird.

Ein Chinafahrer hat an einer Spitze von Afrika, bei dem Vorgebirge
der guten Hoffnung, drei Tage nach einander frühe Morgens einen ganzen
Strich des Meeres mit Bimssteinen bedeckt gefunden, die aber bei höhe=
rem Tage wieder verschwunden waren. Diese Erzählung ist zwar weiter
noch nicht namentlich bestätigt, allein der Grund und die Ursache einer
solchen Erscheinung wären eben nicht schwer zu entdecken. Die Bimssteine
sind um etwas, doch nicht um vieles leichter als das Wasser. Um Mittag
hingegen wird dieses leichter, indem es von der, besonders in jenen Ge=
genden stärkern Sonnenhitze erwärmt wird. Auf diese Weise sinken denn
nun die Bimssteine als verhältnißmäßig schwerer zu Grunde. Am Mor=
gen aber und während der Nacht kühlt sich das Wasser wieder ab, wodurch
es schwerer, die Steine dagegen leichter werden und daher oben schwimmen.

An andern Küsten schwimmen sehr viele Wasserpflanzen, z. E. an der
Küste von Malabar, welches die Seefahrer demnach auch für ein Kenn=
zeichen halten, daß sie dem Lande nahe sind, daher sie bei dem Anblicke
derselben die Rechnung abschließen und in allen Stücken genau so han=
deln, als wenn sie schon wirklich gelandet wären.

Anmerkung 1. Je tiefer in das Meer hinein, um so dunkler wird seine
Farbe. Das grünliche Ansehen desselben scheint eine Folge des Wiederscheins
eines heitern Himmels zu sein. Rührt übrigens die Farbe nicht von einem zu=
fälligen Umstande dieser Art her: so beruht sie auf einer wesentlichen Verschieden=
heit oder den in dem Seewasser befindlichen Stoffen.

Anmerkung 2. Die Durchsichtigkeit ist nichts anderes, als die Fähigkeit
eines Körpers das Licht durchzulassen, und diese scheint mehr Charakter der innern
Gestalt der Körper als ihrer Materie zu sein, indem es hier auch gar sehr auf homo=
gene Dichtigkeit und dadurch begründete einfache Brechung der Lichtstrahlen an=
kommt. Wir bemerken hier indessen, daß die Durchsichtigkeit des Meerwassers
gar sehr von seiner Schwere abhängt; meistens bricht es die Sonnenstrahlen zu
sehr, als daß sie viel über 45 Faden tief durchdringen könnten, daher es in einer

größern Tiefe unter der Oberfläche des Meeres eben so dunkel sein muß, wie an jedem andern von der Sonne gar nicht beschienenen Orte.

### §. 20.

An einigen Stellen erscheint das Waßer zuweilen ganz feurig und glänzend, so daß die Schiffsleute, die von demselben besprützt werden, wie mit Funken bedeckt zu sein scheinen. Als man dergleichen Waßer mit einem Mikroskop untersuchte, fand man, daß der Glanz von gewissen den Johanniswürmchen sehr ähnlichen und wie diese im Finstern leuchtenden Würmern herrühre. Dieses Leuchten des Waßers schreibt sich aber auch zum Theil von dem Schlamme der Fische und von dem generirenden Fisch= samen oder Laich her. Man hat auch eine Menge von Insecten, die da leuchten, z. E. der Laternenträger. Übrigens hat das Meerwaßer auch bei den Molukkischen Inseln zur warmen Jahreszeit des Nachts eine so weiß= liche Farbe, als wenn es durchgängig aus Milch bestände.

Anmerkung. Forster führt in seinen lehrreichen Bemerkungen über Gegenstände der physischen Erdbeschreibung u. s. w. Berlin 1783. gr. 8. S. 52. und ferner ein dreifaches Leuchten des Meerwaßers, so wie es ihm aus eigener Erfahrung bekannt geworden, an. Er unterscheidet nämlich ein elektri= sches, ein phosphorisches und ein von lebendigen Seethierchen ver= anlaßtes Leuchten. Das erstere zieht sich meistens in feurigen Streifen von dem Hintertheile des Schiffes über das Meer hin. Das phosphorische Leuchten scheint hauptsächlich ein Product in Fäulniß gerathener animalischer Theile zu sein, ver= mittelst einer Reibung, weil es, sobald das Waßer in gänzliche Ruhe kommt, aufhört. Die dritte und schönste Art des Leuchtens rührt von einer ungeheuren Menge sich schnell durcheinander bewegender, gallertartiger und kleiner Kügelchen ähnlicher Thierchen her. Aber auch die sogenannten Meernesseln oder Medusen strömen ein ziemlich beträchtliches Licht aus ihren Fühlfäden aus, ungeachtet der Dunkelheit ihres übrigen Körpers. Vergleiche auch Gehlers physikalisches Wörterbuch, Artikel Meer. Noch wollen Einige auch einen besondern Schein des Waßers in der Ostsee wahrgenommen haben, der vornehmlich zur Herbstzeit im Dunkeln dem hellblauen elektrischen Funken ähnlich sieht und der Vorbote eines plötzlichen Ost= oder Nordostwindes mit feuchter Witterung sein, zugleich aber auch einen reichlichen Fischfang versprechen soll. S. Grens Annalen der Physik Bd. II. St. 3. Die Abhandl. von Wäsström.

### §. 21.

In Betreff der Salzigkeit des Meerwaßers bemerken wir, daß der Ocean gleichsam ein überaus großes Salzmagazin und das Seewaßer ordentlicher Weise sehr salzig sei, wo sich nicht etwa beträchtliche Ströme, die süßes Wasser bei sich führen, in dasselbe ergießen, wie z. E. der la Plata=Strom, der an seiner Mündung eine Breite von 30 Meilen hat.

Die Grade in der Verschiedenheit des Salzwassers beruhen also auf dem Zuflusse des süßen Wassers. Wenn ein Meer weniger ausdünstet, als es Zufluß von süßem Wasser hat: so ist es weniger salzig. Der Zufluß in Betreff der Ostsee ist größer als ihre Ausdünstung, folglich ist die Ostsee auch weniger salzig. Das Mittelländische Meer hat einen sehr beträchtlichen Antheil von Salz. Bei dem Kaspischen Meere ist die Ausdünstung größer als der Zufluß vom süßen Wasser, folglich ist dieses Meer von stärkerm salzigen Geschmacke. Die Ausdünstung des Todten Meeres ist so stark, daß es im Sommer einige Meilen weit austrocknet, so daß man in dasselbe in merklicher Weite hineingehen kann, und deswegen ist es auch sehr salzig. Wir bemerken auch, daß ordentlicher Weise da, wo die Temperatur sehr warm oder sehr kalt ist, das Wasser am salzigsten sein müsse.

Die Ursache, warum das Meerwasser in den heißesten Gegenden am salzigsten ist, besteht in der überaus starken Ausdünstung, durch die das Wasser verflüchtigt wird, das Salz aber zurückbleibt. In den kältesten Gegenden aber rührt dieses daher, weil das hereinfließende Flußwasser zu großen Eisschollen, die gleich großen Ländern herumschwimmen, gefriert.

Anmerkung. Die Angaben über den Salzgehalt des Meerwassers weichen sehr von einander ab. Im Mittelländischen Meere will man den Salzgehalt wie ein Loth, in andern Meeren wie 2, 3, 4 Loth und darüber auf das Pfund gefunden haben. Einige haben das Gesetz angenommen, die Salzigkeit des Meerwassers sei unter dem Äquator am stärksten und geringer gegen die Pole hin. Aber jene Salzigkeit ist sich nicht einmal an ein und eben derselben Stelle immer gleich. Pages darüber angestellte Bemerkungen sind verzeichnet in Fabris Geistik. S. 393. Auch ist das Wasser in der Tiefe meistens salziger als auf der Oberfläche, wie in der Meerenge von Constantinopel, wo sich jenes zu diesem wie 72 zu 62 verhalten soll. Vergleiche auch Ottos System einer allgemeinen Hydrographie. Berlin 1800 gr. 8. Seite 383 u. f.

## §. 22.

Eine solche Salzigkeit giebt es sowohl im Oceane als in den mittelländischen Meeren, unter denen der See in Rußland bei der Wolga nach Archangelsk zu und bei der neu errichteten Colonie Saratow zu merken ist. Er ist in manchen Zeiten mit Salz in eben der Art wie im Winter mit Eis belegt, so daß man über ihn hingehen und fahren kann.

Ferner gehört auch hierher der Asphaltsee oder das Todte Meer, welches eigentlich nur der Jordan ist, dessen Ufer erweitert worden sind, indem der Jordan in dieses Meer hineinfließt und mit ihm einerlei Richtung hat. Wenn dieser See an seinem Ufer im Sommer austrocknet, so verbreitet das verfaulte Wasser darin einen so starken übeln Geruch, daß die darüber hinfliegenden Vögel herabfallen und sterben sollen. Es rührt solches von einem Pech her, welches den Steinkohlen ähnlich sieht.

Der größte aus der Erfahrung bekannte Grad der Salzigkeit ist 1 Loth Salz auf 14 Loth Wasser. Tritt noch mehr Salz hinzu, so geht es auf den Boden herab und wird nicht mehr im Wasser aufgelöst.

Anmerkung 1. Georgi in seiner Naturhist. physikal. geograph. Beschreibung des russischen Reiches thut mehrerer dergleichen Salzseen Erwähnung, die indessen ihre Natur oft plötzlich ändern und alsdann, meistens nach einer Austrocknung und höchst wahrscheinlich hierauf durch Winde erfolgten Auswehung ihres Bodensatzes, wieder bloß süßes Wasser enthalten. — Salzsteppen.

Anmerkung 2. Bergmann giebt die Sättigung des Wassers durch Salz zu 30 Prozent von diesem an (siehe dessen Weltbeschreibung Seite 362.), aber er setzt voraus, daß 500 mal so viel Wasser zu der Auflösung eines bestimmten Quantums von Salz erforderlich sei. Man hat indessen gefunden, daß im Allgemeinen 200 mal so viel Wasser dazu hinreicht, wie auch, daß im Ganzen warmes Wasser nicht viel mehr davon auflöst als kaltes.

Anmerkung 3. In Betreff des Asphaltsees wollte man die Bemerkung gemacht haben, daß das Wasser in ihm eine solche Schwere oder Dichtigkeit besitze, daß kein lebendiger Körper darin niedersinke, und schrieb dies der starken Sättigung desselben mit Salz zu.

## §. 23.

Das Fundament des Salzes besteht in einer kalkartigen Erde oder einem Mineralalkali und einem Salzgeiste, der in einer ganz besondern Säure, der Salpetersäure, besteht. Es giebt dreierlei Säuren: die Vitriol-, Salpeter- und Küchensalzsäure, oder auch mineralische, thierische und vegetabilische Säure, so wie eine dreifache Gährung: die Wein-, Fäulniß- und Essiggährung. Im Kochsalz ist außer der Säure ein Alcali fixum oder Kalkerde befindlich, welche das Seewasser in sich enthält. Man vergleiche hier die beſtimmtern Angaben in den oben angezeigten und andern chemiſchen Schriften.

Von dem Kochſalz giebt es dreierlei Arten: das Seeſalz, Stein= und Quellſalz. Das Salz befindet ſich ſowohl im Waſſer als auf dem feſten Lande und hier in den ſogenannten Salzquellen und Bergwerken. Wenn wir die Urſache des Salzgehaltes der Waſſer unterſuchen wollen: ſo müſſen wir zuerſt fragen: welches war das urſprüngliche Waſſer, das ſüße oder das ſalzige? Wenn man die ganze Sache mit philoſophiſchem Auge be= trachtet, ſo iſt das einfache Waſſer das frühere geweſen, aus dem her= nach durch Hinzuthuung das zuſammengeſetzte entſtehen konnte; das ſüße Waſſer aber iſt das einfache, und ſo ſcheint es auch wirklich zugegangen zu ſein. Wo die Ströme ſich in das Meer ergießen, da giebt es Sand, und dieſer iſt entweder petrificirt oder präcipitirt.

Wie wird aber das Meerwaſſer ſalzig? Man glaubt, dies ſei ver= mittelſt der allmähligen Abſpülung des Salzes von den Pflanzen und Ge= wächſen, die einen kleinen Grad von Kochſalz bei ſich führen, bewirkt; die Ströme ſollen es dann weiter in die See gefördert und es ſoll ſich auf dieſe Weiſe hineingeſammelt haben. Allein dann müßte die Welt Millionen Jahre geſtanden haben, wenn es auch überhaupt auf eine ſolche Art mög= lich werden könnte, und die Ströme müßten ebenfalls ſalzig ſein, weil ſie es eben ſind, die das Salz wegführen ſollen.

Dagegen giebt eher die See dem Lande Salz ab, als das Land der See. Im heißen Klima roſtet alles Eiſen, ja ſogar die Uhren in den Taſchen. Dieſes rührt von dem Salze her, das in die Luft aufſteigt und aus der Luft wieder vermittelſt des Regens auf die Äcker und Pflanzen fällt.

Viele glauben, daß es Gebirge von Salz im Meere gebe, die durch das Waſſer aufgelöſt werden. Dann aber müßte das Waſſer um ſo ſalzi= ger werden, je mehr die Berge aufgelöſt würden. Dagegen findet der um= gekehrte Fall ſtatt, die Salzflöze rühren noch von dem Meere her, das vorher da war, ſpäterhin aber abgelaufen iſt und das Salz zurückge= laſſen hat.

Sollte das Salz des Oceans vorhin auf der Erde geweſen und von dem Meerwaſſer abgeſpült worden ſein: ſo müßte man noch das Salz in allen Bergwerken antreffen. Zunächſt freilich ſcheint das Salz ſeinen Urſprung von dem Meerwaſſer zu haben und ein urſprünglicher Beſtand= theil des Waſſers zu ſein, welches im erſten Zuſtande der Erde das Salz aufgelöst hat, denn in dem Inwendigen der Erde befindet sich gleichfalls noch eine große Menge Salz, wie dieses außer den großen Salzbergwerken auch die feuerspeienden Berge beweisen, welche eine Menge von Kalk=steinen, Salz und Asche auswerfen. Es ist dieses zwar kein Kochsalz, son=dern ein Laugensalz, allein dem Kochsalze liegt denn doch immer etwas Laugensalz zum Grunde.

Anmerkung. Wie sehr das Salz die Fruchtbarkeit befördere, ist unleug=bar. Man bemerkt dieses an einem Acker, der, wenn man ihn einige Jahre ruhen läßt, wenigstens eben so viel trägt, als wenn er auf gewöhnliche Weise gedüngt worden, wozu ihn das im Regen herabfallende Salz verhilft. Halley meinte, alles, auch das süße Wasser enthalte einige feine Salzpartikelchen, diese würden von den Flüssen im Meere zurückgelassen, und nur das süße Wasser oder die eigentlichen Wassertheile dünsteten wieder aus und fielen im Regen aufs Neue herab. Da würden aber 2500 Jahre dazu erforderlich sein, um das Meerwasser auch nur zweimal salziger zu machen als das Flußwasser. In dem letztern kann man nicht einmal das darin befindliche Salz auch nur im Ge=ringsten durch den Geschmack wahrnehmen, sondern es höchstens durch Experi=mente daraus herstellen. Das Seewasser ist im Allgemeinen fünfzig mal salziger als das Flußwasser, es würde also eine fünfzig mal längere Zeit erforderlich sein, also 125,000 Jahre, um das Seewasser in seinem gegenwärtigen Grade gesalzener zu machen. — Der häufige Regen läßt an den persischen Küsten im Grunde, wo das Regenwasser stehen geblieben und das Salzwasser von den Anhöhen mit dahin gespült ist, eine Kruste zurück, die das Gras des Bodens überdeckt. — Die wichtigen Salzwerke bei Bochnia und Wieliczka in Gali=zien. — Durch eine Bleiauflösung in sogenanntem Scheidewasser lassen sich die Salztheilchen im süßen Wasser niederschlagen. Übrigens scheint es, daß, da das Wasser ehedeß alles feste Land bedeckte, es das Salz des letzteren ausgelaugt habe. Sonach behält das Meerwasser nur das einmal in ihm enthaltene Salz, und wir gehen der von Lichtenberg ad absurdum erwiesenen Frage aus dem Wege: woher das Meerwasser noch gegenwärtig sein Salz erhalte? —

## §. 24.

Weil das süße Wasser bei der Schifffahrt auf langen Seereisen zu=letzt sowohl in Fäulniß übergeht als auch gar austrocknet und im erstern Falle einen sehr großen Schaden anrichten kann, indem es, weil es lange Würmer bekommt, eine wahre Pest für die Schiffsleute ist, die die Ursache der Seekrankheiten wird: so hat man bereits vorlängst darauf gedacht, wie das Meerwasser könne versüßt werden? Diese Erfindung gelang endlich, nachdem viele Gelehrte darauf gedacht hatten.

Die größte Schwierigkeit aber ist diese, daß das Schiff zu diesem Behuf viele Steinkohlen mit sich führen muß. Ist es kein Handlungs= schiff, sondern geht nur auf Entdeckungen aus, dann ist das immer mög= lich, nur nicht im umgekehrten Falle.

Das Meerwasser versüßt man durch Destillation, zu der beständig drei Stücke erforderlich sind: der Destillirkolben nämlich, der Kühl= helm, in dem die Dünste in die Höhe steigen und durch die Kälte zusam= mengezogen werden, wodurch sie in Tropfen herunterfallen, und dann die Vorlage, in die das Wasser, welches destilliren soll, hineinfließt.

In der Natur geht die Destillation auf dieselbe Weise vor sich, denn das Flußwasser ist in eben der Art aus dem Meerwasser destillirt. Die Sonne ist das Feuer, der Ocean der Destillirkolben, die oberste Region aber oder die Atmosphäre ist der Kühlhelm, wohin die Dünste aufsteigen und sich in Wolken sammeln. Die Erde endlich ist die Vorlage, in die das Wasser abfließt. Weil aber auch einige flüchtige Salze mit in die Höhe steigen, so ist es kein Wunder, daß wir kein vollkommnes reines Wasser haben.

Die Bitterkeit des Seewassers rührt von dem Kalk her, denn alle Producte des Seewassers sind kalkartig, und wenn dieser Kalk mit etwas Salz in Verbindung tritt, so entsteht daraus die genannte Bitterkeit.

Späterhin hat man in England sowohl als in Frankreich eine andere, noch zweckmäßigere Methode erfunden, um das Meerwasser vollkommen süß zu machen. Noch ist aber endlich eine andere Art zu merken, wie man aus dem Meerwasser das Salz absondert. Man macht nämlich in dem Meere am Gestade eine Vertiefung oder Bassin, in welches man das See= wasser hineinfließen läßt, woraus denn dasselbe von der Sonnenhitze aus= gezogen wird, und das Salz zurückbleibt, wie solches namentlich in Frank= reich geschieht. Da das auf diese Weise gewonnene Salz aber schwarz ist, so muß dasselbe purificirt werden. Es heißt alsdann Baisalz, und das spanische Baisalz von Cadix ist dem hallischen ähnlich. Das genuesische ist auch weiß, aber etwas sauer, welches von dem Boden herrührt. Die nördlichen Länder machen kein Salz, weil das Wasser nicht in einem so hohen Grade salzig ist. An dem Eismeere kann man auch kein Salz machen, ob es gleich salzig genug ist, denn dazu gehört eine wärmere Luft= beschaffenheit, als die dortige es ist.

Anmerkung 1. Von der Destillation des Seewassers ist schon geredet. Man machte dabei anfänglich — der Versuche der Alten gedenke ich hier

nicht — vornehmlich künstliche Versuche und kam am Ende wieder auf ein ganz
einfaches Verfahren zurück. Außer der Destillation aber hat man auch noch
andere Mittel versucht, das Seewasser von seinem Salze zu befreien. Hierher gehört 1) Das Filtriren, wobei man etliche Gefäße über einander
stellte und das Seewasser durch den mit Sand gefüllten Boden laufen ließ.         5
Dabei blieb aber immer noch der bittre Geschmack jenes Wassers zurück.
2) Das Gefrieren, indem bei der Verwandlung des süßen Wassers in Eis
die Salztheilchen zurückbleiben. Indessen bleibt auch dabei noch immer einige
Bitterkeit übrig, und weder die natürliche, noch die künstliche Verwandlung
des Wassers in Eis sind überall und im erforderlichen Maße thunlich.            10
3) Die Fäulniß. In diesem Falle läßt man das Seewasser in verdeckten
Gefäßen faulen und reinigt es nachher, entweder durch Destillation oder hinein-
geworfenen Kiessand, welches Verfahren doch aber eben so wenig die Bitterkeit des Geschmacks entfernt. Vergleiche Gehler a. a. Ort, Artikel Meer.

    Anmerkung 2. Die Bewohner einiger Küstengegenden, die weder            15
Fluß- noch hinreichendes Regenwasser haben, behelfen sich mit dem natürlichen
Seewasser. So viel vermag die Gewohnheit.

    Anmerkung 3. Die Bitterkeit des Meerwassers, die es auch außer
seinem Salzgeschmacke hat, schrieb man ehedeß einem Zusatze von Erdharz
oder Bergfett zu, aus dessen Dasein man dann weiter auf Steinkohlen-Flötze    20
am Meeresboden schloß. Neuere Versuche haben aber bewiesen, daß dies nicht
der Fall sei, sondern daß nach dem Krystallisiren des Salzes von dem Seewasser eine dicke Lauge zurückbleibe, in der sich Salzsäure, Magnesia, Glauber-
salz und selenitische Theile vorfinden (s. Gehler a. a. D.), die bei der Destillation alle zurückbleiben, so daß auf diese Weise wirkliches süßes Wasser aus    25
dem Meerwasser kann gewonnen werden. Hier, und namentlich in dem
Kaspischen Meere, findet sich eine besondere, wie Gmelin bemerkt, von Naphtha
herrührende Bitterkeit vor. So findet man auch vieles Judenpech im sogenannten Todten Meere, dessen Wasser daher auch eine starke Bitterkeit hat.

§. 25.                                     30

    Die Verschiedenheit der Seeluft ist in der Art auffallend und be-
merkbar, daß Menschen, die auf der See den Scharbock bekommen haben,
nur den Kopf auf das Land legen dürfen, um mehrentheils dadurch ge-
heilt zu werden. Dagegen ist die Seeluft oft für anderweitig erkrankte
Personen heilsam, und viele genesen allein durch eine Seereise. Daher      35
auch Linné ein Hospital in der See anzulegen gedachte.

    Der Nutzen des Salzes im Meerwasser ist vielfach und überaus
groß. Es dünstet zum Theil aus, fällt auf den Acker und macht ihn frucht=

bar. Eben dieser seiner Eigenschaft wegen kann es auch größere beladene
Schiffe und größere Thiere tragen, die im süßen Wasser untersinken
würden. Man kann im Seewasser füglicher schwimmen als im Fluß=
wasser, wie denn der Admiral Brodrick, da er in dem letzten Kriege
zwischen den Spaniern und Engländern sein Schiff durch den Brand ver=
lor, eine ganze Stunde schwimmend ausdauern konnte. Er nahm seine
Papiere in den Mund, ein Matrose seine Kleider, und ward gerettet.

Das Baden im Salzwasser ist gesund, es ist aber die See nicht, wie
Einige meinen, ein Verwahrungsmittel gegen die Fäulniß, denn wie man
bei einer Überschwemmung des Meeres bei hoher Fluth auf der Insel
Sumatra bemerkt hat, so wurde das Seewasser, nachdem es 14 Tage auf
dem Lande war stehen geblieben, durch Mangel an Bewegung so übel=
riechend, daß das Castell der Holländer zweimal ausstarb und sie es des=
halb endlich auch ganz verlassen mußten.

Weil das Salzwasser schwerer ist: so ist auch der Druck des See=
wassers sehr groß. Der Graf Marsigli, der mehr Naturforscher als
General war, hatte eine Bouteille 300 Faden tief in das Meer herab=
gelassen, nachdem er vorher einen Ring in der Art daran befestigt hatte,
daß sie gerade heruntersinken konnte. Der Druck des Seewassers trieb
den Pfropfen, der ihre Öffnung verschloß, tief in dieselbe hinein, ja neben
demselben sogar und durch ihn auch eine kleine Quantität Wasser, welches
süß war, indem die Salztheilchen nicht mit durchzudringen vermögend ge=
wesen waren. Eine solche Wassersäule von 7000 Kubikfuß, wenn ein
Kubikschuh auch nur 4 Pfunde schwer ist, wäre eine gute Presse.

Noch ist zu merken, daß das Salz nicht zum Leben nothwendig ist,
da viele Völker, z. E. die Caraiben, ganz ohne dasselbe leben.

Anmerkung. Wie weit der Unterschied des salzigen Meerwassers in
Rücksicht seines Gewichtes gehen kann, ersieht man am einleuchtendsten nament=
lich aus dem Wasser des Todten Meeres, dessen specifisches Gewicht gegen
gemeines Wasser sich wie 5 zu 4 verhält. Sonst ist dieses Verhältniß
zwischen gemeinem Meer= und Regenwasser, nach Musschenbroek, nur wie
1030 zu 1000. Nach den Ufern zu ist das Meerwasser wieder leichter als
tiefer hinein wegen dort stärkerer Vermischung mit dem Wasser aus Flüssen
und Bächen.

## §. 26.

Bei der Frage: warum das Meerwasser nicht höher steige, da doch
täglich ein großer Zufluß aus den Strömen stattfindet, ist man auf die

Meinung gerathen, die schon die Alten vortrugen, daß die Meere einen
unterirdischen Zusammenhang hätten, und das Wasser durch dieselben
unterirdischen Canäle wieder zurücktrete. Die Alten glaubten immer, die
Circulation des Wassers müsse unter der Erde vor sich gehen; allein seit
dem man die Arithmetik auf die Physik angewendet hat, hat man gefunden, daß jene Circulation über der Erde geschieht und zwar vermittelst der Destillation, nur daß sie uns freilich nicht sichtbar wird.
Man lernte nämlich einsehen, daß die Ausdünstung des Meerwassers weit
mehr betrage als der tägliche Zufluß aus den Strömen, indem die
schmalen Flüsse in Ansehung der Breite des Oceans, über den sich doch
die Ausdünstung erstreckt, verhältnißmäßig ein sehr weniges Wasser
hineinführen. Der Ocean müßte im Gegentheil bei dem alleinigen Zuflusse der Ströme kleiner werden und abnehmen, wenn er nicht zu seiner Erhaltung noch andere Quellen hätte. Dahin gehören der Regen und Schnee
u. s. w., die perpendiculär auf das Meer zurückfallen, so daß der Ocean im
Grunde eben so viel ausdünstet, als er auf andern Wegen Zuwachs erhält.

Im ganzen Weltmeere ist der Zufluß durch Ströme der Ausdünstung gleich, weil die Flüsse nicht mehr Wasser geben können, als sie
durch die Ausdünstung des Meeres mittelbar oder unmittelbar bekommen.
Weil aber einige Meere vom Ocean abgeschnitten sind und keinen Zusammenhang mit demselben haben, wie z. B. das Kaspische, einige aber
wieder kleine Bassins haben, wie die Ostsee, und des ungeachtet viele, beträchtliche Flüsse aufnehmen: so können dergleichen Meere höher sein als
der Ocean. Da es auf der andern Seite aber wieder Meere giebt, die
zwar im Zusammenhange mit dem Weltmeere stehen und größere Busen
haben, aber gar keine oder doch nur wenige Flüsse aufnehmen, bei denen
also die Ausdünstung größer ist als der Zufluß: so müssen Meere dieser
Art niedriger stehen, als der Ocean. Ein solches Meer ist z. B. das
Mittelländische. Wenn die Straße bei Gibraltar vermauert würde, so
daß kein Zufluß aus dem Atlantischen in das Mittelländische Meer statt-
fände: so würde es seiner der großen Oberfläche halber gewiß sehr starken
Ausdünstung halber und wegen des geringen Zuflusses der Ströme ein-
trocknen müssen; das Bassin würde immer kleiner werden, obwohl es
nicht zur gänzlichen Austrocknung kommen, sondern alsdann darin aufhören würde, wenn die Ströme gerade nur so viel Wasser noch hinein-
führten, als es wieder ausdünstet. In dieser Höhe würde es hernach
immer stehen bleiben. Jetzt aber geht beständig ein Strom aus dem

Ocean in das Mittelländische Meer, der den größern Verlust durch die Ausdünstung ersetzt, aber doch nicht so stark ist, um das Mittelländische Meer mit dem Ocean in einer gleichen Höhe zu erhalten.

Das Rothe Meer soll höher liegen als das Mittelländische und der Atlantische Ocean höher als der Pacifische. Die Landengen von Suez und Panama trennen jene an Höhe ungleichen Meere von einander. Da aber der Atlantische Ocean und das Pacifische Meer in keiner so gar großen Entfernung davon dennoch zusammentreffen: so dürften die Ursachen, welche die Spanier, um die Unmöglichkeit der Durchstechung der letztgenannten Erdenge darzuthun, beibringen, wohl mehr politisch als physisch sein und die Verbindung beider Meere an dieser Stelle bloß darum verhindern sollen, um die Engländer und übrigen Seemächte dadurch um so eher zu bewegen, sie in dem ungekränkten Besitze dieser ihrer Länder zu lassen. Indessen könnte doch wohl der Atlantische Ocean etwas höher liegen als das Pacifische Meer, indem ein allgemeiner Strom des Wassers von Osten nach Westen stattfindet, der wirklich das Wasser im Atlantischen Ocean in etwas anhäufen dürfte.

Anmerkung: Es war sehr natürlich, daß man anfänglich auf die Vermuthung einer unterirdischen Communication aller Meere mit einander kam. So führt z. B. die Wolga allein dem Kaspischen Meere täglich auf 21 600 Millionen Kubikfuß Wasser zu, und wenigstens zweimal so viel darf man auf den Zufluß aus den Strömen Emba, Jaik u. s. w., auf Regen und Schnee rechnen. Dabei aber wuchs weder die Höhe des Meeres, noch war ein Abfluß sichtbar. Aber die Ausdünstung dieses Meeres soll nach Gmelins Bemerkung (Reise durch Rußland, Th. III.), obwohl Andere derselben nicht ganz beitreten, gerade so stark wie jener Zufluß sein. Fast ganz derselbe Fall findet bei dem Mittelländischen Meere statt. Dieses nämlich müßte allein nach dem Zuflusse aus dem Atlantischen Meere und dem Nil jährlich auf 26 Fuß anwachsen. Die Ausdünstung desselben aber würde im Jahre etwa nur 30 Zoll betragen, welche obendrein noch der hineinfallende Regen allein hinlänglich ersetzt. Dazu kommen noch andere Phänomene, die hier auf etwas mehr als bloße Ausdünstung schließen lassen. Vielmehr wird man genöthigt, hier auf ein tieferes Hinausströmen des Wassers zu kommen, im Gegensatze von dem Zuströmen desselben an der Oberfläche, woraus die Lehre von den entgegengesetzten Strömungen Licht erhält, so wie diese dagegen wieder über jene Erscheinungen Aufklärung verbreitet. — Das Rothe Meer soll nach den neuesten französischen Beobachtungen und Berechnungen wirklich um mehrere Fuß höher liegen als das Mittelländische.

### §. 27.

Die Bewegung des Meerwassers ist dreifach, nämlich:

1. in Wellen, wovon der Wind die Ursache ist,
2. in Meerströmen und
3. in der Ebbe und Fluth.

Was nun zuvörderst die Wellen betrifft: so ist zu merken, daß das Wasser in denselben nicht fortläuft, sondern beständig auf einer und derselben Stelle stehen bleibt und nur eine schwankende Bewegung erhält, indem der Wind nicht stark genug ist, auf einmal eine solche Quantität Wasser in Bewegung zu setzen. Erst bei einem längern Anhalten desselben wird dieses möglich. Hieraus kann man es sich erklären, wie es kommt, daß die Taucher zwei bis drei Stunden nach seinem Entstehen noch gar nichts von der Wirkung des Windes in der Tiefe empfinden.

Es scheint wirklich, als ob die Bewegung der Wellen fortrückend wäre, indem die folgende Welle nach und nach anschwillt; allein es ist nur eine schaukelnde, oscillirende, bald steigende, bald fallende Bewegung. Man kann sich davon überzeugen, wenn man Spreu auf das Wasser streut und einen Stein, der Wellen erregt, hineinwirft: alsdann sieht man, daß die Spreu bei der Wellenbewegung immer nur auf einer Stelle bleibt.

Man kann dasselbe auch darthun aus der Art, die Entfernung zu messen, welche man auf der See zurückgelegt hat. Denn man hat noch außer dem Calculiren, wobei man die Gestalt des Himmels mit der Zeit, welche man auf der Fahrt zugebracht hat, vergleicht, wenn man nämlich der Breite nach gegen den Äquator oder die Pole zu reist, eine andere Art, die Meilen zu messen, die eben darauf beruht, daß das Wasser im Meere immer an einer Stelle verbleibt. Man wirft nämlich ein Brett aus, welches man auch Log nennt, dessen eines Ende an einem Taue befestigt ist, und aus der Länge des Taues, welches man abgewunden hat, nebst der Zeit, in welcher man von dem Brette entfernt ist, beurtheilt man dann die Weite, die man zurückgelegt hat. Wenn also das Wasser nicht auf einer Stelle bliebe, so würde auch das Brett mit schwimmen, und hätte man demnach keinen festen Punkt, von dem man anfangen könnte: so würde man auch die zurückgelegte Weite in der Art gar nicht zu bestimmen im Stande sein. Admiral Anson maß die Weite seiner Reise und kam drei Wochen später an die Insel, als er hätte ankommen sollen, denn ein Strom kam ihm entgegen, der das Log zurücktrieb. Er aber glaubte, daß er sich von demselben weiter bewege.

Die Wellen sind entweder lange, oder kurze, oder zurückschla=
gende Wellen. Die erstern sind die besten und besonders im Biscayi=
schen Meere anzutreffen. Die mittleren aber sind wegen der schaukelnden
Bewegung, welche das Schiff, die Fässer, andere Waaren, auch selbst die
5 Schiffsleute erhalten, sehr gefährlich. Zurückschlagende Wellen endlich
sind da, wo es Untiefen giebt; das Wasser wird nämlich von dem Winde
gedrückt, und weil die Wellen an Felsen anstoßen, so werden sie wieder
zurückgeschlagen.

Die langen Wellen sind niemals an steilen, sondern an flachen
10 Küsten, und zwar in der Mitte, nicht nahe an denselben. Im Grunde der
See ist es meistens ruhig. Die Wellenbewegung nämlich findet gewöhnlich
nur auf der Oberfläche des Wassers statt. Wo aber das Meer nicht tief ge=
nug ist, wie z. E. in der Ostsee, da kann der Wind das Wasser bis auf den
Grund bewegen, woher die kurzen oder zurückschlagenden Wellen entstehen.

15 Durch solche Wellen kann die Seestürzung bewirkt werden. Diese
entsteht, wenn eine Welle berstet, welches der Erfolg davon ist, daß der
Wind von der Seite steht und die Welle aufgehalten wird.

Je enger die Meere sind, desto untiefer sind sie auch. Daher haben
die Wellen in ihnen auch kein freies Spiel, sondern sind abgebrochen.
20 An der Kürze der Wellen kann man die Sandbänke erkennen. Alle Riffs
haben kalte Luft und Nebel. Dieser Umstand ist schwer zu erklären; aber
im Grunde ist es dieselbe Ursache wie bei den kurzen Wellen. Sie liegt
nämlich im Boden. In der tiefen See findet eine Kellerwärme statt,
welche in der Erde in einer Tiefe von siebenzig Fuß anzutreffen ist, und
25 die sich nach französischen Beobachtungen auch in der größten Tiefe be=
ständig gleich bleibt. Sie beträgt $25\frac{1}{2}°$ nach Fahrenheit's Thermometer.
Da nun das untere Wasser kälter ist als das obere, so muß der Wind
das Wasser auf solchem Riff, wo es nicht tief ist, und wo er also das
Wasser bis auf den Grund bewegen kann, von unten nach oben bringen.
30 Weil es nun oben einen höhern Grad der Wärme hat, als es die untere
Kellerwärme desselben ist: so muß hier, wenn nun jenes kältere Wasser
nach oben kommt, auch die Lufttemperatur kälter werden.

Die eigentliche und größte Höhe der Wellen kann man nicht genau
wissen; doch behaupten Einige, daß sie niemals höher als vier und zwan=
35 zig Fuß steigen, welches Maß in zwei Theile getheilt, für die Höhe oder für
das Thal an der Welle eine Erhöhung von zwölf Fuß über oder eine eben
solche Vertiefung unter die Oberfläche des Meeres giebt.

Bei Gelegenheit der Wellenbewegung kann man auch derjenigen Bewegung des Wassers Erwähnung thun, welche entsteht, wenn ein segelndes Schiff das Wasser durchschneidet. Diesen Weg, den das Schiff zurücklegt, kann man auf fünfhundert Schritte weit kennen, und ist dem Schiffer sehr nützlich, indem er der nachbleibenden Vertiefung abmerken kann, wie weit er durch den Wind etwa von der geraden Fahrt zur Seite abgetrieben ist.

Anmerkung. Was die Temperatur des Meerwassers betrifft: so ist dieselbe ungleich dauerhafter als die der Atmosphäre zunächst über dem festen Lande und lange nicht so abwechselnd wie diese, was sich schon daraus ergiebt, daß sie vielen Versuchen und Erfahrungen zu folge nur zwischen den Graden 26 und 68 des Fahrenheitischen Thermometers, und nur in den kältesten Erdstrichen unter diese Punkte abweicht. In den wärmsten Klimaten steht das Wasser beständig der Luft an Wärme, selbst schon an der Oberfläche nach, daher die kühlenden Seewinde. Übereinstimmender ist die Luft- und Wassertemperatur in den gemäßigten Himmelsstrichen, nur daß die letztere hier oft durch einen starken Wind oder Sturm erhöht wird, wie man gewöhnlich dies an den Küsten von Preußen und Kurland, namentlich bei einem von den schwedischen Küsten herwehenden Nordwinde bemerkt. Unter den erforderlichen Umständen kann daher sogar die Nähe der See eine leidlichere Temperatur auf dem benachbarten festen Lande bewirken, wäre es auch nur für eine kurze Zeit.

## §. 28.

Wenn ein Sturm lange angehalten hat und durch ihn das Wasser auf dem Boden des Meeres in Bewegung gebracht ist: so dauert die Bewegung der Wellen von unten her nach oben noch fort, wenn gleich der Sturm schon längst aufgehört hat. Und diese Bewegung, welche den Schiffern sehr gefährlich ist, wird von ihnen die hohle See genant. Bei einem Winde kann die Bewegung der Wellen dem Schiffe nicht so leicht schädlich werden, weil es dabei gleichsam mit fortgetragen wird. Wenn aber der Wind nachläßt, die Bewegung dagegen noch fortdauert: so ist das Schiff einem Balle gleich, indem es nicht weiter rücken kann, sondern sich immer wie auf einer Stelle muß schaukeln lassen, wobei sich im Schiffe und an demselben alles losreißt und aus seinen Fugen geht.

Die hohle See ist also eine Wellenbewegung nach vorhergegangenem Winde. Man nahm an, daß wenn man Öl auf die See gösse, sie in solchem Falle dürfte beruhigt werden, und wahr ist es, daß das Öl eine geringe Wasserbewegung zu stillen im Stande ist. Ist das Meerwasser

ganz in Ruhe, so kann man, wie schon gesagt, seiner Durchsichtigkeit
wegen manches unter demselben auf dem Boden entdecken. So bald aber
die Oberfläche auch nur in etwas in Bewegung gesetzt wird: so ist es auf
dem Boden trübe und finster, als zögen Wolken vorüber. In einem
solchen Falle bedienen sich die Taucher mit Vortheil des Öles, das sie zu
diesem Behufe meistens im Munde mit sich herabnehmen. Lassen sie dasselbe
nämlich herausfließen, so steigt es in die Höhe, ebnet einen Theil der
wellenförmig sich bewegenden Oberfläche, und nun entsteht an dieser
Stelle eine Art von Fenster, durch welches sie Licht auf dem Boden erhalten. Was aber unter solchen Umständen und zu einem solchen Zwecke
thunlich und hinreichend ist, das dürfte es unter anderweitigen Umständen
wahrscheinlich nicht sein. Schiffe, die mit Öl beladen waren, erlitten
eine hohle See. Sie wurden an einander zerschmettert, das Öl ergoß sich
über das Meer, das dennoch nicht ruhig wurde, wie Musschenbroek
erzählt.

Eine andere Art der Wellenbewegung besteht in den Brandungen.
Das Wasser mitten in der See hat die Bewegung, welche ein Perpendikel
hat, das heißt, eine oscilirende Bewegung, da nämlich dasselbe in gleicher
Zeit steigt und in gleicher Zeit wieder fällt. Gegen das Land aber werden
die Wellen zurückgeschlagen, wie wenn der Faden des Perpendikels ver-
kürzt wird. Wenn demnach eine Welle vom Lande zurückkehrt, so steigt
die andere in die Höhe, folglich vereinigt sich die zurückkehrende Welle mit
der aufsteigenden, und so ergießen sich dann beide weiter über das Land.

Die Ursache der Brandungen ist folgende. Die Wellen an den
Ufern und Küsten können nicht ein gleiches Spiel mit den andern Wellen
machen, weil sie vom Lande aufgehalten werden. Daher holt die andere
Welle die erste ein; folglich ist die zweite bereits höher, aber die dritte
holt wieder diese ein und ist sonach noch höher, und in der Art geht es
immer fort, bis endlich der Druck der letzten Welle am stärksten ist und sie
alle zurücktreibt, da das Spiel alsdann wieder aufs Neue seinen Anfang
nimmt. Dergleichen nun nennen die Schiffer, wie gesagt, Brandungen.

In Guinea ist die größte Welle die siebente oder achte, deren Übergang die Schiffer erwarten müssen, wofern sie nicht nebst ihrem Boote
wollen verschlungen werden. Vielleicht war es diese größte Welle, die die
Römer fluctum decumanum nannten.

Anmerkung 1. Über die Wellenbewegung des Meeres sind umständlicher nachzulesen: Gehler a. ö. a. O. Art: Wellen und Meer. Otto's

System einer allgemeinen Hydrographie des Erdbodens. S. 486
u. f. Im Mittelländischen Meere erheben sich die Wellen nicht leicht über 8
Fuß, steigen aber in der Ostsee oft höher. Selten erstreckt sich die Wellenbewegung tiefer als 15 Fuß, daher die ostindischen Perlenfischer sogar unter
das Meer zu tauchen wagen, wenn die Schiffe des starken Wellenschlagens     5
wegen das Auslaufen scheuen.

Anmerkung 2. Schon die Alten, Aristoteles, Plinius u. A. erwähnen des Öles als eines wellenberuhigenden Mittels, und Franklin selbst
nahm in unsern Zeiten die Sache in Schutz. Indessen läßt sich bis jetzt über
die Anwendbarkeit dieses Mittels im Großen noch kein sicherer Schluß machen,  10
wie man z. B. aus v. Zach Allgemein. geograph. Ephemeriden, Bd. II.
S. 516 u. f. vergl. mit S. 575. ersehen kann.

Anmerkung 3. Bei den Römern galt wirklich die zehnte Welle für
die größte, wie Ovid Metam. XI, 530. Trist. I. 2, 49. Sil. Ital. XIV. 124.
beweist.                                                                     15

Anmerkung 4. Noch kann ich hier eine besondere Erscheinung, ich
meine die sogenannte Fata Morgana, nicht mit gänzlichem Stillschweigen übergehen. Erst neuerdings hat man recht eigentlich angefangen, diesen Gegenstand, obwohl noch immer nicht mit der Aufmerksamkeit, die er zu erregen im
Stande ist, zur Sprache zu bringen. Diese Fata Morgana besteht in der Er-  20
scheinung von Städten und Landpartieen und andern Dingen der Art über
der Oberfläche des Meeres, aus der sie sich zu erheben scheinen. Ob die besondere Wellenbewegung des Meeres, ob die eigenthümliche Natur der benachbarten Küsten, ob eine eigenthümliche Beschaffenheit der Atmosphäre einzeln,
oder ob diese Umstände gemeinschaftlich zur Erzeugung dieses Phänomenes    25
wirken, muß noch erst dargethan werden. Wie thätig der Aberglaube dabei
gewesen ist, läßt sich leicht denken. Etwas Ähnliches über dem Lande, oder
die Kippung, haben die Franzosen, namentlich Monge, in Ägypten bemerkt.
Weitläuftiger über die Fata Morgana haben sich die Verfasser einzelner Auf-
sätze in Gasparis und Bertuchs allgem. geograph. Ephemeriden,           30
Jahrg. 1800. verbreitet.

§. 29.

Die zweite Bewegung des Wassers wird durch die Meerströme veranlaßt. Die Ursache der Meerströme ist zu suchen:

1. In der allgemeinen Bewegung des Oceans von Osten nach Westen.      35
   Diese rührt von der Umdrehung der Erde um ihre Axe von Westen
   nach Osten her, indem dadurch das Wasser gleichsam zurückgeschleu-
   dert wird.

2. In der Ausdünstung.

3. Im Winde.
4. In der Ebbe und Fluth; von welcher letztern weiterhin besonders soll
gehandelt werden.

§. 30.

Nachdem wir bereits oben bei Gelegenheit der Ausdünstung gesehen
haben, daß Meere, die in einem Zusammenhange mit dem Ocean stehen,
weil einige von ihnen kleine Bassins und einen starken Zufluß von Strö=
men haben, diese daher weniger ausdünsten, andere aber große Bassins
und einen geringern Zufluß haben, also stärker ausdünsten, die erstern
demnach höher, die andern aber niedriger stehen müssen als der Ocean:
so muß in den Straßen, vermittelst welcher solche mittelländische Meere
mit dem Oceane zusammenhängen, beständig ein Strom, der von keinem
Winde erregt wird, anzutreffen sein, durch welchen sich entweder das
Wasser aus dem Meere, wenn dieses nämlich höher steht, in den Ocean,
oder umgekehrt, das Wasser des Oceans in das Meer, wenn solches nied=
riger liegt, ergießt. Kennt man die Zahl und Masse der Flüsse, die sich
in ein dergleichen Mittelmeer ergießen, sammt der Oberfläche des letztern:
so kann man schon daraus ungefähr abnehmen, welche Richtung der Strom
nehmen müsse, ob aus dem Mittelmeer in den Ocean, oder entgegenge=
setzt, aus diesem in jenes. Man hat dergleichen Ströme nur bei der
Straße von Gibraltar, durch welche das Mittelländische Meer mit dem
Ocean zusammenhängt, ferner bei dem Sunde und den beiden Belten,
die die Ostsee mit der Nordsee verbinden, bemerkt.

Außer diesem obern Strome giebt es gemeinhin noch einen andern,
der sich unten auf dem Boden des Meeres befindet, und in einer jeden
Straße angetroffen wird. Dieser untere Strom ist dem obern beständig
entgegengesetzt. Büffon, in seiner Naturgeschichte, will dieses Phänomen
gänzlich verwerfen, weil es ihm unbegreiflich dünkt. Allein die Erfahrung
lehrt dennoch, daß dem in der That also sei. Man ließ nämlich ein Boot
auf dem Sunde aussetzen, an dem ein Strick befestigt war. Das andere
Ende dieses Strickes aber war an einem Fasse, in dem sich etliche eiserne
Kugeln befanden, fest gemacht. Als das Faß eine gewisse Tiefe erreicht
hatte, sah man nun, wie das Boot dem obern Strome ganz entgegenge=
setzt fortgezogen wurde.

In der Straße bei Gibraltar geht der obere Strom hinein und der
untere hinaus. Im Sunde ist der Fall umgekehrt. Die Ursache ist diese.
Das Mittelländische Meer ist niedriger als der Ocean, der den obersten

Strom bildet. Die Oſtſee dagegen iſt höher als das Nordmeer, weil der
Zuwachs an Waſſer in derſelben beträchtlicher iſt als die Ausdünſtung,
folglich geht der obere Strom heraus. Weil nun wieder das Waſſer im
Mittelländiſchen Meere, eben der Ausdünſtung wegen, ſalziger iſt, alſo
auch ſpecifiſch ſchwerer als das Waſſer im Oceane: ſo geht der untere    5
Strom aus jenem in dieſen; dagegen aber das Waſſer der Nordſee, weil
das in der Oſtſee leichter iſt, durch den untern Strom in dieſe eindringt.

Der untere Strom entſteht demnach durch den Druck des Waſſers.
Die Säule nämlich des Waſſers im Mittelländiſchen Meere iſt ſchwerer,
weil ſie ſalziger iſt als die Säule des Oceans, folglich treibt das ſchwerere  10
Waſſer durch den Druck das leichtere zurück. In der Oſtſee iſt es aus
derſelben Urſache umgekehrt.

Iſt alſo die Ausdünſtung in einem Mittelmeere größer als der Zu=
fluß: ſo geht der obere Strom hinein und der untere Strom heraus. Iſt
aber der Zufluß von ſüßem Waſſer größer: ſo tritt der entgegengeſetzte      15
Fall ein. Nach dieſem Maßſtabe läßt ſich nun die Stromcommunication
aller Meere beurtheilen.

Anmerkung 1. Jener zwiſchen den Wendekreiſen befindliche allgemeine
Strom von Oſten nach Weſten ſcheint außer der angegebenen Urſache auch
im Umlaufe des Mondes, ſo wie in dem hier faſt beſtändig wehenden Oſtwinde  20
ſeinen Grund zu haben, und eben dieſer Strom iſt wieder Urſache, daß man
ſchneller mit ihm von Amerika nach den Molukken, als gegen ihn von dieſen
aus dorthin reiſt. Ein zweiter allgemeiner Strom, deſſen ältere Naturforſcher
erwähnen, der aber wahrſcheinlich keinen Grund hat, nämlich von den Polen
aus gegen den Äquator, ließe ſich, wenn er wirklich wäre, allenfalls aus der    25
ſtarken Ausdünſtung des Meeres unter dem Äquator erklären, wodurch das
dort befindliche ſpecifiſch ſchwerere Waſſer unten ausweichen und dem leichtern,
von den Polen eindringenden Waſſer oberhalb Raum machen würde. Aber
die bloße Axendrehung der Erde müßte ſchon dergleichen verhindern.

Anmerkung 2. Außer der Meerenge bei Gibraltar und dem Öreſunde  30
hat man über und unter einander entgegenlaufende Strömungen nur noch im
thraciſchen Bosporus wahrgenommen. Ob es dergleichen auch in offener See
gebe, iſt noch nicht gewiß, nur giebt es wirklich entgegengeſetzte Strömungen
daſelbſt, doch in einiger Entfernung von einander.

## §. 31.                     35

Wenn lange anhaltende Winde nach einem Striche gehen, ſo bewe=
gen ſich auch die Ströme, die durch ſie verurſacht werden, nach einem

Striche. Im Pacifischen Oceane ist aber ein Strom (auch Strömung, Stromgang genannt), der an der Küste eine andere Richtung nimmt, und an den Sundaischen Inseln setzen die Winde sich um, im Sommer von Westen nach Norden und im Winter von Norden nach Westen. Die
5 Ströme an den Molukkischen Inseln sind sehr heftig.

Meere, die zwischen Ländern liegen, haben oft sehr gefährliche Ströme. Z. B. das Kattegat, wo der Strom die Schiffe unvermerkt an die Küste treibt. Daher die Kenntniß der Ströme die Schiffer auch so sehr interessirt. Es giebt auch in dem Mittelländischen Meere mitten in
10 der See sowohl als an den Küsten eine Art von Strömen, welche bei der Straße von Gibraltar ostwärts nach Frankreich und Spanien, ferner rings um den Adriatischen Meerbusen, nach der Levante und wiederum an den afrikanischen Küsten herumlaufen. Die Ursache davon ist vielleicht folgende. Das Wasser aus dem Schwarzen Meere fließt, weil dieses höher
15 liegt, in das Mittelländische Meer ab. Weil nun von der afrikanischen Seite her, mit etwaniger Ausnahme des Nil, keine, von der entgegen=
gesetzten Seite aber viele Ströme hineinfließen: so widersteht das Wasser und muß bei den afrikanischen Küsten verbleiben. So bald es aber ein=
mal in Gang gebracht ist, behält dasselbe auch seinen Lauf und fließt nun
20 unablässig fort.

Die bekannteste Strömung dieser Art ist der Golfstrom, der von dem Mexicanischen Meerbusen ausgeht, sich zwischen den Bahamainseln und Florida, ferner von der nordamerikanischen Küste nordöstlich hinwendet, so allmählig bis an die norwegischen Küsten gelangt und von da her nord=
25 westlich gegen Grönland abfließt. Die erste Ursache dieser Strömung ist allein im Ostwinde zu suchen, der das Wasser im Mexicanischen Meerbusen anhäuft und es auf diese Weise zu einem Austreten nach dieser Seite hin gleichsam zwingt.

Dergleichen Strömungen legen, wie gesagt, den Schiffern manche
30 Hindernisse in den Weg, sind aber von der andern Seite auch sehr wohl=
thätig, wovon nachher die Rede sein wird.

### §. 32.

Eine Wirkung zweier Ströme sind die Strudel oder Meerwirbel. Bei Messina kommt ein südlicher Strom einem nördlichen entgegen, und
35 einer hält sich an der einen, der andere an der andern Seite. Solche zwei Gegenströme geben ein so genanntes Todwasser, wie z. B. das vor=

hin erwähnte Grasmeer. Ursache davon sind zwei einander entgegen=
strebende Winde. Die See aber wirft alles, was nicht gleiche Bewegung
mit ihr hat, und dem Strome nicht folgen kann, auf die Seite, wo es
ruhiger ist.

Die merkwürdigsten Strudel sind: die Charybdis am Cap Faro,
zwischen Sicilien und Calabrien, der Euripus zwischen Negroponte und
den böotischen Küsten und der Malstrom oder Moskestrom an der
Küste von Norwegen unter 68° N. B.

Von diesen Meerstrudeln können zwar kleine Fahrzeuge, nicht aber
große Schiffe verschlungen werden, sondern die Schiffe bringen selbst den
Strudel in Unordnung. Wenn aber Schiffe im Malstrome verunglücken,
so geschieht dies daher, weil sich die Winde mit jedem Augenblicke ändern,
und weil die Schiffe an die Felsen stoßen und scheitern.

Anmerkung. Diese Meerstrudel oder Wirbel bestehen in kreis= oder
spiralförmigen, trichterförmigen Bewegungen des Meeres an besondern Stellen
desselben, und die Ursache derselben beruht eben so oft auf den unter dem
Wasser befindlichen Klippen als auf der Ebbe und Fluth, auf Vertiefung des
Meerbodens u. s. w., ohne daß man deshalb die Erzählungen von tiefen
Schlünden, wie sie z. B. der Taucher Cola Pesce unter der Charybdis wollte
gefunden haben (S. KIRCHERI Mundus subterr. T. I. p. 97.), für etwas mehr
als bloße Fabel halten darf. Auf alle drei hier genannten Strudel haben
Ebbe und Fluth die augenscheinlichste Einwirkung, nur daß das jedesmalige
Locale hier eine Abänderung bewirkt. Vergl. Gehler a. ö. a. O. Art: Strudel.

## §. 33.

Daß in dem ganzen Weltgebäude nie eine gänzliche Ruhe herrscht,
sondern daß sich jederzeit die Körper einander zu nähern bemüht sind,
oder gegenseitig anziehen, hat Newton bewiesen*). Eben derselbe hat
dargethan, daß die Schwere der Körper nichts anderes als eine An=
ziehung sei, die von dem ganzen Körper und nicht von dem Mittelpunkte
allein bewirkt wird. Ob nun gleich die Anziehung des Mondes nur bei
den wenigsten Körpern auf unserer Erde merklich ist, weil die Erde ihnen
näher als der Mond ist: so äußert sich dieselbe doch wirklich und ist bei
flüssigen Materien, namentlich bei dem Wasser, in die Augen fallend.

---

*) Princip. philos. natur. Vergl. auch J. Kant's Sammlung einiger
kleinen Schriften herausgegeben von F. T. Rink. Königsb. 1800. gr. 8. S. 7 u. f.
nebst Gehler a. ö. a. O. Art. Ruhe und Trägheit.

Wenn die Anziehung des Mondes auf der ihm zugekehrten Seite nur eben so stark wäre als im Mittelpunkte und der von ihm abgekehrten Seite der Erde: so würde das Wasser auf dieser im Meere überall gleich hoch stehen. Allein weil die dem Monde zugekehrte Seite ihm näher
5 ist als der Mittelpunkt der Erde und dieser wieder näher als die von ihm abgekehrte Seite: so wirkt der Mond stärker auf die erstere als auf den Mittelpunkt und auf diesen mehr als auf die abgekehrte Seite. Dieserhalb erhebt sich das Wasser auf der dem Monde zugekehrten Seite, und weil es von dem Monde angezogen wird: so wird es in Ansehung der
10 Erde leichter.

Das Wasser nun, welches zu den Seiten der Erde mit dem Mittelpunkte derselben gleich stark angezogen wird, sucht sich mit dem Wasser auf der zugekehrten Seite in ein Gleichgewicht zu setzen. Da nun das Wasser auf den Seiten schwerer als das auf dem obern Theile ist: so
15 wird auch eine geringere Masse Wassers an denselben eben so viel wiegen, als eine größere Masse desselben auf der dem Monde entgegengesetzten Seite, weil auf dieser das Wasser vom Monde weniger angezogen wird, folglich wird es auf der obern Seite anschwellen, auf der mittlern Seite aber abnehmen. Der Mittelpunkt der Erde wird aber wieder mehr von
20 dem Monde angezogen als ihre vom Monde abgekehrte Seite, folglich wird der Mittelpunkt sich von dem Wasser, oder, welches einerlei ist, das Wasser sich von dem Mittelpunkte entfernen und auf der andern Seite anschwellen.

Weil nun der Mond dem Anscheine nach in 24 Stunden rund um
25 die Erde läuft: so wird derselbe dieses angeschwollene Wasser mit sich ziehen, folglich wird an einem jeden Orte das Wasser täglich zweimal anschwellen und sinken. Weil aber der Mond wegen seiner Bewegung um die Erde an einem jeden Tage um $\frac{3}{4}$ Stunden oder genauer 49 Minuten später als an dem nächst vorhergehenden aufgeht, bis er wieder in
30 einem Monate um die Erde herumgekommen ist: so wird auch das Anschwellen täglich um drei Viertelstunden später eintreten müssen. Es wird aber auch das Wasser wegen der großen Quantität sich nicht sogleich bei der ersten Wirkung der Anziehung des Mondes sammeln können, daher es auch kein Wunder ist, daß dieses Anschwellen erst drei Stunden
35 nach dem Aufgange des Mondes am stärksten ist.

Die Fluth sollte dann die größte Höhe erreicht haben, wenn der Mond im Meridian steht; bliebe er in demselben, so würde das auch der

Fall sein, weil er aber, bevor sich das Wasser sammeln kann, schon wieder fortgerückt ist: so wird das Wasser dadurch in seinem Zusammenflusse gehindert.

Die Fluth im weiten Ocean ist klein, denn das große Wasser kann sich seines größern Zusammenhanges wegen nicht so leicht ansammeln, daher die Fluth denn auch an den Inseln des Pacifischen Meeres nur 6 Fuß, bei Bristol dagegen 20 Fuß hoch ist. Wo große Busen sind, da giebt es auch große Fluthen. Meere, die vom Ocean abgeschnitten sind, haben selten Ebbe und Fluth.

Obgleich ferner die Sonne weiter von der Erde entfernt ist als der Mond, da dieser nämlich nur etwa 60, jene aber 23 bis über 24000 Erdhalbmesser von ihr absteht: so äußert sich dennoch auch von ihrer Seite, weil sie wenigstens 10000000 mal mehr Masse hat, eine merkliche Anziehung auf der Erde. Zur Zeit des Neumondes, wenn die Sonne mit dem Monde in einerlei und derselben Gegend des Himmels steht, oder in Conjunction mit ihm ist, und bei dem Vollmonde, wenn sie einander opponirt sind oder 180 Grade von einander abstehen, müssen die Anziehungskräfte beider vereinigt wirken, und also wird zu dieser Zeit das größte Anschwellen, so wie das niedrigste Herabsinken des Wassers stattfinden müssen. In der Opposition tritt dieser Fall daher ein, weil auf der dem Monde sowohl zu- als abgekehrten Seite der Erde das Wasser gleich hoch anschwellt. Zur Zeit der Mondesviertel dagegen wird die Sonne da ihre Attraction äußern, wo das Wasser wegen Anziehung des Mondes sinken soll, folglich wird die Wirkung des Mondes hierdurch verringert werden und zur Zeit des ersten und letzten Viertels das geringste Anschwellen und Sinken des Wassers eintreten.

Da nun Newton ausgerechnet hat, wie der Mond, wenn er nur allein das Wasser der Erde anzöge, es um 10 Fuß und die Sonne in demselben Falle es um 2 Fuß erheben würde: so muß das Wasser in der Conjunction und Opposition des Mondes und der Sonne zu einer Höhe oder Tiefe von 12 Fuß, in den Quadraturen dagegen, wenn sie 90 Grade von einander entfernt sind, nur um 8 Fuß anschwellen und sinken. In der hohen See wird dieses langsam und allmählig geschehen, bei den Meerbusen aber, wo das Land Widerstand leistet, muß das Wasser natürlich mit einer Art von Ungestüm eindringen. Jedoch merken wir an, daß die größte Fluth erst drei Tage nach der Conjunction und Opposition erfolgt.

Alles dieses bestätigt die Erfahrung zum Beweise, daß der Umlauf des Mondes wirklich die Ursache von dem Steigen des Wassers, welches die Fluth heißt, und dem Fallen desselben, welches die Ebbe genannt wird, ist. Die Fluth zur Zeit des Neu= und Vollmondes heißt die Springfluth, zur Zeit der beiden Viertel aber die todte Fluth oder Nipp=Fluth. Doch wird das Wasser auch bei der stärksten Fluth eigentlich nur um sechs Fuß in die Höhe gehoben.

Es ist aber an manchem Orte Ebbe, wenn nicht weit davon Fluth ist. So ist bei Hamburg Ebbe, wenn bei Helgoland, einer nur fünfzehn Meilen von jener Stadt entfernten Insel, Fluth ist. Dieses rührt daher, weil die Fluth nach der Beschaffenheit des umherliegenden Landes gar oft verzögert wird, so daß sie nicht zu rechter Zeit eintreten kann, indessen kommen dennoch an einem jeden besondern Orte Ebbe und Fluth zu einer bestimmten Zeit. London hält es sich für ein großes Prärogativ, daß die Schiffe aus Schottland sowohl als aus Frankreich mit der Fluth daselbst einlaufen und mit der Ebbe wieder auslaufen können. Es läßt sich aber solches füglich erklären, indem die Fluth aus zwei Meeren zugleich wie in einen Canal einfließt.

Die Ebbe in den Flüssen dauert länger als die Fluth, weil sich das Wasser in ihnen sehr hemmt. Das Todte, das Kaspische Meer und die Ostsee haben keine Fluth, weil sie vom Ocean abgeschnitten sind und an sich eine zu kleine Oberfläche haben. Bei Venedig zeigt sie sich zwar, aber nur sehr unbedeutend.

Die Anziehung des Mondes ist eben so alt als er selbst und eben eine Kraft wie die Schwere, daher sie bis zum Centrum dringt. Dem zu folge erstreckt sich auch die Bewegung des Wassers bei der Ebbe und Fluth bis auf den Grund des Meeres und bringt also Wirkungen hervor, die die Wellen nicht zu effectuiren im Stande sind. Sie ist die erste Ursache der größten Veränderungen auf der Erde, und einige Ströme und Strudel sind, wie schon bemerkt, Wirkungen der Ebbe und Fluth. So ist der Euripus, den man von Euböa aus wahrnehmen kann, eine Wirkung derselben, indem er sich beständig nach dem Stande des Mondes richtet. Er wird zu gewissen Zeiten unruhig, und seine Wellen bewegen sich stark, brausen auf und schlagen einander zurück, ohne daß der geringste Wind dazu kommt. Die große Unähnlichkeit dieser Erscheinung mit der Ebbe und Fluth hinderte die Naturforscher geraume Zeit, die wahre Ursache derselben zu entdecken, ja, nach einer bekannten Fabel, sollte sich Aristo=

teles in den Euripus geſtürzt haben, weil er die Urſache jener Bewegung
deſſelben für unergründlich hielt.

    Anmerkung. Nach Plutarchs Bericht war Pytheas von Maſſi-
lien der erſte, welcher bereits die Ebbe und Fluth auf den Mondeslauf zurück-
führte, und es wäre ein Wunder, daß erſt Newton die Wahrheit dieſer Be-  5
merkung darthat, wäre nicht ein ſo großer Unterſchied zwiſchen der bloßen
Wahrnehmung, daß etwas ſo ſei, und dem Beweiſe, daß es ſo ſein müſſe
und nicht anders ſein könne. Dieſer Beweis beruhte hier aber auf dem Begriffe der Attraction. Man vergleiche noch zu dieſem Gegenſtande: Philos.
nat. princip. mathem. auct. Is. NEWTONS cum comment. LE SUEUR et  10
JACQUIER. T. III. Genev. 1760. gr. 4., wo ſich zugleich die nähern Unterſuchungen von Dan. Bernoulli, Mac-Laurin und Euler befinden. Ferner
Gehler a. a. O. Art: Ebbe und Fluth. Hube Unterr. in der Naturlehre. Th. III. Leipz. 1794. Über die beſondern, auf Ebbe und Fluth Bezug habenden Bewegungen im Euripus ſ. Fabri's Geiſtik, S. 410. u. ſ.  15

### §. 34.

    Außer dieſer Anziehungskraft, welche ſich durch den ganzen leeren
Raum erſtreckt, iſt keine Einwirkung einer fremden Kraft auf unſere Erde
außer der des Lichtes zu verſpüren. Es ſcheint dieſes nur eine zitternde
Bewegung des Äthers zu ſein, ſo wie der Schall von der zitternden Be-  20
wegung der Luft herrührt. Die einzige Sonne bringt in dieſer Rückſicht
eine merkliche Veränderung hervor, indem der Mond ein 300000 mal
ſchwächeres Licht hat als die Sonne, und dieſes daher, weil er nicht allein
viele Strahlen, die er von der Sonne erborgt, verſchluckt, ſondern auch
eine beträchtliche Anzahl derſelben zurückwirft und zerſtreut, daher auch  25
ſein Licht, es mag noch ſo ſtark concentrirt werden, nicht die geringſte
Wärme hervorbringt. Die Wirkung dieſer Kraft der Sonne und der
übrigen Körper erſtreckt ſich aber wahrſcheinlich nur bis auf die Oberfläche
der Erde.

    Anmerkung 1. Sind die Naturforſcher noch über irgend etwas in Un-  30
gewißheit: ſo iſt es die Natur und das Weſen des Lichts, von dem es noch
erſt zur Evidenz muß erwieſen werden, ob wir es auf einen eigenthümlichen
Stoff zurückzuführen haben, oder ob es eine bloße Modification des Wärme-
ſtoffes iſt, oder ein Accidenz, eine Wirkung u. ſ. w. anderer Stoffe. Die im
Paragraph ſelbſt vorgetragene Euleriſche Hypotheſe hat indeſſen faſt gänzlich  35
ihr Anſehen verloren, und die Newtoniſche iſt dagegen durch die neueſten chemiſchen Unterſuchungen inſofern als die wahrſcheinlichſte erſchienen, daß das

Licht nämlich etwas Materielles sei, das man als vom Wärmestoffe verschieden zu betrachten hat. Das Umständlichere hierüber findet man bei Gehler a. a. O. Art. Licht im Werke selbst und im Supplementbande unter demselben Artikel.

Ob aber der Wärmestoff selbst als etwas Materielles könne angenommen, oder ob eine dynamische Erklärungsart in Rücksicht seiner erforderlich werde: das ist eine noch keineswegs entschiedene Frage. Die neueste mir darüber bekannt gewordene Untersuchung hat der gelehrte Hr. H R. Mayer zu Göttingen angestellt, über die man die dortigen Gelehrt. Anzeigen. St. 84. v. J. 1801. nachsehen kann. Gelänge es doch dem ehrwürdigen Urheber dieser phys. Geographie noch seinen Übergang von der Metaphysik der Natur zur Physik bekannt zu machen! Auch über diesen Gegenstand würde man dort, wie ich bestimmt weiß, manche scharfsinnige Bemerkung vorfinden.

Die Sonne sendet uns aber nach Herschels neuesten Bemerkungen nicht bloß Licht- sondern auch Wärmestrahlen zu. S. Bode's Astronom. Jahrbuch f. d. J. 1803. Gren's Journal für die Physik, fortgesetzt von Gilbert, u. s. w. Insbesondere aber: Herschel, Untersuchungen über die Natur der Sonnenstrahlen. A. d. Engl. v. Harding. 8. Zelle 1801.

Ähnliche Wirkungen äußern und als verwandte, oder mit dem Lichtstoffe mehr oder minder verbundene Kräfte legen sich die Elektricität und der Magnetismus dar, über deren wesentliche Beschaffenheit sich aber bis jetzt noch nichts Entscheidendes beibringen läßt, so trefflich auch die Vorarbeiten in Bezug darauf sind, von denen wir die jedesmaligen neuesten Berichte in den öfter angeführten Annalen von Gilbert und Voigts Magazin, der jüngsten physikalischen Handbücher und größern Werke nicht zu gedenken, vorfinden.

Anmerkung 2. Was den Unterschied des Sonnen- und Mondenlichtes betrifft: so ist derselbe nach verschiedenen Voraussetzungen ebenfalls verschieden. Die Erleuchtung des Vollmondes in einer heitern Nacht ist eigentlich 90000 mal geringer, als die durch nichts gehinderte Beleuchtung, die die Erde der Sonne verdankt. Dies gilt indessen nur vom reflectirten Tageslichte. Das directe Sonnerlicht aber ist nach Lambert 277000, nach Bouguer 300000, ja nach Euler 374000 mal stärker, als das Licht des Mondes. S. Voigt's Lehrb. einer populären Sternkunde. Weimar. 1799. gr. 8. § 196.

## §. 35.

Jetzt folgen in unserer Betrachtung die Merkwürdigkeiten der Eismeere, deren es zwei giebt, das Nördliche nach dem Nordpole und das Südliche nach dem Südpole zu. Das Eis bindet sich aber nicht an die kalte Zone, sondern es wird auch öfters bis zum 50sten Grad der Breite angetroffen.

Hierher gehört zuvörderst das Treibeis, welches daselbst sowohl in
großen und abgesonderten Stücken, die daher Eisstücke oder Eisberge
heißen, als auch in ausgedehnten und zusammenhängenden Massen, welche
Eisfelder genannt werden, anzutreffen ist. In der Straße Davis haben
die Wallfischfänger Gelegenheit dieses Eis zu betrachten. Die Eisstücke    5
ragen oft 60 bis 120 Schuh über die Oberfläche des Wassers hervor und
erstrecken sich meistens bis zu einer Tiefe von 500 Fuß unter das Wasser
herab. Im Allgemeinen nimmt man an, daß höchstens nur der achte Theil
eines solchen Eisstückes oberhalb aus dem Wasser hervorrage.

Weil das Eis, wenn es zerschmilzt, gewöhnlich röhren= oder block=    10
artig zerspaltet: so sehen diese Massen desselben in der Entfernung großen
Städten ähnlich, und der Nebel (welcher aus der starken Ausdünstung
dieser Berge entsteht und daher zu einem untrüglichen Merkmale dienen
könnte, die Eisstücke schon von fern zu erkennen), mit dem dieselben be=
ständig bedeckt sind, und der gleichsam ihre Sphäre ausmacht, verhindert    15
es noch mehr, diesen optischen Betrug zu entdecken und wahrzunehmen.
Obgleich sich die Fahrzeuge nur deshalb in diese Gegenden begeben, um
Wallfische zu fangen, und sich daher nur das Sommerhalbjahr hindurch
hier aufzuhalten pflegen, so könnte vielleicht doch irgend ein Fahrzeug in
der langen Nacht dieser Gegenden umherschweifen. Nähmen die Schiffer    20
nun jenen Betrug nicht wahr und hielten wirklich die Erscheinung für
das, was sie in ihren Augen vorstellt: so wäre das Zerscheitern des Schiffes
eine unausbleibliche Folge, wofern nicht der Nebel, mit dem die Eisberge,
wie gesagt, beständig bedeckt sind, die Schiffer durch seine außerordentliche
Kälte warnte.    25

Was die Eisfelder betrifft, so sind selbige so groß, daß eine Zeit von
24 Stunden dazu erfordert wird, ihnen mit aufgespannten Segeln vorbei=
zuschiffen; und die daher manchmal fast die Größe des eigentlichen König=
reiches Preußen haben. Es giebt auch zwischen zwei solcher Eisfelder zu=
weilen Straßen wie die bei Gibraltar, durch die man, weil die Bewegung    30
jener nur langsam ist, oder sie sich auch gar nicht bewegen, mit den
Schiffen durchfahren kann. In den Buchten der Eisfelder können die
Schiffe, wie in einem Hafen, vor Anker liegen, wo alsdann die Leute auf
die Fischerei und Jagd ausgehen. Es befinden sich auf ihnen auch große
Teiche, in denen süßes Wasser angetroffen wird, und zu denen die Schiffer    35
ihre Zuflucht nehmen, nicht selten auch allerhand Thiere, z. B. Seehunde,
weiße Bären und dergleichen, welche sich wegen des Fischfanges dahin

begeben haben. Wenn sich nun solche Felder von dem festen Lande, an das sie sich zuweilen angesetzt haben, trennen, so werden solche Thiere, ehe sie es wahrnehmen, vom Lande weggeführt, und auf solche Art können fremde Thiere in fremde Länder versetzt werden.

Ein solches Eis zerplatzt aber bald in tausend Stücke, so wie ein Glas, das geschwind abgekühlt wird, oder durch Abbrechung der Spitze so erschüttert wird, daß es zerspringt. Daher nimmt man auch Kähne auf die Eisfelder mit, wenn man sie betritt.

Das Schädlichste bei diesen Eisfeldern ist, daß sie gar oft durch das Zerplatzen die Fahrten verstopfen. Wenn auf den Untiefen und Sandbänken, die nahe am Lande sind, ein solches Eisstück Grund faßt: so hält es auch das andere Eis auf, so daß es sich anhäuft und zusammenstopft.

Das Eis in solchen Eisfeldern hat eine blaue Farbe und soll sehr dauerhaft und beständig sein. Rings umher an den äußersten Enden hat es einen Saum, der aus einem noch härteren, nach Andern aber, und wahrscheinlicher, aus einem durch das anspielende Meerwasser zernagten, wenn gleich deshalb nicht mürbern Eis besteht, und vor welchem die Schiffe, um nicht daran zu zerschellen, sehr auf ihrer Hut sein müssen.

Woher rührt und woraus entsteht denn nun aber ein solches Eis? Da das gesalzene Wasser nicht gefrieren kann: so sieht man leicht ein, sagt man sonst, daß es gefrornes süßes Wasser sein muß, welches jenen Meeren aus den Flüssen der benachbarten Länder zugeführt wird. Dieses Wasser fängt nun an zu gefrieren, und weil es sich mehrentheils bis an ein Land erstreckt, so setzt sich das übrige Wasser mit diesem Eise in Verbindung, und auf solche Weise erhält es einen ansehnlichen Zuwachs.

Richtiger aber ist wohl die neuere Vorstellung dieser Sache, welcher zufolge das Treibeis wirklich ein Product des Meerwassers ist. Es ist wahr, dieses Eis giebt, wenn es geschmolzen wird, nur süßes Wasser, aber gewiß ist es, daß durch irgend eine chemische Operation das Salz bei dem Gefrieren sich von dem Meerwasser scheidet, so wie dieses, obwohl langsamer, doch sogar in hoher See gefrieren kann. Das auf diese Art entstandene Treibeis erhält hierauf im Winter immer noch einen stärkern Zuwachs, als der Verlust es ist, den es im Sommer durch das Abschmelzen erleidet, und da es überdies oft eine ganze Reihe von Jahren auf einer und derselben Stelle verweilt: so ist es um so weniger ein Wunder, daß es oft einen so großen Umfang erhält.

Diese Eismassen reichen, wie gesagt, öfters bis auf den Grund herab,
und da sie überdies zuweilen von unten durch das Wasser abgewaschen und
abgespült werden, so daß sie umfallen und die Schiffe, welche zwischen
ihnen durchfahren, zu Boden drücken, ob sie gleich bisweilen wiedergefunden werden, und sich auch die Schiffer mit ihren Böten über die Eisberge
hin retten können: so kann man doch in diesen Meeren keine gewisse Straße
halten.

Eine andere Merkwürdigkeit dieser Meere ist das Treibholz. Dieses
wird daselbst von einem Strome, welcher von Nordost nach Südwest geht,
in die Hudsonsbai, die Davisstraße und an die übrigen umherliegenden
Örter getrieben. Es ist dasselbe mit Holzwürmern angefüllt, und kein
Kennzeichen daran befindlich, daß es nur noch vor kurzer Zeit auf der
Oberfläche der Erde gestanden habe.

Alle Küsten des Eismeeres entbehren des Holzes, so wie in Novajazembla sogar an einheimischem Gesträuche Mangel ist, und dennoch ent-
geht allen diesen Küsten und Ländern das Holz nicht, indem es ihnen vermittelst der Strömungen gewissermaßen zugeflößt wird. Es sind viele
Arten von Holz darunter befindlich, selbst solche, die nur in wärmern Klimaten wachsen. In vielen Gegenden ist es in der Art durch das Anspielen
aufgethürmt, daß die Einwohner damit Handel treiben; ja es wird oft
von dem Eise so zusammengepreßt, daß es Feuer faßt und brennt.

Zur Feuerung brauchen es die Einwohner dieser Gegenden indessen
nicht, seiner, im Ganzen doch immer großen Seltenheit wegen, sondern
bedienen sich dazu des Thranes von den Seehunden. Dagegen wenden sie
es als Stützen ihrer Hütten an, welche sie nachmals mit Fellen belegen,
ferner zu den Rippen ihrer Fahrzeuge, die sie ebenfalls mit Fellen über-
ziehen, und endlich zu den Schaften ihrer Ruder u. s. w.

Woher aber oder aus welchen Gegenden kommt denn nun dieses
Holz? Von Sibirien und den herumliegenden Gegenden kann es keineswegs herkommen, weil daselbst gar keine Bäume vorhanden sind, außer
solchen etwa, die höchstens eine Dicke von sechs Fingern haben. Auch beweisen solches die Holzwürmer, welche in diesen nördlichen Gegenden
nicht angetroffen werden. Es wird also aus einer noch unbekannten
oder versunkenen Gegend Amerikas herkommen, denn selbst auf unserm
festen Lande findet man viele versunkene Wälder, öfters mehrere übereinander. Da liegt dann z. B. zuerst ein Fichtenwald, dann Sand,
darauf ein Fichtenwald, dann Schlamm. Das Wurmstichige dieses

Holzes ist auch überdem eine Anzeige, daß es seit sehr langer Zeit versunken sein müsse.

Man hat bemerkt, daß das Holz aus den warmen Ländern kommt, denn aus dem Eismeere geht ein nordöstlicher Strom; dieser macht, daß an den Küsten ein entgegengesetzter Strom eintritt, und dieser Zug von Süden nach Norden muß das Holz dahin treiben. Die Züge des Meerwassers gehen in der Mitte von Norden nach Süden und an den Küsten von Süden nach Norden.

Im Südlichen Eismeere findet man ebenfalls dergleichen Treibholz, z. B. in der Magellanischen Meerenge, wo auf den Malwinen= oder Falklandsinseln, an welchen die Schiffe aus Europa anlanden, eine Besatzung ist, die mit Holz aus der genannten Meerenge versorgt wird.

Noch ist anzumerken, daß die Eismeere gegen die Pole zu vielleicht von dem Eise befreit sein mögen, indem der Strom von Nordost nach Südwest dasselbe in die Gegenden treibt, in denen man es jetzt antrifft.

Anmerkung 1. Auf beiden Halbkugeln unserer Erde, der nördlichen wie der südlichen, giebt es ein Eismeer, wie denn die Temperatur der letztern überhaupt nicht nur nicht wärmer, sondern im Gegentheil vielmehr kälter ist als die der erstern. Dieser eben genannte Umstand ist es insbesondere, der unsere Aufmerksamkeit verlangt. Es ist eine fast von allen Reisenden bestätigte Bemerkung, daß es in Ländern der südlichen Halbkugel ungleich rauher ist als in Ländern der nördlichen Hemisphäre, die unter einem gleichen Breitegrade liegen. Unter dem 60sten Grade nördlicher Breite giebt es zuweilen eine Hitze von 75 bis 80 Graden nach Fahrenheit, da hingegen das Thermometer in einer gleichen südlichen Breite nie fünf Grade über dem Gefrierpunkte steht. Wahrscheinliche Ursachen dieser Erscheinung sind: Erstens, daß die Sonne sich 8 Tage länger in den nördlichen als in den südlichen Zeichen des Thierkreises aufhält; zweitens aber, daß die südliche Hemisphäre ungleich weniger Land enthält als die nördliche. Das Land aber entwickelt eine weit höhere Lufttemperatur, welche hingegen bei dem Wasser sich gleichmäßiger bleibt und gewöhnlich nur vom 26 bis 68sten Grade nach Fahrenheit abwechselt. Eben jener Umstand ist auch Ursache, daß man das Treibeis auf der südlichen Halbkugel schon unter einem geringern Breitegrade als auf der nördlichen antrifft. Überhaupt aber bemerkt man einzelne Eisblöcke schon um den 40. Breitegrad, die von da an höher nach den Polen herauf an Masse immer mehr zunehmen.

Anmerkung 2. Daß das Treibeis sein Entstehen dem salzigen Meerwasser, nicht aber dem süßen Flußwasser verdanke, so wie dies, daß bei dem Gefrieren des Wassers zu Eis sich aus demselben die Salztheile abscheiden:

das wird daraus um so wahrscheinlicher, weil bei deshalb angestellten Versuchen das zurückgebliebene, nicht gefrorne Seewasser am Salzgehalte zugenommen hatte.

Anmerkung 3. Außer dem starken Nebel und der auffallenden Kälte, die diese Eisblöcke und Eisfelder um sich her verbreiten, machen sie sich auch den Schiffern durch einen hellen Widerschein bemerkbar, den man den Eis- blink nennt.

Anmerkung 4. Wir haben vorhin im §. 31 von dem sogenannten Golf- strom geredet, und eben dieser ist es, welcher das Treibholz mit sich führt. Alle auch im gegenwärtigen §. über das Treibholz beigebrachten ehemaligen Hypo- thesen haben neuern Erfahrungen und Untersuchungen weichen müssen. Diesen zufolge wird das Treibholz durch die Flüsse in Louisiana, Florida, Westindien und den um den Mexicanischen Meerbusen gelegenen Ländern haufenweise in jene Meerströmung hinabgeführt, wozu sich denn auch noch manches aus mancherlei Nadelhölzern, aus Birken und Linden, auch, was seinen westindischen Ursprung deutlich verräth, aus Fernambuk, Brasilienholz und ähnlichen Bäumen hinzu- gesellt. Durch jene Strömung kommt es in die nördlichen Meere und setzt sich hier an den grönländischen, spitzbergischen und andern Küsten ab, selbst bei Ir- land, Schottland, den unfern dieser Länder gelegenen Inseln, bei Norwegen und Island. Auch die Küsten von Sibirien und Kamtschatka werden aus dem nordwestlichen Amerika, vielleicht auch selbst aus einigen Gegenden Sibiriens, auf eine gleiche Weise mit Holz versorgt. Eine ähnliche Weltökonomie auf der südlichen Hemisphäre hat man neuerdings angefangen in Zweifel zu ziehen.

———

## Zweiter Abschnitt.

## Vom Lande.

### §. 36.

Unter dem Worte Land versteht man alles dasjenige, was über die Fläche des Meeres erhoben ist, ob man gleich auch die Sandbänke mit darunter versteht, woraus nachgehends durch die Anspielung mehrerer Materien aus dem Wasser die Inseln entstehen.

Das Land überhaupt wird eingetheilt in das feste Land und in die Inseln, obgleich jenes auch nichts anders ist als eine große Insel, von deren Grenzen man nur eine dunkle Idee hat.

Man hat wahrgenommen, daß sich das Land an einander zu hängen bemüht, und daß auf einer Halbkugel daher mehr Land, auf der andern dagegen mehr Wasser vorhanden sei: ja, überdies auch, daß mitten im Oceane fast gar keine, oder wenigstens gar nicht beträchtliche Inseln sind.

Anmerkung. Man theilt das Land nach des BergR. Voigt Praktischer Gebirgskunde. Weimar. 1797. 2te Aufl. gr. 8. S. 3. u. f. auch nach seiner Entstehung und daraus hervorgehenden Beschaffenheit in Vorgebirge, Flötzgebirge, vulcanische Gebirge und aufgeschwemmtes Land ab. Auf diese Eintheilung werden wir weiter unten noch kommen und alsdann umständlicher von den Phänomenen reden, zu denen sie vermittelst ihrer bemerkten Verschiedenheiten die Veranlassung geben. Mehr hierüber und über die innere Structur des Landes, so wie die abweichenden Meinungen der Gelehrten in Bezug auf diesen Gegenstand findet man in v. Beroldingen, Die Vulcane älterer und neuerer Zeit, physisch und mineralogisch betrachtet, 2 Bände. 1791. 8. — Mitterpacher Physikal. Erdbeschreib. Wien. 1789. gr. 8. — v. Charpentiers Beobacht. über die Lagerstätte der Erze u. s. w. Leipz. gr. 4.

§. 37.

Auf dem festen Lande findet man aber:

1. Länder, deren Umfang und Inneres uns bekannt ist.
2. Länder, die wir bloß zum Theil kennen.
3. Länder, von denen man bloß die Küsten kennt.
4. Länder, die man wirklich gesehen, aber nicht wieder aufgefunden hat.
5. Solche, die den Alten bekannt gewesen, aber jetzt wie verloren sind.
6. endlich Länder, deren Existenz man nur vermuthet.

Zu den erstgenannten gehört Europa. Zu den Ländern der zwei= ten Art aber gehört Asien, wo man z. B. das Land der freien Tatarei, die große und kleine Bucharei, in der der Sitz des großen Lama ist, die Länder am Kaspischen Meere und dem See Aral, den ganzen Theil des Glücklichen Arabiens, in dem Mekka und Medina liegen, und wohin un= muhammedanische Europäer gar nicht kommen dürfen, weil der Meinung der Muhammedaner zufolge die heilige Luft durch sie würde vergiftet werden, sehr wenig kennt.

Die genauere Kenntniß von Tibet in Asien wäre eine der wichtigsten. Durch sie würden wir den Schlüssel zu aller Geschichte erhalten. Es ist dieses das höchste Land, wurde auch wahrscheinlich früher als irgend ein anderes bewohnt und mag sogar der Stammsitz aller Cultur und Wissen= schaften sein. Die Gelehrsamkeit der Indier namentlich rührt mit ziem= licher Gewißheit aus Tibet her, so wie dagegen alle unsere Künste aus Indostan hergekommen zu sein scheinen, z. B. der Ackerbau, die Ziffern, das Schachspiel u. s. w. Man glaubt, Abraham sei an den Grenzen von Indostan einheimisch gewesen. Ein solcher Urplatz der Künste und Wissen= schaften, ich möchte sagen, der Menschheit, verdiente wohl die Mühe einer sorgfältigern Untersuchung.

Ein anderer Gegenstand, der die Alterthumsforscher interessirt, wäre die genauere Kenntniß von Ägypten. Überhaupt verdient Afrika die sorg= fältigste Untersuchung, und es scheint den Alten seinem Innern nach be= kannter gewesen zu sein als uns, weil sie mehr zu Lande reisten. Selbst viele Küsten dieses Welttheils sind bis jetzt noch den Europäern unbekannt, und die Mitte desselben entzieht sich gänzlich unsern Augen. Nur Ägypten kennen wir etwas genauer, doch ist auch das überaus wenig.

So hat man auch Grund, einen beträchtlichen See in Afrika anzu= nehmen, in den sich der Nigerstrom bei seinem östlichen, nicht, wie man sonst glaubte, westlichen Laufe verliert. Übrigens trifft man in diesem

Welttheile die größten und schönsten Thiere so wie die besten Pflanzen an. Die furchtsamen Portugiesen besetzen in ihren Nachrichten zwar die schönsten innern Gegenden von Afrika mit Cannibalen oder Menschenfressern, die sogar die Menschen zum Schlachten aufmästen sollen. Allein wir dürfen dergleichen Sagen so leicht keinen Glauben beimessen, weil die Erfahrung gelehrt hat, daß jene Leute nur ihre Kriegsgefangenen, die sie lebendig in ihre Gewalt bekommen, und zwar mit den größten Feierlichkeiten abschlachten.

Die Zahl der Namen von Ländern und Örtern auf der Karte von Afrika ist sehr beträchtlich; aber man würde sich sehr irren, wenn man glaubte, daß, wo ein Name steht, auch die Sache vorhanden sein müsse. Was man nicht weiter von dem Lande kannte, davon sagte man, es sei von Menschenfressern bewohnt, dergleichen es aber nach der Natur des Menschen wenigstens nicht viele, oder richtiger vielleicht, gar keine giebt.

Die Ursache, daß das Innere von Afrika uns so unbekannt ist wie die Länder im Monde, das liegt mehr an uns Europäern als an den Afrikanern, indem wir uns durch den Negerhandel so schüchtern haben machen lassen. Die Küste von Afrika wird zwar von den Europäern besucht, ihre Reisen aber dahin sind sehr gewaltthätig, indem sie jährlich sechzig- bis achtzigtausend Neger von da aus nach Amerika wegführen. So kam es, daß noch ziemlich bis auf die neuern Zeiten herab dieser Welttheil den Europäern kaum auf dreißig Meilen von der Küste hin in das Innere bekannt war.

Zu diesen uns noch sehr unbekannten Ländern gehört ferner auch Amerika, dessen nördlicher, nach Rußland zu gelegener Theil noch so gut wie unentdeckt ist, und in dessen südlicher Hälfte gleichfalls, besonders an den brasilischen Küsten, noch viele unbekannte Gegenden vorhanden sind. Mehrentheils sind es die Berge, die von weitern Untersuchungen abschrecken, ungeachtet sie gerade die eigentliche Grundfeste ausmachen und das erste sind, was man im Lande antrifft, daher man nicht ohne Grund vermuthen darf, daß dasjenige Land, welches vor den Bergen näher an dem Wasser hinliegt, von demselben angespült und bei ihnen abgesetzt sei. Daß man aber nur bei den Küsten von Afrika und den äußersten Grenzen anderer Länder stehen geblieben ist, davon scheint wohl eines Theils die Ursache in dem Endzwecke der meisten Schifffahrten, das heißt, in der Habsucht, andern Theils aber in der Unfruchtbarkeit der Ufer gesucht werden zu müssen.

Peru wäre vielleicht niemals seiner unwirthbaren Ufer wegen ge=
nauer entdeckt worden, wenn die Spanier nicht so glücklich gewesen wären,
in dieses Paradies von Amerika von der Landseite herein zu bringen.
Überhaupt dürfte das südliche Amerika einst noch sehr unsere Wißbegierde
reizen und unsere Welterfahrung erweitern.								5

Zu den Ländern, deren Küsten man geraume Zeit nur allein kannte,
gehörte das, was man von Ufern auf der südlichen Hemisphäre bemerkt
hatte, und welches v. Rhoden zuerst auf einer zu Berlin verfertigten
Karte verzeichnete. Eben dieses war der Ort, wo man noch viele Länder
vermuthete, und deren auch wirklich einige seitdem entdeckt hat, doch mit		10
geringerer Wahrscheinlichkeit noch viel mehrere daselbst aufzufinden. In
Neuholland, welches allein fast so groß ist als Europa, giebt es sehr wilde
Einwohner, die nicht einmal wie andere Wilde Spielsachen und rothes
Tuch annehmen wollten. Welche Schwierigkeiten, zu einer genauern
Kenntniß des Innern zu gelangen, wenn der Erfindungsgeist der Eu=		15
ropäer nicht andere Mittel zu diesem Ziele ausfindig gemacht hätte! Über=
haupt befinden sich die Nationen der südlichen Hemisphäre auf der nie=
drigsten Stufe der Menschheit, und sie haben an nichts weiter ein Interesse
als an dem sinnlichsten Genusse. Die Wilden gegen Norden, ob sie gleich
noch weiter gegen den Pol hin wohnen, verrathen bei weitem mehr Ta=		20
lente und Adresse.

Zu den Ländern, die man vormals gekannt hat, nachmals aber
gleichsam wieder verloren gegangen oder unbekannter geworden sind, ge=
hört eines Theils das alte Grönland, wo zu den Zeiten der Wahl der
Königin Margaretha verschiedene Städte und zwei Klöster gewesen sind,		25
deren Bischof bei dieser Wahl, durch welche Margaretha die drei nordi=
schen Kronen von Dänemark, Norwegen und Schweden überkam, gegen=
wärtig war. Dieses Land wurde indessen durch die nordischen Kriege und
durch den Zwang, den Margaretha den Kaufleuten, die dahin schifften,
auflegte, so gut wie ganz vergessen.								30

Dann gehören hierher auch die Salomonischen Inseln, welche in=
dessen nicht beträchtlich gewesen zu sein scheinen. Vielleicht, daß die heu=
tige Georgen=Insel eine von denselben ist. Die Ursache, daß man diese
Inseln nicht jetzt mehr vorfindet, ist erstlich die, daß die Fahrt der Spa=
nier aus Amerika zu den philippinischen Inseln in Asien vormals durch		35
die südliche und nördliche, jetzt aber nur allein durch die letztere Hemisphäre
geschieht. Zweitens aber auch, weil, als man jene Inseln bemerkte, die

Schifffahrer nicht im Stande waren, die Lage der Örter genau zu bestimmen.

Unter den Fahrten, die der Entdeckung neuer Länder wegen zu unsern Zeiten unternommen wurden, waren diejenigen mit die vornehmsten, die in der Absicht veranstaltet wurden, um zu untersuchen, ob Asien mit Amerika zusammenhänge oder nicht. Ein ehrenvolles Unternehmen der russischen Regierung, das nach Nordost von Kamtschatka und um die dortige Spitze von Rußland versucht ward. Die Engländer aber thaten ähnliche Fahrten nach Südwest um Amerika, der neuesten spanischen, französischen und englischen Entdeckungsreisen zu geschweigen.

Man macht Schwierigkeiten, bis zu dem Pole herauf zu reisen, weil auch bei einem etwa möglichen Durchkommen bis dahin doch alle Regeln der Schifffahrt daselbst aufhören müßten, indem man in einem solchen Falle keine bestimmten Weltgegenden mehr haben würde. Norden nennen wir sonst diejenige Weltgegend, welche uns gegen den nächsten Pol zu liegt. Dort aber wäre selbst der Pol im Zenith und nicht mehr im Horizonte. Da nun aber nur durch den Norden die übrigen Weltgegenden zu bestimmen sind, der eigentliche Nordpunkt dort aber wegfällt: so könnten in diesem Falle auch die übrigen Weltgegenden nicht mehr als solche bemerkt werden.

Die Entdeckung neuer Länder erweitert die Kenntniß des Menschen in Ansehung der Erde und befördert die Gemeinschaft. Der hauptsächlichste Zweck dabei aber ist die Wißbegierde der Menschen, ungeachtet der kleinern Vortheile des Genusses, zu deren Besitz man durch dergleichen Entdeckungen gelangt. Auch sind wirklich viele Reisen bloß aus Wißbegierde, nicht aber des Princips der Ökonomie wegen angestellt worden, wie z. E. die zur Bestimmung der Gestalt der Erde unternommenen Reisen.

Die wichtigste, lange aber vergeblich gewünschte Entdeckung wäre wohl die einer Durchfahrt im Norden durch das Eismeer gewesen. Dadurch würden wir einen großen Aufschluß erhalten haben und die Welt würde uns alsdann ganz offen gestanden sein. Die ersten dahin abzweckenden Versuche gingen gegen Nordost und Novajazembla, die spätern nach Nordwest in der Gegend der Hudsonsbai, so wie die neuesten deshalb angestellten Reisen gerade nach Norden. Landvogt Engel widmete sich gänzlich der Untersuchung einer möglichen Durchfahrt durch das Eismeer. Ostwärts bei Spitzbergen soll offne See sein. Dies stimmt auch

mit der Vermuthung überein, denn hauptſächlich nur da, wo die Küſten
nahe ſind, ſtopft ſich das Eis und ſperrt jede denkbare Durchfahrt.

    Anmerkung 1. Europa kann freilich als ein ganz bekanntes Land oder
als ein ſolcher Welttheil betrachtet werden, da wir von ihm, nicht nur wie von
Afrika, ſeine ganze äußere Umgrenzung, ſondern auch ſein Inneres, wenigſtens
der Hauptſache nach kennen. Indeſſen bleibt uns auch in Rückſicht ſeiner noch
manche geographiſche Aufklärung bis auf dieſen Augenblick kein geringes Bedürfniß.

    Anmerkung 2. Außer dem, was wir als uns noch ſehr unbekannt von
Aſien oben erwähnt haben, gehört hier auch noch her: wenigſtens ein Fünftheil
des ruſſiſchen Beſitzes in dieſem Welttheile, nebſt der Kalmuckei. Von China iſt
uns, ſelbſt nach den neueſten Reiſen, gewiß noch nicht die Hälfte bekannt.
Daſſelbe gilt mehr oder minder von Japan, von vielen Gegenden des dieſſeiti-
gen und faſt vom ganzen jenſeitigen Indien. Arabien iſt kaum als ſeinem
zwölften Theile nach bekannt anzunehmen. Ja wir kennen nicht einmal die
ganze Nord- und Oſtküſte von Aſien: in der Art, daß der bekannte Theil von
Aſien kaum drei Viertheile dieſes ganzen Welttheiles betragen mag. Über
Tibet haben wir vorzüglich durch folgende Schriften: GEORGII Alphabetum
Tibetanum etc. Rom. 1762. gr. 4. und SAM. TURNER An account of
an embassy to the court of Teshov Lama in Tibet. Lond. 1800. 8.,
ſo wie über Ava und Indien überhaupt durch die zu Calcutta herausgekommenen
und zu London nachgedruckten Asiatic Researches und MICH. SYMES An
account of an embassy to the kingdom of Ava. Lond. 1800. viele
Aufklärung erhalten. Georgi'n, Sievers, Pallas, Reineggs und Andern verdanken wir manche Erweiterung unſerer Kenntniß des ruſſiſchen Aſiens
und der benachbarten Länder. Das Vorzüglichſte über Arabien hat uns Niebuhr in ſeiner Beſchreibung von Arabien. Kopenhag. 1772. 4. und in
ſeiner Reiſebeſchreibung. daſ. 1774. 2 Bde. 4. geliefert. Das Bekannte
über Perſien hat Wahl ſehr gut zuſammengeſtellt in ſeinem Alten und Neuen
Vorder- und Mittel-Aſien, Bd. 1. Leipz. 1795. gr. 8. Macartneys
Reiſe nach China hat uns ſo gut wie um gar nichts weiter in der Kenntniß
des Landes gebracht, ſondern nur noch fabelhaftere Sagen in Umlauf geſetzt. In
Beziehung auf den wiſſenſchaftlichen, religiöſen und Culturzuſtand von Tibet und
Indien verdienen hier noch folgende Schriften angemerkt zu werden: des Frater
PAULINUS A STO. BARTHOLOMAEO Grammatica samsordamica. Rom.
1790. deſſelben Systema Brahmanicum liturgicum mytholog. civile.
Ibid. 1791. 4. und Stäublin's Magazin für Religions-, Moral- und
Kirchengeſchichte. Bd. 1. St. 1. S. 88. u. f.

    Anmerkung 3. In Betreff Ägyptens ſind unſere Kenntniſſe neuerdings
durch Norden, Niebuhr, Volney, Bruce, Sonnini, Browne u. a. ſo

wie insbesondere auch durch den Aufenthalt der Franzosen in diesem Lande erweitert worden. Einen sehr zweckmäßigen Gebrauch von allen diesen Nachrichten, so weit sie bis dahin bekannt waren, hat Hartmann in seiner Erdbeschreibung und Geschichte von Afrika. Bd. 1. Hamb. 1799. 8.
5 gemacht. Nubien und Abyssinien sind uns, ohngeachtet der Bruce'schen Nachrichten, noch sehr fremde Länder. Dasselbe gilt in einem noch höhern Grade von Monomotapa, Zanguebar und Natal. Vom Cap aus ist man nur hin und wieder bis zu dem Wendekreise vorgedrungen. Vom Elephantenflusse bis Benguela kennt man kaum noch die Küsten. Eben dieses gilt auch von den
10 Küsten zwischen den Vorgebirgen Blanco und Nun. In Guinea ist man keine 20 Meilen tief von dem Meerufer eingedrungen, wenn man Mungo Parks Reiseroute ausnimmt, die im Grunde nicht so viel befriedigt, als man hätte wünschen sollen. Marokko ist in seinen südlichen Gegenden und so auch Tunis, Tripolis, Algier und Barka so gut wie gänzlich unbekannt. Von Horne
15 mann läßt sich Vieles erwarten. Was die afrikanische Societät zu London durch ihn und künftig durch Andere, was das französisch-afrikanische Etablissement von Kaufleuten und Länderuntersuchern leisten werden, steht dahin. Le Vaillant, Lemprière und Barrow haben außer dem, was Mungo Park und die englisch-afrikanische Societät bekannt gemacht, die neuesten Nachrichten geliefert.
20 Überhaupt können wir uns nicht rühmen, etwas mehr als den fünften Theil etwa von diesem bedeutenden Welttheile zu kennen. Bruns in seiner Erdbeschreibung von Afrika und Hartmann in seinem Werke De geographia Edrisii haben viel Schönes gesammelt und Resultate daraus gezogen. Rennells Karte von Nordafrika, London. 1798. ist ein treffliches Product
25 scharfsinniger Combinationsgabe. S. v. Zach Allgem. geograph. Ephemerid. Bd. III. S. 53. und die verkleinerte Karte dazu, so wie Bd. II. S. 158. und dazu Mungo Parks Marsch-Route.

Anmerkung 4. Über die Menge von Namen in unsern gewöhnlichen Karten von Afrika darf man sich nicht wundern. Sie sind aus Edrisi oder
30 dem sogenannten Geographus Nubiensis, aus Leo dem Afrikaner und aus mehr oder minder bestätigten Nachrichten der aus dem Innern des Landes kommenden Kaufleute und Karavanen hergenommen.

Anmerkung 5. Von Amerika sind uns kaum drei Fünftheile bekannt. Die südlichen Gegenden des mittäglichen Amerika, d. h. fast die Hälfte dieses
35 letztern, sind uns fast ganz unbekannt. Dasselbe gilt von Nordamerika jenseits des sechzigsten Grades, so wie von einem beträchtlichen Theile des zwischen dem 40 und 60sten Grade gelegenen Landstriches. Hoffentlich werden wir einen beträchtlichen Theil von Südamerika durch v. Humboldt näher kennen lernen. S. v. Zach Monatl. Correspondenz Bd. II. S. 82. und 403. u. f. Noch
40 jetzt kennen wir von den Inseln des fünften Welttheils nicht viel mehr als die

Küsten, und auch diese nicht ganz. Alles hier wirklich Entdeckte mag sich auf
den etwa vierzigsten Theil des ganzen Welttheiles einschränken.

Anmerkung 6. Man vergleiche zu diesem Paragraphen Sprengels
Geschichte der geographischen Entdeckungen. Halle 1783. 8. Forsters
Geschichte der Entdeckungen im Norden. Frkfrt. 1784. gr. 8. und
Gaspari vollständ. Handb. der neuesten Geographie. Weim. 1797.
Bd. 1. S. 13. u. f. Wie vieles war übrigens den Alten schon bekannt, was
wir jetzt gar nicht kennen, z. B. Ophir, oder was uns nur höchst wenig bekannt ist, z. B. das nördliche Indien. Mußte doch Grönland, das schon in
der ersten Hälfte des neunten Jahrhunderts entdeckt war, wieder in spätern
Zeiten aufs neue entdeckt werden. Ob es je eine Atlantis gab, deren im Alter-
thume gedacht wird, und was an den Angaben desselben diesen Gegenstand
betreffend wahr sein mag, läßt sich nun nicht mehr bestimmen. Auch Amerika
ward höchst wahrscheinlich bereits im Anfange des elften Jahrhunderts entdeckt.
S. Girtanner über das Kantische Princip für die Naturgeschichte.
S. 147. u. f. Und Buache vermuthet nicht ohne Grund, daß es zwischen Japan
und Californien noch manche Inseln zu entdecken gebe. S. Mémoires de
l'institut national des sciences et arts, pour l'an IV. de la Ré-
publ. T. I.

§. 38.

Die Länder sind entweder bewohnt oder nicht. Ist letzteres, so heißen
sie Wüsten. Doch muß dieses Wort mit Einschränkung gebraucht werden.
Denn einige Gegenden, wie die in Amerika um Peru her, in denen man
zwar nur dann und wann einzelne Horden herumziehen sieht, die aber
eigentlich das amerikanische Paradies ausmachen, sind aus bloßer Willkür der Menschen, ohne daß sie die Natur dazu bestimmt hat, unbewohnt.
In diesem Falle heißen solche Gegenden richtiger Einöden. Andere Örter
dagegen, in denen ein rother, keiner Fruchtbarkeit oder auch nur des
Wiesenbaues fähiger Sand, der eine Art von Eisenstaub ist, angetroffen
wird, heißen Heideländer, indem auf ihrem Boden nichts als Heide-
kraut wächst.

Wüsten sind eigentlich Örter, die von der Natur dazu bestimmt und
eingerichtet zu sein scheinen, daß die Menschen nicht darin wohnen können.
Diese sind:

1. Sandwüsten, in denen nichts als ein fliegender Sand zu finden ist.
Dahin gehört in Asien die Wüste Gobi oder Schamo zwischen der
Mongolei und Kalmuckei, ferner die sogenannte Salzwüste, die Per-
sien in zwei Theile trennt, in deren einem Ispahan, in dem andern

aber Kandahar die Hauptstadt ist, die syrische Wüste in Arabien und die Wüste Tschanai oder das große Sandmeer zwischen der kleinen Bucharei und Tibet. (S. die Karte von China zu v. Zach Ephemerid. Bd. 1. St. 1.)

Die merkwürdigste Wüste in Afrika ist die Wüste Sahara zwischen dem Atlantischen Meere, Marokko, Nigritien und Senegambien, die wahrscheinlich die größte unter allen ist, indem sie 60000 Quadratmeilen im Umfange hat. In Amerika giebt es gar keine solche Wüste von Erheblichkeit.

Weil jeder Same wegen des Sandes nicht tief genug in die Erde kommen kann: so wird er zugleich mit diesem fortgeweht, und es kann folglich auf einem solchen Boden nichts wachsen. In allen Wüsten dieser Art bemerkt man nirgend weder Flüsse noch andere Gewässer, dagegen ziehen die Flüsse, die um und an ihnen entspringen, alles Wasser von den Wüsten ab. Ja, wenn etwa Berge in ihrer Nachbarschaft liegen und sich einige Flüsse von denselben herunterschlängeln, so wenden sich diese von einer Seite nach der andern, und zwar von der Wüste weg. Hieraus entsteht der große Mangel an Wasser in dergleichen Wüsten, und wenn man sich gleich bemüht hat, Brunnen in ihnen unter der Erde zu graben: so hat man doch bemerkt, daß dasselbe Salz, welches ein Bestandtheil des Flugsandes zu sein scheint, ebenfalls auch in diesem Brunnenwasser vorhanden war.

Auch ist die Bemühung vergeblich gewesen, das Wasser aus den entfernten und bewässerten Ländern in diese Wüsten zu leiten, weil die Canäle, vermittelst deren es fortgeleitet wird, zusammenstürzen, und es von den hineinfallenden Heuschrecken und Vögeln, die sich alle der großen Hitze wegen in beträchtlichen Schaaren nach dem Wasser drängen, stinkend wird.

Weil sich nun jederzeit die Flüsse von den Wüsten wegwenden und ihren Lauf nach der niedrigern Seite hinrichten: so müssen diese Wüsten natürlich erhabene Gegenden sein, und weil sich, wenn irgend ein Berg da anzutreffen wäre, von diesem das Regenwasser herabsenken, in die Erde ziehen und nicht ermangeln würde, in einem Flusse oder einer Quelle hervorzubrechen: so muß die Wüste flach und ohne Berge, folglich eine erhabene Ebene sein. Sobald es nun aber umgekehrt eine erhabene Ebene giebt, so behaupten wir von ihr,

sie sei eine Wüste. Die Sandwüsten sind beständig mit Bergen, von
denen sie aber durch ein dazwischen liegendes Thal abgesondert wer=
den, umgeben.

2. Macht die größte Kälte, durch welche nämlich alle Werke der schöpfe=
rischen Natur erstickt werden, die Länder unbewohnbar, welches dage=
gen die Hitze keineswegs thut, indem an Örtern, wo es am heißesten
ist, die fruchtbarsten Gegenden, namentlich z. B. Bengalen, das treff=
lichste Land von allen, angetroffen werden. Unter dem 70sten Grade
der Breite und noch früher werden die Pflanzen schon sparsam, und
über dem 75sten Grade hinaus findet man wenig mehr als Renn=
thiere und Moos, von welchem letztern allein jene Rennthiere sehr
fett werden, obgleich es keinen Saft hat. —

Da wir indessen bemerken, daß die Menschen mehr und stärker
von Thieren als von Pflanzen ernährt werden, und also vornehmlich
die Thiere zu ihrer Nahrung erschaffen zu sein scheinen: so wird es
wahrscheinlich, daß die Rauhigkeit der Kälte (insofern diese wie die
Wärme ihre Pole hat und sich um selbige herumzubewegen scheint,
wodurch nach einer gewissen Zeit das Klima verändert wird, daß
z. B. die beiden Punkte der größten Kälte nicht auf einer Stelle
bleiben) den Menschen nicht verhindert, auch diese und die verschie=
denartigsten Gegenden zu bewohnen, indem er allenthalben seine
Nahrung findet, wie denn die Rennthiere in den allerkältesten Ge=
genden, in Novajazembla und Spitzbergen, sein und leben können.
Der Mensch ist folglich für die ganze Erde gemacht, und eben daraus,
daß sein Leib von der Natur so gebildet ist, daß er durch die Ge=
wohnheit eines jeden Klimas, auch bei der größten Verschiedenheit
desselben, gewohnt werden kann, entsteht vielleicht zum Theil der ver=
schiedene Nationalcharakter.

3. Die Steppen. Dieses sind Gegenden, in denen keine Wälder noch
Gewässer angetroffen werden, die im übrigen aber mehrentheils einen
fruchtbaren Boden haben. Auch sie müssen, wie die Sandwüsten,
hohe Ebenen sein, sind aber, anstatt daß erstere, wie wir sahen, mit
Bergen umgeben waren, zwischen zwei Flüssen eingeschlossen. Es
wachsen in ihnen Melonen, die schönsten Blumen, Kirschen und
schöne Früchte, doch alle nur auf kleinern Sträuchern, Stauben und
Stengeln, als diese es gewöhnlich sind. Hieraus sieht man, daß zum
Wachsen der Bäume nothwendig das Aufsteigen der Dünste aus den

Quelladern und nicht allein nur der Regen erforderlich sei. Die Wälder dienen den Menschen und Thieren zur Sicherheit und Schirm; wo also jene fehlen, da entfernen sich auch diese. Zu solchen Steppen zählen wir die Bessarabische, zwischen dem Dnjestr und der Donau, die Oeakovische, zwischen dem Dnjepr und Dnjestr, die Krimische, zwischen dem Dnjepr und Don, die Astrachanische, u. s. w.

Anmerkung 1. Wenn oben von Polen der Kälte die Rede war: so soll das keineswegs so viel heißen, als wäre die Kälte für etwas Positives anzusehen.

Anmerkung 2. Nicht immer unterscheidet man genau genug Steppen von Wüsten, so wie die Bestimmung dieser Namen selbst und die Natur der durch sie bezeichneten Gegenden oft sehr verschieden sind. Von der Astrachanischen Steppe gilt zum Beispiel manches, was sonst nur von einer Wüste gilt, so wie man wieder gewöhnliche und Salzsteppen zu unterscheiden hat. Man ersieht z. B. aus Reineggs Beschreibung des Kaukasus Th. 1. S. 161., daß es in der kurz vorhin genannten Steppe Seen und Flugsand giebt, welchen letztern der Verfasser für ein nothwendiges Erforderniß der Salzseen hält, indem, wenn starke Winde ihn aus den ausgetrockneten Seen dieser Art weg und in andere süßwässerichte Seen oder Moräste führen, diese salzig, jene dagegen süß werden.

## §. 39.

Inseln sind, wie wir schon sonst bemerkt haben, nichts anders als Berge, deren Spitzen über die Oberfläche des Meeres hervorragen. Große Inseln sind dem Continent näher, und die Küsten laufen meistens parallel mit dem festen Lande. Die größten sind:

In Europa.

Großbritannien und Irland, zusammen 6083 Quadratmeilen.

In Asien.

Borneo, 14520 Quadratmeilen.

Sumatra, 8062 Quadratmeilen.

In Afrika.

Madagaskar, 10500 Quadratmeilen.

In Amerika.

Cuba, 6000 Quadratmeilen.

Domingo, 5000 Quadratmeilen.

Australien besteht meistens aus sehr beträchtlichen Inseln.

Wo das Land große Busen macht, da ist meistens ein Insel=Archipel,
z. B. der Archipel der Maldiven und Philippinen. Man hat angemerkt:

1. daß die Berge in einer immerwährenden Kette fortgehen und daß
   nicht auf einmal und hintereinander hohe und niedrige Berge anzutreffen sind, sondern daß dieselben nach und nach zu= und abnehmen;   5

2. daß, wie Dalrymple sagt, die beträchtlichsten Inseln nahe am Lande
   liegen und in dem Pacifischen, wie überhaupt in allen Meeren, die
   Inseln mit von dem Anspielen des Meerwassers entstanden sind, daher auch gemeinhin von der einen Seite, von welcher sie nämlich auf
   diese Weise einen Zuwachs erhalten, steil, von der andern aber sehr   10
   flach sind. Es ist demnach leicht, die Ursache einzusehen, warum die
   größten Inseln am Lande liegen, weil sich nämlich auf dem festen
   Lande und nahe an demselben die höchsten Berge befinden. Und
   diese sind dann auch am ersten im Stande über die Meeresfläche her-
   vorzuragen.                                                            15

   Anmerkung. Die Inseln sind dem oben Gesagten zufolge nichts anderes als Berge, und obwohl einige von diesen auf eben die Art wie jene entstanden sind: so sind doch der Entstehungsursachen bei den Inseln mehrere
vorhanden. Denn außerdem, daß mehrere von ihnen durch vulcanische Ausbrüche erzeugt sind, wie nur noch i. J. 1783 die sogenannte neue Insel bei Island,  20
mehrere Inseln im Atlantischen und Mittelländischen Meere, vielleicht Island
selbst; andere durch Wasserdurchbrüche, wie z. B. Sicilien, Helgoland und mehrere
Inseln des Mittelländischen Meeres und des Archipelagus, noch andere durch
Überschwemmungen des Meeres, wie z. B. die Inseln am Ausflusse mehrerer
Ströme, und wahrscheinlich einige der Philippinen: so sind dagegen endlich auch   25
einige nichts anders als ein Polypenproduct, und zwar der sogenannten Corallen-
polypen oder Lithophyten. Mehrere auf diese Art entstandene Inseln sind uns
bereits im Südmeere bekannt, und wahrscheinlich ist die Zahl der uns noch
unbekannten bei weitem größer. S. Forster Bemerk. auf seiner Reise um
die Welt. Berl. 1783. S. 126. Die Inseln dieser und der vorgehenden Arten   30
zählt Fabri in seiner Geistik, S. 41. u. w. sehr umständlich auf. Als eine eigenthümliche Art von Inseln verdienen beiläufig noch die sogenannten Schwimm-
brüche oder schwimmenden Inseln bemerkt zu werden, die aus einer torfigen,
mit Wurzeln untermengten Grundlage bestehen, und fast allein nur in Land-
seen angetroffen werden, z. B. im See Bamtin bei Gerdauen in Ostpreußen, bei   35
Tivoli im Lago di bagni oder Solfatara, und im See Ralangen in Schweden.
Die Dauer dieser Inseln ist sehr precär und hängt von mehreren zufälligen
Umständen ab.

## §. 40.

Bänke sind nichts anders als Inseln, die mit Wasser bedeckt sind, und Bänke, die hervorragen, sind Inseln oder mit andern Worten: Bänke sind Erhöhungen unter dem Wasser über dem Boden des Meeres. Es sind daher auch überall, wo sich dergleichen befinden, Untiefen vorhanden. Unter den Bänken unterscheidet man Fels= und Sandbänke. Die Untiefen sind aber den Schiffern zuweilen schädlich, zuweilen nützlich. Der erste Fall findet statt, wenn die Schiffe der Untiefen wegen müssen sitzen bleiben, der letztere aber, wenn sie die Untiefen zum Ankerwerfen brauchen können, denn zu einem guten Ankergrunde ist erforderlich:

1. daß das Tau des Ankers den Grund erreichen könne und daß das Schiff von ihm nicht aller Bewegung beraubt werde, folglich, daß das Seil eine schräge Lage bekommen könne und das Meer nicht gar zu tief sei; ferner, daß das Seil nicht zu schräg liege und das Schiff durch das viele Herumschleudern nicht Schaden leide, folglich muß das Wasser nicht gar zu niedrig sein, d. h. eine Tiefe von ungefähr 10 bis 12 Faden haben;

2. daß der Boden selbst weder sumpfig noch voll kleiner Steine sei, oder gar aus Flugsand bestehe, sondern daß er entweder groben Sand oder eine gute Thonerde habe, denn in jenem ersten und letzten Falle sinkt der Anker zu tief hinein, daß er gar nicht oder nur mit großer Mühe wieder in die Höhe gezogen werden kann; im zweiten Falle aber zerreibt sich das Tau an den kleinen Steinen, wodurch das Schiff den Wellen und dem Sturme würde Preis gegeben werden.

In Europa ist die Doggersbank die größte, auf der auch starke Fischereien getrieben werden. Die merkwürdigsten Felsbänke sind: die bei Terreneuve, welche an hundert Meilen lang ist, und auf der ein großer Kabliau= und Stockfischfang stattfindet. (Überhaupt wird fast auf allen Bänken ein lebhafter Fischfang getrieben, indem sich die Fische nicht gern auf dem Boden des Meeres aufhalten, sowohl, weil es im Grunde des Meeres sehr finster ist, als auch, weil in der Höhe eine gemäßigte Kellerwärme angetroffen wird: so daß man die Angel nur hineinwerfen und augenblicklich wieder herausziehen darf, um die besten Thiere dieser Fischart zu erhalten). Jene Bank ist schon in beträchtlicher Entfernung wahrzunehmen, weil die Wellen von den Felsen zurückgeschlagen werden und in Unordnung gerathen. Auch befindet sich über ihr ein sehr kalter Nebel. Die Ursache davon ist unbekannt, wenn sie nicht die oben bereits erwähnte allgemeine Ursache sein sollte.

Ferner gehört diejenige Felsenbank hierher, auf der die Maldivischen Inseln ruhen, deren Anzahl sich auf mehrere Tausende beläuft, woher sich die maldivischen Könige Herren der tausend Inseln nennen lassen. Einige Straßen zwischen diesen Inseln sind so beschaffen, daß man sie gar nicht zu passiren im Stande ist.

Die vornehmste dieser Inseln ist: die Insel Male.

Die berühmtesten Sandbänke sind die Dünen, an den englischen Küsten. Schon ihre Gestalt weist es aus, daß sie vom Anspielen der Meerströme entstanden sind.

Rheden nennt man endlich die Sandbänke, welche sich an den Häfen befinden und zu ihrer Deckung dienen.

Auch haben wir die sogenannten Austerbänke, Korallen= und Muschelbänke zu merken, auf welchen letztern die stärkste Perlenfischerei getrieben wird. Die vorzüglichsten der Art befinden sich im Rothen Meere.

## §. 41.

Bei der natürlichen Anlage des festen Landes sind drei Stücke vornehmlich zu merken:

1. Die Landrücken,
2. Die Bassins und
3. Die Platteformen.

Ein Landrücken ist derjenige Ort, an dem sich die höchste Gegend des Landes befindet. Er ist gemeiniglich das Fundament von Bergen, doch findet man ihn auch öfters mit keinen Bergen in genauerem Zusammenhange. Ein allgemeines Kennzeichen, solche Landrücken zu unterscheiden, ist, daß sich auf ihnen die Flüsse nach allen Gegenden ausbreiten oder scheiteln. Man hat angemerkt, daß dergleichen Landrücken sich bemühen, Länder in Bassins abzutheilen und einzuschließen. Insbesondere ist dieses da zu merken, wo die politischen Grenzen mit den physischen übereinkommen. Böhmen ist ein Land dieser Art. Es erhält all sein Wasser von den herumliegenden Bergen, die es einschließen, und dieses Wasser wird wieder durch einen Kanal, die Elbe, abgeführt, so daß, wenn diese Öffnung zum Abflusse verstopft würde, Böhmen ein Wasserbehältniß werden müßte. Die Elbe ist gleichsam ein Stamm, der aus den mancherlei Wurzelabtheilungen der Flüsse, die in Böhmen entspringen, erzeugt wird. Es sind auch vermuthlich in alten Zeiten die physischen Grenzen besser mit den politischen zusammengetroffen, ehe noch die vielfältigen Kriege entstanden, die als eine Folge der überschrittenen physischen Grenzen anzusehen sind.

5  Alle Länder scheinen anfänglich Bassins oder Becken gewesen zu sein, aus denen sich späterhin das Wasser in den Ocean ergossen hat. Die Busen sind ebenfalls Bassins, von denen indessen ein Theil eingesunken ist. Der Ocean ist das größte dieser Bassins, welches von Afrika, Amerika und durch eine Reihe von Bergen, die, wie der berühmte französische Geo-
10 graph Buache bemerkt, unter dem Wasser von Amerika bis Afrika fort-gehen, eingeschlossen wird. Die sogenannte Wüste Sahara ist eine Platte-form von der Größe unsers Welttheils. Alle Sandwüsten sind dergleichen Platteformen, so wie diese umgekehrt meistens Sandwüsten sind.

 Anmerkung. Die Land- oder Erdrücken sind gewöhnlich in der Mitte
15 des Landes befindlich, und von ihnen senkt es sich allmählig immer tiefer nach dem Meere herab. Diese Herabsenkung des Landes nennt man Gesenke oder Abdachung und ihre Beschaffenheit und Richtung ergiebt sich aus dem Laufe der Flüsse. Eine Platteform oder ein Plateau oder Bergebene ist im Grunde nichts anders als ein solcher Bergrücken, insofern er bloß aus einer Erhöhung,
20 nicht aber aus einem eigentlichen Gebirge besteht. Die bekannten Landrücken und Bergebenen sind:

 In Europa die Schweizer Alpen.

 In Asien vorzüglich die Gegend von Tibet.

 In Amerika der Landstrich unter dem Äquator und nach den westlichen
25  Küsten.

Man vermuthet aber mit größter Wahrscheinlichkeit nicht nur in dem Innern von Afrika, etwa um den 10ten bis 15ten Grad nördlicher Breite, sondern auch in Nordamerika und sogar in Europa, etwa in der Gegend, wo der Don und die Wolga entspringen, noch andere ähnliche Landrücken und Bergebenen.

30        §. 42.

 Berge sind Erhöhungen über die Oberfläche der Erde. Sie sind vermuthlich durch die vielen Brüche, die auf der Oberfläche der Erde ent-standen sind, erzeugt worden. Wie denn auch noch jetzt im Kaukasischen Gebirge viele Berge, die aus einer thonartigen Materie bestehen, zum
35 Vorschein kommen, die aber, weil die Natur mehrentheils zu ihrer Reife gediehen, eine solche Härte nicht erlangen können als die übrigen Berge,

die aus ihrem flüssigen Zustande in ihren gegenwärtigen übergegangen sind.

Die Berge bestehen entweder aus einem ewigen Steine, welches die Felsberge sind, oder aus Erde und Sand, welche Sandberge heißen.

Wenn sich viele Berge beisammen befinden, so nennt man sie ein Gebirge. Wenn aber ein solches Gebirge in einer immerwährenden Linie, sie mag gerade sein oder krumm, fortläuft, so heißt es eine Bergkette. Es besteht aber eine dergleichen Bergkette aus einem Stamme und aus Ästen. Der Stamm der Berge ist derjenige Ort, an dem viele Berge beisammen stehen. Äste aber sind Berge, die nur aus dieser Linie entspringen und eine andere Richtung nehmen.

Die Schweiz scheint der eigentliche Stamm aller Berge in Europa zu sein. In Schweden zingelt sich gleichsam eine Bergkette um das ganze Land, von welcher viele Äste ausgehen, zwischen denen die Flüsse, als welche von den Bergketten und Landrücken herabfließen und von den Bergen zur Seite mehr Zuwachs erhalten, sich nach dem Finnischen Meerbusen ergießen. Eine andere Bergkette erstreckt sich von dem Cap Finisterre bis zu den pyrenäischen Gebirgen, von da zu den Alpen und so weiter fort. — Eine andere Bergkette umgiebt das halbe Amerika. Noch eine anderweitige schließt einen großen Theil von Rußland und das Eismeer ein. Überhaupt findet man niemals einen Felsberg ganz allein, sondern beständig mehrere derselben beisammen. Diese werden gegen das Meer hin immer niedriger, und auf einer etwas großen Insel trifft man jederzeit, wenn sie länger als breit ist, eine der größten Länge nach fortlaufende Bergkette an, wie z. B. namentlich in Sumatra, oder, wenn sie gerade so breit ist als lang, in der Mitte einen Stamm von Bergen, dessen Äste sich nach allen Seiten gegen das Meer erstrecken. Die Erde, welche sich auf verschiedenen dieser Felsberge findet, scheint nur zufällig dahin gekommen zu sein, weil man unter ihr Bäume, Muscheln und andere Dinge der Art antrifft.

Anmerkung. Der Zusammenhang der Gebirge in den außer-europäischen Welttheilen ist uns noch sehr unbekannt. Am bekanntesten indessen in Asien. Was Europa selbst betrifft: so ist zum Theil schon vorhin erwähnt, daß man hier zwei Gebirgketten oder Hauptstöcke der Gebirge, eins in der Schweiz, das andere da, wo der Don, die Wolga und der Dnjepr entspringen, anzunehmen hat. Jener erste befindet sich innerhalb den Quellen des Rheins, der Rhone, der Aare und Etsch, bildet demnach den Mittelpunkt der Alpen,

die sich eines Theils südlich zum Mittelländischen Meere, dann neben diesem
östlich mit nachheriger südlicher Abbeugung als das Apenninische Gebirge, durch
Italien erstrecken; andern Theils nördlich in dem Jura- und Vogesischen Gebirge auf der linken Seite des Rhein, in den Sevennen, den Pyrenäen und
einigen Zweigen dieser letztern, bis zum Atlantischen Meere hinlaufen. Ein
anderer nördlicher Arm der Alpen bildet den Schwarzwald, das Fichtelgebirge,
das Thüringerwaldgebirge und geht endlich in die nördlichste Spitze dieser
Kette, den Harz, hinaus. Nebenarme sind vom Fichtelgebirge her der Böhmer-
wald, das Erzgebirge, das Sudetengebirge, die mährischen Gebirge und die
Karpaten. Ein östlicher Gebirgstrich der Alpen endlich läuft durch das südliche Deutschland hin und theilt sich dann in drei Arme, deren einer sich nordöstlich den Karpaten nähert, der andere aber in Südost, neben dem Adriatischen
Meere, durch Griechenland bis zur äußersten südlichen Spitze von Morea hin-
streicht und von dem das Gebirge Rhodope, Pangäus und der Hämus wieder
Nebenäste sind. Der dritte Arm breitet sich gleichfalls bis in die Nähe der
Karpaten nordwärts aus.

Der zweite Hauptkern der europäischen Gebirge erhebt sich nördlich in
das zwischen Rußland und Schweden, dann zwischen diesem Lande und Norwegen hinlaufende Sewogebirge, welches eben dasjenige ist, von dem vorhin
gesagt wurde, daß es Schweden einzingele. Ein zweiter Arm wendet sich
südlich zwischen dem Don und der Wolga gegen das Kaukasische Gebirge. Ein
dritter Arm dehnt sich in Nordosten unter dem Namen des Uralgebirges als
Grenze zwischen Asien und Europa hin. Westlich endlich nähert sich noch ein
Arm, nicht sowohl von Gebirgen, als vielmehr in einem Landrücken, dergleichen
jener Gebirgstamm selbst ist, den Karpaten.

Über den Gebirgszusammenhang haben sich vorzüglich folgende Schriftsteller ausgebreitet: Buache in den Mémoires de l'Académie des
sciences. Paris 1752. Gatterer im Abrisse der Geographie. Götting.
1778. 2 Th. Einleitung, und Fabri in der Geistik. S. 95. u. f.

## §. 43.

Folgende Betrachtungen sind in Betreff der Berge vorzüglich merkwürdig.

1. Es soll die obere Luft auf Bergen wegen ihrer verringerten Dichtigkeit nicht bequem zum Athemholen sein. Allein seitdem mehrere Mitglieder der ehemaligen Akademie der Wissenschaften zu Paris sich
über drei Wochen lang auf den höchsten Bergen in Peru und der
Erde aufgehalten haben, obgleich die Luft daselbst noch einmal so
dünn als in Paris war, so daß sie das Quecksilber nur um 14" er-

hob, da es doch zu Paris auf 28″ stieg: so glaubte man eingesehen zu
haben, daß die Schwierigkeit Athem zu holen, sowohl in der Bangig=
keit, die man empfindet, wenn man an die Rückkehr denkt, als auch
in der Structur der Muskeln, die durch die viele Bewegung und das
Anspannen der Lunge angegriffen werden, liege.  Daß der beschwer=  5
liche Athemzug nicht sowohl aus der Dünnigkeit der Luft, als viel=
mehr von der Ermüdung herrühre, hat man auch daraus schließen
wollen, daß man die Adler, die doch von der Luft müssen getragen
werden, noch über den höchsten Bergen fort fliegen sah.  Die dünnere
Luft ist vielmehr eine Quelle der Munterkeit.                       10

2. Sollen die Leute, die um und auf den Bergen wohnen, sehr stark
und tapfer sein und auf alle Weise ihre Freiheit zu behaupten suchen.
Allein dieses rührt wohl vornehmlich daher, weil es in dergleichen
Gegenden sehr leicht ist, sich mit wenigen Leuten gegen große Heere
zu vertheidigen, und weil ferner die Berge auf ihren Spitzen unbe=  15
wohnt und unbewohnbar sind, auch in den Thälern weniger Reich=
thümer zu hoffen sind, sich also Niemand so leicht nach einem Aufent=
halte in solchen Gegenden sehnt.  Auch ziehen die Bewohner von der=
gleichen Gebirgländern beständig umher.  Diejenigen Völker, welche
von Pflanzen leben, sind am freiesten, weil sie solche überall vorfin=  20
den.  Diejenigen, welche von Pferden und von der Milch derselben,
wie die Tataren, ihre Nahrung hernehmen, folgen zunächst nach
ihnen.  Weniger frei aber sind diejenigen, die von Hausthieren und
der eigentlichen Viehzucht leben.  Und die größten Sklaven von allen
sind endlich solche Völker, die den Ackerbau treiben, indem sie nicht  25
überall ein dazu bequemes Land antreffen.

Demnach scheint es denn, daß der besondere Charakter der Be=
wohner bergichter Gegenden nicht sowohl in der eigenthümlichen Be=
schaffenheit der hier herrschenden Luft liege.  Der merkliche Unter=
schied zwischen den Bergschotten und Engländern und den Einwoh=  30
nern der flachen Gegenden Schottlands rührt aber daher, weil letztere
sehr weichlich erzogen werden.

3. Soll die Luft in dergleichen bergichten Gegenden die Ursache von dem
Heimweh, namentlich der Schweizer sein, indem diese, wenn sie in
andere Länder kommen, besonders bei Anhörung ihrer Nationalge=  35
sänge, melancholisch werden, ja, wenn man ihnen nicht erlaubt, in
ihre Heimath zurückzukehren, dahin sterben.  Allein dieses rührt her,

theils von der Vorstellung der Leute, welche sie sich von der Gemüths=
ruhe machen, welche, wie in allen Ländern, wo die Einwohner in
mehrerer Gleichheit leben, so auch vorzüglich mit in der Schweiz, die
Menschen beseelt, die sie denn auch nur da, und nirgend anders als
auf ihrem vaterländischen Boden antreffen zu können glauben. Ein
anderer Grund dieses Heimwehs besteht in dem größern Kraftauf=
wande, den dergleichen Leute ihres Unterhaltes wegen bei sich müssen
eintreten lassen. Dieses ist auch die Ursache von dem Heimweh der
Pommern und Westphäler. Es soll auch in keinem Lande der Selbst=
mord so gewöhnlich sein als in der Schweiz, obwohl derselbe übrigens
mehr die Reichen anzuwandeln pflegt; die Schweizer dagegen sind
mehrentheils arm. Indessen will man bemerkt haben, daß die Selbst=
mörder in der Schweiz hauptsächlich nur solche Leute sind, die bereits
in andern Ländern gewesen und an den Ergötzlichkeiten derselben Ge=
schmack gefunden haben, und die sich des Lebens eben deshalb be=
rauben, weil sie in ihrem Vaterlande jene Vergnügungen entbehren
müssen. Diese Veränderung in ihnen selbst ist auch Ursache da=
von, daß sie alle einmüthig ihr Vaterland nicht so bei ihrer Rückkehr
wiedergefunden zu haben versichern, als sie es verließen. Sie halten
also die Veränderung ihres Subjects für eine Veränderung des Ob=
jects, weil sie die des erstern nicht wahrzunehmen im Stande sind.

Das Heimweh der Schweizer ist eine Sehnsucht oder ein Be=
streben mit dem Bewußtsein der Unmöglichkeit. Es ist immer besser,
gar keine Hoffnung zu haben als eine ungewisse; denn in jenem Falle
hegt man weiter keine Sehnsucht, sondern bemüht sich seinem Ge=
müthe die Situation eigenthümlich zu machen, in der man nichts
mehr zu hoffen hat. Eben daher ist aber nichts beschwerlicher als
Anstrengung der Kräfte mit dem Bewußtsein der Unmöglichkeit einer
Erreichung des Zweckes. Das Heimweh findet besonders statt, wo
es schlechte, von der Natur wenig bedachte Gegenden giebt; denn je
größer die Simplicität des Lebens ist, desto stärker ist der Affect des
Gemüthes und der Begierden. Die Unzufriedenheit nimmt mit den
letztern zu, besonders wenn man sich einer bessern Lebensart erinnert,
oder sieht, wie es an andern Örtern so um vieles besser ist. Die Fa=
milienanhänglichkeit ist größer, je dürftiger die Familie ist und je
bedeutender die Entsagungen sind, die die Natur ihr aufgelegt hat.
Je mehr man dagegen mit eigenem Interesse belastet ist, welcher

Fall bei dem Luxus eintritt, um so weniger hängen die Menschen zu=
sammen.

4. Wenn man für die Höhe der Oberfläche der ganzen Erde die Höhe
des Meeres annimmt: so ist es sehr leicht, die Höhe der Berge ver=
mittelst der Trigonometrie zu finden. Liegen sie indessen in weiter
Entfernung von dem Meere: so kann solches, der vielen möglicher
Weise einschleichenden Fehler wegen, nicht so leicht geschehen.

Wenn man daher bemerkt, daß die Dichtigkeit der Luft mit ihrer
Höhe von der Erde abnimmt, weil sie in den obern Gegenden nicht
von einer solchen Luftmasse gedrückt wird als in einer größern Tiefe,
und daß demnach in einer Erhöhung von 70 Fuß die Dichtigkeit
der Luft um eine Linie abnimmt: so hat Bernoulli die Höhe der
Berge durch das Barometer, welches ein Instrument ist, die Dich=
tigkeit und Schwere der Luft zu finden, zu calculiren angefangen.
Allein man fand späterhin, daß die Dichtigkeit und Schwere der Luft
nicht nach einem bestimmten Gesetze abnehme, dergestalt, daß wenn
gleich die obere Luft an die Stelle der untern gebracht und mit einem
gleichen Gewichte beschwert würde, sie dennoch keine solche Dichtigkeit
wie die letztere erhalten würde. Mariotte meint zwar, daß so viel
der Luft an Dichtigkeit abginge, als sie an elastischer Kraft einen
Zuwachs erhalte, indem die Theile der Erde, die sich in Dünste ver=
wandeln und in der Luft, die unten ist, sich aufhalten, eine stärker
anziehende Kraft haben und die Lufttheilchen mehr im Zwange er=
halten. Es fand sich aber, daß auch dieses Gesetz nicht anpassend
war. Dieses sind nun die Schwierigkeiten, die eine hierauf gegrün=
dete Messung der Berge sehr unsicher machen. Die beste Methode ist
die, zu gleicher Zeit auf der Höhe des Berges und am Ufer des
Meeres Beobachtungen anzustellen, und durch eine Vergleichung der=
selben mit einander die Höhe der Berge herauszubringen.

5. Der Pico auf Teneriffa ist einer der berühmtesten. Seine Höhe be=
trägt nach Einigen 12420, nach Andern 10452 Fuß. Er wirft seinen
Schatten weiter als die Tangente, das ist, über 12 Meilen, und die
Luft in dieser Gegend hat ein sehr dunkles Ansehen von der Repercuti=
rung des Schattens.

6. Eine Reihe von Bergen hat fast jederzeit eine andere solche Reihe
gegenüber. Die vordersten Gebirge nennt man Vorgebirge, die
gewöhnlich aus unordentlich über einander geworfenen Steinen be=

stehen. Die nächstfolgende Gebirgreihe heißt das mittlere und eine dritte endlich das Hauptgebirge. Das Mittelgebirge ist mehrentheils metallartig, und das Hauptgebirge besteht fast nur aus Stein. Auf der andern Seite aber gehen sie auf die nämliche Art fort.

7. Isolirte Berge haben allezeit ein fürchterlicheres Ansehen als ganze Gebirge, weil die vordersten Gebirgsreihen am niedrigsten sind, und die erst nachfolgenden höhern, weil sie von jenen gedeckt werden, nicht gesehen werden können.

Anmerkung 1. Manche Reisende haben starke Schilderungen von dem beengten Gefühl entworfen, das ihnen auf hohen Bergen soll angewandelt sein. Wirklich ist die Dichtigkeit der Luft in größern Höhen vermindert, und daß ein kleiner Theil jenes Gefühls davon herrühren mag, kann immer seine Richtigkeit haben. Aber Erfahrungen der Art, während einer oder doch nur weniger Stunden, nur ein oder ein paar Mal angestellt, entscheiden darüber nichts, weil der seltene Eindruck und die Größe des Anblicks unter solchen Umständen unfehlbar auch, und wahrscheinlich am stärksten, jene Bangigkeit zu erregen im Stande sind. Daß die Bergluft übrigens reiner und gesunder ist als unter gleichen Umständen die Luft in ebenen Gegenden, ist durch die Erfahrung vielfach bestätigt. Da hier aber der wirkenden Ursachen mehrere sind: so bleibt es immer noch auszumitteln übrig, welchen Antheil die größere Dünnigkeit der Luft daran habe.

Anmerkung 2. Ist es eine unleugbare, vielfach bestätigte Erfahrung, daß Gebirgsbewohner sich durch Muth auszeichnen: so dürfte davon wohl nur wenig auf Rechnung der Luft zu setzen sein. Der meistens undankbare Boden auf Gebirgen, man denke nur an den Kaukasus und seine Bewohner, zwingt die, welche auf ihm leben, zu den thätigsten Anstrengungen, sich ihre Lebensbedürfnisse zu verschaffen. Die Kärglichkeit dieser letztern und daher entstandene Zwistigkeiten und Kriege nöthigen jene Leute, fast allein nur und unablässig sich in einer gewissen Körperthätigkeit zu erhalten. Das macht sie fest und robust. Die Beschränktheit ihrer Wünsche und Bedürfnisse aber, so wie das Gefühl, daß man nur sich, was man hat, zu verdanken habe, geben, vereinigt mit dem erstern, Selbstvertrauen und Muth.

Anmerkung 3. Wollte man annehmen, daß bloß die Schweizer am Heimweh leiden, von denen dies auch mehr in Rücksicht auf die ältern Zeiten als in Beziehung auf die Gegenwart gilt, seitdem ihr Verkehr nicht ausschließlich mehr auf ihre Berge und Thäler eingeschränkt ist: so würde man sehr irren, sondern, je ärmlicher das Land, je beschwerlicher die Erhaltung des Lebens, je entfernter die Sitte vom Luxus ist, um so stärker ist die Sehnsucht nach der Heimath bei seinen entfernten Bewohnern. So lernte Frau v. la Roche bei ihrem Aufenthalte zu London daselbst einen jungen gebildeten Isländer kennen, dessen Verlangen nach seinem armseligen Vaterlande in eben dem Verhältnisse sehnlicher war, je rauschender die Vergnügungen und Zerstreuungen jener Hauptstadt des britischen Reichs sind. So war der Wunsch in ihre Heimath zurückzukehren bei allen denjenigen vorzüglich stark, die man als Außer-Europäer oder sogenannte Wilde mitten in den sinnlichsten Genuß unsers Erdtheiles einführte. Selbst von dem als Negerknabe geraubten, in Holland durch seine Gelehrsamkeit berühmt gewordenen Capitän ist es sehr wahrscheinlich, daß die Sehnsucht nach seiner Heimath ihn in Europa unsichtbar machte.

Das Bedürfniß treibt in unfruchtbarern Gegenden die Menschen näher aneinander, und hört dieses Bedürfniß auch als Noth auf: so wirkt es, ist es einmal herrschend geworden, doch mit Allgewalt und stärker als jede andere Neigung. Welche weise Einrichtung der Natur! Ohne sie würden jene öden Gegenden bald ganz verlassen und höchstens der Nothaufenthalt nach erlittenem Schiffbruche sein.

Anmerkung 4. Der erste, der das Barometer zu Höhemessungen anwandte, war Pascal in der Mitte des siebenzehnten Jahrhunderts. Mariotte und Boyle stellten etliche und zwanzig Jahre darauf das unter dem Namen des erstern bekannte Gesetz auf, daß die Dichte der Luft sich wie der Druck verhalte, den sie trägt. Nach seinen Bemerkungen sollte das Barometer bei einer 63 Fuß größern Höhe um eine Linie fallen. Nach ihm stellten Halley und Scheuchzer Versuche der Art an. Horrebow und de la Hire wollten beobachtet haben, daß zu dem Falle des Quecksilbers von einer Linie eine Erhebung von beinahe 75 Fuß erforderlich sei. Weil die bisherige Regel so oft fehlerhaft befunden wurde, glaubte Bouguer die specifische Federkraft der Luft in Anschlag bringen zu müssen, der zu Folge verschiedene Luftarten bei gleicher Wärme und Dichtigkeit dennoch einen verschiedenen Widerstand leisten. Bernoulli stellte den Satz auf, die drückende Kraft verhalte sich, wie das Quadrat der Geschwindigkeit der innern Bewegung der Lufttheilchen, mit dem Raume dividirt. Cassini nahm an, die Dichte der Luft verhalte sich wie das Quadrat des Druckes. Die neuesten Untersuchungen über diesen Gegenstand verdanken wir de Luc und Lichtenberg, so wie prüfende Versuche in Bezug hierauf vorzüglich dem unermüdeten Saussüre. Das Ausführlichere hierüber findet man bei Gehler a. a. O. Artic. Barometrische Höhenmessungen. Daß die bisherigen Höhemessungen vermittelst des Barometers so verschieden ausfielen, davon liegt die Ursache wohl darin, daß die Dichte der Luft an einem und demselben Orte und bei einerlei Wärme der Barometerhöhe nicht proportional ist. Dem zufolge wird es erforderlich, die vorhandene Dichte durch unmittelbare Abwägung, am besten vermittelst der Gerstnerschen Luftwage, zu bestimmen.

## §. 44.

Die Luft auf den Bergen ist weit kälter als die in den untern Ge=
genden, so daß das beständige Eis und der immerwährende Schnee Kenn=
zeichen der höchsten Berge sind.

5     In der Höhe von etwa einer Viertelmeile und drüber ist keine Ab=
wechselung der Witterung mehr, sondern ein beständiger Winter. Hier=
aus ersieht man, daß die Masse der Wärme nicht eigentlich durch die
Sonnenstrahlen, sondern vielmehr durch die Erregung der Erdenwärme
vermittelst jener hervorgebracht werde. Eine solche Erdwärme scheint
10 eigenthümlich der Erde zuzukommen, weil man es in der Tiefe, in die man
bisher gegraben hat, und zu welcher die Sonne nicht durchdringen kann,
noch allezeit warm findet. Die Wärme wird der Luft in eben der Art
mitgetheilt wie die elektrische Materie den Federn. Sie scheint sich nach
dem Cubus diametrorum auszubreiten und eine feine und subtile Materie
15 zu sein, die in alle Körper eindringt und mit der elektrischen ungemein
übereinkommt, außer daß durch diese letztere Materie Wirkungen ent=
stehen, wenn sie in eine zitternde Bewegung geräth, die Wirkungen des
Feuers oder der Wärme aber alsdann entstehen, wenn sie sich von einem
Partikelchen aus dem andern mittheilt und in ihn übergeht.

20     Perrault merkt an, daß es alsdann warm sei, wenn die Dünste ihre
Figur und Form nicht verändern. Das Fahrenheit'sche Thermometer
zeigt die Wärme bei dem Siedpunkte des Wassers durch den 212ten Grad,
den Grad der Wärme des Blutes unter dem 96sten und die höchste
Sommerwärme mit dem 70sten Grade an.

25     Daß die Kälte der Luft und der hohen Berge aus dem Mangel von
Erdwärme entstehe, erhellt daraus, daß im Sommer auf den höchsten
Bergen der obere Schnee liegen bleibt, der untere aber wegschmilzt. In
der sogenannten heißen Zone erheben sich große Berge und auf deren
Spitze ein ewiges Eis. Es wird also die Wärme in jenen Gegenden nicht
30 so stark sein können, als sie beschrieben wird, ja, nicht einmal so groß als
in den längsten Tagen innerhalb der temperirten Zonen, weil die Sonne
daselbst länger über dem Horizonte bleibt als in dem heißen Erdgürtel,
wo die Nacht beständig zwölf Stunden lang ist, es sich also dort auch eher
abkühlen kann als in den gemäßigtern Erdstrichen, wo die Nächte während
35 des Sommers so überaus kurz sind. Es wird aber ferner auch dies, daß
die Hitze im Sommer nicht unmittelbar von den Sonnenstrahlen herrühre,

dadurch dargethan, daß die Wärme, selbst in den längsten Nächten, nie=
mals ganz verschwindet.

Die größte Wärme findet nicht um Mittag statt, sondern erst bald
nach dem Mittage, obgleich die Sonne dann schon etwas schwächer als
im erstern Zeitpunkte wirkt. Allein die Aufbehaltung der eigentlichen 5
Mittagswärme in Verbindung mit dem Zuwachse, den sie noch nachher
erhält, bildet die größtmöglichste Wärme. Daher auch die heißeste Zeit
im Jahre nicht die während des Solstitii ist, ungeachtet die Sonne als=
dann vermittelst ihrer vertical herabfallenden Strahlen am stärksten wirkt.
Vielmehr tritt diese erst nach demselben ein, wenn die vorige schon in der 10
Erde erregte Wärme noch durch die nachfolgende, wenn gleich geringere,
verstärkt wird. Wo aber Eis und Schnee vorhanden sind, da kann keine
besonders fühlbare Wärme aufbehalten werden, sondern diese ist an solchen
Örtern nur in so fern vorhanden, als sie eine Wirkung der Sonne ist.

Dieselbe Bewandtniß hat es mit der Kälte, die nicht um Mitter= 15
nacht, sondern um die Zeit des Sonnenaufganges am stärksten ist, weil
dies der von der durch die Sonnenstrahlen erregten Erdwärme entfernteste
Zeitpunkt des Tages ist.

Linné meinte, das Paradies möge auf einer Insel des heißen Erd=
gürtels gelegen gewesen sein, da alles übrige Land von dem uralten Meere 20
überströmt war. Sein Grund ist der, weil auf den dortigen hohen Bergen
alle verschiedene Klimate, am Ufer des Meeres nämlich der heiße, um
die Mitte der Berge der gemäßigte und oben auf der Spitze der kalte Erd=
strich, wären anzutreffen gewesen, daher sich da auch alle Arten der Thiere
und Pflanzen hätten aufhalten können. Einen Beweis für diese Hypo= 25
these nimmt er daraus her, daß, wie er behauptet, an den Ufern von
Schweden das Wasser immer niedriger werde, es also auch bis dahin ge=
sunken sein müsse und ferner noch in der Art sinken werde, daß kein
Wasser mehr werde zu sehen sein. Da nun der Landrücken des heißen
Erdgürtels am höchsten liegt: so müsse dieser auch, als das Wasser zu 30
sinken begann, zuerst hervorgetreten sein.

Der Schnee kommt aus einer Höhe von etwa 12000 Fuß herunter.
Wenn man also weiß, um welche Zeit der Schnee in einem Lande schmilzt:
so kann man ungefähr auch auf die Höhe eines dortigen Berges schließen.

Es rührt aber die Kälte auf den hohen Bergen auch nicht daher, 35
weil die Strahlen, die von den umliegenden Gegenden zurückgeworfen
werden, nicht auf sie fallen können. Denn die Gegend von Quito in Peru

ist so beschaffen, daß sie mit allem Recht für einen Berg gelten kann, in=
dem sie gegen achtehalbtausend Fuß über dem Meere und zwischen zwei
Reihen von Bergen liegt, also als weites und hohes Thal angesehen wer=
den kann. Obgleich nun hier die Strahlen von unendlich vielen Gegenden
5 zurückgeworfen werden und auf diese Landschaft fallen, so ist es in ihr
dennoch weit kälter als in den tiefer unten, obgleich dicht neben ihr
gelegenen Gegenden, daher ihre Einwohner auch eine weiße Farbe
haben.

    Anmerkung. Die Wärme haben wir eigenthümlich als Bedingung der
10 Ausdehnung für jeden Körper zu betrachten. Nirgend fehlt sie ganz. Wo sie
fehlte, könnte keine Organisation stattfinden; es wäre da eine gänzliche Aufhebung
alles Organism. Und weil es keinen streng unorganischen Körper giebt: so wür=
den wir uns bei der Annahme eines überall vorhandenen gänzlichen Mangels an
eigener Wärme, welcher eintreten müßte, wenn wir sie als etwas bloß von außen
15 her Gewirktes betrachten wollten, in die Nothwendigkeit gesetzt sehen, einen Nihi=
lismus anzunehmen, dem Vernunft und Erfahrung widersprechen. Die Wärme
ist also allein etwas Positives, wie das Licht, und Kälte wie Finsterniß sind bloß
Namen für den scheinbaren Mangel jener. Damit aber kann eine von außen her
bewirkte größere oder minder bewirkte Erregung sehr gut bestehen, und daß diese
20 vermittelst der Sonnenstrahlen vorzüglich hervorgebracht werde, ist ganz unleug=
bar. Ob zu diesem Endzweck eine besondere Art der Strahlen von der Sonne
aus auf die übrigen Weltkörper wirke, wie Herschel bemerkt zu haben glaubt,
und ob das Licht wieder durch andere Strahlen, sei es hervorgebracht, oder
bloß, wie die Wärme, erregt werde, müssen wir bis zu näherer Kenntniß der
25 Sache dahingestellt sein lassen. Von der Erregbarkeit der Wärme kann der
Mensch sich durch sich selbst überzeugen, nicht nur durch das Reiben seiner Glieder in
der strengsten Winterkälte, vermittelst welcher sogar Erfrorne wieder in das Leben
zurückgerufen werden, sondern auch durch den leidlichern Zustand, in welchem wir
uns zur Zeit des Sommers befinden, wenn dann auch einmal auf kürzere Zeit
30 das Thermometer zu einem Grade herabsinkt, der bei dem Beginn des Frühlings
uns noch immer zum sorgsamen Heizen unserer Zimmer nöthigen würde. S. Hil=
debrand's Encyklopädie der Chemie. Erlang. 1799. 8. S. 85. u. f.
Schellings Journal der Physik.

    Hildebrand bemerkt demnach sehr richtig, daß wir eigentlich von keinem
35 Körper sagen sollten, er sei warm oder kalt, sondern nur wärmer oder kälter,
weil hier alles auf dem Verhältnisse zu einem andern Körper beruht. Daher der,
welcher aus der freien, strengen Winterluft kommt, ein Zimmer sehr angenehm,
wohl gar warm findet, in dem ein anderer, der sich schon seit einer Stunde darin
befand, herzlich friert.

## §. 45.

In dem heißen Erdſtriche ſchmilzt der Schnee in einer Höhe von 2200 Klaftern, weiterhin in einer Höhe von 12000 Fuß und endlich unter dem Pole vielleicht niemals von der Oberfläche der Erde weg. Es dürfte also der Schnee aus den Wolken, die eben ſo weit von der Erde abſtehen, herunterfallen. Daher Jemand, der ſich auf ſolchen Bergen befände, die Beſchaffenheit des Schnees experimentiren könnte. Auch hat es manche Wahrſcheinlichkeit, daß der Regen im Sommer mehrentheils aus Schnee, wiewohl auch bisweilen aus Regenwolken herabkommt, weil in den obern Gegenden beſtändig einerlei Witterung herrſcht, daher auch der Hagel Schnee zu ſein ſcheint, deſſen obere Rinde abgeſchmolzen iſt.

Weil der Schnee auf hohen Bergen niemals ſchmilzt, ſo haben einige dafür gehalten, daß er ſo alt ſei als die Welt. Allein man hat gefunden, daß derſelbe in vielen und beſondern Schichten hintereinander liegt, davon die erſte am lockerſten iſt, die nachfolgenden aber immer feſter werden. Ja man iſt im Stande, des Schnees jährlichen Zuwachs mit Sicherheit zu erkennen, wie man das Alter des Fiſches aus den Zuſätzen ſeiner Schuppen, die man durch das Mikroſkop gewahr wird, oder das des Hirſches aus ſeinen Enden beurtheilen kann. Er wird aber durch die Erd= wärme aufgelöſt und fließt herunter. Es geſchieht ſelbſt, daß der Schnee, welcher unterhalb auf der Spitze des Berges liegt, ausdünſtet und dieſe Dünſte mitten durch die übrigen Schneepartikelchen fortfliegen. Daraus erſieht man, daß der Schnee auch von den hohen Gebirgen nach und nach verſchwindet und ein anderer an ſeine Stelle kommt.

Öfters geſchieht es, daß außer andern Veranlaſſungen der Schnee auch durch den Staub, den die Luft allezeit mit ſich führt, und der ſich auf ihm anſetzt, auseinandergebracht und heruntergeſtürzt wird, worauf denn in weniger als einer Minute ganze Dörfer vom Schnee begraben daſtehen. Mehrere auf ſolche Weiſe verſchüttete Perſonen ſind oft nach gar langer Zeit wieder aufgefunden worden, und ihrem Anſehn nach hätte man urtheilen ſollen, ſie wären einbalſamirt. Da dieſer trockne Schnee mehrentheils nur von einer dünnen Kruſte zuſammengehalten wird, ſo kann dieſelbe durch einen geringen Zufall, z. E. wenn ſich ein Vogel auf dieſelbe ſetzt, zerbrochen werden, worauf denn die ganze Schneemaſſe der Abſchüſſigkeit des Berges wegen herunterrollt. Dergleichen aus der Höhe von den Gebirgen herabſtürzende Schneemaſſen heißen Lawinen. Aber man unterſcheidet auch hier noch Staublawinen, die nur den Boden der untern Gegend mit leichtem Schnee bedecken, und rollende Lawinen im Stück, welche Häuser, Bäume, kurz Alles, was ihnen im Wege steht, vergraben und umstürzen. Wenn ein Schneepartikelchen sich an das andere anhängt und in Bewegung gebracht wird: so vereinigen sich mehrere mit ihm, welche dann endlich, bevor sie auf die Erde herabkommen, zu einem beträchtlichen Haufen anwachsen.

Die Lawinen der erstern Art sind deshalb übel, weil man ihnen so leicht nicht entgehen kann. Den letztern aber ist man zuweilen noch im Stande, wenn man sie zeitig genug wahrnimmt, zu entkommen, zu welchem Endzwecke man auch in der Schweiz verschiedene Anstalten getroffen, z. E. spitzige und nach einer Seite zu gebogene Bäume gepflanzt hat.

In ein Thal, welches selbst hoch liegt, in dem es folglich auch stark friert, ergießt sich zuweilen von dergleichen hohen Bergen das Wasser. Es gefriert aber bereits, indem es herabfließt. Hieraus entstehen die Eistafeln oder Eismäntel. Unter ihnen befindet sich ein beständiges Wasser, aus dem oft die größten Flüsse, z. E. namentlich der Rhein, ihr Entstehen erhalten. Dergleichen Eismäntel haben öfters eine Dicke von zwanzig Fuß, und innerhalb ihrer befinden sich große Höhlen, in denen es ungemein finster ist.

Das Eis überhaupt aber, welches in den gebirgichten Gegenden der Schweiz angetroffen wird, heißt das Gletschereis. Diese Gletscher haben oft sonderbare Figuren und Gestalten, so daß sie zuweilen das Ansehen gewähren, als wären die Wellen des Meeres im Zustande der Unruhe mit einmal und plötzlich gefroren.

Endlich sind noch die schrecklichen Eisberge in der Gestalt eines Kuchens zu merken, die aus dem Abflusse des Wassers von den großen und ungeheuren Bergen in die zwischen diesen liegenden Thäler entstehen.

Die Wärme wird sowohl auf chemische Weise erregt, wenn man nämlich eine Materie zu der andern hinzuthut, als auch mechanisch, wenn zwei Körper an einander gerieben werden. In eben der Art kann man auch vermittelst eines chemischen Verfahrens Kälte hervorbringen, und zwar in einem Grade, wie sie die Natur nur in den nördlichsten Gegenden und auch da noch immer selten genug erzeugt, d. h. man hat das Quecksilber in der Art zum Gefrieren gebracht, daß es sich hämmern läßt.

Das Aachener Gesundbrunnenwasser, welches sehr heiß ist, muß eben so lange, wenn es gekocht werden soll, über dem Feuer stehen, als wenn es kalt wäre, und wenn es wieder in der Luft abgekühlt werden soll, so

muß es ungleich länger stehen als das gewöhnliche gekochte Wasser, wohl
bis auf 15 Stunden.  Es treffen sich hier also chemische Ursachen vor oder
ein Princip der Gährung der Wärme, welche durch die Luft Nahrung be=
kommt und dadurch die Fermentation befördert.  Eine ähnliche Bewandt=
niß hat es auch vielleicht mit dem Gletschereise, das gleichsam ein Princip 5
der Kälte in sich hat.  Wenn es daher im Wasser soll aufgelöst werden:
so erfordert es eine längere Zeit als jedes andere Eis, weil es alsdann
zum Theil noch immer friert.  Auch ist das Gletschereis vorzüglich hart,
und die Eisberge in der Schweiz haben wie die in Spitzbergen ein bläu=
liches Ansehn, die letztern indessen doch nicht so stark als die erstern.  10

Wenn man ein Stück von diesem Gletschereise herab in das Thal
bringt: so wird es ungeachtet der Wärme nicht aufgelöst, wenn man es
gleich einen halben Tag hindurch im Wasser liegen läßt.  Dieses rührt
vermuthlich von den besondern Bestandtheilen her, die sich in diesem Eise
befinden, wie denn auch Langhanns, ein Landphysicus in der Schweiz, 15
aus dem geschmolzenen und zu Wasser gewordenen Gletschereise, wenn es
sich in die Erde gezogen, einen Spiritus bereitete, der eine empfindliche
Säure bei sich führte, die aber gleich, nachdem man jenen gekostet hatte,
wieder verschwand.

Man kann im Sommer mitten auf dem Felde Eisfelder anlegen, 20
wenn man schichtenweise Eis nimmt und Salz dazwischen streut, es nach=
her aber mit Erde belegt.  Wenn die Sonne dann das Eis zum Schmelzen
bringt: so geräth in diesem Falle das Salz mit dem Wasser in engere
Verbindung, und augenblicklich bildet sich wieder neues Eis.

Hierbei merken wir zugleich die Erdstürze an, welche entstehen, 25
wenn die Flüsse durch ihren Fall die Erde von den Felsen, auf denen sie
ruht, wegspülen.  Hin und wieder aber giebt es Berge, die eine solche
Höhe haben, daß sie füglich mit ewigem Schnee bedeckt sein könnten, wie
z. E. der Pik auf Teneriffa; allein man findet auf ihnen zu keiner Zeit,
oder doch nur dann und wann Eis und Schnee.  Dieses rührt aber 30
von dem starken Rauch und Feuer her, das aus allen dergleichen Bergen
emporsteigt und den Schnee dergestalt fortstößt und mit einem solchen
Stoße herabschleudert, daß er nicht einmal Zeit genug hat, zu schmelzen.
Von der Höhe des Berges Ätna genießt man die angenehmste Aussicht
von der Welt, nicht nur über die Stadt Messina hin, sondern auch über 35
die ganze Gegend und Insel Sicilien.  Die Reinigkeit der Luft auf der=
gleichen Bergen macht auch, daß man den gestirnten Himmel von da aus

weit prachtvoller und schöner erblickt, als man es sich vorzustellen im Stande ist. Meistens sind aber die Einwohner solcher Gegenden wie die am Ätna gegen dergleichen Reize unempfindlich.

Anmerkung. Eisberge und Gletscher sind im Grunde eins und eben-
dasselbe; die beträchtlichsten derselben finden sich in der Schweiz und Tirol, so wie auf Spitzbergen. Für den größten Gletscher hält man den auf dem Bernina in Bünden, welcher gegen eine Meile im Umfange hat, eine Viertelmeile breit und an 6000 Fuß hoch ist. Schmilzt irgend wo von unten her eine Eislage, so bekommen diese Gletscher oft unter donnerähnlichem Krachen breite und tiefe Spal-
ten, die der Gegend unerfahrnen Wanderern oft gefährlich sind, indem sie zuweilen mit einer leichten Schneekruste bedeckt sind und auf die Weise unbemerkbar wer-
den. Das Eis dieser Gletscher aber zeichnet sich nicht bloß durch seine Farbe, sondern auch durch seine Durchsichtigkeit und Härte aus, welche letztere es sogar zum Drechseln geschickt macht. Seine Durchsichtigkeit aber scheint eine Folge des engen Zusammenhanges seiner Theile, also seiner Festigkeit und Härte zu sein.

## §. 46.

Die Gewitterwolken sind mehrentheils die niedrigsten. Daher ist man auf sehr hohen Bergen vor allem Gewitter sicher und frei, und man sieht Blitze unter seinen Füßen, wie sie aufwärts und niederwärts hinfahren. Es sammeln sich die Wolken, wahrscheinlich der in ihnen allen enthaltenen Elektricität wegen, gerne um die Berge her, daher auch der sogenannte Pilatus-Berg seinen Namen Mons Pileatus erhalten hat, indem seine Spitze kegelförmig ist und die Wolken gleichsam den übrigen Theil des Hutes ausmachen. Zwei Engländer bestiegen einen Berg in ihrem Vaterlande, den gerade damals eine Gewitterwolke umgab. Indem sie nun durch dieselbe ihren Weg nehmen wollten, erstickte der eine von ihnen, wahrschein-
lich von den in den Wolken enthaltenen Dünsten. Auch soll ein Gewitter sich deshalb fürchterlicher auf hohen Bergen ausnehmen, weil man sowohl über als unter sich das Blaue des Himmels gewahr wird. Wenn man auf dergleichen Bergen einen Pistolenschuß thut: so giebt dies keinen stärkern Schall, als würde ein Stock zerbrochen. Nach geraumer Zeit kommt er, wenn er von allen Winkeln und Gegenden repercutirt worden ist und ein hundertfältiges Echo zuwege gebracht hat, mit einem erschrecklichen Krachen zurück.

(Beschreibungen solcher von den höchsten Gipfeln der Berge unterhalb erblickter Gewitter findet man in gar vielen Reisebeschreibungen und

Journalen, namentlich auch in des Hrn. O. C. R. Zöllner Wöchent=
lichen Unterhaltungen über die Erde und ihre Bewohner.)

## §. 47.

Höhlen befinden sich nur in Felsbergen, und es giebt ihrer sowohl
natürliche als künstliche. Zu den letztern kann man vorzüglich die so=
genannten Bergwerke zählen. Wenn in diesen Höhlen die Erdschichten
horizontal fortlaufen, so heißen sie Stollen, bei einer verticalen Richtung
aber Schachten. In den Stollen findet man die Bruch= und Marmor-
steine, das Steinsalz und die Steinkohlen in England. Sie sind oft so
groß, daß ganze Städte darin Raum haben würden. In England er=
strecken sich die Steinkohlenwerke bis unter das Meer hin, so daß die größ=
ten Kriegsschiffe über sie fortgehen. Jene Kohlenwerke werden aber von
großen Pfeilern, die aus derselben Materie bestehen, unterstützt. Das
Steinsalz findet man vorzüglich bei Wieliczka im ehemaligen Polen. End=
lich ist zu merken, daß in der Länge, wenigstens bei den Stollen, kein Ende
zu finden ist, wenn man gleich eine Meile weit, wie in Wieliczka, fortge=
gangen ist und die Grenzen von beiden Seiten bestimmt sind. Die Stollen
werden in die Haupt= und Stechstollen eingetheilt. In jenen kommen
alle Stollen zusammen, und sie gehören der Landeshoheit; die andern sind
ein Eigenthum von Privatpersonen. In den Schachten findet man die
Metalle. Das Ende derselben kann man jederzeit, weil sie kegelförmig
zugehen, finden.

Unter den natürlichen Höhlen ist die Martinshöhle in der Schweiz,
wo das Licht zur Sommerzeit gerade in dieselbe fällt, eine andere auf dem
Pilatusberge u. s. w. zu merken. Weil öfters eine Kälte bloß von einem
Winde, welcher Dünste bei sich führt, verursacht wird: so ist es auch kein
Wunder, daß es in diesen Höhlen sehr kalt ist, weil ein beständiger Wind
in ihnen weht. Außer diesen ist noch die berühmte Baumannshöhle wegen
der in Stein verwandelten Tropfen zu merken. Man will in ihr bald
einen Mönch am Taufsteine, an dem viele Pathen gestanden, bald etwas
Anderes beobachtet haben. Es findet sich in dieser Höhle eine Art von
Kalkspat. Weil nun die hineinfallenden Tropfen denselben gleich auf=
lösen, so werden diese, wenn das Wasser abgedunstet ist, versteinert und
pflegen sich mehrentheils gleich dem Eise röhrenförmig zu bilden. Dieselbe
Bewandtniß hat es mit dem Marmor. Wenn nämlich der mineralische
Spiritus bei seiner Erzeugung hinzutritt, so macht er, daß die Farbe des

Marmors höher wird, und ein jeder nach seiner Einbildung bald dieses bald jenes darin wahrnimmt.

Noch ist eine besondere Höhle zu merken, in der viele Namen eingeätzt sind, die nun über dem Steine erhöht stehen. Dieses scheint offenbar eine Materie vorauszusetzen, die aus dem Steine vermittelst des Einritzens hervorgedrungen und durch die Länge der Zeit verhärtet worden ist, woraus man füglich auf ein Wachsthum der Steine geschlossen hat.

In dem karpathischen Gebirge befindet sich eine Höhle, in der eine der auf der Oberfläche der Erde befindlichen ganz entgegengesetzte Witterung angetroffen wird, so daß, wenn hier der Winter seinen Anfang nimmt, die Temperatur in der Höhle milde wird, und wenn es oben am stärksten friert, daselbst Gras wächst, ja, es so warm wird, daß sich die wilden Thiere dahin begeben. Wenn es dahingegen an der Oberfläche der Erde warm ist: so fängt es an in der Höhle kalt zu werden, bis es zu der Zeit, da es oben am wärmsten wird, unten Eiszapfen friert, die einer Tanne an Umfang gleichen, daher sich auch die Ungarn selbiger bedienen, um ihre Getränke kalt zu erhalten. Zu diesem Endzwecke aber ist nichts besser, als daß man den Krug, in dem sich das Getränk befindet, mit nassen Tüchern umgebe und in den Wind hänge, da letzteres denn nicht nur kalt bleibt, sondern es auch, wenn es dies noch nicht wäre, um so sicherer wird. Hieraus dürfte man nicht unwahrscheinlich den Schluß ziehen, daß, wenn es an einem Ende kalt wird, das andere in den Zustand der Wärme übergehe. Die Wahrheit dieser allgemeinen Formel würde einigermaßen Gewißheit erhalten, wenn man nur noch beweisen könnte, daß, wenn es an einem Orte wärmer wird, es an dem entgegengesetzten Orte auch in der That kälter werde. — Die Thermometer zeigen in einer Schmiede, in der es heiß geworden ist, Kälte an, und ein heißes Eisen wird an dem einen Ende noch heißer, wenn man das andere Ende in kaltes Wasser steckt. Auch hat man im Sommer einige Fuß tief Wasser unter der Erde vergraben und darüber alsdann ein starkes Feuer gemacht, worauf es plötzlich und zwar stark erkaltete. Demnach scheint das Feuer, welches über etwas anderm angebracht wird, das unter ihm Vorhandene kalt zu machen, dasjenige Feuer hingegen, welches unter etwas anderes gelegt wird, eben dieses zu wärmen. Diese Erfahrung scheint gleichfalls den vorhin angeführten Satz zu bestätigen.

Was die Luft in diesen Höhlen betrifft: so findet sich daselbst eine große Menge von Dünsten, die der Gesundheit theils schädlich, theils nützlich ſind. Auch trifft man in einigen Höhlen eine ſehr warme Luft an, die von einer Schicht Schwefelkies, die von ohngefähr entblößt worden und den die freie Luft ausgewittert hat, entſteht. Aus dieſem Kies wird der meiſte Schwefel, den wir haben, gewonnen. So führt de Merou an, daß, als die Leute in ein Bergwerk kamen, die Luft daſelbſt kalt war, weiterhin nahm die Wärme zu, ſo daß ſie endlich glaubten, unten müſſe ein Feuer ſein. Allein wenn die Hitze in derſelben Proportion hätte zu-nehmen ſollen, ſo müßte ſie im Centrum, da hier nur eine kleine Tiefe war, etliche tauſend Mal ſtärker geweſen ſein. Im Rammelsberge, der zum Harzgebirge gehört, iſt es eben ſo heiß und eine Quelle dagegen auf ihm ſo kalt, daß man das Waſſer derſelben nicht an den Fuß bringen kann. Dieſe große Kälte iſt eine Wirkung von dem Hindurchſtrömen des Waſſers durch Gyps und Steine. Der vorhin genannte Verfaſſer bemerkt auch, daß die Hitze in dem Bergwerke, von dem er redete, erſt entſtanden ſei, als die Schachten angelegt wurden, welche den Schwefelkies entblößten.

Der ſchädlichſte Dampf iſt der ſogenannte Bergſchwaden, welcher allein genommen tödtlich, mit andern Materien aber verſetzt geſund, ja, der beſte unter allen Beſtandtheilen der Geſundbrunnen iſt. Ein Vogel, der über eine mit Bergſchwaden angefüllte Höhle fliegt, ſo wie der Menſch, der ihr zu nahe kommt, ſtirbt augenblicklich. Es befindet ſich dieſer Berg-ſchwaden auch öfters in alten Brunnen, wie man dieſe Erfahrung vor mehreren Jahren in Litthauen bei dem Ausgraben eines ſolchen Brunnens machte. Zur Vorſicht muß man ein brennendes Licht in den Brunnen herunterlaſſen; wenn dieſes ausgeht, ſo gilt das als eine Anzeige von dem wirklichen Daſein des Bergſchwadens, brennt es dagegen fort, ſo iſt er davon befreit.

Anmerkung. Höhlen ſind Vertiefungen, meiſtens in Kalkgebirgen, mit mehr oder minder ausgedehnten Gewölben und Gängen. Die Entſtehung ſolcher Höhlen beruht bald auf Ausſpülungen durch Waſſer, bald auf unterirdiſchen Feuer-ausbrüchen. Die Zahl derſelben auf der Erde iſt überaus groß, wenn auch nicht alle gleich merkwürdig ſind. Zu den merkwürdigſten gehören außer der Bau-mannshöhle im Harz die Tropfſteinhöhle bei Slains in Nordſchottland, die Fingalshöhle auf der Inſel Staffa, die Höhle auf Antiparos (ſ. Rink, neue Sammlung der Reiſen nach dem Orient. Th. I. S. 83 u. f.), die Höhle auf Candia oder das Labyrinth (ſ. das eben angeführte Buch a. a. O. S. 24 u. f.) und die ihrer ſchädlichen und warmen Dämpfe wegen berühmte Hundsgrotte in Italien unfern Neapel. Von den im Paragraph erwähnten Auswüchſen in den Wänden ſolcher Höhlen eingeritzter Inſchriften giebt das

Labyrinth unter andern Belege (f. die angeführten Reisen, S. 25). Die oben-
gedachte Höhle im karpathischen Gebirge ist die sogenannte Sczeliczahöhle.
Der Bergschwaden wird auch mit einem französischen Namen Mofette genannt.

§. 48.

Obgleich der von der Petersburger Akademie der Wissenschaften nach
Sibirien geschickte Professor Mallin drei Grade von dem Polarkreise einen
Brunnen graben gesehen, in dem das Erdreich durchweg gefroren war:
so hat man dennoch durch häufige Beobachtungen gefunden, daß in Höhlen
von 300 Fuß und einer noch größern Tiefe in allen Gegenden der Welt
eben eine solche gemäßigte Kellerwärme wie in dem Keller des Observa-
toriums zu Paris anzutreffen sei, wenn gleich diese allgemeine Beobachtung durch die angeführten besondern Erfahrungen eingeschränkt wird.
Wenn wir nun hieraus schließen, daß in der Erde durchweg eine gewisse
Wärme anzutreffen sei: so entsteht die Frage, woher diese Wärme nun
rühre.

Sie kann keinesweges von der Sonne erzeugt werden, weil die von
derselben erregte Hitze durch die auf den Tag folgende Nacht, so wie durch
den auf den Sommer folgenden Winter gänzlich zerstreut wird. Wenn
nun aber die Erde die Gestalt einer Sphäroide daher bekommen hat, daß
sie sich um ihre Axe bewegt, und ihre Theile unter dem Äquator einen weit
größern Weg zu laufen und eine weit größere Schwungkraft zu empfinden
haben als die unter den Polen: so werden jene in ihrer Schwere vermindert, obgleich, wie Newton gewiesen hat, die Schwungkraft unter der
genannten Linie nur der 228ste Theil der Schwere ist. Damit die Materie
aber einerlei Schwere behielte: so mußte sie sich unter dem Äquator mehr
erhöhen als unter den Polen, damit sie dort der Materie unter diesen
das Gleichgewicht halten könnte. Dem zufolge aber muß sie sich vormals
in einem flüssigen Zustande befunden haben, indem die größte Wahrscheinlichkeit der Meinung entgegensteht, als wäre die Erde unmittelbar
so, wie sie jetzt ist, hervorgebracht worden. Ist sie aber flüssig gewesen:
so müssen ihre Theile eine natürliche Wärme gehabt haben, weil sie sonst
nicht hätten flüssig sein und in Verbindung bleiben können. Bei der
dichtern Zusammenziehung dieser Theile aber werden die hitzigsten unter
ihnen sich vermuthlich nach dem Centrum gesenkt haben, daher wir in dem
Mittelpunkte der Erde zwar kein eigentliches Feuer, aber wohl eine andere
hitzige Materie, z. E. in Fluß gebrachte Metalle oder etwas Ähnliches,

17*

voraussetzen dürfen, indem ein eigentliches Feuer sich nicht ohne den Zu=
gang der Luft zu erhalten im Stande wäre.

Ehe wir aber das Inwendige der Erde genauer untersuchen, müssen
wir uns mit den beiden großen Phänomenen, dem Erdbeben nämlich und
den feuerspeienden Bergen, näher bekannt machen.

### §. 49.

Es giebt tief in der Erde liegende Höhlen; das zeigen zum Theil
die Erdbeben an, und da diese sich öfters über ganze Welttheile erstrecken,
so müssen jene sehr tief sein. Den Erdbeben gehen bald mehr bald
wenigere Anzeigen vorher, die aber nur von den Einwohnern solcher
Länder, in denen die Erdbeben häufig sind, bemerkt werden. Diese An=
zeigen sind folgende:

1. Die Menschen fangen an schwindlicht zu werden. Dieses kann nicht
   vom Schaukeln der Erde herrühren, weil kein solcher Zustand vor
   dem Erdbeben vorhergeht, sondern vermuthlich ist es die Folge ge=
   wisser Dünste, die aus der Erde heraufsteigen.
2. Die Luft wird ängstlich still.
3. Alle Thiere werden vorher unruhig. Diese haben überhaupt eine
   feinere Witterung als die cultivirten Menschen. Ja, schon der Wilde
   übertrifft darin diese letztern.
4. Ratten und Mäuse, wie auch
5. am Ufer des Meeres alles Gewürme verläßt seine Schlupfwinkel
   und kriecht hervor. Endlich erscheinen
6. in der höhern Luft Meteore mancher Art.

Diese Merkmale zeigen an, daß mit der Luft eine Veränderung vorgeht.

Die Erdbeben stehen in keinem nähern Bezuge auf irgend ein Klima,
besonders wüthen sie indessen da, wo die Gebirge mit den Küsten parallel
laufen.

Ist die Ursache des Erdbebens nun aber mehr in der Oberfläche der
Erde, oder tief in dem Innern derselben zu suchen? Hierüber haben sich
die Physiker noch nicht ganz mit einander verständigt. Einige erklären
ihre Entstehung durch den Kies. Wenn man nämlich Feilspäne mit
Schwefel vermischt und vergräbt: so erhitzt sich diese Masse, und es bricht
ein Feuer hervor. Aber in der Erde giebt es kein Eisen. Aller Schwefel
wird aus Kies geschmolzen, und der Kies wird durch die Luft erhitzt. Aber
wie will man hieraus den Zusammenhang und die Entstehung der Erd=

beben erklären? Bei Zwickau brennt ein Steinkohlenlager schon seit hundert Jahren und kann noch viele Jahrhunderte brennen. Wie langsam geht demnach ein solcher Brand vor sich und wie schnell dagegen das Erdbeben. Die Ursache dieser letztern wird also nicht mehr an der Oberfläche
5  der Erde, sondern tiefer in derselben zu suchen sein.

Unsere Erde ist ehedeß flüssig gewesen; man findet fast keinen Körper, der nicht Zeichen seiner vormaligen Flüssigkeit an sich tragen sollte. Alle Steine, unsere Knochen selbst sind anfänglich flüssig gewesen; die Bäume sind aus einem flüssigen Safte entstanden. Ein jeder flüssiger Körper
10 wird aber zuerst auf der Oberfläche hart. Demnach wurde auch die Kruste der Erde zuerst fest und so ging es immer weiter bis zu ihrem Mittelpunkte hin. —

Aber ist die Erde auch wirklich schon durchweg fest? oder ist sie in ihrem Inwendigen noch flüssig? Es ist wenigstens nicht ganz unwahr-
15 scheinlich, daß sich in der Mitte der Erde noch eine weiche Masse befinde. Ja, es ließe sich annehmen, daß, wenn die Erde erst ganz fest wäre, sie auch aufhören würde, bewohnbar zu sein. Denn aus ihrem Innern steigen Dünste auf, die der Erde ihre Fruchtbarkeit geben. Wäre die Erde fest, so könnte auf ihr keine andere Veränderung eintreten, als diejenige,
20 welche etwa Sonne und Mond bewirken möchten. Da nun aber unsere Witterung ziemlich regellos, also nicht von Sonne und Mond abhängig zu sein scheint: so muß unter unsern Füßen die Ursache davon liegen. An dem Erdbeben selbst bemerken wir:

Erstlich eine schaukelnde Bewegung. Diese ist in Häusern von mehrern
25 Stockwerken, auf hohen Thürmen und Bergen besonders merklich, indem diese Gegenstände bei dem Schaukeln einen großen Bogen beschreiben. Wenn das Schaukeln lange anhält: so werden sie in ihren innern Theilen erschüttert und fallen um. Es wird die Erde unter diesen Umständen von einer Materie unter ihr gleichsam auf-
30 gebläht, und weil sie immer nach einer Seite fortgeht, so sagt man, daß die Erdbeben einen besondern Strich halten, welches man aus der Bewegung der Kronleuchter und dem Umfallen der Stühle, nach welcher Seite es nämlich geschieht, so wie nach andern, in das Größere gehenden Bemerkungen beurtheilt. Das Meer erhält dabei öfters
35 gleichfalls eine Schaukelung, die mit der Ebbe und Fluth gar keine Verwandtschaft hat, und zwar, weil an einer Seite der Boden niedriger wird, fällt daselbst auch das Wasser, und weil es an der an-

dern Seite nun höher wird, ſo fällt es gleichfalls, damit es in ein
Gleichgewicht komme. Dieſe Erſcheinung aber iſt nur bei großen Ge=
wäſſern merklich. Wenn das Erdbeben der Länge nach durch die
Straßen einer Stadt fortgeht, ſo werden ganze Straßen zerſtört,
indem ſich die Häuſer von einer Seite zur andern ſchaukeln und ein=          5
mal über das andere an einander ſtoßen. Geht es dagegen nach der
Breite der Straße fort, ſo werden die Häuſer, weil ſie ſich einſtimmig
bewegen, erhalten.

Zweitens ſind aber auch die Stöße, welche nur in einer gewiſſen Zwiſchen=
zeit wahrgenommen werden, und die gewöhnlich nicht länger als eine          10
Secunde anhalten, zu merken. Dergleichen Stöße ſind, da ſie von
unten nach oben und zwar örtlich erfolgen, und weil bei ihnen kein
Druck und Gegendruck, wie bei der Schaukelung ſtattfindet, weit ge=
fährlicher und zerſtörender als die Erdbeben der erſtgenannten Art.
Selbſt auf dem Meere ſind dergleichen Stöße fürchterlich, und es          15
ſcheint den Schiffern dabei, als würden ſie an den Boden des Meeres
gebracht. Die Ebenen ſind der Gefahr des Erdbebens nicht ſo ſehr
ausgeſetzt als die gebirgichten Länder, daher man in Polen und Preu=
ßen niemals etwas davon bemerkt hat.

Die Erdbeben breiten ſich ferner auch nach und nach zu weit          20
entlegenen Örtern in einem ununterbrochenen Striche aus, ſo daß ſie
in kurzem von Liſſabon aus bis nach der Inſel Martinique fort=
gehen. Merkwürdig iſt dies, daß ſie einen Weg nehmen, welcher dem
Striche der Gebirge faſt gleich kommt.

Anmerkung 1. Es ſcheint, daß der Menſch mit jedem Fortſchritte ſeiner          25
geiſtigen Cultur an einer gewiſſen Schärfe ſeiner Sinne eine merklichere Abnahme
erleide, und es kann jenes auch keinen andern Erfolg haben, indem es ihm an
einer Übung ſeiner ſinnlichen Organe um ſo mehr mangelt, je ausſchließlicher er
in einer Welt der abgezogenen Contemplation und Betrachtung lebt. Kein Wun=
der, wenn der Matroſe ſchon Schiffe, der Jäger ſchon einen Vogel erblickt, wo          30
wir nicht jene, nicht dieſen wahrzunehmen im Stande ſind. Aber noch mehr, wir
haben glaubwürdige Data, daß Menſchen bloß vermittelſt des Gefühls, oder
wohl gar des Geruchs Metalle von einander unterſcheiden. Ja, in unſern ge=
bildeten Ständen giebt es noch immer Leute, die das Anweſendſein gewiſſer Thiere
bloß durch den Sinn des Geruches empfinden; und wie viele finden ſich, die oft          35
bei dem heiterſten Himmel bereits die Herannäherung eines Gewitters oder die
größere Menge elektriſcher Beſtandtheile der Luft verſpüren? Bei der offenbar
größern Schärfe der Sinne bei den Thieren darf es uns alſo nicht Wunder

nehmen, wenn fie und befonders einige von ihnen auch die uns unbemerkbaren
Symptome eines bevorftehenden Erdbebens lebhafter empfinden.

Anmerkung 2. Lager von Schwefelkies, zuweilen auch wohl größere An=
fammlungen des Waffers, die fich einen Ausweg mit Gewalt bahnen, fcheinen
die wefentlichften Urfachen der Erdbeben zu fein. Eine unmittelbare Einwirkung
der Atmofphäre bei den Erdbeben anzunehmen, wie dies einige Phyfiker zu thun
fcheinen, feßte der deutlich und beftimmt gemachten Erfahrungen mehrere voraus,
als wir deren bis jeßt noch haben. Doch davon weiterhin mehr! Zu den An=
zeigen bevorftehender Erdbeben zählt man auch noch das Trübewerden des Waffers
in Brunnen und Quellen und das Herausfahren eines feinen Dunftes aus der
Erde, der die Füße einhüllt und bei Gehenden die Empfindung erzeugt, als wür=
den fie zurückgehalten. Selbft in großen Entfernungen von dem eigentlichen
Schauplaße der Erdbeben, wohin diefe nicht kommen, oder wo fie wenigftens nicht
verfpürt werden, giebt es Erfcheinungen, die man nothwendig hernach auf Rech=
nung jenes Naturereigniffes feßen muß. So entftanden z. B. zur Zeit des hef=
tigften Erdbebenausbruches in Liffabon, im Jahre 1755, neue Quellen in einigen
Gegenden Preußens. Über den ganzen Abfchnitt die Erdbeben betreffend f. J.
Kant's Gefch. und Naturbefchreib. der merkwürdigften Vorfälle
des Erdbebens vom Jahr 1755. Königsb. 1756. in 4. und in Deffelb.
vermifchten Schriften. Halle 1799. Bd. 1. S. 521 und f.

Anmerkung 3. Am fonderbarften ift die von dem Erdbeben herrührende
Schaukelung des Meeres in ihren Urfachen und Gründen, indem das Waffer
deffelben fie oft auch erleidet, wenn dazwifchen liegende Länder nicht das Geringfte
von dem Erdbeben empfinden. Auch diefes Phänomen ift näher in der eben an=
geführten Schrift aufgehellt.

## §. 50.

Feuerfpeiende Berge kann man als Feuerfchlünde betrachten, durch
deren Mündung eine ihnen angemeffene Ladung herausgeftoßen wird.

Der am längften und in den älteften Zeiten bekannte feuerfpeiende
Berg, gleichfam der Vater aller übrigen, ift der Ätna. Er erhebt fich in
einer fenkrechten Höhe von 12000 Fuß über die Oberfläche des Meeres.
Sein höchfter Gipfel ift alfo mit Schnee bedeckt, und feine Bafis beträgt
mehrere Meilen. An feiner Seite find durch mannigfache Eruptionen
andere, kleine Berge entftanden, die aber dennoch alle den Vefuv an Größe
übertreffen, und deren jeder feinen eignen Krater hat. Er hat indeffen
nicht zu allen Zeiten Feuer gefpieen, fondern war manche Jahrhunderte
hindurch ruhig. So weit die Gefchichte der Römer reicht, hat man von
den Auswürfen des Ätna Nachricht.

Der Veſuv hingegen war ehedeß ein ſchöner, mit Wald bewachſener Berg. Seit der Erbauung Roms hat er nicht eher als zur Zeit Veſpaſians Feuer ausgeworfen, von welchem Ausbruche uns Plinius einen um= ſtändlichen Bericht hinterlaſſen hat (Epiſt. 6. 16.), und bei welchem die erſt in dieſem Jahrhunderte wieder tief unter der Erde aufgefundenen Städte Herculanum, Pompeji und Stabiä verſchüttet wurden. Der Veſuv konnte indeſſen vielleicht auch ſchon in noch ältern Zeiten Feuer heraus= geworfen haben, um ſo mehr, da er nach der erwähnten Eruption wieder 500 Jahre lang ruhig blieb und bewuchs!

Wenn dieſer Berg auszuwerfen anfangen will, ſo hört man um und in Neapel unter der Erde ein ſtarkes Krachen und Raſſeln, wie das eines Wagens. Hierauf erhebt ſich aus ſeiner Öffnung eine Säule von Dämpfen, welche am Tage einer Rauch= und in der Nacht einer Feuerſäule ähnlich ſieht, ſonſt aber, wie Plinius berichtet, wie ein Baum geſtaltet ſein ſoll, da nämlich der Rauch anfangs gleich einer Säule herauffteigt, dann aber von der Luft nach allen Seiten hingedrückt wird. Hierauf wirft der Veſuv eine unbeſchreibliche Menge Aſche aus, und es folgen viele große Steine, unter denen ſich auch Bimsſteine befinden. Nicht ſelten fließt auch aus ihm zugleich eine ungeheure Menge heißen Waſſers hervor; ja, es quillt endlich die ſogenannte Lava heraus, eine geſchmolzene und öfters metall= artige Materie, aus der die neapolitaniſchen Goldſchmiede ſogar zuweilen etwas Gold zu ziehen im Stande ſein ſollen.

Mehrentheils kommt dieſe Lava in einer breiartigen Conſiſtenz zum Vorſcheine, zuweilen aber iſt ſie auch in der Art flüſſig, daß ſie in kurzer Zeit einige Meilen weit fortrückt. Endlich erhärtet ſie, ſo daß ſie in Neapel zum Straßenpflaſter gebraucht werden kann. Die Lava des Ätna und Veſuv ſind indeſſen einigermaßen von einander verſchieden.

Der Auswurf des Veſuv erfolgt mehrentheils nur nach der ſüdlichen und weſtlichen Seite hin; und weil einige Weine zum guten Fortkommen einen ſteinichten Boden erfordern: ſo findet man auf ſeiner nördlichen und öſtlichen Seite die ſchönſten Weine und unter denſelben auch die ſoge= nannten Lacrimas Chriſti. Läge der Veſuv nicht ſo nahe an dem Meere, ſo würde er einen weit größern Schaden anrichten, als es dieſer jetzt wirklich iſt.

Die erſten Nachrichten von einem Auswurfe des Veſuvs haben wir, wie geſagt, aus der Zeit, da die Stadt Herculanum von ſeiner Aſche be= deckt, wahrſcheinlich aber zugleich auch durch ein Erdbeben verſenkt wurde.

Man hat diese und die beiden andern vorhin genannten Städte bei einem
Aufgraben wieder entdeckt und in ihnen vieles Hausgeräthe gefunden,
unter dem sich auch einige Gemälde befinden, deren Farben mehrentheils
noch ganz wohl erhalten sind, nur daß man in ihnen kein Licht und keinen
Schatten ausfindig zu machen im Stande ist. Viele dieser Gemälde sind
in alfresco-Manier oder gegypstem Kalk gemalt. Bücher findet man hier
sehr selten, und da selbige auf Schilf geschrieben und in Rollen zusammen-
gewickelt, auch ganz mit Asche bedeckt sind, so muß die größte Behutsamkeit angewendet werden, selbige auseinander zu wickeln, daher ein Mönch
oft drei Wochen zubringen muß, um nur einige Zolle derselben auseinander
zu rollen. Eine Arbeit, die sich überaus gut für die Mönche schickt. Merkwürdig ist es auch, daß die Namen, welche die Alten den Büchern gaben,
hauptsächlich vom Schilf, Bast und Baumrinden hergenommen sind.

Da man auch jetzt das Amphitheater gefunden und keinen Menschen
in demselben erblickt, wie man denn deren überhaupt keinen in Herculanum angetroffen, daher sie alle noch zu rechter Zeit entfliehen und selbst
alle Alten und Kinder haben mitnehmen können: so muthmaßt man, daß
sie damals gerade nicht im Amphitheater gewesen seien, wie man dieses
auch in alten Schriften angegeben findet.

Nachdem man selbst bis unter die Stadt weiter nachgegraben hat,
nämlich nicht durch, sondern zur Seite der Lava, so hat man eine noch
weit ältere Lavaschicht hervorgefunden. Ein deutlicher Beweis, wie es
scheint, daß der Vesuv schon ehedeß Feuer muß ausgeworfen haben.

Weil der Vesuv aber mehrentheils alsdann auszuwerfen anfängt,
wenn der Ätna damit aufhört: so müssen beide Berge mit einander wahrscheinlich in Verbindung stehen.

Der Berg Hekla auf der Insel Island, die mehr nach Amerika als
zu Europa gehört, und deren eine Hälfte unter dem gemäßigten, die andere
aber unter dem kalten Erdgürtel liegt, wirft eine große Menge von Asche
und Wasser aus, das aus der erstaunenden Menge des auf ihm liegenden
Schnees entsteht. Man will aber auf ihm keine Lava wahrgenommen
haben.

Der Berg Cotopaxi in Amerika, der zu den Cordilleras-Gebirgen
gehört, hält in Rücksicht seiner Auswürfe bestimmte Zwischenzeiten. Man
kann ihn also und alle dergleichen Berge als Kalköfen betrachten, die mit
einer einzigen Öffnung versehen sind. Indem das Feuer die Luft durch
seine Elasticität hinaustreibt, so kann es ohne diese nicht weiter fort=

brennen; es bringt aber die Luft wieder hinein, und so fängt das Feuer
aufs Neue an rege zu werden.

Die feuerspeienden Berge stehen niemals ganz allein, sondern sind
meistens mit mehreren andern verbunden. Auch trifft man sie sowohl in
dem heißen als in dem kalten Erdgürtel an, wiewohl hier nicht so häufig          5
als dort.

Da man auf einigen Bergen große Höhlen und in denselben mit=
unter noch Rauch antrifft: so müssen diese Berge vormals Feuer ausge=
worfen haben, in spätern Zeiten aber ausgebrannt sein, wie denn auch
ganze Inseln ausgebrannt sind. Auf den Gebirgen bei Köln und am           10
Rhein überhaupt nimmt man Spuren von Kratern wahr. In mehreren
dieser Krater sind Wasservertiefungen, statt deren hier ehemals Feuer
ausgeworfen wurde und noch künftig kann ausgeworfen werden. Auch in
Hessen giebt es viele Krater, und man verkauft dort wie am Rhein den
Traßstein in Menge, mit dem man unter dem Wasser mauern kann. Dieser    15
Stein ist aber nichts anders als der Tuff der Italiener.

Ehe es zu einem Ausbruche kommt, pflegt alles in den Bergen gleich=
sam zu kochen. Der Rauch der Vulkane soll elektrisch sein, indem er eben
solche Blitze erzeugt wie die Gewitterwolken. Den Auswurf begleitet gar
oft ein Platzregen.                                                        20

Die Lava, die aus dem Ätna hervorfließt, beträgt an Masse wohl
so viel als vier Berge, die dem Besuv gleichen. In der Nacht glüht sie
wie Feuer, und wenn sie abkühlt, erlangt sie eine Steinhärte, daher man
aus ihr Kirchen bauen kann. Allein wenn eine neue Lava auf eine solche
Kirche trifft, so schmilzt diese weg. Oft wendet sich der Strom der Lava   25
durch ein ihm entgegengesetztes Hinderniß, besonders wenn man ihm den
Weg bahnt. Nicht leicht setzt sich die Erde auf der Lava fest, obgleich
die Gegend unter den Bergen, wo sich die Asche befindet, sehr frucht=
bar und mit Bäumen bewachsen ist, deren Durchschnitt auf 80 Zoll
beträgt.                                                                  30

Wie ist aber die Erde auf die ältere Lava gekommen? Die Erde hat
sich nach und nach generirt, denn auf dem glattesten Steine geschieht dies.
Die Luft trägt zuerst Staub hinauf, und da setzen sich dann der ähnlichen
Theile immer mehrere an, bis endlich eine wirkliche Erdschicht daraus
wird, welches aber sehr lange dauern muß. Brydone sah eine noch mit        35
keiner Erde bedeckte Lava und schloß daraus, daß sie noch jung sein müsse,
ob sie gleich seit dem punischen Kriege geflossen war.

Wenn man in Catanea einen Brunnen gräbt, so kommt man durch fünf oder sechs Schichten von Lava, die mit Erde bedeckt sind, wozu, wie man glaubt, 16000 Jahre erfordert werden.

Moses giebt das Alter des menschlichen Geschlechts an, aber nicht das Alter der Erde. Die Erde mag sich schon einige tausend Jahre früher gebildet haben, durch jene Angaben des Moses darf man sich nämlich nicht einschränken lassen, den physischen Gründen Raum zu geben. Bei Gott ist eine Zeit wie der Tag zum Schaffen zu viel und zur Ausbildung der Erde zu wenig.

In Peru giebt es viele Vulkane und mehrere Schichten von Lava, die mit Erde bewachsen sind, worauf wieder neue Verwüstungen folgten.

Anmerkung 1. Über den Vesuv und Vulkane kann man außer Hamiltons Berichten auch DeNon, voyage pittoresque, oder den zu Gotha erschienenen deutschen Auszug aus derselben nachlesen, so wie die mehrern bekannten Schriften über Herculanum und die daselbst aufgefundenen Alterthümer. Über die vulkanischen Gebirge am Rhein vergleiche außer mehreren andern G. Forsters Ansichten vom Nieder-Rhein u. s. w.

Anmerkung 2. Das höhere Alter der Erde, als es nach der Angabe des Moses zu sein scheint, hat mehrere große Wahrscheinlichkeitsgründe für sich, so wie das des Menschengeschlechtes sogar, wie dies aus den von den Franzosen neuerdings aufgefundenen beiden Thierkreisen zu Dendara unleugbar zu erhellen scheint. S. v. Zach, monatliche Correspondenz. Bd. 2. S. 493 u. f. Was dagegen manche Naturforscher noch immer gerne im alten Stiele bleiben, ungeachtet sie wohl einsehen könnten, daß wir auf einer höhern Stufe der Cultur stehen, als es sich von dem Menschen, der alles durch sich werden muß, erklären läßt!

Anmerkung 3. Ich füge hier noch einige Bemerkungen bei, die in Beziehung auf diesen §. stehen, namentlich aus den Voyages physiques et lithologiques dans la Campanie etc. par Scip. Breislak, trad. du ms. italien par le Général Pommereul. Paris 1801. 2 Tomes.

Stabiä ist nicht durch die Asche des Vesuvs verschüttet, sondern, selbst nach des Plinius Bericht, durch Sulla zerstört. — Der Vesuv wirft keine eigentliche Flamme aus, sondern was Plinius so nennt, sind im Grunde glühende Steine. — Der vulkanische Tuff rührt nicht von einem schlammichten Ergusse, sondern von Vulkanen her, die ehedeß auswarfen. — Appius legte seinen Heerweg aus dichten Laven an, von denen sich ein mächtiges Lager von Sessa an bis Roche-Monfina erstreckt. — An verschiedenen Stellen des Vesuvs findet man Tuffstücke vor mit deutlichen Abdrücken der Zellenkoralline. Ein klarer Beweis, daß der Vesuv unter dem Meere zu brennen angefangen habe. Man findet aber unter den ausgeworfenen vulkanischen Stoffen auch solche, die, wenn sie im Dunkeln gerieben werden, ein röthliches oder weißes Licht werfen.

## §. 51.

Wenn wir nach der Ursache fragen, woher die Erdbeben entstehen: so sind einige Physiker der Meinung, sie könnten aus chemischen Gründen hergeleitet werden. Sie meinen nämlich, der Schwefelkies, der durch die Luft verwittert, und der Regen, der nachher auf ihn gefallen, seien die wahre Ursache dieses Phänomens. Da aber der Schwefelkies nur in wenigen Schichten angetroffen wird, das Erdbeben sich aber durch so weite Länder nach entfernteren Örtern hinzieht: so dürften die Erdbeben mehr vielleicht aus mechanischen Ursachen herzuleiten sein.

Das Krachen und Rasseln um und in Neapel gleicht dem Winde, daher es vielleicht Dämpfe sein könnten, die sich durch alle unterirdische Höhlen hindurchziehen und einen Ausweg an der Oberfläche der Erde suchen. Die Luft kann sehr zusammengedrückt werden und erhält dadurch eine elektrische Beschaffenheit. Man hat sogar ausgerechnet, daß die Luft, welche von einer andern Luftsäule, die den siebenten Theil des halben Erddiameters beträgt, gedrückt würde, eine dem Golde gleiche Dichtigkeit erhalten würde. Es würde aber die Schwierigkeit entstehen, ob die Atmosphäre von den Dünsten unter der Erde nicht alsdann vergrößert würde? Allein sie scheint einen eben so großen Abgang zu leiden, als sie Zuwachs erhält, indem die Schwefeldämpfe eine sehr große Quantität von Luft verschlucken. Es geht überdies sehr viele Luft auf die Transspiration der Menschen, Thiere und Pflanzen, und man hat bemerkt, daß die Luft einen sehr großen Antheil am Gewichte des Menschen habe.

Man findet auch die Luft, so wie das Wasser in der Art mit fremdartigen Materien angefüllt, daß man nicht weiß, welches Gewicht der Luft eigentlich zuzuschreiben sei. Es ist auch sehr wahrscheinlich, daß alles, was sich über unserm Haupte repräsentirt, vorher unter unsern Füßen vorhanden gewesen ist. Wir finden sogar feuerspeiende Berge in der See, nur daß dieselben, weil der Rauch sehr schwer durch das Wasser durchbrechen kann, nicht so merklich sind. Auf diese Art sind vor nicht gar vielen Jahren zwei von den antillischen Inseln entstanden, und es läßt sich hiervon auf die Entstehungsart aller oder wenigstens sehr vieler Inseln schließen. Da der Rauch, den man öfters über dem Meere wahrnimmt, nebst den angeblich zuweilen oben schwimmenden Bimssteinen die Existenz noch mehrerer feuerspeiender Berge im Meere vermuthen lassen, so muß man nothwendig auch auf mechanische Ursachen kommen, die ihnen zum Grunde liegen.

Die Erde scheint sich von oben zuerst ausgearbeitet zu haben, in ihrem Inwendigen aber noch lange nicht zur Reife gediehen zu sein, so daß noch Theile nach dem Centrum der Erde gezogen werden; einige Partikelchen sinken, andere steigen; ja, es hat das Ansehn, als wenn die Erde aufhören würde bewohnbar zu sein, wenn sie irgend jemals zu ihrer gänzlichen Vollendung gelangte, indem bei dem wahrscheinlichen Mangel einer Abwechselung der Witterung unter alleiniger Einwirkung der Sonne und des Mondes auf die Erde schwerlich weiter Gewächse aller Art fortkommen könnten.

Innerhalb dieses chaotischen Zustandes der Erde in ihrem Innern muß es nothwendig unter der zur Reife gediehenen dicken Rinde derselben viele Höhlen und Gänge geben, in welchen Luft verschlossen ist, und diese Luft scheint es zu sein, die durch die feuerspeienden Berge ihren Ausweg sucht und durch ihre Gewalt eine große Masse Materie mit sich hinaustreibt. Sie scheint es zu sein, die die Erdbeben verursacht, da diese mit den Vulkanen eine sehr wahrscheinliche Verbindung haben möchten, indem man bemerkt, daß, wenn ein Erdbeben aufgehört hat, der Ätna auszuwerfen anfängt. Aber umgekehrt kann man nicht sagen, daß, wo es feuerspeiende Berge giebt, auch Erdbeben sein müssen. Die Erderschütterungen und die Auswürfe wechseln; die letztern leeren das unterirdische Feuer aus und sind den entlegenen Gegenden heilsam, obgleich sie die ihnen zunächst gelegenen verwüsten.

Weil man nun niemals die Tiefe, aus welcher die Materie der feuerspeienden Berge geworfen wird, hat entdecken können: so muß die Kruste der Erde überaus dick sein.

Wenn wir nun annehmen, daß selbige überall gleich dick ist: so sehen wir zugleich die Ursache ein, warum die Erdbeben auf der See nicht so heftig als in den an ihr liegenden Vorgebirgen sind. Dort nämlich hat die eingesperrte Luft außer der allenthalben gleich dicken Erdrinde zugleich eine sehr große Wassermasse zu heben, daher sie an Örter übergeht, die ihr keinen eben so starken Widerstand leisten können.

Das Feuer bricht in der Spitze des Berges aus. Da ist keine Ursache des Auswurfes vorhanden, durch den der Berg erst entstanden ist. Der Berg besteht aus Schichten, die im Wasser erzeugt sind, folglich muß der Berg durch Ausbrüche entstanden sein. Nachdem der Auswurf der wässerigen Dünste und der Substanzen des unterirdischen Chaos aufgehört hat: so werfen dergleichen Berge nun eine feurige Materie aus.

In Italien findet man einen Aschenberg, der aus dem Auswurfe feuerspeiender Berge entstanden ist. Im kaukasischen Gebirge entdeckt man noch Berge, die gleichsam aus der Erde hervorquillen. Man trifft noch auf Inseln, in denen man ganz andere Schichten vorfindet, als die gewöhnlichen es sind, z. E. eine Schicht Sand, dann eine Schicht blauen Thon. Solche Inseln müssen daher auf eine ähnliche Art entstanden sein. Wir bewohnen also nur fürchterliche Ruinen.

### §. 52.

Wenn man an einem Körper sowohl die Figur als Structur erwogen hat: so muß man auch die Mixtur desselben oder die Theile, aus denen derselbe zusammengesetzt ist, untersuchen. Wir wollen bei dieser Gelegenheit also

1. den Zusammenhang der Steintheile,
2. aber auch die Erdschichten selbst erwägen.

Denn überhaupt ist es anzumerken, daß da, wo die Erdbeben oder andere Verwüstungen keine Änderung hervorgebracht, die Materien in gewisser Ordnung, die dennoch nicht in allen Ländern gleich ist, über einander gelegt sind. Es würde, wenn ein jedes Land seinen Boden untersucht hätte, eine Geographia subterranea zu Stande gebracht werden können, wie denn ein Franzose auch wirklich darin den besten Versuch geliefert hat.

Die Erde ist überhaupt keinesweges als ein Schutthaufe oder Klumpen gemengter Materien anzusehen, sondern sie dehnt sich in Lagen und Schichten aus, auf denen die Möglichkeit der Quellen beruht. Denn wenn die Erde nur ein Schutthaufe durcheinandergemengter Materien wäre: so gäbe es auch keine Quellen. Es giebt in der That Inseln, die aus dergleichen gemengten Materien bestehen, wo daher aber auch keine Quellen angetroffen werden, z. E. die Insel Ascension.

Fast überall bedeckt unsern Weltkörper eine sogenannte Dammerde, welche aus verfaulten Gewächsen entstanden ist und seit der Römer Zeiten, ungefähr vom zweiten Jahrhunderte an, um 6 Fuß zugenommen hat, wie man es aus dem Orte, wohin die nicht metallartigen Steine eines Bergwerkes abgesondert geworfen werden, bemerkt hat. Da aber das

Getreide, welches jährlich abgemäht und von den Menschen consumirt wird, mithin auch nicht verfaulen kann, einen Theil von der Dammerde ausmacht: so muß dieselbe bei uns beständig verringert werden, wie man denn auch solches bei den Scheitelfahren, da nämlich der daran gelegene
5 Acker etwas gesunken ist, erfahren hat.

Nach der Dammerde oder Gewächserde kommt die Jungfernerde, die gewöhnlich sehr dünn zu sein pflegt, dann der Thon, welcher erst Gewächserde sein muß, so wie die Kalkerde, die eine Seethiererde zu sein scheint, indem das Laugichte sich in allen Kalken befindet, welches von alten
10 Schalthieren und Muscheln herrührt.

Nach diesen Schichten von Erde kommen allerlei Sandschichten: Kiessand, Flugsand, Quell= und Triebsand, hierauf eine Lage von Stammerde. Diese Lagen liegen über einander und sind von verschiedener Dicke; aber was für eine Dicke eine Erdlage an einem Orte hat, dieselbe Dicke erstreckt
15 sich so weit, als sich das Erdlager erstreckt. Die Dicke der Lagen nennt man das Lager an sich, aber besonders in Bergwerken Flötz. Wenn ein Lager gewisse Producte hat, so hat das andere keine, daher muß eine Revolution eingetreten sein, als das Lager entstanden.

Die Erdlager liegen nicht horizontal, sondern so wie die Landes=
20 flächen. Das Land ist nämlich abhängig, so daß sich das Wasser durchbohrt. Wenn an einem Orte ein Lager 200 Fuß tief ist, so ist dasselbe Lager weit davon am Tage.

Die Steingebirge werden mit einem allgemeinen Namen Felsengebirge genannt, obgleich der Fels eine besondere Gattung von Steinen
25 ist, gleich wie die Steine, aus welchen wir die Treppen und Stufen machen, erstens aus gewissen glänzenden Theilen oder dem Spath, dann aus einem gewissen Schiefer, den man den Glimmer nennt, und dann endlich aus einem lockern Mark bestehen.

Die Felsgebirge finden sich mehrentheils auf dem Landrücken, welches
30 der Theil des Gebirges ist, wo die Spitzen der Berge gleichsam in einer Menge zusammenfließen und sich auch weit unter denselben fort ausdehnen, bis sie sich endlich in den Erdschichten verlieren.

Die Schichten in den Bergen sind entweder ganz, oder flötzweise geordnet. Die Gänge der Berge sind Spaltungen in denselben, die bis zu
35 einer ewigen Tiefe fortgehen, d. h. die auf der andern Seite keine Öffnung haben und perpendiculär sind. Sie sind entweder hohl, oder mit einer Materie erfüllt. Mehrentheils quillt in sie der Saft des Steines, welcher

sich nachgehends verhärtet und in Metalle degenerirt. Daher findet man auch in diesen Ganggebirgen die kostbarsten Metalle, als Gold und Silber. Über diesen Gängen und unter denselben befindet sich das übrige taube Gebirge. (Gebirge heißt eben der Stein, aus dem der Berg vorzüglich besteht). Es hängen sich aber die Metalle, besonders Gold und Silber nicht unmittelbar, sondern vermittelst eines feinen Stoffes und einer Materie von beiden Seiten, welche die Salbänder heißen, mit dem übrigen rohen Gebirge zusammen, dessen über dem Gange erhabner Theil das Hängende, das unter demselben gelegene aber das Liegende genannt wird. Das Stück von dem Gebirge aber, welches dem Gange von oben am nächsten ist, heißt das Dach, dasjenige hingegen, was sich ihm am meisten von unten nähert, die Sohle des Ganges. Es geht aber nicht selten dieser Gang in einer geraden Linie durch die übrigen Berge fort, daher heißt ein Gang, dessen Richtung in Gedanken verlängert wird, das Streichen, diejenige Richtung aber, die er nach der Erde durch den Berg nimmt, heißt das Fallen desselben. Das Streichen des Berges pflegt öfters ununterbrochen zu sein.

In den Flötzbergen sind die Schichten der Steine so geordnet, daß dieselben horizontal oder in einem Winkel von 45 Graden vom Horizont entfernt sind und eine Spaltung, welche in den Flötzbergen substituirt wird, als den Anfang und das Ende zu den beiden Seiten des Berges haben. Sie umgeben mehrentheils die Ganggebirge, enthalten fast gar kein Metall, und findet sich in ihnen noch etwas davon, so richtet es sich nach denen, die in den Gangbergen enthalten sind. Ist in Gangbergen z. E. Gold, so ist etwas davon auch in den Flötzbergen anzutreffen. Es pflegt auf ihnen erst Dammerde zu sein, dann Kalkerde, darauf blauschwarzer Schiefer, ferner Marmor, welcher nichts anders als eine Kalkerde ist, die polirt werden kann, zu folgen, zuletzt kommt man auf Steinkohlenschichten und dann auf eine rothe Erde. In dem Schiefer dieser Flötzberge sieht man Farnkraut, Fische u. s. w. ganz deutlich ausgedrückt und den darauf liegenden Schiefer gleich einem großen Teiche.

Die vielen Überbleibsel der alten Welt zeigen an, daß die Flötzberge schon zu den Zeiten einer bewohnten Welt von den herunterfließenden Materien der damals noch etwas flüssigen Gangberge entstanden seien, und daß diese letztern schon lange vorher gewesen. Auch wird dieses dadurch noch bestätigt, daß die untere Schicht nicht gar zu lange flüssig gewesen, und die obern vorher verhärtet sein müssen, indem die untere Schicht nach der Seite, wo der größte Druck gewesen, dünner, auf der andern Seite aber dicker ist.

Nachdem Gotthard befunden, daß Steine, die in einer Gegend sehr häufig sind, in der andern gar nicht angetroffen werden: so hat er endlich
5 entdeckt, daß die Sorten der Materie der Erde in Kreise eingetheilt sind, daß der größte Theil metallartig ist, der mittlere, von diesem eingeschlossene Kreis aus Mergelarten besteht, dann der letzte, innerhalb welchem auch Preußen liegt, sandsteinartig sei.

Anmerkung. Wenn ein Körper ganz vollkommen ist und seine Theile eine
10 ewige und feste Lage haben: so können sich diese und folglich auch selbst der ganze Körper in seinem Inwendigen nicht verändern. Da nun aber auf der Erde so vielfältige Veränderungen von ihr selbst erfolgen, die fälschlich von den Einflüssen der Sonne und des Mondes hergeleitet werden: so vermuthet man, daß sie in ihrem Inwendigen noch nicht zur Perfection gediehen sei. Weil die Magnet-
15 nadel auf jedem Punkte der Erde nach Norden zeigt, so muß die Ursache davon in dem Inwendigen oder dem Mittelpunkte der Erde gesucht werden. Weil diese aber alle Jahr mehrentheils ⅔ eines Grades von Norden abweicht (im Jahre 1766 stand dieselbe in Danzig gerade in Norden, jetzt aber im 12ten Grade davon), so schließt man, daß ihre Ursache veränderlich, folglich, daß in dem Inwendigen
20 der Erde noch nicht alles ausgearbeitet sei.

## Geschichte der Quellen und Brunnen.

### §. 53.

### Von der Ursache derselben.

Die bei den Naturforschern jetziger Zeit herrschende Meinung von
25 den Ursachen der Quellen ist: daß sie von dem Regen= und Schneewasser, welches sich in die Schichten der Erde einsaugt und an einem niedrigen Orte hervorquillt, entstehen.

Die oberste Rinde der Erde besteht nämlich aus Schichten von verschiedener Materie, die sich blätterweise über einander befinden, wovon
30 hernach ein Mehreres. Das Regenwasser saugt sich durch die nicht zu dichten Schichten von Sand, Kieselstein und lockerer Erde, bis es an einen festen, lehmichten Grund kommt, da es unterwärts nicht weiter sinken kann; dann schleicht es nach dem Abhange der Schichten, woran es stehen bleibt, fort, macht verschiedene Adern und dringt an einem niedrigen Orte her-

vor, wodurch eine Quelle entsteht, die noch lange fortdauert, wenn gleich
der Regen eine Zeit lang ausgeblieben, weil das Wasser aus der Quelle
nur langsam hervorfließt, aber aus einem großen Umfange des nahen
Landes einen allmähligen Zufluß erhält, und die Sonne auch diese in der
Erde befindliche Feuchtigkeit nicht austrocknet.

    Dieses ist die Meinung des Mariotte, Halley und anderer mehr.
Die Schwierigkeiten, die dawider gemacht werden, sind diese: daß der
Regen in ein ausgetrocknetes Erdreich nicht über 2 Fuß eindringt, da
doch bei Grabung der Brunnen öfters mehr als 100 Fuß tiefe Quell=
adern angetroffen werden.  Allein darauf wird geantwortet, daß:

Erstens durch Ritzen und Spalten der Erde das Wasser nach einem
    langen Regen in die Steinkohlengruben wohl 250 und in ein Berg=
    werk wohl 1600 Fuß tief eindringe.

Zweitens, daß, wenn man eine lehmichte Schicht a b, welche abhängig
    ist, annimmt, welche bei a zu Tage ausgeht, und über der ein Berg
    befindlich ist, das Regenwasser, welches darauf fällt, durch kleine
    Adern, die es sich ausarbeitet, in der Richtung ab nach dem Berge
    fortläuft und also, wenn aus der obersten Spitze des Berges ein
    Brunnen c d gegraben worden, daselbst Quelladern angetroffen wer=
    den, die aber nicht von dem auf dem Berge gefallenen Regenwasser,
    sondern von dem, das auf die Ebene außer dem Berge gefallen und
    auf der abhängigen Schicht, die durch ihn fortläuft, sich durchgesaugt
    hat, herzuleiten seien.  Daß oft auf hohen Bergen Quellen anzu=
    treffen sind, ist bekannt, z. E. auf dem Blocksberge, dem Tafelberge
    am Cap u. s. w.  Allein man findet bei genauer Untersuchung, daß
    doch ein Theil des Berges höher liegt als die Quelle, die auf ihm
    entspringt.

Drittens, daß einige Quellen bei der größten Dürre ohne Verminderung
    fortfließen.  Dieses rührt von der Tiefe der Schichten her, die sich,
    wenn sie sich einmal voll Wasser gesogen haben, beständig naß er=
    halten, indem sie aus ihrem weiten Umfange nur einen geringen
    Theil in die Quellen liefern.

    Dahingegen dient zur Bestätigung dieser Meinung, daß in Arabien,
wo es wenig regnet, es auch in sehr dürrem Sande kleine Quellen giebt,
daß die meisten Quellen in einem Jahre, in dem es wenig regnet, eine
allgemeine Abnahme an Wasser leiden, auch wohl gar versiegen u. s. w.

Descartes erklärte den Ursprung der Brunnen also: In dem Inwendigen der Berge, sagt er, befinden sich weite Höhlen, in diesen giebt
es durch viele Gänge, die zum Meere führen, Meerwasser, welches vermöge der unterirdischen Hitze in Dampf verwandelt wird, und indem
dieser in die oberste Schicht der Erde hineindringt, bildet er eine immerwährende Quelle. Ein gewisser Jesuit und Peravet bestätigten diese
Meinung des Descartes mit Exempeln, welche wir aber ohne Schwierigkeit auch nach unserer Hypothese erklären können.

## §. 54.

### Besondere Arten der Quellen und Brunnen.

Einige Brunnen fließen periodisch. Einige derselben können durch
das Aufthauen des Schnees, andere durch hydraulische Beispiele, noch
andere, wie es scheint, durch die Einwirkung des Mondes erklärt werden,
zu welchen letztern mehrere Quellen in Island gehören, die mit Fluth
und Ebbe des Meeres Zeit halten. Exempel der ersten Art sind häufig
in der Schweiz, Italien, Frankreich und an andern Orten, ingleichen im
Bisthum Paderborn der Bolderborn, der alle sechs Stunden sich verliert
und dann mit einem Getöse wiederkommt. Es giebt süße Brunnen wie
bei Toledo, der oben süß gleich Zucker, unten aber säuerlich ist. In
Deutschland sind etliche hundert Sauerbrunnen, diese enthalten das Cro-
cum Martis. Einige sind bitter, viele salzig, noch mehrere haben Eisentheilchen und andere Mineralien in sich, etliche führen Gold. Bei Neusohl in Ungarn, in Sachsen und Irland sind Quellen, die eine vitriolische
Feuchtigkeit auströpfeln, die mit Kupfer imprägnirt ist, welche das sogenannte Cementwasser mit sich führt, dadurch man Eisen in Kupfer
verwandeln kann. Einige übersteinern die hineingelegten Körper. Ein
heißer Brunnen in Peru bei Guanabalika ergießt sich in das benachbarte Feld und verwandelt sich in Stein. Einige entzünden sich, wenn
man sich ihnen mit einem Lichte nähert. Es giebt auch Brunnen, über
deren Wasser ein Öl oder Naphta schwimmt, das wegen der herausgehen-
den brennbaren Dünste das Feuer gleichsam an sich zieht. Bei Bagdad
werden täglich wohl 100000 Pfund Naphtha geschöpft. Es giebt auch sehr
kalte Brunnen, welche entweder deswegen, weil die Adern, wodurch sie
Zufluß bekommen, sehr tief liegen und daher von der Sonne nicht erwärmt
werden können, oder weil das Wasser über Gyps fließt, diese Eigenschaft

der Kälte beſitzen. Ungemein viele Brunnen mineraliſcher Berggegenden
haben ſehr heißes Waſſer, als die warmen Bäder in Deutſchland, Ungarn,
Italien u. ſ. w. In Island ſind verſchiedene heiße Brunnen, in deren
einem, der Geyſer genannt, der zugleich zu großer Höhe ſpritzt, ein Stück
Fleiſch in einer halben Stunde gar kocht. Ingleichen in Japan. Alle 5
dieſe Waſſer, z. B. im Karlsbade, müſſen verſchiedene Stunden ſtehen,
bis ſie ſich abkühlen, daß man ſie am Körper leiden kann. Obgleich es
ſo heiß iſt, muß es doch eben ſo lange über dem Feuer ſtehen, als gemeines
kaltes Waſſer, bis es kocht. Die Urſache liegt in dem mineraliſchen Gehalte, durch den ſie Luft einſaugen, und an dem ſie ſich erhitzen und zu= 10
gleich ſchwerer werden.

## Geſchichte der Flüſſe.

### §. 55.

#### Von dem Urſprunge derſelben.

Sie entſtehen aus den Bächen, die ihr Waſſer vereinigen, dieſe aus 15
den Quellen, die letztern endlich aus dem Regen und Schnee.

Wenn man das Waſſer, welches ein Fluß in einem Jahre ins Meer
ergießt, berechnet: ſo wird die Menge des Regen= und Schneewaſſers,
welches auf die Fläche desjenigen Landes fällt, das ſein Waſſer in den
Schlauch des Fluſſes liefert, groß genug befunden werden, um nicht allein 20
die Bäche und die aus ihnen entſtehenden Ströme zu unterhalten, ſondern
auch den Thau, das Wachsthum der Pflanzen und dasjenige auszumachen,
welches vom feſten Lande wieder ausdünſtet. Dieſes wird dadurch beſtä-
tigt, daß nach langer Dürre auch das Waſſer ſchwindet; daß in Ländern,
wo es wenig regnet, wie in Arabien, auch ſehr wenige Flüſſe entſpringen; 25
daß die gebirgigen Gegenden, wie Abeſſinien, in Peru die Cordilleren
u. ſ. w., auf die ein fortdaurender Regen fällt, auch Quellen zu den an-
ſehnlichſten Flüſſen enthalten. Alſo giebt es freilich einen Kreislauf des
Meerwaſſers und des Waſſers der Flüſſe, nicht aber einen ſolchen, wie
man ſich gemeiniglich einbildet, nämlich nicht vom Meere unterwärts un= 30
ter dem feſten Lande bis an die Höhen desſelben und von da wieder ins
Meer, ſondern durch die aus dem Meer ſteigenden Dünſte gleichſam ver=
mittelſt einer Deſtillation, da ſie in Wolken, Regen und Schnee verwandelt werden und auf die Fläche des feſten Landes herabfallen.

## §. 56.

### Von der Bewegung und dem Abhange der Flüsse.

Weil dazu, daß ein Fluß seinen Lauf ins Meer erstreckt, ein beständiger Abhang des festen Landes von seinen Quellen an bis zum Meere nöthig ist: so ist es merkwürdig, daß das feste Land in so großer Strecke, als z. E. Südamerika nach der Lage des Amazonenstromes, wohl 800 Meilen einen einförmigen Abhang bis zum Meere hat. Denn wenn es hin und wieder große Einbeugungen und Vertiefungen hätte: so würde der Strom sehr viele weitläuftige Seen unterwegs bilden.

Alle Ströme haben nicht einen gleich jähen Abhang. Aus den cordillerischen Bergen, wo der Amazonenstrom entspringt, entstehen viele Gießbäche, die sich in den Stillen Ocean ergießen. Der letzte Abhang ist viel stärker als der erstere. Die Seine, wo sie durch Paris fließt, hat auf 6000 Fuß nur einen Fuß Abfall, die Loire aber einen dreimal stärkern. Irrthum des Varenius und Kühns.

Die Schnelligkeit eines Flusses soll in der ganzen Länge seines Laufes zunehmen: weil er aber nahe bei seinem Ausflusse breiter wird und sein Abhang daselbst auch fast aufhört: so fließt er daselbst langsamer als irgendwo.

## §. 57.

### Einige besondere Merkwürdigkeiten der Flüsse.

Die Richtung großer Flüsse macht gemeiniglich mit der Richtung der höchsten Gebirge, auf denen ihre Quellen befindlich sind, einen rechten Winkel, weil dieser Weg der kürzeste ist, von da in die See zu gelangen. Doch laufen zugleich zwei Reihen von Gebirgen, wenigstens zwei Landrücken von beiden Seiten, und der Fluß nimmt das Thal zwischen beiden ein, in welches die von beiden Seiten daraus entspringenden Bäche sich ergießen. Sie haben nahe an ihrem Ursprunge höhere Ufer als an ihrem Ausflusse. Sie haben auch wenigere Krümmungen, und ist das Ufer da, wo es einen eingehenden Winkel macht (Angle rentrant), höher als bei dem ausspringenden (Angle saillant). Z. E. das Ufer a ist höher als das gegenüberstehende b, und c ist höher als d. Dieses rührt von der Natur eines Thales her, welches zwischen zwei ungleich abschüssigen Höhen am tiefsten nahe an der steilsten Höhe ist.

Die Flüsse zerstören nach und nach das höhere Ufer und setzen die abgerissene Erde und Sand an die niedrigen ab, daher die öftern Verän-

derungen des Bettes eines Flusses rühren. Man errichtet daher öfters
Buhnen, durch die der Strom indessen nicht selten nur noch mehr in Verwirrung gebracht wird. Man findet hin und wieder trockne Fluthbetten
von Flüssen, am Rhein, am Gihon und andern. Dem letztern sind die
Arme, durch die er sich in den Kaspischen See ergoß, jetzt verstopft, und        5
fließt er fast allein in den See Aral.

## §. 58.

### Von den ansehnlichsten Flüssen der Erde.

Die den längsten Lauf haben, sind der Nil, der Niger, der Senegal, der Jenissei, der auf den Grenzen der Mongolei entspringt und ins        10
Eismeer fließt, der Hoangho oder Saffranfluß, der Amazonenfluß,
der Silberfluß, der St. Laurentiusstrom und der Mississippi.
Sonst gehören auch noch hierzu die Donau, der Oby und Ganges.

## §. 59.

### Erläuterung der Art, wie sich ein Strom ein Bette bereitet.        15

Man findet bei den meisten Strömen, daß ihr Bette öfters viel höher
liegt als das zu beiden Seiten liegende Land, sonderlich nahe an ihren
Ausflüssen, wie am Rhein, Po u. s. w. Bisweilen sieht man sie durch
enge Pässe streichen zwischen zwei hohen Ufern, welche sie wie Mauern von
beiden Seiten umschließen. Dies thut der Amazonenfluß nicht weit        20
von seinem Anfange und die Rhone, wenn sie aus der Schweiz in Frankreich fließt, u. a. m.

Man kann leicht errathen, daß sich im ersten Zustande der noch nicht
ausgebildeten Erde die Wasser von dem Gebirge in die Thäler ergossen
und also diese nicht nur das Meer werden erreicht, sondern auch weit und        25
breit das feste Land werden überschwemmt haben, weil die vielen Uneben-
heiten, die sich unterwegs vorfanden, die Ströme nöthigten, oft große
Thäler anzufüllen und sich in viele Arme zu theilen. Allein da das
Wasser, wo es den stärksten Abhang findet, auch am schnellsten fließt: so
mußte hin und wieder ein schnellerer Zug des Wassers sein als ander-        30
wärts. Nun muß das Wasser in diesem ursprünglichen Zustande mit dem
aufgelösten Schlamme sehr stark sein angefüllt gewesen, und diesen kann
es nicht in der Richtung seines stärksten Zuges, sondern an der Seite an-

gesetzt haben; daher erhöhte es den Boden zu den Seiten so lange, bis die
Ufer hoch genug waren, alles Wasser zu fassen, und so bildete sich der
Strom sein Bette.

An den Gegenden, wo er steile Höhen herabstürzte oder mit reißender Geschwindigkeit einen Boden herabfloß, arbeitete er diesen Boden so
lange aus und trug den abgerissenen Schlamm in die niedern Gegenden,
bis er durchgehends eine gemäßigte Geschwindigkeit bekam. Daher sieht man
in der Nähe des Ursprunges aller Flüsse sie zwischen hohen Ufern fließen.

Zuweilen sind die Ufer wie steile Wände, z. B. bei der Rhone,
wenn sie sich aus der Schweiz nach Frankreich wendet, und bei dem
Amazonenstrom nahe bei seinem Anfange. Daher sind auch die meisten
Flüsse fast an den mehrsten Örtern nicht unschiffbar, außer an einigen
Gegenden, wo der Boden felsicht ist, der sich nicht so leicht durch den Fluß
ausarbeiten läßt.

Von den Veränderungen der Erde durch die Flüsse wird weiter hin
das Gehörige gesagt werden.

### §. 60.

### Von den Wasserfällen und andern Bewegungen der Flüsse.

Der Rhein hat unterschiedliche Wasserfälle. Der bei Schaffhau-
sen ist senkrecht 75 Fuß hoch. Der Velino in Italien fällt von einer
perpendiculären Höhe von 200 Fuß. Der höchste in der Welt ist der vom
Flusse Bogota in Südamerika, der senkrecht 1200 Fuß herabstürzt
Allein der Fluß Niagara in Nordamerika ist dennoch der entsetzlichste,
weil dieser Fluß eine ungemeine Breite hat und senkrecht 150 Fuß herabstürzt.

Besondere Phänomene der Wasserfälle finden nur da Statt, wo der Fluß
über einen felsichten Boden läuft, welches man auch an den Wasserfällen
des Nils sieht. Der Fluß Tunguska in der westlichen Tatarei fließt
auf einem schiefen, felsichten Wege von einer halben Meile mit einem solchen Gebrause, das über fünf Meilen zu hören ist, fort. Der Tigris
und Niger haben gleichfalls dergleichen.

Von den Flüssen, die eine Zeit lang unter der Erde fortlaufen und
dann wieder hervorkommen, ist zu merken die Guadiana, die diese Eigenschaft, wie man vorgiebt, hat, weil sie nur in tiefen Thälern fortläuft. Die
Greatha, ein Fluß in Yorkshire, läuft wirklich eine halbe Meile unter
der Erde fort.

Einige Ströme verſiegen, ehe ſie die See erreichen. Z. E. der Arm
des Rheins bei Katwijk unweit Leiden, der Hotomni in der chineſiſchen
Tatarei und viele in Perſien und im Glücklichen Arabien.

Einige Ströme, die einen ſehr weiten Lauf haben, z. E. der Amazonenfluß, der Senegal, haben einige Meilen von der See Ebbe und
Fluth. Die Bewegungen einiger ſind noch weit in der See zu ſpüren, in
die ſie fließen. Z. B. der Amazonenfluß. Doch hat keiner ſeinen be-
ſonders kenntlichen Strom in der See, wie von der Donau im Schwarzen
Meere, von der Rhone im Genferſee, vom Rhein im Bodenſee vorge-
geben wird, obgleich die Ströme das Meerwaſſer weit von den Ufern des
Meeres ſüß machen, vornehmlich der Amazonenfluß und der vierzig
Meilen breite de la Plata. Endlich giebt es auch noch Ströme, die
durch Seen ſich einen Weg bahnen.

## §. 61.

### Von den Überſchwemmungen der Flüſſe.

Einige treten zu einer geſetzten Zeit, vornehmlich nahe an ihren Aus-
flüſſen, über die Ufer und überſchwemmen das Land rund umher, welches
niedriger liegt als der Schlauch der Flüſſe. Die Urſachen ſind der Regen
in den Gebirgen, daraus der Fluß entſpringt, und der abthauende Schnee.

Unter allen ſolchen Flüſſen iſt der Nil der vornehmſte. Er ſchwillt
mit dem Anfange des Sommermonates oder Juni und überſchwemmt
ganz Ägypten, wobei doch die Einwohner durch Leitung des Waſſers vermittelſt verſchiedener Canäle und Erhöhung derſelben auf den Äckern ſehr
vieles beitragen. Ägypten iſt zu der Zeit ein Meer, worin die Städte
und Dörfer Inſeln ſind. Im Anfange des Septembers tritt er wieder in
ſeine Ufer zurück.

Die Urſache dieſer Überſchwemmung iſt der Regen, der alsdann in
den ägyptiſchen Gebirgen fällt. Zum Theil auch der Nordwind, der auf
die Mündung des Nils gerade zu bläſt und ſein Waſſer zurücktreibt. Zur
Zeit der Überſchwemmung hört die Peſt, wenn ſie gleich die übrige Zeit
des Jahres wüthet, auf. Wenn das Waſſer nur zwölf Ellenbogen hoch
ſteigt, ſo iſt eine Theurung zu befürchten, ſteigt es 16, ſo iſt Überfluß,
18 oder 20 Fuß ſind zu viel. Vor Alters ſoll der Nil das Land viel höher
überſchwemmt haben als jetzt, weil nun durch den abgeſetzten Schlamm
das Land ſchon erhöht worden. Da ſich nun in den heißen Landſtrichen

der Regen zur gesetzten Zeit einfindet: so ist es kein Wunder, daß die Flüsse die Überschwemmung zu gewissen Zeiten halten, als der Nil, Indus und Ganges.

### §. 62.

Von den Materien, welche die Wasser oder Flüsse bei sich führen.

Weil die Quellen der Wasser entweder Eisentheile, oder lockre Erde und Salzpartikelchen bei sich führen, wie auch andere Mineralien: so ist es kein Wunder, daß das eine Flußwasser leichter ist als das andere. Gemeiniglich führen die kleinen Ströme, die sich in größere ergießen, schwerere Wasser als diese. Das Neckarwasser ist schwerer als das Wasser des Rheins, und eben so ist der Main, der bei Mainz, die Mosel, die bei Coblenz in den Rhein fallen, von schwererer Art als dieser Strom, welches man dann auch am Eintauchen der Gefäße erkennen kann. Die Ursache ist, weil das Wasser, das mit erdichten und andern Theilen untermischt in einem kleinen Strome dahinfloß, sobald es sich in einen weiten Schlauch ergießt, seine Materien kann leichter fallen lassen. Für das andere aber kann auch die Vereinigung unterschiedlicher Wasser die Präcipitation der Materien, die eins oder das andere mit sich führt, befördern. Das Themsewasser hat den Ruf, daß es sich auf langen Seefahrten am besten erhält und, ob es gleich stinkend wird, sich doch selbst reinigt. Vielleicht rührt dieses vom verborgenen Steinkohlengeiste her, der Schwefel enthält, welcher sonst auch die Weine conservirt.

Verschiedene Flüsse führen Goldsand; in Europa der Rhein, die Rhone. Diese nebst dem Paktolus und Tigris waren vordem deshalb berühmt. Auf der Goldküste von Guinea wird jetzt der Goldstaub aus Bächen gesammelt, vornehmlich nach starkem Regen. Woher er komme, und wie er abgesondert werde.

---

## Dritter Abschnitt.

# Atmosphäre.

## §. 63.

## Geschichte des Luftkreises.

Der Luftkreis drückt mit einem eben so starken Gewichte, als wenn
die Erde durch ein Meer zweiunddreißig rheinländische Schuhe hoch be=
deckt würde. Weil die Luft durch die Last, die auf ihr ruht, sich zusammen=
drückt, so muß sie, je näher sie dem Mittelpunkte ist, desto dichter sein;
ja, wenn ihre Verdichtung immer so fort ginge, so würde sie in einer Tiefe
von sieben deutschen Meilen das Wasser an Schwere übertreffen; in einer
Tiefe aber, die noch nicht ein Drittheil des Radius der Erde wäre, würde
sie schon dichter sein als das Gold. Diese Dichtigkeit der Luft könnte,
wenn unterirdische Erhitzungen dazu kämen, viel zu den gewaltigen Er=
schütterungen der Erde beim Erdbeben beitragen.

Die Atmosphäre theilt man in Regionen, die unterste geht von der
Meeresfläche bis zu der Höhe, wo der Schnee im Sommer nicht mehr
schmilzt. Diese erste Region ist nicht in allen Gegenden der Erde gleich
hoch. In der heißen Zone unter dem Äquator ist die Höhe der Berge,
wo der Schnee nicht mehr schmilzt, nicht unter drei Viertel einer deutschen
Meile; im Anfange der gemäßigten Zone nur eine halbe Meile, in den
Alpen nur eine Viertelmeile und unter dem Pole beinahe der Oberfläche
des Meeres gleich.

Die zweite Region hebt beim Ende der ersten an und geht bis zur
größten Höhe, in die sich die Wolken erheben. Die Höhe dieser letztern
ist an keinem Orte der Erde völlig bestimmt. Bald gehen die Wolken
hoch, bald niedrig. Überhaupt scheinen sie nicht über eine deutsche Meile
über die Meeresfläche emporzusteigen. Wenn man diese zweite Region

bis dahin extendiren wollte, wo die leuchtenden Meteore entstehen: z. E. Nordlichter, Feuerkugeln u. a. m., so würden viele deutsche Meilen erfordert werden, ihre Höhe zu bestimmen.

Die letzte Region fängt an, wo die zweite aufhört, und geht bis zur Grenze des Luftkreises. Man bestimmt diesen durch die Höhe der Dämmerung, welche neun und eine halbe deutsche Meile hoch gefunden wird.

Die Luft hat folgende Eigenschaften:

Erstens, sie ist feucht. Alle Luft hat zwar Feuchtigkeiten in sich, wenn diese aber in ihren Zwischenräumen wohl vertheilt sind, so ist sie heiter und wird für trocken gehalten. In einigen Gegenden wird sie mit feuchten Dünsten übermäßig beladen, wie in morastigen und waldichten Gegenden, z. E. in der nördlichen Gegend der Landenge von Panama. Oder sie ist:

Zweitens sehr trocken, wie in Persien, Arabien, im obern Theile von Ägypten, wo man die Luft durch künstliche Springbrunnen oder ge= sprengtes Wasser in den Zimmern anfeuchten muß, weil sie sonst der Lunge schädlich werden würde.

Drittens, sie enthält Salze in sich; z. E. die Salpetersäure, welche man durch dazu bereitete Erde aus der Luft anzieht. Daher haben die mit Salz bedeckten Felder in Persien und am Cap ihr Salz vermuthlich von dem, was Regenbäche aus salzigem Boden ausge= waschen und über niedrigere Felder geführt haben. Auch vielleicht etwas Kochsalzgeist, daher die corrosivische Luft auf den Azorischen Inseln. Ingleichen der aus der Luft sich angesetzte Mauersalpeter oder Aphronitrum. Ölichte und selbst mineralische Theile hält sie auch hin und wieder in großen oder kleinen Quantitäten in sich. Die Seeluft ist von andern Eigenschaften als die Landluft.

Viertens, einige Luft ist sehr rein; daher das ruhige und heitere Licht der Sterne in Persien, Arabien und Chaldäa, wodurch vielleicht die Astronomie in diesen Gegenden noch erleichtert worden, vornehmlich da man daselbst die Sommermonate hindurch auf Dächern unter freiem Himmel schläft.

Fünftens, einige Luft ist wegen ihrer Gesundheit, andere wegen ihrer Ungesundheit berüchtigt. Alle sehr waldichten und sumpfichten Länder sind wegen ihrer ruhigen Feuchtigkeit ungesund und bringen Fieber zuwege. Z. E. Virginien beim Anfange der Colonien daselbst; vornehmlich wenn mit dieser Feuchtigkeit eine große Hitze verbun=

den ist, wie zu Puerto Belo. Wenn ausgetretnes Seewasser in
Pfützen auf dem Lande fault, wie in Sumatra, oder auch empor-
getriebenes Flußwasser, wie in Siam, so bringt dieses Krankheiten
und Fieber zuwege. Von endemischen Krankheiten (Pest, Aussatz,
gelbem Fieber) und ursprünglichen Contagionen, als Kinderpocken          5
und Venusseuche.

Sechstens, die Luft einiger Orten scheint gewisse Ungeziefer und Thiere
nicht zu leiden. Es sind keine Ratzen in Augsburg, Malta, Kandia;
keine giftige Schlangen in Gozzo, Faizza, in Irland gar keine giftigen
Thiere, auf dem Jagdhause Einsiedel in Württemberg keine Ratzen.         10
Kolb berichtet, daß die Europäer, wenn sie auf dem Cap ankommen,
das Ungeziefer verlieren, was sie sonst auf ihren Schiffen oder in
ihren Kleidern mitgebracht, und niemals wiederbekommen. Dagegen haben die Hottentotten wegen ihrer garstigen Lebensart einen
guten Vorrath davon.                                                     15

Die blaue Farbe der Luft erklärt man am wahrscheinlichsten aus
dem weißlichten Schimmer der Dünste, der auf dem schwarzen Grunde
des leeren Raumes gesehen wird, und eine blaue Farbe muß es sein, weil
Weiß auf Schwarz, dünne aufgetragen, blau macht.


## §. 64.                                                                20

## Von den Winden überhaupt.

Der Wind ist dasjenige in Ansehung der Luft, was ein Strom in
Ansehung des Meeres ist. Er wird auch wie die See durch die Rich-
tung des festen Landes und der Berge sehr eingeschränkt. Wie zwei
Ströme, die einander entgegengesetzt sind, einen Meerstrudel machen: so      25
machen zwei Winde, die in verschiedenen Richtungen auf einander wirken,
Wirbelwinde.

Die vornehmsten Ursachen der dauerhaften Winde sind folgende:
Erstens, wenn eine Luftgegend mehr erwärmt wird als die andere,
z. B. die über dem Lande mehr als über dem Meere, so weicht sie             30
dieser, weil sie leichter ist als die kühlere Luft, und es entsteht ein
Wind in dem Platz der Erwärmung, und dieser dauert so lange fort,
als die vorzügliche Erhitzung des Ortes währt.

Zweitens: wenn eine Luftgegend nach und nach erkaltet, so faltet sie
sich zusammen, verliert ihre Ausspannung und macht der erwärmen-           35

den Luft Platz, gegen sie zu strömen. Wenn es im Anfange des
Herbstes im tiefen Norden anfängt kalt zu werden, so zieht die süd=
liche Luft nach Norden über, so lange als die Zunahme der Wärme
dauert, und hernach kehrt sie wieder zurück.

Drittens: Bei plötzlichen Stürmen, die nicht lange währen, sind aus
der Erde ausgebrochene Schwefel= und mineralische Dämpfe, welche
die Elasticität der Luft schwächen oder in Gährung gerathen, die
Ursache ungleicher, auf einander stoßender Winde, die sich anfänglich
aufhalten und Windstillen machen, hernach mit Heftigkeit sich drücken
und entsetzliche Wolkenbrüche und tobende Stürme machen. In=
gleichen macht heftiger Platzregen oder Hagel einen Wind, der sehr
heftig sein kann.

Die Eintheilung, die die Seeleute von den Winden machen, ist diese:
Sie nehmen die vier Hauptgegenden, Norden, Osten, Süden, Westen.
Dann theilen sie jeden Bogen des Horizontes, der zwischen zwei Haupt=
gegenden enthalten ist, in zwei gleiche Theile. Sie heißen: Nordost,
Südost, Nordwest, Südwest. Die Buchstaben werden so gesetzt, daß
die von Norden oder Süden immer zuerst kommen. Hernach theilen sie
diese ein in Viertelbogen, und vor die vorige Benennung setzen sie immer
die Hauptgegend, der sie am nächsten liegen, als: Nordnordost, Ost=
nordost, Ostsüdost, Südsüdwest, Westsüdwest, Westnordwest,
Nordnordwest. Die Winde von der vierten Ordnung entstehen, indem
sie die vorigen Bogen wieder halbiren, die vorige Benennung behalten
und nur zeigen, welcher von den Hauptgegenden sie am nächsten liegen,
und dieses durch das Wörtchen gen. Z. E. Westnordwest gen Westen,
Ostnordost gen Osten. Alle diese Eintheilungen machen zwei und
dreißig Winde aus.

### §. 65.

### Eintheilung der Winde nach ihren Eigenschaften, Feuchtigkeit, Trockenheit, Wärme, Kälte und Gesundheit.

Die Abendwinde sind in den meisten Gegenden feucht, sind es aber
auch in der ganzen Welt, außer wenn sie über einen verbrannten Boden
streichen, wie in Persien der Abendwind, der über Arabien streicht.

Es mag ein Westwind über ein nahes oder entlegenes Meer streichen,
so ist er immer feucht. Dagegen der Ostwind, wenn er gleich noch über
größere Meere kommt, mehrentheils trocken ist.

In den Philippiniſchen Inſeln regieren des Jahres zwei Wechſel-
winde, ein Nordoſtwind die Herbſt- und Wintermonate und dann ein
Südweſtwind die übrige Zeit hindurch. Jener, ob er gleich über das
Südmeer weht, iſt trocken. Ein gleiches iſt in Oſt- und Weſtindien
zu merken, z. E. in der Gegend von Neu-Cartagena.    5

Die Südweſtwinde, die über das Atlantiſche Meer wehen und ſonſt
nur feuchtes Wetter bringen, ſollen heiteres und trockenes Wetter ver-
urſachen. Dagegen ſind nur die Weſtwinde feucht. Dies geſchieht auch
ſelbſt auf der Stillen See, da die Oſtwinde heiter Wetter geben, die Weſtwinde aber, die über die See gehen, regenhaftes. Die Urſachen ſollen    10
im Folgenden erklärt werden.

Wenn ein Wind eine Luft mit ſich führt, die kühler als der menſch-
liche Körper iſt: ſo kühlt er. Iſt ſeine mitgebrachte Luft aber heißer als
dieſer, ſo erhitzt er denſelben deſto mehr, je ſchneller er geht. Solche
heiße Winde ſind hin und wieder in den heißen Erdſtrichen anzutreffen,    15
wie der Chamſin in Ägypten, vornehmlich der Samiel in Perſien,
Arabien und Syrien ſind die ärgſten. Sie blaſen mit einer Hitze, als
wenn ſie aus einem Feuerofen kämen. Dieſer Wind Samiel ſieht röthlich aus. Er weht vornehmlich im Juni bis Auguſt und iſt inſonderheit
am Perſiſchen Meerbuſen zu ſpüren. Die Perſer meinen, daß er ſeine    20
giftigen Eigenſchaften von einem Kraute, Golbat Samoar genannt,
welches häufig in der Wüſte von Kerman wächſt, habe, weil der Wind,
der über dieſes ſtreicht, ſeinen Blumenſtaub fortführt. Es ſcheint aber
der Wahrheit ähnlicher, daß, weil alle dieſe Gegenden viel Naphtha, inſonderheit in ihrem Boden enthalten, das Saure der Salzpartikelchen,    25
die der perſiſche Wind mit ſich führt, mit dieſen ölichten Dämpfen auf-
brauſe, ſich erhitze und die rothe Farbe zuwege bringe. Der Wind Samiel
tödtet, wenn er heftig geht, ſehr ſchnell. Meinungen von dem plötzlichen
Sterben der Iſraeliten und dem Heere Sanheribs.

Es giebt in Arabien, ingleichen in den ägyptiſchen Sandwüſten    30
auch Winde, die Reiſende im Sande begraben. Daher die Mumien ohne
Balſamirung entſtehen.

Winde, die von den Spitzen hoher Berge kommen, ſind alle kalt; daher ſelbſt in Guinea der Nordoſtwind (Terreno), der von den im innern
Theile des feſten Landes befindlichen Gebirgen kommt, große Trockenheit    35
und Kälte bringt. Winde, deren Züge gegen einander ſtreben, bringen
erſtlich Windſtillen, dann plötzlichen Sturm, Platzregen und Gewitter zu-

wege. Die Gewitter entstehen vornehmlich aus dem Gegeneinanderstreben zweier Winde, welche Wolken von verschiedener Elektricität vermengen, daher nach denselben öfters der Wind sich ändert, und die Gewitter gemeiniglich gegen den Wind aufsteigen.

5 In den indischen oder äthiopischen Meeren folgen in den zwei Jahreshälften zwei Wechselwinde auf einander, welche zu derjenigen Zeit, wenn sie einander ablösen, erstlich Windstillen, hierauf ein unordentliches Wehen aus allen Gegenden rund um den Compaß, endlich aber Sturm, Platzregen und Gewitter zuwegebringen, welche, wenn sie höchstens nur 10 eine halbe Stunde wehen, Tornados heißen; wehen sie aber etliche Stunden, ja wohl Tage, so heißen sie Travados.

Nicht weit von der Küste Sierra Leona gegen Abend ist eine Gegend, die man die Gegend der Tornaden nennt, worin mit Stürmen, fast beständigem Regen und Gewitter abwechselnde Windstillen 15 herrschen.

Im Mexikanischen Meerbusen steigt bei abwechselnden Winden gen Nordwest eine schwarze, flache Wolke etliche Grade über den Horizont; diese heißt man die Nordbank; darauf fängt ein reißender Sturm von Nordwest an, welchen man den Nord nennt. Alle niedrigen Wolken treiben 20 mit großer Schnelligkeit, nur die Nordbank ruht, bis der Sturm vorüber ist. Weil vor diesem Winde, Nord genannt, gemeiniglich ein sanfter Südwestwind, hernach eine stille Luft vorhergeht: so sieht man wohl, daß die entgegenströmenden Luftzüge erstlich einander aufhalten, dann eine Drehung in der obern Luft verursachen, wo sie die Dünste in eine dicke Wolke 25 zusammentreiben, woraus die Nordbank entsteht, und daß die daselbst sich häufende Luft unterwärts mit großer Gewalt herausbreche. Die Wolke selbst, weil sie im Mittelpunkte dieses Wirbels ist, muß ruhen. Wenn der Wind nach Süden springt, so ist das Unglück am größten. Diese Winde sind dem December und Junimonate eigen. Die Südwinde, die im Juni, 30 Juli und August häufig sind, herrschen zu der Zeit, wenn die Südwestwinde in dieser Gegend vornehmlich wehen, die Zurückströmung aber der nördlichen Luft ihnen bisweilen widerstrebt.

Die Orkane (Ouragans) in eben diesem Meere und an den umherliegenden Seeküsten treiben Wolken, die wie Pumpen aussehen, anstatt 35 daß die Nords eine flache Wolke machen. Ihre Farbe ist gräßlich: 1) blasse Feuerfarbe, 2) kupferroth und 3) schwarz. Erstlich kommt der Wind aus Südost, dann Windstille, dann Südwest.

Am Cap herrscht der Orkan, der aus einer Wolke, das Ochsenauge
genannt, zu brechen scheint. Man glaubt fälschlich, daß diese Wolke nicht
größer sei als ein Ochsenauge. Sie scheint größer als ein ganzer Ochse
zu sein und breitet sich vornehmlich über den Tafelberg aus. Sie ent=
steht, wenn auf den Nord= ein Südwind folgt, aus Ursachen, die schon an=    5
geführt worden; doch muß man auch die Gebirge, an die sich die Winde
stoßen, mit in Betrachtung ziehen.

Dieses gilt auch von andern plötzlichen Stürmen. Sie herr=
schen mehrentheils in den Gegenden der Vorgebirge, Meerengen, und
wo viele Inseln sind, und zu der Zeit, wenn die Winde stärker ab=    10
wechseln, wie im Herbste und Frühjahr, mehr als in irgend einer andern
Jahreszeit.

Im Chinesischen und Japanischen Meere herrschen die Typhons,
welche von den aus dem Meere hervorbrechenden Dämpfen zu entstehen
pflegen; denn das Meer sprudelt und wallt an dem Orte, die Luft ist mit    15
Schwefeldünsten angefüllt, und der Himmel sieht kupferfarbig aus. Das
Chinesische Meer ist im Winter wärmer als eins von den angrenzenden,
und dieses scheint die angegebene Ursache zu bestärken. Der Typhon
bleibt an einer Stelle und treibt nicht fort.

Mit diesen haben die Wasserhosen eine große Ähnlichkeit. Die    20
sinesischen Meere und das Rothe Meer haben diese Luftphänomene öfters.
Man sieht, daß das Wasser an einem Orte gleichsam kocht, endlich sich
einen Fuß hoch erhebt. Es steigt ein Rauch mit einem düstern, zischenden
Getöse hervor, und dann scheinen sich die Wolken in den Gegenden herab=
zusenken und mit den Röhren die Figur eines Trichters oder einer Trom=    25
pete anzunehmen. Es windet sich das Wasser in dieser Röhre in die Höhe
und fällt außerhalb derselben nieder. Schiffe, die davon ergriffen werden,
werden ihrer Segel beraubt, sie treiben mit dem Winde fort.

### §. 66.

### Schnelligkeit der Winde.    30

Ein gelinder Wind geht nicht schneller als ein Mensch im Gehen; ein
ziemlich starker wie ein Pferd im Laufen. Ein Sturmwind, der Bäume
ausreißt, legt 24 Fuß in einer Secunde zurück. Es giebt auch Stürme,
die bis 60 Fuß in einer Secunde durchlaufen. Diese werfen selbst Häuser
um, auf die sie treffen.    35

## §. 67.

### Von den Passatwinden.

Ein Wind, der einem Erdstriche ein ganzes Jahr hindurch mehrentheils eigen ist, heißt ein Passatwind.

5     Zwischen den Wendekreisen weht fast beständig, wenn man sich vom Lande entfernt, ein Ostwind um die ganze Erde. Dieser entsteht nicht von der zurückgebliebenen Luft, die, da die Erde sich von Abend gegen Morgen zu dreht, nachbleibt und in der entgegengesetzten Richtung widersteht, sondern von der nach und nach von Morgen gen Abend durch 10 die Sonne rund um die Erde geschehenen Erwärmung; denn wie eben gesagt, so strömt die Luft immer nach der Gegend, die von der Sonne am meisten erwärmt wird; folglich muß sie dem scheinbaren Laufe der Sonne immer nachziehen. Die Seefahrer können viel geschwinder aus Ostindien nach Europa, als von Europa dahin kommen, weil sie in dem letzten Falle 15 den generalen Ostwind sowohl auf dem Äthiopischen als Indischen Meere gegen sich haben.

    Diese Seefahrer müssen auf der Reise vom Cap nach Europa wohl auf ihrer Huth sein, daß sie die Insel St. Helena nicht vorbeifahren, denn wenn sie dieselbe einmal vorbei sind, so können sie nicht wieder dahin 20 gelangen, weil sie ein starker Ostwind forttreibt, und müssen an der Insel Ascension sich mit Schildkröten und Wasser versorgen.

    Dieses gilt von allen zwischen den Wendecirkeln befindlichen Meeren: dem Atlantischen, Äthiopischen, Stillen und Indischen. Allein je weiter vom Äquator zu den Wendecirkeln, desto mehr weicht dieser Ost-25 wind in einer Nebenrichtung aus Süd und Nord ab, je nachdem man sich nämlich im südlichen oder nördlichen Hemisphär befindet; dort wird er ein Südost=, hier ein Nordostwind. Diese Winde erstrecken sich auch etwas außerhalb den Wendekreisen, doch nicht leicht über den dreißigsten Grad, wo ein westlicher Passatwind anhebt, der bis zum funfzigsten 30 Grade herrscht, daher man aus England, um nach Amerika zu kommen, sich dem Wendekreise nähert und daselbst Ostwind findet, zurück aber zwischen dem vierzigsten und funfzigsten Grade der Breite mit einem Westwinde eine kurze Reise macht.

    Die Winde Alisés gehören zu den Wirkungen dieses allgemeinen Ost-35 windes und sind solche, die in einem Erdstriche beständig herrschen, obgleich sie nicht die Richtung aus Osten haben. Z. E. so herrscht an den

Küsten von Peru ein beständiger Südwind, der neben den Küsten von
Chili bis an Panama fortstreicht, welcher daher rührt, weil die näher
zum Südpole befindliche Luft nach dem Äquator hinstreicht, der allgemeine Ostwind aber durch die Cordillerischen Gebirge verhindert wird, hier
seine Wirkung zu thun.

An den Küsten von Guinea ist ein fast beständiger Westwind, weil
die Luft über Guinea mehr als über dem Meere erhitzt wird, und die
letztere daher genöthigt wird, über sie zu streichen, und zwar in schiefer
Richtung von Südwest nach Nordost, weil die größte Strecke des festen
Landes von Afrika nach der letztern Gegend hin liegt, da dann die Richtung der Küsten den Wind völlig westlich macht.

### §. 68.

### Von See= und Landwinden.

Alle Länder der heißen Zone haben an ihrer Seeküste die Abwechse=
lung der Winde, daß des Tages hindurch ein Wind aus der See ins Land
streicht und des Nachts vom Lande in die See. Denn des Tages erhitzt
die Sonne das Land mehr als das Wasser, daher wird die Meeresluft, die
nicht in dem Grade erwärmt worden, dichter sein als die Landluft und
diese aus der Stelle treiben. Daher nimmt auch die Stärke des Seewin=
des zu bis nach zwölf oder ein Uhr Mittags, von da er immer schwächer
wird und des Abends gar nachläßt. Alsdann aber erkühlt die Seeluft
schneller als die Landluft, die über einem erhitzten Boden steht; jene zieht
sich also zusammen und macht dieser Platz, folglich streicht alsdann ein
Landwind über die See.

Diese Winde sind in allen Inseln des heißen Erdgürtels, im Mexika=
nischen Meerbusen, in Brasilien, an den afrikanischen und ostindischen
Küsten anzutreffen. Sie sind ausnehmend nutzbar, nicht allein zur Ab=
kühlung dieser Länder, sondern auch für die Schifffahrt zwischen vielen
Inseln.

### §. 69.

### Von den Moussons oder den periodischen Winden.

In dem ganzen heißen Erdstriche, wo ganze Länder von dem Äquator
gen Norden oder Süden sich ausbreiten, herrschen in benachbarten Meeren
jährlich Wechselwinde, die Moussons, oder wie sie die Engländer (mit

einem indianischen Worte, welches Jahreszeit bedeutet) benennen, Mon=
suns, nämlich die Monate April bis September ein Südwestwind, die
übrigen Monate hindurch ein Nordostwind. Dieses geschieht im Meer=
busen von Bengalen, den persischen, arabischen Meeren, im Ar=
chipelagus, bei den Philippinischen Inseln, im Mexikanischen
Meerbusen und anderwärts. Im südlichen Hemisphär geht eben der
Wechsel des Westwindes vor sich, nur in den gedachten Monaten herrscht
der Nordwestwind, in den übrigen der Südwestwind.

## §. 70.
## Ursache der Moussons.

Indem ich die Ursache der Moussons erkläre, so gebe ich auch eine
allgemeine Theorie aller beständigen, periodischen und der meisten verän=
derten Winde. Ich sage nämlich, daß ein Wind, der von dem Äquator
nach einem von den zwei Polen geht, eine Nebenrichtung nach Westen be=
komme, wenn er sich erst eine Weite hindurch bewegt hat. Z.E. in unserm
nördlichen Hemisphär muß ein Südwind nach und nach in einen Südwest=
wind ausschlagen und auf der südlichen Seite des Äquators ein Wind,
der von dem Äquator nach dem Südpole hin geht, ein Nordwestwind wer=
den. Denn da die Erde sich um die Axe dreht: so beschreiben die Theile ihrer
Oberfläche desto größere Parallelcirkel, nachdem sie dem Äquator näher
liegen, und desto kleinere, je näher sie zu dem Pole liegen, und die Luft,
welche die Erde bedeckt, hat allenthalben, wenn kein Wind ist, gleiche Be=
wegung mit dem Theile der Oberfläche der Erde, auf welchem sie ruht.
Also wird die Äquatorsluft mehr Schnelligkeit der Bewegung von Abend
gegen Morgen haben als die unter den Wendekreisen und diese weit mehr
als die zwischen den Polarcirkeln u. s. w.

Dieses aber macht an sich noch gar keinen Wind, weil die Luft auf
der Oberfläche der Erde ihren Platz nicht verändert. Sobald aber die
Äquatorsluft nach einem von den Polen, z. E. zu dem Nordpol, zieht: so
giebt dies zuvörderst einen Südwind. Allein diese nach Norden ziehende
Luft hat doch von der Drehung der Erde einen Schwung von Abend gegen
Morgen, der schneller ist als alle Parallelcirkel, wohin sie bei weiter Ent=
fernung vom Äquator anlangt; also wird sie sich über den Örtern, an
welchen sie ankommt, mit dem Überschusse ihrer Schnelligkeit von Abend
gegen Morgen fortbewegen, mithin durch die Zusammensetzung mit der
südlichen Richtung einen Südwestwind machen.

Aus eben den Gründen wird aus der Bewegung der Äquatorsluft nach dem Südpole hin ein Nordwestwind entstehen. Dagegen wenn aus einer vom Äquator entfernten Gegend die Luft zum Äquator hinströmt: so wird in unserm Hemisphär dieses erstlich ein Nordwind sein. Da er aber aus solchen Gegenden der Erde ausgegangen, wo er wegen der kleinen Parallelcirkel, in denen er sich befand, weniger Schnelligkeit von Abend gegen Morgen hatte, als diejenigen Theile der Oberfläche der Erde, die dem Äquator näher liegen, und zu denen er sich bewegt: so wird er, weil er keine so starke Bewegungen von Westen nach Osten hat als die Örter, bei denen er anlangt, nachbleiben, also sich von Osten gegen Westen zu bewegen scheinen, welches, mit der nördlichen Richtung verbunden, in unserm Hemisphär einen Nordostwind macht, also wird ein Nordwind in unserer Halbkugel, je mehr er sich dem Äquator nähert, in einen Nordostwind ausschlagen, und im südlichen Hemisphär wird ein Südwind sich in einen Südostwind aus eben den Gründen verändern.

Hieraus nun kann zuerst der allgemeine Wind unter der Linie erklärt werden, denn daselbst und vornehmlich zur Zeit der Tag= und Nachtgleiche ist die Luft mehr als anderwärts verdickt. Die Luft bei den Polen und andern zwischen ihnen und dem Äquator gelegenen Gegenden zieht also zum Äquator hin, der Nordwind verändert sich eben dadurch in einen Nordostwind und der Südwind in einen Südostwind. Diese Winde werden auch zwischen den Wendekreisen, ein jeder in seinem Hemisphär, anzutreffen sein; allein unter dem Äquator werden sie, da sie in einem Winkel zusammentreffen, in bloße Ostwinde ausschlagen. Da nun vom März bis in den September die Sonne den heißen Erdgürtel in unserm Hemisphär am meisten erhitzt: so werden die Länder, die in derselben oder ihr nahe liegen, ungemein erwärmt werden, und die nahe dem Äquator liegende Luft wird den Platz, der über dieser verdünnten befindlich ist, einnehmen; es wird also ein Südwind entstehen, der um des vorher erwähnten Gesetzes willen in einen Südwestwind ausschlägt: allein in den übrigen Monaten thut die Sonne dieses im südlichen Hemisphär, also wird die Luft der nördlichen Halbkugel herüberziehen und einen Nordwestwind machen. In der Zeit, da diese Moussons mit einander abwechseln, werden Windstillen und Orkane regieren.

## §. 71.

### Noch einige Gesetze der Abwechselung der Winde.

In unserm nördlichen Hemisphär pflegen die Winde, wenn sie von Norden nach Nordosten gehen, auf diese Weise den ganzen Cirkel von der Linken zur Rechten zu absolviren, nämlich nach Osten, dann nach Süden, dann nach Westen zu gehen. Allein diejenigen Winde, die auf eine entgegengesetzte Art aus Norden nach Westen u.s.w. laufen, pflegen fast niemals den ganzen Cirkel zurückzulegen.

Im südlichen Hemisphär, da die Sonne ihren Lauf von der Rechten gegen die Linke hat, ist dieser Cirkellauf auch umgekehrt, wie Don Ulloa im Stillen Meere angemerkt hat.

Es scheint dieses Gesetz vom Lauf der Sonne herzurühren, denn der Nordwind schlägt natürlicher Weise in einen Nordostwind aus, allein wenn ihm die südliche Luft endlich widersteht, so wird er völlig östlich; dann fängt die Luft aus Süden an zurückzugehen und wird durch die Verbindung mit dem Ostwinde erstlich Südost, dann völlig südlich, dann nach dem oben angeführten Gesetze Südwest, dann durch den Widerstand der nördlichen Luft völlig West.

Die Winde sind am meisten veränderlich in der Mitte zwischen einem Pol und dem Äquator. In dem heißen Erdstriche sowohl und in den nahe gelegenen Gegenden, als in dem kalten Erdgürtel und den benachbarten Landstrichen sind sie viel beständiger.

Öfters und gemeiniglich sind Winde in verschiedenen Höhen der Luft verschieden, sie bringen aber hernach Windstillen und darauf plötzlich Stürme oder einen veränderten Wind in den niedrigen Gegenden zuwege.

## §. 72.

### Vom Regen und andern Luftbegebenheiten.

In dem heißen Erdstriche ist es am regenhaftesten; daselbst fallen auch größere Tropfen und mit mehrerm Ungestüm. In den äthiopischen Gebirgen und in den Cordilleren regnet es fast immer. Die Südwestwinde bringen in den Theilen der heißen Zone und der anliegenden Gegend, die in der nördlichen Halbkugel liegt, die anhaltenden Regen zuwege, welche die Flüsse so aufschwellen machen.

In Sierra Leona und einigen andern Gegenden der Küste von
Guinea fällt der Regen in fehr großen Tropfen und erzeugt Wärme.
Die Neger laufen vor dem Regen als vor dem Feuer, und in einem Kleide,
mit Regen durchnäßt, fchlafen, ift tödtlich, wie denn folche Kleider, wenn
fie naß weggelegt werden, in kurzem verfaulen.

In einigen Ländern regnet es gar nicht, in andern felten. Der niedrige Theil von Peru, wo Lima liegt, ift ganz vom Regen frei; daher
man dafelbft flache Dächer hat, darauf Afche geftreut ift, um den Thau
einzufaugen, weil ein beftändiger Südwind dafelbft weht, der ihnen das
ift, was bei uns ein Nordwind. In Oberägypten regnet es niemals.
In Quito hingegen regnet es alle Tage wenigftens eine halbe Stunde
lang. In dem obern Theile von Ägypten ift es einem Wunder ähnlich,
wenn es in fieben Jahren einmal regnet. In dem wüften Arabien find
die Regen gleichfalls felten.

## §. 73.

## Von dem Zufammenhange der Witterung mit den Klimaten
## und Jahreszeiten.

Alle Länder, felbft kalte Erdftriche haben im Winter eine defto tem-
perirtere Luft oder Witterung, je näher fie am Meere liegen, welches in
feiner weiten Ausdehnung niemals gefriert und niemals fo fehr als das
Land erhitzt wird. Daher am Nordkap im Winter nicht ftrengere Kälte
ift als im füdlichen Theile von Lappland und an der Seeküfte von
Norwegen viel weniger als im Inwendigen.

Die öftlichen Länder eines großen Continents haben weit ftrengere
Winter als andere, die oftmals viel nördlicher liegen. So ift es in dem
Theile von China, der füdlicher liegt als Neapolis, im Winter fo kalt,
daß es anfehnlich friert. In Nordamerika find in der Breite von
Frankreich fo ftrenge Winter als im nördlichen Theile von Schweden.

Im füdlichen Hemifphär ift es kälter als im nördlichen in gleicher
Breite. Es fchwimmen dafelbft, wenn es mitten im Sommer ift, wie
fchon oben erinnert ift, in einer Polhöhe, die der von England gleich ift,
große Eisfelder, welche nie aufthauen.

Selbft in Europa war es in vielen Ländern vordem kälter als jetzt.
Die Tiber gefror im Winter zur Zeit des Kaifers Auguft gewöhnlich,
jetzt aber niemals. Die Rhone gefror zu Julius Cäfars Zeiten in der
Art, daß man Laften hetüberführen konnte; jetzt aber ift diefes nicht er-

hört. Das Schwarze Meer war zu den Zeiten des Constantins Copronymus dick befroren. Deutschland am Rhein und Frankreich werden uns von den Alten wie unser heutiges Sibirien beschrieben.

Dieses rührte vermuthlich von den vielen Wäldern her, welche damals die meisten dieser Länder bedeckten, und in denen der Schnee sehr spät schmilzt, so daß kalte Winde daher wehen. Jetzt sind die Wälder größtentheils ausgehauen, hingegen im nördlichen Theile von Amerika und Asien sind sie noch unermeßlich groß, welches eine von den mehrern Ursachen der Kälte in diesem Lande sein kann: doch kann zuweilen die Beschaffenheit des Bodens viel hierbei thun, vornehmlich wie in China und Sibirien.

Im heißen Erdstriche, in dem Theile desselben, der in der nördlichen Halbkugel liegt, ist der Winter in den eigentlichen Sommermonaten, besteht aber bloß in der Regenzeit, denn die Sonne ist wirklich ihnen dann am nächsten, wie es dann zu der Zeit eine sehr schwüle Luft, z. E. in der Gegend um Cartagena in Amerika und in Guinea, giebt. Die übrige Zeit heißt die gute oder trockene Zeit.

In Persien nämlich, im mittleren Theile, in Syrien und Kleinasien ist die Winterkälte oftmals sehr heftig. In der Halbinsel diesseit des Ganges kommt auf der Küste Malabar die Regenzeit einige Wochen eher als auf der Küste Koromandel, weil das Gebirge Ghats, welches diese Halbinsel in die Hälfte abtheilt, die Wolken, die vom Südwestwinde getrieben werden, eine Zeit lang von der Ostseite der Halbinsel zurückhält, daher man daselbst in zwei oder drei Tagereisen aus dem Winter in den Sommer kommen kann.

In der südlichen Halbkugel und dem Theil der Zonae torridae ist dieses alles umgekehrt. Die Ursache der Kälte in dem südlichen Ocean selbst zu derjenigen Zeit, da daselbst Sommer ist, kommt ohne Zweifel von den großen Eisschollen her, die von den Gegenden des Südpols in diese Meere getrieben werden (s. oben S. 225 und 294).

# Vierter Abschnitt.

Geschichte der großen Veränderungen, welche die Erde ehedeß erlitten hat und noch erleidet.

## §. 74.

**Von den allmähligen Veränderungen, die noch fortdauern.**

Noch immer verändert sich die Gestalt der Erde und zwar vorzüglich durch folgende Ursachen:

1. **Durch Erdbeben.** Diese haben manche an der See gelegene Landstriche versenkt und Inseln empor gehoben. Moro meint zwar sehr unwahrscheinlich, daß die Berge größtentheils daher entstanden. Einige aber haben gewiß ihren Ursprung daher.

2. **Durch die Flüsse und den Regen.** Der Regen spült die Erde von den Bergen und hohen Theilen des festen Landes und schleppt den Schlamm in die großen Bäche, die ihn in den Strom bringen. Der Strom hat ihn hin und wieder anfänglich in seinem Laufe abgesetzt und seinen Canal gebildet, jetzt aber führt er ihn fort, setzt ihn weit und breit an den Küsten bei seiner Mündung ab, vornehmlich wird er bisweilen die Länder bei seinem Ausflusse beschwemmen und setzt neues Land an. Dieses sind Begebenheiten, die durch sehr viele Exempel bestätigt sind.

Der Nil hat das ganze Delta, ja nach dem Zeugnisse der ältesten Schriftsteller ganz Unterägypten durch seinen Schlamm angesetzt, da hier vor Alters ein Meerbusen war; er thut aber dieses noch. Damiette ist jetzt acht Meilen von dem Ufer entfernt; im Jahre 1243 war es ein Seehafen. Die Stadt Fua lag vor 300 Jahren an einer Mündung des Nils und ist jetzt fünf Meilen davon auf dem festen Lande. Ja seit vierzig Jahren hat sich das Meer eine halbe Meile weit von der Stadt Rosette zurückgezogen. Nun kann man deutlich sehen, daß alles Land von Unterägypten ein Geschöpf des Nils sei.

Eben dieses ist am Mississippi und Amazonenstrom, am Ganges und so weiter zu merken. Dadurch wird das feste Land immer niedriger, und das Regenwasser, nachdem das feste Land seinen Abhang verliert, wird nicht mehr so viel den Flüssen zuführen, sondern versiegt in der Erde und trocknet in Pfützen aus.

Die Flüsse füllen ihre Mündung oft mit Schlamm und verlieren dadurch ihre Schiffbarkeit, so daß neue Inseln und Bänke in der Mündung großer Flüsse angesetzt werden.

3. Durch das Meer. Dieses zieht sich an den meisten Ländern von den Küsten nach und nach zurück. Es arbeitet zwar an einigen Küsten etwas ein, aber an andern und den meisten Örtern setzt es dagegen wieder etwas an. Im östlichen Theile von Gothland gewinnt das Land jährlich zwei bis drei Klafter. In Nordbothnien bemerkt Celsius, daß die See in zehn Jahren $4\frac{1}{2}$ Zoll niedriger werde. Daher viele ehemals gute Häfen anjetzt nur kleine Schiffe einnehmen können. Die Dünen in Holland und England, ingleichen die preußischen Nehrungen sind ohne Zweifel vom Meer aufgeworfene Sandhügel, jetzt aber steigt das Meer niemals so hoch wie sie. Man mag urtheilen, ob es genug sei, dieses daher zu erklären, daß die See ihren Schlamm, den die Flüsse hineinführen, am Ufer absetze, oder ob das Innere der Erde sich seit vielen Jahrhunderten her immer nach und nach fester setze; daher der Boden des Meeres immer tiefer sinke, weil sein Bette vertieft wird und sich vom Ufer zieht. Das Meer bemächtigt sich auch zuweilen des festen Landes.

Man urtheilt, daß viele Meerengen nach und nach durch die Bearbeitung des Meeres, welches eine Landenge durchgebrochen hat, entstanden; z. E. die Straße von Calais. Ceylon soll auch ehedeß mit dem festen Lande zusammengehangen haben, wenn nicht die Erdbeben auch hieran etwas Antheil nehmen; zum wenigsten lassen sich die Raubthiere, die ehedeß in England waren, kaum anders begreifen, als durch den Zusammenhang dieses Landes mit Frankreich. Der Dollart, eine See in Friesland, ist durch den Einbruch des Meeres entstanden. Der Südersee ist ehedeß größtentheils ein

bewohntes Land geweſen, das aber durch die See überſchwemmt
worden.

4. Durch die Winde und den Froſt. Der Wind treibt öfters den
Sand von den hohen Gebirgen über niedrige Gegenden, oder umge=
kehrt. In Bretagne überſchwemmte eine ſolche Sandfluth einen
anſehnlichen Theil des feſten Landes, ſo daß die Spitzen aller Kir=
chenthürme nur hervorragen von Dörfern, die ehedeß bewohnt waren.
In andern Ländern aber treibt der Wind den Sand in das Meer
und macht Untiefen, auch wohl gar neues Land.

Der Froſt ſprengt öfters anſehnliche Theile von Bergen ab, in
deren Ritzen ſich Regenwaſſer hält, welches in denſelben gefriert.
Dieſe rollen in die Thäler und richten öfters große Verwüſtungen an.
Dieſe Veränderungen ſind nicht von großer Erheblichkeit.

5. Durch die Menſchen. Dieſe ſetzen dem Meere und den Flüſſen
Dämme und machen dadurch trockenes Land, wie am Ausfluſſe des
Po, des Rheins und anderer Ströme zu ſehen iſt. Sie trocknen
Moräſte, hauen Wälder aus und verändern dadurch die Witterungen
der Länder anſehnlich.

### §. 75.

#### Denkmale der Veränderungen, welche die Erde in den älteſten Zeiten ausgeſtanden.

#### A. Beweisthümer, daß das Meer ehedeß die ganze Erde bedeckt habe.

An allen Örtern der Erde, ſelbſt auf den Spitzen hoher Berge findet
man große Haufen von Seemuſcheln und andere Merkmale des ehemali=
gen Meergrundes. In Frankreich in der Touraine iſt ein Strich Lan=
des, der neun franzöſiſche Quadratmeilen begreift, in welchem unter einer
kleinen Bedeckung von Erde eine Schicht von Seemuſcheln angetroffen
wird, die dreißig Fuß dick iſt. Auf allen Bergen in der Welt, auf allen
Inſeln hat man dieſe gefunden, und ſie beweiſen genugſam, daß die See
alles feſte Land bedeckt habe; nur in den Cordilleren hat man ſie noch
nicht gefunden. Weil aber dieſe die ſteilſten von allen Bergen ſind: ſo
wird der Schlamm, der von den Gebirgen durch Regen und Gießbäche
abgeſchwemmt worden, längſt die Muſchelſchichten mit einer ſehr dicken
Lehmſchicht, die man auch allenthalben findet, bedeckt haben.

Es ist lächerlich, wenn La Loubère in seiner Beschreibung von
Siam den Affen diese Muscheln beimißt, die sie bloß zum Zeitvertreibe,
wie sie dies auf dem Cap thun, auf die Spitzen hoher Berge sollen getragen haben, oder, wie ein anderer dafür hält, daß die asiatischen Mu-
5  scheln, die man auf den europäischen Bergen findet, von den Kriegsheeren
mitgebracht worden, so die Kreuzzüge nach dem gelobten Lande thaten.

Man findet aber auch andere Seethiere versteinert oder in Stein ab-
geformt allenthalben auch mitten in dem Gesteine, daraus die Gebirge
bestehen. Es giebt darin häufige Schlangenzungen oder versteinerte
10  Zähne vom Haifisch, das gewundene Horn des Narwals, Knochen von
Walfischen, Theile von versteinerten Seeinsecten, dahin die Judensteine,
Asteroiden, Petunkeln u. s. w. gezählt werden müssen.

Ferner sind in der Gestalt der Gebirge Beweise vom vorigen Aufenthalte der See über dem festen Lande zu finden. Das zwischen zwei Reihen
15  von Gebirgen sich schlängelnde Thal ist dem Schlauche eines Flusses oder
dem Canale eines Meerstromes ähnlich. Die beiderseitigen Höhen laufen
wie die Ufer der Flüsse einander parallel, so daß der ausspringende Winkel des einen dem einstehenden Winkel des andern gegenüber steht. Dies
beweist, daß die Ebbe und Fluth auf dem grenzenlosen Meere, welches die
20  ganze Erde bedeckte, eben sowohl Meerströme gemacht habe als jetzt im
Ocean, und daß diese zwischen den Reihen von Gebirgen sich ordentliche
Canäle ausgehöhlt und zubereitet haben.

### §. 76.

B. Beweisthümer, daß das Meer öfters in festes Land und
25     dieses wieder in Meer verwandelt worden.

Zuerst ist die Betrachtung der Schichten nothwendig, daraus die
obere Rinde der Erde besteht. Man findet verschiedene Strata oder
Schichten von allerlei Materien, als Lehm, feinen Sand, Kalkerde, groben
Sand, Muscheln u. s. w., gleichsam blätterweise über einander. Derglei-
30  chen Schichten sind entweder horizontal oder inclinirt und sind, so weit
sie sich erstrecken, von einerlei Dicke.

Nun findet man öfters unter den ersten Schichten eine Schicht des
Meergrundes, welches man an den verschütteten Seepflanzen und Muscheln erkennen kann. Diese Schicht besteht oft aus einer Kreidenerde,
35  welche nichts anders als Muschelgries ist, dann folgt oft eine Schicht, darin

Pflanzen, Bäume verborgen sind, bald darauf nach abwechselnden Schich=
ten der Grund der See.

Diese Schichten liegen nicht über einander nach der Proportion ihrer
specifischen Schwere. In Flandern, Friesland und anderwärts findet
man erstens Spuren vom vorigen Aufenthalte des Meeres, darunter vier=
zig bis funfzig Fuß tief ganze Wälder von verschütteten Bäumen. Ihre
Wurzeln liegen hier sowohl als im Lüneburgischen nach Nordwest und
die Gipfel nach Südost. In Modena und vier Meilen umher findet
man 14 Fuß tief unter der obersten Rinde das Pflaster einer alten Stadt,
dann eine feste Erdschicht, in der Tiefe von 28 bis 40 Fuß Muscheln in
einer kreidichten Schicht, hernach in einer Tiefe von 60 Fuß bald Kreide,
bald Erdgewächse. Im Jahre 1464 ist im Canton Bern aus einer
hundert Ellen tiefen Grube ein Schiff mit 40 Gerippen menschlicher
Körper gezogen worden. Unter einem sehr tiefen Felsen fand man in
Uri ein Messer, ingleichen hin und wieder in den Bergwerken ganze Men=
schengerippe. In England findet man in der Erde Bäume, die be=
hauen sind.

Die Felsen sind ohne Zweifel ehedeß weich gewesen. In Schweden
fand man vor kurzem in einem Schachte etliche Ellen tief eine Kröte in
einem Felsen sitzen, die noch lebte, obgleich blind und fühllos. Man findet
in den Schiefergebirgen Teiche von versteinerten Fischen, viele Abdrücke
von indianischen Pflanzen und hin und wieder Elephantenzähne, ingleich=
chen Elephantenknochen in Sibirien.

## §. 77.

### C. Theorie der Erde, oder Gründe der alten Geschichte
### derselben.

Scheuchzer und viele andere Physiker schreiben diese Merkmale alter
Veränderungen der Sündfluth zu; allein diese ist erstlich eine gar zu
kurze Zeit über der Erde gewesen, als daß sie solche Veränderungen hätte
zuwege bringen können. Übergroße Muschelbänke, hohe Erdschichten, ja
wohl gar Felsen aufzuführen, dazu ist eine so kurze Zeit, als die Sünd=
fluth war, nicht hinlänglich.

Zuweilen aber findet man abwechselnde Schichten in der Erde vom
festen Lande und Seegrunde. Es ist oft, wie in der Gegend von Mo=
dena, unter einer Muschelschicht ein Stratum, welches Producte des festen

Landes begreift, und unter diesen findet man oft wiederum Überbleibsel des Meeres, so daß zu sehen ist, daß diese Veränderung des festen Landes in Meer und dieses wiederum in festes Land oft auf einander gefolgt ist. Zudem scheint die Sündfluth nur eine allgemeine von diesen Veränderun-
5 gen gewesen zu sein, nämlich eine Veränderung alles festen Landes in Meer und dieses wiederum in festes Land.

Es sind aber unleugbare Merkmale, daß sich dieses mit einigen Strichen der Erde entweder vor oder nachher wirklich zugetragen habe, und daß viele Jahre in einem Zustande solcher Veränderungen verflossen. Daß viele,
10 ja alle Inseln mit dem festen Lande ehedeß müssen zusammengehangen haben, und daß alles dazwischen liegende Land in einen Seegrund verwandelt worden, ist aus den Thieren glaublich, die sich darauf befinden. Denn wenn man nicht behaupten will, Gott habe auf jeder weit vom Lande entlegenen Insel, z. B. den Azorischen, Ladronischen u. s. w., die Land=
15 thiere besonders erschaffen, so ist nicht zu begreifen, wie sie herüber gekommen sind, vornehmlich die schädlichen Thiere.

Nun frägt es sich, was alle diese Veränderungen für eine Ursache haben. Moro glaubt, die Erdbeben wären im ersten Alter der Erde allgemein gewesen; es wären Berge aus der See sammt den Muscheln ge=
20 hoben worden, und anderwärts wäre der Grund des Meeres tiefer gesunken, das Salz des Meeres sei von der Asche ausgebrannter Materien ausgelaugt, und endlich sei alles in einen ruhigen Zustand versetzt worden. Nun ist zwar nicht zu leugnen, daß in Peru ganze Berge anzutreffen sind, die vom Erdbeben erhoben sind; sie unterscheiden sich aber von an=
25 dern auf eine kenntliche Weise. Die Strata liegen nicht so ordentlich hier als anderwärts; auch ist es nicht glaublich, daß bei einer solchen Wuth des unterirdischen Feuers, welches Berge aufgethürmt hat, Muscheln und Thierknochen unversehrt geblieben sein sollten. Überdem, wie kommen die vielen indianischen See= und Landproducte in diese Gegenden?
30 Burnet bildete sich die erste Erde als platt und eben, ohne Meer und Berge, vor. Unter der obersten Rinde war eine große Wasserversammlung. Der Äquator der Erde war nicht gegen die Ekliptik geneigt, sondern fiel vielmehr mit ihr zusammen. Die oberste Rinde stürzte ein und machte Berge, den Boden der See und festes Land. Allein hieraus
35 können die nach und nach geschehenen Revolutionen nicht erklärt werden.

Woodward glaubt, die Sündfluth habe alle Materie der Erde, Metalle, Steine, Erde und so weiter aufgelöst, diese aber hätte sich nach und

nach gesenkt, daraus wären die Erdschichten entstanden, die viele Körper
fremder Art in sich schließen. Aber die Lage der Schichten, die nicht nach
der specifischen Schwere geordnet sind, die Abwechselung der Land= und
Seeschichten, welche zeigen, daß die Veränderung nicht nur einmal, son=
dern öfters mit Abwechselung geschehen, und die der gesunden Vernunft   5
widerstreitende Auflösung aller festen Körper widerlegen diese Begriffe.

Whiston lebte zu einer Zeit, da die Kometen in Ansehen kamen.
Er erklärte auch die Schöpfung der Erde, die erste Verderbung derselben
nach dem Sündenfall, die Sündfluth und das letzte Gericht alles durch
Kometen. Die Erde war seiner Meinung nach im Anfange selbst ein Ko=   10
met, die Atmosphäre machte es dunkel auf der Erde; da sie sich aber rei=
nigte, ward es Licht, endlich wurden Sonne und Sterne erschaffen, oder
vielmehr zuerst gesehen. Das inwendige Wasser der Erde wurde mit einer
irdischen Rinde bedeckt, und es war kein Meer, also auch kein Regen und
Regenbogen. Der Schweif eines Kometen berührte die Erde, und da ver=   15
lor sie ihre erste Fruchtbarkeit. Ein anderer Komet berührte die Erde mit
seinem Dunstkreise, und daraus wurde der vierzigtägige Regen. Die un=
terirdischen Gewässer brachen hervor; es entstanden Gebirge, und der Boden
wurde dem Meere zubereitet. Endlich zog sich das Wasser in die Höhlen
der Erde zurück. Außer dem Willkürlichen in dieser Meinung und den   20
übrigen Unrichtigkeiten erklärt sie gar nicht die auf einander in langen
Zeitläuften folgende und abwechselnde Veränderung des Meeres in festes
Land und umgekehrt.

Leibniz in seiner Protogäa glaubt, die Erde habe ehedeß gebrannt,
ihre Rinde sei in Glas verändert worden, aller Sand sei Trümmern dieses   25
Glases, der Leimen von den Erdarten wäre der Staub von diesen zer=
riebenen Glaspartikelchen. Diese glasartige Rinde der Erdkugel sei her=
nach eingebrochen, worauf dem Meere sein Bette und die Gebirge hervor=
gebracht worden, das Meer habe das Salz der ausgebrannten Erde in
sich gesogen, und dieses sei die Ursache seiner Salzigkeit.   30

Linné hält dafür, Gott habe, da die ganze Erde anfänglich mit
Meer bedeckt war, eine einzige Insel, die sich in ein Gebirge erhob, unter
den Äquator gesetzt, darauf aber alle verschiedenen Arten von Thieren und
Pflanzen nach der Verschiedenheit der Wärme und Kälte, die den ver=
schiedenen Höhen gemäß war, hinaufgesetzt. Diese Insel habe jährlich   35
durch das Anspülen der See neues Land gewonnen, so wie man in Goth=
land, Dalland u.s.w. wahrnimmt, und sei alles feste Land in der Folge

vieler Jahrhunderte durch den Anwachs des Meeres entstanden. Aber
dieses aus dem Meere hervorgekommene Land müßte flach und eben ge=
wesen sein, so wie alle auf diese Art erzeugten Länder; man findet aber
alle Länder der Erde voll hoher Berge.

Büffon meint, die Meerströme, welche in dem weiten Gewässer,
welches im Anfange die ganze Erde bedeckte, herrschten, hätten die Uneben=
heiten und Gebirge gemacht, und das Meer hätte sich nach und nach auf
eine Art, die ihm nicht genugsam erklärlich war, zurückgezogen und diese
Höhen trocken gelassen.

## §. 78.

### Versuch der gründlichen Erklärungsart der alten Geschichte der Erde.

Es ist

1. gewiß, daß die Erde in ihrer ganzen Masse flüssig gewesen, weil sie
eine Figur an sich genommen, die durch den Drehungsschwung aller
Partikeln derselben bestimmt worden, und man findet auch bis in die
größten Tiefen, wohin man gräbt, schichtenweise übereinander lie=
gende Erdlagen, welche nicht anders als im Bodensatz einer trüben
und vermengten Masse aufzusuchen sind.

2. ist gewiß, daß alles vordem Boden der See gewesen sein müsse, und
das Erdreich nicht auf einmal hervorgezogen worden, sondern nach
und nach und zwar mit einem oftmaligen Rückfalle in den Grund
der See, ingleichen daß dieses lange Perioden hindurch gewährt habe.

3. Daß Gebirge desto höher sind, je näher sie dem Äquator liegen.

4. Daß die Erde unter der obersten Rinde allenthalben hohl sei, selbst
unter dem Meeresgrunde, und häufige und allgemeine Einsenkungen
haben geschehen müssen, gleich wie jetzt noch einige besonders vor=
gehen.

5. Daß, wo die tiefsten Einsenkungen geschehen, dahin das Meer sich
zurückgezogen und die Praecipitia trocken gelassen.

6. Daß die Einsenkungen häufiger in der heißen Zone als anderwärts
geschehen, daher daselbst die meisten Gebirge, die weitesten Meere,
die meisten Inseln und Landesspitzen sind.

7. Daß das feste Land bisweilen niedergesunken, aber nach langen Zei=
ten, da der Meeresgrund sich tiefer in die unter ihm befindlichen
Höhlen gesenkt, wieder verlassen und trocken geworden.

## §. 79.

Aus allem dieſem ergiebt ſich Folgendes:

Die Erde war im Anfange eine ganz flüſſige Maſſe, ein Chaos, in dem alle Elemente, Luft, Erde, Waſſer u. ſ. w., vermengt waren. Sie nahm die Geſtalt einer bei den Polen eingedrückten Afterkugel an; ſie fing an hart zu werden und zwar bei der Oberfläche zuerſt, die Luft und das Waſſer begaben ſich wegen ihrer Leichtigkeit aus dem Innern der Erde unter dieſe Rinde. Die Rinde ſank, und es wurde alles mit Waſſer bedeckt. Damals erzeugten ſich in allen Thälern Seemuſcheln, allein noch war die Erde nicht ruhig. Das Innere der Erde ſonderte die ihm unter= mengte Erde immer mehr und mehr ab, und dieſe ſtieg unter die oberſte Rinde, da wurden die Höhlen weiter. Weil nun die Gegenden, wo die Einſenkungen der Erde die tiefſten Thäler machten, am meiſten mit Waſſer belaſtet waren: ſo ſanken ſie tiefer, und das Waſſer verließ viele erhabne Theile; damals entſtand trocknes Land, und es wurde der vormalige Meeresgrund durch die Wirkung der Bäche und des Regens an den meiſten Orten mit einer Schicht fruchtbaren Erdreichs bedeckt. Dieſes dauerte lange Perioden fort, und die Menſchen breiteten ſich immer mehr aus; allein aus den ſchon angeführten Gründen wurden die unterirdiſchen Höhlen immer weiter, endlich ſank plötzlich das oberſte Gewölbe der Erde, dieſes war die Sündfluth, in welcher das Waſſer alles bedeckte. Allein darauf ſank wieder der Meeresgrund und ließ einiges Land trocken, dieſes dauerte fort, ſo daß bald dieſer, bald jener Strich, der vordem im Meeres= grunde gelegen, in feſtes Land verändert wurde. Jedesmal überſchwemmte das von dem nunmehr erhöhten Boden herabſtürzende Waſſer die niedri= gen Gegenden und bedeckte ſie mit Schichten von Materien, die es von den obern abſchwemmte.

Es dauerte dieſe Revolution in einigen Gegenden noch mehrere Jahr= hunderte, indem das trockne Land, da die Gewölbe deſſelben wegen der unter ihnen befindlichen Höhlen nicht mehr feſt ſtanden, einſank und vom Meere bedeckt wurde, aber nach einem langen Aufenthalte deſſelben, da der Boden des Meeres noch tiefer ſank, wiederum entblößt wurde. Und in der That findet man die unterirdiſchen Wälder, z. B. in Friesland, im Lüneburgiſchen, ſo umgeworfen, daß zu ſehen iſt, das gegen Nordweſt ge= legene Meer ſei über ſie weggeſtürzt und habe ſich wieder zurückgezogen. Daher kommt es, daß die meiſten Einſenkungen nahe zum Äquator ge= ſchehen, denn daſelbſt müſſen die weiteſten Höhlen entſtanden ſein, wie solches aus den Gesetzen der Umdrehung der Erde könnte leicht erklärt werden.

Es ist auch hieraus zu sehen, daß, weil durch die hin und wieder ent=
standenen Berge die Gleichheit in der Kraft des Umschwunges der Erde
um die Axe verändert worden, die Axe der Erde sich geändert habe, und
das, was vorher im hitzigen Klima lag, in die temperirte oder kalte Zone
versetzt worden, daher bei uns die Überbleibsel von indianischen Thieren,
Muscheln, Pflanzen, wie dann dieses auch häufige Überschwemmungen der
vordem trocknen Länder und Entblößungen der vordem im Meeresgrund
befindlichen nach sich gezogen.

Sollte nicht, da nach der Sündfluth der mit Wasser bedeckt gewesene
Meeresgrund trocknes Land geworden, der größte Theil seiner Salzigkeit
von demselben ausgelaugt sein, dadurch die Salzigkeit des Meeres und
die Unfruchtbarkeit des festen Landes entstanden sein würde?

# Anhang.

## Von der Schifffahrt.

### §. 80.

### Von den Schiffen.

Die Befrachtung eines Schiffes wird nach Lasten gerechnet. Eine Last hält zwei Tonnen, eine Tonne 2000 Pfund. Man schätzt die Schwere der Fracht, die ein Schiff tragen kann, nach der Hälfte desjenigen Gewichtes, welches das Wasser wiegen würde, das im Schiffe Raum hätte. Z. B. es mag ein Schiff 500 Tonnen, jede à 2000 Pfund fassen, so kann es 250 Last tragen. Der große Ostindienfahrer ist von 800 Last; die größten ehemaligen portugiesischen Caraquen steigen bis 1200 Last. Man merkt noch an, daß die sonst im Seewesen unerfahrenen Indier eine Art eines Fahrzeuges, die fliegende Proa genannt, erfunden haben, welche für die schnellste in der Welt gehalten wird. Ihr Durchschnitt ist auf einer Seite gerade, auf der andern gebogen, sie hat zur Seite Ausleger, welche verhindern, daß der Wind sie nicht umwerfe.

### §. 81.

### Von der Kunst zu schiffen.

Man segelt stärker etwas neben als ganz mit dem Winde, aus zwei Ursachen, sowohl weil das Schiff, wenn der Wind gerade hinter ihm ist, gleichsam den Wind flieht, als auch weil ein Segel dem andern den Wind auffängt.

Ein Seefahrer muß die Prospecte der Küste, alle Tiefen des Meeres an allen Orten, die Beschaffenheit des Ankergrundes, die Klippen, Bran=

dungen, die in einer Gegend herrschen, beständige Winde, die Moussons,
Stürme u. s. w. kennen, vornehmlich aber soll er:

1. die Weltgegenden allezeit genau wissen; dieses geschieht vermöge des
Compasses, wenn man die Abweichung des Magnets zugleich erwägt;
5 nur muß man, so oft es zu thun möglich ist, durch die Observation
des Himmels seine Beobachtungen zu corrigiren suchen.

2. Er muß wissen, nach welcher Gegend er in einem weiten Meere mit
einem gegebenen Winde nur immer fortsegeln darf, um an einen
begehrten Ort zu kommen. Die Gegend, nach welcher hin ihm der
10 Ort liegt, wenn er fortsegelt, ist nicht immer die Richtung, die das
Schiff nehmen muß. Dieses geschieht nur, wenn beide Örter, von
wo und wohin er segelt, unter einem Parallelcirkel oder Meridian
liegen; denn wenn z. E. Jemand aus Portugal nach dem Ausflusse
des Amazonenflusses hinsegeln wollte und suchte erstlich die Gegend
15 auf, nach welcher dieser Ausfluß hinliegt: so würde er finden, daß die
kürzeste Linie, die aus Portugal nach Brasilien gezogen worden, nicht
immer in einerlei Winkel die Meridiane durchschneidet, mithin nicht
immer nach einer Gegend hingerichtet ist. Wenn er also nach der
Gegend, nach welcher der Anfang dieser krummen Linie hinzielt,
20 immer fortfahren sollte: so würde er niemals den Ort, wo er hin will,
erreichen. Man kann aber nicht in der kürzesten Linie fahren, die
von einem Orte zum andern gezogen werden kann, wenn beide Örter
sowohl außer demselben Parallelkreise als außer demselben Meridian
liegen; denn ein Schiff müßte fast in jeder Stunde die Richtung sei-
25 ner Bewegung ändern, welches nicht möglich ist. Daher sucht man
diejenige Richtung, nach welcher, wenn das Schiff immer fortsegelt,
es zwar nicht durch den kürzesten Weg durchläuft, doch aber zu dem
Orte hingelangt. Diese Linie ist, wenn zwei Örter gerade in einem
Parallelcirkel liegen, der Parallelcirkel selber, wenn aber die Örter
30 außerhalb dem Meridian und Parallelcirkel liegen, so ist es die Loxodrome. Diese wird durch die auf den Karten mit 32 auslaufenden
krummen Linien, die alle Meridiane in gleichen Winkeln durchschneiden, gezeichnete Rose angezeigt. Wie man sich derselben bedient, wie
die Loxodrome, die von einem jeden Orte zum andern führt, zu finden,
35 ist zu weitläuftig zu zeigen.

3. Muß er die Länge und Breite eines jeden Ortes wissen. Die erstere
ist am schwersten zu finden. Man bedient sich dazu der Sonnen- und

Mondfinsternisse, der Bedeckung der Sterne durch den Mond, der Verfinsterungen der Sterne durch denselben; allein bei allem bleiben noch wichtige Fehler übrig, die nicht können vermieden werden.

4. Er muß seinen Weg schätzen, und dies geschieht vermittelst der Logleine und einer richtigen Sanduhr. Er muß auch bedacht sein, nach einem langen Laufe den Fehler, den ihm die Meerströme gemacht haben möchten, zu entdecken und zu verbessern.

5. Es ist hierbei noch eine merkliche Abweichung der Tagregister des Seefahrers von demjenigen, das auf dem Lande gemacht worden, zu merken. Wenn einer von Osten nach Westen die ganze Welt durchsegelt, so verliert er einen Tag, oder zählt einen Tag weniger, als die zu Hause Gebliebenen, und der von Westen nach Osten umsegelt, gewinnt eben so viel; denn wenn jener 30 Grade westwärts segelt, so kommt er in Örter, wo man zwei Stunden weniger zählt, als an dem Orte, von dem er ausgefahren, und also verliert er nach und nach 24 Stunden, fährt er aber eben so weit von Westen nach Osten, so kommt die Sonne zwei Stunden eher in seinen Mittagskreis, und so gewinnt er nach und nach einen Tag. In Macao haben die Portugiesen Sonntag, wenn die Spanier in Manila den Sonnabend zählen, denn die letzten sind von Osten nach Westen gesegelt und die erstern von Westen nach Osten. Magellan hat zuerst die Welt von Osten nach Westen umgeschifft. Als die Portugiesen über die Entdeckung der Spanier im Westen unwillig wurden, so baten sie den Papst, daß er den Streit schlichten möge, daher dieser die berühmte Demarcationslinie zog, von welcher ostwärts alle Endeckungen den Portugiesen, westwärts aber den Spaniern zukommen sollten. Diese Theilungslinie wurde von den Capoverdischen Inseln 270 Meilen westwärts gezogen.

------

### Ende des ersten Theils.

# Immanuel Kant's
# physische Geographie.

---

Auf

Verlangen des Verfassers

aus seiner Handschrift herausgegeben

und zum Theil bearbeitet

von

D. Friedrich Theodor Rink.

---

Zweiter Band.

# Physische Erdbeschreibung.

## Zweiter Theil.

### Besondere Beobachtung dessen, was der Erdboden in sich faßt.

#### Erster Abschnitt.

##### Vom Menschen.

###### §. 1.

**Der Unterschied der Bildung und Farbe der Menschen
in den verschiedenen Erdstrichen.**

Wenn wir von den Bewohnern der Eiszone anfangen, so finden wir,
daß ihre Farbe derjenigen, die den Bewohnern der heißen Zone eigen=
thümlich ist, nahe kommt. Die Samojeden, die dänischen und schwedischen
Lappen, die Grönländer, und die in der Eiszone von Amerika wohnen,
haben eine braune Gesichtsfarbe und schwarzes Haar. Eine große Kälte
scheint hier eben dasselbe zu wirken, was eine große Hitze thut. Sie haben
auch, wie die im heißen Erdstriche einen sehr dünnen Bart. Ihr Körper
ist im Wachsthume dem der Bäume ähnlich. (Er ist klein, ihre Beine sind
kurz, sie haben ein breites und plattes Gesicht und einen großen Mund.

Die in der temperirten Zone ihnen am nächsten wohnen (die Kal=
mücken und die mit ihrem Stamme verwandten Völker ausgenommen)
sind von blonder oder bräunlicher Haar= und Hautfarbe und sind größer
von Statur. In der Parallele, die, durch Deutschland gezogen, um den
ganzen Erdkreis läuft, und einige Grade diesseits und jenseits sind viel=
leicht die größten und schönsten Leute des festen Landes. Im nördlichen
Theile der Mongolei, in Kaschmir, Georgien, Mingrelien, Circassien, bis

an die amerikanisch-englischen Colonien findet man Leute von blonder
Farbe und wohlgebildet, mit blauen Augen. Je weiter nach Süden, desto
mehr nimmt die brünette Farbe, die Magerkeit und kleine Statur zu,
bis sie im heißen Erdstriche in die indisch-gelbe, oder mohrische Gestalt
ausartet.                                                                                      5

Man kann sagen, daß es nur in Afrika und Neuguinea wahre Neger
giebt. Nicht allein die gleichsam geräucherte schwarze Farbe, sondern auch
die schwarzen, wollichten Haare, das breite Gesicht, die platte Nase, die
aufgeworfenen Lippen machen das Merkmal derselben aus, ingleichen
plumpe und große Knochen. In Asien haben diese Schwarzen weder die     10
hohe Schwärze noch wollichtes Haar, es sei denn, daß sie von solchen abstammen, die aus Afrika herübergebracht worden. In Amerika ist kein
Nationalschwarzer, die Gesichtsfarbe ist kupferfarbig, das Haar ist glatt;
es sind aber große Geschlechter, die von afrikanischen Mohrensklaven abstammen.                                                                                      15

In Afrika nennt man Mohren solche Braune, die von den Mauren
abstammen. Die eigentlich Schwarzen aber sind Neger. Diese erwähnten
Mohren erstrecken sich längst der berberischen Küste bis zum Senegal.
Dagegen sind von da aus bis zum Gambia die schwärzesten Mohren, aber
auch die schönsten von der Welt, vornehmlich die Jolofs. Die Fulier sind     20
schwarzbraun. An der Goldküste sind sie nicht so schwarz und haben sehr
dicke Wurstlippen. Die von Kongo und Angola bis Cap Negro sind es
etwas weniger. Die Hottentotten sind nur schwarzbraun, doch haben sie
sonst eine ziemlich mohrische Gestalt. Auf der andern Seite, nämlich der
östlichen, sind die Kaffern keine wahren Neger, ingleichen die Abessinier.     25

## §. 2.
## Einige Merkwürdigkeiten von der schwarzen Farbe der
## Menschen.

1. Die Neger werden weiß geboren außer ihren Zeugungsgliedern
und einem Ringe um den Nabel, die schwarz sind. Von diesen Theilen     30
aus zieht sich die Schwärze im ersten Monate über den ganzen Körper.

2. Wenn ein Neger sich verbrennt, so wird die Stelle weiß. Auch
lange anhaltende Krankheiten machen die Neger ziemlich weiß; aber ein
solcher durch Krankheit weiß gewordener Körper wird nach dem Tode noch
viel schwärzer, als er es ehedeß war.                                                     35

3. Die Europäer, die in dem heißen Erdgürtel wohnen, werden nach vielen Generationen nicht Neger, sondern behalten ihre europäische Gestalt und Farbe. Die Portugiesen am Capo Verde, die in 200 Jahren in Neger verwandelt sein sollen, sind Mulatten.

5 4. Die Neger, wenn sie sich nur nicht mit weißfarbigen Menschen vermischen, bleiben selbst in Virginien durch viele Generationen Neger.

5. Weiße und Schwarze vermengt, zeugen Mulatten. Die Kinder, die diese letztern mit Weißen zeugen, heißen im spanischen Amerika Ter=
10 zeronen, die Kinder dieser aus einer Ehe mit Weißen Quarteronen, deren Kinder mit Weißen Quinteronen, und dieser mit Weißen erzeugte Kinder heißen dann selbst wieder Weiße. Wenn aber z. B. ein Terzeron eine Mulattin heirathet, so giebt dieses Rücksprungskinder.

Anmerkung. S. hierüber, so wie über vieles Andere dieses zweiten Thei-
15 les der Kantischen physischen Geographie Zimmermanns geographische Geschichte der Thiere und Girtanner, über das Kantische Princip für die Naturgeschichte.

6. In den Cordilleren sehen die Einwohner den Europäern ähnlich. In Äthiopien, selbst oft unter der Linie sehen sie nur braun aus.
20 7. Es giebt zuweilen so genannte weiße Mohren oder Albinen, die von schwarzen Eltern gezeugt worden. Sie sind mohrisch von Gestalt, haben krause, schneeweiße, wollichte Haare, sind bleich und können nur beim Mondenlicht sehen.

8. Die Mohren, ingleichen alle Einwohner der heißen Zone haben
25 eine dicke Haut, wie man sie denn auch nicht mit Ruthen, sondern gespal= tenen Röhren peitscht, wenn man sie züchtigt, damit das Blut einen Aus= gang finde und nicht unter der dicken Haut eitere.

## §. 3.

### Meinungen von der Ursache dieser Farbe.

30 Einige bilden sich ein, Ham sei der Vater der Mohren und von Gott mit der schwarzen Farbe bestraft, die nun seinen Nachkommen angeartet. Man kann aber keinen Grund anführen, warum die schwarze Farbe in einer vorzüglichern Weise das Zeichen des Fluches sein sollte als die weiße

Viele Physiker glauben, sie rühre von der Epidermis und der schwarzen Materie her, mit der sie tingirt ist. Andere noch leiten sie von dem Corpore reticulari her. Weil die Farbe der Menschen durch alle Schattirungen der gelben, braunen und dunkelbraunen endlich in dem heißen Erdstriche zur schwarzen wird: so ist wohl zu sehen, daß die Hitze des Klimas Ursache davon sei. Es ist aber gewiß, daß eine große Reihe von Generationen dazu gehört hat, damit sie eingeartet und nun erblich werde.

Es scheint, daß die Vertrocknung der Gefäße, die das Blut und das Serum unter die Haut führen, den Mangel des Bartes und kurze krause Kopfhaare zuwege bringe, und, weil das Licht, welches durch die Oberhaut in die vertrockneten Gänge des Corporis reticularis fällt, verschluckt wird, der Anblick der schwarzen Farbe daraus entstehe.

Wie sich aber eine solche zufällige Sache, als die Farbe ist, anarten könne, ist so leicht nicht zu erklären. Man sieht indessen doch aus andern Exempeln, daß es wirklich in der Natur in mehreren Stücken so gehe. Es ist aus der Verschiedenheit der Kost, der Luft und der Erziehung zu erklären, warum einige Hühner ganz weiß werden, und wenn man unter den vielen Küchlein, die von denselben Eltern geboren werden, nur die aussucht, die weiß sind, und sie zusammen thut, bekommt man endlich eine weiße Race, die nicht leicht anders ausschlägt. Arten nicht die engländischen und auf trocknem Boden erzogenen arabischen oder spanischen Pferde so aus, daß sie endlich Füllen von ganz anderm Gewächse erzeugen? Alle Hunde, die aus Europa nach Afrika gebracht werden, werden stumm und kahl und zeugen hernach auch solche Jungen. Dergleichen Veränderungen gehen mit den Schafen, dem Rindvieh und andern Thiergattungen vor. Daß Mohren dann und wann ein weißes Kind zeugen, geschieht ebenso, wie bisweilen ein weißer Rabe, eine weiße Krähe, oder Amsel zum Vorschein kommt.

Daß die Hitze des Erdstriches und nicht ein besonderer Elternstamm hieran schuld sei, ist daraus zu ersehen, daß in eben demselben Lande diejenigen, die in den flachern Theilen desselben wohnen, weit schwärzer sind als die in hohen Gegenden lebenden. Daher am Senegal schwärzere Leute als in Guinea und in Kongo und Angola schwärzere als in Oberäthiopien oder Abessinien.

Anmerkung. Das Beste hierüber hat ebenfalls Girtanner a. a. O. beigebracht.

## §. 4.

**Der Mensch seinen übrigen angebornen Eigenschaften nach auf dem ganzen Erdboden erwogen.**

Alle orientalischen Nationen, welche dem Meridian von Bengalen gegen Morgen liegen, haben etwas von der kalmückischen Bildung an sich. Diese ist, wenn sie in ihrer größten Ausbildung genommen wird, so beschaffen: ein oben breites und unten schmales, plattes Gesicht, fast gar keine Nase, die von dem Gesichte hervorragt, ganz kleine Augen, überaus dicke Augenbrauen, schwarze Haare, dünne und zerstreute Haarbüschel anstatt des Bartes und kurze Beine mit dicken Schenkeln. Von dieser Bildung participiren die östlichen Tatarn, Chineser, Tunquineser, Arakaner, Peguaner, Siamer, Japaner u. s. w., obgleich sie sich hin und wieder etwas verschönern.

Ohne auf die abergläubischen Meinungen von dem Ursprunge gewisser Bildungen zu sehen: so kann man nichts als etwa Folgendes mit einiger Sicherheit anmerken: daß es nämlich in dieser Gegend von Meliapur auf der Küste Coromandel viele Leute mit sehr dicken Beinen gebe, was einige vernünftige Reisende von der Beschaffenheit des Wassers herleiten, so wie die Kröpfe in Tirol und Salzburg ebenfalls von dem Wasser herrühren sollen, welches Tuffsteinmasse bei sich führt. Die Riesen in Patagonien sind, wenigstens als Riesenvolk, erdichtet. Von der Art mag auch das Volk mit rohen und großen Lippen sein, das am Senegal wohnen soll, ein Tuch vor dem Munde hält und ohne Rede handelt.

Des Plinius einäugige, höckerige, einfüßige Menschen, Leute ohne Mund, Zwergvölker u. dergl. gehören auch dahin.

Die Einwohner von der Küste von Neuholland haben halbgeschlossene Augen und können nicht in die Ferne sehen, ohne den Kopf auf den Rücken zu bringen. Daran gewöhnen sie sich wegen der vielen Mücken, die ihnen immer in die Augen fliegen. Einige Einwohner, als die Mohren der Sierra Leona und die Mongolen, die unter dem Gebiete von China stehen, verbreiten einen übeln Geruch.

Unter den Hottentotten haben viele Weiber, wie Kolbe berichtet, ein natürliches Leder am Schambeine, welches ihre Zeugungstheile zum Theil bedeckt, und das sie bisweilen abschneiden sollen. Eben dieses meldet Ludolph von vielen ägyptischen (äthiopischen) Weibern. (Vergl. Le Vaillant's Reisen). Die mit einem kleinen Ansatz von Affenschwanz versehenen Menschen auf Formosa, im Innern von Borneo u. s. w., die Rytschkow in seiner orenburgischen Topographie auch unter den Turkomannen antrifft, scheinen nicht ganz erdichtet.

In den heißen Ländern reift der Mensch in allen Stücken früher, erreicht aber nicht die Vollkommenheit der temperirten Zonen. Die Menschheit ist in ihrer größten Vollkommenheit in der Race der Weißen. Die gelben Indianer haben schon ein geringeres Talent. Die Neger sind weit tiefer, und am tiefsten steht ein Theil der amerikanischen Völkerschaften.

Die Mohren und andere Völker zwischen den Wendekreisen können gemeiniglich erstaunend laufen. Sie sowohl als andere Wilde haben auch mehr Stärke als andere civilisirte Völker, welches von der freien Bewegung, die man ihnen in der Kindheit verstattet, herrührt. Die Hottentotten können mit bloßen Augen ein Schiff in eben einer so großen Entfernung wahrnehmen, als es der Europäer mit dem Fernglase vermag. Die Weiber in dem heißesten Erdstriche zeugen von neun oder zehn Jahren an schon Kinder und hören bereits vor dem 25sten auf.

Don Ulloa merkt an, daß in Cartagena in Amerika und in den umliegenden Gegenden die Leute sehr früh klug werden, aber sie wachsen nicht ferner am Verstande in demselben Maße fort. Alle Bewohner der heißesten Zone sind ausnehmend träge. Bei einigen wird diese Faulheit noch etwas durch die Regierung und den Zwang gemäßigt. Wenn ein Indianer einen Europäer irgend wohin gehen sieht, so denkt er: er habe etwas zu bestellen; kommt er zurück, so denkt er: er habe schon seine Sache verrichtet; sieht er ihn aber zum dritten Male fortgehen, so denkt er: er sei nicht bei Verstande, da doch der Europäer nur zum Vergnügen spaziren geht, welches kein Indianer thut, oder wovon er sich auch nur eine Vorstellung zu machen im Stande ist. Die Indianer sind dabei auch zaghaft, und beides ist in gleichem Maße den sehr nördlich wohnenden Nationen eigen. Die Erschlaffung ihrer Geister will durch Branntwein, Taback, Opium und andere starke Dinge erweckt werden. Aus der Furchtsamkeit rührt der Aberglaube vornehmlich in Ansehung der Zaubereien her, ingleichen die Eifersucht. Die Furchtsamkeit macht sie, wenn sie Könige hatten, zu sklavischen Unterthanen und bringt in ihnen eine abgöttische Verehrung derselben zuwege, so wie die Trägheit sie dazu bewegt, lieber in Wäldern herumzulaufen und Noth zu leiden, als zur Arbeit durch die Befehle ihrer Herren angehalten zu werden.

Montesquieu urtheilt ganz recht, daß eben die Zärtlichkeit, die dem Indianer oder dem Neger den Tod so furchtbar macht, ihn oft viele Dinge, die der Europäer überstehen kann, ärger fürchten läßt als den Tod. Der Negersklave von Guinea ersäuft sich, wenn er zur Sklaverei soll gezwungen werden. Die indischen Weiber verbrennen sich. Der Karaibe nimmt sich bei einer geringen Gelegenheit das Leben. Der Peruaner zittert vor dem Feinde, und wenn er zum Tode geführt wird, so ist er gleichgültig, als wenn das nichts zu bedeuten hätte. Die aufgeweckte Einbildungskraft macht aber auch, daß er oft etwas wagt; aber die Hitze ist bald wieder vorüber, und die Zaghaftigkeit nimmt abermals ihren alten Platz ein. Die Ostjaken, Samojeden, Semljanen, Lappen, Grönländer und Küstenbewohner der Davisstraße sind ihnen in der Zaghaftigkeit, Faulheit, dem Aberglauben, der Lust an starken Getränken sehr ähnlich, die Eifersucht ausgenommen, weil ihr Klima nicht so starke Anreizungen zur Wollust hat.

Eine gar zu schwache, so wie auch eine zu starke Perspiration macht ein dickes, klebrichtes Geblüt, und die größte Kälte sowohl als die größte Hitze machen, daß durch Austrocknung der Säfte die Gefäße und Nerven der animalischen Bewegungen steif und unbiegsam werden.

In Gebirgen sind die Menschen dauerhaft, munter, kühn, Liebhaber der Freiheit und ihres Vaterlandes.

Wenn man nach den Ursachen der mancherlei einem Volke angearteten Bildungen und Naturelle frägt: so darf man nur auf die Ausartungen der Thiere sowohl in ihrer Gestalt als ihrer Benehmungsart Acht haben, sobald sie in ein anderes Klima gebracht werden, wo andere Luft, Speise u. s. w. ihre Nachkommenschaft ihnen unähnlich machen. Ein Eichhörnchen, das hier braun war, wird in Sibirien grau. Ein europäischer Hund wird in Guinea ungestaltet und kahl sammt seiner Nachkommenschaft. Die nordischen Völker, die nach Spanien übergegangen sind, haben nicht allein eine Nachkommenschaft von Körpern, die lange nicht so groß und stark als sie waren, hinterlassen, sondern sie sind auch in ein Temperament, das dem eines Norwegers oder Dänen sehr unähnlich ist, ausgeartet. Der Einwohner des gemäßigten Erdstriches, vornehmlich des mittleren Theiles desselben ist schöner an Körper, arbeitsamer, scherzhafter, gemäßigter in seinen Leidenschaften, verständiger als irgend eine andere Gattung der Menschen in der Welt. Daher haben diese Völker zu allen Zeiten die anderen belehrt und durch die Waffen bezwungen. Die

Römer, die Griechen, die alten nordischen Völker, Dschingischan, die Tür=
ken, Tamerlan, die Europäer nach Columbus' Entdeckungen haben alle
südlichen Länder durch ihre Künste und Waffen in Erstaunen gesetzt.

Obgleich eine Nation nach langen Perioden in das Naturell desjeni=
gen Klimas ausartet, wohin sie gezogen ist: so ist doch bisweilen noch 	5
lange hernach die Spur von ihrem vorigen Aufenthalte anzutreffen. Die
Spanier haben noch die Merkmale des arabischen und maurischen Ge=
blütes. Die tatarische Bildung hat sich über China und einen Theil von
Ostindien ausgebreitet.

§. 5. 	10

### Von der Veränderung, die die Menschen in ihrer Gestalt selbst veranlassen.

Die meisten orientalischen Nationen finden an großen Ohren ein be=
sonderes Vergnügen. Die in Siam, Arakan, einige Wilde am Amazonen=
strome und Mohren hängen sich solche Gewichte in die Ohren, daß sie un= 	15
gewöhnlich lang werden. In Arakan und Siam namentlich geht dieses so
weit, daß das Loch, in das die Gewichte gehängt werden, so groß wird,
daß man einige Finger neben einander einstecken kann und die Ohrlappen
auf die Schulter hängen. Die Siamer, Tunquineser und einige andere
machen sich die Zähne mit einem schwarzen Firniß schwarz. Nasenringe 	20
tragen Malabaren, Guzuraten, Araber, Bengalen, die Neuholländer aber
einen hölzernen Zapfen durch die Nase. Die Neger am Flusse Gabon in
Afrika tragen in den Ohren und Nasen einen Ring und schneiden sich
durch die Unterlippe ein Loch, um die Zunge durchzustecken. Einige Ame=
rikaner machen sich viele solche Löcher in die Haut, um farbige Fe= 	25
dern hineinzustecken.

Die Hottentotten drücken ihren Kindern die Nase breit, wie einige
andere Völker, z. B. die Karaiben, mit einer Platte die Stirne breit
machen. Ein Volk am Amazonenstrome zwingt die Köpfe der Kinder
durch eine Binde in die Form eines Zuckerhutes. Die Chineserin zerrt 	30
immer an ihren Augenliedern, um sie klein zu machen. Ihrer jungen
Mädchen Füße werden mit Binden und durch kleine Schuhe gezwungen,
nicht größer zu werden als der Fuß eines vierjährigen Kindes.

Die Hottentotten verschneiden ihren Söhnen im achten Jahre einen
Testikel. Die Türken lassen ihren schwarzen Verschnittenen alle Zeichen 	35
der Mannheit wegnehmen. Eine Nation in Amerika drückt ihren Kindern

den Kopf so tief in die Schultern ein, daß sie keinen Hals zu haben scheinen.*)

## §. 6.

### Vergleichung der verschiedenen Nahrung der Menschen.

Der Ostjake, der Seelappe, der Grönländer leben von frischen oder gedörrten Fischen. Ein Glas Thran ist für den Grönländer ein Nektar. Die etwas weiter zunächst in Süden wohnen, die von Canada, die von den Küsten von Amerika, unterhalten sich von der Jagd. Alle mongolischen und kalmückischen Tataren haben keinen Ackerbau, sondern nähren sich von der Viehzucht, vornehmlich von Pferden und ihrer Milch; die Lappen von Rennthieren; die Mohren und Indier von Reiß. Die Amerikaner vornehmlich von Mais, oder türkischem Weitzen. Einige herumziehende Schwarzen in den afrikanischen Wüsten von Heuschrecken.

## §. 7.

### Abweichung der Menschen von einander in Ansehung ihres Geschmacks.

Unter dem Geschmack verstehe ich hier das Urtheil über das, was allgemein den Sinnen gefällt. Die Vollkommenheit oder Unvollkommenheit desjenigen, was unsere Sinne rührt. Man wird aus der Abweichung des Geschmacks der Menschen sehen, daß ungemein viel bei uns auf Vorurtheilen beruhe.

1. Urtheil der Augen. Der Chineser hat ein Mißfallen an großen Augen. Er verlangt ein großes viereckiges Gesicht, breite Ohren, eine sehr breite Stirne, einen dicken Bauch und eine grobe Stimme zu einem vollkommenen Menschen. Die Hottentottin, wenn sie gleich allen Putz der europäischen Weiber gesehen hat, ist doch in ihren Augen und in denen ihrer Buhlen ausnehmend schön, wenn sie sich sechs Striche mit rother Kreide, zwei über die Augen, eben so viel über die Backen, einen über die Nase und einen über das Kinn gemacht hat. Die Araber punctiren ihre Haut mit Figuren, darin sie eine blaue Farbe einbeitzen. Die übrige Verdrehung der natürlichen Bildung, um schön auszusehen, kann man vorhersehen.

---

*) Außer den oben genannten Werken von Zimmermann und Girtanner vergleiche man noch Kant selbst Über die Menschenracen und Wünsch Kosmologische Betrachtungen.

2. **Urtheil des Gehöres.** Wenn man die Musik der Europäer mit der der Türken, Chineser, Afrikaner vergleicht, so ist die Verschiedenheit ungemein auffallend. Die Chineser, ob sie sich gleich mit der Musik viele Mühe geben, finden doch an der unsrigen kein Wohlgefallen.

3. **Urtheil des Geschmackes.** In China, in ganz Guinea ist ein Hund eins der schmackhaftesten Gerichte. Man bringt daselbst alles, bis auf die Ratzen und Schlangen, zu Kauf. In Sumatra, Siam, Arakan und den mehresten indischen Orten macht man nicht viel aus Fleisch; aber ein Gericht Fische, die indessen vorher müssen stinkend geworden sein, ist die Hauptspeise. Der Grönländer liebt den Thrangeschmack über alles. Die Betelblätter mit der Arekanuß und ein wenig Kalk zu kauen, ist die größte Ergötzlichkeit aller Ostindier, die zwischen den Wendekreisen wohnen. Die Hottentotten wissen von keiner Verzärtelung des Geschmackes. Im Nothfalle können getretene Schuhsohlen ein ziemlich leidliches Gericht für sie abgeben.

4. **Urtheil des Geruches.** Der Teufelsdreck oder die Asa foetida ist die Ergötzlichkeit aller südlichen Perser, und der Inder, die ihnen nahe wohnen. Alle Speisen, das Brod sogar, sind damit parfümirt, und die Wasser selbst riechen davon. Den Hottentotten ist der Kuhmist ein Lieblingsgeruch, ingleichen manchen Indiern. Ihre Schaffelle müssen durchaus darnach riechen, wenn sie nach der Galanterie sein sollen. Ein Missionar wunderte sich darüber, daß die Chineser, sobald sie eine Ratze sehen, sie zwischen den Fingern zerreiben und mit Appetit daran riechen. Allein ich frage dagegen: Warum stinkt uns jetzt der Muskus an, der vor funzig Jahren jedermann so schön roch? Wieviel vermag nicht das Urtheil anderer Menschen in Ansehung unseres Geschmackes, ihn zu verändern, wie es die Zeiten mit sich bringen!

## Zweiter Abschnitt.

# Das Thierreich.

### Erstes Hauptstück.

# Die mit Klauen.

5 ### A. Die mit einer Klaue, oder die behuften.

## 1. Das Pferd.

Die Pferde aus der Berberei haben einen langen, feinen Hals, dünne Mähnen, sind meistens grau und vier Fuß, acht Zoll hoch. Die spanischen sind von langem dickem Halse, stärkeren Mähnen, breiterer Brust, etwas 10 großem Kopfe und voll Feuer. Sie sind die besten Reitpferde in der Welt. Die in Chili sind von spanischer Abkunft (denn in Amerika gab es ehedeß keine Pferde) und weit kühner, flüchtiger als jene; daher die kühne Parforcejagd in Chili. Die englischen stammen von arabischer Race. Sie sind völlig vier Fuß, zehn Zoll hoch, aber nicht so annehmlich 15 im Reiten als die spanischen. Sie sind sonst ziemlich sicher und schnell im Laufen und haben gebogene Köpfe. Die dänischen Pferde sind sehr stark, dick von Halse und Schultern, gelassen und gelehrig, sind gute Kutschpferde. Die Neapolitaner, die von spanischen Hengsten und italienischen Stuten gefallen, sind gute Läufer, aber boshaft und sehr kühn.

20 Die arabischen Pferde können Hunger und Durst ertragen, sie werden in ihrer reinsten Race ihrer Genealogie nach aufgezeichnet. Beim Beschälen ist der Secretär des Emirs, der ein untersiegeltes Zeugniß giebt, und das Füllen wird auch durch ein Diplom accreditirt. Sie fressen nur des Nachts, halten im flüchtigsten Galoppe plötzlich still, wenn der 25 Reiter herunterfällt.

Die persischen Pferde sind nach ihnen die besten. Die kosakischen wilden Pferde sind sehr dauerhaft und schnell. Man kann es am Füllen kennen, ob der Beschäler ein gutes Schalpferd gewesen oder nicht.

Die Pferde im heißesten und kältesten Erdstriche gerathen viel schlech= ter; die auf hohen Ländern besser als die im fetten, niedrigen Lande. Die ölandischen Pferde sind die kleinsten und hurtigsten unter allen.

## 2. Das Zebra.

Es wird wider sein Verschulden fälschlich der afrikanische Waldesel genannt, denn es ist das schönste Pferd an Bildung, Farbe und Schnellig= keit der Natur, nur daß es etwas längere Ohren hat. Es findet sich in Afrika hin und wieder, in Abessinien, am Kongo, bis an das Cap. Der Mogul kaufte einst ein solches für 2000 Dukaten. Die ostindische Ge= sellschaft schickte dem Kaiser von Japan ein Paar und bekam 160000 Reichsthaler.

Es ist glatthaarig, hat weiße und kastanienbraune, abwechselnde Bandstreifen, die vom Rücken anfangen und unter dem Bauche zusammen= laufen; da, wo die braunen und weißen zusammenlaufen, entsteht ein gelber Reifen. Um die Schenkel und den Kopf gehen diese Kniebänder gleichfalls.

## 3. Der Esel.

Die Eselin muß nach der Belegung gleich geprügelt werden, sonst giebt sie die befruchtende Feuchtigkeit gleich wieder von sich. Esels= und Pferdehäute werden in der Türkei und Persien durch Gerben und Ein= pressen der Senfkörner zu Chagrin verarbeitet, der von allerlei Farben gemacht wird. Unter den Mauleseln ist diejenige Sorte, die vom Esel= Hengste und einer Pferdestute gefallen, jetzt am meisten im Gebrauch und größer als die vom Hengst=Pferde und einer Eselin gefallenen. Die Maul= esel haben die Ohren, den Kopf, das Kreuz und den Schwanz vom Vater, von der Mutter aber nur das Haar und die Größe. Es sind also nur große Esel mit Pferdehaaren.

Der Wildesel oder Onager findet sich in einigen Inseln des Archi= pelagus und in der Libyschen Wüste. Er ist schlanker und behender als der zahme Esel. Maulesel, die von ihm gezogen worden, sind die stärksten.

## B. Zweiklauichte Thiere.

Sie sind insgesammt gehörnt, das Schwein ausgenommen.

## 1. Das Ochsengeschlecht.

Der gemeine Ochse ist in den kalten und feuchten Ländern am
besten. Die Holländer nehmen große, magere Kühe aus Dänemark, die
bei ihnen noch einmal so viel Milch geben, vornehmlich eine Zucht, die
von einem fremden Stier und einer einheimischen Kuh in Holland ge=
fallen.

Die afrikanischen Ochsen haben gemeiniglich einen Buckel zwischen
den Schulterblättern auf dem Rücken. In Abessinien sind die Ochsen von
außerordentlicher Größe, wie Kameele und ungemein wohlfeil. Der
Elephantenochs ist dem Elephanten an Fell, Farbe und auch beinahe an
Größe gleich. Er wird vorzüglich in Abessinien gefunden. Die hotten=
tottischen Kühe geben nicht anders Milch, als wenn man ihnen mit einem
Horne in die Mutter bläst. Die persische nur dann, wenn sie ihr Kalb
dabei sieht, daher die ausgestopfte Haut des letztern aufbewahrt wird.
Die Edamer=, Lüneburger=, Aberdeener=, Lancaster=, Chester=, Schweizer=
und Parmesankäse sind die besten.

Die Engländer ziehen vom Mastdarme des Ochsen ein Häutchen ab
und verfertigen Formen daraus, worin nach und nach Gold und Silber
zu dünnen Blättchen geschlagen wird. Dieses Geheimniß versteht man
allein in England.

Die irländischen Ochsen haben kleine Hörner und sind auch an sich
klein. Die in Guinea haben ein schwammichtes Fleisch, so wie in andern
sehr heißen Ländern, welches bei einer dem äußern Ansehen nach be=
trächtlichen Quantität dennoch nur wenig wiegt.

Das Rindvieh aus der Berberei hat eine viel andere Gestalt an
Haaren, Hörnern und übriger Leibesbildung als das europäische.

Der Büffelochse hat lange schwarze Hörner, ist wild und gehört in
Asien, Ägypten, Griechenland und Ungarn zu Hause. Sie können ge=
zähmt werden.

Der Auerochse in Polen und Preußen ist bekannt. Er findet sich
auch in Afrika am Senegal.

## 2.  Das Schafgeschlecht.

In Irland giebt es viele Schafe mit vier Hörnern.  Die spanischen haben die feinste Wolle, die englischen nächst diesen.  In Irland, Sibirien und Lappland lassen sie sich verschneien und fressen sich einander die Wolle ab.  In Guinea haben die Menschen Wolle und die Lämmer Haare.

In England, wo die Schafe eine Race von spanischen sind (jetzt auch vielfach schon in Frankreich), beugt man der Ausartung sorgfältig vor. Man kauft oft Widder aus Spanien und bezahlt sie wohl mit 100 Rthlr. Das arabische breitschwänzichte Schaf hat einen Schwanz, der wohl eine Elle breit ist und vierzig Pfund wiegt, ob er gleich ganz kurz ist.  Er besteht aus lauter Fett, und der Bock ist ungehörnt.  Das arabische langgeschwänzte Schaf hat dagegen einen drei Ellen langen Schwanz, welchen fortzubringen man einen Rollwagen darunter anbringt.  Das syrische Schaf hat Ohrlappen, die fast bis auf die Erde herabhängen.

## 3.  Das Bockgeschlecht.

Der angorische Bock in Anatolien hat feine glänzende Haare zum Zeugmachen.  Die Kameelziege in Amerika ist $4\frac{1}{2}$ Fuß hoch, kann aufgezäumt oder beritten und beladen werden.  Sie trägt das Silber aus den Bergwerken, arbeitet nach Abend niemals, und selbst bei allen Schlägen seufzt sie nur.  Die Kameelhaare (oder richtiger Kämelhaare) sind das Haar von kleinen persischen, türkischen, arabischen, angorischen Ziegen. Das Kameelgarn wird am liebsten mit Wolle vermischt.  Die Türken lassen bei hoher Strafe keine dergleichen Ziege aus dem Lande.  Corduan wird aus Ziegenleder gemacht.

Der Steinbock hat zwei Ellen lange und knotige Hörner.  Die Knoten zeigen die Jahre an.  Er ist vorzüglich in den Schweizergebirgen und Salzburg anzutreffen, ist der größte Springer unter allen Böcken, bewohnt als solcher die höchsten Anhöhen der Berge und legt, wenn er in die Ebene gelockt und gefangen wird, seine Wildheit nie ab.

Gemsen mit hakichten, rückwärtsgebogenen Hörnern können gezähmt werden.  Die afrikanische Gazelle ist eine Gattung davon.

Der Muskusbock (Bisambock), meistens ungehörnt, lebt in China, Persien, Afrika und hat eine Bisamblase oder Nabeltasche.  Man kann ihm den Muskus mit einem Löffel herausnehmen. Man verfälscht diesen aber mit dem Blute des Thieres.

Das Bezoarthier, fast wie eine Ziege, hat den Namen wegen des Magenballes, den man Bezoarstein nennt, bekommen. Unter den andern Arten von Ziegenböcken merken wir nur das guineische, blaßgelbe Böckchen. Es ist nicht viel größer als ein Kaninchen und springt doch über eine zwölf Fuß hohe Mauer sehr schnell.

Das Ziegeneinhorn ist von Stellern in Kamtschatka entdeckt worden. Die Giraffe oder das Kameelopard hat einen langen Hals, ist von der Größe eines Kameeles und wie ein Pardel gefleckt. Übrigens hat es vorwärts gebogene Hörner.

## 4.

### a. Die wiederkäuenden mit festem, ästlichen Geweihe.

### 1. Das Hirschgeschlecht.

Es wirft im Frühlinge vom Februar an bis zu dem Mai sein Geweih ab. Die Hirsche kämpfen unter einander mit dem Geweihe, zerbrechen es und verwickeln sich dabei oft in der Art, daß sie auf dem Kampfplatze gefangen werden. Die Brunstzeit ist im September und währt sechs Wochen. Zu dieser Zeit wird ihr Haar dunkler, aber ihr Fleisch stinkend und ungenießbar. Ihr Geweih hat eine Länge von zwanzig, dreißig, ja, obzwar selten, von sechs und sechzig Enden, wie derjenige es hatte, den König Friedrich von Preußen erlegte. Jungen, verschnittenen Hirschen wachsen keine Geweihe.

### 2. Das Reh.

Gleichsam ein Zwerggeschlecht von Hirschen mit kürzerm Geweihe. Unvollkommen verschnittene Rehböcke treiben ein staudenartiges Geweih, manchmal lockicht gleich einer Perrücke, hervor.

### 3. Das surinamische Hirschchen

ist nicht einmal so groß wie ein kleiner Hase. Sein in Gold eingefaßtes Füßchen wird zum Tabacksstopfen gebraucht.

## b. Die mit schauflichtem Geweihe.

## Das Elendthier (oder richtiger Elenthier).

Man findet es in den nördlichen Gegenden von Europa, Asien und Amerika. Die Hottentotten fangen mit einer Schlinge das Elenthier an einem zurückgebogenen Baume, welcher aufschnellt. Seine Stärke in den Beinen ist außerordentlich.

## c. Mit vermischtem Geweihe.

## 1. Der Damhirsch.  Dama.

Er hat eine flache Geweihkrone, ist etwas größer als ein Rehbock und kleiner als ein Hirsch.

## 2. Das Rennthier

mit schauflichter Geweihkrone. Die Weibchen haben gleichfalls, obzwar ein kleineres Geweih. Es giebt wilde und zahme Rennthiere. Sie machen die ganze Ökonomie der Lappen aus. Im Winter scharren sie mit ihren Klauen Moos als ihre einzige Nahrung unter dem Schnee hervor.

Zu den zweiklauichten Thieren gehört noch eine ungehörnte Art, nämlich das Schweinegeschlecht. Die Schweine wiederkäuen nicht, haben aber etwa sechs Euterenden mehr als die wiederkäuenden Thiere. Sie haben das Fett nicht sowohl im Fleische untermengt, als vielmehr unter der Haut. Der Eber frißt die Jungen, wenn er dazu kommen kann, auf, zuweilen auch, was ebenfalls von dem weiblichen Schweine gilt, andere Thiere, ja Kinder in der Wiege. Die Eichelmast ist für das Schwein die vortheilhafteste. Die Finnen erkennt man an den schwarzen Bläschen, die den untern Theil der Zunge einnehmen. In den Haiden belaufen sich die zahmen und wilden Schweine unter einander. Daher findet man öfters wilde Schweine, die weiß gefleckt sind, obgleich das wilde Schwein regelmäßig schwarz ist. — Die Geschichte des Älians von den wilden Schweinen, die einen Seeräuber an den Küsten des Tyrrhenischen Meeres entführen wollten.

Die Schweindiebe halten den Schweinen brennenden Schwefel unter die Nase. Im Schwarzwalde werden die Schweine aus den Morästen mit etlichen Stangen, darauf Schwefel angesteckt ist, vertrieben.

Die Bauern bei Breisach heben den schwimmenden Schweinen, die über den Rhein setzen, die Hinterbeine auf und lassen sie ersaufen. Der wilde Eber ist grimmig.

In China sind die Schweine von schönem Geschmacke. Die zahmen
5 Schweine, wenn sie gleich herüber aus Europa gebracht sind, werden doch in den heißen Welttheilen schwarz.

### 3. Das mexikanische Muskusschwein.

Oben am Rücken, nahe bei dem Schwanze, hat es einen Ritz, worinnen durch verschiedene Gänge ein wahrer und starker Muskus ent-
10 halten ist.

Das Babirussa oder der Schweinhirsch auf einigen Molukkischen Inseln, vornehmlich Buru, ist klein, von glattem Haare, einem Schweinschwanze, und es wachsen ihm zwei Zähne aus dem obern Kinnladen in einem halben Cirkel nach dem Auge zu.

### C. Dreiklauichte Thiere.
15
### Das Nasehorn.

Die dicke, gefaltete Haut dieses Thieres hat sonst keine Haare. Es trägt ein nach Proportion seines Körpers kleines Horn auf der Nase, ist an sich aber viel größer als ein Ochs und lebt in Sümpfen. Die ältern
20 unter diesen Thieren haben zwei Hörner, eins hinter und das andere auf der Nase. Das Nasehorn leckt andern Thieren das Fleisch mit der Zunge weg. Übrigens hat es eine wie ein Lappen abwärts gekrümmte Oberlippe.

### D. Vierklauichte Thiere.

### Der Hippopotamus, oder das Nilpferd.

25 Es sieht von vorne einem Ochsen und hinterwärts einem Schweine ähnlich, hat einen Pferdekopf und ein Ochsenmaul, ist schwarzbraun und hat sehr dicke Füße, deren jeder auf drei Schuh im Umkreise hält. Es spritzt ferner aus weiten Nasenlöchern Wasser hervor und ist eben so dick, auch fast so hoch als ein Nasehorn. Es hat vier aus den Kinnbacken her-
30 ausstehende Zähne, einem Ochsenhorne an Größe ähnlich. Sie werden, weil ihre Farbe beständiger ist als die des Elfenbeines, für besser als

dieſes gehalten.  Die Haut des Thieres iſt übrigens an den meiſten
Stellen ſchußfrei.  Im Ganzen wiegt es auf 30 Centner und wiehert in
gewiſſer Weiſe dem Pferde ähnlich.

## E. Fünfklauichte Thiere.

### Der Elephant.

Er iſt eben ſo nackt wie die eben erwähnten Thiere, lebt eben ſo wie
dieſe in Sümpfen und iſt das größte Landthier.  Die Haut iſt grau.
Schwarze und weiße Elephanten ſind ſelten.

Der Elephant kann ſeine Haut durch ein Fleiſchfell, das unter derſelben liegt, anziehen, ſo daß er Fliegen damit zu fangen im Stande iſt.
Der Menſch hat eine ähnliche ſehnichte Fleiſchhaut an der Stirne.  Auch
hat der Elephant einen kurzen Schwanz, mit langen borſtigen Haaren
beſetzt, die man zu Räumern für die Tabackspfeifen braucht.  Er iſt fünfzehn und mehrere Schuhe hoch und hat wie die zwei zunächſt erwähnten
Thiere kleine Augen.  Sein Rüſſel iſt das vornehmſte Werkzeug.  Mit
dieſem, als mit einer Hand, reißt er das Futter ab und bringt es zu dem
Munde.  Er ſaugt damit das Waſſer ein und läßt es in den Mund laufen, er riecht dadurch und trinkt nur, nachdem er das Waſſer trübe gemacht hat.  Er hebt einen Menſchen auf und ſetzt ihn auf ſeinen Rücken,
kämpft damit.  Die Indier bewaffnen ihn mit Degenklingen.  Seinen
Rüſſel braucht der Elephant auch als eine Taucher-Röhre, wenn er
ſchwimmt und der Mund unter dem Waſſer iſt.  Er ſchwimmt ſo ſtark,
daß ihm ein Kahn mit zehn Rudern nicht entfliehen kann.  Aus dem
obern Kinnbacken gehen die zwei größten Zähne hervor, deren jeder auf
zehn Spannen lang und vier dick iſt, ſo wie mancher derſelben auf drei
Centner wiegt.  Mit dieſen Zähnen ſtreitet er und hebt Bäume aus; dabei aber zerbricht er ſie auch oft oder verliert ſie vor Alter, daher ſo viele
Zähne in den indiſchen Wäldern gefunden werden.  Die männliche Ruthe
iſt länger als ein Menſch.  Der Umkreis in ihrer größten Dicke iſt zwei
und einen halben Schuh.  Seine Zehen ſind als ein viermal eingeſchnitte-
ner Pferdehuf zu betrachten.  Sein Huf am Vorderfuße iſt allenthalben
einen halben Schuh breit.  Der am Hinterfuße hingegen iſt länglicht
rund, einen halben Schuh lang und einen Schuh breit.  Seine Ohren
ſind wie zwei große Kalbsfelle anzuſehen.  Die Elephanten vertragen die

Kälte nicht. In Afrika sind sie nicht über zwölf Schuh hoch, in Asien aber auf achtzehn. Wenn sie in ein Tabacksfeld kommen, so werden sie trunken und geben tolle Streiche an. Gerathen sie aber zur Nachtzeit in ein Negerdorf, so zertreten sie die Wohnungen in demselben wie Nußschalen. Ungereizt thut der Elephant keinen Schaden.

Seine Haut ist fast undurchdringlich, hat aber viele Ritzen und Spalten, die doch durch einen heraustretenden Schleim wieder verwachsen. Er wird mit eisernen Kugeln zwischen dem Auge und Ohre geschossen, ist sehr gelehrig und klug, daher er in Ostindien eines der nützlichsten Thiere ist. Er läuft viel schneller als ein Pferd. Man fängt ihn, wenn man ihn tödten will, in tiefen Gruben, oder wenn man ihn zähmen will, so lockt man ihn durchs Weibchen in verhauene Gänge. Die Neger essen sein Fleisch.

---

## Zweites Hauptstück.

# Zehichte Thiere.

## A. Einzehichte Thiere.

Hierher gehört der weiße amerikanische Ameisenfresser, der übrigens aber mit andern Ameisenfressern übereinkommt.

## B. Zweizehichte Thiere.

## Das Kameel.

1. Das bactrianische Kameel hat zwei Haar=Buckel auf dem Rücken und eben so viele unter dem Leibe. Es ist das stärkste und größte Kameel. Seine Buckel sind eigentlich keine Fleischerhöhungen, sondern nur hartledrichte Stellen mit dichten langen Haaren bewachsen. Es trinkt wenig, trägt bis zehn Centner, die ihm, nachdem es sich auf die Knie zur Erde gelegt hat, aufgepackt werden, und geht bepackt am Tage zehn Meilen. Auch lernt es tanzen. Aus seinen Haaren, die es in drei Tagen im Frühlinge fallen läßt, werden schöne Zeuge gewebt.

2. Das Dromedar hat nur einen Rücken= und Brustbuckel, ist kleiner und schneller im Laufen als das eben beschriebene Thier, ist in Syrien

und Arabien zu Hause und hat harte Polster in den Knieen.  Es geht in einem Tage ohne Ermüdung vierzig französische oder ungefähr dreißig deutsche Meilen und kann bis fünf Tage dursten.

3. Das kleine Postkameel geht beinahe eben so schnell als das vorige.  Es ist aber gemächlicher zum Reiten.

4. Das peruanische Schafkameel hat die Größe eines Esels, wird wegen der Wolle und wegen des Fleisches erzogen.

### C. Dreizehichte Thiere.

#### a. Das Faulthier.

1. Das schmächtige, weißgraue Faulthier hat ein lachendes Gesicht, weiße dicke Haare, eine plumpe Taille, klettert auf die Bäume, ist aber von erstaunlicher Langsamkeit und rettet sich bloß durch sein Geschrei.  Wenn es einen schnellen Marsch antritt: so legt es in einem Tage funfzig Schritte höchstens zurück.

2. Das Markgrafsfaulthier ist eine Art davon.  Der verkleidete Faulthieraffe hat einen Hundskopf und ist zweizehicht.

#### b. Der Ameisenfresser.

1. Der große Ameisenbär hat eine sehr lange und spitze Schnauze, eine Zunge, die rund ist, und die er anderthalb Ellen lang herausstrecken kann.  Mit dieser Art von lebendiger Leimruthe zieht er die Ameisen aus dem Haufen, hat aber keine Zähne.

2. Der mittlere falbe Ameisenbär und der oben beschriebene einzehichte kommen in der Nahrung mit ihm überein.

### D. Vierzehichte Thiere.

#### a. Panzerthier.

1. Der gepanzerte Ameisenbär auf Formosa hat schuppichte Panzer, in die er sich wider alle Anfälle zurückziehen kann.  Er lebt übrigens wie die vorigen.

2. Das formosanische Teufelchen oder orientalischer, schup=pichter Armadillo hat einerlei Lebensart mit dem Ameisenfresser, aber einen schönen schuppichten Küraß, in dem er vor allen Raubthieren sicher

ist. Einige dieser Thiere sind sechs Fuß lang, und keine Kugel durchdringt ihren Panzer. Dahin gehört auch das amerikanische Armadillo, das in den äußersten Indien lebt. Seine Schilder sind glänzend. Es hält sich im Wasser und auf dem Lande auf.

5

## b. Ferkelkaninchen.

Dahin gehört das Meerschweinchen, das aus Amerika nach Europa gebracht worden, die brasilianische Buschratte, das surinamische Kaninchen und der javanische Halbhase. Sie haben alle eine grunzende Stimme.

10

## E. Fünfzehichte Thiere.

Der Mensch sollte unter diesen billig die erste Classe einnehmen, aber seine Vernunft erhebt ihn über die Thiergattungen zu weit.

## a. Das Hasengeschlecht.

Es hat kein scharfes Gesicht, aber ein besseres Gehör, ist verliebt und
15 furchtsam. Diese Thiere begatten sich fast alle vier oder fünf Wochen, säugen ihre Jungen nicht über drei oder sechs Tage, ducken sich bei der Hetze, verhacken sich, ehe sie sich lagern, und suchen, wenn sie daraus vertrieben werden, es wieder auf. Die Waldhasen sind stärker als die Feldhasen. In Norden und auf den Alpen sind weiße Hasen. Schwarze
20 Hasen sind selten. Bisweilen hat man auch gehörnte Hasen mit einem schauflichten Geweihe angetroffen. Das Kaninchen ist ein Zwerghase. Sie sind häufig in Spanien. Die Füchse, Wiesel und Iltisse richten unter ihnen starke Verheerungen an.

## b. Die Nagethiere.

25 Das Eichhörnchen sammelt sich Nüsse und Obst und wird in nordischen Ländern im Winter grau; daher das Grauwerk. Das gestreifte amerikanische Eichhörnchen hat sieben weiße Bandstreifen der Länge nach über dem Leibe.

Das voltigirende oder fliegende Eichhörnchen ist kleiner als
30 das gemeine Eichhorn. Seine Haut an den Seiten verlängert sich in

Fell, welches an den Füßen befestigt ist, und womit es fliegt. Es findet sich in Rußland, ingleichen mit einiger Veränderung in Virginien.

Das Murmelthier ist größer als ein Kaninchen. Es schläft oder frißt den ganzen Tag über. Die Schlafratte (lorex) hat die Größe von einem kleinen Eichhorn. Der Hamster macht sich Höhlen unter den Baumwurzeln, wo er viele Feldfrüchte sammelt. Die wohlriechende Wasserratte ist so groß wie ein Maulwurf und hat ein wohlriechendes Fell und Nieren.

### c. Das Ratten= und Mäusegeschlecht.

Dahin gehört die gemeine Hausratte. Es giebt weniger Weibchen in demselben als Männchen. Vom Rattenkönige, wie von der Art, ihren Verwüstungen vorzubeugen. Die Wasserratte, die Feld=, Hausratte und Maus u. s. w. sind bekannt. Die surinamische Äneas mit langem, ringlichtem Schwanze, daran die Jungen, die auf den Rücken der Mutter steigen, sich mit ihren Schwänzen anschlingen und in Sicherheit gebracht werden können. Die Bergmaus stellt Reisen über das Wasser an wie das Eichhörnchen.

Die amerikanische Beutelratte oder Philander ist an 31 Zoll lang. Das Weibchen trägt seine Jungen im Beutel, welchen es unter dem Bauche hat. Wie die Weibchen sich auf den Rücken legen und mit allerlei Futter beladen lassen und dann ins Nest fortgeschleppt werden.

### d. Das Maulwurfsgeschlecht.

Der Maulwurf geht in der Erde nur auf Regenwürmer los und ist nicht blind.

### e. Das Geschlecht der vierfüßigen Vögel.

Die Fledermaus, die fliegende Katze, die fliegende Ratte, alle diese Thiere haben Haken an den Füßen. Der fliegende Hund in Ostindien. In Neuspanien giebt es den größten fliegenden Hund.

### f. Das Wieselgeschlecht.

Die Speicherwiesel haben einen häßlichen Geruch. Das Hermelin ist eine weiße Wiesel. Die Iltis hat ein Beutelchen mit einem

stinkenden Saft so wie die übrigen Wiesel. Der Marder riecht gut;
und warum? Ist ein Baum= oder Steinmarder. Der Zobel ein
sibirisches und lappländisches Thier. Der Ichneumon, die Phara-
onsmaus, ist so groß als eine Katze, gestaltet aber wie eine Spitz=
maus, zerstört die Krokodileier und fängt Mäuse und Ratten und
Kröten.

### g. Stachelthiere.

1. Der gemeine Schweinigel mit Ohren, ein und einen halben
Zoll langen Stacheln. Sie durchwühlen die Erde an weichen und niedrigen Stellen.

2. Das Stachelschwein. Eine Gattung mit einem Busch am
Kopf. Dann

3. eine andere mit hängenden Schweinsohren hat Stacheln wie
abgestreifte Federkiele, welche es, indem es sein elastisches Fell erschüttert,
gegen seinen Feind abschießen kann, und zwar so, daß sie drei Schritte
davon tief in das Fleisch dringen. Von ihm kommt der berühmte Piedra
del Porco oder Stachelschweinbezoar. Dieser in der Gallenblase
dieses Thieres erzeugte Stein ist ungefähr einen Zoll im Diameter, röth=
lich und voller Adern, wird in Gold gefaßt, um hernach ins Wasser, dem
er eine blutreinigende Kraft giebt, gehenkt zu werden. Ein solcher Bezoar
ist zuweilen mit 200 Rthlr. bezahlt worden. Der Bezoar ist zehnmal so
viel Gold werth, als er wiegt. Er ist dunkelbraun und sinkt nicht wie
jener unter dem Wasser. Der Affenbezoar ist hellgrün und ebenfalls
kostbar. Ingleichen in dem Magen der Tauben auf den Nikobarischen
Inseln. In dem Magen der Ochsen, Pferde, Gemsen, vornehmlich der
Bezoarziege, erzeugen sich ebenfalls solche Ballen, welche blätterweis übereinander wie eine Zwiebel zusammengesetzt sind, und in deren Mittelpunkte sich etwas von unverdauten Kräutern und Haaren vorfindet.

### h. Das Hundegeschlecht.

Gleichwie der Mensch die Obst= und Pflanzenarten durch seine Wartung und Verpflegung sehr verändern kann, so hat er es auch mit einigen
Hausthieren, vornehmlich mit den Hunden, gemacht. Daher arten auch
die zahmen Hunde aus, wenn sie wild herumlaufen. Der Schäferhund,
der ziemlich seine natürliche Freiheit hat, scheint der Stammhund zu
sein. Von dem kommen der Bauerhund, Windhund, der islän=

diſche, der däniſche, der große tatariſche Hund her, mit dem man
fährt. Der Jagd=, Spür=, Dachs=, Wachtel=, Hühnerhund, eng=
liſche Doggen u. ſ. w.

Blendlinge, die aus Vermiſchung zweier Racen entſtehen, aber
auch aufhören; dahin das Bologneſerhündchen gehört, welches vom
kleinen Pudel und ſpaniſchen Wachtelhunde herrührt. Der Mops iſt
eigentlich vom Bullenbeißer entſtanden. Die afrikaniſchen Hunde, vor=
nehmlich in Guinea, können nicht bellen. In der Gegend des Cap giebt
es wilde Hunde, die es ſelbſt mit dem Löwen anbinden, wenn ſie in Ge=
ſellſchaft jagen, dem Menſchen aber nichts thun, ſondern ihm von ihrer
Beute wohl ſogar noch etwas laſſen. Die Schwarzen glauben, daß unſere
Hunde reden können, wenn ſie bellen. Die Hunde werden bisweilen toll.
Ihr Biß, ja ſelbſt ihr Speichel und der Geruch ihres Athems, wenn ſie
den höchſten Grad der Tollheit erreicht haben, iſt ein ſo ſchnelles Gift,
daß es die Menſchen waſſerſcheu, raſend machen, ja tödten kann.

## i.  Das Wolfsgeſchlecht.

In England ſind ſie ausgerottet; im Norden weiß. Dazu gehört
der Schakal. Dieſer ſoll gleichſam der Spürhund des Löwen ſein, denn
wenn man ihn brüllen hört, ſo iſt der Löwe auch nicht weit. Er hat die
Größe eines Bullenbeißers und iſt ſo grauſam als der Tiger. Der
ſcythiſche Wolf iſt ſchwarz und länger, auch grauſamer als der unſrige.
— Corſak. — Hyäne.

## k.  Das Fuchsgeſchlecht.

Brandfüchſe, die am Schwanze, an den Ohren und Füßen ſchwarz
ſind, ſonſt grauhaarig auf dem Bauche und röthlich ausſehen. Dem
Kreuzfuchſe läuft vom Munde an längs der Stirne, dem Rücken und
Schwanze ein ſchwarzer Streif, der von einem andern über die Schultern
und Vorderläufe durchſchnitten wird. Der blaue Fuchs, deſſen Haare
aſchenfarbig oder graublau ſind. Der ſchwarze Fuchs, deſſen Fell ſehr
hoch geſchätzt wird. Der Braunfuchs ebenfalls ſehr hoch geſchätzt. Der
Weißfuchs hat gar keine dauerhaften Haare. Der amerikaniſche
Silberfuchs. Alle Füchſe ſtinken. Sie haben aber, wo der Schwanz
anfängt, eine Stelle ſteifer Haare, unter denen ſich ein Drüschen befindet,
welches einen Geruch von blauen Violen giebt. — Der Stinkfuchs hat

eine Blase unter dem Schwanze, von deren Feuchtigkeit man einige Tropfen im Wasser einnimmt.

### l. Halbfüchse.

Darunter die spanische Genettkatze mit wohlriechendem Fell. Die Zibethkatze hat unter dem Hintern eine Tasche, drei Zoll lang und eben so breit, darinnen ein schmieriger, wohlriechender Saft enthalten ist. Man nimmt ihr, indem man sie in einen Käfig setzt, alle Tage mit einem Löffel diesen Saft heraus. Wenn das Thier davon einen Überfluß hat, so leidet es Schmerzen. Man fängt sie in Afrika und Asien in Fallen wie die Iltisse. Die Dachse schlafen ohne Nahrung in ihrer Winterhöhle.

### m. Das Katzengeschlecht.

Die Türken halten sehr viel von einer Hauskatze. Ihr Stern im Auge zieht sich bei ihr stärker als bei einem andern Thiere zusammen und dehnt sich auch stärker aus. Die Tigerkatze fliegt allen Thieren wüthend ins Gesicht und kratzt ihnen die Augen aus. Es ist fast das grausamste Thier unter allen.

### n. Das Luchsgeschlecht.

Der Rücken der Luchse ist roth= und schwarzgefärbt. Er springt von den Bäumen auf die Thiere herab. Die Wunden von seinen Klauen heilen schwer.

### o. Panther. Parder.

Das Pantherthier ist größer als eine englische Dogge, brüllt wie ein Löwe, hat schwarze, wie ein Hufeisen gestaltete Flecken, und sein Fleisch ist angenehm. Sein Kopf ist wie ein Katzenkopf gestaltet. Die Katzen= parder sind nicht viel an Größe von den Katzen unterschieden. — Leopard. — Onze. — Caracal. Amerikanischer Tapir oder Anta. —

### p. Das Tigergeschlecht.

Der Tiger hat gelbe Flecken, rundum mit schwarzen Haaren besetzt auf lichtgelbem Grunde. Er springt schneller als irgend ein Raubthier und klettert; ist so groß wie ein einjähriges Kalb und grausamer als die vorigen. Der größte Tiger hat schwarze Flecken. — Tigerwolf. Hyäne.

## q. Das Löwengeschlecht.

Der Löwe hat eine Mähne, die Löwin nicht; er hat eine gerunzelte
Stirne, ein menschenähnliches Gesicht und tiefliegende Augen, wie auch
eine stachlichte und wie mit Katzenklauen besetzte Zunge, mit der er den
Thieren das Fleisch ablecken kann. Er kann seine sehr scharfen Klauen 5
zurücklegen, daß sie sich nicht im Gehen an der Erde abschleifen. Seine
Höhe vom Rücken bis an die Erde ist vier und ein Dritttheil Fuß. Der
Löwe braucht keine List, auch keine sonderliche Geschwindigkeit, die Thiere
zu überfallen. Wenn er nicht mit dem Schwanze schlägt und seine Mähne
schüttelt, so ist er aufgeräumt, und man kann ihm sicher vorbeigehen. 10
Sonst ist das einzige Mittel in der Noth, sich auf die Erde zu legen. Es
ist merkwürdig, daß er den Weibsbildern nichts zu Leide thut. Exempel
von einer Weibsperson unter dem Könige Karl dem Zweiten, die im
Tower zu London den Löwengarten reinigte. Ein anderes von der Her=
zogin von Orleans, einer gebornen Pfalzgräfin. Die Negerweiber jagen 15
oft die Löwen mit Knitteln weg. Sie sind den Schwarzen gefährlicher
als den Weißen. Wenn er aber einmal Blut geleckt hat, so zerreißt er
das Thier oder den Menschen auch im Augenblick. Er tödtet einen Ochsen
mit einem Schlage. Ist nicht in Amerika zu finden. Er kann die Kälte
nicht vertragen und zittert in unsern Gegenden beständig. Seine dicken 20
Knochen haben nur eine enge Höhle zum Mark, und Kolbe versichert, daß,
wenn das Mark an der Sonne eingetrocknet ist, sie so hart seien, daß man
Feuer damit anschlagen könne. Er fürchtet sich nicht vor dem Hahnen=
geschrei, wohl aber vor Schlangen und Feuer.

## r. Das Bärengeschlecht. 25

Der Bär tödtet seinen Feind durch Schläge und gefährliche Umar=
mungen. Er ist ein großer Honigdieb, klettert auf die Bäume und wirft
sich gleich einem zusammengeballten Klumpen herab. Zwei Monate im
Winter frißt er nichts. In Polen lehrt man ihn tanzen. Der weiße
Bär in Spitzbergen hat einen Hundskopf. Einige sind sechs Fuß hoch 30
und vierzehn Fuß lang. Sie sind starke Schwimmer und treiben auf Eis=
schollen sogar bis Norwegen.

## s. Der Vielfraß.

Diese Thiere sind schwärzlich von Farbe oder völlig schwarz. An
Größe sind sie den Hunden gleich und unersättlich wegen ihrer geraden 35

Gedärme, daher sie sich auch des Unflathes, wie der Wolf und Löwe, bald entledigen.

## t. Affengeschlecht.

Sie werden eingetheilt in ungeschwänzte, kurzgeschwänzte oder
5 Pavians und langgeschwänzte Affen oder Meerkatzen.

### a. Ungeschwänzte Affen.

Der Orang=Utan, der Waldmensch, davon die größten in Afrika Pongos genannt werden. Sie sind in Kongo, ingleichen in Java, Borneo und Sumatra anzutreffen, gehen immer aufrecht und sin) sechs
10 Schuh hoch. Wenn sie unter Menschen gebracht werden: so nehmen sie gerne starke Getränke, machen ihr Bette ordentlich und decken sich zu. Das weibliche Geschlecht hat seine monatliche Reinigung und ist sehr melancholisch. Meinung der Javaner von ihrem Ursprunge. Es giebt noch eine kleinere Gattung, welche die Engländer Schimpanse nennen, die nicht
15 größer ist als ein Kind von drei Jahren, aber mit den Menschen viele Ähnlichkeit hat. Sie gehen zu ganzen Heerden aus und erschlagen die Neger in den Wäldern.

Zu den ungeschwänzten Affen gehört noch der Affe von Ceylon und der Manomet mit einem schweinähnlichen Schwanze. — Der lang=
20 ärmichte Gibbon, ein gutmüthiges Thier, das sich meistens auf Bäumen aufhält.

### b. Langgeschwänzte Affen oder Meerkatzen.

Einige sind bärtig. Die bärtige Meerkatze hat eine Art weißer Kopfkrause und ahmt dem Menschen sehr nach. Hierher gehört ferner die
25 schwarze, glatte Meerkatze, welche mit ihrem Schwanze sich allenthalben anhängt. Man giebt vor, daß sie ordentlich eine Meerkatzenmusik unter sich machen sollen. Andere sind auch bärtig, als der ledergelbe Muskusaffe. Dieser ist klein, von gutem Geruch und fromm.

### c. Paviane.

30 Sie haben einen Hundskopf und können sehr geschwinde auf zwei Füßen gehen. Sie bestehlen das Feld und die Gärten. Die Amerikaner glauben alle, daß diese Affen reden können, wenn sie wollten, aber sie thäten es nur nicht, um nicht zur Arbeit gezwungen zu werden. Sie fangen Muscheln mit dem Schwanze oder legen einen Stein in die geöffnete

Muschel. Man kann hiezu noch zählen die Schooßäffchen oder San=
guins, deren die größere Art die Farbe und Größe der Eichhörnchen,
die kleinere aber die Größe einer geballten Damenfaust hat. Sie sind sehr
artig, aber auch sehr eigensinnig und sehr zärtlich, so daß, wenn von dort
her welche nach Europa gebracht werden, die mehrsten unterwegs umkom=          5
men, wenn sie gleich einzeln noch so sauber in Baumwolle eingewickelt sind.

---

### Drittes Hauptstück.

## Thiere mit Floßfederfüßen.

### A. Das Fischottergeschlecht.

#### a. Die Flußotter          10

gräbt sich Höhlen von den Ufern der Flüsse bis in den nächsten Wald;
lebt von Fischen; im Winter aber in aufgeeisten Teichen. — Luthers Ver=
wechselung der Waldotter mit der Natter.

#### b. Die Seeotter, deren Hinterfüße floßfederartig sind.

Sie haben die schönste Schwärze unter allen Fellen. Selbst in          15
Kamtschatka gilt ein schöner Balg an 37 Thaler. Man fängt sie auf dem
Treibeise in der Meerenge von Kamtschatka. Sie putzen sich selber gern,
lieben ihre Jungen ungemein und werden mit Prügeln todtgeschlagen.
Mit ihnen wird ein starker Handel nach China getrieben.

### B. Das Bibergeschlecht.          20

Der Biber mit eiförmigem, schuppigem Schwanze. Sie sind in
Canada gegen die Hudsonsbai sehr häufig. Wie sie einen Bach verdäm=
men und über die Wiesen einen Teich machen. Sie hauen Bäume mit
ihren Zähnen ab und schleppen Holz von drei bis zehn Fuß lang, wel=
ches sie über Wasser in ihre Wohnung bringen und dessen Rinde sie im          25
Winter essen. Bei Verfertigung des Dammes dient ihnen erst ihr Schwanz
zur Mulle oder zum Schubkarren, worauf sie Leim legen und an Ort
und Stelle führen; und dann zur Mauerkelle, womit sie den Leim auf den

Bäumen comprimiren und anschlagen. Man speist sie auch. Das Biber=
geil (castoreum) besteht nicht aus den Testikeln des Bibers, sondern es
befindet sich in besondern Muskussäcken, die ihm im Leibe liegen. —
Grubenbiber.

## C. Seethiere mit unförmlichen Füßen.

### a. Meerkälber.

Sie heißen auch Seehunde, haben einen Rachen vom Hunde, die
Hinterfüße sind hinter sich gestreckt und können nicht von einander ge=
bracht werden. Auf den antillischen Inseln sind einige bis zwanzig Fuß
lang. Die kleinsten sind die in dem Eismeere, welche auf den Eisschollen
zu Tausenden getödtet werden. Es giebt auch silberfarbene Meerkälber
in süßem Wasser. — Robben. — Thran.

### b. Wallrosse.

Das Wallroß hat zwei Blaslöcher an der Stirn, heißt auch Meer=
ochs, hat lange hervorragende Zähne, die verarbeitet werden. Manche
sind über zwei Fuß lang und acht Zoll dick. Mit diesen helfen sie sich auf
die Eisschollen wie mit Haken.

### c. Der Seebär.

Er ist größer als ein Landbär, hat Vorderfüße wie abgehauene Arm=
stumpfe, worin doch die Zehen verborgen liegen, und wird nicht weit von
Kamtschatka gefangen. Sie streiten gegen einen Anfall in Rotten und
beißen ihre eigenen Kameraden, wenn sie weichen. Den Sommer über
fressen sie nichts. — Art von Robben.

### d. Der Seelöwe.

Er hält sich bei Amerika und bei Kamtschatka auf. Die Gestalt
kommt mit einem Seebären überein, nur ist er viel größer. Man greift
ihn nur im Schlafe an. Er ist sehr grimmig und hat wenig Liebe für
seine Jungen. Die Seebären fürchten sich selten vor ihm.

#### Viertes Hauptſtück.

## Vierfüßige Thiere, die Eier legen.

## Amphibien.

### a. Der Krokodill

gehört vornehmlich hierher und hält ſich gewöhnlich in Flüſſen und auf
dem Lande auf. Er iſt ſchuppicht, bepanzert, zwanzig und mehr Fuß,
im Gambiafluſſe ſogar bis dreißig Fuß lang. Es iſt falſch, daß er beide
Kinnbacken bewege. Er bewegt nur wie andere Thiere den untern, hat
keine Zunge und legt Eier wie Gänſeeier in den Sand. — Große
Eidechſe. — Gecko. — Hippopotamus.

### b. Der Alligator

wird gemeiniglich mit dem Krokodill verwechſelt und iſt ihm auch ſehr
ähnlich, außer daß er den Schwanz anders trägt und eine Muskusblaſe
hat, weswegen er auch einen Biſamgeruch von ſich giebt. Er iſt in Afrika
und Amerika anzutreffen, iſt nicht ſo wild und räuberiſch als der Krokodill.
In Amerika werden ſie Kaymans genannt. Wie ihre Eier von Vögeln
zerſtört und wie ſie gefangen werden.

### c. Die Schildkröte.

Die größte Gattung der Schildkröten wird in verſchiedenen Gegenden von Oſtindien gefunden. An den Eiern allein können ſich wohl
dreißig Mann ſatt eſſen. Die Schildkröte geht auf das Land und legt
bis zweihundert und funfzig Eier, deren jedes ſo groß iſt als ein Ball.
Sie haben ein dreifaches Herz. Ihr Fleiſch iſt köſtlich. Man gewinnt
von ihnen bisweilen mehr als zwei Centner Fleiſch zum Einſalzen.

---

## Fünftes Hauptstück.

## Erster Abschnitt.

## Seethiere.

### a. Der Wallfisch und andere, ihm verwandte Thiere.

Die Wallfische theilt man ein in den eigentlichen Wallfisch, den Finnfisch, Schwertfisch, Säge= oder Zahnfisch, Nordkaper, Pottfisch oder Cachelot und in den Narwal. Der grönländische Wallfisch hat einen Kopf, der ein Drittheil von der Leibeslänge aus= macht. Er ist um vieles dicker als der Finnfisch, welcher eine Finne oder Floße auf dem Rücken hat, auch viel größer als der Nordkaper, welcher nur ein Blasloch hat. Er hält sich in den nördlichen Gegenden bei Spitzbergen und Novazembla auf, dagegen der Nordkaper in der Höhe des Nordkaps und der Finnfisch noch weiter hin nach Süden umher= schweifen. Er nährt sich von einem Wasserinsecte, welches die Größe von einer Spinne hat und ganz thranicht ist. Der Finnfisch aber und Nord= kaper schlucken ganze Tonnen Häringe in sich. Diese Thiere haben an= statt der Zähne Barden, welche aus Fischbein bestehen, davon die längste bis zwei Klafter lang ist. Der Pottfisch hat am untern Kinn= backen Zähne. Sein Kopf nimmt die Hälfte des Leibes ein. Er hat einen engen Schlund, Blaselöcher, aus denen er Wasser bläst, und heißes Blut. Ohne Luft zu schöpfen, können sie nicht lange unter dem Wasser ausdauern. Sie gebären lebendige Junge und säugen sie. Der grönländische Wallfisch wird mit Harpunen geschossen und mit Lanzen völlig getödtet. Gegenwärtig ist er indessen viel scheuer als vormals; er flüchtet in das Treibeis; daher jetzt der Wallfischfang im Treibeise be= trieben wird. Er hat eine Art Läuse gleich Krebsen. In dem Magen einer Art Nordkaper, Grampus genannt, wird das Ambragries oder der graue Ambra gefunden. Andere berichten dieses von der Blase des Pottfisches. Einige halten den Pottfisch für denjenigen, der den Jonas verschlungen. Das Gehirn des Pottfisches ist das sogenannte Sperma ceti. Der Schwertfisch tödtet den Wallfisch um der Zunge willen. Der herausragende Zahn des Sägefisches ist ausgezackt wie eine Säge. Der Narwal hat einen geraden Zahn aus dem obersten

Kinnbacken hervorstehen, der viele Fuß lang und härter ist als Elfenbein. Diese letztern gebären aus Eiern. — Der stärkste Wallfischfang ist bei der Straße Davis und Spitzbergen. Auch Wallfische bei der Magellanischen Meerenge. — Tintenwurm. — Sepia octopodia. — Warmes Blut.

### b.　Das Manati oder die Seekuh.

Dieses Thier ist in den amerikanischen und Kurilischen Inseln bei Kamtschatka anzutreffen und wiegt bis dreißig Centner. Es hat eine unbehaarte, gespaltene Haut wie eine alte Eiche, taucht sich niemals unter das Wasser, der Rücken ist immer darüber erhaben, ob es gleich den Kopf bei seinem unablässigen Fressen fast immer unter dem Wasser hält. Es ist allenthalben sehr zahm, wo man ihm nicht nachstellt, hat zwei Arme, die den menschlichen, und einen Schwanz, der dem Fischschwanze ähnlich sieht. Auch hat es ein vortreffliches Fleisch, welches keine Maden bekommt, und sein ausgeschmolzenes Fett übertrifft alle Butter. Es gebärt lebendig und säugt.

### c.　Der Hai oder Seewolf.

Die größte Art dieser Thiere heißt Lamia. Sie sind zwanzig Fuß lang, haben drei Reihen Zähne neben einander und sind viel gefräßiger als irgend ein Landthier. Ganze Menschen, in Segel eingewickelt, werden von ihnen verschlungen sammt dem Ballast. Alles, was aus einem Schiffe fällt, Beil, Hammer, Mützen finden Platz in ihrem Magen. Das Maul derselben ist wohl einen Fuß lang unter der Schnauze; daher sie sich auf die Seite legen müssen, wenn sie etwas rauben wollen. An den Küsten von Guinea hat ein Mensch, der in die See fällt, nicht so viele Gefahr vom Ersaufen als vom Haifische zu befürchten. Er reißt dem Wallfisch große Stücke aus dem Leibe, wird mit Haken an einer eisernen Kette gefangen und getödtet. Ehe er in das Schiff gebracht wird, wird der Schwanz abgehauen; sonst schlägt er mit dem Schwanze Arm und Beine entzwei. Einige Fische haben Verkehr in seinem Magen. Der Pilote neckt ihn wie die Schwalben die Eulen. — Squalus maximus. Jonasfisch. — Hai oder Cachelot. — Furcht des Hai. — Bei den Sandwichinseln.

### d.　Der Hammerfisch

ist dem Hai an Größe, Stärke und Gierigkeit ähnlich, hat aber einen Kopf, der zu beiden Seiten wie ein Hammer aussieht.

### e. Der Mantelfisch

ist eine Art großer Rochen, die vornehmlich den Perlenfischern an den amerikanischen Küsten sehr gefährlich sind, indem sie solche in ihre weit ausgebreitete Haut als in einen Mantel einwickeln, erdrücken und fressen.

### f. Der Braunfisch, der Dorado, der Delphin, der Stör, der Wels und andere mehr sind Raubfische.

Der Delphin ist ein sehr gerader und schneller Fisch, der Dorado aber ist ein goldgelber Delphin und der schnellste unter den übrigen. Der Beluga ist eine Gattung vom Stör, aus dessen Rogen der Caviar zubereitet wird. Sie haben auch als große Fische dessen sehr viel, bisweilen einer bis auf einen ganzen Centner.

### g. Der Seeteufel

ist in eine harte, undurchdringliche Haut eingeschlossen. Ist eine Art Rochen, zwanzig bis fünf und zwanzig Zoll lang, funfzehn bis achtzehn breit und drei dick, hat gleichsam Stumpfe von Beinen und daran Haken, Hörner am Kopf und einen Schwanz wie eine Peitsche mit Haken.

## Meerwunder.

### Der Meermensch, Meerjungfer

wird in allen vier Welttheilen angetroffen. Die zu Fabeln geneigte Einbildungskraft hat ihn zu einem Seemenschen gemacht. Indessen hat dieses Thier nur wenige Ähnlichkeit mit dem Menschen. Sein Kopf, aus dem man einen Menschen= oder Fischkopf machen kann, mit großen Ohren, stumpfer Nase und weitem Munde ist an einem Körper, der auf dem Rücken mit einem breiten, dicken Felle, wie die Plattfische, bezogen ist, welches an der Seite solche Haken wie die Fledermäuse hat. Seine Vorderfüße oder fleischerne Floßfedern sind etwas menschenähnlich. Es hat dieses Thier zwei Zitzen an der Brust und einen Fleischschwanz. Man nennt es auch wegen seines Fettes die Wassersau.

## Einige andere merkwürdige Fische.

### a. Der Zitterfisch.

Er wird auch Krampffisch, Rajatorpedo, genannt, ist in dem Indischen Meere anzutreffen, beinahe rund außer dem Schwanze und wie

aufgeblaſen.  Er hat außer den Augen noch zwei Löcher, die er mit einer
Haut wie Augenlieder verſchließen kann.  Wenn man ihn unmittelbar
oder vermittelſt eines langen Stockes, ja vermittelſt der Angelſchnur oder
Ruthe berührt, ſo macht er den Arm ganz fühllos.  Er thut dies aber
nicht, wenn er todt iſt. Einige ſagen, daß, wenn man den Athem an ſich    5
behält, er nicht ſo viel vermöge. Er kann gegeſſen werden. In Äthiopien
vertreibt man mit ihm das Fieber.  Die Urſache dieſer ſeiner Kraft
iſt unbekannt.  Er fängt dadurch Fiſche. — Gymnotus electricus.
Zitteraal.

### b.  Rotzfiſche.                                                      10

Sie ſind durchſichtig und wie lauter Schleim, ſind faſt in allen Mee=
ren.  Eine Gattung davon heißt Meerneſſel, weil ſie, wenn ſie berührt
wird, eine brennende Empfindung erregt.

### c.  Blackfiſch.

Sieht ſeltſam aus, mit zwei Armen, hat eine Tintenblaſe, mit der   15
er ſeinen Nachfolgern das Waſſer trübe macht. — Spritzfiſch.

### d.  Blaſer.

Wird am Cap gefunden, bläſt ſich rund auf wie eine Kugel und taugt
nicht zum Eſſen, weil er giftig iſt.

### e.  Fliegende Fiſche.                                                 20

Sind nur zwiſchen den Wendekreiſen.  Sie fliegen mit einer Art
Floßfedern, aber nur ſo lange, als dieſe naß ſind.  Sie haben die Geſtalt
und Größe der Häringe, fallen oft aufs Schiff nieder und werden von
Raubfiſchen und Raubvögeln unaufhörlich verfolgt.

### f.  Der chineſiſche Goldfiſch.                                        25

Iſt ſeiner vortrefflichen Gold= und andern Farben wegen bei den
Chineſern ſehr beliebt.  Es iſt der ſchönſte Fiſch in der Natur, fingerlang,
vom Kopf bis auf den halben Leib roth, die übrigen Theile ſammt dem
Schwanze, der ſich in einen Büſchel endigt, lebhaft vergoldet.  Das Weib=
chen iſt weiß, der Schwanz ſilbern.                                       30

### g.  Der Krake, das größte Thier in der Welt.

Es iſt dieſes ein Seethier, deſſen Daſein nur auf eine dunkle Art be=
kannt iſt.  Pontoppidan thut von ihm Meldung, daß die Schiffer in Nor=

wegen, wenn sie finden, daß das Loth, welches sie auswerfen, an derselben
Stelle nach und nach höher wird, urtheilen, daß der Krak im Grunde sei.
Wenn dieser heraufkommt, so nimmt er einen ungeheuern Umfang ein. Er
soll große Zacken haben, die wie Bäume über ihn hervorragen. Bisweilen
senkt er sich plötzlich in das Meer herab, und kein Schiff muß ihm alsdann
zu nahe kommen, weil der Strudel, den er erregt, es versenken würde. Es
soll über ihm gut fischen sein. Ein junger Krak ist einmal in einem Fluß
stecken geblieben und darin umgekommen.

Das Meer hat noch nicht alle seine Wunder entdeckt. Wenn der Krak
sich über das Wasser erhebt, so sollen unsäglich viele Fische von ihm herab
rollen. Seine Bildung ist unbekannt.

## Von den Arten der Fischerei.

In China fängt man Fische durch eine dazu abgerichtete Kropfgans,
welcher man einen Ring um den Hals legt, damit die Fische nicht ganz
von ihr mögen verschluckt werden. Diese schlingt so viel Fische auf, als
sie kann. Wenn eine derselben einen großen Fisch fängt: so giebt sie den
andern ein Zeichen, die alsdann denselben fortbringen helfen. Eine solche
Gans gilt viel. Wenn sie nicht Lust zum Essen hat, so wird sie mit Prügeln dazu gezwungen. Man hat daselbst auch eine andere Methode, mit
einem Kahne nämlich, an dessen Seite weiße, überfirnißte Bretter geschlagen sind, beim Mondscheine Fische zu fangen. Denn alsdann glänzen
diese Bretter wie ein helles Wasser, und die Fische springen herüber und
fallen in den Kahn, wo sie des Morgens gefunden werden. Man fängt
auch hier Fische, indem man sie mit in das Wasser gestreuten Kokkelskör-
nern dumm macht.

## Der Stockfischfang auf der großen Bank Terre neuve.

Der grüne oder weiße Stockfisch heißt Kabeljau, wird eingetrocknet und eingesalzen. Die getrockneten heißen Stockfische. Es ist ein
Raubfisch, er schluckt Waffen, Seile und andere Dinge, die aus dem Schiffe
fallen, geschwinde herunter. Er kann aber seinen Magen ausdehnen und
das, was unverdaulich ist, ausspeien. Es fischen auf der großen Bank
jährlich bis dreihundert Schiffer, deren jeder 25000 Stockfische fängt.
Alles geschieht mit Angeln. Der Köder ist ein Stück vom Häringe und
hernach die unverdaute Speise in dem Magen des Stockfisches. Es geht
mit diesem Angeln sehr schnell fort. Es finden sich hieselbst umher er-

ſtaunend viele Vögel, als Leberfreſſer, Pinguins. Sie verſammeln ſich
um die Schiffe, um die Lebern zu freſſen, die weggeworfen werden. Der
Pinguin hat ſtumpfe Flügel, mit denen er zwar auf dem Waſſer plätſchern,
aber nicht fliegen kann.

## Der Häringsfang.

Der Häring kommt im Frühjahr aus den nördlichen Gegenden beim
Nordcap an die Orkadiſchen Inſeln. Von da zieht er ſich neben den Küſten
von Schottland und iſt im Sommer bei Yarmouth, geht auch wohl im
Herbſte bis in die Süder= und Oſtſee. Der alleinige jährliche Vortheil
der Holländer nach Abzug aller Unkoſten iſt zum wenigſten ſechs bis ſie=
ben Millionen Reichsthaler. Ein anderer holländiſcher Schriftſteller rech=
net überhaupt fünf und zwanzig Millionen Thaler Einnahme, die Aus=
gabe acht Millionen Thaler, und das Land profitirt ſiebzehn Millionen
Thaler; denn man muß auch den Vortheil nehmen, den das Land davon
zieht, daß ſich ſo viele Menſchen von der Arbeit auf der Flotte unterhalten.
Die Engländer ſchiffen auch ſeit 1750, aber nicht ſo vortheilhaft auf den
Häringsfang, denn ſie wiſſen die Handgriffe nicht. — Zug der Häringe,
durch das kleine Waſſerthierchen Ath veranlaßt. — Vormals bei Bergen,
jetzt bei Gothenburg. — Menge derſelben, daß man ſie in Schweden zu
Thran verkocht. — Schnitt der Häringe. — Holländer ſalzen nur die ein,
die ſie an einem Tage gefangen haben, ohne ſie die Nacht über zu bewah=
ren. — Sardellen. — Lachsfang.

---

## Zweiter Abſchnitt.

## Schalichte Thiere.

### a. Die Purpurſchnecke.

Der tyriſche Purpur, der das Blut einer Muſchel des Mittelländiſchen
Meeres iſt, war erſtaunlich theuer. Er ſoll an einem Hunde entdeckt ſein,
der dieſe Muſchel fraß und ſein Maul ſchön färbte. In Neuſpanien findet
ſich eine ſolche Muſchel, die aber nur zwei bis drei Tropfen ſolches Saftes
in ſich hält, der anfänglich grün, dann hochroth färbt. Vor Alters hatte
man auch violetten Purpur.

## b. Die Perlenmuschel.

Die Perlenbank bei Basra im Persischen Meerbusen und bei Californien giebt die schönsten; die bei Ceylon am Cap Comorin die größten; ingleichen Neuspanien giebt große, aber schlechte und unreife Perlen. Die Perlenmuscheln können, wenn sie nicht recht rund sind, nicht abgedreht werden. Viele Länder haben in ihren Flüssen Perlenmuscheln. Die Taucher verfahren auf verschiedene Art bei Einsammlung derselben, entweder mit einer ledernen Kappe mit gläsernen Augen, davon eine Röhre bis über das Wasser heraufgeht, oder mit der Glocke, oder frei. Sie bekommen anfänglich leicht Blutstürze. Der König von Persien kaufte i. J. 1633 eine Perle für eine Million und vier hundert tausend Livres. Der jährliche Nutzen vom persischen Perlenfange ist fünf hundert tausend Dukaten, aber jetzt läßt man sie ruhen. In der Medicin sind sie nichts mehr nütze als Krebssteine und Eierschalen. — Die Schalen aller Seegeschöpfe werden aus dem Schleime erzeugt, den sie von sich geben, und sind Kalk. — Gemachte Perlen.

## c. Austern.

Die Austern sitzen öfters an einer Felsenbank so fest, daß sie scheinen mit derselben aus einem Stücke zu bestehen. Einige werden von außerordentlicher Größe. In Kopenhagen zeigt man eine Austerschale, die zwei Loth wiegt. Sie kneipen, wenn sie sich schließen, mit ungemeiner Kraft und pflanzen sich schnell fort. Exempel an den Küsten von Holland. Man sieht auch Austern, so zu sagen, an Bäumen wachsen. Diese hängen sich an einen Baum zur Zeit der Fluth, wenn der Baum unter Wasser gesetzt ist, an die Äste an und bleiben daran hängen. — Chami, von mehr als einem Centner Gewicht. — Colchester und holsteinische Austern. Muscheln.

## d. Balanen oder Palanen, Meerdatteln.

Dies sind länglichte Muscheln in Gestalt des Dattelkernes. Sie werden im Adriatischen Meere bei Ancona gefunden, sind in einem festen Steine eingeschlossen, und dieser muß vorher mit Hämmern entzwei geschlagen werden, dann findet man die Muschel darin lebendig. Dieser Stein ist porös, und in die Löcher desselben ist die junge Brut gedrungen, hat durch ihre Bewegung den Stein so viel abgenutzt, daß sie sich aufzuthun immer Platz hat. Bisweilen verstopfen sich die Löcher, aber das Wasser kann doch durch den schwammichten Stein zu ihnen dringen.

Keyßler hat am Adriatischen Meere lebendige Muscheln im harten Mar=
mor gefunden.  Ihr Fleisch und Saft glänzen, so wie bei den meisten
Austern, wenn sie frisch aufgemacht werden, im Finstern.

### e.  Bernicles.

Sind eigentlich Steckmuscheln mit einem Stiele, der die Zunge des
Thieres ist.  Sie hängen sich mit solchen an die am Ufer stehenden Bäume
an, und weil die Zunge gleichsam einen Hals und gewisse an einem Bü=
schel auslaufende gekrümmte Haare einen Schwanz von einer jungen Gans
vorstellen: so ist die Fabel entstanden, daß aus dieser Muschel die Roth=
gänse, welche sich in Schottland finden, ohne daß man weiß, wo sie hecken,
entstünden.  Man weiß aber jetzt, daß diese Gänse in den nördlichsten In=
seln hecken.

### f.  Seide von Muscheln.

Einige Muscheln hängen sich mit ihrer Zunge an die Felsen an und
machen ein Gewebe, woraus man, als aus einer groben Seide, zu Taranto
und Reggio Handschuhe, Camisöler u. s. w. webt.  Allein die Pinna ma=
rina bringt viel feinere Seide zuwege, und daraus sollte der Byssus der
Alten gemacht sein.  Man macht noch schöne Stoffe zu Palermo daraus.

### g.  Der Nautilus

ist eine Schnecke, welche in ihrem Inwendigen mit dem Blackfische
eine Ähnlichkeit hat.  Wenn sie zur Luft schiffen will, so pumpt sie zuvor
das Wasser aus den Kammern ihres Gehäuses.  Alsdann steigt sie in die
Höhe, gießt ihr Wasser aus und richtet sich aufwärts in ihrem Schiffe.
Sie spannt ihre zwei Beine, zwischen denen eine zarte Haut ist, wie ein
Segel aus, zwei Arme streckt sie in das Wasser, um damit zu rudern, und
mit dem Schwanze steuert sie.  Kommt ihr etwas Fürchterliches zu Ge=
sicht: so füllt sie ihre Kammern mit Wasser an und sinkt in die Tiefe unter.

### h.  Die Muschelmünzen.

Fast auf allen Küsten von Afrika, in Bengalen und andern Theilen
von Indien werden einige Gattungen von Muscheln als baares Geld an=
genommen.  Vornehmlich werden an den Maldivischen Inseln kleine Mu=
scheln, wie das kleinste Glied am Finger, gefischt, welche man in Ostindien
Kauris und in Afrika Bolis nennt, welche die Engländer von den Mal=
diven abholen, und die hernach zur Bezahlung kleiner Sachen gebraucht
werden.

### Sechstes Hauptstück.

## Einige merkwürdige Insekten und darunter:

## I. Die nützlichen Insekten.

### a. Cochenille.

Diese rothe Farbe, welche die theuerste unter allen ist, kommt von einer rothen Baumwanze her, welche in Neuspanien und einigen Inseln sich auf dem Baume Nopal nistet und mit Bürsten abgefegt, hernach getrocknet und gepulvert wird. Die Frucht des Nopal ist eine Feige, die hochroth ist und sehr wohl schmeckt. Man nennt dieses Pulver Carmin. Es ist aber oft nicht recht rein. Kermes= oder Purpurkörner. Es ist eine Art Gallus oder Auswuchs aus den Blättern eines Baumes, welcher durch einen Insektenstich entstanden. Kermes heißt im Arabischen eigentlich ein Würmchen, und diese geben eigentlich die rothe Farbe. Kermes wird auch in der Medicin gebraucht.

Wenn man hierzu die Murex oder die Purpurschnecke thut: so sieht man, daß alle rothe Farbe, die zur Färbung der kostbarsten Zeuge dient, aus dem Thierreiche herkomme. — Coccus Polonicus am Erdbeerkraute. — Gummilack=Schildlaus.

### b. Von der Caprification.

In den griechischen Inseln bedient man sich gewisser Schlupfwespen, um die Feigen zu stechen, welche dadurch viel eher und vollkommner reifen. Die Ursache wird angezeigt.

(S. Tournefort, Reise nach der Levante. Bd. 1.)

### c. Eßbare Heuschrecken.

In Afrika werden bei verschiedenen Nationen die großen Heuschrecken gebraten und gegessen. In Tunquin salzt man sie auf künftigen Vorrath ein. Ludolph, der dieses erfahren hatte, ließ die großen Heuschrecken, welche Deutschland i. J. 1693 verheerten, wie Krebse kochen, aß sie, machte sie mit Essig und Pfeffer ein und tractirte zuletzt gar den Rath zu Frankfurt damit.

Bienen. — Seidenwürmer.

## II. Schädliche Insekten.

### a. Die Tarantelspinne.

Sie ist im Apulischen am giftigsten. Wer von ihr gestochen wird, muß bald weinen, bald lachen, bald tanzen, bald traurig sein. Ein solcher kann nicht schwarz noch blau leiden. Man curirt ihn durch die Musik, vornehmlich auf der Cither, Hautbois, Trompete und Violine, wodurch er vornehmlich, wenn man den rechten Ton und die passendste Melodie trifft, zum Tanzen, Schwitzen und endlich zur Gesundheit gebracht wird. Man muß manchen das folgende Jahr wieder tanzen lassen. Die vom Skorpion gestochenen Leute lieben auch die Musik, vornehmlich die Sackpfeife und Trommel.

Sonsten giebt es auch ungemein große Spinnen in Guinea, beinahe wie eine Mannsfaust.

### b. Die Nervenwürmer (Colubrillae).

In Ostindien und Afrika bekommen die Menschen bisweilen einen Wurm in die Waden, der sich endlich dort so stark einfrißt, daß er die Länge von einer Elle und mehr bekommt. Er ist von der Dicke eines Seidenfadens bis zu der Dicke einer Cithersaite. Der Wurm liegt unter der Haut und verursacht eine Geschwulst (vena Medinensis). Man sucht ihn behutsam hervorzuziehen, den Kopf um ein Stöckchen zu winden und auf diese Weise nach und nach langsam herauszuwickeln. Wenn der Wurm reißt: so erfolgt gemeiniglich der Tod.

### c. Die Niguen.

Diese Art Flöhe gräbt sich in Westindien in die Haut der Menschen ein und verursacht, wenn man nicht das ganze Wärzchen, in dem sie sitzt, ausgräbt, den kalten Brand, weil das Gift sich mit den übrigen Säften des Körpers vermischt.

### d. Noch einige andere schädliche Insekten.

In Congo ziehen ganze Schwärme großer Ameisen, die eine Kuh oder einen kranken Menschen wohl ganz ausfressen. Die Comehens, eine Art Motten in Cartagena in Amerika, sind so fleißig, daß, wenn sie unter einen Laden mit Kramwaaren einmal kommen, sie ihn in einer Nacht völlig zu Grunde richten. Die Loge ist eine kleine Wanze in Amerika, die, wenn

man sie auf dem Fleische zerdrückt, ein tödtliches Gift zurückläßt. Man bläst sie weg, wenn man sie auf der Haut sieht. Die Tausendfüße rothe Raupen mit vierzig Füßen, haben einen giftigen Biß und sind eine große Qual der indianischen Länder. Die Mosquitos sind eine besondere Art Mücken in Ostindien, ingleichen auf den niedrigen Gegenden der Landenge von Panama. In Lappland ist die größte Plage die, welche von den Viehbremsen herrührt. — Kleine Ameisen in den Antillen. — Furia infernalis. — Afrikanische Ameisen mit festen Häusern. — Blasen-
würmer im finnigen Schweinfleische. — Das Drehen der Schafe.

---

Siebentes Hauptstück.

# Von andern kriechenden Thieren.

## a. Die Schlange.

In den heißen Ländern giebt es etliche Arten Schlangen von erstaunlicher Länge. In den Sümpfen nicht weit von dem Ursprunge des Ama-
zonenstroms sind solche, die ein Reh ganz verschlingen. In Whidah, einem afrikanischen Königreiche am östlichen Ende der Küste von Guinea, ist eine sehr große Schlange, welche unschädlich ist, vielmehr die giftigen Schlangen, Ratten und Mäuse verfolgt. Sie wird daselbst als die oberste Gottheit angebetet. — Giftschlangen können gegessen werden. — Haben hohle und bewegliche Zähne. — Vipern.

## b. Klapperschlange.

Sie ist die schädlichste unter allen. Sie hat Gelenke in ihrem Schwanze, welche bei trockner Zeit im Fortgehen klappern. Ist sehr langsam und ohne Furcht. Es wird von allen geglaubt, sie habe eine Zauber-
kraft oder vielmehr einen benebelnden oder wohl gar anlockenden Dampf, den sie ausbläst und durch den sie Vögel, Eichhörnchen und andere Thiere nöthigt, ihr in den Rachen zu kommen. Zum wenigsten ist sie viel zu langsam, solche geschwinde Thiere, als sie täglich frißt, auf andere Art zu erhaschen. Die Wilden fressen sie, ingleichen die Schweine.

## c. Nattern.

Die Cobra de capello oder die Hutschlange, wegen einer Haut, welche den Kopf und Hals umgiebt, so genannt. Soll den berühmten Schlangen=stein in ihrem Kopfe haben; allein Andere behaupten, es wäre dies nichts anders als ein gedörrtes und auf gewisse Art zugerichtetes Ochsenbein. Es hängt stark an der Zunge. Wie man den Schlangengift aus der Wunde zieht und sie wieder davon reinigt. Der Schlangenstein hat die Gestalt einer Bohne, ist in der Mitte weißlicht, das übrige himmelblau. Einige geben vor, die Brahminen in Indien machten ihn aus wirklichem Schlangensteine, mit deren Herz, Leber und Zähnen und einer gewissen Erde vermengt. Zum wenigsten pflegen gewisse Theile von schädlichen Thieren, z. E. das Fell der Hutschlange, selbst wider ihren Biß gut zu sein.

## d. Der Skorpion

ist in Italien nicht größer als ein kleiner Finger, hat beinahe eine Krebsgestalt und verwundet seinen Feind mit dem Schwanze, worin er einen Haken hat. Man bedient sich des zerdrückten Skorpions, um ihn auf den Stich zu legen und das Gift wieder auszuziehen. Die Indier bedienen sich im Nothfalle wider einen giftigen Biß des Brennens der gebissenen Stelle. In Indien sind sie viel größer. Es ist gegründet, daß, wenn man einen Skorpion unter ein Glas thut, unter das man Tabacks=rauch bläst, er sich selbst mit seinem Schwanze tödte.

## e. Das Chamäleon.

Ein asiatisches und afrikanisches Thier, einer Eidechse ziemlich ähn=lich; aber gemeiniglich viel größer. Es nährt sich von Insekten, und seine Zunge ist acht Zoll, das heißt fast so lang, als das ganze Thier, womit es wie der Ameisenbär Fliegen und Ameisen fängt. Einige Physiker be=richten, daß es seine Farbe nach den farbichten Gegenständen richte, aber mit einem Zwange, den es sich anthun müßte. Allein in der allgemeinen Reisebeschreibung wird berichtet, daß sie ihre Farbe beliebig und vornehm=lich, wenn sie recht lustig sind, schnell auf einander verändern, aber nicht nach den Gegenständen. Sie verändern ihre Farbe nach ihren Affecten. Wenn sie lustig sind, so ist ihre Farbe gefleckt.

## f. Der Salamander.

Seine Unverbrennlichkeit kommt von dem dichten Schleime her, den er sowohl ausspeit, als aus allen Schweißlöchern treibt und mit dem er die Kohlen eine ziemliche Zeit dämpft, wenn er auf sie gelegt wird. Indessen verbrennt er doch endlich. In allen Theilen der Welt giebt man vor, daß die Eidechsen Feinde der Schlangen sind und die Menschen vor denselben durch ihre Gegenwart warnen.

_____

## Achtes Hauptstück.

## Das Reich der Vögel.

### a. Der Strauß und der Casuar.

Beide sind vornehmlich arabische und afrikanische Vögel. Sie tragen den Kopf höher als ein Pferd, haben Flügel, mit denen sie nicht fliegen können, und laufen schneller als ein Pferd. Sie brüten auf ihren Eiern nur des Nachts, haben schöne Federn im Schwanze und eine höckerichte Erhebung auf dem Rücken. Der Casuar ist sonst dem Strauße ähnlich, hat aber auf dem Kopfe eine Art von knorplichter Haut. Statt der Federn hat er Haare und an den Füßen Hufe. Er schlingt Eisen und selbst glühende Kohlen herunter, aber verdaut das erste nicht.

### b. Der Condor

ist das größte unter allen fliegenden Thieren, in Amerika aber selten anzutreffen. Von dem Ende des einen Flügels bis zum andern gemessen, hat er eine Breite von sechs Fuß. Er kann einem Ochsen das Gedärme aus dem Leibe reißen, hat aber Füße nur wie Hühnerklauen. Er trägt Wildpret in sein Nest und öfters Kinder; vermehrt sich aber nicht sehr.

### c. Der Colibri.

Ein amerikanischer Vogel. Ist der kleinste unter allen Vögeln, nicht völlig so groß als ein Käfer. Er hat die schönsten Federn, die sonst alle möglichen Farben spielen. Er saugt Saft aus den Blumen. Es giebt in Westindien eine Art Spinnen, die ein Gespinnste macht, welches viel dicker und fester ist als das der unsrigen: darinnen fängt sich der Colibri gleich einer Mücke.

### d. Der Paradiesvogel

ist nur wegen des Vorurtheils zu merken, welches man gehabt hat, als wenn er keine Füße habe. Sie werden ihm aber, um ihn desto besser zu erhalten, abgeschnitten.

### e. Gold=Hühner

sind wegen ihrer goldfarbenen Federn und andern schönen Schatti= rungen für die zierlichsten Vögel in der Welt zu halten und werden von den Chinesern sehr hoch geschätzt.

### f. Pelikan.

Hat einen so großen Leib wie ein Schaf, kleinen Kopf, einen andert= halb Fuß langen Schnabel und am Kopfe einen Sack, in den ein Eimer Wasser geht, worin er Meilen weit Wasser holt und seine Jungen mit Fischen füttert. Daß derselbe seine Jungen mit seinem Blute füttern soll, gehört mit der Fabel vom Phönix in eine Classe.

### g. Einige Merkwürdigkeiten des Vogelgeschlechts.

Die Vögel der heißen Zone sind schöner und buntfarbiger, aber von schlechterm Gesange. Einige hängen ihre Nester an die dünnsten Zweige der Bäume auf, die über das Wasser hängen, dadurch sie vor den Nach= stellungen der Affen sicher sind. Der Guckguck legt seine Eier in das Nest der Grasmücke und bekümmert sich nicht um seine Jungen. Einige haben Flügel und können nicht fliegen, z. B. der Strauß, Casuar und Pinguin. Man braucht einige zum Fischen, wie die Kropfgans; andere zum Jagen des vierfüßigen Wildprets, als vornehmlich die Falken aus Cirkassien. Man lehrt dieses, indem man ein Stück Fleisch auf eines ausgestopften Wildes Kopf steckt und es auf Rädern fortzieht. Hernach gewöhnen sie sich dem laufenden Wilde die Klauen in die Haut zu schlagen, mit dem Schnabel zu reißen und in Verwirrung zu bringen. Andere werden zum Vogelfange abgerichtet, als die isländischen Falken und andere mehr. Von der Abrichtung der Falken. Von der Reiherbeize. Diese Falken wer= den einem schildwachestehenden Soldat einige Tage und Nächte durch auf den Händen zu tragen gegeben, daß sie nicht schlafen können, wodurch sie ganz ihre Natur verändern. Man fängt in China, an der guineischen Küste und bei Porto Bello wilde Gänse und Enten durch Schwimmer, welche ihren Kopf in einen hohlen Kürbiß stecken.

Vögel verpflanzen viele Früchte, indem sie den unverdaulichen Samen, den sie gefressen haben, wieder von sich geben, daher der Mistelsame auch auf die Eiche kommt und daselbst aufwächst, ingleichen auf Linden und Haseln. Einige Inseln im Weltmeer dienen den Vögeln, vornehmlich denen, die von Fischen leben, zur Behausung, so daß einige wohl etliche Zoll hoch mit Vogelmist bedeckt sind; dergleichen sind an den Küsten von Chili, von Afrika, unter den Orkaden und anderwärts. Einige bedeuten, wenn sie weit vom Lande fliegend angetroffen werden, Sturm; als die Steinbrecher, eine Gattung Meeradler, welche auch sonst gewohnt sind Schildkröten auf Felsen von einer Höhe fallen zu lassen, wodurch Aschylus getödtet worden. Man findet keine Störche in Italien, ingleichen nicht in England und der östlichen Tatarei. Taubenpost ist noch jetzt in Modena und Aleppo. Wurde ehedeß bei den Belagerungen von Haarlem, Zierikzee, Gertruidenberg u. s. w. gebraucht, ingleichen des Jonas Dousa Taube in Leiden.

## Vom Überwintern der Vögel.

Man bildet sich gemeiniglich ein, daß diejenigen Vögel auf den Winter in wärmere Länder und weit entfernte Klimate ziehen, welche ihr Futter in unserm nördlichen Klima nicht haben können. Allein die Lerche, der Kiebitz und a. m. erscheinen geschwind, wenn einige warme Tage im Frühlinge kommen, und verschwinden wieder bei anbrechender Kälte. Dieses beweist, daß sie auch im Winter hier bleiben. Die Wachteln sollen auch einen Zug über das Mittelländische Meer thun, wie denn auf der Insel Capri bei Neapel der Bischof daselbst seine meisten Einkünfte vom Zuge der Wachteln hat, und bisweilen in der Mittelländischen See Wachteln auf die Schiffe niederfallen. Allein diese Vögel sind zwar Strichvögel, die ihre Örter verändern, aber nicht Zugvögel, die in entfernte Länder, sogar über das Meer setzen. Ihr Flug ist niedrig und nicht langwierig. Es werden aber öfters Vögel durch den Wind und Nebel in die See verschlagen, verirren sich und kommen entweder um oder retten sich auf Schiffen. Man hat einhundert englische Meilen von Modena einen Sperber auf einem Schiffe gefangen, welcher erbärmlich schwach aussah. Der Vicekönig von Teneriffa hatte dem Duc de Lerma einen Falken geschenkt, welcher aus Andalusien nach Teneriffa zurückkehrte und mit des Herzogs Ringe halb todt niederfiel. Allein was wollen andere schwache Vögel gegen einen so starken Raubvogel sagen! Warum fliegen die Störche nicht aus Frankreich nach England über? Die mehrsten Vögel verbergen sich des Winters in die Erde und leben wie die Dachſe oder Ameiſen ohne Futter.

Die Schwalben verſtecken ſich in das Waſſer. Die Störche, Gänſe, Enten u. ſ. w. werden in den abgelegenen Brüchen von Polen und andern Ländern in Moräſten, da es nicht friert, bisweilen gefunden. Man hat auch in Preußen des Winters einen Storch aus der Oſtſee gezogen, der in der Stube wieder lebendig ward.

---

### Dritter Abſchnitt.

## Das Pflanzenreich.

### I. Von den merkwürdigen Bäumen.

Die Bäume ſind in der heißen Zone von ſchwererem Holze, höher und von kräftigerm Safte. Die nördlichen ſind lockerer, niedriger und ohnmächtiger. Das Vieh aber ſowohl als die Menſchen ſind in jenen Gegenden viel leichter nach Proportion des äußern Anſehens als in dieſer.

#### a. Bäume, die den Menſchen Brod liefern.

In vielen Theilen von Indien, ingleichen auf den Ladroniſchen Inſeln wächſt ein Baum, der große Ballen einer mehlichten Frucht trägt, welche als Brod gebraucht werden kann und die Brodfrucht heißt. Der Sagobaum, der auf den Molukkiſchen Inſeln wächſt, ſieht aus wie ein Palmbaum. Er hat ein nahrhaftes Mark. Dieſes wird mit Waſſer geſtoßen, ausgepreßt und filtrirt. Das Schleimichte deſſelben ſinkt zu Grunde, und man macht daraus ziemlich ſchlechtes Brod, aber beſſere Grütze. Dieſe, mit Mandelmilch gegeſſen, iſt gut gegen die rothe Ruhr. — Salep.

#### b. Sehr nützliche Bäume von der Palmart.

Die Palmbäume ſind von unterſchiedlicher Art. Sie haben alle dieſes gemein, daß ſie keine eigentlichen Aſte haben, ſondern ſehr große Blätter, die auf dem Stamme wachſen, der mit einer ſchuppichten Rinde überzogen iſt. Aus einer Gattung derſelben wird der Saft gleich dem Birkenwaſſer ausgezogen, der, wenn er gegohren hat, den Palmenwein giebt. Er iſt

zu unterscheiden von dem Palmensekt auf der Insel Palma.  Der Kokos=
baum gehört unter die Palmenarten.  Seine Blätter dienen wie die von
den andern Palmen zur Bedeckung der Häuser.  Die Rinde der Nuß
dient zu Stricken, die Nuß selbst zu Gefäßen, und die darin enthaltene
5  Milch ist ein angenehmes Getränke.  Die Maldivische Nuß ist unten ge=
theilt und köstlicher als die übrigen. — Palmweine. — Ahorn. — Zucker=
ahorn.

### c. Der Talgbaum in China.

Er trägt eine Hülsenfrucht mit drei nußartigen Kernen, wie Erbsen
10  groß, mit einer Talgrinde umgeben, und die selbst vieles Öl haben.  Man
zerstößt die Nüßchen, kocht sie und schöpft den Talg ab, wozu man Leinöl
und Wachs thut und schöne Lichte daraus zieht.

### d. Der Wachsbaum ebendaselbst.

An die Blätter dieses Baumes hängen sich Würmchen, nicht größer
15  als die Flöhe.  Sie machen Zellen, aber viel kleiner als die Bienenzellen.
Das Wachs ist härter, glänzender und theurer als Bienenwachs.  Man
sammelt die Eier jener Würmchen und setzt sie auf andere Bäume.

### e. Der Seifenbaum.

In Mexiko trifft man einen Baum an, der Nußfrüchte trägt, deren
20  Schale einen Saft hat, welcher gut schäumt und schön zum Waschen ist.

### f. Ein Baum, der Wasser zu trinken giebt.

Dieser ist der wunderbare Baum, der immer wie mit einer Wolke
bedeckt sein und von seinen Blättern Wasser tröpfeln soll, das in Cisternen
gesammelt wird und bei einem in jenen Gegenden gewöhnlich eintretenden
25  Wassermangel Menschen und Vieh ein Genüge thun soll.  Der Stamm
dieses Baumes soll zwei Faden dick und vierzig Fuß hoch sein, um die
Äste aber soll er an hundert und zwanzig Fuß im Umkreise haben.

Allein in der Allgemeinen Reisebeschreibung wird von einem
Augenzeugen angeführt, er gebe nur zur Nachtzeit Wasser und zwar in
30  jeder Nacht zwanzig tausend Tonnen.

Die meisten Reisenden und unter ihnen Le Maire versichern, es
wären viele solcher Bäume in einem Thale bei einander.  Dieses Thal
wäre von großen Wäldern umgeben, und die umliegenden Berge würfen
ihre Schatten hinein, dadurch die Dünste auf diese Art verdickt würden

und eine träufelnde Wolke bildeten; auch auf der St. Thomas=Infel giebt
es dergleichen Bäume, die aber nur am Mittage Waffer geben.

### g.  Der Baumwollenbaum.

Diefe Bäume tragen eine apfelähnliche Frucht, die inwendig in Zellen
eingetheilt ift, worin die Wolle ftecht. Die Ceibawolle ift eine faft feiden=
artig feine Wolle eines andern Baumes, die allein faft nicht kann verar=
beitet werden.

### h.  Der Firnißbaum.

Diefer Baum wird in China und auf den Molukken angetroffen. Er
giebt den Lack in eben der Art, wie die Birken das Birkenwaffer geben.
Man fteckt eine Mufchelfchnecke in feine geritzte Rinde, und in diefer fam=
melt er fich. Der Firniß wird auf dem Holze fefter, als das Holz es felbft
ift. Dann wird noch ein befonderer Ölfirniß darüber gezogen.

### i.  Eifenholz.

Es giebt auch ein Holz, welches fo hart ift, daß man Anker und
Schwerter daraus macht.

### k.  Wohlriechende Hölzer.

Von den Sandelbäumen kommt das gelbe Sandelholz her, das=
jenige, welches in Indien am meiften zum Rauchwerke gefucht wird. Es
wird auch zu Brei geftoßen und von den Indiern der Leib damit zur
Kühlung eingerieben.

### l.  Farbehölzer.

Hierher gehört vornehmlich das Pernambuc= oder Brafilienholz.
Der Kern diefes Holzes dient zum Rothfärben.

Campecheholz, deffen inwendiger Kern eine blaue Farbe giebt. —
Färbekräuter. — Alhenna. — Alkanna, zur Schminke für Ägypter und
Mauren. — Sappanholz. — Lakmus.

### m.  Balfambäume.

Der Balfam von Mekka ift der köftlichfte, aber jetzt nicht mehr zu
haben. Er wird in Arabien aus dem Balfambaume gezapft. Wenn er
frifch ift, verurfacht fein Geruch Nafenbluten. Es wird nur damit dem
Groß=Sultan alle Jahr ein Präfent gemacht. Der Balfam von Tolu wird
aus Mexiko herübergebracht und kommt jenem am nächften. Er ift weiß

oder goldgelb von Farbe. Peruvianum ist schwärzlich. Copaiva ist flüs=
sig und weiß.

### n. Gummibäume.

Aus dem Draco oder Drachenbaume und dessen Einritzung quillt
das sogenannte Drachenblut, welches roth ist. Es wird in vielen Ge=
genden von Indien gewonnen. Gummi=Tragant ist hingegen ein wei=
ßes wie Würmchen gewundenes Gummi.

Gummi gutta quillt aus einem Baume, der einem Pommeranzen=
baume ähnlich ist.

Gummi arabicum fließt aus einer ägyptischen oder arabischen
Anaxie oder Schlehdorn.

Das Gummi von Sanga (Senegal) kommt sehr mit ihm überein:
hat eine kühlende Kraft und wird von den Menschen wie Zuckerkand ge=
sogen. Auch wird es bei Seidenzeugen gebraucht, um sie glänzend zu
machen.

Gummi Copal schwitzt aus den geritzten Copalbäumen in Mexiko.

### o. Harzbäume.

Der Kampherbaum auf Borneo giebt durch Ausschwitzen den
Kampher, der auf untergelegte Tücher geschüttet wird. In Japan wird er
aus dem Sägestaube des Kampherbaumes destillirt, ist aber schlechter. Er
kann auch aus den Wurzeln des Kaneelbaumes destillirt werden. Benzoe
oder asa dulcis fließt aus einem geritzten Baume in Ceylon und Siam
und ist sehr wohlriechend.

Manna dringt in Calabrien aus den Blättern und dem geritzten
Stamme einer Art von Eschenbaum hervor.

Der beste Terpentin kommt aus Fichten und Lärchenbäumen in
Chios. Mastix ist hell und citronengelb. Der gemeine wird aus Fichten=
und Tannenholz gewonnen. — Gummi elasticum.

### p. Medicinalische Bäume.

Die Cascarilla de Loja oder Fieberrinde ist die Rinde eines Bau=
mes ohnferne des Amazonenstromes und anderwärts in Südamerika. Es
ist ein specifisches Mittel wider das Fieber; muß aber von der China=
wurzel oder =Rinde unterschieden werden. Das Sassafras ist die Wurzel
eines Baumes in Florida. Das Guajak (Gummi oder Resina Guajaci)
wird in venerischen, vorzüglich gichtischen Krankheiten gebraucht. Man

kann den Balſam= und die Gummibäume zum Theil auch zu den me=
diciniſchen Gewächſen rechnen. Quaſſia. — Colombo.

### q. Einige Bäume von angenehmen Früchten.

Bananas, ein Krautgewächſe, trägt Früchte wie Gurken, die aus
dem Stamme wachſen, und zwar in einem Klumpen wohl vierzig bis
funfzig. Der Kolabaum in Afrika und Oſtindien trägt eine kaſtanien=
artige bittere Frucht, welche ſehr hoch geſchätzt wird. Sie iſt etwas bitter,
macht aber, wenn ſie gekörnt wird, alles Getränke ſehr angenehm. Für
funfzig ſolcher Nüſſe kann man in Sierra Leona ein ſchönes Mädchen kau=
fen und zehn derſelben ſind ſchon ein Präſent für große Herren. Der
Kakaobaum iſt achtzehn bis zwanzig Fuß hoch und wächſt in vier bis
fünf Stämmen. Die Frucht gleicht einer Melone, die an dem Stamme
und den Äſten hängt. In ihren Fächern ſind viele den Mandeln ähnliche
Nüſſe. Der Kakao iſt conſtringirend und kalter Natur. Die Indianer auf
Hiſpaniola gebrauchen ihn zerſtoßen im Waſſer zu Getränken. Piſtacien,
Pitzernüſſe, ſind Nußfrüchte, die in Zucker gelegt, die junge Frucht aber
in Eſſig gethan und in Perſien als Beiſätze zu Speiſen gebraucht werden.

Datteln ſind den Mandeln ähnliche Früchte einer Art von Palm=
bäumen, die in großen Büſchen als Trauben am Stamme wachſen.

Das von bloßem Kakao zubereitete Waſſer iſt ziemlich unangenehm
und erkaltend, daher auch ein gewiſſer Spanier, der dies zum erſten Male
trank, ſagte: es wäre beſſer für Ochſen als für Menſchen. Man thut aber
in Spanien Zucker, Pfeffer, Vanille und Ambra hinzu, wodurch man die=
ſen Trank hitziger und wohlſchmeckender macht.

Der Kaffeebaum in Arabien, der levantiſche, ferner in Amerika
der ſurinamiſche, martiniquiſche ꝛc. und in Oſtindien der javaniſche. Es
iſt ein Baum, der einem Kirſchbaume ſowohl in Rückſicht der Blätter, als
auch in dem Anſehen der Früchte ähnlich iſt. Die getrockneten Früchte
werden gerollt, da ſich dann der einer Bohne ähnliche Kern in zwei Hälf=
ten theilt. Der levantiſche Kaffee iſt ſelbſt in Arabien theurer als der
martiniquiſche, und die Juden führen vieles von dem letztern nach der
Türkei. — Lotus. — Piſang. — Areka. — Mandelbaum.

### r. Gewürzbäume.

Der Nägeleinbaum iſt einem Birnbaume ähnlich, das Nägelein
iſt ſeine Frucht.

Der Muskatenbaum ist einem Apfelbaume ähnlich. Diejenigen Nüsse, die von einem Vogel, den man Nußesser nennt, heruntergeschluckt werden und wieder von ihm gegangen, werden höher geschätzt. Beide Bäume sind nur auf den Inseln Amboina und Banda anzutreffen. Auf den übrigen Molukken werden sie ausgerottet.

Kaneel= oder Zimmetbäume auf der Insel Ceylon. Die Rinde von den jungen Bäumen wird abgeschält und giebt den Kaneel. Die Frucht hat nicht so viel wohlriechendes Öl, aber viele Fettigkeit. Wenige Tropfen, deren einer zwei Groschen kostet, auf die Zunge geträufelt, sollen den Krebs zuwege bringen.

### s. Andere Merkwürdigkeiten der Bäume.

In der östlichen Tatarei, nämlich der kalmuckischen, sind fast gar keine Bäume anzutreffen, sondern bloß elende Sträucher, daher auch diese Tatarei mehrentheils in Zelten bewohnt wird. Der Manglebaum, von den Holländern Mangellaer genannt, wächst aus der Wurzel in die Höhe, alsdann biegt er sich krumm, wächst wieder in die Erde, faßt daselbst Wurzel und wächst wieder in die Höhe u. s. w.

Der Bananenbaum läßt von seinen Ästen gleichsam Stricke oder zähe Zweige herabsinken, die wieder in der Erde Wurzel fassen und dadurch eine ganze Gegend so bewachsen machen, daß man nicht durchkommen kann. Wenn er an dem Wasser wächst, breitet er sich bis in das Wasser, da sich dann die Äste an ihn hängen. Es giebt eine Art Holz oder Buschwerk, die an einigen Örtern Italiens wächst und nach Keyßlers und Venturis Bericht weder zum Brennen, noch zum Schmelzen, selbst im Focus des Brennspiegels kann gebracht werden. Es hat das Ansehen eines Eichenholzes, ist doch etwas weicher, sieht röthlich aus, läßt sich leicht schneiden und brechen und sinkt im Wasser unter. Im Ganzen hat man weder Sand noch etwas Mineralisches an ihm entdeckt. Einige nennen ihn Larix. Man hat ihn auch bei Sevilla in Andalusien gefunden. — Asbest.

Ein Baum auf Hispaniola ist so giftig, daß in seinem Schatten zu schlafen tödtlich ist. Die Äpfel, die er trägt, sind ein starkes Gift, und die Caraiben benetzen ihre Pfeile damit.

Die Calabassenbäume in Afrika und Indien tragen eine Frucht, die, von einander geschnitten, gute Kochtöpfe und nach Wegnehmung des Halses gute Geschirre abgiebt.

Die Arekanuß wächst traubenförmig wie die Pistazien und Datteln und wird zu der Betel, welche die Indier beständig kauen, gebraucht. Krähenaugen oder Nuces vomicae sind Kerne, die auf der Insel Ceylon in einer pommeranzenähnlichen Frucht liegen. Sie tödten alles, was blind geboren ist. Aus dem Beerlein der Eichelmistel wird der Vogelleim gemacht. — Giftbaum Boa Upas auf Java und Borneo. Er steht ganz einsam in verlassenen Gegenden. Man darf sich ihm nur auf einen Steinwurf nähern. Sein pechartiger Saft ist dennoch ein Mittel gegen den Biß giftiger Thiere.

## II.  Von andern Gewächsen und Pflanzen.

### a.  Der Thee.

Die Blätter des Theestrauches in China, die im Anfange des Frühlinges abgebrochen werden, geben den Kaiserthee; die zweite und dritte Sorte sind nach einander schlechter. Man läßt die erste Sorte an der Sonne trocknen und rollt sie mit Händen. Die zweite wird auf Platten über kochendem Wasser erwärmt, bis sie sich zusammenziehen. Die dritte über Kohlenfeuer. Der beste Thee kommt in den nördlichen Provinzen zum Vorschein, daher ihn die Russen am besten bringen. Die Japaneser pulvern ihren Thee, ehe sie ihn trinken. — Ziegelthee.

### b.  Kriechende Gewürz-Pflanze.

Der Pfeffer steigt als eine kriechende Pflanze an Stangen oder Bäumen bis achtzehn Fuß in die Höhe. Er wächst wie Johannisbeeren. Ist in der Insel Sumatra und andern ostindischen Gegenden vornehmlich anzutreffen. Der lange Pfeffer wächst auf einem Strauche und ist theurer. Der weiße ist nicht natürlich, sondern im Meeres-Wasser gebeizt und an der Sonne getrocknet. — Guineischer und ceylonischer Pfeffer.

Cubeben gleichfalls auf Java und den Molukken. Diese Frucht wächst in Trauben.

Cardamome ist die Frucht einer rohrähnlichen Staude.

### c.  Betel.

Ist das Blatt von einem kriechenden Gewächse, welches nebst der Arekanuß und ungelöschtem Kalk von allen Indiern beständig gekaut wird. Es hat dieses Leckerbißchen einen zusammenziehenden Geschmack, färbt den Speichel roth und die Zähne schwarz oder schwarzbraun. In Peru braucht man dieses Blatt, um es mit einem Bißchen Erde zu kauen.

### d. Vanille

ist eine Kriechpflanze wie die vorigen. Die Wilden in Mexiko halten den Bau derselben geheim. Er wächst auf unersteiglichen Bergen. Er braucht nicht in die Erde gepflanzt, sondern nur an einen Baum gebunden zu werden, aus dem er Saft zieht und dann auch Wurzel in die Erde treibt. Die Vanille ist voll eines balsamischen und dicken Saftes, worin kleine Körnchen stecken. Sie ist ein vortreffliches Ingredienz der Chocolade.

### e. Rohr.

Das Bambusrohr ist vornehmlich merkwürdig, welches eines der nützlichsten Gewächse in Indien ist. Es wächst so hoch wie die höchsten Bäume, hat, wenn es jung ist, einen eßbaren Kern. Wird ungespalten zu Pfosten, gespalten aber zu Brettern und Dielen u. s. w. gebraucht und die Haut, die es inwendig umkleidet, zu Papier benutzt. In Peru giebt es eine Art von Bambus, die anderthalb Fuß im Durchmesser und anderthalb Zoll in der Dicke der Rinde hat. Sie ist zur Zeit des Vollmondes voll Wasser, im Neumonde aber ist wenig oder nichts darinnen.

Zuckerrohr ist nunmehr in beiden Indien und Afrika anzutreffen. Aus dem Schaume des kochenden Zuckers wird Moscovade gemacht. Diese wird mit Ochsenblut oder Eierweiß gereinigt. — Melasse. — Taffia. — Rum. — Moscovade ist eigentlich roher Zucker.

### f. Ananas.

Diese schöne amerikanische Frucht wächst ohngefähr auf einem eben solchen Stamme wie die Artischocken. Sie hat die Figur eines Tannenzapfens und die Größe einer Melone. Der Geruch derselben ist vortrefflich, und der Geschmack scheint allerlei Gewürze zu verrathen.

### g. Wurzeln.

Rhabarber kommt aus China und der dazu gehörigen Tatarei. Chinawurzel ist ein adstringirendes und blutreinigendes Mittel. Man bringt sie auch eingemacht nach Europa. Die Wurzel Ginseng ist das am höchsten geschätzte Medicament, bei dessen Ausseigung sehr viele hundert Tataren in der chinesischen Tatarei sich viele Mühe geben. Es soll

graue Haare in schwarze verwandeln. Man schneidet kleine Stücke und
gießt kochendes Wasser darauf. Es begeistert den Menschen mit neuem
Leben, und in gar zu starken Dosen genommen, bringt es hitzige Krankheiten oder wohl Raserei zuwege. Eine gewisse Art Ziegen soll das Kraut
derselben lieben, und ihr Blut wird daher für sehr gesund gehalten. Ing-  5
wer ist an den malabarischen Küsten am besten.

### III. Andere Merkwürdigkeiten der Pflanzen.

Die Pflanze Hingisch in Persien giebt den asam foetidam oder
den Teufelsdreck. Man schneidet ein Scheibchen von der Wurzel ab und
nimmt den ausgeschwitzten Saft weg und so alle Tage ferner ein Scheib-  10
chen. Man braucht ihn in vielen Theilen Indiens iu den Speisen. Das
Brod muß sogar darnach schmecken und alle Straßen darnach riechen; es
ist dies ihr angenehmster Geruch.

Das Opium wird von einer gewissen Art Mohn gewonnen, deren
Köpfe ins Kreuz eingeritzt werden, aus denen dann dieser dicke Saft her-  15
ausquillt. Die Arbeiter werden bei dieser Arbeit schwindlicht. Wirkung
des Opiums. Ein Klystier, darein sechs Unzen rohes Opium gethan werden, vertreibt die rothe Ruhr. Bang ist eine Art des Hanfs, dessen Blätter ausgepreßt und dessen Saft von den Indiern statt des Opiums gebraucht wird.                                                             20

Die kleine Bohne von Cartagena in Amerika. Von dieser wird
etwas weniges des Morgens gegessen und eine lange Zeit darnach nichts
genossen. Alsdann schadet dem Menschen den ganzen Tag über kein Gift.

Empfindliche Pflanze (Planta sensitiva), läßt, wenn sie berührt
wird, ihre Zweige und Laub fallen, als wenn sie Empfindungen hätte.   25

Die Bejuken sind hölzerne Stricke, welche auf einer Art Weiden in
Amerika wachsen, und welche die Indianer so wie wir unsere Hanfstricke
brauchen.

### Die Weine.

Die Weine verändern sich sehr stark, wenn sie in andere Länder ver-  30
pflanzt werden. Der Canarien-Sekt hat seinen Ursprung aus Rheinwein,
ingleichen Vin de Cap. Madeirawein ist von Candia nach Madeira
verpflanzt worden. In dem heißen Erdgürtel giebt es keine Weine. Man
macht daselbst starke Getränke aus Reis und die Amerikaner aus Mais.

Der Reis bedarf große Nässe, wenn er gerathen soll, und eine lange Überschwemmung der Felder. Mais aber oder türkischer Weizen wächst gleich einem Rohre wohl zehn Fuß hoch.

### Anhang einiger noch hierher gehöriger Bemerkungen.

5 Aus den Farbeblättern ist der Anil merkwürdig, aus dessen geritzten Blättern wird der Indigo gepreßt. Wächst auf der malabarischen Küste.

Die Pietra fungifera ist eine Masse wie ein Stein in Neapel, eigentlich aber eine aus verwickelten gefärbten Wurzeln und Erde bestehende Masse, in der Pilzsamen befindlich ist. Dieser ist ungemein subtil und 10 doch sehr häufig darinnen. Man kann hieraus Pilze haben, wenn man will. Man darf nur warmes Wasser darauf gießen, dann werden die Morcheln in sechs Tagen reif. Diese Morcheln werden auch ziemlich groß.

Zuletzt gedenke ich noch der Fabel von der Palingenesie der Pflanzen, deren Kircher Erwähnung gethan hat. Zu den Zeiten, da die Che-15 mie anfing zu blühen und man allerlei curiosa chemica experimenta machte, kam diese Meinung auf. Den Anlaß zu diesem Gedichte hat die Vegetation, nachahmende Concretion und Kryftallifation der Salze gegeben. Das im Champagner= und Bourgognerwein aufgelöste Sal ammoniacum stellt Weintrauben vor; es thut dieses aber auch im Wasser.

20 Der Arbor Dianae wird gemacht, wenn Mercurius im Scheidewasser und Silber auch besonders im Scheidewasser aufgelöst wird, darauf diese Solutiones vermengt und bis auf ein Drittheil im gelinden Feuer eingetrocknet werden; da sie dann einen Baum mit Stamm, Ästen und Zweigen vorstellen.

25 Der Baramez oder scythische Baum ist ein schwammichtes Gewächs um Astrachan, wovon Keyßler, der es in Dresden gesehen hat, sagt: es nehme alle Figuren an. Weil es nun in die Form eines Lammes gedrückt worden, haben Ungelehrte geglaubt, es wachse wie ein Lamm. Es ist also falsch, daß er das Gras um sich her abfresse und daß die Wölfe, 30 ihm nachstellen.

## Vierter Abschnitt.

## Das Mineralreich.

## I. Die Metalle.

### 1. Gold

wird in Peru und andern Theilen von Amerika häufig entweder gegraben
oder aus der Erde, welche von Gießbächen, die aus den Gebirgen herab=
stürzen, abgespült worden, gewaschen. Man findet es in allen Theilen der
Welt. Viele Flüsse, vornehmlich die in Guinea, geben nach starken Re=
gengüssen Goldstaub. Denn der Regen wäscht den Goldstaub durch sein
Durchseigern aus den Gebirgen aus und führt ihn nebst dem übrigen
Schlamme in die Flüsse. Das Gold aus Madagaskar ist wegen seiner
Zähigkeit und Leichtflüssigkeit berühmt. Wenn man es mit Quecksilber
aus dem Sande, damit es vermischt worden, gewaschen hat, so sondert
man es ab, indem man das Amalgama durch Ochsenleder drückt. Die
Platina del Pinto in Brasilien ist ein weißes, aber sehr schwerflüssiges
Gold. Die goldenen Kernlein in den Weintrauben, die man vorgiebt in
Ungarn gefunden zu haben, sind Kerne, mit einem goldgelben Safte um=
zogen; ingleichen das in Wien gezeigte, an einem Weinreben gewachsene
Gold. Ungarn ist an Gold= und Silberbergwerken reich. Bei Kremnitz
wird das beste Gold gewonnen.

### 2. Silber

ist an vielen Orten der Welt. In den Bergwerken Potosi und am La
Plata in Südamerika am häufigsten anzutreffen. Man findet daselbst
Klumpen Silbererz ohne Saalbänder, als wenn sie ausgeschmolzen wären.
Man findet hier auch Gebeine von Indianern, die vor vielen Jahren ver=
storben und darauf mit Silber durchwachsen sind. In Asien ist fast kein
Silber, daher ein großer Gewinnst in China bei Umsetzung des Silbers
gegen Gold; denn da sich hier verhält Gold : Silber = 14 : 1, so verhält
es sich dorten = 11 : 1.

### 3. Kupfer,

entweder aus Erz oder aus Cementwasser. Das falunische Kupferberg=
werk ist eins der berühmtesten. In Japan ist ungemein viel Kupfer.

Die Cementwasser sind Kupfer in vitriolischem Wasser aufgelöst, woraus das Kupfer durch die Präcipitation gezogen wird, wie bei Neusohl in Ungarn. Messing wird aus Kupfer mit Galmei vermischt gemacht. Galmei wird in Polen sehr häufig gefunden, ist ein Halbmetall.

## 4. Zinn.

In England und Malakka sind die besten Sorten. Tutenag in China und den anliegenden Gegenden ist eine Art weißen Zinnes oder weißen Kupfers, welches aber mit Galmei versetzt wird, wodurch es ziehbarer wird. Man macht davon die Tutenagdosen. — Pinchbak. — Prinzmetall. — Mannheimer Gold.

## 5. Eisen

ist allenthalben. Nur ist ein Eisenstein reichhaltiger als der andere. Eisenerz wird nicht eher vom Magnet angezogen, bis es durch die Hitze des Ofens gegangen. Man findet Eisen in allen Pflanzen, im Holze, ja sogar im menschlichen Blute, im Fleisch und in den Knochen findet man Eisentheilchen. Die Peruaner wußten vor Ankunft der Spanier nichts von Eisen und machten ihre Beile, Meißel u. s. w. aus Kupfer. In Afrika, am Senegal und in Guinea ist der stärkste Handel der Europäer mit Eisenstangen, und der Werth eines Negers wird nach Eisenstangen gerechnet.

## Halbmetalle.

### 1. Quecksilber.

In den Bergwerken von Idria in Friaul ist es am häufigsten und wird zuweilen ganz rein geschöpft. Am meisten steckt es im Zinnober. Die Bergleute in Idria und Almaden in Spanien bekommen ein starkes Zittern und großen Durst. Wenn sie ins Bad gebracht werden, so schlagen aus ihrem Leibe Kügelchen Quecksilber aus. Die Ratten und Mäuse bekommen hier Convulsionen und sterben. Einige Arbeiter sind davon so durchdrungen, daß eine kupferne Münze in ihrem Munde weiß wird, oder wenn sie sie mit den Fingern reiben. Wird in Weizenklei vor dem Verdunsten bewahrt.

### 2. Antimonium

oder Spießglanz ist schwärzlich und wie Blei anzusehen. Ist spröde; Flintenkugeln davon sind giftig.

### 3. Wismuth

ist sehr spröde und gelblicht.

### 4. Zink

ist weißlicht blau und eine Art Bleierz, aber härter. Setzt sich an die goslarschen Schmelzofen beim Schmelzen des Bleierzes, wo es häufig abgekratzt wird.

### 5. Galmei

gehört zu einer Gattung Zink; durch dessen Zusatz zum Kupfer wird Messing gemacht.

### 6. Arsenik

ist halb ein Metall, halb ein Salz, denn er löst sich vollkommen im Wasser auf. Der Kobalt und das Operment sind Arten davon.

## Brennbare Mineralien und andere flüssige, brennbare gegrabene Dinge.

### 1. Naphtha

ist weiß. Zieht die Flammen an. Quillt bei Bagdad und Baku und bei Derben in Persien aus der Erde.

(S. Reineggs Beschreib. des Kaukasus, an mehreren Stellen.)

### 2. Petroleum

ist röthlich oder dunkelfarbicht. Zieht nicht die Flammen an.

### 3. Bergtheer

ist dem vorigen sehr ähnlich. Aber dicker und klebrichter; stinkt sehr. Wird auch Teufelsdreck genannt.

### 4. Der Bernstein

scheint aus gehärteter Naphtha oder dem Steinöl entstanden zu sein. Keyßler berichtet, daß in Italien an den Örtern, wo Bernstein gegraben wird, auch Petroleum quille; das Meersalz mag zu seiner Verhärtung gewirkt haben, ingleichen eine zarte Erde.

### 5. Ambra

ist erstlich flüssig gewesen und wird auch öfters so aus der See gefischt, vornehmlich an den chinesischen und japanischen Küsten. Allein in dem

Magen des Wallfisches wird er hart gefunden.  Der graue Ambra ist der schönste und wird mit Reismehl vermengt.

## 6. Gagat

ist ein schwarzer Bernstein, läßt sich schön poliren.  Schwimmt oben auf dem Wasser; ist in Cornwall in England und im Württembergischen zu finden.

## 7. Erdpech

oder Judenpech (Asphaltum) scheint ein verhärteter Erdtheer zu sein, ist im Meerwasser, vornehmlich im Todten Meere aufgelöst vorhanden.

## 8. Steinkohlen

werden fälschlich für Holz, das mit Petroleum durchdrungen ist, gehalten, obgleich dies hin und wieder anzutreffen ist.  Es sind vielmehr Schiefer, die mit Steinöl oder Erde u. s. w. durchdrungen sind.  Bei Newcastle in England sind sie am häufigsten, man findet sie aber sehr allgemein.  Der Gagat ist von ihnen nur darin unterschieden, daß er anstatt einer steinich= ten Substanz eine steinichte Erde zur Basis hat.

## 9. Der Schwefel

ist eine Vermischung von vierzehn Theilen von vitriolischer Säure und einem Theile brennbaren Wesens.  Wird meistens aus Schwefelkiesen ge= wonnen.  Man findet auch gewachsenen reinen Schwefel bei feuerspeienden Bergen.  Der Schwefelkies, bei den Alten Pyrites genannt, ist eisenhaltig, hart und schlägt mit dem Stahle Feuer.  Es giebt auch Kupferkies und Markasit, der sich aber von jenem unterscheidet.  Wenn dieser Kies sich auswittert, so schlägt der Schwefel aus.

Bitumina und Resinae. — Von Torfmooren und ihrem Anwachsen. — Solwaymoor.

## II. Von den Salzen.

Es giebt entweder saure, oder alkalische, oder Mittelsalze.  Zu den ersten gehört der Vitriol, der entweder kupferhaltig und blau oder eisen= haltig und grün ist.

Alaun hält außer der vitriolischen Säure eine Mergelerde; in Sol= fatara wird Vitriol und Alaun gekocht und zwar in bleiernen Kesseln durch die bloße Hitze des Bodens.

Das mineraliſche und alkaliſche Salz wird ſehr ſelten gefunden.

Das Sal ammoniacum in Ägypten gehört nicht zu dem Mineral=
reiche, ſondern weil wenig Salz in Ägypten iſt, ſo brennt man getrockneten
Miſt von Thieren mit untergemengtem Stroh. Aus dem Ruß davon mit
dazugemengtem Kochſalze wird das Sal ammoniacum präparirt. Man
macht es auch in Solfatara. —

Mittelſalze ſind eigentlich Küchenſalz. Es wird aus dem Meer=
waſſer oder den Salzquellen oder den Salzbergwerken gewonnen und iſt an
vielen Orten der Erde anzutreffen. Bei Krakau (Wieliczka) ſind die be=
rühmteſten. Salpeter erzeugt ſich in der Natur nicht von ſelbſt, ſondern
das Alkaliſche wird dazugeſetzt, daher Mauern, wo der Salpeter anſchießen
ſoll, mit alkaliſchem Salze müſſen durchdrungen werden. (Neuere Art den
Salpeter zu gewinnen.) — Natron. — Sodaſalz aus Gewächſen;
an See=Küſten. — Großer Salzſtock in Europa. Siebenbürgen. — Bo=
rax in Tibet.

## III. Von den Steinen.

Alle Steine ſind ehedeß flüſſig geweſen. Man findet nicht allein im
harten Fels Dinge fremder Art, ſondern ſelbſt im Kryſtall in einigen Na=
turalienkabinetten Büſchel von Rehhaaren, einen Tropfen Waſſer und an=
dere Dinge mehr. Man ſieht auch Tropfſteine entſtehen, und ein mit ſub=
tilen und irdiſchen Theilen und einem ſalzigen Weſen angefülltes Waſſer
kann einen Steinſaft abgeben, der gebrochene Steine wieder zuſammen=
wachſen macht. Wenn dieſer Steinſaft mit vielen Salzpartikelchen ange=
füllt iſt, ſo macht er Kryſtalle oder allerlei Gattungen von dieſen, welche
eckicht zuſammengewachſene Steine ſind. Nachdem der Steinſaft verſteinert
und mit mineraliſchen Theilen angefüllt iſt, können auch Edelſteine daraus
erzeugt werden. Man weiß, daß noch anjetzt in Kalkklumpen ſich Feuer=
ſteine erzeugen, ſo daß die Verſteinerung nach und nach von innen anfängt.
Auf dieſe Weiſe hat erſtlich ein ſalzichtes Waſſer den ſubtilen Erdſchlamm
geklumpt, hernach aber durch Vermehrung der Salzpartikelchen nach und
nach in Kieſel verwandelt.

### 1. Von den Edelgeſteinen.

Sie müſſen überhaupt der Feile widerſtehen und an Glanz oder
Durchſichtigkeit und an Farbe etwas Vorzügliches haben.

Der Diamant ist der härteste unter allen; kann nur mit seinem eigenen Pulver geschliffen werden; ist der schwerste. Daß er sich in Bocks= blut auflöse, ist eine Fabel. Ein Diamant von einem Gran wird sechs bis zehn Thaler werthgeschätzt, und der fernere Werth ist wie das doppelte □ des Gewichts, z. E. einer von achtzehn Gran wird sechs hundert Thaler gelten. Sein Gewicht wäre 4¹/₂ Karat. Ein Karat wäre ein Vierund= zwanzigtel von der Mark und hält vier Gran.

Der florentinische Diamant wiegt ein hundert neun und dreißig und ein halb Karat. Der berühmte Diamant, den Pitt an den herzoglichen Regenten von Frankreich verkaufte, wog ein hundert vier und vierzig Ka= rat. König August bot ihm acht hundert tausend Thaler. Die abgeschliffe= nen Stücke galten sechs und dreißig tausend Thaler. Im mogulschen Schatz ist einer von zwei hundert neun und siebenzig Karat. Die Diamanten sind in Ost= und Westindien anzutreffen; am mehrsten aber im Ghatischen Ge= birge, welches durch die Halbinsel diesseit dem Ganges läuft. Sie liegen in einer Schicht von rothem und gelblichtem Sande, wie die Kiesel. Im Königreiche Golkonda ist über der Diamantenschichte ein mineralisches Stratum, welches eisenhaltig zu sein scheint. Zu Bisiapour sind deren gleichfalls, und überhaupt liegen die Diamanten in einer rothen Erde als ihrer Muttererde, wie der Feuerstein in der Kreide. In Brasilien sind sie in neuen Zeiten und zwar sehr häufig entdeckt worden, da sie vor= dem für Kieselsteine gehalten wurden. Fast in einerlei Preise mit dem Diamant steht der Rubin, der fast einerlei Schwere und Glanz mit ihm hat, nur roth und durchsichtig ist. Ist er scharlachroth, so heißt er Rubin; ist er gelbroth, so heißt er Hyacinth. — Longelirte, coagu= lirte, coagmentirte Steine. — Vom Schleifen in Brillants. — Rosen=, Tafel= und Dicksteine. — Wie Indier die Diamanten verwahren und in Baumwolle gewickelt verkaufen. — Verbrennlichkeit des Diamant; nicht im Tiegel. — Rubin wird weich. — Diamantpulver. Schmirgel. — Sie= benzehn Karat gehen auf das Gewicht eines Dukaten. Der Karat hält vier Gran. — Der portugiesische Diamant wiegt elf und zwei Neuntel Unzen, der russische ein hundert vier und neunzig und drei Viertel Karat.

Sapphir ist ein hellblauer Stein, durchsichtig und hart, in eben dem Werthe wie die vorigen. Der Smaragd ist vortrefflich grün. Je nach= dem er härter ist, nachdem gilt er auch mehr im Preise. Im Kloster Rei= chenau ist der große Smaragd von Karl dem Großen noch. Er ist größer als ein Foliant, zwei Zoll dick und acht und zwanzig Pfund schwer. Je=

des Pfund wird funfzig tausend Gulden und also er ganz eine Million vier hundert tausend Gulden gerechnet.

Der Amethyst ist durchsichtig und violblau, welche Farbe ins Röthliche fällt.

Der Topas ist gelb, entweder goldgelb oder weißgelblicht. Er ist nicht so hart als der vorige.

Der Türkis ist ein grünlichtblauer Stein. Man findet ihn auch in Frankreich unter der Gestalt des Thierknochens, wo er durch Rösten seine Farbe bekommt.

Opal ist von einer halbdurchsichtigen Milchfarbe, die aber gegen das Licht allerlei Farben spielt.

Chrysolith ist durchsichtig und goldfarbicht; fällt seine Farbe ins Grünliche, so heißt er Chrysopras, in das Meergrüne, so heißt er Beryll.

Der rothgelbe Rubin heißt Hyazinth, einige aber sind braungelb, honigfarb, halb oder ganz durchsichtig. —

## 2. Halbedelsteine.

Sind nicht so hart als jene, aber härter als die gemeinen.

Krystall oder Bergkrystall schießt im Schweizergebirge eckicht an, ist oft sehr groß.

Karneol ist sehr hart, roth, halb durchsichtig. Ist er fleischfarbig, so heißt er Sarder.

Achat ist vielfarbig, bisweilen weiß.

Chalcedon ist vielfarbig und kaum halb durchsichtig.

Onyx ist ein Achat mit weißen und schwarzen Streifen.

Sardonyx hat weiße und gelbe Streifen oder Punkte.

Lapis Lazuli ist blau mit weißen Flecken, ist mit Gold eingesprengt. Daraus macht man das Ultramarin, das eine blaue Farbe ist, die so theuer ist als Gold. — Turmalin. — Onyx. — Jaspis. — Labradorstein. — Porphyr. — Granit.

## 3. Von der mosaischen und florentiner Arbeit.

Opus Musivum (mosaische Arbeit) wird aus Glasgüssen von verschiedener Farbe, die in dünnen Tafeln gegossen und in feine Stifte wie Nadeln geschnitten werden, in einem Teig von calcinirtem Marmor, Gummi, Eierweiß und Öl zusammengesetzt, so daß Portraite gleichsam daraus punktirt werden. In einem solchen Werke von zwei Quadratfuß sind zwei Millionen Stiftchen der Art. Man polirt es hernach wie einen Spiegel. An einem Stück von achtzig Quadratfuß bringen acht Künstler zwei Jahre zu. In der Peterskirche zu Rom sind sie häufig. Florentiner Arbeit wird auf dieselbe Art aus Edelgesteinen zusammengesetzt.

## 4. Andere Steinarten.

Marienglas ist aus durchsichtigen, öfters großen Blättern zusammengesetzt und schmelzt nicht im größten Feuer.

Jaspis ist den Feuersteinen an Härte ähnlich, aber vielfarbig.

Asbest ist ein wässerichter Stein, der, geklopft und gewaschen, kann gesponnen werden; daher die unverbrennliche Leinewand und eben solches Papier.

Amianth ist eine Gattung davon mit geradern und biegsamern Fasern.

Marmor zerfällt im Feuer zu Kalk. Er hat entweder einerlei Farbe, oder er ist gesprengelt oder geädert. Der Florentinerstein ist ein Marmor. Man brennt daraus Gips.

Quarz füllt die Risse der Felsen an und ist ohne Zweifel aus einem mit Salz imprägnirten Wasser, was Steintheilchen mit sich geführt hat, entstanden.

Der Serpentinstein ist fleckicht auf grünlichem Grunde.

Porphyr ist sehr hart und roth, aber mit Flecken granirt, hat bisweilen auch andere Farben. Schiefer. — Speckstein. — Tropfstein. — Talkarten. — Sogenannter Meerschaum, ein Pfeifenthon.

## 5. Noch einige andere Stein= und Erdarten.

Bimsstein ist eine ausgebrannte Steinkohle von der besten Art der Pechkohlen, wird also in der Gegend der feuerspeienden Berge am meisten gefunden.

Der mexikanische Steinschwamm. Es ist ein sehr lockerer Stein, der sich im mexikanischen Meerbusen an den Felsen findet. Man läßt das Wasser durch ihn durchseigen und giebt vor, daß es alsdann sehr gesund sei. Er wird sehr theuer bezahlt.

Der Bologneserstein ist klein, weißgrau, von ungleicher Fläche, schwefelhaften Theilen, nicht fest, aber schwerer, als er es nach Proportion seiner Größe sein würde. Er wird in verschiedenen Gegenden Italiens, oft von der Größe einer welschen Nuß gefunden. Durch die Calcination bekommt er die Eigenschaft, am Tage Licht einzusaugen. Schon der Schein eines brennenden Lichtes giebt ihm Kraft, aber nicht der Mond. Er hat einen schweflichten Geruch. Balduin ahmt ihn durch eine Composition aus englischer Kreide und Spiritus nitri nach.

Man gräbt oft Steine auf, die nicht die Natur, sondern die Menschen gebildet haben, als steinerne Axte, Waffen, Pfeile u. s. w. Ingleichen in der Schweiz an einem gewissen Orte eine ungemeine Menge steinerner Würfel, mit ihren Zeichen von eins bis sechs bezeichnet.

## IV. Von den Erden sind

die Siegelerden (terrae sigillatae) von Lemnus, Malta und Liegnitz zu merken. Sie sind alle etwas fett, kleben stark an der Zunge, werden bei Fleckfiebern und Durchfall gebraucht.

Umbra ist eine braune Kreide aus Umbra oder Spoleto in Italien.

Adlersteine, heißen auch sonst Klappersteine, haben in der Mitte einen Stein, der klappert.

Es giebt riechende Steine oder Violensteine, ingleichen Stinksteine. In der neuern Zeit ist ein Stein von der besondern Eigenschaft entdeckt worden, daß er die Asche, wie der Magnet das Eisen an sich zieht.

## V. Von den Versteinerungen.

Das meiste Flußwasser hat zarte versteinernde Theile in sich. Der römische Kaiser Franz der Erste ließ einen Pfahl von der Donaubrücke in Serbien ausziehen, und man fand, daß, ob er gleich seit Trajans Zeiten gestanden, dennoch die Versteinerung kaum einen Finger breit in das Holz gedrungen war. Man würde durch dergleichen verglichene Beobachtungen etwas auf das Alterthum unsers Weltkörpers schließen können, wenn alle Wasser eine gleiche versteinernde Kraft hätten. Die Versteinerungen werden am häufigsten in Kalksteinen, Marmor, Sandsteinen, Schiefer, Tuffsteinen und Feuersteinen gefunden. Man findet versteinerte Erdthiere oder ihre Theile. Als in der Schweiz ist ehedeß ein versteinertes Schiff mit vielen Menschen aus dem Gebirge gezogen worden. Man findet Geweihe von Hirschen, Elephantenzähne u. s. w. in der Erde; bisweilen aber auch Zähne von sehr großen Thieren, deren Originale uns unbekannt sind.

Man hat Vogelnester mit ihren Eiern versteinert gefunden; Schlangen und Kröten gleichfalls. Versteinerte Seethiere. Die Schlangenzungen sind Zähne des Haifisches. In den Kupfer-Schiefern in Deutschland findet man genaue Abdrücke von Fischen. Man findet Zähne vom Wallrosse.
5 Die Ammonshörner sind versteinerte Nautili. Ich übergehe die schalichten Seethiere, davon man ungemein viele Gattungen unter den versteinerten Seethieren findet. Versteinertes Holz ist gemein. Versteinerte Wurzeln in einer mergelartigen Steinart heißen Beinbruch oder Osteocolla. Abgedruckte Blätter, Früchte, Mandeln, Datteln, Pflaumen u. s. w. Das
10 Seltenste ist eine Melone von dem Berge Libanon, in der man noch alle Kerne, Fächer und Häute deutlich sehen kann. Es sind auch Versteinerungen, deren Ursprung uns bekannt ist, als die sogenannten Donnersteine oder Belemniten, welche Einige für dactylos marinos, Andere für Stacheln von Meerigeln halten. Dazu gehören die Judensteine, die
15 wie Oliven aussehen. Die Krötensteine, Buffoniten sind kleine halbrunde, hellbraune Steine, welche Einige für Backenzähne des Haifisches halten.

## VI. Vom Ursprunge der Mineralien.

Der Erdkörper, so weit wir in ihm durch das Graben gelangen kön-
20 nen, besteht aus Stratis oder Schichten, deren eine über der andern bald horizontal, bald nach einer oder der andern Gegend hin geneigt fortläuft, bisweilen aber hie und da unterbrochen sind. Diese können nicht anders als in den großen Revolutionen der allgemeinen und oft wieder erneuten Überschwemmungen durch den Absatz mancherlei Schlammes erzeugt wor-
25 den sein. Es sind Schichten von allerlei Stein und Schiefer, Marmor und Fels, von Erden u. s. w. Das sie bildende Wasser, welches auch noch im Grunde des Adriatischen Meeres eine Steinschicht nach der andern bildet, hat ohne Zweifel viele Minerale und manche Gattungen von Steinen durch die Zusammensetzung von verschiedenen Materien gebildet, welche in den
30 Schwefelkiesen, den sauern vitriolischen Materien u. a. m. in der innern Erde hervorgehen, durch die Ausdampfungen der arsenikalischen Materie, der sauren und sulphurischen Dämpfe und durch Zusammensetzung mit einer subtilen metallischen Erde nach und nach in den Gesteinen erzeugt zu sein scheinen und sich noch ferner erzeugen. Gemeiniglich liegt eine
35 Gattung Erz in einem Steine oder Fels als seiner Mutter und in keiner von den obern und untern Schichten, weil diese vielleicht alle diese Dämpfe

gehörig anzieht und vereinbart. Die Natur wirkt langſam und Jahrhunderte durch durch einen kleinen Anſatz. Menſchen alſo, die geſchwinde
und plötzlich ſolche Zeugungen zuwege bringen wollen, betrügen ſich gemeiniglich, wenn ſie Metalle aus ihren Principien zuſammenſetzen wollen,
z. E. als Gold. Man bringt zwar falſche Edelgeſteine zuwege, aber es fehlt 5
ihnen die Härte und die genaue Vereinigung der Materie.

---

# Dritter Theil.

Summarische Betrachtung der vornehmsten Naturmerkwürdigkeit
aller Länder nach geographischer Ordnung.

## Der erste Welttheil.

# Asien.

———

## China.

Im nördlichen Theile dieses großen Reiches ist die Winterkälte stärker,
als in einem gleichen Parallel in Europa. Dieses Reich ist ohne Zweifel
das volkreichste und cultivirteste in der ganzen Welt. Man rechnet in
10 China so viele Einwohner, als in einem großen Theile der übrigen Welt
zusammen. Fast durch jede Provinz sind Canäle gezogen, aus diesen gehen
andere, kleinere zu den Städten und noch kleinere zu den Dörfern. Über
alle diese gehen Brücken mit einigen gemauerten Schwibbogen, deren mit=
telster Theil so hoch ist, daß ein Schiff mit Masten durchsegeln kann. Der
15 große Canal, der von Kanton bis Peking reicht, hat an Länge keinen an=
dern seines gleichen in der Welt. Man hebt die Schiffe durch Krähne und
nicht wie bei uns durch Schleusen aus einem Canal in den andern oder
über Wasserfälle. Die große chinesische Mauer ist, mit allen Krümmun=
gen gerechnet, dreihundert deutsche Meilen lang, vier Klafter dick, fünf
20 Klafter hoch, oder, wie andere berichten, fünf Ellen dick und zehn Ellen
hoch. Sie geht über erstaunende Berge und Flüsse durch Schwibbogen.
Sie hat schon eintausend achthundert Jahre gestanden. Die chinesischen
Städte sind alle, so fern es der Grund leidet, accurat und ins Viereck ge=
baut und durch zwei Hauptstraßen in vier Viertheile getheilt, so daß die

vier Thore gerade gegen die vier Weltgegenden hinstehen. Die Mauer der
Stadt Peking ist beinahe einhundert Fuß hoch. Der Porzellanthurm in
Nanking hat eine Höhe von zweihundert Fuß und ist in neun Stockwerke
getheilt. Er hat bereits vierhundert Jahre gestanden, besteht aus Porzellan
und ist das schönste Gebäude im Orient.                                        5

## Sitten und Charakter der Nation.

Die Chineser sehen Jemand für schön an, der lang und fett ist, kleine
Augen, eine breite Stirne, kurze Nase, große Ohren und, wenn er eine
Mannsperson ist, eine grobe Stimme und einen großen Bart hat. Man
zieht sich mit Zänglein die Barthaare aus und läßt nur einige Büschlein     10
stehen. Die Gelehrten schneiden sich die Nägel an ihrer linken Hand niemals ab zum Zeichen ihrer Profession.

Der Chineser ist von einem ungemein gelassenen Wesen. Er hält
hinter dem Berge und sucht die Gemüther anderer zu erforschen. Es ist
ihnen nichts verächtlicher, als in Jähzorn zu gerathen. Sie betrügen un-    15
gemein künstlich. Sie können ein zerrissenes Stück Seidenzeug so nett
wieder zusammennähen, daß es der aufmerksamste Kaufmann nicht merkt;
und zerbrochenes Porzellan flicken sie mit durchgezogenem Kupferdraht in
der Art zu, daß keiner anfänglich den Bruch gewahr wird. Er schämt sich
nicht, wenn er auf dem Betruge betroffen wird, als nur in so fern er da-    20
durch einige Ungeschicklichkeit hat blicken lassen.

Er ist rachgierig, aber er kann sich bis auf bequeme Gelegenheit ge-
dulden. Niemand duellirt sich. Er spielt ungemein gerne. Ist feige, sehr
arbeitsam, sehr unterthänig und den Complimenten bis zum Übermaße
ergeben; ein hartnäckiger Verehrer der alten Gebräuche und in Ansehung   25
des künftigen Lebens so gleichgültig als möglich. Das chinesische Frauenzimmer hat durch die in der Kindheit geschehene Einpressung nicht größere
Füße als ein Kind von drei Jahren. Es schlägt die Augenwimpern nieder,
zeigt niemals die Hände und ist übrigens weiß und schön genug.

## Essen und Trinken.                                                        30

In China ist alles eßbar bis auf die Hunde, Katzen, Schlangen u. s. w.
Alles Eßbare wird nach Gewicht verkauft; daher füllen sie den Hühnern
den Kropf mit Sand. Ein todtes Schwein gilt, wenn es mehr wiegt, auch
mehr als ein lebendiges. Daher der Betrug, lebendige Schweine zu ver-

giften und, wenn sie über Bord geworfen worden, wieder aufzufischen. Man hat anstatt der Gabeln zwei Stäbchen von Ebenholz. Auch haben die Chineser keine Löffel. Sie sitzen nicht wie andere orientalische Völker auf der Erde, sondern auf Stühlen. Ein jeder hat sein eignes Tischchen
5 bei dem Gastmahle. Alles Getränke wird bei ihnen warm getrunken, sogar der Wein, und das Essen genießen sie kalt. Bei Gastmählern schlägt einer den Tact, und dann heben alle ihre Tassen zugleich auf und trinken oder thun, als wenn sie tränken. Der Wirth giebt die Zeichen, wenn sie anfangen, etwas zum Munde zu bringen, auch wenn sie abletzen sollen.
10 Alles geschieht wohl drei Stunden lang stillschweigend. Zwischen der Mahlzeit und dem Nachtische spaziert man im Garten. Dann kommen Komödianten und spielen alberne Possen. Sie tragen Wachteln in der Hand, um sich an ihnen als Müffen zu erwärmen. Die Tatarn machen hier auch Branntwein aus Pferdemilch und ziehen ihn über Schöpsenfleisch ab, wo-
15 durch er einen starken, aber ekelhaften Geschmack bekommt.

## Complimente.

Niemand in China schimpft oder flucht. Alles, was er sagt, wenn er sich meldet, wenn er den Besuch abstattet, was für Geberden und Reden er führen soll, was der Wirth dabei sagt oder thut: das alles ist in
20 öffentlichen herausgegebenen Complimentirbüchern vorgeschrieben, und es muß nicht ein Wort davon abgehen. Man weiß, wie man höflich etwas abschlagen soll, und wenn es Zeit ist sich zu bequemen. Niemand muß sein Haupt beim Grüßen entblößen, dieses wird für eine Unhöflichkeit gehalten.

## Ackerbau, Früchte und Manufacturen.

25 Die Hügel werden in Terrassen abgestutzt. Der Mist wird aus den Städten auf den Canälen herbeigeführt und trockne Ländereien unter Wasser gesetzt. Ein jeder, auch der kleinste Flecken Landes wird genutzt. Von dem Talgbaum ist oben die Rede gewesen. Vom Wachsbaume berichtet man, daß ein Insect wie eine Fliege nicht allein die Blätter, son-
30 dern auch bis auf den Kern oder Stamm die Baumrinde durchsteche, woraus das weiße Wachs wie Schnee tropfenweise hervorquille. Der Theestrauch. Das Bambusrohr, von welchem sie fast alle Geräthe, auch sogar Kähne machen. Aus der Rinde desselben wird das überfirnißte Papier verfertigt, welches sehr dünn und glatt ist, aber von Würmern leicht
35 verzehrt wird. Daher ihre Bücher immer müssen abgeschrieben werden.

Rütlang oder ein zähes chinesisches Rohr, wovon man Ankertaue flicht,
welche nicht so leicht faulen als die, welche aus Hanf gemacht sind. Der
Firnißbaum, mit dessen Lack die Chineser alles, was in ihren Häusern
ist, überfirnissen. Die Wurzel Ginseng oder Mannswurzel, weil sie
sich in zwei Äste gleich den Lenden eines Mannes theilt. Der Kaiser schickt
jährlich zehn tausend Tatarn in die chinesische Tatarei aus, um diese Wurzel für ihn einzusammeln. Das Übrige können sie verkaufen. Sie ist ungemein theuer. Die Seidenwürmer arbeiten auf den Maulbeerbäumen
in den südlichen Provinzen ohne Pflege. Ihre Seidenzeuge sind vornehmlich mit Figuren von eingewirkten Drachen geziert. Ihre Tusche oder chinesische Tinte wird aus Lampenruß verfertigt, den sie durch Muskus wohlriechend machen. Der Kaiser ackert alle Jahr einmal öffentlich.

### Von den Wissenschaften, der Sprache und den Gesetzen.

Ihre Astronomie ist zwar alt, und in Peking ist viele Jahrhunderte
vor Ankunft der Missionarien ein Observatorium gewesen. Allein ihr
Kalender war höchst falsch. Die Verkündigung der Finsternisse erstreckte
sich kaum auf den Tag, nicht aber bis auf Minuten wie bei uns. Sie ziehen
aber diese Verkündigung aus Tabellen, daher man damit nicht zusam-
menreimen kann, wie es möglich ist, daß ihre Gelehrten glauben können,
der Mond oder die Sonne würden zur Zeit der Finsterniß von einem Drachen gefressen, dem sie mit Trommeln seine Beute abzujagen suchen. Es
kann aber auch sein, daß dieses ein alter Aberglaube von den Zeiten der
Unwissenheit her ist, den die Chineser als hartnäckige Verehrer alter Gebräuche noch beibehalten, ob sie gleich dessen Thorheit einsehen. Die Kenntnisse der Mathematik und anderer Wissenschaften haben der Predigt des
Evangelii in China statt der Wunder gedient. Die chinesische Sprache hat
nur drei hundert und dreißig einsilbige Wörter, welche alle nicht flectirt
werden, aber die verschiedenen Töne, Aspirationen und Zusammensetzun-
gen machen drei und funfzig tausend Wörter aus. Die Zeichen ihrer
Schrift bedeuten nicht die Töne, sondern die Sachen selber, und zuweilen
umfassen sie auch mehrere Begriffe zusammen. Z. E. Guten Morgen,
mein Herr! wird durch ein Zeichen ausgedrückt. Die Bewohner von
Cochinchina und Tunquin verstehen wohl der Chineser Schrift, aber nicht
ihre Sprache. Ein Gelehrter muß zum wenigsten zwanzig tausend Charaktere schreiben und kennen lernen. Sie curiren viele Krankheiten durch
die Cauterisation oder durch Brennen mit heißen kupfernen Platten.

Einige Kaiser und andere haben sich lange mit der Grille vom Trank der Unsterblichkeit geschleppt. Die Buchdruckerkunst ist so beschaffen: Man klebt die Blätter eines wohl abgeschriebenen Buchs auf ein langes Brett und schneidet die Charaktere in Holz aus. Die Chineser haben gradus academicos. Die Candidaten zur Doctorwürde werden gemeiniglich vom Kaiser selbst examinirt. Mit ihnen werden die wichtigsten Ämter besetzt. Weil alle ihre Archive von einem ihrer Kaiser vor zweitausend Jahren sind vertilgt worden, so besteht ihre alte Geschichte fast bloß aus Traditionen. Ihr erstes Gesetz ist der Gehorsam der Kinder gegen die Eltern. Wenn ein Sohn Hand an seinen Vater legt: so kommt das ganze Land darüber in Bewegung. Alle Nachbaren kommen in Inquisition. Er selbst wird condemnirt in zehn tausend Stücke zerhauen zu werden. Sein Haus und die Straße selber, darin es stand, werden niedergerissen und nicht mehr gebaut. Das zweite Gesetz ist Gehorsam und Ehrerbietigkeit gegen die Obrigkeit.

Das dritte Gesetz betrifft die Höflichkeit und Complimente.

Diebstahl und Ehebruch werden mit der Bastonade bestraft. Jedermann hat in China die Freiheit, die Kinder, die ihm zur Last werden, wegzuwerfen, zu hängen oder zu ersäufen. Dies geschieht, weil das Land so volkreich ist, das Heirathen zu befördern. Ungeachtet ihres Fleißes sterben doch jährlich in einer oder der andern Provinz viele tausend Hungers. In Peking wird täglich eine Zeitung abgedruckt, in der das löbliche oder tadelhafte Verhalten der Mandarinen sammt ihrer Belohnung oder Strafe angegeben wird.

### Religion.

Die Religion wird hier ziemlich kaltsinnig behandelt. Viele glauben keinen Gott; andere, die eine Religion annehmen, bemengen sich nicht viel damit. Die Secte des Fo ist die zahlreichste. Unter diesem Fo verstehen sie eine eingefleischte Gottheit, die vornehmlich den großen Lama zu Barantola in Tibet anjetzt bewohnt und in ihm angebetet wird, nach seinem Tode aber in einen andern Lama fährt. Die tatarischen Priester des Fo werden Lamas genannt, die chinesischen Bonzen. Die katholischen Missionarien beschreiben die den Fo betreffenden Glaubensartikel in der Art, daß daraus erhellt, es müsse dieses nichts anders als ein ins große Heidenthum degenerirtes Christenthum sein. Sie sollen in der Gottheit drei Personen statuiren, und die zweite habe das Gesetz gegeben und für das menschliche Geschlecht ihr Blut vergossen. Der große Lama soll auch eine

Art des Sacramentes mit Brod und Wein adminiſtriren. Man verehrt auch den Confucius oder Con=fu=tſe, den chineſiſchen Sokrates. Es ſind auch einige Juden da, die ſo wie diejenigen auf der malabariſchen Küſte vor Chriſti Geburt ſchon dahin gegangen ſind und von dem Ju=denthume wenig genug mehr wiſſen. Die Secte des Fo glaubt die See=lenwanderung. Es iſt eine Meinung unter ihnen, daß das Nichts der Urſprung und das Ende aller Dinge ſei, daher eine Fühlloſigkeit und Entſagung aller Arbeit auf einige Zeit gottſelige Gedanken ſind.

### Ehen.

Man ſchließt mit den Eltern die Ehe, ohne daß beide Theile einander zu ſehen bekommen. Die Mädchen bekommen keine Mitgabe, ſondern wer=den noch dazu verkauft. Wer vieles Geld hat, kauft ſich ſo viele Frauen, als er will. Ein Hageſtolzer oder alter Junggeſelle iſt bei den Chineſern etwas Seltenes. Der Mann kann, wenn er den Kaufſchilling verlieren will, die Frau, ehe er ſie berührt, zurückſchicken; die Frau aber nicht.

### Waaren, die ausgeführt werden.

Dahin gehören vornehmlich Theebou, Singlothee, Queckſilber, China=wurzel, Rhabarber, Rohr und verarbeitete Seide, Kupfer in kleinen Stan=gen, Kampher, Fächer, Schildereien, lackirte Waaren, Porzellan, Sago, Borax, Lazurſteine, Tutenag. Indiſche Vogelneſter ſind Neſter von Vögeln, die den Meerſchwalben gleichen, und welche aus dem Schaume des Meeres, der mit einem in ihrem Schnabel generirten Safte vermengt wird, jene Neſter bilden. Sie ſind weiß und durchſichtig, werden in Suppen gebraucht und haben einen aromatiſchen Geſchmack.

(Die neueſten Berichte der Engländer ſeit Macartneys Geſell=ſchaftsreiſe haben uns China in vielen Stücken von einer andern Seite kennen gelehrt, als bis dahin die Miſſionsnachrichten. Aber auch in jenen Nachrichten herrſcht noch unfehlbar große Übertreibung, doch ohne Schuld der Engländer).

# Tunquin

hat ehedeß zu China gehört. Es liegt China gegen Südweſten und am nächſten. Die Hitze iſt hier in dem Monate um den längſten Tag größer als unter der Linie. Hier ſind die in dem heißen Erdgürtel angeführten

Moussons regulär, nämlich von dem Ende des April= bis zum Ende des Augustmonates weht der Südwestwind, und es erfolgt Regen, vom August bis October häufige Typhons, vornehmlich um den Neu= und Vollmond mit abwechselnden Südwest= und Nordostwinden. Vom November bis in
5 den April Nordostwind und trockenes Wetter. Die Fluth und Ebbe ist hier von derjenigen in den übrigen Welttheilen unterschieden. Die erstere dauert zwölf Stunden und die letztere gleichfalls. Von dem neuen Lichte bis zum ersten Viertel, gleichfalls vom vollen Lichte bis zum letzten Viertel sind hohe Fluthen. Die übrige Zeit hindurch sind sie niedrig. In der
10 Zeit der hohen Fluth fängt das Wasser mit dem aufgehenden Monde an zu steigen und in den niedrigen Fluthen mit dem untergehenden. Wenn die Regen zur rechten Zeit ausbleiben, so verkaufen die Leute aus Noth ihre Kinder, Weiber oder sich gar selbst. Das Land ist sehr volkreich. Die Einwohner sind gelb und wohlgeschaffen, haben glatte Gesichter, glauben,
15 daß es ein Vorrecht sei, weiße Zähne zu haben, und färben sich daher die= selben im zwölften oder dreizehnten Jahre schwarz. Der Betelarek herrscht bei ihnen sehr, so wie im übrigen Indien. Sie sind ehrlicher im Handel als die Chineser, verkaufen auch Seidenzeuge und lackirte Sachen, indi= sche Vogelnester und Muskus u. s. w.
20    Sie haben viel mit der Religion und den Satzungen der Chineser gemein.

## Cochin=China.

In der Armee des Königs wird, so wie in der von Tunquin die Probe mit den Soldaten, die sich am besten zur Leibwehr schicken, in der
25 Art gemacht, daß man die, welche am meisten und hurtigsten Reis fressen können, dazu nimmt, denn diese hält man für die tapfersten. Die Nation ist nüchtern und mäßig. Faule Fische ist ihr bestes Gericht. Sie sind trotzig, untreu, diebisch, ungerecht und sehr eigennützig. Das Land ist arm. Man bietet die Weiber den Schiffern für Geld an, und die Weiber
30 sind sehr begierig nach diesem Wechsel.

## Siam

und andere, diesem Reiche zum Theil zinsbare Länder.

Die Halbinsel Malakka ist reich an Pfeffer. Die Hauptstadt Ma= lakka war ehedeß wegen der berühmten Straße von Malakka eine der

reichſten Städte im Orient.  Daher die malayiſche Sprache allenthalben
ſo ſehr im Schwange iſt.

Im Königreiche Siam macht der Strom Menam auch ſeine geſetzte
Überſchwemmung und zwar in den Sommermonaten.  Der weiße Ele=
phant (ſie haben ſelten mehr als einen) wird aus goldenen Schüſſeln be=
dient, es ſoll die Seele irgend eines Prinzen in ihm wohnen; nächſt dem
wird ein ſchwarzer Elephant ſehr hoch geſchätzt.  Der ſiamiſche Hof iſt der
prächtigſte unter allen ſchwarzen Höfen in Aſien.  Die Häuſer werden auf
ſechs Bambuspfeilern dreizehn Fuß über der Erde wegen der Überſchwem=
mungen erhöht, und ein jeder hat zu der Zeit ein Boot vor der Thüre.  Die
Siamer ſind furchtſam in Gefahren, ſonſt ohne Sorgen, nüchtern, hurtig
etwas zu faſſen, aber träge etwas zur Perfection zu bringen, trotzig gegen
Demüthige und demüthig gegen Trotzige, ſonſt Herren über ihre Affecte.
Sie ſind klein, doch wohl gebildet, ſchwarz mit breiten Geſichtern, ſpitziger
Stirne und Kinne; ſie haben kleine dunkle Augen, kurze Naſen, große
Ohren; ſie laſſen die Nägel mit Fleiß ſehr lang wachſen, einige beſchlagen
ſie mit Kupfer.  Sie enthalten ſich ſehr der Schwatzhaftigkeit.

Sie ſind auch voll von Ceremonien.  Exempel, wie ſie den Brief ihres
Königes an den König von Frankreich nicht in der unterſten Etage logiren
wollten.

Geſchmack an verdorbenen und ſtinkenden Fiſchen iſt ihnen mit den
Cochin=Chineſern gemein.  Ballachare iſt ein Muß von geſtoßenen Fiſchen,
die ſchlecht geſalzen worden und faulen.  Sie brauchen ſie als Soya zu
Saucen.  Eben ein ſolches Gericht haben ſie aus kleinen, halb verfaulten
Krebſen, die zerſtoßen ſo dünn wie Senf werden.

Cocosnußöl iſt ſehr ekelhaft für die Europäer, wenn es eine Zeitlang
geſtanden hat; ſie aber eſſen davon allezeit mit großem Appetit.  Sie eſſen
wie überhaupt in den heißen indiſchen Ländern nicht viel Fleiſch, wie
denn die Europäer ſich dort gleichfalls deſſelben entwöhnen.  Was ſie aber
am liebſten eſſen, ſind die Gedärme.  In ihrem Handel ſind ſie ſehr ehr=
lich.  Sie bedienen ſich auch der obgenannten Kauris, die man hier Moh=
renzähne nennt und hornförmige Muſcheln ſind, die ſtatt der Münzen
dienen.  Es gehen ſechs= bis achthundert derſelben auf einen Pfennig.
Die Leute hier kommen gut mit Goldſchlagen zurecht.  In der Malerei
zeichnen ſie wie die Chineſer ungeheure und bloß unmögliche Dinge.

Das Land von Siam iſt mit einer hohen Schicht Lehm bedeckt wegen
der Überſchwemmung der Flüſſe, und man findet daſelbſt ſchwerlich einen

Feuerstein.  Unter ihren Gewächsen merke ich nur das im Orient so be=
rühmte Aloeholz, welches sonst auch Paradies=, Kalambak=, Aquilaholz
hieß und in Siam, ingleichen in Cochinchina gefunden wird.  Es ist von
so sehr verschiedener Güte, daß ein Pfund bisweilen mit drei Thalern,
bisweilen mit tausend Thalern bezahlt wird.  Man braucht es zum Räu=
chern in den Götzentempeln.

Die Portugiesen nennen das grobe siamische Zinn, das man auch in
China hat, Calin, dazu man Galmei setzt und daraus man Tutenag macht.

Ihre Wissenschaften sind schlecht.  Es ist zu merken, daß hier die
Ärzte durch ein sanftes Reiben und Streicheln viele Krankheiten heben.
Sonst, wenn unbekannte Krankheiten vorfallen, so bilden sie dem Kranken
ein, er habe eine ganze Hirschhaut oder einen Klumpen Fleisch von zehn
Pfund im Magen durch Zauberei, welchen sie durch Medicin abzuführen
versprechen.

Astrologen werden stark gesucht; wenn sie nicht mit ihren Wahrsage=
reien eintreffen, ist eine bedeutende Menge von Schlägen ihr Lohn.  In
Rechtsaffairen, wenn der Beweis nicht leicht möglich ist, kann man seine
Unschuld durch Feuer= oder Wasserproben darthun, so wie vordem bei uns.
Die Priester geben auch den Beschuldigten Brechpillen mit großen Ver=
fluchungen ein; wer sich nach ihrem Genusse erbricht, ist unschuldig.  Im
Kriege sind sie schlechte Helden.  In den Kriegen mit Pegu suchen sich
beide Armeen so lange auszuweichen als möglich.  Treffen sie sich unge=
fähr, so schießen sie sich über den Kopf weg und sagen, wenn einer unge=
fähr getroffen wird, er habe es sich selbst zu verdanken, weil er so nahe
gekommen.  Die jährliche Überschwemmung macht dem Kriege ein Ende.
Sie haben Nonnen= und Mönchsklöster in noch größerer Anzahl, als es
derer in Portugal giebt.  Die Mönche werden Talapoins genannt.  Sie
lehren, daß alles in der Welt, belebte und unbelebte Wesen, eine Seele
habe, die aus einem Körper in den anderen übergehe.  Sie geben sogar
vor sich dieser Wanderung selbst zu erinnern.  Man verbrennt mit dem
Verstorbenen die besten Güter desselben, ingleichen oft die Weiber, damit
jener sie in jenem Leben wieder finde, denn ihrer Meinung nach sind sie
nach dem Tode in den Himmel oder in die Hölle versetzt worden.  Sie ver=
werfen die göttliche Vorsehung, lehren aber, daß durch eine fatale Noth=
wendigkeit Laster bestraft und Tugenden belohnt werden.  Sie vergießen
ungern Blut, pressen keinen Saft aus Pflanzen, tödten kein Vieh, sondern
essen es nur, wenn es von selbst gestorben ist.  Daher ihre milden Kriege

mit den Peguanern. Die Talapoins leben vom Betteln, sie sind liebreich
und tugendhaft. Man verehrt bei ihnen nicht eigentlich ein höchstes Wesen, sondern den Sommona Cadam, einen ehedeß gewesenen Talapoin, der
sich nun im Zustande der größten Glückseligkeit befinden soll, zu welchem
auch, wie sie glauben, die Menschen nach vielen Wanderungen gewöhnlich
in andere Körper gelangen, indem sich ihre Seele mit der Seele der
Welt vermengt und als ein Funke in dem Himmelsraume übrig ist.
Sommona Cadam aber soll wegen seiner großen Heiligkeit dahin gelangt
sein. Die Gottlosen werden zu ewigen Wanderungen in andere Körper
verurtheilt.

Die Unempfindlichkeit ist bei ihnen die größte Glückseligkeit. Ihre
Leichen werden verbrannt.

## Pegu

gehört gegenwärtig zu Ava. Die Ebben und Fluthen sind auf den Flüssen
von Pegu und Ava nahe an ihren Ausflüssen außerordentlich wüthend.
Der König nennt sich einen Herrn des weißen Elephanten, so wie
der von Siam.

Außer den Feuer= und Wasserproben giebt man den Beschuldigten
rohen Reis zu kauen, unter dem Bedrohen, daß er ersticken müsse, wenn
er Unrecht habe. Parallele mit den Hottentotten, denn diese spielen mit
den unglückseligen Menschen so grob, liebkosen sie mit ihren Händen und
Füßen und werfen sie dergestalt hin und her, daß den Zuschauern schon
selbst bange wird, und es ein klägliches Schauspiel abgiebt. Die härteste
Strafe ist hier, so wie in andern benachbarten Ländern, dem Kurzweil der
Elephanten übergeben zu werden. Die peguanischen Talapoins werden
als die gütigsten Menschen von der Welt gerühmt. Sie leben von den
Speisen, die sie an den Häusern betteln, und geben, was sie nicht brauchen, den Armen, sie thun Allem, was da lebt, Gutes ohne Unterschied
der Religion. Sie glauben, Gott habe an dem Unterschiede der Religion
einen Gefallen und halte alle solche Religionen für gut, die den Menschen
gutthätig und liebreich machen. Sie schlichten mit großer Bemühung alle
Streitigkeiten unter den Menschen.

Die Weiber machen sich gerne mit Europäern gemein und bilden sich
etwas darauf ein, wenn sie von ihnen schwanger werden. Ihre Kleidung
ist anstößig. Überhaupt ist die Nation ziemlich wohlgestaltet und gutartig,
obgleich nicht tapfer.

## Arakan.

Die Bewohner dieses Reiches legen ihren Kindern eine bleierne Platte auf die Stirne, um sie ihnen breit zu drücken. Sie halten dieses für eine besondere Schönheit, haben kleine Augen, machen sich große Ohren, daß sie bis auf die Schultern hängen, indem sie in das Loch, welches sie ein=
gebohrt haben, von Zeit zu Zeit immer dickere Kügelchen von Pergament hineinstopfen. Sie sind im höchsten Grade eigennützig. Sie bringen so wie andere Indier die Fische dann erst, wenn sie stinken, auf den Markt. Es hält schwer, daß eine Frauensperson als Jungfer einen Mann be=
komme. Wenn sie Zeugnisse hat, daß sie schon mit einem Manne zu thun gehabt, so ist dies eine wichtige Empfehlung zur Verehelichung. Man verbrennt hier wie in den vorher angeführten Ländern die Leichen. Man holt aus diesem Lande Edelgesteine. Die Büffelochsen, die sonst im wilden Zustande sehr grimmig sind, werden hier zum Lasttragen und andern Ar=
beiten sehr wohl gezähmt.

## Assam.

Nordwärts von Arakan und Pegu. Ist in Ansehung dessen, was das Land hervorbringt, eins der besten Länder in Asien, hat den besten Gummi=
lack, hat Gold und Silber. Die Einwohner verfertigen eine schöne Gat=
tung Schießpulver, und es soll auch daselbst erfunden sein. Es wird mit den Verstorbenen alle ihr Hausgeräthe, auch wohl ihre Thiere, vergra=
ben, damit sie ihnen in jenem Leben mögen dienen können. Die Einwoh=
ner im nördlichen Theile sehen schön aus, außer daß sie mit Kröpfen be=
haftet sind. Hundefleisch ist das Hauptgericht bei Gastmählern. Salz wird bloß durch Kunst gemacht aus einem gewissen Kraute, das auf still=
stehendem Wasser wächst, aus dessen Asche sie es laugen. Die alten Deut=
schen sollen es vor diesem auf eben eine solche Art gewonnen haben.

## Indostan.

Der Große Mogul war bis auf neuere Zeiten, da das politische System der Engländer so gewaltige Revolutionen in jenen Gegenden hervorge=
bracht hat, Beherrscher dieses großen Landes allein, von den tatarischen Gebirgen an bis an das Cap Comorin, die äußerste Spitze der Halbinsel diesseits des Ganges, und von Persien bis Arakan und Assam. In der gedachten Halbinsel herrschen zwar viele Könige und Rajas, allein sie

waren dem Mogul, seitdem der große Aurengzeb sie unter das Joch brachte,
nun aber einem Theile nach den Engländern zinsbar, ja manche ihrer
großen Besitzungen denen der ostindischen Compagnie einverleibt. Die
Einwohner der Halbinsel sind aus mohrischem und arabischem Geschlecht,
weil vor 250 Jahren diese daselbst festen Fuß faßten und sich allenthalben
ausbreiteten. Daher auch hin und wieder die Gestalt den afrikanischen
Mohren ähnlich ist.

## 1. Von der Halbinsel diesseit des Ganges.

Es herrscht daselbst, wie überhaupt in dem nördlichen Theile des
heißen Erdstriches die Abwechselung der Moussons. Allein in den Zweifelmonaten, ehe sich der Wechselwind vollkommen einstellt, giebt es entsetzliche Orkane mit Gewittern vermischt, die einen grausamen Schaden
anrichten, und vor denen sich kein Mensch auf den Beinen erhalten kann.
Die Land- und Seewinde wechseln auch alle Tage ab. Die Seewinde
wehen vom Mittage an bis zur Mitternacht, die Landwinde aber die
übrige Zeit hindurch. Die Regenzeit fängt erst gegen Ende des Junius
an und dauert bis gegen das Ende des Octobers auf der malabarischen
Küste. Auf Koromandel dagegen fängt sie sechs Wochen später an und
dauert eben so viele Wochen länger. Auf der westlichen Küste sind mehrere
Flüsse als auf der östlichen. Die Flüsse sind alle sehr klein, weil sie mehrentheils abgezapft und auf die Reisfelder geleitet werden, ingleichen weil
sie sich nicht vereinigen, um große Flüsse zu bilden.

An dem Vorgebirge Comorin ist die Perlenbank, wo vornehmlich
von den Holländern gefischt wird.

Unter der Oberherrschaft des Königs von Kotschin auf der malabari-
schen Küste leben einige tausend Familien Juden, die vielleicht zur Zeit
Nebukadnezars hieher gekommen sind und wenig von den Propheten und
Christo wissen.

In Golkonda und Visapour oder Visiapour sind die berühmten De-
mantgruben, deren einige, welche die ergiebigsten sind, man doch absicht-
lich hat zuwerfen lassen, damit dieses Edelgestein nicht zu gemein würde.
In den Gebirgen Ghats wohnen die Nizam oder Fürsten, welche niemals
dem Mogul sind unterworfen gewesen.

In der Bai von Kambay ist die schnellste Fluth von der Welt, der
selbst ein Pferd nicht soll entrinnen können.

## 2. Bengala

hat überhaupt sehr große Künstler. Ihre Leinewand übertrifft alle denkbare Feinheit. In Verfertigung gemalter Gläser, Seidenzeuge, eines guten Mörtels zum Mauern, allerlei guter Medicamente und Chineser=
Arbeiten sind sie berühmt.

## 3. Kaschmir

liegt am Gebirge, hat eine temperirte Luft wie die angenehmsten Länder von Europa, hat auch Einwohner von eben solcher Farbe und Fähigkeit, solche Früchte und wird einem irdischen Paradiese gleich geachtet.

(Hier ist eine Lücke in der Kantischen Originalhandschrift, die ich der fast diplomatischen Genauigkeit zufolge, welche ich mir hier nach den in der Vorrede angegebenen Gründen zum Gesetze gemacht habe, für jetzt nicht ausfülle. Noch einmal wiederhole ich es: Kant würde noch vor einigen Jahren alles ganz anders geliefert haben; ich würde ohne jene Gründe ebenfalls anders verfahren sein, aber so — und Kant forderte die Herausgabe seiner physischen Geographie von mir mit einer dringenden Güte, der ich nicht widerstehen konnte, nicht durfte.

Anmerkung des Herausgebers.)

## Molukkische Inseln.

Sie stehen unter der Herrschaft der drei Könige von Ternate, Tidore und Batjan, welche alle Mahomedaner sind. Sie haben den Holländern die landesherrliche Hoheit abgetreten, und kann kein Holländer ohne Ein=
willigung seiner Landsleute gestraft werden. Diese haben mit ihnen auch einen Vertrag gemacht, daß sie für ein gewisses ansehnliches Jahrgeld die Muskaten= und Nägeleinbäume auf allen ihren Inseln ausrotten, ausge=
nommen Amboina und Banda, und daß sie hin und wieder Castelle zu der Beschützung ihrer Handlung anlegen dürfen. Die Einwohner der Molukken sind faul, feige, hoffärtig, betrügerisch, lügenhaft, rächen sich heimtückischer Weise und halten Hurerei für keine Sünde. Es ist hier, wie auf dem festen Lande von Indien ein Kokos= oder andrer Palmbaum alles in allem. Die Blätter sind ihr Tischtuch, auch ihre Teller, wozu auch Ko=
kosschalen kommen. Ausgehöltes Bambusrohr ist ihr Gefäß zum Trinken.

Sago ist ihr Brod.  Die Nägeleinbäume werden bloß auf Amboina und
die Muskaten auf Banda geduldet.  Schulz schreibt von den Einwohnern
von Ternate, daß sie Helden im Gefechte sind, aber eine ewige Rachbe=
gierde haben, übrigens sehr schwarz von Farbe sind und lange Haare ha=
ben.  Die Ländereien von Amboina und den dazu gehörigen Inseln sind       5
sonst die besten, im Übrigen aber sind diese Inseln arm und verlohnen den
Holländern nicht die Unkosten, wenn man die Gewürze ausnimmt.  Der
Nägeleinbaum gleicht einem Birnbaume, so wie der Muskatenbaum einem
Apfelbaume.

## Die Insel Celebes oder Macassar.                                       10

Celebes, oder der nördliche Theil der Insel gehört dem Könige von
Ternate zu.  Macassar aber, der südliche Theil, ist unmittelbar unter
dem Schutze der Holländer.  Man hat dort Goldsand, Calambak, Santel=
holz und Farbehölzer.  Die Einwohner besprengen ihren Tabak mit im
Wasser zerlassenen Opium oder thun etwas davon in der Größe eines        15
Nadelkopfes in die Pfeife, wovon sie kühn im Gefechte werden.  Die Ma=
cassaren scheinen die einzige kriegerische Nation, die jenseits der Bai von
Bengalen wohnt, zu sein.  Sie werden wie die Schweizer an andern Hö=
fen zur Leibgarde gesucht.  Der Macassaren Farbe ist schwärzlich, die
Nase platt und zwar in der Jugend in der Art eingedrückt.  Ihre Buch=   20
staben sind den arabischen gleich, so wie sie selbst wahrscheinlich von dieser
Nation abstammen.  Sie scheinen edel gesinnt zu sein, sind hitzig und auf=
fahrend und nicht zur sklavischen Unterthänigkeit gemacht.  Sie sind Ma=
homedaner.  Sie schießen ihre Pfeile aus Blasröhren.

## Von den Sundaischen Inseln.                                            25

## Borneo

ist mit eine der größten unter allen bekannten Inseln.  Die Dünste,
die nach der Überschwemmung aus dem Erdreiche aufsteigen, der Gestank
der alsdann zurückbleibenden Ungeziefer, die kalten Winde, welche plötzlich
auf große Hitze folgen, machen diese Insel zu einem ungesunden Lande.   30
Die Moussons wehen in der Art, daß vom October bis in den April West=
winde nebst vielem Regen, von der Zeit an aber bis in den October
Ostwinde und trockenes Wetter auf der südlichen Küste erfolgen.  Doch

geht selten ein Tag hin, da nicht ein Regenschauer sich einstellt, denn es
findet auch an jedem Tage ein Wechsel der Land= und Seewinde statt. Die
nördliche Küste wird nicht besucht. Die Fluth erfolgt nur einmal in vier
und zwanzig Stunden und zwar bei Tage, denn in der Nacht wehen die
Landwinde sehr stark gegen dieselbe. Die Bewohner der Küsten sind Mahomedaner, im Innern des Landes wohnen Heiden. Die letztern schießen
auch so wie die Macassaren ihre Pfeile aus Blasröhren. Diese sind auch
mit einer Art von Bajonetten versehen. Die Einwohner von Borneo sind
schwarz, haben aber lange Haare. Die Heiden im Innern des Landes
malen sich den Leib blau, ziehen sich die Vorderzähne aus und setzen sich
goldene ein. Man handelt allhier Gold in Stangen und in Staub ein,
ferner Drachenblut, Affen und Ziegenbezoar, den besten Kampher, Vogelnester, schwarzen und weißen Pfeffer; der letztere, weil er von selbst abge-
fallen und an der Sonne gelegen hat, ist besser. Hier sind auch Diamanten, so wie der Orangutang. Hier herrscht auch die Meinung vom Drachen, der den Mond verschlingen soll. Die Bewohner von Borneo glauben,
daß alle Krankheiten von einem bösen Geiste herrühren, dem sie ein Opfer,
so wie ein kleines Schiff verehren und letzteres auf dem Flusse fortgehen
lassen.

## Java.

Auf dieser Insel herrschen fünf Könige. Auf dem Lande des Königs
von Bantam ist Batavia erbaut. Der von Mataran ist der mächtigste.
Vom Novembermonate bis in den März herrschen Westwinde und nasses
Wetter, vom Mai bis in den October hingegen Ostwinde und trockenes
Wetter. Die Holländer halten in allen den ansehnlichsten Städten auf
Java Festungen und geben allen Fürsten, ausgenommen den von Palem-
bang, Leibgarden, um sie in Ruhe zu halten.

Die herrschende Religion ist die mahomedanische. Im Inwendigen
des Landes sind Heiden.

Die Javaner sind gelb und von breitem Gesichte, herausstehenden
hohen Kinnbacken, platter Nase, diebisch, trotzig und sklavisch, bald wüthend, bald furchtsam. Die Europäer, wenn sie bei ihren Sklaven eine
Aussage herausbringen wollen, so legen sie ihnen ein Stöckchen, welches
gespalten ist, an den Hals und sie müssen sagen: „Schwarzer Johannes,
wenn ich schuldig bin, so kneife mir den Hals zu!", welches zu sagen sie, wenn sie schuldig sind, gemeiniglich nicht das Herz haben; oder sie

geben ihm einen Haufen trockenen Reis zu kauen und bilden ihm ein, daß,
wenn er lüge, es ihn ersticken werde; da alsdann diese Vorstellung oft die
Wahrheit herauspreßt. Oder sie geben ihm einen Stock, eines Fingers
lang, murmeln etwas darüber und bilden ihnen ein, daß derselbe, wenn
er bei den Schuldigen eine Zeit lang gewesen, einen Finger breit länger
werde. Dieser glaubt es und schneidet etwas davon. Man findet auf Java
viel Pfeffer, Zuckerrohr und Kardamom, welches Gewürz an einem rohrähnlichen Baume wächst. Man hat zwar Weinstöcke und Trauben, aber
man kann keinen Wein davon machen. Es sind ferner darauf Kubeben,
eine kriechende Pflanze wie die des Pfeffers. Tamarinden, eine Art Bäume
wie Kastanienbäume, die eine Schotenfrucht tragen, Benzoe, Betel- und
Pinang- oder Arekanüsse. Es giebt, wiewohl selten, Orangutangs, den
Rhinozeros, fünf und zwanzig Fuß lange Schlangen, die einen ganzen
Menschen verschlingen. Einige erzählen, daß man aus dem Bauche einer
solchen Schlange ein Kind noch lebendig herausgezogen habe. Unter die
großen Landplagen gehören die Kakerlaks, eine Art Käfer, welche alles
zerfressen, den Menschen im Schlafe zerbeißen und häßlich stinken.

## Sumatra.

Die Insel ist ungesund. Die Witterung geht gewöhnlich von der
größten Hitze bis zur empfindlichsten Kälte plötzlich über. An den Küsten
sind Moräste und Sümpfe von ausgetrocknetem Seewasser, welches ungesunde, stinkende Nebel verursacht. Das Sterben der Fremden ist so gewöhnlich, daß man fast alle Furcht davor verloren hat. Atschin ist eines
der Königreiche auf dieser Insel an der Nordspitze derselben. Der Regen,
der hier beim nassen Mousson fällt, ist erstaunlich heftig. Die Einwohner
von Sumatra sind schwärzlich, von platten Gesichtern, kleinen Nasen, färben sich die Zähne schwarz und salben den Leib mit stinkendem Öle. Sie
sind an den Küsten Mahomedaner, im Inwendigen des Landes Heiden,
sie bedienen sich stark nebst der Betelareka des Opiums und des Bangs.
Das vornehmste Landesproduct ist der Pfeffer, hernach Reis und dann
Zuckerrohr. Es wird hier viel Gold und mehr als sonst irgend in Asien
aus den Bächen gewaschen.

Ihre Prönen haben zu beiden Seiten Rahmen als Ausleger, worauf
sie zur Zeit des Sturms zwei Männer setzen und zwar auf der entgegengesetzten Seite, das Umschlagen zu verhüten.

Die Inseln

# Nicobar und Andaman

liegen nordwärts von Sumatra. Die Einwohner sind lang und wohlgebildet und dunkelgelb von Farbe. Sie haben eine Baumfrucht, deren sie
sich als Brod bedienen, denn anderes Getreide haben sie nicht. Sie essen
auch nicht vieles Fleisch. Man beschuldigt sie fälschlich, daß sie Menschenfleisch fressen sollen. überhaupt haben die Vernünftigsten von allen Reisenden diese manchen unbekannten Völkern angedichtete Grausamkeit unwahr befunden, worunter auch Dampier gehört.

# Das Land der Papuas.

Es ist noch nicht recht ausgemacht, ob es eine Insel sei. Die Einwohner der Küste sind schwarz und leben bloß von Fischen. Ihre Religion
soll in Verehrung eines kleinen Steins mit grünen und rothen Streifen
bestehen. Neuholland ist von Dampier entdeckt worden im sechzehnten
Grad der Süderbreite. Die Einwohner sind schwarz und haben ein wollichtes Haar wie die Neger und sind fast eben so häßlich, können die Augen
nicht recht aufmachen, sind so armselig als ein Volk auf der Erde.

# Andere Inseln in diesem Meere.

Die Insel Bali ostwärts nahe an Java heißt auch Klein-Java.
Die Einwohner sind fast alle Götzendiener. Sie sind weißer als die Bewohner von Java, getreu, fleißig, tapfer, vornehmlich ihre Weiber sehr vernünftig, arbeitsam, gutherzig. Daher diese gern von den Chinesern zu
Weibern oder in Java zu Sklavinnen, jene aber gerne zu Sklaven gesucht
werden. Hier herrscht der böse Gebrauch, daß die Weiber sich mit ihren
verstorbenen Männern verbrennen müssen. Als im Jahr 1691 der Fürst
von Bali verstarb, wurden von seinen vier hundert Weibern zwei hundert
und siebzig mit Dolchen niedergestoßen, worauf sie eine Taube, die sie in
der Hand hatten, fliegen ließen und ausriefen: „Wir kommen Kaiser!",
worauf sie verbrannt wurden.

Auf Solor, Timor und einigen nahen Inseln wird einzig und allein
der ächte Sandelbaum, sowohl der weiße als der gelbe und auch der rothe,
gefunden.

# Ceylon

liegt nur acht Meilen vom festen Lande Indiens. Die Holländer
besitzen die Küste nunmehr und der Kaiser von Ceylon das Innere des
Landes. Die alten Einwohner des Landes werden Singhalesen ge=
nannt. Sie sind braun von Farbe, aber nicht häßlich, sind beherzt, mun=      5
ter und höflich, sanftmüthig, sparsam, aber starke Lügner, Reis ist ihre
vornehmste Speise. Zu ihren vornehmsten Bäumen gehört: 1. Der Tali=
pot; hat ungemein große Blätter, welche wie Windfächer in langen Falten
wachsen. Auf Reisen tragen die Einwohner solche wider Sonne und Regen
auf dem Kopfe. Ein jeder Soldat hat ein solches Blatt statt eines Zeltes.      10
Der Baum bringt nicht eher Frucht als in dem letzten Jahre, wenn er ver=
trocknen will. 2. Der Neffule, aus dessen abgezogenem Safte sie Braun=
zucker kochen. 3. Der Zimmetbaum ist allein auf dieser Insel anzutreffen;
die zweite untere, abgestreifte Rinde ist der Zimmet. Es giebt verschiedene
Gattungen von Zimmetbäumen. Ein jeder Baum geht aus, sobald er ab=      15
geschält worden, und er muß an sechs Jahre alt sein, um dazu gebraucht
zu werden. Der ganze vortreffliche Geschmack sitzt in dem zarten Häutchen
welches die Rinde inwendig bekleidet, dessen Öl beim Trocknen in die Rinde
dringt. Das Holz, die Blätter, die Frucht haben zwar etwas von dem Ge=
ruche in sich, aber wenig. Eine Art Vögel, Zimmetfresser genannt, pflan=      20
zen diesen Baum durch die von ihnen unverdauten Fruchtkörner fort, wie
denn auch nach abgehauenen Bäumen neue Sprößlinge aufschießen. Der
Geruch dieser Bäume ist weit in die See zu merken. Aus den Wurzeln
macht man Kampher.

　　　Diese Insel hat eine große Menge Elephanten, welche die Einwohner      25
geschickt zu fangen und zu zähmen wissen. Die Blutigel sind hier auf Rei=
sen eine erstaunliche Plage. Das hiesige inländische Papier besteht aus
Striemen, die aus den Blättern des Talipot geschnitten werden, und in
die man mit einem Griffel die Buchstaben ritzt. Sie verehren einen obersten
Gott; beten aber doch auch die Bildnisse der Heiligen und Helden an. Auf der      30
Spitze des Pic d'Adam ist ihrem Vorgeben nach ein Fußstapfe ihres Gottes
Buddha anzutreffen. Diesen Fußstapfen verehren sie. Man findet einige
prächtige und sehr alte Tempel, die zu einer Zeit müssen erbaut sein, da
ein sehr mächtiger Monarch über sie geherrscht hat. Denn jetzt wissen sie
nicht einmal etwas an ihnen auszubessern. Die Ehemänner sind hier nicht      35
eifersüchtig. Die Weiber werfen ihre Kinder weg oder verschenken sie,

wenn sie ihrer Einbildung nach in einer unglücklichen Stunde geboren werden. Die Schlange Pimberach schlingt ein ganzes Reh auf. Die Spinne Demokalo ist so groß als eine Faust, haaricht, glänzend und durchsichtig, ihr Biß macht wahnsinnig.

# Maledivische Eilande.

Dives heißt in der Sprache der Einwohner eine Insel, und Male ist die vornehmste aller dieser Inseln, der Hauptsitz des Königs. Aus beiden Wörtern ist Maledives zusammengesetzt. Der Umfang aller dieser Inseln beläuft sich über zwei hundert deutsche Meilen. Sie sind in dreizehn Attolons oder Trauben von Inseln als so viele Provinzen abgetheilt. Ein jeder Attolon ist mit einer besondern Steinbank umfaßt, woran sich die Wellen mit Ungestüm brechen. Wenn sich der König der Malediven einen König von zwölf tausend Inseln nennt, so ist dies eine asiatische Vergrößerung. Die meisten Inseln sind unbewohnt und tragen nichts als Bäume. Andere sind bloße Sandhaufen, die bei einer starken Fluth unter Wasser gesetzt werden. Es giebt hier keine Flüsse, sondern bloßes Brunnenwasser. Nur vier bis fünf Kanäle von denen, welche zwischen den Attolons fortgehen, können befahren werden, und dieses wegen der reißenden Ströme und der vielen Klippen auch nur mit großer Gefahr. Die Hitze ist hier sehr mäßig. Die Regenmonate dauern von dem April bis in den September, da dann Westwinde wehen. Die übrigen Monate haben bei Ostwinden immer sehr schönes Wetter. Die Malediver sind schön, obschon olivenfarbig; sie scheinen von den Malabaren abzustammen. Man begräbt hier sorgfältig die abgeschnittenen Haare und Nägel als Theile, die eben so wohl zum Menschen gehören als die übrigen. Die Hauptinsel Male liegt in der Mitte aller Inseln. Es ist eine Art von Bäumen hier, deren Holz ungemein leicht ist, und mit deren Brettern, die die Taucher in der See an versunkene Sachen anknüpfen, sie weiße, glatte Steine heraufbringen, die mit der Zeit schwarz werden und dann zum Bauen, auch wohl zu andern Endzwecken dienen.

Die Religion ist mahomedanisch. Die Malediver essen mit Niemanden als mit einem, der ihnen an Ehrenstellen, Geburt und Reichthum völlig gleich ist. Weil dieses nun schwer auszumitteln ist, so schickt derjenige, der Fremde bewirthen will, ihnen gemeiniglich einen Tisch mit Essen ins Haus.

Die Betelblätter mit der Arekanuß werden hier auch unmäßig gebraucht. Gegen Augenschmerzen, wenn sie lange in der Sonne bleiben, essen sie eine gekochte Hahnenleber, und das hilft, wie einige an sich selbst wollen erfahren haben. Die Nation ist sehr geil. Der Hofstaat des Königs sieht ziemlich prächtig aus. Maledivische Kokosnüsse werden aus der See ausgeworfen, ohne daß man weiß, wo sie herkommen, und sind sehr rar. Sie sollen ein Arzneimittel sein. Hier findet man die kleine Muschel Bolis, die in Indien Kauris genannt wird, und die dreißig bis sechzig Schiffsladungen voll vornehmlich nach Bengala verschifft werden und dort für baares Geld gehen. Sie gelten auch in Afrika. Die Einwohner sind künstlich im Arbeiten.

# Persien.

Das Land hat vornehmlich in seinem mittleren Theile, in den Gegenden von Täbris und Schiras u. s. w., starke Abwechselung von Kälte und Hitze. Es giebt viele unbewohnte Wüsteneien, ingleichen Salzwüsten, die nach dem ausgetrockneten Regenwasser mit Salz kandisirt werden, in demselben. In der Mitte von Persien ist kein schiffbarer Strom, und es ist überhaupt so leicht kein Land in der Welt, das an der See läge und so wenige Ströme hätte. Vom Juni bis zum Septembermonate ist die Luft überhaupt heiter.

An dem Persischen Meerbusen in den nahegelegenen Gegenden ist der Wind, der über die Wüste Kerman kommt, brennend heiß und roth. Er ist nichts anders als der berühmte Samiel. Die Insel Ormus ist zwei Finger dick mit Salz kandisirt und sehr heiß.

Das persische Geblüt ist sehr vermischt, nämlich von den Arabern, Tatarn, Georgiern, deren Weiber sie häufig nehmen. Daher ist in ihrer Gestalt außer der Olivenfarbe kein besonderes Merkmal. Die Gauren oder Guebern sind der Nachlaß von der alten Nation. Zerduscht oder Zoroaster ist ihr Prophet. Sie sind häufig in den südlichen Provinzen anzutreffen und beten das Feuer an. Die Perser sind witzig und artig. Sie lieben die Poesie ungemein, und sie gefällt auch selbst denjenigen, die kein Persisch verstehen. Die Mädchen werden im achten Jahre mannbar, und im dreißigsten hören sie es auf zu sein. In Persien ist die Astrologie in großem Ansehen. Das Reich verwendet an die, die sich hierinnen hervorthun, an Geschenken auf zwei Millionen Thaler. Weil sie allenthalben mit den Ärzten zugleich bei den Kranken gebraucht werden (mit welchen

sie doch in immerwährender Uneinigkeit leben), so stehen sie in großer
Connexion und können dadurch leicht heimliche Dinge erfahren. Eine
rühmliche Sache in Persien ist, daß meretirte, vornehme Männer vielfältig
im Alter öffentliche Lehrstunden halten, da sie ihre Wissenschaft und Er=
fahrung den Jungen mittheilen. Was die Religion anbetrifft: so bildet sie
eine Secte der mahomedanischen, welche aber von den Türken sehr gehaßt
wird. Man findet aber in ihren Schriften öfters viel reinere Begriffe vom
Himmel und Hölle, als man sie im Koran liest. Eine artige Fabel, die
man hier von drei Kindern erzählt, deren eins als ein Kind, das zweite
gottlos und das letzte fromm starb. Eine andere Fabel von dem Ver=
suche der Engel, in menschliche Leiber über zu gehen. Die guten Werke
sind ihrer Lehre nach Zeichen der göttlichen Gnade, aber verdienen nicht
die Seligkeit. Die Seele soll nach dem Tode einen zarten Luftleib be=
kommen.

Adam soll eigentlich durch das Essen des verbotenen Baumes nicht
gesündigt haben. Es sei ihm nur widerrathen worden, weil er diese grobe
Speise nicht so wie die übrigen ausschwitzen könnte. Er sei aus dem Him=
mel gestoßen worden, damit er ihn nicht verunreinigte. Sonst ist ihre An=
dacht bei Predigten sehr schlecht, indem manche Tabak rauchen, einige sich
unterreden u. s. w. Hier laufen auch die Derwische und Fakirs häufig
umher. Gegen den Meerbusen von Persien zu giebt es so genannte Jo=
hannis=Christen, welche von Christo nichts wissen, außer daß sie vom Tau=
fen viel Wesens machen und des Johannes zum öftern gedenken. Naphtha
fließt hier aus Felsen. Der Schiraswein soll der köstlichste in der Welt
sein. Man trinkt ihn nur heimlich, aber man berauscht sich an Opium
öffentlich, an Bang und Trank von Mohnsamen. Sie rauchen den Tabak
durch Wasser. Das Opium, das sie sehr stark brauchen, wird aus der
Mohnpflanze Hiltot durch Einritzen des Kopfes gezogen. Die Arbeiter
bekommen hiebei häufige Schwindel. In Chorasan giebt es viele Mu=
mien, aber bloße Sandmumien. Die Perlenfischerei trägt fünf Millionen
Thaler ein. Jetzt läßt man die Muschelbank ruhen. Sie ist bei der Insel
Bahrein vorzüglich. Eine der vorzüglichsten Waaren, die man aus Persien
führt, ist die Seide. Tutia, eine Gattung Erde, welche in Töpfen gekocht
wird, wird ihr an die Seite gesetzt. Datteln und Pistacien sind hier schön.
Die Perser folgen dem Galen in ihren Curen und glauben, er habe von
Christo darin sehr viel gelernt. Er soll seinen Vetter Philipp an Christum
geschickt haben, der von ihm profitirte. Avicenna (Ibn Sina) ist ihr

größter Philosoph und Arzt. (Siehe den gegenwärtigen Staat von Ara=
bien und der großen Tatarei nach Salomons Beschreibung).

## Arabien.

Dieses Land hat das Rothe Meer gegen Westen, welches darum roth=
farbig zu sein scheint, weil im Grunde desselben viele Korallen=Gewächse
vorhanden sind. Die Winde sind auf demselben fast eben so beschaffen,
als deren in dem heißen Erdstriche von uns gedacht worden. Suez ist
eine der besten Städte in diesem Lande; aber Mocha wird von den Euro=
päern am meisten besucht.

In Medina ist Mahomeds Grab. Es ist ein viereckichtes Gebäude,
einhundert Schritte lang, dreißig breit und ruht auf vierhundert Säulen,
an denen viertausend Lampen hängen. Das Grab selbst ist mit einem
silbernen Gitter umfaßt, und die Mauer ist auf allen Seiten mit köstlichem
Stoffe umhangen, die mit Diamanten besetzt sind, welche Geschenke maho=
medanischer Prinzen sind. Mekka liegt mehr südwärts, darin ist die Kaaba,
ein würfelförmiges altes Gebäude, dessen Dach mit rothem und weißem
Stoffe, die Wände aber mit Damast behängt sind, welches schon vor Maho=
meds Zeiten für heilig gehalten worden. Der Platz umher ist mit Gat=
tern eingeschlossen. Dahin geschehen die Wallfahrten. Maskat hat den
mächtigsten Seefürsten in Arabien. Der größte Theil der Araber wohnt
in Zelten. Die Scherifen von Mekka und Medina stehen in überaus gro=
ßem Ansehen. In Arabien und überhaupt unter den Mahomedanern ist
das Stehlen am meisten verhaßt und selten.

Die herumschweifenden Araber sind in Stämme eingetheilt, die ihre
Scheiks oder Emirs haben. Einige sind den Türken tributair, die meisten
nicht.

Die Araber sind mittelmäßig groß, schlank, schwärzlich, haben eine
feine Stimme, sind tapfer. Sie punktiren ihre Haut gerne mit Nadeln
und reiben dann ätzende Farben in dieselbe. Viele tragen Nasenringe.
Sie sind aufrichtig, ernsthaft, liebreich und wohlthätig. Wie ihre Räu=
berei zu Wasser und zu Lande zu entschuldigen sei. Ihre wenigen Brun=
nen in den wüsten Gegenden machen es sehr beschwerlich zu reisen. Aber
der Dienst der Kameele erleichtert es. Die arabische Sprache ist die ge=
lehrte im Oriente. Sie halten eben so wie die Türken die Hunde für un=
rein und scheuen ihre Berührung. Sie nehmen aber das Windspiel und
den Spürhund aus.

## Naturbeschaffenheit.

Das Land ist mehrentheils sandicht und dürre.

Der rechte Dattelbaum ist eigentlich in Persien und Arabien zu Hause. Er ist entweder männlich oder weiblich. Der erstere trägt Blu=
5 men und keine Früchte, der letzte Früchte und keine Blumen. Von ihrer Begattung. Der weibliche Baum trägt nicht eher Früchte, bis er von dem Staube des männlichen bestaubt ist. Der männliche hat eine Art Schoten, welche beim Aufplatzen einen Blumenstaub von sich geben. Der Syrup, der aus Datteln gekocht wird, dient statt der Butter. Der Kaffee=
10 baum. (S. oben.) Die Aloe, sonderlich von Sokotora. Hier ist sie am besten und häufigsten. Der arabische Balsam wird durch Einritzung eines besondern Baumes gewonnen. Er ist von Anfang so stark, daß einem die Nase davon blutet. Myrrhe. Ob=el=Mosch oder der Same des Mosch sind Balsamkörner, sind Samen einer Pflanze.

15 Der Fels in der arabischen Wüste Sin, darin noch die Löcher, aus denen auf Mosis Anschlagen mit dem Stocke Wasser geflossen, zu sehen sind. Die Griechen haben das Kloster auf dem Berge Sinai schon auf ein= tausend Jahre in Besitz gehabt. Sie haben hier den besten Garten in Arabien.

## 20 Religion.

Mahomed, der zu Mekka geboren war, heirathete eine reiche Wittwe Chadidja. Dieser machte er seinen vertraulichen Umgang mit dem Engel Gabriel in einer Höhle unter Mekka kund. Er beschuldigte Juden und Christen der Verfälschung der heiligen Schrift. Gab seinen Koran stück=
25 weise heraus. Ali, Osman und Abubekr waren bald seine Neubekehrten. Von diesen verbesserte Osman den Koran. Mahomed war liebreich, be= redt, schön. Seine Schreibart war so vortrefflich, daß er sich oft zum Be= weise seiner Sendung auf die Schönheit seines Stils berief.

Er bekannte, daß er keine Wunder thun könne. Doch dichtet man ihm
30 an, daß er den Mond in zwei Theile zerspalten, daß eine Schöpsenkeule ihn gewarnt nicht von ihr zu essen, weil sie vergiftet wäre. Man dichtet ihm viele Betrügereien an, die er doch nicht gethan. Er heirathete nach der Chadidja Tode die Aischa, eine Tochter Abubekrs. Von seiner Reise durch die sieben Himmel. Das Volk in Medina fing an ihm anzuhängen,
35 und er floh dahin bei seiner Verfolgung, die er von Seiten der Regierung zu Mekka erfahren hatte. Diese seine Flucht bildete eine besondere Ära

der Mahomedaner, welche mit dem Jahre sechs hundert zwei und zwanzig
nach Christi Geburt anhebt.

Seine Tochter Fatima verheirathete er an den Vetter Ali. Er befahl
das Gesicht im Beten nach Mekka hinzuwenden. Er nahm Mekka durch
Überrumpelung ein und bezwang einen großen Theil Arabiens und starb
am Gifte, welches er mit einer Schöpsenkeule in sich gegessen hatte. Das
Gebiet von Mekka ist heilig. Der Brunnen Semsem. Alle Mahomedaner
wallfahrten dahin oder sollen wenigstens einen Andern an ihrer Stelle
dahin schicken.

## Asiatische Tatarei.

Dieses große Land wird fälschlich mit einem gemeinschaftlichen Namen Tartarei oder Tatarei genannt von den Tataren, die eine von den
Horden gewesen, die sich zu einer gewissen Zeit vor andern hervorgethan
und mächtig gemacht hat. — Krim. Kuban. Mingrelien. Imeretien. Georgien. Circassien. Daghestan. Lesghier.

## Russisches Gebiet.

### Sibirien.

Die Einwohner sind russische Christen, theils aber auch Mahomedaner aus der Bucharei, theils Heiden von allerlei Gattungen, und diese letztern machen die größte Menge aus. Die Mahomedaner sind höflich und
eines freundlichen Wesens. Sie sind die einzigen in diesem Lande, welche
einen Abscheu vor dem Betrinken haben, denn was die übrigen, sowohl
Christen als Heiden, anlangt: so giebt es wohl nirgend ein Geschlecht der
Menschen, bei dem die Trinklust in der Art ihre Herrschaft äußern sollte
als hier. Sibirien ist vornehmlich in seinem südlichen Theile ein gutes
Land; es hat allenthalben Weide und Waldungen im Überfluß und trägt
allerlei Getreide, welches doch gegen Norden zu abnimmt und weiter nach
der chinesischen Gränze hin aus Faulheit nicht gebaut wird. Es hat Silber, Gold, Kupfer, Eisen, Marienglas, Marmor u. s. w. In dem ar-
gunskajischen Silberbergwerk werden im Durchschnitt das Jahr hindurch
an fünfzehn Pud Silber gewonnen. Obgleich die Viehweide hin und wieder sehr gut ist: so giebt es doch große Steppen oder Wüsten von dürrem
Grase, welches die Einwohner anzünden und Meilen weit abbrennen.

Überhaupt ist es merkwürdig, daß allenthalben in diesen Ländern und, wie andere Reisende versichern, auch in der mongolischen Tatarei die Erde in die Tiefe von drei bis vier Fuß niemals im heißesten Sommer aufthaut. Dieses fand Gmelin mitten im Sommer in einem Landstriche, der noch näher nach Süden liegt als Berlin. In den nördlichen Provinzen scheint dieser Frost in der Tiefe kein Ende zu nehmen. In Jakutsk sollte ein Brunnen gegraben werden (denn man muß merken, daß es in den etwas nördlichen Theilen von Sibirien gar keine Quellen giebt, weil die Erde bald unter der Oberfläche gefroren ist), allein diese Erde war auf dreißig Fuß tief immer gefroren und des gefrornen Erdreiches kein Ende zu finden. Bei dem Flusse Jugan in dem Lande der Jakuten sind einige Eisseen, da es mitten in der Hitze des Sommers an der freien Luft starkes Eis friert. In Jenisseisk fand Gmelin bei seinem Winteraufenthalte eine Kälte, die das Fahrenheitsche Thermometer ein hundert zwanzig Grad unter 0 brachte. Das Quecksilber schien Luft von sich zu geben, aber es gerann nicht. In Jakutsk kann man Früchte in Kellern unverletzt erhalten, weil der Frost niemals herauskommt. Von den Mammuts=Knochen in Sibirien.

### Charakter der Nation in Sibirien.

Die Samojeden, als die äußersten Bewohner dieses Landes gegen Norden hin, sind klein, plump, von glatten Gesichtern, brauner Farbe und schwarzen Haaren. Ihre Kleidung ist im Sommer aus Fischhäuten und im Winter aus Rauchfellen gemacht. Ihre Gebäude bestehen nur aus einem Zimmer, wo der Herd in der Mitte und das Rauchloch oben ist, welches, wenn das Holz ausgebrannt hat, mit einem durchsichtigen Stücke Eis zugemacht wird und zum Fenster dient. Ihre Speise sind frische und trockne Fische. Man geht hier wie in dem übrigen nördlichen Sibirien auf langen Brettern, wenn tiefer Schnee liegt. Fast alle nördlichen Bewohner Sibiriens schlucken den Tabak bei dem Rauchen herunter.

Die Ostjaken bringen ihr Leben mit der Jagd und mit dem Fischfange hin. Sie thun dies aber mit solcher Faulheit, daß sie oft in sehr große Noth gerathen. Ihre Kleider machen sie von Störhäuten.

Unter allen Bewohnern Sibiriens möchten wohl die Tungusen, vornehmlich die conischen, die fleißigsten sein. Denn ob sie gleich keinen Ackerbau haben, so sind sie doch ziemlich geschickt, allerlei Handarbeit zu machen, und fleißig auf der Jagd. Da im Gegentheil die Jakuten kaum so viele Lust haben, ihre Fallen, in denen sie das Eichhörnchen fangen,

aufzustellen. Alle Tatarn, die Pferde haben, machen aus ihrer gesäuerten
Milch einen berauschenden Trank oder ziehen auch Branntwein ab. Alle
ihre Gedanken, alle ihre Festtage sind auf nichts anderes gerichtet als auf
das Trinken. Wenn man Kühe hat, macht man eben diesen Trank auch
aus Kuhmilch. Es ist zu merken, daß um Tobolsk so wie in Persien die     5
Kühe keine Milch geben, wenn nicht das Kalb oder dessen ausgestopfte
Haut dabei ist. Es ist auch wunderbar, daß das Rennthier sich hier im
Winter durch das Wegscharren des Schnees das dürre Gras selbst hervor-
zusuchen weiß. Außer dem Saufen herrscht die Unzucht und daher die Be-
nusseuche in allen Städten, als Tobolsk, Jenisseisk, Nertschinsk, Jakutsk     10
und andern dermaßen, daß man in keinem Lande der Welt so viele Menschen ohne Nasen sieht als hier. Allein es scheint sich endlich ihre Natur
so daran zu gewöhnen, daß sie selten daran sterben.

Die Faulheit in diesen Ländern ist erstaunlich. In Nertschinsk wird
einer lieber sein Haus umfallen lassen als es stützen. Kein Verdienst kann     15
ihn zur Arbeit bewegen, sondern bloß die Gewalt.

### Religion.

Wenn man die Russen dieser Gegenden ausnimmt und die Mahomedaner: so haben die andern Völker mit keiner andern Gottheit als mit
dem Teufel zu thun; denn ob sie zwar einen obersten Gott statuiren: so     20
wohnt er doch im Himmel und ist gar zu weit. Die Teufel aber regieren
auf der Erde. Alle Dörfer haben ihren Schaman oder ihre Schamanin,
d. i. Teufelsbeschwörer. Diese stellen sich wie rasend an, machen grausame
Geberden, murmeln Worte her, und dann geben sie vor, den Teufel ausge-
fragt zu haben. Gmelin hat sich von ihnen oft vorzaubern lassen, aber je-     25
des Mal ihre Betrügerei entdeckt. In Jakutsk fand er eine Schamanin,
welche das Volk betrog. Sie that, als wenn sie sich ein Messer in den Leib
stach, hatte aber endlich die Herzhaftigkeit, als er auf sie genau Acht gab,
sich wirklich hinein zu stechen, etwas von dem Netze heraus zu ziehen, ein
Stück abzuschneiden und es auf Kohlen gebraten zu essen. Sie heilte sich     30
in sechs Tagen. Allenthalben hat man Bildnisse des Teufels. Der Teufel
der Ostjaken ist sehr unförmig, der der Jakuten eine ausgestopfte Puppe.

### Kamtschatka, eine Halbinsel.

Dieses Land ist wegen des Versuches der Russen, um die Durchfahrt
in Norden zu suchen, sehr berühmt. Die Einwohner sind fleißiger in der     35

Jagd und Fischerei als die andern Bewohner Sibiriens, sehen besser aus und haben bessere Kleider. Sie beschäftigen sich mit Schießen der Meerottern und anderer Pelzthiere und fangen Seekühe, Seelöwen, Seebären u. a. Seethiere mehr.

5      Die astrachanischen Tatarn.

Die astrachanischen Tatarn stehen auch unter Rußland. Die tatarische Vorstadt in Astrachan wird nur im Winter von Tatarn bewohnt, im Sommer campiren sie. Außer dem Beluga, einer Gattung Stör, dessen Rogen der Caviar ist, wird allhier noch der Sterlett, ein fetterer und deli-
10 caterer Fisch, in der Wolga gefangen. Man hat hier Weinstöcke pflanzen lassen, welche ziemlich gut vorgehen. Vom März bis in den September-monat regnet es hier gar nicht. Die Nogaischen Tatarn haben ein runzliches, häßliches Gesicht. An der Ostseite von Astrachan, neben dem Kas-pischen Meere, wohnen die Karakalpaken, d. i. Tatarn, die von den schwar-
15 zen Mützbremen ihren Namen haben und zum Theil unter russischem Schutze stehen. Gegen Westen von Astrachan sind die cirkassischen Tatarn anzutreffen. Ihr Land ist eine rechte Pflanzschule schöner Weiber, welche von da in die türkischen und persischen Länder verkauft werden. Das Land ist schön, aber die Viehzucht wird mehr als der Ackerbau getrieben. Von
20 hier hat die Inoculation der Pocken ihren Anfang genommen, weil sie die Schönheit erhält.

   Mahomedanische freie Tatarei.

Usbeck giebt drei Abtheilungen derselben an.

1. Die große Bucharei mit den Städten Samarkand und Bu-
25 chara, von denen die erstere eine lange Zeit hindurch der Sitz aller Wissen-schaften im Oriente war. Balch hat einen besondern Chan. Die Bucharen sind wohlgesittet, und die alten Einwohner des Landes handeln stark. Sie stehen alle unter der Protection des großen Moguls, welcher daher seine besten Soldaten hat.
30 2. Charesm. Die Einwohner dieses Landes sind wohlgesittet und starke Räuber.

3. Turkestan, daraus die Türken entspringen. Westwärts des Kaspischen Meeres findet man die daghestanischen Tatarn, die häßlich-sten unter allen und Erzräuber.

# Mongolische Tatarn.

Sie wohnen westwärts und nördlich von der Wüste Schamo oder Xam. Karakorum, eine Stadt an dieser Wüste, war die Residenz des Dschingischan, eines der größten Eroberer in der Welt. Die Mongolen werden von den Chinesern stinkende Tatarn genannt wegen ihres übeln Geruchs. In ihrem Lande und in dem Lande der Kalmücken giebt es keine Bäume, sondern bloße Gesträuche. Sie wohnen daher nicht in Städten, sondern in Lagern. Das Erdreich soll allenthalben in der Tiefe von wenigen Fuß selbst im Sommer gefroren sein. Man lebt von der Viehzucht, sonderlich von Pferden und Kräutern. 10

# Kalmücken.

Die Kalmücken bewohnen die höchste Gegend der östlichen Tatarei bis an das Gebirge Imaus und haben sich ostwärts und nordwärts ausgebreitet. Sie rühmen sich ächte Nachkommen der alten Mongolen zu sein. Ihre Gestalt ist oben beschrieben. Ihr oberster Beherrscher nennt sich 15 Kontaischa. Seine Gewalt erstreckt sich bis Tangut, obgleich einige Horden sich unter Rußlands Schutz begeben haben. Im Königreiche Tangut blüht noch etwas von den Wissenschaften der alten Mongolen. In Barantola oder, wie Andere es nennen, in Potala residirt der große Oberpriester der mongolischen Tatarn, ein wahres Ebenbild des Papstes. Die 20 Priester dieser Religion, die sich von dieser Gegend der Tatarei bis in das chinesische Meer ausgebreitet haben, heißen Lamas; diese Religion scheint ein in das blindeste Heidenthum ausgeartetes katholisches Christenthum zu sein. Sie behaupten, Gott habe einen Sohn, der in die Welt als Mensch gekommen, und in der er bloß als ein Bettler gelebt, sich aber allein damit 25 beschäftigt habe, die Menschen selig zu machen. Er sei zuletzt in den Himmel erhoben worden. Dieses hat Gmelin aus dem Munde eines Lama selbst gehört. Sie haben auch eine Mutter dieses Heilandes, von der sie Bildnisse machen. Man sieht bei ihnen auch den Rosenkranz. Die Missionarien berichten, daß sie auch ein Dreifaches in dem göttlichen We- 30 sen statuiren, und daß der Dalai=Lama ein gewisses Sakrament mit Brod und Wein administriren soll, welches aber kein anderer genießt. Dieser Lama stirbt nicht, seine Seele belebt ihrer Meinung nach alsbald einen Körper, der dem vorigen völlig ähnlich war. Einige Unterpriester geben auch vor, von dieser Gottheit beseelt zu sein, und die Chinesen nennen einen 35 solchen einen lebendigen Fo. Das Angeführte, und daß der große Lama, welchen sie auch den Vater nennen, wirklicher Papst bei den Heiden ist und auch so zu sagen sein Patrimonium Petri zu Barantola hat, bestätigen die obige Vermuthung. Was einige Reisende vorgeben, daß die Anhänger dieses Glaubens den Koth des Lama als ein feines Pulver bei sich führen und in Schachteln tragen und etwas davon auf ihr Essen streuen, mag wohl eine bloße Verleumdung sein.

### Nische = oder Mandschu = Tatarei.

Die Mandschu wohnen in Städten. Die Wissenschaften und Künste werden einigermaßen von ihnen betrieben. Diese Tatarn haben China bezwungen und es herrschen daselbst noch Kaiser aus diesem Stamme. Sie sind wohlgesittet und bauen den Acker. In ihren Wüsten wächst die Wurzel Ginseng. Sie sind von der Religion des Dalai-Lama.

### Von dem Versuche, aus dem nordischen Eismeere eine Durchfahrt nach Indien zu suchen.

Die russischen Monarchen haben seit Peter des Ersten Zeiten Schiffe auf diese Expedition geschickt. Theils sind sie an den nordischen Küsten von Asien fortgesegelt, aber weil man daselbst im Eise bald einfriert, so ist versucht worden, in Kamtschatka Schiffe zu bauen und nordostwärts eine Durchfahrt zu finden. Capitain Bering scheiterte an den kurilischen Inseln, aber es wurden dennoch wichtige Entdeckungen gemacht, und man hat sich außerdem überzeugt, daß Asien und Amerika nicht zusammen hängen.

### Asiatische Türkei.

Es ist dieses weit ausgebreitete Land in einigen, als den gebirgichten Gegenden von Armenien ziemlich kalt, in der Ebene am Seeufer aber, wie bei Aleppo, heiß. Bei Erserum fand Tournefort gegen das Ende des Junimonates noch Eis von zwei Finger Dicke, und daß es manches Mal schneit. Daher in dieser Gegend fast gar kein Holz anzutreffen ist. Auf dem Berge Libanon finden sich nur noch sechzehn von den majestätischen Cedern des Alterthums, die aus dem Schnee hervorgewachsen sind. Der Boden dieses Landes ist hin und wieder salzicht und voll Naphtha. Bei Aleppo ist ein Salzthal, wo das zusammengelaufene Wasser, wenn es austrocknet, Salz zurückläßt. Man findet auch einige Meilen vom Todten

Meere schon eine Salzrinde auf dem Felde, ingleichen hin und wieder in
der Erde.  Die Türken, die diese Länder besitzen, sind eigentlich von ta-
tarischer Abkunft, wohlgestaltet, gastfrei, mildthätig gegen Arme und gegen Reisende in der Besorgung der Caravanserais.  Sie sind indessen
ziemlich der Faulheit ergeben, können Stunden lang bei einander sitzen,   5
ohne zu reden.  Der Geiz ist ihr siegendes Laster.  Sie sollen zwar keinen
Wein trinken, aber man trinkt ihn doch heimlich.  Man hat bei ihnen keinen Adel, keine Duelle.  Ihr Glaube von der Prädestination.  Sie spieler
nie um Geld.  Sie sind Mahomedaner von der sogenannten rechtgläubi-
gen Secte.  Haß gegen die Perser als heterodoxe Schiiten.  Es giebt selbst   10
noch viel mehrere Secten unter ihnen, ja sogar Skeptiker und Atheisten.
Mingrelien, Georgien und Imeretien sind die Pflanzschulen schöner Weiber.
Mingrelien ist sehr regenhaft.  Das Erdreich ist hier so durchweicht, daß
man das Getreide in den ungepflügten Acker hinwirft oder zum höchsten
mit einem hölzernen Pfluge umwühlt.  Die Georgier sind schlechte   15
Christen, unkeusch, diebisch, dem Trunke ergeben.  Die Armenier gehören unter die größten Kaufleute im Oriente.

# Der zweite Welttheil.

# Afrika.

## Das Vorgebirge der guten Hoffnung.

Die eigentlichen Einwohner sind Hottentotten. Diese haben nur eine
Zigeunerfarbe, aber schwarzes wolliges Haar wie die Neger und einen
dünnen, ebenfalls wolligen Bart. Sie drücken ihren Kindern bald nach
der Geburt die Nase oberwärts ein und haben also eine ungeschickte, auf-
gestutzte Nase und dicke Wurstlippen. Einige Weiber haben ein natürliches Fell am osse pubis, welches ihre Geschlechtstheile bedeckt, ob sie
gleich noch ein Schaffell darüber tragen. Thevenot bemerkt dieses von
vielen Mohrinnen und Ägypterinnen. (S. namentlich Le Vaillants
erste Reise nach Afrika über diesen Gegenstand). Sie werden alt, sind
sehr schnell zu Fuß und salben täglich ihre Haut mit Schöpsenfett, um die
Schweißlöcher gegen die gar zu große Austrocknung der Luft zu bewahren.
Allein daß es aus Galanterie geschehe, sieht man daraus, weil sie nicht
allein ihre Haare, ohne sie sich jemals zu kämmen, täglich mit eben denselben Salben balsamiren, sondern auch ihren Schafpelz, den sie sich erstlich
mit Kuhmist (welches überhaupt ihr Lieblingsgeruch ist) stark einsalben
und täglich mit Schaffett und Ruß einschmieren. Ihre übrigen Zierathe
sind Ringe von Elfenbein um die Arme und ein kleiner Stock mit einem
Katzen= oder Fuchsschwanze, welcher zum Schnupftuch dient. Nur die
Weiber tragen Ringe von Schafleder um die Beine gewickelt. In den
Haaren tragen sie Glas, Messingsknöpfe und um den Hals kupferne Ringe.
An den Festtagen machen sie sich sechs große Striche mit rother Kreide über
die Augen, Backen, Nase und Kinn.

In ihren Schlachten sind sie mit Wurfpfeilen, einem Parirstocke und
einer Pike ausgerüstet und attaquiren so lange, als ihr Oberster auf der
Pfeife bläst, mit wunderlichen Grimassen, indem sie einzeln bald einen

Ausfall thun, bald zurückspringen.  Wenn der Oberste zu blasen aufhört, so hört das Gefecht auf.  Sie können auf eine erstaunliche Art mit Wurf= pfeilen treffen und zwar, indem sie ihre Augen nicht gerade auf den Ge= genstand richten, sondern oben, unten und zu den Seiten.  Sie haben eine Menge religiöser Handlungen, ob sie sich gleich niemals eigentlich darum bekümmern, was Gott, den sie den obersten Hauptmann nennen, sei.  Sie verehren den Mond und tanzen vor einer Gattung von Goldkäfern, die sie als eine Gottheit verehren.  Wenn dieser sich irgend in einem Dorfe zeigt, so bedeutet es großes Glück, und setzt er sich auf einen Hottentotten, so ist er ein Heiliger.  Sie glauben wohl ein Leben nach dem Tode, aber sie denken niemals an Seligkeit oder Unseligkeit.  Sie scheinen von dem Ju= denthume etwas angenommen zu haben.   Der erste Mensch hat ihrem Vorgeben nach Noh geheißen.  Sie enthalten sich keines Fleisches, als des Schweinfleisches und der Fische ohne Schuppen.  Sie geben aber niemals eine andere Ursache davon an, als weil es so bei den Hottentotten Gebrauch wäre.  Die Hottentotten haben vielen natürlichen Witz und viele Geschick= lichkeit in Ausarbeitung mancher Sachen, die zu ihrem Geräthe gehören.  Sie sind ehrlich und sehr keusch, auch gastfrei, aber ihre Unflätigkeit geht über alles.  Man riecht sie schon von weitem.  Ihre neugebornen Kinder salben sie recht dick mit Kuhmist und legen sie so in die Sonne.  Alles muß bei ihnen nach Kuhmist riechen.  Läuse haben sie im Überfluß und speisen sie zum Zeitvertreib.  Alle Hottentotten müssen von dem neunten Jahre an eines Testikels beraubt werden.  Diese und andere Feierlichkeiten wer= den damit beschlossen, daß zwei Älteste die ganze Versammlung mit ihrem Harne benetzen, welches Weihwasser sie sich stark einreiben.  Dieses ge= schieht auch bei Zusammengebung zweier Eheleute.  Der Junge wird mit vielen Ceremonien im achtzehnten Jahre unter die Männer aufgenommen und, wie eben erwähnt, benetzt, welche Feuchtigkeit er sich mit Fett einreibt.  Hernach muß er mit keinem Weibe mehr etwas zu thun haben und kann sie prügeln, wohl gar die Mutter, und zwar ungetadelt.  Die Weiber müssen die ganze Wirthschaft besorgen.  Der Mann thut nichts als Taback rau= chen, saufen und etwa zur Lust jagen.  Ihre Faulheit bringt sie oft in Noth, so daß sie ihre Fußsohlen oder die ledernen Ringe um die Finger fressen.  Unter ihre lächerlichen Gewohnheiten gehört sonderlich, daß eine Wittwe, die zum zweiten Mal heirathen will, sich ein Glied vom Finger muß abnehmen lassen.  Dieses fängt vom ersten Gliede am kleinen Finger an und geht so, wenn sie mehrmals heirathet, durch alle Finger durch.

Was ihre Speisen anlangt, so sind sie die größten Liebhaber von Ge=
därmen. Sie machen Kochtöpfe aus Erde von Ameisenhaufen; ihr Löffel
ist eine Muschel. Sie braten zwischen heißen Steinen. Branntwein ist
ihr ergötzlichstes Getränke, von dem sie so wie von dem Tabackrauchen fast
5 rasend werden. Die Kühe geben hier auch nicht Milch, ohne daß das Kalb
dabei ist. Sie blasen ihnen aber in dem Verweigerungsfalle mit einem
Horn in die Mutter. Die Butter machen sie durch Schütteln der Milch in
Säcken von rohen Ochsenhäuten, deren rauhe Seite nach außen gekehrt ist.
Aber sie brauchen sie nur, um sich zu schmieren. Kein Volk besteht hart=
10 näckiger auf seine Gewohnheiten. Man hat noch nicht einen Hottentotten
zur Annahme des christlichen Glaubens bewegen können. Wenn sie Zwil=
linge bekommen und eins ein Mädchen ist, so begraben sie es lebendig.
Wenn ein alter, unvermögender Mensch nicht mehr seine Nahrung suchen
kann; so schaffen sie ihn bei Seite, lassen ihm etwas Vorrath und darauf
15 verhungern. Sie halten viele zum Streite abgerichtete Ochsen. Ihre
Hütten sind unsern Heuhaufen ähnlich und das Dorf ist in der Runde mit
Hütten besetzt. In der Mitte ist das unwehrhafte Vieh. Auswärts die
Ochsen und Hunde.

### Naturbeschaffenheit des Landes.

20 Vom Mai bis in den Septembermonat sind hier häufige Regen mit
Nordwestwinden, vom September bis in den Märzmonat aber findet das
Gegentheil Statt. Wo das Regenwasser in Pfützen austrocknet, bleibt Salz
zurück. Selbst ein Gefäß, das mit seiner Öffnung den Wind auffängt, setzt
Wasser auf dem Grunde ab, welches salzicht wird. Der gute Mousson oder
25 Südostwind streicht hoch, und hat eine ungemeine Gewalt. Dieser erhält
die Gesundheit. In den Zweifelmonaten ist es sehr ungesund. Das Ge=
wölke am Tafelberge, das Ochsenauge genannt, ist oben beschrieben worden.

### Producte des Landes.

Das Wasser auf dem Cap ist sehr schön. Es verliert, wenn es bis
30 Europa gebracht wird, nicht seine Reinigkeit. Man findet Eisenstein,
daraus die Hottentotten Eisen schmelzen und sich ihre Werkzeuge mit Stei=
nen schmieden. Man findet Zinnober und etwas Gold. Es findet sich
hier der Elephant, dessen Mist die Hottentotten im Nothfalle als Taback
rauchen. Löwen, Tiger und Leoparden, deren Fleisch sehr schön schmeckt.
35 Das Nashorn, dessen Horn, wenn es zu einem Becher ausgehöhlt wor=

den, vom Gifte springt. Das Zebra, der Büffel, das Flußpferd, Stachel-
schweine, wilde Hunde, die in Gesellschaft jagen, aber den Menschen nichts
thun. Viele Paviane, Schakals, Stinkdachse, die, wenn sie verfolgt werden,
einen solchen Gestank von sich geben, daß Menschen und Thiere ohnmäch-
tig werden. Große Schildkröten, die Durstschlangen, die Cobra de Capello, Tausendfüße, der Nordkaper, Delphine und Doraden, Haie, Blaser,
Krampffische. Es findet sich auch hier die Wurzel Gieleg, und die Hottentotten trachten sehr darnach. Der Wein ist schön.

## Das Land Natal

wird von Kaffern bewohnt und ist zum Theil von den Holländern
erkauft. Die Kaffern haben fast nichts Ähnliches mit den Hottentotten.
Sie salben sich nicht wie diese, haben viereckichte Häuser von Thon, sind
sehr schwarz, haben lange, glatte Haare und säen und bauen Getreide,
welches die Hottentotten nicht thun. Sie handeln mit den Seeräubern.
Die Thiere und Pflanzen sind hier eben dieselben als im Lande der Hottentotten.

## Die Küste Sofala.

Sie wird so genannt wegen einer portugiesischen Stadt dieses Namens. Man hält diese Küste für das Ophir des Salomo mit vieler Wahrscheinlichkeit. Man findet hier Elephantenzähne und Goldstaub. Mozam-
bique gehört den Portugiesen. Oberhalb dieser Küste gehört das Land
den Arabern von Maskat und einigen wilden und gastfreien Nationen
bis an die Meerenge Bab-el-Mandeb.

## Eiland Madagaskar.

Diese Insel wird für die größte unter allen bekannten Inseln gehalten. Die Franzosen beherrschen einen beträchtlichen Theil der Küste. Die
Einwohner sind theils von schwarzer, deren Anzahl sich auf eine Million
sechs hundert tausend belaufen soll, theils von arabischer Abkunft. Die
Schwarzen sind groß, hurtig. Die Weiber schön und artig. Niemand bekümmert sich darum, wie sich ein Mädchen vor der Ehe aufgeführt habe,
wenn sie nur hernach treu ist.

In ihren Kriegen hängt der Sieg bloß von der Tapferkeit des An-
führers ab, dessen Tapferkeit oder Flucht ein Gleiches unter dem Volke nach

sich zieht. Sie haben die Beschneidung, wie die meisten afrikanischen Völker der Küste. Im Übrigen haben sie keine andere Gottheit als eine Grille, die sie in einem Korbe füttern, in den sie die ihnen bösen Sachen setzen. Dieses nennen sie ihr Oly. Die Ochsen haben hier alle Höcker von Fett. Die Schafe bekommen hier sehr breite Schwänze, die aus lauter Fett bestehen. Es findet sich hier eine Menge leuchtender Fliegen, welche, wenn sie zur Nachtzeit auf einem Baume sitzen, den Anschein geben, als wenn der Baum brenne. Eine Art Schlangen kriecht den Unvorsichtigen mit großer Geschwindigkeit in den After und tödtet sie. Man findet hier auch ein großes Seeungeheuer von der Größe eines Ochsen mit Krokodillfüßen, aber borstig. Auf der Insel hat man kein anderes Gold, als was sie von den Arabern durch den Handel bekommen haben. Aber unterschiedliche Edelgesteine finden sich bei ihnen.

## Monomotapa.

Der Kaiser dieses weitläuftigen Reiches herrscht über viele Unter= Könige. Im Innern des Landes trifft man Gold= und Silberbergwerke an; die sehr reichhaltig sind. Die Einwohner sind schwarz, beherzt und schnell zu Fuße. Sie bemengen sich viel mit Zaubereien. Die Portugiesen wollen uns einbilden, es wären unter den Soldaten dieses Kaisers auch Amazonenlegionen, welche sich die linke Brust abbrennen und sehr tapfer fechten.

## Von den Ländern Kongo, Angola und Benguela.

Die Luft in Kongo ist gemäßigt. Vom April bis in den Augustmo= nat herrscht hier Regen mit Nordwestwinden und vom September bis in den Aprilmonat heiteres Wetter mit Südostwinden. Obgleich den Ein= wohnern in diesen letzten Monaten die Sonne am höchsten steht: so kühlen diese Winde doch ungemein. Das Erdreich ist sehr fruchtbar. Man baut einige Gattungen von Korn, Hirse und Hülsenfrüchten. Man macht Brod aus der Wurzel Maniok. Die Bananen, Ananas=Früchte u. a. m. finden sich hier. Ensetenbaum ist mit dem Bananenbaume einerlei. Der Migna= minga soll an Blättern und Holz giftig sein. Allein wer durch seine Blätter vergiftet worden, dem hilft das Holz und so umgekehrt. Die Missionarien melden, daß es hier einige Vögel gebe, die eine articulirte

Stimme hätten, als deren einer z. B. den Namen Jesus Christ recht
vernehmlich aussprechen soll; andere, deren Geschrei wilde Thiere verräth.
Man jagt hier den Elephanten vornehmlich um seines Schwanzes willen,
weil das Frauenzimmer mit seinen Borsten ihren Hals ausziert.  In
Kongo giebt es sehr gefräßige Ameisen, die eine ganze Kuh ausfressen. 5
Unter den Fischen ist hier auch die Meerjungfer.  Große Schlange Embba,
die ein Schaf auf einen Bissen verzehrt.  Die Einwohner dieser Länder
sind ganz schwarz, obgleich auch mit vielen Mulatten untermengt, vor=
nehmlich in den portugiesischen Besitzungen von Angola und Benguela.

Benguela hat eine sehr ungesunde Luft.  Die Europäer verlieren hier 10
ihre gesunde Farbe.  Die Religion ist mehrentheils christlich.  Die heid=
nischen Einwohner bemengen sich hier ebenfalls viel mit Zaubereien.

## Matamba und die Anzikos, die Jaggas oder Schaggas.

Die Anzikos werden beschnitten.  Bei ihnen soll nach dem Berichte 15
der Missionarien Menschenfleisch von ordentlich dazu geschlachteten fetten
Sklaven auf dem Markte feil sein.  Die Jaggas sind ein ungemein weit
ausgebreitetes Volk.  Sie sind schwarz, kühn und zeichnen sich mit einge=
brannten Strichen das Gesicht.  Sie leben vom Raube und bemühen sich
nicht, den Palmenwein zu zapfen, sondern hauen den Baum um und ziehen 20
den Saft so heraus.  Die Weiber müssen sich zwei von den obern und
eben so viel von den untern Zähnen ausziehen lassen.  Man sagt, sie tödte=
ten ihre Kinder und raubten dafür erwachsene Personen aus andern Län=
dern.  Sie sollen aus Sierra Leona ausgezogen sein, jetzt aber haben sie
sich in einer Strecke von mehr als neunhundert Meilen ausgebreitet.  Ma= 25
tamba wird auch mehrentheils von Jaggas oder Schaggas bewohnt.

## Küste von Afrika.

### Von den Canarischen Inseln an bis Kongo.

### Canarische Eilande.

Auf der Insel Ferro ist der schon beschriebene Wunderbaum.  Auf 30
der Insel Palma wird der Palmensect gewonnen.  Der unsterbliche Baum
ähnelt dem Brasilienholze, fault aber nicht, weder in der Erde, noch im

Wasser. Auf Teneriffa ist der Pico zu merken, ingleichen die in Ziegenfell eingehüllte Mumien. Madeira hatte vor diesem lauter Wald, jetzt ist er weggebrannt. Madeirawein ist aus Kandia herüber verpflanzt. Vino Tinto ist roth und schlecht.

## Länder
#### vom Grünen Vorgebirge bis an den Gambiafluß.

Auf der Nordseite des Senega oder Senegal sind die Leute von mohrischer Abkunft und keine rechte Neger. Aber auf der Südseite sind so schwarze Neger als irgend wo in der Welt, ausgenommen die Fulier. Man redet hierselbst von einem Volke mit großen rothen Lippen, das niemals redet, ein Tuch vor dem Munde hat und seinen Handel stillschweigend treibt. An beiden Seiten des Senegal herrscht die mahomedanische Religion. Am Capo Verde und den Inseln desselben schwimmt das Sargasso über einer unergründlichen Tiefe. Diese Inseln haben eben solche Einwohner als das benachbarte feste Land. Die meisten Vögel daselbst haben eine schwarze Haut und eben dergleichen Knochen. Am Senegal ist die Hitze unerträglich. Das Land der Fuli, eins von denen daran gelegenen Ländern, hat sehr schöne, artige, schwarzbraune Weiber mit langen Haaren. Die fleißigen Weiber nehmen hier Wasser ins Maul, damit sie sich des Schwatzens enthalten. Die Ameisen bauen hier Haufen wie Kegel, die mit einer Art festen Gips überzogen sind, und darin nur eine Thüre ist. Die Jolofer, die zwischen dem Gambia und dem Senegal wohnen, sind die schwärzesten und schönsten Neger. Sie stehlen sehr künstlich. Man muß bei ihnen mehr auf die Füße als auf die Hände Acht geben. Hier wird die ärgste Treulosigkeit mit Verkaufung der Sklaven begangen. Der König von Barsalli steckt öfters seine eignen Dörfer in Brand, um nur Sklaven zu fangen und sich dafür Branntwein anzuschaffen. Eltern verkaufen ihre Kinder und diese jene. Von dem Gambia an hört die mahomedanische Religion auf, und die Heiden fangen an.

## Von den Ländern am Ausflusse des Gambia
## und längs der Küste von Guinea.

An dem Gambia haben die Leute platte Nasen, welche die Kinder daher bekommen sollen, weil sie von den Müttern bei ihrer Arbeit auf dem Rücken getragen werden. Hier ist auch die Plage mit den Colubrillen oder langen Würmern, die sich in die Haut fressen. Alle heidnischen Einwohner

längs der genannten Küste haben mit Grillen oder Zauberkünsten zu thun.
Die Pfaffen machen in dem Lande an dem Gambia Zauberzettel, die sie
Grisgris nennen.  Daher das Papier, um sie darauf zu schreiben, hier
eine sehr gangbare Waare ist.  Die Soldaten staffiren sich ganz und gar
damit aus.  Der Kopf hinten und vorne, die Schultern und Arme sind                5
hiermit geziert.  Mancher hat sogar seinen ganzen magischen Küraß, der
aber vieles Geld kostet.  Mambo Jumbo ist ein Rock, in dem sich ein Po-
panz oder eine Puppe verkleidet befindet, die Weiber zu schrecken.  In
Sierra Leona giebt es Regen und Gewitter nur in den Sommermonaten.
Die Gebirge geben den Knall des Geschützes auf eine fürchterliche Weise               10
wieder zurück.  Die Fluth kommt hier aus Westen und Südwest und kehrt
immer wieder dahin.  Die Bewohner von Sierra Leona sind nicht völlig
negerschwarz, aber haben einen sehr übeln Geruch.  Man hat hier überhaupt vier Gattungen Bäume von der Palmenart: Dattel=, Kokos=,
Areka= und Cypressenpalmenbäume oder Weinbäume, die den besten               15
Palmsaft geben.  Man schneidet nämlich einen Ast ab und hängt an den
Stumpf eine Flasche.  Die wilden Thiere fressen in diesem Lande, wie
man versichert, nur die Neger, nicht die Europäer.  Es giebt hier auch
ein Thier, die afrikanische Unze genannt, so groß wie ein Spürhund, sehr
wüthend und von der Leoparden Art.  Der Löwe ist hier sehr groß und               20
eben so majestätisch wie irgend an einem andern Orte.  Der Elephant ist
hier nicht völlig so groß als in Indien. Man hat ihm hier abgemerkt, daß er
sich leichter von der Linken gegen die Rechte als umgekehrt dreht, und dessen
macht sich der Neger zu Nutze.  Man hat hier den Geiß, Antilope genannt,
ohngefähr wie ein Spießer oder Spießhirsch.  Die Demoiselle oder der               25
afrikanische Pfau ist gerne allein.  Der Ochsensauger ist von der Größe
einer Amsel.  Der Fischervogel hängt sein Nest in die zarten Zweige der
Bäume, die über dem Wasser hängen.  Die Öffnung ist jederzeit gegen
Osten.  Der Hai, der Blaser, Cormoran, Pantoufflier, der Hammerfisch,
Manati, Torpedo, Schildkröten, Krokodill, Flußpferde, Grampus oder               30
Nordkaper sind in diesem Meere und an diesen Küsten.  Man muß hier
noch merken, daß die Seefahrenden bei der Durchsegelung des Wendekrei-
ses oder der Linie mit Allen, die sie zum ersten Male passiren, die Seetaufe
vornehmen.  Der Täufling muß schwören, den Gebrauch beizubehalten.

Die Quaquaküste hat den Namen von dem Worte Quaqua, welches               35
die Neger hier immer im Munde führen und so viel sagen will als: Ihr
Diener.  Diese Leute feilen sich die Zähne wie Pfriemen spitz.

Die Neger von der Küste Guinea sind nicht unangenehm gebildet, sie
haben keine platten Nasen und sind stolz, dabei aber auch sehr boshaft und
diebisch. Einige Reisende geben vor, glänzend gelbe Menschen, die hier
als Fremdlinge ankommen, gesehen zu haben. Man läßt an der Goldküste
die Nägel sehr lang wachsen, um den Goldstaub mit denselben aufzuneh=
men. Die mahomedanischen Marbuten geben als Ursache der Armuth
der Neger dieses an, daß von den drei Söhnen des Noah der eine ein
Weißer, der zweite ein Mohr und der dritte ein Neger gewesen, und daß
die zwei erstern den letzten betrogen hätten. Die Heiden aber sagen: Gott
hat schwarze und weiße Menschen geschaffen und ihnen die Wahl gelassen,
da der weiße die Wissenschaft, der schwarze aber das Gold begehrt habe.
Die Schwarzen an der Küste richten die Weiber so ab, daß sie Fremde
verführen, damit sie selbige hernach mit Geld strafen können. Es werden
hier öffentlich Huren gehalten, die keinem ihre Gunst abschlagen müssen,
sollte er auch nur einen Pfennig bieten. Die Neger glauben hier über=
haupt zwei Götter, einen weißen und einen schwarzen, den sie Demonio
oder Diabro nennen; der letztere, sagen sie, sei boshaft und könne kein
Getreide, keine Fische und dergleichen geben. Der weiße Gott habe den
Europäern alles gegeben. Die souveraine Religion aller Neger an der
Küste von Afrika von Sierra Leona an bis an den Meerbusen von Benin
ist der Aberglaube der Fetische, von dem portugiesischen Worte Fetisso
d. i. Zauberei. Der große Gott nämlich, dies ist die Meinung jener Leute,
bemenge sich nicht mit der Regierung der Welt und habe besondere Kräfte
in die Priester oder Fetischirs gelegt, daß sie durch Zauberworte einer jeden
Sache eine Zauberkraft mittheilen können. Sie tragen daher irgend einen
solchen Fetisch, z. E. ein Vogelbein, eine Vogelfeder, ein Horn mit Mist bei
sich, welchem sie sich der Erhaltung der Ihrigen wegen anvertrauen.
Schwören heißt bei ihnen Fetisch machen. Sie haben Fetischbäume, Fetisch=
fische, Fetischvögel. Sie fluchen, daß der Fetisch sie hinrichten soll. Sie
thun Gelübde beim Fetisch. Daher fast ein jeder von ihnen sich irgend einer
Art von Speise enthält. Sie haben eine Beschneidung und unterhalten
ihre Bettler durch öffentliche Abgaben. Ihre Könige machen eine elende
Figur zu Hause und geben unsern Schuhflickern wenig nach. Man wählt
aus allen Ständen, selbst aus den Lakeien Könige; dahingegen werden
die Töchter dieser oft an Sklaven verheirathet. Der König und seine Prin=
zen pflegen ihre Äcker selber, denn sonst würden sie Hungers sterben müssen.
Von seinem Tribut muß er das Meiste verschenken und verschmausen. In

einigen Provinzen nimmt der Gläubiger dem ersten dem besten etwas weg
und weist ihn an den Debitor, mit dem er den Prozeß führen muß.

Ihre Schlachten sind lächerlich. Sie laufen gebückt oder kriechen auch
wohl gar an den Feind, feuern ab und laufen zurück wie die Affen. Die
gefangenen Könige werden als Sklaven an die Europäer verkauft und nie-     5
mals ausgelöst. Ihren Gefangenen schneiden sie den untern Kinnbacken
lebendig fort, und hernach zieren sie sich damit wie auch mit Hirnschädeln.

Der Sommer fängt hier mit dem Septembermonate an und dauert
sechs Monate, da dann die heftigste Hitze herrscht. Die übrige Zeit, da
doch die Sonne am höchsten ist, bleibt wegen der beständigen Regen und    10
Nebel kühl. Die Schwarzen fürchten sich sehr vor dem Regen, der roth ist
und die Haut frißt. Man sagt hier auch, daß die Winter ehedeß kälter
und die Sommer wärmer gewesen. Die Tornaden sollen jetzt ebenfalls
nicht so heftig sein als vormals.

Harmattans sind schneidende, kalte Nordostwinde, die von dem Ja-     15
nuar bis in den Februarmonat dauern. Sie sind aber dem Meerbusen
von Benin eigen. Den meisten Goldstaub findet man in Axim und Je-
fata. Das Salz in Guinea ist von einer Siedung sehr weiß, wird aber
von der Sommerhitze bitter und sauer. Unter den Feldfrüchten sind die
Bataten, die den Kartoffeln ähneln, in diesen so wie in manchen indi-     20
schen Ländern sehr im Gebrauche. Vieh sowohl als Menschen sind hier
leichter am Gewichte, als nach dem äußern Ansehen zu urtheilen sein
würde. Man liebt hier das Hundefleisch. Die Hunde sind hier alle kahl
und stumm. Schlange, die zwei und zwanzig Fuß lang ist, und in der
man einen völlig ausgewachsenen Hirsch gefunden.                          25

Im Königreiche Whidah, sonst Fida genannt, sind die Neger nicht
so schwarz als an der Goldküste. Sie sind arbeitsam, voller Complimente,
die verschmitztesten Diebe in der ganzen Welt. Ein lächerliches Verdienst,
welches sich reiche Frauen bei ihrem Absterben zu machen einbilden, ist
dieses, daß sie ihre Sklavinnen zu öffentlichen Huren vermachen und glau-    30
ben dafür nach dem Tode belohnt zu werden. Die Eltern verkaufen gewöhnlich ihre Kinder zu Sklaven. Viele Kinder, viel Reichthum. Man
bedient sich hier wie anderwärts in Afrika der Beschneidung. Es ist eine
große Unhöflichkeit vom Tode zu reden.

Der große Fetisch von Whidah ist eine große Schlange, die Ratzen    35
und giftige Schlangen verfolgt. Ein Schwein fraß einmal eine solche
Schlange, und das ganze Schweingeschlecht wurde ausgerottet. Man wid-

met ihr Schlangenhäuser als Tempel. Ihr werden Mädchen geheiligt, welche hernach von ihren Männern müssen geehrt werden. Sie sind feige, haben auch die tolle Angewohnheit, sich wegen der Schulden an den ersten den besten zu halten.

5 Das Königreich Benin ist mächtig. Der König von Whidah hat seinen Palast, sein Geräthe und Tractamente fast auf europäischen Fuß eingerichtet. Der König von Adda. Er schickte Gesandte nach Frankreich. Die Einwohner am Flusse Gabun tragen Ringe in ihren Ohren, Nasen, Lippen; andere machen ein Loch in die untere Lippe, wodurch sie die
10 Zunge stecken. Der König dieses Landes trieb zu Bosmanns Zeiten das Schmiedehandwerk.

## Ägypten.

Das Land ist wegen seines fruchtbaren Bodens und großer Hitze im untern Theile sehr ungesund, vornehmlich vom funfzigsten Tage des dorti-
15 gen Sommers, da Südwinde, Hamsin oder Chamsin genannt, eine sehr heiße Luft zuwehen. Die Seuchen, die daraus entstehen, hören plötz- lich auf, sobald der Nil auszutreten anfängt. Man hat in Kairo fast allenthalben schlimme Augen. Der Nilstrom, von dem schon oben ge- handelt, würde das Land nicht so weit hinein überschwemmen, wenn
20 nicht durch Canäle das Wasser herübergeführt würde. Unter den meh- rern Armen des Nils sind nur deren zwei schiffbar, der von Damiette und von Rosette.

Die alten Landeseinwohner sind hier nur gelb, werden aber immer brauner, je näher sie Nubien kommen. Die größte unter den Pyramiden
25 hat eine Quadratbasis, deren Seite sechshundert und drei und neunzig Fuß und die schräge Höhe gleichfalls so viel austrägt. Versuche sie zu durch- suchen. In den Katakomben oder Gräbern westwärts von dem Orte, wo das alte Memphis stand, findet man die Mumien, deren die besten nach ausgezogenem Gehirne und ausgenommenem Eingeweide mit arabischem
30 Balsam und Benzoe eingesalbt, eine Zeit lang in eine Salzlake gelegt und dann inwendig mit den besten Kräutern und wohlriechenden Sachen an- gefüllt sind. Eine solche Mumie kostet viertausend Gulden. Bei der zwei- ten Art werden schlechtere Ingredienzen genommen, bei der dritten aber nur ein Judenpech. Ein Jude in Alexandrien balsamirte die in der Pest
35 verstorbenen Körper zu Mumien ein. Auf der Insel Teneriffa findet man auch Mumien in Gräbern, in Ziegenfelle eingenäht, die sich sehr wohl ge-

halten haben. Unter den Gewächsen merken wir nur den Papyrus der
Alten, eine Art Schilf, von dem die alten Ägypter ihr Brod, ihre Kleidung
und sogar Papier hernahmen. Man hat in Kairo auch Öfen, in denen
Hühnereier durch eine gemäßigte Hitze von schwelendem Kuh= oder Ka=
meelsmiste ausgebrütet werden. Bei Alt=Kairo ist ein Kirchhof, von dem
die Kopten den Glauben haben, daß die todten Leichname auf demselben
am Charfreitage sich an die Luft heraus bewegen. Wie sich die Kopten
bei Lesung des Evangelii verhalten. Der Krokodill ist einer der ärgsten
Feinde in Ägypten. Der Ichneumon frißt ihm nicht die Gedärme durch,
sondern zerstört seine Eier. Der Ibisvogel ist Ägypten ganz eigen, ist
einem Storche sehr ähnlich und stirbt, sobald er nur über die Grenze
kommt; er rottet die aus Äthiopien kommenden Heuschrecken aus. Die
Zigeuner sollen ursprünglich von den alten Landeseinwohnern Ägyptens
abstammen, welche nachmals aber bei den Siegen der Türken sich in die
Wüsten retirirten und durch Rauben sich nährten, zuletzt aber größten=
theils ausgerottet und verjagt wurden. Die Christen dürfen hier so wie
in andern türkischen Ländern nicht auf Pferden, sondern auf Eseln reiten.

## Abyssinien.

In den niedrigen Gegenden des Landes und an den Küsten des Ro=
then Meers bei Suakin ist die Hitze ganz unerhört heftig, in den andern,
gebirgichten Gegenden aber so mäßig wie in Italien oder Griechenland.
Man sieht hier auf den Bergen entweder niemals oder selten Schnee.
Der Regen, der hier in den Monaten Juni, Juli und August wie aus
Kannen herabstürzt, ist mit schrecklichem Donnerwetter verbunden und
giebt dem Nil seinen Zuwachs. Das Land ist so gebirgicht und rauh wie
die Schweiz. Es giebt hier allerlei seltsame Figuren und Gestalten von
Bergen. Dieses Land hat ohne Zweifel edle Metalle, aber die Einwohner
suchen sie nicht, damit der Türken Geiz dadurch nicht angereizt werde.
Albuquerque, der aus Portugal an den König von Abyssinien geschickt
war, gab den Rath, um der Türken Macht zu schwächen, den Nil ander=
wärts hinzuleiten oder wenigstens sein Wasser durch viele seitwärts ge=
leitete Bäche so zu vermindern, daß die Überschwemmung in Ägypten nicht
die zur Fruchtbarkeit nöthige Höhe erreichen möchte. Denn sobald der
Nil Abyssinien verlassen hat, nimmt er weiter keinen Strom mehr in sich
auf, und es sind viele Ströme in Äthiopien, die das Meer nicht erreichen,

so wie in der großen Tatarei, ingleichen in Persien, indem sie in verschiedenen Ästen sich im Lande verlieren. Unter den Gewächsen des Landes, darunter es die meisten europäischen giebt, merken wir nur das Kraut Asazau, welches, wenn es die Schlange berührt, sie dumm macht, und wer
5 nur die Wurzel desselben gegessen hat, bleibt vor ihrem Biß den Tag über gesichert. Die äthiopischen Ochsen übertreffen die unsrigen über die Hälfte an Größe. Die Pferde sind hier muthig und schön. Schafe, deren Schwanz wohl zehn bis vierzig Pfunde wiegt, sind gemein. Das Zebra, das hier Zekora heißt, der Kameelopard oder die Giraffe, die von Ludolph so hoch
10 beschrieben wird, daß ein Mensch von gemeiner Größe ihr nur bis an die Knie reicht, und jemand, der zu Pferde ist, unter ihrem Bauche durchreiten kann*). Das Land hat unzählig viele Affen, davon die Benennung mag hergekommen sein: Schlauer Affen Land; da kann die Fabel des Herodot, daß daselbst der Tisch der Sonne alle Morgen auf freiem Felde mit
15 gebratenem Wildprete besetzt anzutreffen wäre, von welchem das Volk glaube, es komme von selbst hinauf, Anlaß gegeben haben, ein Land von erdichteter Bequemlichkeit und Schönheit Schlaraffenland zu nennen. Der Hippopotamus, der Krokodill u. s. w. sind hier anzutreffen. Unter den Vögeln merke ich nur den Pipi, der diesen Namen von seinem Geschreie
20 hat, welches er, sobald er einen Menschen merkt und ein wildes Thier oder eine Schlange zugleich gewahr wird, von sich giebt, indem er den Menschen gerade an den Ort führt, wo er sich selbst befindet. Sie haben keine zahmen Gänse. Was die Araber von ihrem Vogel Ruch oder Rock für Fabeln erzählen und einige Reisende bestätigen, das gehört unter die Merk-
25 würdigkeiten des Schlaraffenlandes. Die Heuschrecken sind hier groß, schädlich, aber gesund und angenehm zu essen. Ludolph behauptet, daß Johannes der Täufer, ingleichen die Kinder Israel in der Wüste dergleichen gegessen.

Die Abyssinier sind von arabischer Abkunft, witzig, wohlgebildet, aber
30 schwarzfalb mit wollichtem Haar, ehrlich, nicht zanksüchtig. Es giebt unter ihnen auch einige weiße Mohren; die Kaffern aber, die in ihrem Gebiete wohnen, sind nicht nur häßlich, sondern auch so ungestaltet und boshaft wie die übrigen Neger.

---

*) Vergl. Le Vaillant's Reise in das Innere von Afrika. Ein Gerippe
35 dieses Thieres befand sich auf dem herrlichen Naturalienkabinette des Erbstatthalters im Haag.         Der Herausgeber.

Sonſt giebt es auch Araber und Juden unter ihnen. Die Religion iſt chriſtlich, allein außer vielen Heiden ſind ihnen die Türken ſehr gefähr=lich in ihrem Lande. Die Abyſſinier, ob ſie gleich Chriſten ſind, beſchnei=den noch ihre Kinder wie die Kopten. Vom Prieſter Johann.

## Die nördliche Küſte von Afrika. 5

Die Einwohner ſind ein Gemiſch von alten Einwohnern, Arabern, Vandalen und haben alſo keine ſonderliche Verſchiedenheit von den Euro=päern. Die Producte des Landes ſind ſo wie die in Aegypten. Das In=nere von Afrika am Senegal iſt ſehr unbekannt.

# Der dritte Welttheil.

# Europa.

## Die europäische Türkei.

### Bulgarien.

An dem Berge, welcher dieses Land von Serbien scheidet, ist ein lau-
lichtes und sechzig Schritte davon ein kaltes Bad. Sonst giebt es hier viele
warme Bäder. Hier finden sich auch die großen Adler, deren Schwanz-
federn von den Bewohnern der ganzen Türkei und Tatarei zu den Pfeilen
gebraucht werden. Die dobrudschinischen Tataren an dem Ausflusse der
Donau südwärts sind wegen ihrer Gastfreiheit berühmt, da ein jeder Rei-
sender von den Leuten im Dorfe liebreich eingeladen wird, mit ihnen ver-
lieb zu nehmen, und bis drei Tage mit Honig, Eiern und Brod umsonst
aufgenommen wird.

### Griechenland.

Der Berg Athos in Macedonien, auf dem sich zweiundzwanzig
Klöster befinden. Er soll seinen Schatten bis auf die Insel Lemnos werfen zur Zeit des Sommersolstitii. Der Styx in Morea, dessen Wasser bis
zum Tode kalt und so fressend ist, daß es Eisen und Kupfer auflöst. Die
Mainoten, Nachkommen der alten Macedonier, sind bis auf diesen Tag
von den Türken nicht bezwungen worden. Unter den griechischen Inseln
ist Lemnos seiner Siegelerde wegen berühmt, welche mit vielen Ceremonien ausgegraben wird. Bei Negroponte ist der berühmte Euripus.
Die Insel Milos oder Melus besteht aus einem schwammichten und durch-
weichten Felsen, unter dem ein beständiges Feuer wirkt, so daß man es
allenthalben fühlt, wo man die Hand in die Löcher des Felsen steckt.

Einige Felder auf dieser Insel rauchen wie Schornsteine. Alaun und Schwefel finden sich hier häufig. Die Luft ist ungesund, aber das Erdreich fruchtbar. Antiparos hat die schöne Grotte, welche voll schöner Bildungen aus durchsichtigem, kryftallichtem Marmor ist. Das Labyrinth am Fuße des Berges Ida auf der Insel Kandia ist merkwürdig; der vornehmste Gang in demselben ist zwölf tausend Schritte lang, und man irrt ohne Wegweiser leichtlich darin. Die Insel Santorin ist durch einen gewaltsamen Ausbruch des unterirdischen Feuers aus dem Grunde des Meeres erhoben. Auf eben diese Art sind noch vier andere nahe Inseln aus dem Meere, welches hier fast unergründlich tief ist, entstanden. Überhaupt ist Griechenland und sind seine Inseln an Feigen, Rosinen und gutem Weine fruchtbar. Die Einwohner sind sehr von ihrem ehemaligen guten Charakter heruntergekommen.

## Ungarn.

Dieses Land ist im Inwendigen seines Bodens voll von Mineralien. Die Cementwasser, die verschiedenen Bergwerke, vornehmlich die Goldbergwerke von Cremnitz und Schemnitz, welche letztere, sonderlich Schemnitz, das feinste Gold liefern, aber jetzt beide kaum den Ertrag der Unkosten abwerfen. Die heißen und tödtlichen Quellen, ingleichen die Eishöhlen sind Zeugnisse davon. An den niedrigen Örtern, wo die Donau Sümpfe bildet, ist die Luft sehr ungesund. Der Wein dieses Landes ist der beste in Europa.

## Italien.

Dieses Land ist oberwärts von Westen nach Osten durch eine Reihe von Bergen, Alpen genannt (welches Wort überhaupt einen hohen Berg anzeigt), von Frankreich und der Schweiz abgesondert und mitten durch von Norden nach Süden durch das apenninische Gebirge zerschnitten. Die europäischen Obstarten sind mehrentheils alle aus Italien verpflanzt, und nach Italien sind sie aus Asien und Griechenland herübergebracht worden. Die Aprikosen aus Epirus, die Pfirschen aus Persien, die Citronen aus Medien, die Granatäpfel (mala punica) aus Carthago. Die Kastanien aus Kastanea in Macedonien, die besten Birnen aus Alexandrien, Numidien, Griechenland, die besten Pflaumen aus Armenien und Damaskus. Lucullus hat die ersten Kirschen aus Pontus gebracht. Als

Alexander Persien bezwang, war das Holosericum oder das aus Seide
verfertigte Zeug so theuer als Gold; nachher wurden Seidenwürmer nach
Griechenland gebracht. Eben dieses ist mit dem Weine geschehen. Italien
ist vor Zeiten viel waldichter, kälter und wahrscheinlicher Weise auch un-
5 bewohnter gewesen als jetzt. Die Einwohner Italiens sind nunmehr sehr
vermischten Geblütes, also ist es schwer ihren Charakter festzusetzen. Doch
sind sie eifersüchtig, rachgierig und heimlich, im übrigen aber sinnreich,
klug und politisch.

Im savoyischen Gebirge ist der Berg Cenis der berühmteste, über
10 welchen der Eingang aus der Schweiz nach Italien führt. Im Jahre 1751
wurde einer der piemontischen Berge ein feuerspeiender. Die Savoyarden
sind arm, aber redlich. In den Gebirgen reisen die Männer mit Murmel-
thieren und einem kleinen Krame jährlich aus und kommen fast alle zu
gleicher Zeit nach Hause zurück, welches die Ursache ist, daß fast alle Weiber
15 zu gleicher Zeit ins Wochenbett kommen. In Savoyen herrschen ungemein
große Kröpfe, vornehmlich unter den Weibern.

Piemont ist sehr fruchtbar. Der Berg Roche Melon ist der höchste
in den welschen Alpen. Eine abgebrannte Pistole knallt auf den Gipfeln
derselben gleich einem Stocke im Augenblicke des Zerbrechens. Das Ge-
20 birge, das südlich dem Thale Luzern liegt, ist dasjenige, über welches sich
Hannibal seinen Weg bahnte, welcher auch noch jetzt zu sehen ist. Auf
den höchsten Alpen findet man weiße Hasen, weiße Rebhühner und nor-
dische Pflanzen, so wie in Lappland. Der Jumar ist ein Thier, welches
von einem Stier und einer Stute oder einem Stier und Eselin gezeugt
25 worden, jener heißt Baf. Der Kopf und Schwanz sehen dem eines Stie-
res ähnlich. Das Thier aber hat keine Hörner, sondern nur wulstige
Stellen an den Örtern, wo sie stehen sollten; im Übrigen ist es der Mutter
ähnlich, aber nicht von der Größe eines Maulesels. Es läuft schnell, ist
sehr stark, frißt aber wenig. Steinöl, welches an vielen Orten Italiens
30 von den Brunnen, über deren Wasser es sich befindet, geschöpft wird, vornehmlich bei Modena.

Bei Bologna ist der bekannte Bologneserstein zu Hause, der, wenn
er calcinirt, das Licht in sich saugt. Das unmittelbare Licht aber wirkt
auf ihn zu stark, und er zerfällt in demselben. Von den Meerdatteln oder
35 Balanen, der Art Muscheln, in denen ein schwammichter Stein gefunden
wird, ist schon gehandelt. Hier merken wir nur noch an, daß ihr Saft im
Finstern so helle leuchtet, daß man dabei lesen kann. Der Muskateller-

wein bei Monteſiascone iſt der beſte. Die Steine, welche der Veſuv aus=
wirft, enthalten oft edle Metalle in ſich. Die Schwitzbäder bei Neapel
ſind Gewölbe des Sees Agnano, in denen eine Öffnung befindlich iſt, aus
der ein ſehr heißer Dampf hervordringt, der die Gewölbe anfüllt und den
darin befindlichen thieriſchen Körper zum Schwitzen bringt. Solfatara ⁵
iſt ein kleines Thal, in welchem Dampflöcher befindlich ſind. Die Steine,
die rings um eine ſolche Öffnung liegen, ſind immer in Bewegung, und
wenn man eine Handvoll kleiner Steine hineinwirft: ſo werden ſolche ſechs
Ellen weit in die Höhe getrieben. Das Thal Solfatara und der Berg
Veſuv haben mit einander eine Gemeinſchaft. Das Erdreich iſt hier hohl ¹⁰
und das Echo donnernd, wenn ein Stein in ein gegrabenes Loch gewor=
fen wird.

Apulien iſt ſandicht, ohne Quellen, wo Menſchen und Vieh aus na=
türlichen und künſtlichen Ciſternen getränkt werden. Es regnet hier ſehr
wenig. Der Wein iſt etwas ſalzicht, aber die Waſſermelonen ſind vortreff= ¹⁵
lich. Von der Tarantelſpinne und den Tarantalotis iſt ſchon gehandelt
worden. Die Meerenge zwiſchen Sicilien und dem heutigen Calabrien,
welche die Straße von Meſſina genannt wird, iſt wegen des Stromes merk=
würdig, welchen die Ebbe und Fluth macht. Der nördliche Strom, der
durch die Küſte Italiens beſtimmt wird, iſt der ſtärkſte, ſo daß die Schiffe ²⁰
ſelbſt nicht mit einem ſtarken Sturmwinde dagegenfahren können, nicht
einmal der Quere nach hinüber. Bei Meſſina gerade vor dem Hafen ent=
ſteht ein Wirbel, genannt Charybdis, aus den wider einander laufenden
zwei Strömen. Wenn kein Südwind iſt: ſo iſt es unruhig. Malta iſt
ganz felſicht und kann die Einwohner nur auf ein halbes Jahr mit Ge= ²⁵
treide verſorgen.

## Frankreich.

Der Boden dieſes Landes iſt dreifacher Art: 1. Von Paris, Orleans,
einem Theile der ehemaligen Normandie und weiterhin auf dieſem Striche
ſoll das Erdreich lauter Sand und darin kein anderes Metall als Eiſen ³⁰
ſein. Dieſen Kreis umſchließt ein anderer, wozu 2. die ehemalige Cham=
pagne, Picardie, Touraine und ein Theil der Normandie gehören. Dieſer
hält nichts als Mergel in ſich. Der dritte Theil endlich umfaßt den ber=
gichten Theil des Landes, breitet ſich durch Deutschland und in England
aus und enthält allerhand Steinbrüche und Metalle. Die Weine in Frank= ³⁵
reich: Vin de l'Eremitage, Frontinac, Pontac, Champagner und Bur=

gunder sind bekannt. Die sieben vorgegebnen Wunder des Delphinats
sind lange widerlegt worden. Der Gabelbaum wächst in Languedoc. Sein
Stamm ist vier Fuß hoch. Oben auf dem Stamme wächst eine große Anzahl gerader Zweige, die man durch Beschneiden zu dreizackichten Gabeln
5 bildet, nachmals werden sie im heißen Ofen noch mehr ausgebildet. Der
ehedeß so genannte Königliche Canal von Languedoc ist zwei hundert und
vierzig französische Meilen lang, hat sechs Fuß Wasser und vier und sechzig
corps d'écluses, deren einige zwei bis vier Schleusen haben. Der Canal
hat dreizehn Millionen gekostet. Bei einem Flecken im ehemaligen Lan-
10 guedoc ist ein so temperirter warmer Brunnen, daß er Eier ausbrütet,
des ungeachtet wird das Wasser desselben beim Feuer langsamer zum
Kochen gebracht als das gemeine Wasser, obgleich das ausgeschöpfte diese
Wärme acht Stunden behält. In der Gegend von Clermont sind versteinernde Quellen, deren eine eine ordentliche steinerne Brücke formirt, unter
15 welcher ein Bach fließt. Man hat diese Quelle in viele Arme zertheilt
und ihr die versteinernde Kraft meistens benommen. Man trinkt es ohne
Schaden.

## Spanien.

Dieses Land hat nur acht Millionen Einwohner. Zur Zeit der Moh-
20 ren und Gothen hat es deren wohl viermal so viele gehabt. Das Kloster-
leben, die Bevölkerung Indiens, die Verfolgungen der Juden und Mahomedaner und die schlechte Wirthschaft sind Ursache davon. Die Spanier
sind fast alle mager, dazu der Genuß vieler Gewürze und hitziger Getränke
beiträgt. Es giebt selten irgend wo mehr Blinde als hier. Die Asturier
25 sind wegen ihrer gothischen Abkunft sehr berühmt. Ihre Pferde sind gut.
Bei Bejar in Estremadura sind zwei Quellen, deren eine sehr kalt, die
andere sehr warm ist. Die andalusischen Pferde übertreffen alle andere.

## Portugal

hat im allgemeinen überschlage zwei Millionen Einwohner. Man ist
30 hier wie in Andalusien gewohnt, des Mittags zu schlafen und des Morgens, Abends und Nachts zu arbeiten. Aus Brasilien ziehen die Portugiesen, vorzüglich aus dem darin gefundenen Golde und den Edelsteinen,
jährlich an zwölf Millionen Thaler. Auf dem Gebirge Estrella ist ein
See, der immer in einer sprudelnden Bewegung ist.

# Schweden

iſt arm an Getreide. Man hat gelernt Brod aus Birken= und Fich=
tenrinden, ja aus Stroh und Wurzeln zu backen. Man hat hier Silber=
gruben, vornehmlich Kupfer= und Eiſenbergwerke, auch etwas Gold. Das
Land hat nur drei Millionen Einwohner.

Die Inſel Öland hat kleine und muntere Pferde. Der Trollhätta iſt
ein dreifacher Waſſerfall der gothiſchen Elbe. In dem ſüdlichen Theile
von Lappland wird einiges Getreide geſammelt. Die Viehbremſen ſind
eine unerträgliche Beſchwerde. Lange Fußbretter, worauf man einen
Wolf im Laufen erhaſcht. Nutzbarkeit des Rennthieres. Einige beſitzen
deren etliche tauſend. Die Lappen ſind braun mit ſchwarzen Haaren,
breiten Geſichtern, eingefallenen Backen, ſpitzigem Kinne und eben ſo träge
als feige. Ihre Wahrſagertrommeln haben ſie mit andern Völkern in
dieſem Klima gemein.

# Norwegen
### nebſt den Inſeln Färöer und Island.

Der Winter iſt hier erträglich außer hin und wieder in den Ge=
birgen, wo zuweilen große Schneebälle herunterſtürzen, die alles zer=
ſchmettern. Öfters fallen auch Stücke von Bergen herab. Die öſtliche
Seite iſt in Anſehung der Witterung von der weſtlichen ſehr unterſchieden.
Die ſchmalen Buſen, die das Meer oft bis acht Meilen in das Land hinein
bildet und deren etliche die Tiefrinnen genannt werden und etwa funfzig
bis hundert Faden breit, aber vier hundert tief ſind, ſind häufig. Der
norwegiſche Strand iſt an den meiſten Örtern ſteil. Man findet hier vie=
len Marmor und andere Steinarten, etwas Gold und Silber, mehr Kupfer
und Eiſen. Der Malſtrom entſteht von der Ebbe und Fluth, nur daß
ſeine Bewegung der an der Küſte entgegengeſetzt iſt. Es ſoll gar kein
Wirbel in demſelben ſein, ſondern nur eine hochſteigende Waſſererhebung.
Indeſſen wollen viele dergleichen Wirbel, die umgekehrten Kegeln gleich
wären, von drei bis vier Klaftern im Durchſchnitte und zwei Klaftern in
der Tiefe geſehen haben. Das letztere geſchieht zur Zeit der Springfluth.
Die Finnlappen leben größtentheils von der Fiſcherei.

Die Färöerinſeln haben ziemlich mäßigen Winter und Sommer;
ſie beſtehen aus bloßen Felſen, die aber eine Elle hoch Erde über ſich haben.
Sie haben einen Überfluß an Schafen und Gänſen. Die Inſel Dimon

hat die Eigenschaft an sich, daß auch weiße Schafe, die auf sie hingebracht werden, ganz schwarze Wolle bekommen.

Die Insel Island ist von Morgen nach Abend von einer Reihe Bergen durchschnitten, unter denen einige Feuer auswerfen, wobei zugleich der schmelzende Schnee schreckliche Gießbäche veranlaßt, die die Thäler verwüsten. Man merkt, daß, wenn Schnee und Eis den Mund eines solchen Berges stopfen, ein Ausbruch des Feuers nahe sei. Es giebt viele heiße Quellen, deren einige ihr Wasser als kochend in die Höhe spritzen, und die an solchen Quellen wohnen, kochen ihre Speisen in ihren darein gehängten Kesseln auf. Die Schafzucht ist hier ansehnlich. Diese Thiere suchen sich bei jeder Witterung im Winter ihr Futter selbst aus dem Schnee hervor.

## Rußland.

Die asiatischen Länder sind von den europäischen dieses Reiches zwar geographisch unterschieden, die physische Grenze könnte der Fluß Jenissei, wie Gmelin meint, machen, denn ostwärts dieses Flusses ändert sich die ganze Gestalt des Erdreiches, da die ganze daselbst gelegene Gegend bergicht ist, so wie denn auch andere Pflanzen, fremde Thiere, als das Bisamthier u. a. m. dort anzutreffen sind. Der Fisch Beluga, der in der Wolga häufig angetroffen wird, schluckt bei jährlicher Aufschwellung des Stromes große Steine statt Ballast herunter, um auf dem Grunde erhalten zu werden. Der Sterlett und der Stör haben einen geringen Unterschied, außer daß jener delicater von Geschmack ist. Bei dem Kloster Troizkoi Sergiewsk und in der Gegend von Kiew sind einige aus natürlichen Ursachen unverweste Körper vorhanden, die man fälschlich für Märtyrer ausgiebt.

# Der vierte Welttheil.

# Amerika.

Und zwar

## I. Südamerika.

Staateneiland oder Staatenland, das gewissermaßen aus mehreren Inseln besteht, wird durch die Meerenge oder Straße le Maire von dem benachbarten Feuerlande getrennt. Dieses Ländchen hat wegen des öden und fürchterlichen Ansehens seiner Berge und seines fast immerwährenden Schnees und Regens die traurigste Gestalt von der Welt. Lord Anson schlägt vor, südwärts um Staatenland zu segeln. Das Land der Patagonen oder Magelhaensland, ein großentheils sehr flaches Stück Landes an der magelhaenischen Meerenge, sollte von Riesen bewohnt sein, von denen wir indessen jetzt wissen, daß es bloß ein groß gebautes, nicht aber riesenhaftes Volk ist. Seine Mittelgröße wurde ehedeß zu sieben Fuß angegeben. Am Silberflusse sind die reichen potosischen Silberbergwerke, die den Spaniern zugehören. In Paraguay haben die Jesuiten die Einwohner (Wilden) zu einer so menschlich guten Lebensart gebracht, als sie deren sonst nirgend in Indien haben.

Chile hat muntere und kühne Einwohner. Die Geschicklichkeit gewisser Frauenzimmer, die auf die Jagd und in Krieg gehen, ist außerordentlich. Die spanischen Pferde werden hier flüchtiger und kühner. Noch lebt in Chile eine Nation der Eingebornen, die bisher von den Spaniern noch nicht hat können bezwungen werden. Peru ist an der Seeküste unfruchtbar und unerträglich heiß. Es regnet daselbst auch so gut wie gar nicht, daher es auffallend war, als im Jahre 1720 ein vierzigtägiger Regen einfiel, durch den Städte und Dörfer zerstört wurden. Der gebirgichte Theil ist temperirt und fruchtbar. Die Peruaner scheinen von ihrer Vor-

fahren Geschicklichkeit ungemein vieles eingebüßt zu haben.  Man findet
noch Mauern von Palästen, die aus zugehauenen Feuersteinen aufgeführt
sind, ob sie gleich damals keine eisernen, sondern bloß kupferne Werkzeuge
zum Bauen hatten.  Gegenwärtig ist die Trägheit der Nation erstaunlich.
5  Man sieht bei ihnen eine unglaubliche Gleichgültigkeit in Ansehung der
Strafen und Belohnungen nach des Lacondamine Bericht.  Die Farbe
dieser Indianer ist kupferroth, und sie haben keinen Bart.  Das Erdreich
im niedrigen Theile von Peru verliert oft durch Erdbeben sehr seine Fruchtbarkeit.  Am Amazonenstrome, auf beiden Seiten, ist etwas ferne vor dem
10  Cordilleragebirge das Erdreich ungemein fruchtbar, so eben wie ein See
und ein Kieselstein auf demselben eben so rar als ein Diamant.  Denen, die
über diese Gebirge von Westen nach Osten reisen wollen, weht ein überaus
heftiger und oftmals tödtlicher kalter Ostwind entgegen.  Die Einwohner
des Landes am Amazonenstrome vergiften ihre Pfeile mit einem so schnell
15  wirkenden Gifte, daß sie ein nur leicht mit demselben verwundetes Thier
kaum fallen sehen.  Das Fleisch ist unschädlich.  Man sieht hier seltsame
Überfahrten über Ströme, bei denen nämlich gewisse Gattungen natürlich
gewachsener Stricke, Bejuken genannt, über einen Strom gespannt und an
diesen ein Pferd, an einem Ringe schwebend, oder auch Menschen, an Matten
20  hängend, herübergezogen werden.  Über die peruanischen Gebirge zu reisen,
bedient man sich gewisser dazu abgerichteter Esel, welche auch an den aller-
gefährlichsten Örtern mit großer Geschicklichkeit und Sicherheit einhertre-
ten.  In Popayan wäscht man vielen Goldstaub aus der Erde, die von
reißenden Gießbächen, welche von den Gebirgen herabstürzen, durchschnit-
25  ten ist.  Puerto Belo an der Erdenge von Panama ist eine der allerun-
gesundesten Städte in der Welt.  Überhaupt aber ist das niedrige Land
an dieser Erdenge erstaunlich feucht, waldicht und durch die unmäßige
Hitze sehr ungesund.  Die Niederkunft ist in Puerto Belo fast tödtlich.
Die Mücken an diesen Küsten quälen die Reisenden erstaunlich.  Die
30  Fledermäuse lassen in Cartagena Menschen und Vieh zur Ader im Schlafe.
Die Frauenzimmer im spanischen Amerika rauchen fast allenthalben
Tabak.

Auf Hispaniola giebt es einen Baum, der giftige Äpfel trägt, dessen
Schatten gefährlich ist und in dessen Fruchtsaft die Wilden ihre Pfeile
35  eintauchen.  Das Manati kann hier zahm gemacht werden, und einige
halten es deswegen für den Delphin der Alten.  Die Landwinde vom
mexikanischen Meerbusen sind von großer Bequemlichkeit, indem man da-

durch wohl hundert Meilen gegen den allgemeinen Ostwind segeln kann.
Die Schiffer gehen mit dem Landwinde in die See und mit dem Seewinde
wieder zurück. Das große Land Guyana, in welchem Walter Raleigh
auf dem Orinokostrome auf Entdeckungen ausging, ist nicht tiefer in sei=
nem Innern bekannt. (Herrn v. Humboldt's Bemerkungen versprechen
uns über diese Gegend und einen großen Theil namentlich von Südamerika
eine neue und reiche Ausbeute.) Dieses Land hat vielen Goldsand, aber
Eldorado, wo das Gold fast wie die Steine auf der Straße gemein sein
soll, ist Erdichtung, eben so wie die Menschenrace, von der fast alle Indi=
aner am Orinoko reden, und die nach ihrer Erzählung den Mund auf der
Brust und die Ohren auf den Schultern haben soll, entweder erdichtet ist
oder ein Volk erwarten läßt, desgleichen es viele Indianer giebt, die den
Kopf durch Kunst verstellen. Zu diesem Lande gehört auch die Colonie Su=
rinam der Holländer. Die Insecten sind hier sehr mannigfaltig und nicht
selten sehr groß. Unter diesen ist das wandelnde Blatt, nämlich eine Heu=
schrecke, welche in einem zusammengewickelten Blatte zeitig wird und nach=
dem sie auf die Erde gefallen, Flügel von einer Farbe und Gestalt den
Blättern ähnlich erhält. Die Frösche sollten der Sage nach sich hier in
Fische verwandeln. Der Laternenträger, eine Fliege, welche eine Blase,
die im Finstern sehr hell leuchtet, am Kopfe hat, ist hier gleichfalls zu
Hause. Gehen wir von da an der brasilianischen Küste weiter hinab, so
finden wir dieselbe zahlreich von Portugiesen bewohnt. Das Brasilienholz
oder der Baum Arbatin macht eines der vornehmsten Gewächse dieses
Landes aus, wiewohl es hier noch andere und ungleich schönere Producte
giebt, deren wir bald erwähnen werden. Unter den vielen Nationen der
Wilden, die in den Wüsteneien des Innern dieses Landes herumziehen,
sind die Tapajer die berühmtesten. Sie haben keinen Begriff von Gott,
kein Wort, das ihn bezeichnet, gehen nackend, fressen die gefangenen
Feinde, obgleich nicht mit so grausamer Marter als die Kanadier, durch=
bohren ihre Lippen und stecken eine Art von grünem Jaspis in die Öff=
nung, welches doch die Frauenzimmer nicht thun, die dafür die Öffnung
im Ohrläppchen sehr erweitern. Jene bekleben auch das Gesicht mit Fe=
dern, dagegen sich diese dasselbe mit Farben bemalen. Ein im Kriege
Gefangener wird anfänglich sehr gut gehalten, bekommt sogar eine Bei=
schläferin, aber nachmals wird er getödtet und aufgezehrt, jedoch ohne ge=
martert zu werden. Man begegnet allen Fremden sehr wohl. Der Kolibri
soll hier sehr schön singen, welches er in Nordamerika nicht thut. Man

sah in dieser Gegend vor der Europäer Ankunft kein Rindvieh, und jetzt
hat es sich in der Art vervielfältigt, daß aus Paraguay jährlich an vier=
zigtausend Rindshäute ausgeführt worden sein sollen, wiewohl die wild=
gewordenen Hunde es sehr fortgetrieben haben. Man sagt auch, daß nichts
5 von dem europäischen Obste ehedeß in Amerika vorhanden gewesen sei.
Nun aber sind in Peru und den dazu gehörigen Ländern ganze Wäl=
der von Äpfel= und Birnbäumen. Brasilien ist voll Schlangen und
Affen; die dasigen Papageien sind die besten, nur in Ostindien giebt es
graue. Die von Europa herübergebrachten Schweine haben hier wie in
10 den übrigen Gegenden des heißen Erdgürtels ein sehr schönes und gesun=
des Fleisch.

Die Maniok=Wurzel, die sonst, roh gegessen, ein Gift ist, wird dennoch
von einigen Brasilianern ohne Nachtheil in der Art genossen. Viele Land=
striche, die nur zur Regenzeit Wasser haben, enthalten doch alsdann, ohne
15 daß man weiß, wie sie dazu kommen, eine große Menge Fische. Der Vo=
gel Pyro ist dem Condor in der Größe und Wildheit fast gleich; seine
Klauen sind schärfer. Es giebt auch hier einen Vogel in der Größe eines
kalikutischen Hahnes, der wie der Strauß nur laufen kann, aber schneller
ist als ein Windspiel.

20 Das Land Paraguay ist der Geburtsort des berühmten Paraguay=
krautes, welches ein Blatt von einem Baume ist und getrocknet als ein
Infusum gebraucht wird, das sehr heftig und hitzig ist. Von den großen
Schlangen dieses Landes hat Pater Montoga und dessen Missionarien
viel Unwahres ausgebreitet. Man redet im Innern des Landes von einem
25 Volke der Corsaren, die im vierundvierzigsten Grade südlicher Breite
wohnen und von einigen unter Karl des Fünften Regierung herunterge=
kommenen Spaniern abstammen sollen. Die Wilden dieses Landes sind
gefährliche Menschenfresser. Die Weiber zerstechen sich die Gesichter, und
die Männer bemalen sich. Die hiesigen spanischen Besitzungen wurden
30 ehedeß gewissermaßen ganz durch Jesuiten regiert. Die Republik St. Paul
besteht aus hartnäckigen Rebellen, die nicht können zu Paaren getrieben
werden. Sie vergrößert sich durch den Zulauf des bösen Gesindels immer
mehr. Südwärts von Buenos Aires ist die Küste von Amerika völlig un=
bewohnt und kann auch nach der im Jahre 1746 geschehenen Untersuchung
35 nicht bewohnt werden, da man selbst im Sommer eine ansehnliche Kälte
fühlt. Doch sollen auf einer Insel, die irgend ein Fluß hier macht, Euro=
päer leben.

# II. Nordamerika.

Die Eskimos, welche Capitän Ellis im Jahre 1746 in dem Meere bei der Hudsonsbai antraf, waren leutselig und klug. Sie fahren mit Hunden wie in Sibirien, nur die dortigen bellen nicht. Sie versorgen sich auf ihrer Reise mit einer Blase voll Thran, aus der sie mit Ergötzlichkeit trinken. Die etwas südlichen Eskimos sind etwas größer, aber die Franzosen beschreiben sie als sehr abscheulich von Gesicht, als wild und boshaft an Sitten. Sie gerathen oft auf ihren Reisen in große Noth, so daß sie sich ihre Weiber und Kinder zu fressen genöthigt sehen. Sie machen ihre Canoes so wie die Grönländer mit Überzug vom Seehund, tragen Hemden von zusammengenähten Blasen dieser Thiere u. s. w. Der Branntwein, den sie schwerlich meiden können, ist ihnen sehr schädlich. Die Eltern, wenn sie alt sind, richten ein Gastmahl aus und lassen sich von ihren Kindern erdrosseln, aber nie sterben sie durch ihre eigene Hand. Über dem siebenundsechzigsten Grade der Breite findet man in Amerika keinen Menschen mehr.

Die Länder, welche zu Kanada sowohl französischen als englischen Antheils gerechnet werden, sind in Ansehung der Lage ihres Klimas im Winter sehr kalt. Die Nordwestwinde bringen rauhe Luft und große Kälte mit. Je weiter man nach Westen kommt, desto kälter ist die Gegend. Die allerwestlichsten Indianer wohnen an einem See, an dem aber noch nicht die Europäer gewesen sind. Die Indianer haben eine schmutzige rothe Farbe des Leibes und, welches besonders ist, kein Haar auf dem Leibe als auf dem Kopfe und Augenbrauen, welche letztere jedoch die meisten selbst ausziehen. Die thierischen Eigenschaften dieser Wilden sind ausnehmend, sie riechen in größerer Weite ein Feuer, als man es sehen kann, daher sie auch keinen Muskus leiden, sondern nur eßbare Sachen führen.

Ihre Einbildungskraft in Erinnerung der Gegend, wo sie einmal gewesen, und ihre Feinheit in Entdeckung der Spuren der Menschen und des Viehes ist unbegreiflich groß. Unter allen diesen Völkerschaften kann man mit der Sprache der Algonkin und Huronen durchkommen, welche beide sehr rein und nachdrücklich sind. Alle diese Nationen haben keine andern Oberhäupter, als die sie sich selbst erwählen. Die Weiber haben hier in die Staatsgeschäfte einen großen Einfluß, aber nur den Schatten der Oberherrschaft. Die Irokesen machen die größte und gleichsam herr=

schende Völkerschaft aus; überhaupt aber werden die Nationen hier allmählich schwächer. Sie haben kein Criminalgericht. Wenn jemand einen
andern getödtet hat: so weiß man kaum, wer die That strafen soll. Gemeiniglich thut es seine eigne Familie. Die größte Schwierigkeit ist, der
5 Rache der Familie des Erschlagenen zu entgehen. Eine Familie muß
durch einen Gefangenen wegen des Verlornen schadlos gehalten werden.
Diebe werden zur Wiedervergeltung ganz ausgeplündert, nur Verzagte und
Hexen werden getödtet und verbrannt. Ihre Religionsbegriffe sind sehr ver-
wirrt. Die Algonkin nennen den obersten Geist den großen Hasen und seinen
10 Feind den großen Tiger. Nichts ist wüthender als ihre Traumsucht. Wenn
jemand träumt, er schlage jemand todt: so tödtet er ihn gewiß. Traumfest.
Der Traum eines Privatmannes kann oft Kriege erregen. Im Kriege
suchen sie sehr ihre Leute zu schonen, fechten gegen einander nur gemeiniglich durch Überfall und Hinterhalt, bedienen sich der Kopfschläger und
15 wehren sich verzweifelt. Die Gefangenen werden zwar gebunden, aber anfänglich gut gehalten und wissen nicht, ob sie sollen geschlachtet oder zur
Ersetzung des Verlustes der Gebliebenen in die Familien aufgenommen
werden. Wenn das erste beschlossen ist, so singt das Schlachtopfer seinen
Todtengesang, und man zerfleischt ihn durch lange Martern, die oft einige
20 Tage dauern, wobei dieser ganz unempfindlich thut und seinen Henkern
Hohn spricht; zuletzt kocht und frißt man ihn. Dies geschieht mehr aus
Begierde, den Geist des Erschlagenen durch Rachopfer zu besänftigen, als
aus Appetit. Die im Gefechte Erschlagenen werden niemals gefressen;
Kinder und selbst Weiber bereiten sich schon zu solcher Standhaftigkeit
25 zu. Die Freundschaft dieser Wilden wird außerordentlich weit getrieben.
Der Friedensstab oder das Kalumet ist unter allen diesen Völkern ge-
bräuchlich und ist eigentlich eine Tabakspfeife, welche oft mit einigen Zie-
rathen ausstaffirt wird, woraus die Häupter von beiden Parteien rauchen.
Man sieht die große Neigung zur Unabhängigkeit unter diesen Völkern
30 an der Erziehung der Kinder, welche bloß durch Worte und kleine Be-
schimpfung, als ihnen Wasser ins Gesicht zu spritzen, von den Eltern bestraft werden. Dies scheint die Ursache zu sein, weswegen sich kein Indianer einfallen läßt, die Lebensart der Europäer anzunehmen, obzwar diese
oft jene wählen. Weiterhin, westwärts in diesem Welttheile, sind die Na-
35 tionen wenig bekannt. Einige drücken den Kindern den Kopf zwischen
zwei Klumpen Leimen in der Kindheit breit und heißen Plattköpfe. Unter
den Algonkin sind Kugelköpfe wegen der Figur, die sie den Köpfen durch

die Kunst geben, also genannt. Die Franzosen, welche die allerwestlichsten
Indianer kennen, berichten, daß man unter ihnen von einem großen west=
lichen Meere reden höre, und die Reisen der Russen von Kamtschatka aus
beweisen, daß Amerika nicht weit davon sei und daß es wahrscheinlicher
Weise durch nicht gar zu große Meerengen und einige Inseln von Tschu=
kotskij=Noß in Sibirien abgesondert sei. Die englischen Colonien in
diesem Welttheile sind blühend. In Virginien ist der Winter nur drei
Monate lang und ziemlich scharf, der Sommer hingegen angenehm. Es
wachsen daselbst Weinstöcke wild, aber noch hat kein guter Wein davon
kommen wollen. Ein Baum trägt in einer Art von Schoten Honig. Der
davon abgezapfte Saft giebt aus drei Pfunden Saft ein Pfund Zucker, so
wie Jaggeri aus Kokossaft gesotten und in Indien raffinirt wird. Penn=
sylvanien und Maryland kommen in den mehresten Landesproducten
mit einander überein. Hier giebt es eine Menge Holz in Waldungen, vieles
Wildpret, welches größtentheils vom europäischen unterschieden ist. Ca=
rolina und Georgien sind am südlichsten gelegen und bringen auch schon
Seide hervor, ingleichen in China befindliche Kräuter. Einige wollen hier
den Theestrauch und Ginseng gefunden haben.

Wenn man den St. Laurenzstrom hinauf von dessen Mündung aus
zum französischen Kanada fährt: so hat man anfänglich zu beiden Seiten
ziemlich wüste Länder. Bei Quebec aber und weiter hin nach dem Ontario-
und Erie=See hinauf liegen die vortrefflichsten Länder in der Welt. Die=
jenigen, so den Mississippi hinaufgefahren, finden Völker von fast ähnlichen
Sitten in einem sehr fruchtbaren und waldichten und im Winter sehr
kalten Lande. Alle diese Völker haben sich seit der Europäer Ankunft sehr
vermindert. Man findet bei allen diesen Nationen, daß der Gebrauch des
Kupfers viel älter bei ihnen sei als derjenige des Eisens. In dem benach=
barten Florida sind die Einwohner sehr beherzt, sie opfern der Sonne ihre
Erstgeburt. Das Land hat große Perlen.

## Amerikanische Inseln.

Die Flibustier waren anfänglich Seeräuber und hatten ihre Nieder=
lassungen in St. Christoph und Dominique, davon die letztere Insel sich
nun im Besitze der Engländer befindet. Im größten Theile vom spanischen
Amerika sind viele spanische Pferde, öfters auch Hunde, die wild geworden.
In Domingo waren beide vorhanden und hatten die Art an sich, ein großes

Geräusch zu machen, wenn sie saufen wollten, um reißende Thiere abzu=
schrecken. Die Neger, welche hier als Sklaven dienen, sind sehr zahlreich,
oft gefährlich. Die vom Senegal sind die wißigsten, die von Madagaskar
sind nicht zu bändigen, die von Monomotapa sterben bald hin, sind meh=
5 rentheils sehr dumm, kastriren aber sehr künstlich und sind dabei hoch=
müthig. Einige fressen gerne Hunde und werden von Hunden angebellt.
Sie sind in Ansehung des Todes sehr gleichgültig, vornehmlich die von
Sierra Leona tödten sich oft einer geringfügigen Ursache wegen. In den
Antillen ist die Nation der Karaiben hauptsächlich ausgebreitet und in
10 St. Vincent und Dominique zu Hause. Sie sind stark und groß, färben
sich den Leib roth, stechen sich viele Löcher in die Lippen und stecken Klöp=
pelchen, Glaskügelchen und Steinchen herein. Ihre Stirne ist fast ganz
platt wie ein Brett uud gleichsam eingedrückt. Ihre Miene scheint me=
lancholisch zu sein. Der Carakolla oder blecherne Kopfschmuck derselben
15 ist von reinem, schönem und unbekanntem Metalle, welches sie auch an
der Nase und Unterlippe tragen.

Sie wollen nicht gerne Kannibalen heißen und können nicht begreifen,
wie man das Gold dem Glase vorziehe. Sie essen niemals Salz, sind
träge, können keine Gewalt oder Härte ertragen, haben eigensinnige Grillen,
20 und ihr Stolz ist ungemein groß. Niemals wird einer von ihnen zu der
christlichen Religion bekehrt. Ihrer Rache können sie keine Grenzen setzen;
die Vorsehung ist ihnen unbekannt. Ihr Cazique muß im Kriege und
im Laufen und Schwimmen excelliren. Sie brauchen das Spießgewehr we=
nig, sondern Pfeile mit hohlen Spitzen, die mit dem Safte des Manschi=
25 nellenbaumes vergiftet sind, und Keulen.

## Von den Ländern am Eismeere.

Obgleich die Länder am Eismeere zum Theil zu den zwei andern
Welttheilen gehören, so wollen wir doch um der Vergleichung mit Amerika
willen etwas davon hier kürzlich mitnehmen. Alle Völker am Eismeere
30 kommen darin überein, daß sie beinahe alle unbärtig sind. Doch hat
Ellis an der Hudsonsbai und deren verbundenen Meeren Völker der Es=
kimo angetroffen, die im Gesichte sehr behaart waren. Die Tschuktschen,
die nordöstlichsten unter allen Sibiriern, sind ein tapferes Volk am Eis=
meere und gastfrei; ihr Gewerbe ist wie in diesen Gegenden überhaupt
35 Fischerei und Jagd. Die Inseln Nova=Zembla, Spitzbergen u. a. m. sind

nicht bewohnt, aber man muß nicht glauben, daß ſie ſo ganz unbewohnbar
ſind, als ſie die Holländer, die unter Heemskerk auf ihnen überwinterten,
wollen gefunden haben. Profeſſor Müller berichtet, daß faſt jährlich
einige Ruſſen um der Jagd willen den Winter in jenen Gegenden zubringen.  Unter den Vögeln von Spitzbergen führe ich nur den Eisvogel  5
mit ſeinen blendend glänzenden Goldfedern an.  Der Wallfiſch iſt hier
dasjenige Thier, deſſen Jagd die Europäer am meiſten beſchäftigt, wiewohl
ehedeß auch von den Wallroſſen um ihrer Zähne willen auch guter Profit
iſt gezogen worden.  Weiter weſtwärts haben die Lappen ein überaus
häßliches Geſicht, ſind aber nicht ſo klein, als man ſie beſchrieben hat.  Im  10
Jahre 1735 ſah man einen Rieſen, der ſieben rheinländiſche Fuß groß
war, in Paris, er war aus Lappland gebürtig.  Die Zaubereien oder vielmehr die Betrügereien der ſchwarzen Kunſt ſind hier faſt dieſelben wie in
Sibirien, werden aber immer mehr abgeſtellt.  Einige Reiſende bemerken,
daß hier die Pferde zur Sommerzeit aus allen Dörfern in die Wildniß  15
gelaſſen werden, um die Jahreszeit in der Freiheit zuzubringen, da denn
die von einer Dorfſchaft ſich von ſelbſt in einem beſondern Bezirke ein-
finden und mit den übrigen ſich nicht vermengen, auch im Winter von
ſelbſt in die Ställe kommen.  Die Grönländer bewohnen ein Land, welches
mit der ſüdlichen Spitze in nicht größerer Breite als Stockholm liegt, aber  20
ſich bis auf unbekannte Weiten nach Norden erſtreckt.  Die Oſtſeite dieſes
Landes iſt gelinder als die Weſtſeite und hat ziemlich hohe Bäume wider
die Natur dieſes Himmelsſtriches.  Je weiter man in dieſem Himmels-
ſtriche nach Weſten kommt, deſto kälter findet man die Gegend.  Nahe bei
der Hudsonsſtraße ſieht man Eisberge, deren Dicke von fünfzehn bis ein  25
tauſend achthundert Fuß iſt.  Weil ſie der Wind kaum bewegen kann, ſo
mögen wohl Jahrhunderte dazu gehören, bis ſie in den temperirten Erd-
ſtrich getrieben werden, da ſie zerſchmelzen.  Die Eisberge, welche neben
den hohen Bergen in Spitzbergen auf dem Lande ſtehen, haben große
Ähnlichkeit mit dieſen und den Gletſchern der Alpen, welches zu artigen  30
Betrachtungen Anlaß geben kann.  Hierbei iſt nur noch zu merken, daß
das Waſſer des Eismeeres ſo geſalzen und ſchwer iſt als eines in der Welt,
z. E. bei Nova-Zembla.  Man ſieht in der Hudsonsſtraße eine unbeſchreibliche Menge Holz in der See treiben.  Ein gewiſſer Schriftſteller hält für
den ſicherſten Beweis, daß dieſes Holz aus warmen Ländern herkommen  35
müſſe, dies, daß es bis auf das Mark von Würmern durchfreſſen iſt, welches bei denen des kalten Erdſtriches nicht ſtattfindet.

# Immanuel Kant

über

# Pädagogik.

———— ✦ ————

Herausgegeben

von

D. Friedrich Theodor Rink.

# Vorrede des Herausgebers.

Nach einer älteren Verordnung mußte ehedessen fortwährend auf der Universität Königsberg und zwar abwechselnd jedes Mal von einem Professor der Philosophie den Studirenden die Pädagogik vorgetragen werden.
5 So traf denn zuweilen auch die Reihe dieser Vorlesungen den Herrn Professor Kant, welcher dabei das von seinem ehemaligen Collegen, dem Consistorialrath D. Bock, herausgegebene Lehrbuch der Erziehungskunst zum Grunde legte, ohne sich indessen weder im Gange der Untersuchung, noch in den Grundsätzen genau daran zu halten.

10 Diesem Umstande verdanken folgende Bemerkungen über die Pädagogik ihr Entstehen. Sie würden wahrscheinlich interessanter noch und in mancher Hinsicht ausführlicher sein, wenn der Zeitumfang jener Vorlesungen nicht so enge wäre zugemessen gewesen, als er es wirklich war, und Kant in der Art Veranlassung gefunden hätte, sich weiter über diesen
15 Gegenstand auszubreiten und schriftlich ausführlicher zu sein.

Die Pädagogik hat neuerdings durch die Bemühungen mehrerer verdienter Männer, namentlich eines Pestalozzi und Olivier, eine neue interessante Richtung genommen, zu der wir dem kommenden Geschlechte nicht minder, als zu den Schutzblattern Glück wünschen dürfen ungeachtet
20 der mancherlei Einwendungen, die beide noch erfahren müssen, und die sich freilich bald sehr gelehrt, bald sehr vornehm ausgeben, ohne doch deshalb eben sonderlich solide zu sein. Daß Kant die neuen Ideen damaliger Zeit auch in dieser Hinsicht kannte, über sie nachdachte und manchen Blick weiter hinausthat als seine Zeitgenossen, das versteht sich
25 freilich von selbst und ergiebt sich auch aus diesen, wenn gleich nicht aus eigner Wahl, hingeworfenen Bemerkungen.

Von meinen beiläufigen Anmerkungen habe ich nichts zu sagen; sie sprechen für sich.

Nach den niedrigen Angriffen, die sich der Buchhändler Vollmer in Beziehung auf meine Ausgabe der Kantischen physischen Geographie erlaubt hat, kann die Herausgabe solcher Handschriften unmöglich mehr ein angenehmes Geschäfte für mich sein. Da ich ruhig, zufrieden und thätig in meinem ohnedies nicht engen Wirkungskreise leben kann, warum soll ich mich unberufenen Anforderungen blossstellen und unzeitigen Urtheilen preisgeben? Besser, ich widme die Augenblicke meiner Muße jenen Studien, in denen ich mit dem Beifalle der Kenner mir einige Verdienste erworben zu haben und noch erwerben zu können glauben darf.

Die Litteratur unsers Vaterlandes mit Ausnahme ihrer eigentlich gelehrten Zweige bietet ja eben kein reizendes Schauspiel dar, und das überall hervorspringende Parteimachen, verbunden mit den anzüglichen Fehden und durchfallenden Klopffechtereien, worauf sich mitunter sogar unsre bessere Köpfe einlassen, ist nicht sonderlich einladend zur Theilnahme. Gar gerne überlasse ich Andern das Vergnügen, sich Beulen zu holen, um sie ihren Gegnern mit Zinsen wieder abtragen zu können, und sich dadurch ein gewisses Dreifußrecht zu erwerben, unter dessen Gewaltstreichen sie sich zur litterarischen Dictatur zu erheben wähnen. Wehe dieser papiernen Herrlichkeit! Aber wenn wird es anders, wenn besser werden?

Zur Jubilatemesse 1803.

Rink.

Der Mensch ist das einzige Geschöpf, das erzogen werden muß. Unter der Erziehung nämlich verstehen wir die Wartung (Verpflegung, Unterhaltung), Disciplin (Zucht) und Unterweisung nebst der Bildung. Dem zufolge ist der Mensch Säugling, — Zögling — und Lehrling.

5 Die Thiere gebrauchen ihre Kräfte, sobald sie deren nur welche haben, regelmäßig, d. h. in der Art, daß sie ihnen selbst nicht schädlich werden. Es ist in der That bewundernswürdig, wenn man z. E. die jungen Schwalben wahrnimmt, die kaum aus den Eiern gekrochen und noch blind sind, wie die es nichts desto weniger zu machen wissen, daß sie ihre Excremente aus
10 dem Neste fallen lassen. Thiere brauchen daher keine Wartung, höchstens Futter, Erwärmung und Anführung, oder einen gewissen Schutz. Ernährung brauchen wohl die meisten Thiere, aber keine Wartung. Unter Wartung nämlich versteht man die Vorsorge der Eltern, daß die Kinder keinen schädlichen Gebrauch von ihren Kräften machen. Sollte ein Thier
15 z. E. gleich, wenn es auf die Welt kommt, schreien, wie die Kinder es thun: so würde es unfehlbar der Raub der Wölfe und anderer wilden Thiere werden, die es durch sein Geschrei herbeigelockt.

Disciplin oder Zucht ändert die Thierheit in die Menschheit um. Ein Thier ist schon alles durch seinen Instinct; eine fremde Vernunft hat bereits
20 Alles für dasselbe besorgt. Der Mensch aber braucht eigene Vernunft. Er hat keinen Instinct und muß sich selbst den Plan seines Verhaltens machen. Weil er aber nicht sogleich im Stande ist, dieses zu thun, sondern roh auf die Welt kommt: so müssen es Andere für ihn thun.

Die Menschengattung soll die ganze Naturanlage der Menschheit durch
25 ihre eigne Bemühung nach und nach von selbst herausbringen. Eine Generation erzieht die andere. Den ersten Anfang kann man dabei in einem rohen, oder auch in einem vollkommnen, ausgebildeten Zustande suchen. Wenn dieser letztere als vorher und zuerst gewesen angenommen

wird: so muß der Mensch doch nachmals wieder verwildert und in Rohigkeit verfallen sein.

Disciplin verhütet, daß der Mensch nicht durch seine thierischen Antriebe von seiner Bestimmung, der Menschheit, abweiche. Sie muß ihn z. E. einschränken, daß er sich nicht wild und unbesonnen in Gefahren begebe. Zucht ist also blos negativ, nämlich die Handlung, wodurch man dem Menschen die Wildheit benimmt, Unterweisung hingegen ist der positive Theil der Erziehung.

Wildheit ist die Unabhängigkeit von Gesetzen. Disciplin unterwirft den Menschen den Gesetzen der Menschheit und fängt an, ihn den Zwang der Gesetze fühlen zu lassen. Dieses muß aber frühe geschehen. So schickt man z. E. Kinder Anfangs in die Schule, nicht schon in der Absicht, damit sie dort etwas lernen sollen, sondern damit sie sich daran gewöhnen mögen, still zu sitzen und pünktlich das zu beobachten, was ihnen vorgeschrieben wird, damit sie nicht in Zukunft jeden ihrer Einfälle wirklich auch und augenblicklich in Ausübung bringen mögen.

Der Mensch hat aber von Natur einen so großen Hang zur Freiheit, daß, wenn er erst eine Zeit lang an sie gewöhnt ist, er ihr Alles aufopfert. Eben daher muß denn die Disciplin auch, wie gesagt, sehr frühe in Anwendung gebracht werden, denn wenn das nicht geschieht, so ist es schwer, den Menschen nachher zu ändern. Er folgt dann jeder Laune. Man sieht es auch an den wilden Nationen, daß, wenn sie gleich den Europäern längere Zeit hindurch Dienste thun, sie sich doch nie an ihre Lebensart gewöhnen. Bei ihnen ist dieses aber nicht ein edler Hang zur Freiheit, wie Rousseau und Andere meinen, sondern eine gewisse Rohigkeit, indem das Thier hier gewissermaßen die Menschheit noch nicht in sich entwickelt hat. Daher muß der Mensch frühe gewöhnt werden, sich den Vorschriften der Vernunft zu unterwerfen. Wenn man ihm in der Jugend seinen Willen gelassen und ihm da nichts widerstanden hat: so behält er eine gewisse Wildheit durch sein ganzes Leben. Und es hilft denen auch nicht, die durch allzugroße mütterliche Zärtlichkeit in der Jugend geschont werden, denn es wird ihnen weiterhin nur desto mehr von allen Seiten her widerstanden, und überall bekommen sie Stöße, sobald sie sich in die Geschäfte der Welt einlassen.

Dieses ist ein gewöhnlicher Fehler bei der Erziehung der Großen, daß man ihnen, weil sie zum Herrschen bestimmt sind, auch in der Jugend nie eigentlich widersteht. Bei dem Menschen ist wegen seines Hanges zur

Freiheit eine Abschleifung seiner Rohigkeit nöthig; bei dem Thiere hin=
gegen wegen seines Instinctes nicht.

Der Mensch braucht Wartung und Bildung. Bildung begreift unter
sich Zucht und Unterweisung. Diese braucht, soviel man weiß, kein Thier.
5 Denn keins derselben lernt etwas von den Alten, außer die Vögel ihren
Gesang. Hierin werden sie von den Alten unterrichtet, und es ist rührend
anzusehen, wenn wie in einer Schule die Alte ihren Jungen aus allen
Kräften vorsingt, und diese sich bemühen, aus ihren kleinen Kehlen die=
selben Töne herauszubringen. Um sich zu überzeugen, daß die Vögel nicht
10 aus Instinct singen, sondern es wirklich lernen, lohnt es der Mühe, die
Probe zu machen und etwa die Hälfte von ihren Eiern den Canarienvögeln
wegzunehmen und ihnen Sperlingseier unterzulegen, oder auch wohl die
ganz jungen Sperlinge mit ihren Jungen zu vertauschen. Bringt man
diese nun in eine Stube, wo sie die Sperlinge nicht draußen hören können:
15 so lernen sie den Gesang der Canarienvögel, und man bekommt singende
Sperlinge. Es ist auch in der That sehr zu bewundern, daß jede Vogel=
gattung durch alle Generationen einen gewissen Hauptgesang behält, und
die Tradition des Gesanges ist wohl die treueste in der Welt.*)

Der Mensch kann nur Mensch werden durch Erziehung. Er ist nichts,
20 als was die Erziehung aus ihm macht. Es ist zu bemerken, daß der
Mensch nur durch Menschen erzogen wird, durch Menschen, die ebenfalls
erzogen sind. Daher macht auch Mangel an Disciplin und Unterweisung
bei einigen Menschen sie wieder zu schlechten Erziehern ihrer Zöglinge.
Wenn einmal ein Wesen höherer Art sich unserer Erziehung annähme, so
25 würde man doch sehen, was aus dem Menschen werden könne. Da die
Erziehung aber theils den Menschen einiges lehrt, theils einiges auch nur
bei ihm entwickelt: so kann man nicht wissen, wie weit bei ihm die Natur=

---

*) Was Kant hier von den Sperlingen sagt, könnte gewissermaßen noch weiter
ausgedehnt werden, auch auf andere Thiere. So will man bemerkt haben, daß z. B.
30 Löwen, die sehr jung eingefangen werden, nie ganz in der Art wie ältere und später
ihrer Freiheit beraubte Löwen brüllen. Dabei müßte denn aber noch erst ausgemittelt
werden, wieviel davon auf Rechnung der veränderten Lebensart kommt, die nicht ohne
Wirkung auf eine noch unvollendete Organisation, auf ein noch nicht völlig aus=
gebildetes Thier bleiben kann. Das hier von den Sperlingen Gesagte gilt auch nur
35 mit Einschränkung. Nie wird man seinen Gesang für den eines wirklichen Canarien-
vogels zu nehmen im Stande sein. Naturam furca expellas, et tamen usque recurrit.
Selbst bei den Blendlingen einer Vögelrace treten merkliche Verschiedenheiten ein
S. Girtanner S. 341.                                                     d. H.

anlagen gehen. Würde hier wenigstens ein Experiment durch Unterstützung der Großen und durch die vereinigten Kräfte Vieler gemacht: so würde auch das schon uns Aufschlüsse darüber geben, wie weit es der Mensch etwa zu bringen vermöge. Aber es ist für den speculativen Kopf eine eben so wichtige, als für den Menschenfreund eine traurige Bemerkung, 5 zu sehen, wie die Großen meistens nur immer für sich sorgen und nicht an dem wichtigen Experimente der Erziehung in der Art Theil nehmen, daß die Natur einen Schritt näher zur Vollkommenheit thue.

Es ist Niemand, der nicht in seiner Jugend verwahrlost wäre und es im reifern Alter nicht selbst einsehen sollte, worin, es sei in der Dis= 10 ciplin, oder in der Cultur (so kann man die Unterweisung nennen), er vernachlässigt worden. Derjenige, der nicht cultivirt ist, ist roh, wer nicht disciplinirt ist, ist wild. Verabsäumung der Disciplin ist ein größeres Übel, als Verabsäumung der Cultur, denn diese kann noch weiterhin nach= geholt werden; Wildheit aber läßt sich nicht wegbringen, und ein Ver= 15 sehen in der Disciplin kann nie ersetzt werden. Vielleicht daß die Er= ziehung immer besser werden und daß jede folgende Generation einen Schritt näher thun wird zur Vervollkommnung der Menschheit; denn hinter der Education steckt das große Geheimniß der Vollkommenheit der menschlichen Natur. Von jetzt an kann dieses geschehen. Denn nun erst 20 fängt man an, richtig zu urtheilen und deutlich einzusehen, was eigentlich zu einer guten Erziehung gehöre. Es ist entzückend sich vorzustellen, daß die menschliche Natur immer besser durch Erziehung werde entwickelt werden, und daß man diese in eine Form bringen kann, die der Menschheit angemessen ist. Dies eröffnet uns den Prospect zu einem künftigen 25 glücklichern Menschengeschlechte. —

Ein Entwurf zu einer Theorie der Erziehung ist ein herrliches Ideal, und es schadet nichts, wenn wir auch nicht gleich im Stande sind, es zu realisiren. Man muß nur nicht gleich die Idee für schimärisch halten und sie als einen schönen Traum verrufen, wenn auch Hindernisse bei ihrer 30 Ausführung eintreten.

Eine Idee ist nichts anderes, als der Begriff von einer Vollkommen= heit, die sich in der Erfahrung noch nicht vorfindet. Z. E. die Idee einer vollkommnen, nach Regeln der Gerechtigkeit regierten Republik! Ist sie deswegen unmöglich? Erst muß unsere Idee nur richtig sein, und dann ist 35 sie bei allen Hindernissen, die ihrer Ausführung noch im Wege stehen, gar nicht unmöglich. Wenn z. E. ein jeder löge, wäre deshalb das Wahrreden eine bloße Grille? Und die Idee einer Erziehung, die alle Naturanlagen im Menschen entwickelt, ist allerdings wahrhaft.

Bei der jetzigen Erziehung erreicht der Mensch nicht ganz den Zweck seines Daseins. Denn wie verschieden leben die Menschen! Eine Gleich-
5 förmigkeit unter ihnen kann nur Statt finden, wenn sie nach einerlei Grundsätzen handeln, und diese Grundsätze müßten ihnen zur andern Natur werden. Wir können an dem Plane einer zweckmäßigern Erziehung arbeiten und eine Anweisung zu ihr der Nachkommenschaft überliefern, die sie nach und nach realisiren kann. Man sieht z. B. an den Aurikeln,
10 daß, wenn man sie aus der Wurzel zieht, man sie alle nur von einer und derselben Farbe bekommt; wenn man dagegen aber ihren Samen aussät: so bekommt man sie von ganz andern und den verschiedensten Farben. Die Natur hat also doch die Keime in sie gelegt, und es kommt nur auf das gehörige Säen und Verpflanzen an, um diese in ihnen zu entwickeln. So
15 auch bei dem Menschen!

Es liegen viele Keime in der Menschheit, und nun ist es unsere Sache, die Naturanlagen proportionirlich zu entwickeln und die Menschheit aus ihren Keimen zu entfalten und zu machen, daß der Mensch seine Be-stimmung erreiche. Die Thiere erfüllen diese von selbst, und ohne daß sie
20 sie kennen. Der Mensch muß erst suchen, sie zu erreichen, dieses kann aber nicht geschehen, wenn er nicht einmal einen Begriff von seiner Bestimmung hat. Bei dem Individuo ist die Erreichung der Bestimmung auch gänzlich unmöglich. Wenn wir ein wirklich ausgebildetes erstes Menschenpaar annehmen, so wollen wir doch sehen, wie es seine Zöglinge erzieht. Die
25 ersten Eltern geben den Kindern schon ein Beispiel, die Kinder ahmen es nach, und so entwickeln sich einige Naturanlagen. Alle können nicht auf diese Art ausgebildet werden, denn es sind meistens alles nur Gelegenheits-umstände, bei denen die Kinder Beispiele sehen. Vormals hatten die Menschen keinen Begriff einmal von der Vollkommenheit, die die mensch-
30 liche Natur erreichen kann. Wir selbst sind noch nicht einmal mit diesem Begriffe auf dem Reinen. Soviel ist aber gewiß, daß nicht einzelne Menschen bei aller Bildung ihrer Zöglinge es dahin bringen können, daß dieselben ihre Bestimmung erreichen. Nicht einzelne Menschen, sondern die Menschengattung soll dahin gelangen.*)

---

35     *) Der einzelne Mensch wird nie ganz frei werden von Schwächen, wird selbst seine Fehler nicht ganz ablegen, aber dabei kann es mit ihm und mit der Menschheit

Die Erziehung ist eine Kunst, deren Ausübung durch viele Generationen vervollkommnet werden muß. Jede Generation, versehen mit den
Kenntnissen der vorhergehenden, kann immer mehr eine Erziehung zu
Stande bringen, die alle Naturanlagen des Menschen proportionirlich und
zweckmäßig entwickelt und so die ganze Menschengattung zu ihrer Bestimmung führt. — Die Vorsehung hat gewollt, daß der Mensch das Gute
aus sich selbst herausbringen soll, und spricht so zu sagen zum Menschen:
„Gehe in die Welt, — so etwa könnte der Schöpfer den Menschen an-
reden! — ich habe dich ausgerüstet mit allen Anlagen zum Guten. Dir
kommt es zu, sie zu entwickeln, und so hängt dein eignes Glück und Unglück
von dir selbst ab.“

Der Mensch soll seine Anlagen zum Guten erst entwickeln; die Vorsehung hat sie nicht schon fertig in ihn gelegt; es sind bloße Anlagen und
ohne den Unterschied der Moralität. Sich selbst besser machen, sich selbst
cultiviren und, wenn er böse ist, Moralität bei sich hervorbringen, das soll
der Mensch. Wenn man das aber reiflich überdenkt, so findet man, daß
dieses sehr schwer sei. Daher ist die Erziehung das größte Problem und
das schwerste, was dem Menschen kann aufgegeben werden. Denn Einsicht
hängt von der Erziehung und Erziehung hängt wieder von der Einsicht
ab. Daher kann die Erziehung auch nur nach und nach einen Schritt
vorwärts thun, und nur dadurch, daß eine Generation ihre Erfahrungen
und Kenntnisse der folgenden überliefert, diese wieder etwas hinzu thut
und es so der folgenden übergiebt, kann ein richtiger Begriff von der
Erziehungsart entspringen. Welche große Cultur und Erfahrung setzt
also nicht dieser Begriff voraus? Er konnte demnach auch nur spät entstehen, und wir selbst haben ihn noch nicht ganz ins Reine gebracht. Ob
die Erziehung im Einzelnen wohl der Ausbildung der Menschheit im Allgemeinen durch ihre verschiedenen Generationen nachahmen soll?

Zwei Erfindungen der Menschen kann man wohl als die schwersten
ansehen: die der Regierungs- und die der Erziehungskunst nämlich, und
doch ist man selbst in ihrer Idee noch streitig.

Von wo fangen wir nun aber an, die menschlichen Anlagen zu entwickeln? Sollen wir von dem rohen, oder von einem schon ausgebildeten

insbesondere doch immer besser werden. Selbst die gewöhnliche Klage über eine ver-
meinte Verschlimmerung der Menschen ist ein Beweis des Fortschreitens der Menschheit
im Guten, indem sie nur die Folge rechtlich- und sittlich-strengerer Grundsätze sein
kann.
                                                                              d. H.

Zustande anfangen? Es ist schwer, sich eine Entwickelung aus der Roheit zu denken (daher ist auch der Begriff des ersten Menschen so schwer), und wir sehen, daß bei einer Entwickelung aus einem solchen Zustande man doch immer wieder in Rohigkeit zurück gefallen ist und dann erst sich
5 wieder aufs neue aus demselben emporgehoben hat. Auch bei sehr ge= sitteten Völkern finden wir in den frühesten Nachrichten, die sie uns auf= gezeichnet hinterlassen haben, — und wie viele Cultur gehört nicht schon zum Schreiben? so daß man in Rücksicht auf gesittete Menschen den Anfang der Schreibekunst den Anfang der Welt nennen könnte — ein
10 starkes Angrenzen an Rohigkeit.

Weil die Entwickelung der Naturanlagen bei dem Menschen nicht von selbst geschieht, so ist alle Erziehung — eine Kunst. — Die Natur hat dazu keinen Instinct in ihn gelegt. — Der Ursprung sowohl als der Fortgang dieser Kunst ist entweder mechanisch, ohne Plan nach gegebenen
15 Umständen geordnet, oder judiciös. Mechanisch entspringt die Er= ziehungskunst blos bei vorkommenden Gelegenheiten, wo wir erfahren, ob etwas dem Menschen schädlich oder nützlich sei. Alle Erziehungskunst, die blos mechanisch entspringt, muß sehr viele Fehler und Mängel an sich tragen, weil sie keinen Plan zum Grunde hat. Die Erziehungskunst oder
20 Pädagogik muß also judiciös werden, wenn sie die menschliche Natur so entwickeln soll, daß sie ihre Bestimmung erreiche. Schon erzogene Eltern sind Beispiele, nach denen sich die Kinder bilden, zur Nachachtung. Aber wenn diese besser werden sollen: so muß die Pädagogik ein Studium werden, sonst ist nichts von ihr zu hoffen, und ein in der Erziehung Verdorbener
25 erzieht sonst den andern. Der Mechanismus in der Erziehungskunst muß in Wissenschaft verwandelt werden, sonst wird sie nie ein zusammen= hängendes Bestreben werden, und eine Generation möchte niederreißen, was die andere schon aufgebaut hätte.

Ein Princip der Erziehungskunst, das besonders solche Männer, die
30 Pläne zur Erziehung machen, vor Augen haben sollten, ist: Kinder sollen nicht nur dem gegenwärtigen, sondern dem zukünftig möglichen bessern Zu= stande des menschlichen Geschlechts, das ist: der Idee der Menschheit und deren ganzer Bestimmung angemessen erzogen werden. Dieses Princip ist von großer Wichtigkeit. Eltern erziehen gemeiniglich ihre Kinder nur so,
35 daß sie in die gegenwärtige Welt, sei sie auch verderbt, passen. Sie sollten sie aber besser erziehen, damit ein zukünftiger besserer Zustand dadurch hervorgebracht werde. Es finden sich hier aber zwei Hindernisse:

1) Die Eltern nämlich sorgen gemeiniglich nur dafür, daß ihre Kinder gut in der Welt fortkommen, und 2) die Fürsten betrachten ihre Unterthanen nur wie Instrumente zu ihren Absichten.

Eltern sorgen für das Haus, Fürsten für den Staat. Beide haben nicht das Weltbeste und die Vollkommenheit, dazu die Menschheit bestimmt ist, und wozu sie auch die Anlage hat, zum Endzwecke. Die Anlage zu einem Erziehungsplane muß aber kosmopolitisch gemacht werden. Und ist dann das Weltbeste eine Idee, die uns in unserm Privatbesten kann schädlich sein? Niemals! denn wenn es gleich scheint, daß man bei ihr etwas aufopfern müsse: so befördert man doch nichts desto weniger durch sie immer auch das Beste seines gegenwärtigen Zustandes. Und dann, welche herrliche Folgen begleiten sie! Gute Erziehung gerade ist das, woraus alles Gute in der Welt entspringt. Die Keime, die im Menschen liegen, müssen nur immer mehr entwickelt werden. Denn die Gründe zum Bösen findet man nicht in den Naturanlagen des Menschen. Das nur ist die Ursache des Bösen, daß die Natur nicht unter Regeln gebracht wird. Im Menschen liegen nur Keime zum Guten. *)

Wo soll der bessere Zustand der Welt nun aber herkommen? Von den Fürsten, oder von den Unterthanen? daß diese nämlich sich erst selbst bessern und einer guten Regierung auf dem halben Wege entgegen kommen? Soll er von den Fürsten begründet werden: so muß erst die Erziehung der Prinzen besser werden, die geraume Zeit hindurch noch immer den großen Fehler hatte, daß man ihnen in der Jugend nicht widerstand. Ein Baum aber, der auf dem Felde allein steht, wächst krumm und breitet seine Äste weit aus; ein Baum hingegen, der mitten im Walde steht, wächst, weil die Bäume neben ihm ihm widerstehen, gerade auf und sucht Luft und Sonne über sich. So ist es auch mit den Fürsten. Doch ist es noch immer besser, daß sie von jemand aus der Zahl der Unterthanen erzogen werden, als wenn sie von Ihresgleichen erzogen würden: Das Gute dürfen wir also von oben her nur in dem Falle erwarten, daß die Erziehung dort die vorzüglichere ist! Daher kommt es hier denn hauptsächlich auf Privatbemühungen an und nicht sowohl auf das Zuthun der Fürsten, wie Basedow und Andere meinten; denn die Erfahrung lehrt es,

---

*) S. weiter unten und Kant, Von der Einwohnung des bösen Princips neben dem guten, oder über das radicale Böse in der menschl. Vernunft, in seiner Religion innerhalb der Grenzen der bloßen Vernunft, S. 3 u. f.                                                                                  d. H.

daß sie zunächst nicht sowohl das Weltbeste, als vielmehr nur das Wohl ihres Staates zur Absicht haben, damit sie ihre Zwecke erreichen. Geben sie aber das Geld dazu her: so muß es ja ihnen auch anheimgestellt bleiben, dazu den Plan vorzuzeichnen. So ist es in Allem, was die Ausbildung des menschlichen Geistes, die Erweiterung menschlicher Erkenntnisse betrifft. Macht und Geld schaffen es nicht, erleichtern es höchstens. Aber sie könnten es schaffen, wenn die Staatsökonomie nicht für die Reichskasse nur im Voraus die Zinsen berechnete. Auch Akademieen thaten es bisher nicht, und daß sie es noch thun werden, dazu war der Anschein nie geringer als jetzt.

Demnach sollte auch die Einrichtung der Schulen blos von dem Urtheile der aufgeklärtesten Kenner abhängen. Alle Cultur fängt von dem Privatmanne an und breitet von daher sich aus. Blos durch die Bemühung der Personen von extendirteren Neigungen, die Antheil an dem Weltbesten nehmen und der Idee eines zukünftigen bessern Zustandes fähig sind, ist die allmähliche Annäherung der menschlichen Natur zu ihrem Zwecke möglich. Sieht hin und wieder doch noch mancher Große sein Volk gleichsam nur für einen Theil des Naturreiches an und richtet also auch nur darauf sein Augenmerk, daß es fortgepflanzt werde. Höchstens verlangt man dann auch noch Geschicklichkeit, aber blos um die Unterthanen desto besser als Werkzeug zu seinen Absichten gebrauchen zu können. Privatmänner müssen freilich auch zuerst den Naturzweck vor Augen haben, aber dann auch besonders auf die Entwickelung der Menschheit und dahin sehn, daß sie nicht nur geschickt, sondern auch gesittet werde, und, welches das Schwerste ist, daß sie suchen, die Nachkommenschaft weiter zu bringen, als sie selbst gekommen sind.

Bei der Erziehung muß der Mensch also 1) disciplinirt werden. Discipliniren heißt suchen zu verhüten, daß die Thierheit nicht der Menschheit in dem einzelnen sowohl als gesellschaftlichen Menschen zum Schaden gereiche. Disciplin ist also blos Bezähmung der Wildheit.

2) Muß der Mensch cultivirt werden. Cultur begreift unter sich die Belehrung und die Unterweisung. Sie ist die Verschaffung der Geschicklichkeit. Diese ist der Besitz eines Vermögens, welches zu allen beliebigen Zwecken zureichend ist. Sie bestimmt also gar keine Zwecke, sondern überläßt das nachher den Umständen.

Einige Geschicklichkeiten sind in allen Fällen gut, z. E. das Lesen und Schreiben; andere nur zu einigen Zwecken, z. E. die Musik, um uns beliebt zu machen. Wegen der Menge der Zwecke wird die Geschicklichkeit gewissermaßen unendlich.

3) Muß man darauf sehen, daß der Mensch auch klug werde, in die menschliche Gesellschaft passe, daß er beliebt sei und Einfluß habe. Hiezu gehört eine gewisse Art von Cultur, die man Civilisirung nennt. Zu derselben sind Manieren, Artigkeit und eine gewisse Klugheit erforderlich, der zufolge man alle Menschen zu seinen Endzwecken gebrauchen kann. Sie richtet sich nach dem wandelbaren Geschmacke jedes Zeitalters. So liebte man noch vor wenigen Jahrzehenden Ceremonieen im Umgange.

4) Muß man auf die Moralisirung sehen. Der Mensch soll nicht blos zu allerlei Zwecken geschickt sein, sondern auch die Gesinnung bekommen, daß er nur lauter gute Zwecke erwähle. Gute Zwecke sind diejenigen, die nothwendigerweise von Jedermann gebilligt werden, und die auch zu gleicher Zeit Jedermanns Zwecke sein können.

---

Der Mensch kann entweder blos dressirt, abgerichtet, mechanisch unterwiesen, oder wirklich aufgeklärt werden. Man dressirt Hunde, Pferde, und man kann auch Menschen dressiren. (Dieses Wort kommt aus dem Englischen her, von to dress, kleiden. Daher auch Dreßkammer, der Ort, wo die Prediger sich umkleiden, und nicht Trostkammer.)

Mit dem Dressiren aber ist es noch nicht ausgerichtet, sondern es kommt vorzüglich darauf an, daß Kinder denken lernen. Das geht auf die Principien hinaus, aus denen alle Handlungen entspringen. Man sieht also, daß bei einer ächten Erziehung sehr Vieles zu thun ist. Gewöhnlich wird aber bei der Privaterziehung das vierte, wichtigste Stück noch wenig in Ausübung gebracht, denn man erzieht die Kinder im Wesentlichen so, daß man die Moralisirung dem Prediger überläßt. Wie unendlich wichtig ist es aber nicht, die Kinder von Jugend auf das Laster verabscheuen zu lehren, nicht gerade allein aus dem Grunde, weil Gott es verboten hat, sondern weil es in sich selbst verabscheuungswürdig ist!*) Sonst nämlich kommen sie leicht auf die Gedanken, daß sie es wohl immer würden ausüben können, und daß es übrigens wohl würde erlaubt sein, wenn Gott es nur nicht verboten hätte, und daß Gott daher wohl einmal eine Ausnahme machen könne. Gott ist das heiligste Wesen und

---

*) S. weiter unten.

will nur das, was gut ist, und verlangt, daß wir die Tugend ihres innern Werthes wegen ausüben sollen und nicht deswegen, weil er es verlangt.

Wir leben im Zeitpunkte der Disciplinirung, Cultur und Civilisirung, aber noch lange nicht in dem Zeitpunkte der Moralisirung. Bei dem jetzigen Zustande der Menschen kann man sagen, daß das Glück der Staaten zugleich mit dem Elende der Menschen wachse. Und es ist noch die Frage, ob wir im rohen Zustande, da alle diese Cultur bei uns nicht Statt fände, nicht glücklicher als in unserm jetzigen Zustande sein würden. Denn wie kann man Menschen glücklich machen, wenn man sie nicht sittlich und weise macht? Die Quantität des Bösen wird dann nicht vermindert.

Erst muß man Experimentalschulen errichten, ehe man Normalschulen errichten kann. Die Erziehung und Unterweisung muß nicht blos mechanisch sein, sondern auf Principien beruhen. Doch darf sie auch nicht blos raisonnirend, sondern gleich in gewisser Weise Mechanismus sein. In Österreich gab es meistens nur Normalschulen, die nach einem Plan errichtet waren, wider den vieles mit Grunde gesagt wurde, und dem man besonders blinden Mechanismus vorwerfen konnte. Nach diesen Normalschulen mußten sich denn alle andere richten, und man weigerte sich sogar, Leute zu befördern, die nicht in diesen Schulen gewesen waren. Solche Vorschriften zeigen, wie sehr die Regierung sich hiermit befasse, und bei einem dergleichen Zwange kann wohl unmöglich etwas Gutes gedeihen.

Man bildet sich zwar insgemein ein, daß Experimente bei der Erziehung nicht nöthig wären, und daß man schon aus der Vernunft urtheilen könne, ob etwas gut oder nicht gut sein werde. Man irrt hierin aber sehr, und die Erfahrung lehrt, daß sich oft bei unsern Versuchen ganz entgegengesetzte Wirkungen zeigen von denen, die man erwartete. Man sieht also, daß, da es auf Experimente ankommt, kein Menschenalter einen völligen Erziehungsplan darstellen kann. Die einzige Experimentalschule, die hier gewissermaßen den Anfang machte, die Bahn zu brechen, war das dessauische Institut. Man muß ihm diesen Ruhm lassen ungeachtet der vielen Fehler, die man ihm zum Vorwurfe machen könnte; Fehler, die sich bei allen Schlüssen, die man aus Versuchen macht, vorfinden, daß nämlich noch immer neue Versuche dazu gehören. Es war in gewisser Weise die einzige Schule, bei der die Lehrer die Freiheit hatten, nach eigenen Methoden und Planen zu arbeiten, und wo sie unter sich sowohl, als auch mit allen Gelehrten in Deutschland in Verbindung standen.

Die Erziehung schließt Versorgung und Bildung in sich. Diese
ist 1) negativ, die Disciplin, die blos Fehler abhält; 2) positiv, die
Unterweisung und Anführung, und gehört in so fern zur Cultur. Anführung ist die Leitung in der Ausübung desjenigen, was man gelehrt
hat. Daher entsteht der Unterschied zwischen Informator, der blos      5
ein Lehrer, und Hofmeister, der ein Führer ist. Jener erzieht blos für
die Schule, dieser für das Leben.

Die erste Epoche bei dem Zöglinge ist die, da er Unterwürfigkeit und
einen passiven Gehorsam beweisen muß; die andere, da man ihm schon
einen Gebrauch von der Überlegung und seiner Freiheit, doch unter Ge=   10
setzen machen läßt. In der ersten ist ein mechanischer, in der andern ein
moralischer Zwang.

Die Erziehung ist entweder eine Privat= oder eine öffentliche
Erziehung. Letztere betrifft nur die Information, und diese kann immer
öffentlich bleiben. Die Ausübung der Vorschriften wird der erstern über=   15
lassen. Eine vollständige öffentliche Erziehung ist diejenige, die beides,
Unterweisung und moralische Bildung, vereinigt. Ihr Zweck ist: Be=
förderung einer guten Privaterziehung. Eine Schule, in der dieses ge=
schieht, nennt man ein Erziehungsinstitut. Solcher Institute können
nicht viele und die Anzahl der Zöglinge in denselben kann nicht groß sein,   20
weil sie sehr kostbar sind, und ihre bloße Einrichtung schon sehr vieles
Geld erfordert. Es verhält sich mit ihnen, wie mit den Armenhäusern
und Hospitälern. Die Gebäude, die dazu erfordert werden, die Besoldung
der Directoren, Aufseher und Bedienten nehmen schon die Hälfte von dem
dazu ausgesetzten Gelde weg, und es ist ausgemacht, daß, wenn man   25
dieses Geld den Armen in ihre Häuser schickte, sie viel besser verpflegt
werden würden. Daher ist es auch schwer, daß andere als blos reicher
Leute Kinder an solchen Instituten Theil nehmen können.

Der Zweck solcher öffentlicher Institute ist: die Vervollkommnung der
häuslichen Erziehung. Wenn erst nur die Eltern oder andere, die ihre   30
Mitgehülfen in der Erziehung sind, gut erzogen wären: so könnte der
Aufwand der öffentlichen Institute wegfallen. In ihnen sollen Versuche
gemacht und Subjecte gebildet werden, und so soll aus ihnen dann eine
gute häusliche Erziehung entspringen.

Die Privaterziehung besorgen entweder die Eltern selbst, oder, da   35
diese bisweilen nicht Zeit, Fähigkeit, oder auch wohl gar nicht Lust dazu
haben, andere Personen, die besoldete Mitgehülfen sind. Bei der Er=

ziehung durch diese Mitgehülfen findet sich aber der sehr schwierige Um=
stand, daß die Autorität zwischen den Eltern und diesen Hofmeistern
getheilt ist. Das Kind soll sich nach den Vorschriften der Hofmeister
richten und dann auch wieder den Grillen der Eltern folgen. Es ist bei
einer solchen Erziehung nothwendig, daß die Eltern ihre ganze Autorität
an die Hofmeister abtreten.

In wie fern dürfte aber die Privaterziehung vor der öffentlichen,
oder diese vor jener Vorzüge haben? Im Allgemeinen scheint doch nicht
blos von Seiten der Geschicklichkeit, sondern auch in Betreff des Charakters
eines Bürgers die öffentliche Erziehung vortheilhafter als die häusliche zu
sein. Die letztere bringt gar oft nicht nur Familienfehler hervor, sondern
pflanzt dieselben auch fort.

Wie lange aber soll die Erziehung denn dauern? Bis zu der Zeit,
da die Natur selbst den Menschen bestimmt hat, sich selbst zu führen; da
der Instinct zum Geschlechte sich bei ihm entwickelt; da er selbst Vater
werden kann und selbst erziehen soll: ungefähr bis zu dem sechzehnten
Jahre. Nach dieser Zeit kann man wohl noch Hülfsmittel der Cultur
gebrauchen und eine versteckte Disciplin ausüben, aber keine ordentliche
Erziehung mehr.

Die Unterwürfigkeit des Zöglinges ist entweder positiv, da er thun
muß, was ihm vorgeschrieben wird, weil er nicht selbst urtheilen kann,
und die bloße Fähigkeit der Nachahmung noch in ihm fortdauert, oder
negativ, da er thun muß, was Andere wollen, wenn er will, daß Andere
ihm wieder etwas zu Gefallen thun sollen. Bei der ersten tritt Strafe
ein, bei der andern dies, daß man nicht thut, was er will; er ist hier,
obwohl er bereits denken kann, dennoch in seinem Vergnügen ab=
hängig.

Eines der größten Probleme der Erziehung ist, wie man die Unter=
werfung unter den gesetzlichen Zwang mit der Fähigkeit, sich seiner Freiheit
zu bedienen, vereinigen könne. Denn Zwang ist nöthig! Wie cultivire
ich die Freiheit bei dem Zwange? Ich soll meinen Zögling gewöhnen,
einen Zwang seiner Freiheit zu dulden, und soll ihn selbst zugleich an=
führen, seine Freiheit gut zu gebrauchen. Ohne dies ist alles bloßer
Mechanism, und der der Erziehung Entlassene weiß sich seiner Freiheit
nicht zu bedienen. Er muß früh den unvermeidlichen Widerstand der
Gesellschaft fühlen, um die Schwierigkeit, sich selbst zu erhalten, zu ent=
behren und zu erwerben, um unabhängig zu sein, kennen zu lernen.

Hier muß man folgendes beobachten: 1) daß man das Kind von der ersten Kindheit an in allen Stücken frei sein lasse (ausgenommen in den Dingen, wo es sich selbst schadet, z. E. wenn es nach einem blanken Messer greift), wenn es nur nicht auf die Art geschieht, daß es Anderer Freiheit im Wege ist; z. E. wenn es schreit, oder auf eine allzulaute Art lustig ist, so beschwert es Andere schon. 2) Muß man ihm zeigen, daß es seine Zwecke nicht anders erreichen könne, als nur dadurch, daß es Andere ihre Zwecke auch erreichen lasse, z. E. daß man ihm kein Vergnügen mache, wenn es nicht thut, was man will, daß es lernen soll ⁊c. 3) Muß man ihm beweisen, daß man ihm einen Zwang auflegt, der es zum Gebrauche seiner eigenen Freiheit führt, daß man es cultivire, damit es einst frei sein könne, d. h. nicht von der Vorsorge Anderer abhängen dürfe. Dieses Letzte ist das Späteste. Denn bei den Kindern kommt die Betrachtung erst spät, daß man sich z. E. nachher selbst um seinen Unterhalt bekümmern müsse. Sie meinen, das werde immer so sein, wie in dem Hause der Eltern, daß sie Essen und Trinken bekommen, ohne daß sie dafür sorgen dürfen. Ohne jene Behandlung sind Kinder besonders reicher Eltern und Fürstensöhne, so wie die Einwohner von Otaheite, das ganze Leben hindurch Kinder. Hier hat die öffentliche Erziehung ihre augenscheinlichsten Vorzüge, denn bei ihr lernt man seine Kräfte messen, man lernt Einschränkung durch das Recht Anderer. Hier genießt keiner Vorzüge, weil man überall Widerstand fühlt, weil man sich nur dadurch bemerklich macht, daß man sich durch Verdienst hervorthut. Sie giebt das beste Vorbild des künftigen Bürgers.

Aber noch einer Schwierigkeit muß hier gedacht werden, die darin besteht, die Geschlechtskenntniß zu anticipiren, um schon vor dem Eintritte der Mannbarkeit Laster zu verhüten. Doch davon soll noch weiter unten gehandelt werden.

# Abhandlung.

Die Pädagogik oder Erziehungslehre ist entweder **physisch** oder **praktisch**. Die **physische** Erziehung ist diejenige, die der Mensch mit den Thieren gemein hat, oder die Verpflegung. Die **praktische** oder **moralische** ist diejenige, durch die der Mensch soll gebildet werden, damit er wie ein freihandelndes Wesen leben könne. (**Praktisch** nennt man alles dasjenige, was Beziehung auf Freiheit hat.) Sie ist Erziehung zur Persönlichkeit, Erziehung eines frei handelnden Wesens, das sich selbst erhalten und in der Gesellschaft ein Glied ausmachen, für sich selbst aber einen innern Werth haben kann.

Sie besteht demnach 1) aus der **scholastisch=mechanischen** Bildung in Ansehung der Geschicklichkeit, ist also didaktisch (Informator), 2) aus der **pragmatischen** in Ansehung der Klugheit (Hofmeister), 3) aus der **moralischen** in Ansehung der Sittlichkeit.

Der **scholastischen** Bildung oder der Unterweisung bedarf der Mensch, um zur Erreichung aller seiner Zwecke geschickt zu werden. Sie giebt ihm einen Werth in Ansehung seiner selbst als Individuum. Durch die Bildung zur **Klugheit** aber wird er zum Bürger gebildet, da bekommt er einen öffentlichen Werth. Da lernt er sowohl die bürgerliche Gesellschaft zu seiner Absicht lenken, als sich auch in die bürgerliche Gesellschaft schicken. Durch die **moralische** Bildung endlich bekommt er einen Werth in Ansehung des ganzen menschlichen Geschlechts.

Die scholastische Bildung ist die früheste und erste. Denn alle Klugheit setzt Geschicklichkeit voraus. Klugheit ist das Vermögen, seine Geschicklichkeit gut an den Mann zu bringen. Die moralische Bildung, in so fern sie auf Grundsätzen beruht, die der Mensch selbst einsehen soll, ist die späteste; in so fern sie aber nur auf dem gemeinen Menschenverstande beruht, muß sie gleich von Anfang, auch gleich bei der physischen Erziehung beobachtet werden, denn sonst wurzeln sich leicht Fehler ein, bei denen nachher alle Erziehungskunst vergebens arbeitet. In Ansehung der Geschicklichkeit und Klugheit muß alles nach den Jahren gehen. Kindisch geschickt, kindisch klug und gutartig, nicht listig auf männliche Art, das taugt eben so wenig, als eine kindische Sinnesart des Erwachsenen.

# Von der physischen Erziehung.

Ob auch gleich derjenige, der eine Erziehung als Hofmeister über=
nimmt, die Kinder nicht so früh unter seine Aufsicht bekommt, daß er auch
für die physische Erziehung derselben Sorge tragen kann: so ist es doch
nützlich zu wissen, was Alles bei der Erziehung von ihrem Anfange ab 5
bis zu ihrem Ende zu beobachten nöthig ist. Wenn man es auch als Hof=
meister nur mit größern Kindern zu thun hat, so geschieht es doch wohl,
daß in dem Hause neue Kinder geboren werden, und wenn man sich gut
führt, so hat man immer Ansprüche darauf, der Vertraute der Eltern zu
sein und auch bei der physischen Erziehung von ihnen zu Rathe gezogen 10
zu werden, da man ohnedem oft nur der einzige Gelehrte im Hause ist.
Daher sind einem Hofmeister auch Kenntnisse hievon nöthig.

Die physische Erziehung ist eigentlich nur Verpflegung, entweder
durch Eltern, oder Ammen, oder Wärterinnen. Die Nahrung, die die
Natur dem Kinde bestimmt hat, ist die Muttermilch Daß das Kind mit 15
ihr Gesinnungen einsauge, wie man oft sagen hört: du hast das schon mit
der Muttermilch eingesogen! ist ein bloßes Vorurtheil*). Es ist der Mutter
und dem Kinde am zuträglichsten, wenn die Mutter selbst säugt. Doch
finden auch hier im äußersten Falle wegen kränklicher Umstände Aus=
nahmen Statt. Man glaubte vor Zeiten, daß die erste Milch, die sich 20
nach der Geburt bei der Mutter findet und molkicht ist, dem Kinde schädlich
sei, und daß die Mutter sie erst fortschaffen müsse, ehe sie das Kind
säugen könne. Rousseau machte aber zuerst die Ärzte aufmerksam darauf,
ob diese erste Milch nicht auch dem Kinde zuträglich sein könne, indem
doch die Natur nichts umsonst veranstaltet habe. Und man hat auch 25
wirklich gefunden, daß diese Milch am besten den Unrath, der sich bei neu=
gebornen Kindern vorfindet, und den die Ärzte Miconium nennen, fort=
schaffe und also den Kindern höchst zuträglich sei.

Man hat die Frage aufgeworfen: ob man nicht das Kind eben so
wohl mit thierischer Milch nähren könne. Menschenmilch ist sehr von der 30
thierischen verschieden. Die Milch aller grasfressenden, von Vegetabilien

---

*) Specielle Laster dürften sich vielleicht eben so wenig, als specielle Krank=
heiten auf Kinder vererben, obwohl auch darüber die Meinungen noch sehr getheilt
sind; aber eine größere Empfänglichkeit für jene wie für diese auf dem Wege der Fort=
pflanzung und ersten Nahrung scheint denn doch nichts der Vernunft Widersprechendes
zu enthalten.                                                                   A. d. H. 35

lebenden Thiere gerinnt sehr bald, wenn man etwas Säure hinzuthut, z. E. Weinsäure, Citronensäure, oder besonders die Säure im Kälbermagen, die man Lab oder Laff nennt. Menschenmilch gerinnt aber gar nicht. Wenn aber die Mütter oder Ammen einige Tage hindurch nur vegetabilische Kost genießen: so gerinnt ihre Milch so gut wie die Kuhmilch ꝛc.; wenn sie dann aber nur einige Zeit hindurch wieder Fleisch essen: so ist die Milch auch wieder eben so gut, wie vorhin. Man hat hieraus geschlossen, daß es am besten und dem Kinde am zuträglichsten sei, wenn Mütter oder Ammen unter der Zeit, daß sie säugen, Fleisch äßen. Denn wenn Kinder die Milch wieder von sich geben, so sieht man, daß sie geronnen ist. Die Säure im Kindermagen muß also noch mehr als alle andere Säuren das Gerinnen der Milch befördern, weil Menschenmilch sonst auf keine Weise zum Gerinnen gebracht werden kann. Wie viel schlimmer wäre es also, wenn man dem Kinde Milch gäbe, die schon von selbst gerinnt! Daß es aber auch nicht blos hierauf ankomme, sieht man an andern Nationen. Die Waldtongusen z. E. essen fast nichts als Fleisch und sind starke und gesunde Leute. Alle solche Völker leben aber auch nicht lang, und man kann einen großen, erwachsenen Jungen, dem man es nicht ansehen sollte, daß er leicht sei, mit geringer Mühe aufheben. Die Schweden hingegen, vorzüglich aber die Nationen in Indien essen fast gar kein Fleisch, und doch werden die Menschen bei ihnen ganz wohl aufgezogen. Es scheint also, daß es blos auf das Gedeihen der Amme ankomme, und daß die Kost die beste sei, bei der sie sich am besten befindet.

Es fragt sich hier, was man nachher habe, um das Kind zu ernähren, wenn die Muttermilch nun aufhört. Man hat es seit einiger Zeit mit allerlei Mehlbreien versucht. Aber von Anfang an das Kind mit solchen Speisen zu ernähren, ist nicht gut. Besonders muß man merken, daß man den Kindern nichts Piquantes gebe, als Wein, Gewürz, Salz ꝛc. Es ist aber doch sonderbar, daß Kinder eine so große Begierde nach dergleichen Allem haben! Die Ursache ist, weil es ihren noch stumpfen Empfindungen einen Reiz und eine Belebung verschafft, die ihnen angenehm sind. Die Kinder in Rußland erhalten freilich von ihren Müttern, die selbst fleißig Branntwein trinken, auch dergleichen, und man bemerkt dabei, daß die Russen gesunde, starke Leute sind. Freilich müssen diejenigen, die das aushalten, von guter Leibesconstitution sein; aber es sterben auch viele daran, die doch hätten erhalten werden können. Denn ein solcher früher

Reiz der Nerven bringt viele Unordnungen hervor\*). Sogar schon vor zu
warmen Speisen oder Getränken muß man die Kinder sorgfältig hüten,
denn auch diese verursachen Schwäche.

Ferner ist zu bemerken, daß Kinder nicht sehr warm gehalten werden
müssen, denn ihr Blut ist an sich schon viel wärmer, als das der Erwachsenen. Die Wärme des Blutes bei Kindern beträgt nach dem Fahrenheitischen Thermometer 110° und das Blut der Erwachsenen nur 96
Grade. Das Kind erstickt in der Wärme, in der sich Ältere recht wohl
befinden. Die kühle Gewöhnung macht überhaupt den Menschen stark.
Und es ist auch bei Erwachsenen nicht gut, sich zu warm zu kleiden, zu
bedecken und sich an zu warme Getränke zu gewöhnen. Daher bekomme
denn das Kind auch ein kühles und hartes Lager. Auch kalte Bäder sind
gut\*\*). Kein Reizmittel darf eintreten, um Hunger bei dem Kinde zu
erregen, dieser vielmehr muß immer nur die Folge der Thätigkeit und
Beschäftigung sein. Nichts indessen darf man das Kind sich angewöhnen
lassen, so daß es ihm zum Bedürfnisse werde. Auch bei dem Guten sogar
muß man ihm nicht alles durch die Kunst zur Angewohnheit machen.

Das Windeln findet bei rohen Völkern gar nicht Statt. Die wilden
Nationen in Amerika z. E. machen für ihre jungen Kinder Gruben in die
Erde, streuen sie mit dem Staube von faulen Bäumen aus, damit der
Urin und die Unreinigkeiten der Kinder sich darein ziehen, und die Kinder
also trocken liegen mögen, und bedecken sie mit Blättern; übrigens aber
lassen sie ihnen den freien Gebrauch ihrer Glieder. Es ist auch blos Bequemlichkeit von uns, daß wir die Kinder wie Mumien einwickeln, damit
wir nur nicht Acht geben dürfen darauf, daß sich die Kinder nicht verbiegen,
und oft geschieht es dennoch eben durch das Windeln. Auch ist es den Kindern selbst ängstlich, und sie gerathen dabei in eine Art von Verzweiflung,
da sie ihre Glieder gar nicht brauchen können. Da meint man denn ihr
Schreien durch bloßes Zurufen stillen zu können. Man wickle aber nur
einmal einen großen Menschen ein und sehe doch, ob er nicht auch schreien
und in Angst und Verzweiflung gerathen werde.

---

\*) Hr. Schlözer hat bereits sehr gründlich dargethan, welcher schrecklichen
Wirkung Rußland bei dem übermäßigen Gebrauche des Branntweines entgegenzu-
sehen habe. 										A. d. H.

\*\*) Daß das hier Gesagte von Bedingungen abhänge und cum grano salis ver-
standen und angewendet werden müsse, erhellt aus dem, was die sachkundigsten Ärzte
neuerdings darüber gesagt haben. 										A. d. H.

Überhaupt muß man merken, daß die erste Erziehung nur negativ sein müsse, d. h. daß man nicht über die Vorsorge der Natur noch eine neue hinzuthun müsse, sondern die Natur nur nicht stören dürfe. Ist je die Kunst in der Erziehung erlaubt, so ist es allein die der Abhärtung.—Auch daher ist denn das Windeln zu verwerfen. Wenn man indessen einige Vorsicht be= obachten will, so ist eine Art von Schachtel, die oben mit Riemen bezogen ist, hiezu das Zweckmäßigste. Die Italiener gebrauchen sie und nennen sie arcuccio. Das Kind bleibt immer in dieser Schachtel und wird auch in ihr zum Säugen angelegt. Dadurch wird selbst verhütet, daß die Mutter, wenn sie auch des Nachts während des Säugens einschläft, das Kind doch nicht todt drücken kann.*) Bei uns kommen aber auf diese Art viele Kinder ums Leben. Diese Vorsorge ist also besser als das Windeln, denn die Kinder haben hier doch mehrere Freiheit, und das Verbiegen wird ver= hütet; da hingegen die Kinder oft durch das Windeln selbst schief werden.

Eine andere Gewohnheit bei der ersten Erziehung ist das Wiegen. Die leichteste Art desselben ist die, die einige Bauern haben. Sie hängen nämlich die Wiege an einem Seile an den Balken, dürfen also nur an= stoßen, so schaukelt die Wiege von selbst von einer Seite zur andern. Das Wiegen taugt aber überhaupt nicht. Denn das Hin= und Herschaukeln ist dem Kinde schädlich. Man sieht es ja selbst an großen Leuten, daß das Schaukeln eine Bewegung zum Erbrechen und einen Schwindel her= vorbringt. Man will das Kind dadurch betäuben, daß es nicht schreie. Das Schreien ist aber den Kindern heilsam. Sobald sie aus dem Mutter= leibe kommen, wo sie keine Luft genossen haben, athmen sie die erste Luft ein. Der dadurch veränderte Gang des Blutes bringt in ihnen eine schmerzhafte Empfindung hervor. Durch das Schreien aber entfaltet das Kind die innern Bestandtheile und Canäle seines Körpers desto mehr. Daß man dem Kinde, wenn es schreit, gleich zu Hülfe kommt, ihm etwas vorsingt, wie dies die Gewohnheit der Amme ist, oder dergl.: das ist sehr schädlich. Dies ist gewöhnlich das erste Verderben des Kindes, denn wenn es sieht, daß auf seinen Ruf Alles herbeikommt: so wiederholt es sein Schreien öfter.

Man kann wohl mit Wahrheit sagen, daß die Kinder der gemeinen Leute viel mehr verzogen werden, als die Kinder der Vornehmen. Denn

*) Irre ich nicht sehr, so findet man in den ältern Ausgaben von Fausts Ge= sundheitskatechism, der besonders nach der letzten Auflage in jedem Hause sein sollte, eine Abbildung dieses Gestelles.                                    A. d. H.

die gemeinen Leute spielen mit ihren Kindern, wie die Affen. Sie singen ihnen vor, herzen, küssen sie, tanzen mit ihnen. Sie denken also dem Kinde etwas zu gute zu thun, wenn sie, sobald es schreit, hinzulaufen und mit ihm spielen u. s. w. Desto öfter schreien sie aber. Wenn man sich dagegen an ihr Schreien nicht kehrt, so hören sie zuletzt damit auf. Denn kein Geschöpf macht sich gerne eine vergebliche Arbeit. Man gewöhne sie aber nur daran, alle ihre Launen erfüllt zu sehn: so kommt das Brechen des Willens nachher zu spät. Läßt man sie aber schreien, so werden sie selbst desselben überdrüssig. Wenn man ihnen aber in der ersten Jugend alle Launen erfüllt, so verdirbt man dadurch ihr Herz und ihre Sitten.

Das Kind hat freilich noch keinen Begriff von Sitten, es wird aber dadurch seine Naturanlage in der Art verdorben, daß man nachher sehr harte Strafen anwenden muß, um das Verdorbene wieder gut zu machen. Die Kinder äußern nachher, wenn man es ihnen abgewöhnen will, daß man immer auf ihr Verlangen hinzueile, bei ihrem Schreien eine so große Wuth, als nur immer große Leute deren fähig sind, nur daß ihnen die Kräfte fehlen, sie in Thätigkeit zu setzen. So lange haben sie nur rufen dürfen, und Alles kam herbei, sie herrschten also ganz despotisch. Wenn diese Herrschaft nun aufhört, so verdrießt sie das ganz natürlich. Denn wenn auch große Menschen eine Zeit lang im Besitze einer Macht gewesen sind: so fällt es ihnen sehr schwer, sich geschwinde derselben zu entwöhnen.

Kinder können in der ersten Zeit, ungefähr in den ersten 3 Monaten, nicht recht sehen. Sie haben zwar die Empfindung vom Lichte, können aber die Gegenstände nicht von einander unterscheiden. Man kann sich davon überzeugen; wenn man ihnen etwas Glänzendes vorhält, so verfolgen sie es nicht mit den Augen.*) Mit dem Gesichte findet sich auch das Vermögen zu lachen und zu weinen. Wenn das Kind nun in diesem Zustande ist, so schreit es mit Reflexion, sie sei auch noch so dunkel, als sie wolle. Es meint dann immer, es sei ihm etwas zu Leide gethan.

---

*) Das Gehör scheint stärker bei Kindern zu wirken und thätiger, daß ich so sage, zu sein, als das Gesicht. Selbst der beste Gebrauch der Sinne setzt eine gewisse Cultur voraus, und daher kommt es denn wohl, daß so viele, selbst erwachsene Leute zwar Augen haben, aber nicht sehen, Ohren, aber nicht hören u. s. w. Die Ursache liegt wohl nur im Mangel an Achtsamkeit, und dieser ist immer größer, je geringer die Cultur ist. Mit der ersten Weckung jener wird der Grund zu dieser gelegt, aber die letztere wird dann die Bedingung der erstern. Es wäre dies ein Thema, der weitern Ausführung werth; nur hier läßt sich diese nicht geben. A. d. H.

Rousseau sagt: Wenn man einem Kinde, das nur ohngefähr sechs Monate alt ist, auf die Hand schlägt: so schreit es in der Art, als wenn ihm ein Feuerbrand auf die Hand gefallen wäre. Es verbindet hiermit schon wirklich den Begriff einer Beleidigung. Die Eltern reden gemeiniglich sehr viel von dem Brechen des Willens bei den Kindern. Man darf ihren Willen nicht brechen, wenn man ihn nicht erst verdorben hat. Dies ist aber das erste Verderben, wenn man dem despotischen Willen der Kinder willfahrt, indem sie durch ihr Schreien Alles erzwingen können. Äußerst schwer ist es noch nachher, dies wieder gut zu machen, und es wird kaum je gelingen.*) Man kann wohl machen, daß das Kind stille sei, es frißt aber die Galle in sich und hegt desto mehr innerliche Wuth. Man gewöhnt es dadurch zur Verstellung und innern Gemüthsbewegungen. So ist es z. E. sehr sonderbar, wenn Eltern verlangen, daß die Kinder, nachdem sie sie mit der Ruthe geschlagen haben, ihnen die Hände küssen sollen. Man gewöhnt sie dadurch zur Verstellung und Falschheit. Denn die Ruthe ist doch eben nicht so ein schönes Geschenk, für das man sich noch bedanken darf, und man kann leicht denken, mit welchem Herzen das Kind dann die Hand küßt.

Man bedient sich gewöhnlich, um die Kinder gehen zu lehren, des Leitbandes und Gängelwagens. Es ist doch auffallend, daß man die Kinder das Gehen lehren will, als wenn irgend ein Mensch aus Mangel des Unterrichtes nicht hätte gehen können. Die Leitbänder sind besonders sehr schädlich. Ein Schriftsteller klagte einst über Engbrüstigkeit, die er blos dem Leitbande zuschrieb. Denn da ein Kind nach allem greift und alles von der Erde aufhebt, so legt es sich mit der Brust in das Leitband. Da die Brust aber noch weich ist, so wird sie platt gedrückt und behält nachher auch diese Form. Die Kinder lernen bei dergleichen Hülfsmitteln auch nicht so sicher gehen, als wenn sie dies von selbst lernen. Am besten ist es, wenn man sie auf der Erde herumkriechen läßt, bis sie nach und nach von selbst anfangen zu gehen. Zur Vorsicht kann man die Stube mit wollenen Decken ausschlagen, damit sie sich nicht Splitter einreißen, auch nicht so hart fallen.

Man sagt gemeinhin, daß Kinder sehr schwer fallen. Außerdem aber, daß Kinder nicht einmal schwer fallen können, so schadet es ihnen auch nicht, wenn sie einmal fallen. Sie lernen nur, sich desto besser das Gleichgewicht geben und sich so zu wenden, daß ihnen der Fall nicht schadet.

---

*) Vergl. Horstig, Soll man die Kinder schreien lassen? Gotha 1798.

Man setzt ihnen gewöhnlich die sogenannten Butzmützen auf, die so weit
vorstehen, daß das Kind nie auf das Gesicht fallen kann. Das ist aber
eben eine negative Erziehung, wenn man künstliche Instrumente anwendet,
da, wo das Kind natürliche hat. Hier sind die natürlichen Werkzeuge die
Hände, die sich das Kind bei dem Fallen schon vorhalten wird. Je
mehrere künstliche Werkzeuge man gebraucht, desto abhängiger wird der
Mensch von Instrumenten.

Überhaupt wäre es besser, wenn man im Anfange weniger Instrumente gebrauchte und die Kinder mehr von selbst lernen ließe, sie möchten
dann manches viel gründlicher lernen. So wäre es z. B. wohl möglich,
daß das Kind von selbst schreiben lernte. Denn Jemand hat es doch einmal
erfunden, und die Erfindung ist auch nicht so sehr groß. Man dürfte nur
z. E., wenn das Kind Brod will, sagen: Kannst du es auch wohl malen?
Das Kind würde dann eine ovale Figur malen. Man dürfte ihm dann
nur sagen, daß man nun doch nicht wisse, ob es Brod oder einen
Stein vorstellen solle: so würde es nachher versuchen, das B zu bezeichnen u. s. w., und so würde sich das Kind mit der Zeit sein eignes
A B C erfinden, das es nachher nur mit andern Zeichen vertauschen
dürfte.*)

Es giebt gewisse Gebrechen, mit denen einige Kinder auf die Welt
kommen. Hat man denn nicht Mittel, diese fehlerhafte, gleichsam verpfuschte
Gestalt wieder zu verbessern? Es ist durch die Bemühung vieler und
kenntnißreicher Schriftsteller ausgemacht, daß Schnürbrüste hier nichts
helfen, sondern das Übel nur noch ärger machen, indem sie den Umlauf
des Blutes und der Säfte, so wie die höchst nöthige Ausdehnung der
äußern und innerlichen Theile des Körpers hindern. Wenn das Kind
frei gelassen wird, so exercirt es noch seinen Leib, und ein Mensch, der
eine Schnürbrust trägt, ist, wenn er sie ablegt, viel schwächer als einer, der
sie nie angelegt hat. Man könnte denen, die schief geboren sind, vielleicht

*) Man versteht, was große Männer sagen, nur zu leicht falsch und oft mit
Vorsatz. Das ist besonders Kant begegnet. Und daher bemerke ich hier nur, daß er
hier keineswegs will, man solle jedes Kind sich sein eignes Alphabet erst selbst erfinden
lassen, sondern es soll dadurch nur angedeutet werden, wie bei dem Lesen und Schreiben
Kinder wirklich und zwar analytisch verfahren, ohne sich dessen selbst sogar in höhern
Jahren bewußt zu sein oder zu werden, und wie sie unter gewissen Umständen dabei
verfahren würden. Übrigens wünschte ich, hier nicht erst an Pestalozzi und Olivier
erinnern zu dürfen. A. d. H.

helfen, wenn man auf die Seite, wo die Muskeln stärker sind, mehr Gewicht legte. Dies ist aber auch sehr gefährlich: denn welcher Mensch kann das Gleichgewicht ausmachen? Am besten ist, daß das Kind sich selbst übe und eine Stellung annehme, wenn sie ihm gleich beschwerlich wird, denn alle Maschinen richten hier nichts aus.

Alle dergleichen künstliche Vorrichtungen sind um so nachtheiliger, da sie dem Zwecke der Natur in einem organisirten, vernünftigen Wesen gerade zuwider laufen, dem zufolge ihm die Freiheit bleiben muß, seine Kräfte brauchen zu lernen. Man soll bei der Erziehung nur verhindern, daß Kinder nicht weichlich werden. Abhärtung aber ist das Gegentheil von Weichlichkeit. Man wagt zu viel, wenn man Kinder an alles gewöhnen will. Die Erziehung der Russen geht hierin sehr weit. Es stirbt dabei aber auch eine unglaubliche Zahl von Kindern. Die Angewohnheit ist ein durch öftere Wiederholung desselben Genusses oder derselben Handlung zur Nothwendigkeit gewordener Genuß oder Handlung. Nichts können sich Kinder leichter angewöhnen, und nichts muß man ihnen also weniger geben, als piquante Sachen, z. E. Toback, Branntwein und warme Getränke. Die Entwöhnung dessen ist nachher sehr schwer und anfänglich mit Beschwerden verbunden, weil durch den öftern Genuß eine Veränderung in den Functionen unsers Körpers vorgegangen ist.

Je mehr aber der Angewohnheiten sind, die ein Mensch hat, desto weniger ist er frei und unabhängig. Bei dem Menschen ist es, wie bei allen andern Thieren: wie es frühe gewöhnt wird, so bleibt auch nachher ein gewisser Hang bei ihm. Man muß also verhindern, daß sich das Kind an nichts gewöhne; man muß keine Angewohnheit bei ihm entstehen lassen.

Viele Eltern wollen ihre Kinder an Alles gewöhnen. Dieses taugt aber nicht. Denn die menschliche Natur überhaupt, theils auch die Natur der einzelnen Subjecte läßt sich nicht an Alles gewöhnen, und es bleiben viele Kinder in der Lehre. So wollen sie z. E., daß die Kinder zu aller Zeit sollen schlafen gehen und aufstehen können, oder daß sie essen sollen, wenn sie es verlangen. Es gehört aber eine besondere Lebensart dazu, wenn man dieses aushalten soll, eine Lebensart, die den Leib roborirt und das also wieder gut macht, was jenes verdorben hat. Finden wir doch auch in der Natur manches Periodische. Die Thiere haben auch ihre bestimmte Zeit zum Schlafen. Der Mensch sollte sich auch an eine gewisse Zeit gewöhnen, damit der Körper nicht in seinen Functionen gestört

werde.*) Was das andere anbetrifft, daß die Kinder zu allen Zeiten sollen
essen können, so kann man hier wohl nicht die Thiere zum Beispiele an=
führen. Denn weil z. E. alle Gras fressende Thiere wenig Nahrhaftes
zu sich nehmen, so ist das Fressen bei ihnen ein ordentliches Geschäft. Es
ist aber dem Menschen sehr zuträglich, wenn er immer zu einer bestimmten
Zeit ißt. So wollen manche Eltern, daß ihre Kinder große Kälte, Gestank,
alles und jedes Geräusche und dergl. sollen ertragen können. Dies ist
aber gar nicht nöthig, wenn sie sich nur nichts angewöhnen. Und dazu
ist es sehr dienlich, daß man die Kinder in verschiedene Zustände versetze.

Ein hartes Lager ist viel gesünder, als ein weiches. Überhaupt dient
eine harte Erziehung sehr zur Stärkung des Körpers. Durch harte Er=
ziehung verstehen wir aber blos Verhinderung der Gemächlichkeit. An
merkwürdigen Beispielen zur Bestätigung dieser Behauptung mangelt es
nicht, nur daß man sie nicht beachtet, oder, richtiger gesagt, nicht be=
achten will.

Was die Gemüthsbildung betrifft, die man wirklich auch in gewisser
Weise physisch nennen kann, so ist hauptsächlich zu merken, daß die Disciplin
nicht sklavisch sei, sondern das Kind muß immer seine Freiheit fühlen,
doch so, daß es nicht die Freiheit Anderer hindere; es muß daher Wider=
stand finden. Manche Eltern schlagen ihren Kindern Alles ab, um dadurch
die Geduld der Kinder zu exerciren, und fordern demnach mehr Geduld
von den Kindern, als sie deren selbst haben. Dies ist aber grausam. Man
gebe dem Kinde, soviel ihm dient, und nachher sage man ihm: du hast
genug! Aber daß dies dann auch unwiderruflich sei, ist schlechterdings
nöthig. Man merke nur nicht auf das Schreien der Kinder und willfahre
ihnen nur nicht, wenn sie etwas durch Geschrei erzwingen wollen: was sie
aber mit Freundlichkeit bitten, das gebe man ihnen, wenn es ihnen dient.
Das Kind wird dadurch auch gewöhnt, freimüthig zu sein, und da es keinem
durch sein Schreien lästig fällt, so ist auch hinwieder gegen dasselbe jeder
freundlich. Die Vorsehung scheint wahrlich den Kindern freundliche
Mienen gegeben zu haben, damit sie die Leute zu ihrem Vortheile ein=

*) Diese Gewohnheit hat unfehlbar für den Menschen als Maschine ihr großes
Gutes, aber wir müssen nicht vergessen, daß zuweilen auch Ausnahmen nöthig sind.
Schon in Beziehung auf das physische Leben haben diese ihren Nutzen, wie Hufeland
sehr schön dargethan hat, aber gesetzt auch, wir lebten bei strenger Gewohnheit länger:
so dürfte dieses längere Leben am Ende doch nur ein Leben der Ordnung wegen, d. h.
ein bloßes Vegetiren, zu sein scheinen.　　　　　　　　　　　　　　A. d. H.

nehmen möchten. Nichts ist schädlicher, als eine neckende, sklavische Disciplin, um den Eigenwillen zu brechen.

Gemeinhin ruft man den Kindern ein: Pfui, schäme dich, wie schickt
sich das! u. s. w. zu. Dergleichen sollte aber bei der ersten Erziehung gar
nicht vorkommen. Das Kind hat noch keine Begriffe von Scham und vom
Schicklichen, es hat sich nicht zu schämen, soll sich nicht schämen und wird
dadurch nur schüchtern. Es wird verlegen bei dem Anblicke Anderer und
verbirgt sich gerne vor andern Leuten. Dadurch entsteht Zurückhaltung
und ein nachtheiliges Verheimlichen. Es wagt nichts mehr zu bitten und
sollte doch um Alles bitten können; es verheimlicht seine Gesinnung und
scheint immer anders, als es ist, statt daß es freimüthig Alles müßte sagen
dürfen. Statt immer um die Eltern zu sein, meidet es sie und wirft sich
dem willfährigern Hausgesinde in die Arme.

Um nichts besser aber als jene neckende Erziehung ist das Vertändeln
und ununterbrochene Liebkosen. Dieses bestärkt das Kind im eigenen
Willen, macht es falsch, und indem es ihm eine Schwachheit der Eltern
verräth, raubt es ihnen die nöthige Achtung in den Augen des Kindes.
Wenn man es aber so erzieht, daß es nichts durch Schreien ausrichten
kann, so wird es frei, ohne dummdreist, und bescheiden, ohne schüchtern zu
sein. Dreist sollte man eigentlich dräust schreiben, denn es kommt von
dräuen, drohen her. Einen dreisten Menschen kann man nicht wohl
leiden. Manche Menschen haben solche dreiste Gesichter, daß man sich
immer vor einer Grobheit von ihnen fürchten muß, so wie man andern
Gesichtern es gleich ansehen kann, daß sie nicht im Stande sind, jemanden
eine Grobheit zu sagen. Man kann immer freimüthig aussehen, wenn es
nur mit einer gewissen Güte verbunden ist. Die Leute sagen oft von vor=
nehmen Männern, sie sähen recht königlich aus. Dies ist aber weiter
nichts, als ein gewisser dreister Blick, den sie sich von Jugend auf an=
gewöhnt haben, weil man ihnen da nicht widerstanden hat.

Alles dieses kann man noch zur negativen Bildung rechnen. Denn
viele Schwächen des Menschen kommen oft nicht davon her, weil man
ihn nichts gelehrt, sondern weil ihm noch falsche Eindrücke beigebracht
sind. So z. E. bringen die Ammen den Kindern eine Furcht vor Spinnen,
Kröten u. s. w. bei. Die Kinder möchten gewiß nach den Spinnen eben
so, wie nach andern Dingen greifen. Weil aber die Ammen, sobald sie
eine Spinne sehen, ihren Abscheu durch Mienen bezeigen: so wirkt dies
durch eine gewisse Sympathie auf das Kind. Viele behalten diese Furcht

ihr ganzes Leben hindurch und bleiben darin immer kindisch. Denn
Spinnen sind zwar den Fliegen gefährlich, und ihr Biß ist für sie giftig,
dem Menschen schaden sie aber nicht. Und eine Kröte ist ein eben so
unschuldiges Thier, als ein schöner, grüner Frosch oder irgend ein anderes
Thier.                                                                        5

    Der positive Theil der physischen Erziehung ist die Cultur. Der
Mensch ist in Beziehung auf dieselbe von dem Thiere verschieden. Sie
besteht vorzüglich in der Übung seiner Gemüthskräfte. Deswegen müssen
Eltern ihrem Kinde dazu Gelegenheit geben. Die erste und vornehmste
Regel hiebei ist, daß man so viel als möglich aller Werkzeuge entbehre.   10
So entbehrt man gleich anfänglich des Leitbandes und Gängelwagens
und läßt das Kind auf der Erde herumkriechen, bis es von selbst gehen
lernt, und dann wird es desto sicherer gehen. Werkzeuge nämlich ruiniren
nur die natürliche Fertigkeit. So braucht man eine Schnur, um eine
Weite zu messen; man kann dies aber eben so gut durch das Augenmaß    15
bewerkstelligen; eine Uhr, um die Zeit zu bestimmen, man kann es durch
den Stand der Sonne; einen Compaß, um im Walde die Gegend zu
wissen, man kann es auch aus dem Stande der Sonne am Tage und aus
dem Stande der Sterne in der Nacht. Ja man kann sogar sagen, anstatt
ein Kahn zu brauchen, um auf dem Wasser fortzukommen, kann man    20
schwimmen. Der berühmte Franklin wundert sich, daß nicht Jedermann
dieses lernt, da es doch so angenehm und nützlich ist. Er führt auch eine
leichte Art an, wie man es von selbst lernen kann. Man lasse in einen
Bach, wo, wenn man auf dem Grunde steht, der Kopf wenigstens außer
dem Wasser ist, ein Ei herunter. Nun suche man das Ei zu greifen. Indem   25
man sich bückt, kommen die Füße in die Höhe, und damit das Wasser nicht
in den Mund komme, wird man den Kopf schon in den Nacken legen, und
so hat man die rechte Stellung, die zum Schwimmen nöthig ist. Nun
darf man nur mit den Händen arbeiten, so schwimmt man. — Es kommt
nur darauf an, daß die natürliche Geschicklichkeit cultivirt werde. Oft  30
gehört Information dazu, oft ist das Kind selbst erfindungsreich genug,
oder erfindet sich selbst Instrumente.

    Was bei der physischen Erziehung, also in Absicht des Körpers, zu
beobachten ist, bezieht sich entweder auf den Gebrauch der willkürlichen
Bewegung, oder der Organe der Sinne. Bei dem erstern kommt es darauf   35
an, daß sich das Kind immer selbst helfe. Dazu gehört Stärke, Geschick=

lichkeit, Hurtigkeit, Sicherheit; z. E. daß man auf schmalen Stegen, auf
steilen Höhen, wo man eine Tiefe vor sich sieht, auf einer schwankenden
Unterlage gehen könne. Wenn ein Mensch das nicht kann, so ist er auch
nicht völlig das, was er sein könnte. Seit das dessauische Philanthropin
hierin mit seinem Muster voranging, werden nun auch in andern In=
stituten mit den Kindern viele Versuche der Art gemacht. Es ist sehr be=
wunderungswürdig, wenn man liest, wie die Schweizer sich schon von
Jugend auf gewöhnen, auf den Gebirgen zu gehen, uud zu welcher
Fertigkeit sie es darin bringen, so daß sie auf den schmalsten Stegen mit
völliger Sicherheit gehen und über Klüfte springen, bei denen sie es schon
nach dem Augenmaße wissen, daß sie gut darüber wegkommen werden.
Die meisten Menschen aber fürchten sich vor einem eingebildeten Falle,
und diese Furcht lähmt ihnen gleichsam die Glieder, so daß alsdann ein
solches Gehen für sie mit Gefahr verknüpft ist. Diese Furcht nimmt ge=
meiniglich mit dem Alter zu, und man findet, daß sie vorzüglich bei
Männern gewöhnlich ist, die viel mit dem Kopfe arbeiten.

Solche Versuche mit Kindern sind wirklich nicht sehr gefährlich.
Denn Kinder haben ein im Verhältnisse zu ihrer Stärke weit geringeres
Gewicht als andere Menschen und fallen also auch nicht so schwer. Über=
dies sind die Knochen bei ihnen auch nicht so spröde und brüchig, als sie
es im Alter werden. Die Kinder versuchen auch selbst ihre Kräfte. So
sieht man sie z. E. oft klettern, ohne daß sie dabei irgend eine Absicht
haben. Das Laufen ist eine gesunde Bewegung und roborirt den Körper.
Das Springen, Heben, Tragen, die Schleuder, das Werfen nach dem
Ziele, das Ringen, der Wettlauf und alle dergleichen Übungen sind sehr
gut. Das Tanzen, in so fern es kunstmäßig ist, scheint für eigentliche
Kinder noch zu früh zu sein.

Die Übung im Werfen, theils weit zu werfen, theils auch zu treffen,
hat auch die Übung der Sinne, besonders des Augenmaßes mit zur Ab=
sicht. Das Ballspiel ist eines der besten Kinderspiele, weil auch noch das
gesunde Laufen dazu kommt. Überhaupt sind diejenigen Spiele die besten,
bei welchen neben den Exercitien der Geschicklichkeit auch Übungen der
Sinne hinzukommen, z. E. die Übung des Augenmaßes, über Weite,
Größe und Proportion richtig zu urtheilen, die Lage der Örter nach den
Weltgegenden zu finden, wozu die Sonne behülflich sein muß, u. s. w., das
Alles sind gute Übungen. So ist auch die locale Einbildungskraft, unter
der man die Fertigkeit versteht, sich Alles an den Örtern vorzustellen, an

denen man es wirklich gesehen hat, etwas sehr Vortheilhaftes, z. E. das
Vergnügen, sich aus einem Walde herauszufinden und zwar dadurch, daß
man sich die Bäume merkt, an denen man vorher vorbeigegangen ist. So
auch die memoria localis, daß man z. E. nicht nur wisse, in welchem Buche
man etwas gelesen habe, sondern auch, wo es in demselben stehe. So			5
hat der Musiker die Tasten im Kopfe, daß er nicht mehr erst nach ihnen
sehen darf. Die Cultur des Gehörs der Kinder ist eben so erforderlich,
um durch dasselbe zu wissen, ob etwas weit oder nahe und auf welcher
Seite es sei.

Das Blindekuhspiel der Kinder war schon bei den Griechen bekannt,			10
sie nannten es μυΐνδα. Überhaupt sind Kinderspiele sehr allgemein. Diejenigen, die man in Deutschland hat, findet man auch in England,
Frankreich u. s. w. Es liegt bei ihnen ein gewisser Naturtrieb der Kinder
zum Grunde; bei dem Blindekuhspiele z. E. zu sehen, wie sie sich helfen
könnten, wenn sie eines Sinnes entbehren müßten. Der Kreisel ist ein			15
besonderes Spiel; doch geben solche Kinderspiele Männern Stoff zum
weitern Nachdenken und bisweilen auch Anlaß zu wichtigen Erfindungen.
So hat Segner eine Disputation vom Kreisel geschrieben, und einem
englischen Schiffscapitän hat der Kreisel Gelegenheit gegeben, einen
Spiegel zu erfinden, durch den man auf dem Schiffe die Höhe der Sterne			20
messen kann.

Kinder haben gerne Instrumente, die Lärm machen, z. E. Trompet-
chen, Trommelchen und dergl. Solche taugen aber nichts, weil sie Andern
dadurch lästig werden. Dergleichen wäre indessen schon besser, wenn sie
sich selbst ein Rohr so schneiden lernten, daß sie darauf blasen könnten. —			25

Die Schaukel ist auch eine gute Bewegung; selbst Erwachsene brauchen
sie zur Gesundheit, nur bedürfen die Kinder dabei der Aufsicht, weil die
Bewegung sehr geschwinde werden kann. Der Papierdrache ist ebenfalls
ein tadelloses Spiel. Es cultivirt die Geschicklichkeit, indem es auf eine
gewisse Stellung dabei in Absicht des Windes ankommt, wenn er recht			30
hoch steigen soll.

Diesen Spielen zu gut versagt sich der Knabe andere Bedürfnisse
und lernt so allmählich auch etwas Anderes und mehr entbehren. Zudem
wird er dadurch an fortdauernde Beschäftigung gewöhnt, aber eben daher
darf es hier auch nicht bloßes Spiel, sondern es muß Spiel mit Absicht			35
und Endzweck sein. Denn jemehr auf diese Weise sein Körper gestärkt
und abgehärtet wird, um so sicherer ist er vor den verderblichen Folgen

der Verzärtelung. Auch die Gymnastik soll die Natur nur lenken, darf also nicht gezwungene Zierlichkeit veranlassen. Disciplin muß zuerst eintreten, nicht aber Information. Hier ist nun aber darauf zu sehen, daß man die Kinder bei der Cultur ihres Körpers auch für die Gesellschaft bilde. Rousseau sagt: „Ihr werdet niemals einen tüchtigen Mann bilden, wenn ihr nicht vorher einen Gassenjungen habt!" Es kann eher aus einem muntern Knaben ein guter Mann werden, als aus einem naseweisen, klug thuenden Burschen. Das Kind muß in Gesellschaften nur nicht lästig sein, es muß sich aber auch nicht einschmeicheln. Es muß auf die Einladung Anderer zutraulich sein ohne Zudringlichkeit; freimüthig ohne Dummdreistigkeit. Das Mittel dazu ist: man verderbe nur nichts, man bringe ihm nicht Begriffe von Anstand bei, durch die es nur schüchtern und menschenscheu gemacht, oder auf der andern Seite auf die Idee gebracht wird, sich geltend machen zu wollen. Nichts ist lächerlicher, als altkluge Sittsamkeit oder naseweiser Eigendünkel des Kindes. Im letztern Falle müssen wir um so mehr das Kind seine Schwächen, aber doch auch nicht zu sehr unsre Überlegenheit und Herrschaft empfinden lassen, damit es sich zwar aus sich selbst ausbilde, aber nur als in der Gesellschaft, wo die Welt zwar groß genug für dasselbe, aber auch für Andre sein muß.

Toby sagt im Tristram Shandy zu einer Fliege, die ihn lange beunruhigt hatte, indem er sie zum Fenster hinausläßt: „Gehe, du böses Thier, die Welt ist groß genug für mich und dich!" Und dies könnte jeder zu seinem Wahlspruche machen. Wir dürfen uns nicht einander lästig werden; die Welt ist groß genug für uns Alle.

————

Wir kommen jetzt zur Cultur der Seele, die man gewissermaßen auch physisch nennen kann. Man muß aber Natur und Freiheit von einander unterscheiden. Der Freiheit Gesetze geben, ist etwas ganz anderes, als die Natur bilden. Die Natur des Körpers und der Seele kommt doch darin überein, daß man ein Verderbniß bei ihrer beiderseitigen Bildung abzuhalten sucht, und daß die Kunst dann noch etwas bei jenem, wie bei dieser hinzusetzt. Man kann die Bildung der Seele also gewissermaßen eben so gut physisch nennen, als die Bildung des Körpers.

Diese physische Bildung des Geistes unterscheidet sich aber von der moralischen darin, daß diese nur auf die Freiheit, jene nur auf die Natur abzielt. Ein Mensch kann physisch sehr cultivirt sein, er kann einen sehr ausgebildeten Geist haben, aber dabei schlecht moralisch cultivirt, doch dabei ein böses Geschöpf sein.

Die physische Cultur aber muß von der praktischen unterschieden werden, welche letztere pragmatisch oder moralisch ist. Im letztern Falle ist es die Moralisirung, nicht Cultivirung.

Die physische Cultur des Geistes theilen wir ein in die freie und die scholastische. Die freie ist gleichsam nur ein Spiel, die scholastische dagegen macht ein Geschäft aus; die freie ist die, die immer bei dem Zöglinge beobachtet werden muß; bei der scholastischen aber wird der Zögling wie unter dem Zwange betrachtet. Man kann beschäftigt sein im Spiele, das nennt man in der Muße beschäftigt sein; aber man kann auch beschäftigt sein im Zwange, und das nennt man Arbeiten. Die scholastische Bildung soll für das Kind Arbeit, die freie soll Spiel sein.

Man hat verschiedene Erziehungsplane entworfen, um, welches auch sehr löblich ist, zu versuchen, welche Methode bei der Erziehung die beste sei. Man ist unter anderm auch darauf verfallen, die Kinder alles wie im Spiele lernen zu lassen. Lichtenberg hält sich in einem Stücke des Göttingischen Magazins über den Wahn auf, nach welchem man aus den Knaben, die doch schon frühzeitig zu Geschäften gewöhnt werden sollten, weil sie einmal in ein geschäftiges Leben eintreten müssen, alles spielweise zu machen sucht. Dies thut eine ganz verkehrte Wirkung. Das Kind soll spielen, es soll Erholungsstunden haben, aber es muß auch arbeiten lernen. Die Cultur seiner Geschicklichkeit ist freilich aber auch gut, wie die Cultur des Geistes, aber beide Arten der Cultur müssen zu verschiedenen Zeiten ausgeübt werden. Es ist ohnedies schon ein besonderes Unglück für den Menschen, daß er so sehr zur Unthätigkeit geneigt ist. Je mehr ein Mensch gefaullenzt hat, desto schwerer entschließt er sich dazu, zu arbeiten.

Bei der Arbeit ist die Beschäftigung nicht an sich selbst angenehm, sondern man unternimmt sie einer andern Absicht wegen. Die Beschäftigung bei dem Spiele dagegen ist an sich angenehm, ohne weiter irgend einen Zweck dabei zu beabsichtigen. Wenn man spazieren geht: so ist das Spazierengehen selbst die Absicht, und je länger also der Gang ist, desto angenehmer ist er uns. Wenn wir aber irgend wohin gehen, so ist die Gesellschaft, die sich an dem Orte befindet, oder sonst etwas die Absicht unsers Ganges, und wir wählen gerne den kürzesten Weg. So ist es auch mit dem Kartenspiele. Es ist wirklich besonders, wenn man sieht, wie

vernünftige Männer oft stundenlang zu sitzen und Karten zu mischen im
Stande sind. Da ergiebt es sich, daß die Menschen nicht so leicht auf=
hören Kinder zu sein. Denn was ist jenes Spiel besser, als das Ballspiel
der Kinder? Nicht daß die Erwachsenen gerade auf dem Stocke reiten,
5 aber sie reiten doch auf andern Steckenpferden.

Es ist von der größten Wichtigkeit, daß Kinder arbeiten lernen.
Der Mensch ist das einzige Thier, das arbeiten muß. Durch viele Vor=
bereitungen muß er erst dahin kommen, daß er etwas zu seinem Unter=
halte genießen kann. Die Frage: ob der Himmel nicht gütiger für uns
10 würde gesorgt haben, wenn er uns Alles schon bereitet hätte vorfinden
lassen, so daß wir gar nicht arbeiten dürften, ist gewiß mit Nein zu be=
antworten: denn der Mensch verlangt Geschäfte, auch solche, die einen ge=
wissen Zwang mit sich führen.*) Eben so falsch ist die Vorstellung, daß,
wenn Adam und Eva nur im Paradiese geblieben wären, sie da nichts
15 würden gethan, als zusammengesessen, arkadische Lieder gesungen und die
Schönheit der Natur betrachtet haben. Die Langeweile würde sie gewiß
eben so gut als andere Menschen in einer ähnlichen Lage gemartert haben.

Der Mensch muß auf eine solche Weise occupirt sein, daß er mit dem
Zwecke, den er vor Augen hat, in der Art erfüllt ist, daß er sich gar nicht
20 fühlt, und die beste Ruhe für ihn ist die nach der Arbeit. Das Kind
muß also zum Arbeiten gewöhnt werden. Und wo anders soll die Neigung

*) Den meisten Menschen thut unfehlbar die bestimmte Beschäftigung eines
Gewerbes oder Amtes sehr Noth, und es fehlt nicht an Beispielen, daß Menschen, die,
wie man zu sagen pflegt, sich zur Ruhe setzten, eben so unzufrieden, ja, wohl gar kränk=
25 lich wurden, als sie vorher bei ihrer bestimmten Arbeit zufrieden und gesund waren,
und das nicht aus Mangel an Geschäften, sondern weil, was sie nun zu thun hatten,
keine bestimmte Arbeit mehr war, indem Alles blos von ihrem Belieben abhängt. Der
Grund davon scheint mir darin zu liegen, daß eine bestimmte Amts= oder Gewerbe=
arbeit uns in mehrere Verhältnisse setzt, also auch in unser Leben mehrere Abwechselung
30 bringt, die, sei sie angenehm oder unangenehm, — wenn sie das letztere nur nicht in
einem überwiegenden Grade ist — unsre Kräfte stärkt und dadurch unsre Munterkeit
wie unsern guten Willen mehr aufrecht erhält. Zudem leistet man gemeinhin auch
mehr, wenn man etwas leisten muß; da kann man am Ende jedes Tages dann die
Rechnung mit sich abschließen, daß man nicht unthätig und unnütz gelebt habe, und
35 dieser Gedanke hat etwas überaus Ermunterndes und, daß ich so sage, Roborirendes.
Wer kein eigentliches Gewerbe oder Amt hat, kann freilich Alles thun, wozu er Kräfte
und Willen hat; aber eben daher wird ihm die Wahl so schwer, und der Tag ist oft
dahin gegangen, bevor er sich für diese oder jene Arbeit entschieden hat.

A. d. H.

zur Arbeit cultivirt werden, als in der Schule? Die Schule ist eine
zwangmäßige Cultur. Es ist äußerst schädlich, wenn man das Kind dazu
gewöhnt, Alles als Spiel zu betrachten. Es muß Zeit haben, sich zu er-
holen, aber es muß auch eine Zeit für dasselbe sein, in der es arbeitet.
Wenn auch das Kind es nicht gleich einsieht, wozu dieser Zwang nütze: 5
so wird es doch in Zukunft den großen Nutzen davon gewahr werden. Es
würde überhaupt nur den Vorwitz der Kinder sehr verwöhnen, wenn man
ihre Frage: Wozu ist das? und wozu das? immer beantworten wollte.
Zwangmäßig muß die Erziehung sein, aber sklavisch darf sie deshalb
nicht sein. 10

Was die freie Cultur der Gemüthskräfte anbetrifft, so ist zu bemerken,
daß sie immer fortgeht. Sie muß eigentlich die obern Kräfte betreffen.
Die untern werden immer nebenbei cultivirt, aber nur in Rücksicht auf
die obern; der Witz z. E. in Rücksicht auf den Verstand. Die Hauptregel
hiebei ist, daß keine Gemüthskraft einzeln für sich, sondern jede nur in 15
Beziehung auf die andere müsse cultivirt werden; z. E. die Einbildungs=
kraft nur zum Vortheile des Verstandes.

Die untern Kräfte haben für sich allein keinen Werth, z. E. ein Mensch,
der viel Gedächtniß, aber keine Beurtheilungskraft hat. Ein solcher ist
dann ein lebendiges Lexikon. Auch solche Lastesel des Parnasses sind 20
nöthig, die, wenn sie gleich selbst nichts Gescheutes leisten können, doch
Materialien herbeischleppen, damit Andere etwas Gutes daraus zu Stande
bringen können. — Witz giebt lauter Albernheiten, wenn die Urtheilskraft
nicht hinzukommt. Verstand ist die Erkenntniß des Allgemeinen. Urtheilskraft ist die Anwendung des Allgemeinen auf das Besondere. Ver- 25
nunft ist das Vermögen, die Verknüpfung des Allgemeinen mit dem Besondern einzusehen. Diese freie Cultur geht ihren Gang fort von Kindheit auf bis zu der Zeit, da der Jüngling aller Erziehung entlassen wird.
Wenn ein Jüngling z. E. eine allgemeine Regel anführt, so kann man
ihn Fälle aus der Geschichte, Fabeln, in die diese Regel verkleidet ist, 30
Stellen aus Dichtern, wo sie schon ausgedrückt ist, anführen lassen und so
ihm Anlaß geben, seinen Witz, sein Gedächtniß u. s. w. zu üben.

Der Ausspruch tantum scimus, quantum memoria tenemus hat
freilich seine Richtigkeit, und daher ist die Cultur des Gedächtnisses sehr
nothwendig. Alle Dinge sind so beschaffen, daß der Verstand erst den 35
sinnlichen Eindrücken folgt, und das Gedächtniß diese aufbehalten muß.
So z. E. verhält es sich bei den Sprachen. Man kann sie entweder durch

förmliches Memoriren, oder durch den Umgang lernen, und diese letztere
ist bei lebenden Sprachen die beste Methode. Das Vocabelnlernen ist
wirklich nöthig, aber am besten thut man wohl, wenn man diejenigen
Wörter lernen läßt, die bei dem Autor, den man mit der Jugend gerade
5 liest, vorkommen. Die Jugend muß ihr gewisses und bestimmtes Pensum
haben. So lernt man auch die Geographie durch einen gewissen Mechanism
am besten. Das Gedächtniß vorzüglich liebt diesen Mechanism, und in
einer Menge von Fällen ist er auch sehr nützlich. Für die Geschichte ist
bis jetzt noch kein recht geschickter Mechanism erfunden worden; man hat
10 es zwar mit Tabellen versucht, doch scheint es auch mit denen nicht recht
gehen zu wollen.*) Geschichte aber ist ein treffliches Mittel, den Verstand in
der Beurtheilung zu üben. Das Memoriren ist sehr nöthig, aber das zur
bloßen Übung taugt gar nichts, z. E. daß man Reden auswendig lernen
läßt. Allenfalls hilft es blos zur Beförderung der Dreistigkeit, und das
15 Declamiren ist überdem nur eine Sache für Männer.**) Hieher gehören
auch alle Dinge, die man blos zu einem künftigen Examen oder in Rücksicht auf die futuram oblivionem lernt. Man muß das Gedächtniß nur
mit solchen Dingen beschäftigen, an denen uns gelegen ist, daß wir sie
behalten, und die auf das wirkliche Leben Beziehung haben. Am schäd-
20 lichsten ist das Romanenlesen der Kinder, da sie nämlich weiter keinen
Gebrauch davon machen, als daß sie ihnen in dem Augenblicke, in dem sie
sie lesen, zur Unterhaltung dienen. Das Romanenlesen schwächt das
Gedächtniß. Denn es wäre lächerlich, Romane behalten und sie Andern
wieder erzählen zu wollen. Man muß daher Kindern alle Romane aus
25 den Händen nehmen. Indem sie sie lesen, bilden sie sich in dem Romane
wieder einen neuen Roman, da sie die Umstände sich selbst anders aus-
bilden, herumschwärmen und gedankenlos da sitzen.

---

*) Diesen Endzweck hat auch Schlözers Geschichtstafel. Selbst Pestalozzi's
Idee und Verfahren scheint auf einen solchen Mechanism gewissermaßen herauszu-
30 gehen.          A. d. H.

**) Freilich giebt es sehr verständige und einsichtsvolle Männer, die keiner Decla-
mation fähig sind, wie es scheint; aber gewiß ist es, daß man leichter behält, was man
mit erforderlichem Ausdrucke liest, oder wenigstens lesen könnte, und daß sich der
Grund dazu schon frühzeitig und mit Erfolg legen lasse, ist durch die neueste Lese-
35 methode bewiesen. S. Olivier über Charakter und Werth guter Unter-
richtsmethoden. Leipz. 1802. und dessen Kunst, lesen und recht schreiben
zu lehren. Dessau 1801.

Zerstreuungen müssen nie, am wenigsten in der Schule gelitten werden, denn sie bringen endlich einen gewissen Hang dazu, eine gewisse Gewohnheit hervor. Auch die schönsten Talente gehen bei Einem, der der Zerstreuung ergeben ist, zu Grunde. Wenn Kinder sich gleich bei Vergnügungen zerstreuen: so sammeln sie sich doch bald wieder; man sieht sie aber am meisten zerstreut, wenn sie schlimme Streiche im Kopfe haben, denn da sinnen sie, wie sie sie verbergen oder wieder gut machen können. Sie hören dann Alles nur halb, antworten verkehrt, wissen nicht, was sie lesen u. s. w.

Das Gedächtniß muß man frühe, aber auch nebenher sogleich den Verstand cultiviren.

Das Gedächtniß wird cultivirt 1) durch das Behalten der Namen in Erzählungen; 2) durch das Lesen und Schreiben; jenes aber muß aus dem Kopfe geübt werden und nicht durch das Buchstabiren; 3) durch Sprachen, die den Kindern zuerst durchs Hören, bevor sie noch etwas lesen, müssen beigebracht werden. Dann thut ein zweckmäßig eingerichteter sogenannter Orbis pictus seine guten Dienste, und man kann mit dem Botanisiren, mit der Mineralogie und der Naturbeschreibung überhaupt den Anfang machen. Von diesen Gegenständen einen Abriß zu machen, das giebt dann Veranlassung zum Zeichnen und Modelliren, wozu es der Mathematik bedarf. Der erste wissenschaftliche Unterricht bezieht sich am vorteilhaftesten auf die Geographie, die mathematische sowohl als die physikalische. Reiseerzählungen, durch Kupfer und Karten erläutert, führen dann zu der politischen Geographie. Von dem gegenwärtigen Zustande der Erdoberfläche geht man dann auf den ehemaligen zurück, gelangt zur alten Erdbeschreibung, alten Geschichte u. s. w.

Bei dem Kinde aber muß man im Unterrichte allmählich das Wissen und Können zu verbinden suchen. Unter allen Wissenschaften scheint die Mathematik die einzige der Art zu sein, die diesen Endzweck am besten befriedigt. Ferner muß das Wissen und Sprechen verbunden werden (Beredtheit, Wohlredenheit und Beredsamkeit). Aber es muß auch das Kind das Wissen sehr wohl vom bloßen Meinen und Glauben unterscheiden lernen. In der Art bereitet man einen richtigen Verstand vor und einen richtigen, nicht feinen oder zarten Geschmack. Dieser muß zuerst Geschmack der Sinne, namentlich der Augen, zuletzt aber Geschmack der Ideen sein. —

Regeln müssen in all dem vorkommen, was den Verstand cultiviren soll. Es ist sehr nützlich, die Regeln auch zu abstrahiren, damit der Verstand nicht blos mechanisch, sondern mit dem Bewußtsein einer Regel verfahre.

Es ist auch sehr gut, die Regeln in eine gewisse Formel zu bringen und so dem Gedächtnisse anzuvertrauen. Haben wir die Regel im Ge=
5 dächtnisse und vergessen auch den Gebrauch: so finden wir uns doch bald wieder zurecht. Es ist hier die Frage: sollen die Regeln erst in abstracto vorangehn, und sollen Regeln erst nachher gelernt werden, wenn man den Gebrauch vollendet hat? oder soll Regel und Gebrauch gleichen Schrittes gehn? Dies letzte ist allein rathsam. In dem andern Falle ist der Ge=
10 brauch so lange, bis man zu den Regeln gelangt, sehr unsicher. Die Regeln müssen gelegentlich aber auch in Klassen gebracht werden, denn man be= hält sie nicht, wenn sie nicht in Verbindung mit sich selbst stehen. Die Grammatik muß also bei Sprachen immer in etwas vorausgehen.

Wir müssen nun aber auch einen systematischen Begriff von dem
15 ganzen Zwecke der Erziehung und der Art, wie er zu erreichen ist, geben.

1) Die allgemeine Cultur der Gemüthskräfte, unterschieden von der besondern. Sie geht auf Geschicklichkeit und Vervollkommnung, nicht daß man den Zögling besonders worin informire, sondern seine Gemüthskräfte stärke. Sie ist

20 a) entweder physisch. Hier beruht alles auf Übung und Disciplin, ohne daß die Kinder Maximen kennen dürfen. Sie ist passiv für den Lehr= ling, er muß der Leitung eines Andern folgsam sein. Andere denken für ihn.

b) oder moralisch. Sie beruht dann nicht auf Disciplin, sondern auf Maximen. Alles wird verdorben, wenn man sie auf Exempel,
25 Drohungen, Strafen u. s. w. gründen will. Sie wäre dann blos Disciplin. Man muß dahin sehen, daß der Zögling aus eignen Maximen, nicht aus Gewohnheit gut handle, daß er nicht blos das Gute thue, sondern es darum thue, weil es gut ist. Denn der ganze moralische Werth der Handlungen besteht in den Maximen des Guten. Die physische Erziehung
30 unterscheidet sich darin von der moralischen, daß jene passiv für den Zögling, diese aber thätig ist. Er muß jederzeit den Grund und die Ab= leitung der Handlung von den Begriffen der Pflicht einsehen.

2) Die besondere Cultur der Gemüthskräfte. Hier kommt vor die Cultur des Erkenntnißvermögens, der Sinne, der Einbildungs=
35 kraft, des Gedächtnisses, der Stärke der Aufmerksamkeit und des Witzes, was also die untern Kräfte des Verstandes betrifft. Von der Cultur

der Sinne, z. E. des Augenmaßes, ist schon oben geredet worden. Was
die Cultur der Einbildungskraft anlangt, so ist folgendes zu merken.
Kinder haben eine ungemein starke Einbildungskraft, und sie braucht
gar nicht erst durch Märchen mehr gespannt und extendirt zu werden. Sie
muß vielmehr gezügelt und unter Regeln gebracht werden, aber doch muß
man sie auch nicht ganz unbeschäftigt lassen.

Landkarten haben etwas an sich, das alle, auch die kleinsten Kinder
reizt. Wenn sie alles andere überdrüssig sind, so lernen sie doch noch
etwas, wobei man Landkarten braucht. Und dieses ist eine gute Unterhaltung für Kinder, wobei ihre Einbildungskraft nicht schwärmen kann,
sondern sich gleichsam an eine gewisse Figur halten muß. Man könnte
bei den Kindern wirklich mit der Geographie den Anfang machen. Figuren
von Thieren, Gewächsen u. s. w. können damit zu gleicher Zeit verbunden
werden; diese müssen die Geographie beleben. Die Geschichte aber müßte
wohl erst später eintreten.

Was die Stärkung der Aufmerksamkeit anbetrifft: so ist zu bemerken,
daß diese allgemein gestärkt werden muß. Eine starre Anheftung unserer
Gedanken an ein Object ist nicht sowohl ein Talent, als vielmehr eine
Schwäche unsers innern Sinnes, da er in diesem Falle unbiegsam ist und
sich nicht nach Gefallen anwenden läßt. Zerstreuung ist der Feind aller
Erziehung. Das Gedächtniß aber beruht auf der Aufmerksamkeit.

Was aber die obern Verstandeskräfte betrifft: so kommt hier vor
die Cultur des Verstandes, der Urtheilskraft und der Vernunft. Den
Verstand kann man im Anfange gewissermaßen auch passiv bilden durch
Anführung von Beispielen für die Regel, oder umgekehrt durch Auffindung
der Regel für die einzelnen Fälle. Die Urtheilskraft zeigt, welcher Gebrauch von dem Verstande zu machen ist. Er ist erforderlich, um, was
man lernt oder spricht, zu verstehen und um nichts, ohne es zu verstehen,
nachzusagen. Wie mancher liest und hört etwas, ohne es, wenn er es
auch glaubt, zu verstehen! Dazu gehören Bilder und Sachen.

Durch die Vernunft sieht man die Gründe ein. Aber man muß be-
denken, daß hier von einer Vernunft die Rede ist, die noch geleitet wird.
Sie muß also nicht immer räsonniren wollen, aber es muß auch ihr
über das, was die Begriffe übersteigt, nicht viel vorräsonnirt werden.
Noch gilt es hier nicht die speculative Vernunft, sondern die Reflexion
über das, was vorgeht, nach seinen Ursachen und Wirkungen. Es ist eine
in ihrer Wirthschaft und Einrichtung praktische Vernunft.

Die Gemüthskräfte werden am besten dadurch cultivirt, wenn man
das Alles selbst thut, was man leisten will, z. E. wenn man die gramma=
tische Regel, die man gelernt hat, gleich in Ausübung bringt. Man ver=
steht eine Landkarte am besten, wenn man sie selbst verfertigen kann. Das
5 Verstehen hat zum größten Hülfsmittel das Hervorbringen. Man lernt
das am gründlichsten und behält das am besten, was man gleichsam aus
sich selbst lernt. Nur wenige Menschen indessen sind das im Stande.
Man nennt sie (αὐτοδίδακτοι) Autodidakten.

Bei der Ausbildung der Vernunft muß man sokratisch verfahren.
10 Sokrates nämlich, der sich die Hebamme der Kenntnisse seiner Zuhörer
nannte, giebt in seinen Dialogen, die uns Plato gewissermaßen aufbe=
halten hat, Beispiele, wie man selbst bei alten Leuten manches aus ihrer
eigenen Vernunft hervorziehen kann. Vernunft braucht in vielen Stücken
nicht von Kindern ausgeübt zu werden. Sie müssen nicht über Alles ver=
15 nünfteln. Von dem, was sie wohlgezogen machen soll, brauchen sie nicht
die Gründe zu wissen; sobald es aber die Pflicht betrifft, so müssen ihnen
dieselben bekannt gemacht werden. Doch muß man überhaupt dahin sehen,
daß man nicht Vernunfterkenntnisse in sie hineintrage, sondern dieselben
aus ihnen heraushole. Die sokratische Methode sollte bei der katechetischen
20 die Regel ausmachen. Sie ist freilich etwas langsam, und es ist schwer,
es so einzurichten, daß, indem man aus dem Einen die Erkenntnisse heraus=
holt, die Andern auch etwas dabei lernen. Die mechanisch=katechetische
Methode ist bei manchen Wissenschaften auch gut; z. E. bei dem Vortrage
der geoffenbarten Religion. Bei der allgemeinen Religion hingegen muß
25 man die sokratische Methode benutzen. In Ansehung dessen nämlich, was
historisch gelernt werden muß, empfiehlt sich die mechanisch=katechetische
Methode vorzüglich.

Es gehört hieher auch die Bildung des Gefühls der Lust oder Unlust.
Sie muß negativ sein, das Gefühl selbst aber nicht verzärtelt werden.
30 Hang zur Gemächlichkeit ist für den Menschen schlimmer, als alle Übel
des Lebens. Es ist daher äußerst wichtig, daß Kinder von Jugend auf
arbeiten lernen. Kinder, wenn sie nur nicht schon verzärtelt sind, lieben
wirklich Vergnügungen, die mit Strapazen verknüpft, Beschäftigungen,
zu denen Kräfte erforderlich sind. In Ansehung dessen, was sie genießen,
35 muß man sie nicht leckerhaft machen und sie nicht wählen lassen. Gemeinhin
verziehen die Mütter ihre Kinder hierin und verzärteln sie überhaupt. Und
doch bemerkt man, daß die Kinder, vorzüglich die Söhne, die Väter mehr

als die Mütter lieben. Dies kommt wohl daher, die Mütter lassen sie gar nicht herumspringen, herumlaufen und dergl., aus Furcht, daß sie Schaden nehmen möchten. Der Vater, der sie schilt, auch wohl schlägt, wenn sie ungezogen gewesen sind, führt sie dagegen auch bisweilen ins Feld und läßt sie da recht jungenmäßig herumlaufen, spielen und fröhlich sein.*) 5

Man glaubt, die Geduld der Kinder dadurch zu üben, daß man sie lange auf etwas warten läßt. Dies dürfte indessen eben nicht nöthig sein. Wohl aber brauchen sie Geduld in Krankheiten u. dergl. Die Geduld ist zwiefach. Sie besteht entweder darin, daß man alle Hoffnung aufgiebt, oder darin, daß man neuen Muth faßt. Das erstere ist nicht nöthig, wenn man 10 immer nur das Mögliche verlangt, und das letztere darf man immer, wenn man nur, was recht ist, begehrt. In Krankheiten aber verschlimmert die Hoffnungslosigkeit eben so viel, als der gute Muth zu verbessern im Stande ist. Wer diesen aber in Beziehung auf seinen physischen oder moralischen Zustand noch zu fassen vermag, der giebt auch die Hoffnung nicht auf. 15

Kinder müssen auch nicht schüchtern gemacht werden. Das geschieht vornehmlich dadurch, wenn man gegen sie mit Scheltworten ausfährt und sie öfter beschämt. Hierher gehört besonders der Zuruf vieler Eltern: Pfui, schäme dich! Es ist gar nicht abzusehen, worüber die Kinder sich eigentlich sollten zu schämen haben, wenn sie z. E. den Finger in den 20 Mund stecken und dergl. Es ist nicht Gebrauch, nicht Sitte! das kann man ihnen sagen, aber nie muß man ihnen ein „Pfui, schäme dich!" zurufen, als nur in dem Falle, daß sie lügen. Die Natur hat dem Menschen die Schamhaftigkeit gegeben, damit er sich, sobald er lügt, verrathe. Reden daher Eltern nie den Kindern von Scham vor, als wenn sie lügen, so be= 25 halten sie diese Schamröthe in Betreff des Lügens für ihre Lebenszeit. Wenn sie aber ohne Aufhören beschämt werden: so gründet das eine Schüchternheit, die ihnen weiterhin unabänderlich anklebt.

Der Wille der Kinder muß, wie schon oben gesagt, nicht gebrochen, sondern nur in der Art gelenkt werden, daß er den natürlichen Hinder= 30

---

*) Ein näherer Grund liegt meiner Meinung nach darin, daß die Väter seltener mit ihren Kindern tändeln, daher die Beweise ihrer Liebe auch einen größern Werth erhalten. Zudem halten Väter auch meistens mehr auf die Befolgung ihrer Gebote, zeigen weniger Schwäche in der Nachgiebigkeit, und so entsteht eine gewisse Achtung, die die festeste Grundlage des Zutrauens und der Liebe ist. Dies setzt aber schon ein 35 gewisses Aufmerken voraus, und eben daher hängen denn auch die Kinder in den allerersten Jahren und namentlich die Söhne mehr an der Mutter. A. d. H.

niſſen nachgebe. Im Anfange muß das Kind freilich blindlings gehorchen.
Es iſt unnatürlich, daß das Kind durch ſein Geſchrei commandire, und
der Starke einem Schwachen gehorche. Man muß daher nie den Kindern
auch in der erſten Jugend auf ihr Geſchrei willfahren und ſie dadurch
5 etwas erzwingen laſſen. Gemeinhin verſehen es die Eltern hierin und
wollen es dadurch nachher wieder gut machen, daß ſie den Kindern in
ſpäterer Zeit wieder alles, um das ſie bitten, abſchlagen. Dies iſt aber
ſehr verkehrt, ihnen ohne Urſache abzuſchlagen, was ſie von der Güte
der Eltern erwarten, blos um ihnen Widerſtand zu thun und ſie, die
10 Schwächeren, die Übermacht der Älteren fühlen zu laſſen.

Kinder werden verzogen, wenn man ihren Willen erfüllt, und ganz
falſch erzogen, wenn man ihrem Willen und ihren Wünſchen gerade entgegen handelt. Jenes geſchieht gemeinhin ſo lange, als ſie ein Spielwerk
der Eltern ſind, vornehmlich in der Zeit, wenn ſie zu ſprechen beginnen.
15 Aus dem Verziehen aber entſpringt ein gar großer Schade für das ganze
Leben. Bei dem Entgegenhandeln gegen den Willen der Kinder verhindert
man ſie zugleich zwar daran, ihren Unwillen zu zeigen, was freilich ge-
ſchehen muß, deſtomehr aber toben ſie innerlich. Die Art, nach der ſie
ſich jetzt verhalten ſollen, haben ſie noch nicht kennen gelernt. — Die Regel,
20 die man alſo bei Kindern von Jugend auf beobachten muß, iſt dieſe,
daß man, wenn ſie ſchreien, und man glaubt, daß ihnen etwas ſchade,
ihnen zu Hülfe komme, daß man aber, wenn ſie es aus bloßem Unwillen
thun, ſie liegen laſſe. Und ein gleiches Verfahren muß auch nachher un-
abläſſig eintreten. Der Widerſtand, den das Kind in dieſem Falle findet,
25 iſt ganz natürlich und iſt eigentlich negativ, indem man ihm nur nicht
willfahrt. Manche Kinder erhalten dagegen wieder Alles von den Eltern,
was ſie nur verlangen, wenn ſie ſich aufs Bitten legen. Wenn man die
Kinder Alles durch Schreien erhalten läßt, ſo werden ſie boshaft, erhalten
ſie aber Alles durch Bitten, ſo werden ſie weichlich. Findet daher keine
30 erhebliche Urſache des Gegentheils Statt: ſo muß man die Bitte des Kindes
erfüllen. Findet man aber Urſache, ſie nicht zu erfüllen: ſo muß man ſich
auch nicht durch vieles Bitten bewegen laſſen. Eine jede abſchlägige Antwort muß unwiderruflich ſein. Sie hat dann zunächſt den Effect, daß
man nicht öfter abſchlagen darf.*)

35     *) Es giebt wenige eigentlich ſchlechte Menſchen in der Welt, d. h. ſolche, die es
aus Grundſatz ſind. Dagegen aber giebt es viele, die den Charakter verloren haben,

Gesetzt es wäre, was man doch nur äußerst selten annehmen kann,
bei dem Kinde natürliche Anlage zum Eigensinne vorhanden: so ist es am
besten, in der Art zu verfahren, daß, wenn es uns nichts zu Gefallen thut,
wir auch ihm wieder nichts zu Gefallen thun. — Brechung des Willens
bringt eine sklavische Denkungsart, natürlicher Widerstand dagegen Lenk= 5
samkeit zuwege.

Die moralische Cultur muß sich gründen auf Maximen, nicht auf
Disciplin. Diese verhindert die Unarten, jene bildet die Denkungsart.
Man muß dahin sehen, daß das Kind sich gewöhne, nach Maximen und
nicht nach gewissen Triebfedern zu handeln. Durch Disciplin bleibt nur 10
eine Angewohnheit übrig, die doch auch mit den Jahren verlöscht. Nach
Maximen soll das Kind handeln lernen, deren Billigkeit es selbst einsieht.
Daß dies bei jungen Kindern schwer zu bewirken, und die moralische
Bildung daher auch die meisten Einsichten von Seiten der Eltern und der
Lehrer erfordere, sieht man leicht ein.*)                              15

Wenn das Kind z. E. lügt, muß man es nicht bestrafen, sondern ihm
mit Verachtung begegnen, ihm sagen, daß man ihm in Zukunft nicht
glauben werde, und dergl. Bestraft man das Kind aber, wenn es Böses
thut, und belohnt es, wenn es Gutes thut, so thut es Gutes, um es gut
zu haben. Kommt es nachher in die Welt, wo es nicht so zugeht, wo es 20
Gutes thun kann, ohne eine Belohnung, und Böses, ohne Strafe zu
empfangen: so wird aus ihm ein Mensch, der nur sieht, wie er gut in der

ober richtiger, die nie Charakter hatten, und daraus geht das meiste Übel hervor. Die
Hauptaufgabe aller Pädagogik ist demnach die Bildung der Kinder zu einem Charakter nach Begriffen des Rechtes, nicht der Ehre, denn diese letztere schließen den Cha- 25
rakter aus. Die Grundlage dieser Bildung ist das Beispiel, und welches Beispiel
kann hier wohl schädlicher wirken, als das des Mangels an eigner Haltung, an eignem
Charakter, der auch dem Kinde schon in der schwachen Nachgiebigkeit der Eltern ein-
leuchtet? In dieser eben liegt die Quelle der Charakterlosigkeit der Kinder.
                                                                    A. d. H. 30

*) Schon vorhin habe ich angedeutet, daß diese Maximen nicht Maximen der
Ehre sein können, sondern die des Rechtes sein müssen, indem jene sehr wohl, aber
nicht diese mit Charakterlosigkeit bestehen können. Dazu kommt, daß Ehre etwas
ganz Conventionelles ist, was erst gewissermaßen erlernt werden muß, und wozu es
der Erfahrung bedarf. Auf diesem Wege läßt sich daher erst spät an die Bildung des 35
Charakters denken, oder vielmehr, sie wird erst spät möglich. Dagegen liegt die Vorstellung von Recht tief in der Seele jedes, auch des zartesten Kindes, und man thäte
daher sehr wohl, statt dem Kinde zuzurufen: Ei, so schäme dich doch! es immer auf
die Frage zurück zu führen: Ist das auch recht?            A. d. H.

Welt fortkommen kann, und gut oder böse ist, je nachdem er es am zu=
träglichsten findet. —

Die Maximen müssen aus dem Menschen selbst entstehen. Bei der
moralischen Cultur soll man schon frühe den Kindern Begriffe beizubringen
5 suchen von dem, was gut oder böse ist. Wenn man Moralität gründen
will: so muß man nicht strafen. Moralität ist etwas so Heiliges und Er=
habenes, daß man sie nicht so wegwerfen und mit Disciplin in einen
Rang setzen darf. Die erste Bemühung bei der moralischen Erziehung
ist, einen Charakter zu gründen. Der Charakter besteht in der Fertigkeit,
10 nach Maximen zu handeln. Im Anfange sind es Schulmaximen und
nachher Maximen der Menschheit. Im Anfange gehorcht das Kind Ge=
setzen. Maximen sind auch Gesetze, aber subjective; sie entspringen aus
dem eignen Verstande des Menschen. Keine Übertretung des Schulgesetzes
aber muß ungestraft hingehen, obwohl die Strafe immer der Übertretung
15 angemessen sein muß.

Wenn man bei Kindern einen Charakter bilden will, so kommt es viel
darauf an, daß man ihnen in allen Dingen einen gewissen Plan, gewisse
Gesetze bemerkbar mache, die auf das genaueste befolgt werden müssen. So
setzt man ihnen z. E. eine Zeit zum Schlafe, zur Arbeit, zur Ergötzung
20 fest, und diese muß man dann auch nicht verlängern oder verkürzen. Bei
gleichgültigen Dingen kann man Kindern die Wahl lassen, nur müssen sie
das, was sie sich einmal zum Gesetze gemacht haben, nachher immer be=
folgen. — Man muß bei Kindern aber nicht den Charakter eines Bürgers,
sondern den Charakter eines Kindes bilden.

25 Menschen, die sich nicht gewisse Regeln vorgesetzt haben, sind un=
zuverlässig, man weiß sich oft nicht in sie zu finden, und man kann nie
recht wissen, wie man mit ihnen dran ist. Zwar tadelt man Leute häufig,
die immer nach Regeln handeln, z. E. den Mann, der nach der Uhr jeder
Handlung eine gewisse Zeit festgesetzt hat, aber oft ist dieser Tadel unbillig
30 und diese Abgemessenheit, ob sie gleich nach Peinlichkeit aussieht, eine
Disposition zum Charakter.

Zum Charakter eines Kindes, besonders eines Schülers, gehört vor
allen Dingen Gehorsam. Dieser ist zwiefach, erstens: ein Gehorsam gegen
den absoluten, dann zweitens aber auch gegen den für vernünftig
35 und gut erkannten Willen eines Führers. Der Gehorsam kann ab=
geleitet werden aus dem Zwange, und dann ist er absolut, oder aus dem
Zutrauen, und dann ist er von der andern Art. Dieser freiwillige

Gehorsam ist sehr wichtig; jener aber auch äußerst nothwendig, indem er das Kind zur Erfüllung solcher Gesetze vorbereitet, die es künftighin als Bürger erfüllen muß, wenn sie ihm auch gleich nicht gefallen.

Kinder müssen daher unter einem gewissen Gesetze der Nothwendigkeit stehen. Dieses Gesetz aber muß ein allgemeines sein, worauf man besonders in Schulen zu sehen hat. Der Lehrer muß unter mehreren Kindern keine Prädilection, keine Liebe des Vorzuges gegen ein Kind besonders zeigen. Denn das Gesetz hört sonst auf, allgemein zu sein. Sobald das Kind sieht, daß sich nicht alle übrige auch demselben Gesetze unterwerfen müssen, so wird es aufsetzig.

Man redet immer so viel davon, Alles müsse den Kindern in der Art vorgestellt werden, daß sie es aus Neigung thäten. In manchen Fällen ist das freilich gut, aber Vieles muß man ihnen auch als Pflicht vorschreiben. Dieses hat nachher großen Nutzen für das ganze Leben. Denn bei öffentlichen Abgaben, bei Arbeiten des Amtes und in vielen andern Fällen kann uns nur die Pflicht, nicht die Neigung leiten. Gesetzt das Kind sähe die Pflicht auch nicht ein, so ist es doch so besser, und daß etwas seine Pflicht als Kind sei, sieht es doch wohl ein, schwerer aber, daß etwas seine Pflicht als Mensch sei. Könnte es dieses auch einsehen, welches aber erst bei zunehmenden Jahren möglich ist: so wäre der Gehorsam noch vollkommner.

Alle Übertretung eines Gebotes bei einem Kinde ist eine Ermangelung des Gehorsams, und diese zieht Strafe nach sich. Auch bei einer unachtsamen Übertretung des Gebotes ist Strafe nicht unnöthig. Diese Strafe ist entweder physisch oder moralisch.

Moralisch straft man, wenn man der Neigung, geehrt und geliebt zu werden, die Hülfsmittel der Moralität sind, Abbruch thut, z. E. wenn man das Kind beschämt, ihm frostig und kalt begegnet. Diese Neigungen müssen so viel als möglich erhalten werden. Daher ist diese Art zu strafen die beste, weil sie der Moralität zu Hülfe kommt; z. E. wenn ein Kind lügt, so ist ein Blick der Verachtung Strafe genug und die zweckmäßigste Strafe.

Physische Strafen bestehen entweder in Verweigerungen des Begehrten, oder in Zufügung der Strafen. Die erstere Art derselben ist mit der moralischen verwandt und ist negativ. Die andern Strafen müssen mit Behutsamkeit ausgeübt werden, damit nicht eine indoles servilis entspringe. Daß man Kindern Belohnungen ertheilt, taugt nicht, sie werden dadurch eigennützig, und es entspringt daraus eine indoles mercennaria.

Der Gehorsam ist ferner entweder Gehorsam des Kindes, oder
des angehenden Jünglinges. Bei der Übertretung desselben erfolgt
Strafe. Diese ist entweder eine wirklich natürliche Strafe, die sich der
Mensch selbst durch sein Betragen zuzieht, z. E. daß das Kind, wenn es
zu viel ißt, krank wird, und diese Strafen sind die besten, denn der Mensch
erfährt sie sein ganzes Leben hindurch und nicht blos als Kind; oder aber
die Strafe ist künstlich. Die Neigung, geachtet und geliebt zu werden,
ist ein sicheres Mittel, die Züchtigungen in der Art einzurichten, daß sie
dauerhaft sind. Physische Strafen müssen blos Ergänzungen der Unzulänglichkeit der moralischen sein. Wenn moralische Strafen gar nicht mehr
helfen, und man schreitet dann zu physischen fort, so wird durch diese doch
kein guter Charakter mehr gebildet werden. Anfänglich aber muß der
physische Zwang den Mangel der Überlegung der Kinder ersetzen.

Strafen, die mit dem Merkmale des Zornes verrichtet werden, wirken
falsch. Kinder sehen sie dann nur als Folgen, sich selbst aber als Gegenstände des Affectes eines Andern an. Überhaupt müssen Strafen den
Kindern immer mit der Behutsamkeit zugefügt werden, daß sie sehen, daß
blos ihre Besserung der Endzweck derselben sei. Die Kinder, wenn sie gestraft sind, sich bedanken, sie die Hände küssen lassen u. dergl., ist thöricht
und macht die Kinder sklavisch. Wenn physische Strafen oft wiederholt
werden, bilden sie einen Starrkopf, und strafen Eltern ihre Kinder des
Eigensinnes wegen, so machen sie sie nur noch immer eigensinniger. —
Das sind auch nicht immer die schlechtesten Menschen, die störrisch sind,
sondern sie geben gütigen Vorstellungen öfters leicht nach.

Der Gehorsam des angehenden Jünglinges ist unterschieden von dem
Gehorsam des Kindes. Er besteht in der Unterwerfung unter die Regeln
der Pflicht. Aus Pflicht etwas thun, heißt: der Vernunft gehorchen.
Kindern etwas von Pflicht zu sagen, ist vergebliche Arbeit. Zuletzt sehen
sie dieselbe als etwas an, auf dessen Übertretung die Ruthe folgt.*) Das
Kind könnte durch bloße Instincte geleitet werden, sobald es aber erwächst,
muß der Begriff der Pflicht dazutreten. Auch die Scham muß nicht ge-

---

*) Frage ich das Kind, ob dies oder jenes, was es selbst eben that, recht war,
oder nicht: so wird es mir und zwar meistens richtig antworten. War es etwas
Unrechtes, und frage ich nun weiter: Hättest du es also wohl thun sollen?, so
wird es unfehlbar mit Nein! antworten. Baut man auf dieses Bewußtsein weiter
fort: so bildet das Kind sich allmählich gewissermaßen selbst den Pflichtbegriff, ohne
ihm von demselben viel vorschwatzen zu dürfen. Wer aber in solchem Falle noch der

braucht werden bei Kindern, sondern erst in den Jünglingsjahren. Sie kann nämlich nur dann erst Statt finden, wenn der Ehrbegriff bereits Wurzel gefaßt hat.

Ein zweiter Hauptzug in der Gründung des Charakters der Kinder ist Wahrhaftigkeit. Sie ist der Grundzug und das Wesentliche eines Charakters. Ein Mensch, der lügt, hat gar keinen Charakter, und hat er etwas Gutes an sich, so rührt dies blos von seinem Temperamente her. Manche Kinder haben einen Hang zum Lügen, der gar oft von einer lebhaften Einbildungskraft muß hergeleitet werden. Des Vaters Sache ist es, darauf zu sehen, daß sich die Kinder dessen entwöhnen; denn die Mütter achten es gemeiniglich für eine Sache von keiner oder doch nur geringer Bedeutung; ja sie finden darin oft einen ihnen selbst schmeichelhaften Beweis der vorzüglichen Anlagen und Fähigkeiten ihrer Kinder. Hier nun ist der Ort, von der Scham Gebrauch zu machen, denn hier begreift es das Kind wohl. Die Schamröthe verräth uns, wenn wir lügen, aber ist nicht immer ein Beweis davon. Oft erröthet man über die Unverschämtheit eines Andern, uns einer Schuld zu zeihen. Unter keiner Bedingung muß man durch Strafen die Wahrheit von Kindern zu erzwingen suchen, ihre Lüge müßte denn gleich Nachtheil nach sich ziehen, und dann werden sie des Nachtheils wegen gestraft. Entziehung der Achtung ist die einzig zweckmäßige Strafe der Lüge.

Auch lassen sich die Strafen in negative und positive Strafen abtheilen, deren erstere bei Faulheit oder Unsittlichkeit eintreten würden, z. E. bei der Lüge, bei Unwillfährigkeit und Unvertragsamkeit. Die positiven Strafen aber gelten für boshaften Unwillen. Vor allen Dingen aber muß man sich hüten, ja den Kindern nichts nachzutragen.

Ein dritter Zug im Charakter eines Kindes muß Geselligkeit sein. Es muß auch mit Andern Freundschaft halten und nicht immer für sich allein sein. Manche Lehrer sind zwar in Schulen dawider; das ist aber sehr unrecht. Kinder sollen sich vorbereiten zu dem süßesten Genusse des

---

Ruthe nöthig hat, ist entweder ein schlechter Erzieher, oder er hat es mit einem schon verdorbenen Kinde, das er vielleicht selbst und gerade durch seine Schläge verdarb, zu thun. Wenn man aber das Kind in der Art erzieht: so muß man es hauptsächlich nur auf seine eignen Handlungen und deren Rechtmäßigkeit zurückführen und sich höchstens bei sehr auffallenden, dem Kinde sehr bemerkbar gewordenen Handlungen seiner Gespielen oder Anderer eine Ausnahme erlauben, weil ein entgegengesetztes Verfahren leicht zur Tadelsucht und Medisance führen könnte.      A. d. H.

Lebens. Lehrer müssen aber keines derselben seiner Talente, sondern nur seines Charakters wegen vorziehen, denn sonst entsteht eine Mißgunst, die der Freundschaft zuwider ist.

Kinder müssen auch offenherzig sein und so heiter in ihren Blicken, wie die Sonne. Das fröhliche Herz allein ist fähig, Wohlgefallen am Guten zu empfinden. Eine Religion, die den Menschen finster macht, ist falsch; denn er muß Gott mit frohem Herzen und nicht aus Zwang dienen. Das fröhliche Herz muß nicht immer strenge im Schulzwange gehalten werden, denn in diesem Falle wird es bald niedergeschlagen. Wenn es Freiheit hat, so erholt es sich wieder. Dazu dienen gewisse Spiele, bei denen es Freiheit hat, und wo das Kind sich bemüht, immer dem Andern etwas zuvor zu thun. Alsdann wird die Seele wieder heiter.

Viele Leute denken, ihre Jugendjahre seien die besten und die angenehmsten ihres Lebens gewesen. Aber dem ist wohl nicht so. Es sind die beschwerlichsten Jahre, weil man da sehr unter der Zucht ist, selten einen eigentlichen Freund und noch seltener Freiheit haben kann. Schon Horaz sagt: Multa tulit fecitque puer, sudavit et alsit. —

Kinder müssen nur in solchen Dingen unterrichtet werden, die sich für ihr Alter schicken. Manche Eltern freuen sich, wenn ihre Kinder frühzeitig altklug reden können. Aus solchen Kindern wird aber gemeiniglich nichts. Ein Kind muß nur klug sein, wie ein Kind. Es muß kein blinder Nachäffer werden. Ein Kind aber, das mit altklugen Sittensprüchen versehen ist, ist ganz außer der Bestimmung seiner Jahre, und es äfft nach. Es soll nur den Verstand eines Kindes haben und sich nicht zu frühe sehen lassen. Ein solches Kind wird nie ein Mann von Einsichten und von aufgeheitertem Verstande werden. Eben so unausstehlich ist es, wenn ein Kind schon alle Moden mitmachen will, z. E. wenn es frisirt sein, Handkrausen, auch wohl gar eine Tabaksdose bei sich tragen will. Es bekommt dadurch ein affectirtes Wesen, das einem Kinde nicht ansteht. Eine gesittete Gesellschaft ist ihm eine Last, und das Wackere eines Mannes fehlt ihm am Ende gänzlich. Eben daher muß man denn aber auch der Eitelkeit frühzeitig in ihm entgegenarbeiten, oder, richtiger gesagt, ihm nicht Veranlassung geben, eitel zu werden. Das geschieht aber, wenn man Kindern schon frühe davon vorschwatzt, wie schön sie sind, wie allerliebst ihnen dieser oder jener Putz stehe, oder wenn man ihnen diesen als Belohnung verspricht und ertheilt. Putz taugt für Kinder nicht. Ihre reinliche und schlechte

Bekleidung müssen sie nur als Nothdurft erhalten. Aber auch die Eltern
müssen für sich keinen Werth darauf setzen, sich nicht spiegeln, denn hier
wie überall ist das Beispiel allmächtig und befestigt oder vernichtet die
gute Lehre.

## Von der praktischen Erziehung.

Zu der praktischen Erziehung gehört 1) Geschicklichkeit, 2) Welt=
klugheit, 3) Sittlichkeit. Was die Geschicklichkeit anbetrifft, so muß
man darauf sehen, daß sie gründlich und nicht flüchtig sei. Man muß nicht
den Schein annehmen, als hätte man Kenntnisse von Dingen, die man
doch nachher nicht zu Stande bringen kann. Die Gründlichkeit muß in
der Geschicklichkeit Statt finden und allmählich zur Gewohnheit in der
Denkungsart werden. Sie ist das Wesentliche zu dem Charakter eines
Mannes. Geschicklichkeit gehört für das Talent.

Was die Weltklugheit betrifft: so besteht sie in der Kunst, unsere
Geschicklichkeit an den Mann zu bringen, d. h. wie man die Menschen zu
seiner Absicht gebrauchen kann. Dazu ist mancherlei nöthig. Eigentlich
ist es das letzte am Menschen; dem Werthe nach aber nimmt es die zweite
Stelle ein.

Wenn das Kind der Weltklugheit überlassen werden soll: so muß es
sich verhehlen und undurchdringlich machen, den Andern aber durchforschen
können. Vorzüglich muß es sich in Ansehung seines Charakters verhehlen.
Die Kunst des äußern Scheines ist der Anstand. Und diese Kunst muß
man besitzen. Andere zu durchforschen ist schwer, aber man muß diese
Kunst nothwendig verstehen, sich selbst dagegen undurchdringlich machen.
Dazu gehört das Dissimuliren, d. h. die Zurückhaltung seiner Fehler, und
jener äußere Schein. Das Dissimuliren ist nicht allemal Verstellung und
kann bisweilen erlaubt sein, aber es grenzt doch nahe an Unlauterkeit.
Die Verhehlung ist ein trostloses Mittel. Zur Weltklugheit gehört, daß
man nicht gleich auffahre; man muß aber auch nicht gar zu lässig sein.
Man muß also nicht heftig, aber doch wacker sein. Wacker ist noch unter=
schieden von heftig. Ein Wackerer (strenuus) ist der, der Lust zum Wollen
hat. Dieses gehört zur Mäßigung des Affectes. Die Weltklugheit ist für
das Temperament.

Sittlichkeit ist für den Charakter. Sustine et abstine, ist die Vor=
bereitung zu einer weisen Mäßigkeit. Wenn man einen guten Charakter
bilden will: so muß man erst die Leidenschaften wegräumen. Der Mensch

muß sich in Betreff seiner Neigungen so gewöhnen, daß sie nicht zu Leiden=
schaften werden, sondern er muß lernen, etwas zu entbehren, wenn es ihm
abgeschlagen wird. Sustine heißt: erdulde und gewöhne dich zu ertragen!

Es wird Muth und Neigung erfordert, wenn man etwas entbehren
5 lernen will. Man muß abschlägige Antworten, Widerstand u. s. w. ge=
wohnt werden.

Zum Temperamente gehört Sympathie. Eine sehnsuchtvolle, schmach=
tende Theilnehmung muß bei Kindern verhütet werden. Theilnehmung
ist wirklich Empfindsamkeit; sie stimmt nur mit einem solchen Charakter
10 überein, der empfindsam ist. Sie ist noch vom Mitleiden unterschieden
und ein Übel, das darin besteht, eine Sache blos zu bejammern. Man
sollte den Kindern ein Taschengeld geben, von dem sie Nothleidenden Gutes
thun könnten, da würde man sehen, ob sie mitleidig sind oder nicht; wenn
sie aber immer nur von dem Gelde ihrer Eltern freigebig sind, so fällt
15 dies weg.

Der Ausspruch: festina lente, deutet eine immerwährende Thätigkeit
an, bei der man sehr eilen muß, damit man viel lerne, d. h. festina. Man
muß aber auch mit Grund lernen und also Zeit bei jedem gebrauchen,
d. h. lente. Es ist nun die Frage, welches vorzuziehen sei, ob man einen
20 großen Umfang von Kenntnissen haben soll, oder nur einen kleineren, der
aber gründlich ist. Es ist besser wenig, aber dieses Wenige gründlich zu
wissen, als viel und obenhin, denn endlich wird man doch das Seichte in
diesem letztern Falle gewahr. Aber das Kind weiß ja nicht, in welche
Umstände es kommen kann, um diese oder jene Kenntnisse zu brauchen,
25 und daher ist es wohl am besten, daß es von Allem etwas Gründliches
wisse, denn sonst betrügt und verblendet es Andere mit seinen obenhin ge=
lernten Kenntnissen.

Das letzte ist die Gründung des Charakters. Dieser besteht in dem
festen Vorsatze, etwas thun zu wollen, und dann auch in der wirklichen
30 Ausübung desselben. Vir propositi tenax, sagt Horaz, und das ist ein
guter Charakter! z. E. wenn ich Jemanden etwas versprochen habe, so
muß ich es auch halten, gesetzt gleich, daß es mir Schaden brächte. Denn
ein Mann, der sich etwas vorsetzt, es aber nicht thut, kann sich selbst nicht
mehr trauen, z. E. wenn Jemand es sich vornimmt, immer frühe auf=
35 zustehn, um zu studiren, oder dies oder jenes zu thun, oder um einen
Spaziergang zu machen, und sich im Frühlinge nun damit entschuldigt,
daß es noch des Morgens zu kalt sei, und es ihm schaden könne; im

Sommer aber, daß es so sich gut schlafen lasse, und der Schlaf ihm angenehm sei, und so seinen Vorsatz immer von einem Tage zum andern verschiebt: so traut er sich am Ende selbst nicht mehr.

Das, was wider die Moral ist, wird von solchen Vorsätzen ausgenommen. Bei einem bösen Menschen ist der Charakter sehr schlimm, aber hier heißt er auch schon Hartnäckigkeit, obgleich es doch gefällt, wenn er seine Vorsätze ausführt und standhaft ist, wenn es gleich besser wäre, daß er sich so im Guten zeigte.

Von Jemand, der die Ausübung seiner Vorsätze immer verschiebt, ist nicht viel zu halten. Die sogenannte künftige Bekehrung ist von der Art. Denn der Mensch, der immer lasterhaft gelebt hat und in einem Augenblicke bekehrt werden will, kann unmöglich dahin gelangen, indem doch nicht sogleich ein Wunder geschehen kann, daß er auf einmal das werde, was jener ist, der sein ganzes Leben gut angewandt und immer rechtschaffen gedacht hat. Eben daher ist denn auch nichts von Wallfahrten, Kasteiungen und Fasten zu erwarten; denn es läßt sich nicht absehen, was Wallfahrten und andere Gebräuche dazu beitragen können, um aus einem lasterhaften auf der Stelle einen edeln Menschen zu machen.

Was soll es zur Rechtschaffenheit und Besserung, wenn man am Tage fastet und in der Nacht noch einmal soviel dafür genießt, oder seinem Körper eine Büßung auflegt, die zur Veränderung der Seele nichts beitragen kann?

Um in den Kindern einen moralischen Charakter zu begründen, müssen wir folgendes merken:

Man muß ihnen die Pflichten, die sie zu erfüllen haben, so viel als möglich durch Beispiele und Anordnungen beibringen. Die Pflichten, die das Kind zu thun hat, sind doch nur gewöhnliche Pflichten gegen sich selbst und gegen Andere. Diese Pflichten müssen also aus der Natur der Sache gezogen werden. Wir haben hier daher näher zu betrachten:

a) die Pflichten gegen sich selbst. Diese bestehen nicht darin, daß man sich eine herrliche Kleidung anschaffe, prächtige Mahlzeiten halte u. s. w., obgleich Alles reinlich sein muß; nicht darin, daß man seine Begierden und Neigungen zu befriedigen suche, denn man muß im Gegentheile sehr mäßig und enthaltsam sein; sondern, daß der Mensch in seinem Innern eine gewisse Würde habe, die ihn vor allen Geschöpfen adelt, und seine Pflicht ist es, diese Würde der Menschheit in seiner eignen Person nicht zu verleugnen.

Die Würde der Menschheit aber verleugnen wir, wenn wir z. E. uns dem Trunke ergeben, unnatürliche Sünden begehen, alle Arten von Unmäßigkeit ausüben u. s. w., welches Alles den Menschen weit unter die Thiere erniedrigt. Ferner wenn ein Mensch sich kriechend gegen Andere
5 beträgt, immer Complimente macht, um sich durch ein so unwürdiges Benehmen, wie er wähnt, einzuschmeicheln, so ist auch dieses wider die Würde der Menschheit.

Die Würde des Menschen würde sich auch dem Kinde schon an ihm selbst bemerkbar machen lassen, z. E. im Falle der Unreinlichkeit, die
10 wenigstens doch der Menschheit unanständig ist. Das Kind kann sich aber wirklich auch unter die Würde der Menschheit durch die Lüge erniedrigen, indem es doch schon zu denken und seine Gedanken Andern mitzutheilen vermag. Das Lügen macht den Menschen zum Gegenstande der allgemeinen Verachtung und ist ein Mittel, ihm bei sich selbst die Achtung und Glaub-
15 würdigkeit zu rauben, die jeder für sich haben sollte.

b) die Pflichten gegen Andere. Die Ehrfurcht und Achtung für das Recht der Menschen muß dem Kinde schon sehr frühe beigebracht werden, und man muß sehr darauf sehen, daß es dieselben in Ausübung bringe; z. E. wenn ein Kind einem andern, ärmeren Kinde begegnet und es dieses
20 stolz aus dem Wege oder von sich stößt, ihm einen Schlag giebt u. s. w., so muß man nicht sagen: Thue das nicht, es thut dem Andern wehe; sei doch mitleidig! es ist ja ein armes Kind u. s. w., sondern man muß ihm selbst wieder eben so stolz und fühlbar begegnen, weil sein Benehmen dem Rechte der Menschheit zuwider war. Großmuth aber haben die Kinder
25 eigentlich noch gar nicht. Das kann man z. E. daraus ersehen, daß, wenn Eltern ihrem Kinde befehlen, es solle von seinem Butterbrode einem andern die Hälfte abgeben, ohne daß es aber deshalb nachher um so mehr wieder von ihnen erhält: so thut es dieses entweder gar nicht, oder doch sehr selten und ungerne. Auch kann man ja dem Kinde ohnedem nicht viel von
30 Großmuth vorsagen, weil es noch Nichts in seiner Gewalt hat.

Viele haben den Abschnitt der Moral, der die Lehre von den Pflichten gegen sich selbst enthält, ganz übersehen oder falsch erklärt, wie Crugott. Die Pflicht gegen sich selbst aber besteht, wie gesagt, darin, daß der Mensch die Würde der Menschheit in seiner eignen Person bewahre. Er tadelt
35 sich, wenn er die Idee der Menschheit vor Augen hat. Er hat ein Original in seiner Idee, mit dem er sich vergleicht. Wenn die Zahl der Jahre anwächst, wenn die Neigung zum Geschlechte sich zu regen beginnt, dann ist

der kritische Zeitpunkt, in dem die Würde des Menschen allein im Stande ist, den Jüngling in Schranken zu halten. Frühe muß man aber dem Jünglinge Winke geben, wie er sich vor diesem oder jenem zu bewahren habe.*)

Unsern Schulen fehlt fast durchgängig etwas, was doch sehr die Bildung der Kinder zur Rechtschaffenheit befördern würde, nämlich ein Katechismus des Rechts. Er müßte Fälle enthalten, die populär wären, sich im gemeinen Leben zutragen, und bei denen immer die Frage ungesucht einträte: ob etwas recht sei oder nicht. Z. E. wenn Jemand, der heute seinem Creditor bezahlen soll, durch den Anblick eines Nothleidenden gerührt wird und ihm die Summe, die er schuldig ist und nun bezahlen sollte, hingiebt: ist das recht oder nicht? Nein! es ist unrecht, denn ich muß frei sein, wenn ich Wohlthaten thun will. Und wenn ich das Geld dem Armen gebe, so thue ich ein verdienstliches Werk; bezahle ich aber meine Schuld, so thue ich ein schuldiges Werk. Ferner, ob wohl eine Nothlüge erlaubt sei? Nein! es ist kein einziger Fall gedenkbar, in dem sie Entschuldigung verdiente, am wenigsten vor Kindern, die sonst jede Kleinigkeit für eine Noth ansehen und sich öfters Lügen erlauben würden. Gäbe es nun ein solches Buch schon, so könnte man mit vielem Nutzen täglich eine Stunde dazu aussetzen, die Kinder das Recht der Menschen, diesen Augapfel Gottes auf Erden, kennen und zu Herzen nehmen zu lehren. —**)

Was die Verbindlichkeit zum Wohlthun betrifft: so ist sie nur eine unvollkommene Verbindlichkeit. Man muß nicht sowohl das Herz der Kinder weich machen, daß es von dem Schicksale des Andern afficirt werde, als vielmehr wacker. Es sei nicht voll Gefühl, sondern voll von der Idee der Pflicht. Viele Personen wurden in der That hartherzig, weil sie, da sie vorher mitleidig gewesen waren, sich oft betrogen sahen. Einem Kinde das Verdienstliche der Handlungen begreiflich machen zu wollen, ist umsonst. Geistliche fehlen sehr oft darin, daß sie die Werke des Wohlthuns als etwas

---

*) Das früheste Gefühl dieser Würde ist die Scham, daher Pudor primus virtutis honos. Vergl. Horat. Sat. I. 6. 82.　　　　　　　　　　　　A. d. H.

**) Es fehlt uns nun nicht mehr an Katechismen der Rechte und Pflichten, und unter diesen sind manche sehr brauchbar. Auch wird in manchen Schulen wirklich schon auf diesen nothwendigen Theil des Unterrichtes Rücksicht genommen. Aber es ist noch Vieles zu thun übrig, um Kant's schöne Idee ganz zu realisiren.　　　　　A. d. H.

Verdienstliches vorstellen.*) Ohne daran zu denken, daß wir in Rücksicht
auf Gott nie mehr, als unsere Schuldigkeit thun können, so ist es auch nur
unsere Pflicht, dem Armen Gutes zu thun.   Denn die Ungleichheit
des Wohlstandes der Menschen kommt doch nur von gelegentlichen Umständen her.  Besitze ich also ein Vermögen, so habe ich es auch nur dem
Ergreifen dieser Umstände, das entweder mir selbst oder meinem Vor-
gänger geglückt ist, zu danken, und die Rücksicht auf das Ganze bleibt doch
immer dieselbe.

Der Neid wird erregt, wenn man ein Kind aufmerksam darauf macht,
sich nach dem Werthe Anderer zu schätzen.  Es soll sich vielmehr nach den
Begriffen seiner Vernunft schätzen.  Daher ist die Demuth eigentlich nichts
anders, als eine Vergleichung seines Werthes mit der moralischen Vollkommenheit.  So lehrt z. E. die christliche Religion nicht sowohl die
Demuth, als sie vielmehr den Menschen demüthig macht, weil er sich ihr
zufolge mit dem höchsten Muster der Vollkommenheit vergleichen muß.
Sehr verkehrt ist es, die Demuth darein zu setzen, daß man sich geringer
schätze als Andre. — Sieh, wie das und das Kind sich aufführt! u. dergl.:
ein Zuruf der Art bringt eine nur sehr unedle Denkungsart hervor.  Wenn
der Mensch seinen Werth nach Andern schätzt, so sucht er entweder sich über
den Andern zu erheben, oder den Werth des Andern zu verringern.  Dieses
letztere aber ist Neid.  Man sucht dann immer nur dem Andern eine Ver-
gehung anzudichten; denn wäre der nicht da, so könnte man auch nicht
mit ihm verglichen werden, so wäre man der Beste.  Durch den übel an-
gebrachten Geist der Ämulation wird nur Neid erregt.  Der Fall, in dem
die Ämulation noch zu etwas dienen könnte, wäre der, jemand von der
Thunlichkeit einer Sache zu überzeugen, z. E. wenn ich von dem Kinde
ein gewisses Pensum gelernt fordre und ihm zeige, daß Andre es leisten
können.

Man muß auf keine Weise ein Kind das andre beschämen lassen.
Allen Stolz, der sich auf Vorzüge des Glückes gründet, muß man zu vermeiden suchen.  Zu gleicher Zeit muß man aber suchen, Freimüthigkeit
bei den Kindern zu begründen.  Sie ist ein bescheidenes Zutrauen zu sich
selbst.  Durch sie wird der Mensch in den Stand gesetzt, alle seine Talente

*) Und noch ärger machen sie diesen Fehler, wenn sie dieses, wie alles übrige
sogenannte Verdienstliche, als einen Grund zu Ansprüchen auf Belohnung darstellen.
A. d. H.

geziemend zu zeigen. Sie ist wohl zu unterscheiden von der Dumm=
dreistigkeit, die in der Gleichgültigkeit gegen das Urtheil Anderer besteht.

Alle Begierden des Menschen sind entweder formal (Freiheit und Ver=
mögen), oder material (auf ein Object bezogen), Begierden des Wahnes
oder des Genusses, oder endlich sie beziehen sich auf die bloße Fortdauer
von beiden, als Elemente der Glückseligkeit.

Begierden der ersten Art sind Ehrsucht, Herrschsucht und Habsucht;
die der zweiten Genuß des Geschlechtes (Wollust), der Sache (Wohlleben),
oder der Gesellschaft (Geschmack an Unterhaltung). Begierden der dritten
Art endlich sind Liebe zum Leben, zur Gesundheit, zur Gemächlichkeit (in
der Zukunft, Sorgenfreiheit).

Laster aber sind entweder die der Bosheit, oder der Niederträchtigkeit,
oder der Eingeschränktheit. Zu den erstern gehören Neid, Undankbarkeit
und Schadenfreude; zu denen der zweiten Art Ungerechtigkeit, Untreue
(Falschheit), Lüderlichkeit sowohl im Verschwenden der Güter, als der
Gesundheit (Unmäßigkeit) und der Ehre. Laster der dritten Art sind Lieb=
losigkeit, Kargheit, Trägheit (Weichlichkeit).

Die Tugenden sind entweder Tugenden des Verdienstes, oder blos
der Schuldigkeit, oder der Unschuld. Zu den erstern gehört Großmuth
(in Selbstüberwindung sowohl der Rache, als der Gemächlichkeit und der
Habsucht), Wohlthätigkeit, Selbstbeherrschung; zu den zweiten Redlichkeit,
Anständigkeit und Friedfertigkeit; zu den dritten endlich Ehrlichkeit, Sitt=
samkeit und Genügsamkeit.

Ob aber der Mensch nun von Natur moralisch gut oder böse ist?
Keines von beiden, denn er ist von Natur gar kein moralisches Wesen; er
wird dieses nur, wenn seine Vernunft sich bis zu den Begriffen der Pflicht
und des Gesetzes erhebt. Man kann indessen sagen, daß er ursprünglich
Anreize zu allen Lastern in sich habe, denn er hat Neigungen und Instincte,
die ihn anregen, ob ihn gleich die Vernunft zum Gegentheile treibt. Er
kann daher nur moralisch gut werden durch Tugend, also aus Selbstzwang,
ob er gleich ohne Anreize unschuldig sein kann.

Laster entspringen meistens daraus, daß der gesittete Zustand der
Natur Gewalt thut, und unsre Bestimmung als Menschen ist doch, aus
dem rohen Naturstande als Thier herauszutreten. Vollkommne Kunst
wird wieder zur Natur.

Es beruht alles bei der Erziehung darauf, daß man überall die
richtigen Gründe aufstelle und den Kindern begreiflich und annehmlich

mache. Sie müssen lernen, die Verabscheuung des Ekels und der Un=
gereimtheit an die Stelle der des Hasses zu setzen; innern Abscheu statt
des äußern vor Menschen und der göttlichen Strafen, Selbstschätzung und
innere Würde statt der Meinung der Menschen, — innern Werth der
5 Handlung und des Thuns statt der Worte und Gemüthsbewegung, —
Verstand statt des Gefühles — und Fröhlichkeit und Frömmigkeit bei
guter Laune statt der grämischen, schüchternen und finstern Andacht ein=
treten zu lassen.

  Vor allen Dingen aber muß man sie auch davor bewahren, daß sie
10 die merita fortunae nie zu hoch anschlagen.

———

  Was die Erziehung der Kinder in Absicht der Religion anbetrifft, so
ist zuerst die Frage: ob es thunlich sei, frühe den Kindern Religions=
begriffe beizubringen. Hierüber ist sehr viel in der Pädagogik gestritten
worden. Religionsbegriffe setzen allemal einige Theologie voraus. Sollte
15 nun der Jugend, die die Welt, die sich selbst noch nicht kennt, wohl eine
Theologie können beigebracht werden? Sollte die Jugend, die die Pflicht
noch nicht kennt, eine unmittelbare Pflicht gegen Gott zu begreifen im
Stande sein? So viel ist gewiß, daß, wenn es thunlich wäre, daß Kinder
keine Handlungen der Verehrung des höchsten Wesens mit ansähen, selbst
20 nicht einmal den Namen Gottes hörten, es der Ordnung der Dinge an=
gemessen wäre, sie erst auf die Zwecke und auf das, was dem Menschen
ziemt, zu führen, ihre Beurtheilungskraft zu schärfen, sie von der Ordnung
und Schönheit der Naturwerke zu unterrichten, dann noch eine erweiterte
Kenntniß des Weltgebäudes hinzuzufügen und hierauf erst den Begriff
25 eines höchsten Wesens, eines Gesetzgebers, ihnen zu eröffnen. Weil dies
aber nach unserer jetzigen Lage nicht möglich ist, so würde, wenn man ihnen
erst spät von Gott etwas beibringen wollte, sie ihn aber doch nennen
hörten und sogenannte Diensterweisungen gegen ihn mit ansähen, dieses
entweder Gleichgültigkeit, oder verkehrte Begriffe bei ihnen hervorbringen,
30 z. E. eine Furcht vor der Macht desselben. Da es nun aber zu besorgen
ist, daß sich diese in die Phantasie der Kinder einnisten möchte: so muß
man, um sie zu vermeiden, ihnen frühe Religionsbegriffe beizubringen
suchen. Doch muß dies nicht Gedächtnißwerk, bloße Nachahmung und
alleiniges Affenwerk sein, sondern der Weg, den man wählt, muß immer
35 der Natur angemessen sein. Kinder werden, auch ohne abstracte Begriffe
von Pflicht, von Verbindlichkeiten, von Wohl= oder Übelverhalten zu haben,

einsehen, daß ein Gesetz der Pflicht vorhanden sei, daß nicht die Be=
haglichkeit, der Nutzen und dergl. sie bestimmen solle, sondern etwas All=
gemeines, das sich nicht nach den Launen der Menschen richtet. Der
Lehrer selbst aber muß sich diesen Begriff machen.

Zuvörderst muß man alles der Natur, nachher diese selbst aber Gott
zuschreiben, wie z. E. erstlich Alles auf Erhaltung der Arten und deren
Gleichgewicht angelegt worden, aber von weitem zugleich auch auf den
Menschen, damit er sich selbst glücklich mache.

Der Begriff von Gott dürfte am besten zuerst analogisch mit dem
des Vaters, unter dessen Pflege wir sind, deutlich gemacht werden, wobei
sich dann sehr vorteilhaft auf die Einigkeit der Menschen als in einer
Familie hinweisen läßt.

Was ist denn aber Religion? Religion ist das Gesetz in uns, in so
fern es durch einen Gesetzgeber und Richter über uns Nachdruck erhält;
sie ist eine auf die Erkenntniß Gottes angewandte Moral. Verbindet man
Religion nicht mit Moralität, so wird Religion blos zur Gunstbewerbung.
Lobpreisungen, Gebete, Kirchengehen sollen nur dem Menschen neue Stärke,
neuen Muth zur Besserung geben, oder der Ausdruck eines von der Pflicht=
vorstellung beseelten Herzens sein. Sie sind nur Vorbereitungen zu guten
Werken, nicht aber selbst gute Werke, und man kann dem höchsten Wesen
nicht anders gefällig werden, als dadurch daß man ein besserer Mensch
werde.

Zuerst muß man bei dem Kinde von dem Gesetze, das es in sich hat,
anfangen. Der Mensch ist sich selbst verachtenswürdig, wenn er lasterhaft
ist. Dieses ist in ihm selbst gegründet, und er ist es nicht deswegen
erst, weil Gott das Böse verboten hat. Denn es ist nicht nöthig, daß der
Gesetzgeber zugleich auch der Urheber des Gesetzes sei. So kann ein Fürst
in seinem Lande das Stehlen verbieten, ohne deswegen der Urheber des
Verbotes des Diebstahles genannt werden zu können. Hieraus lernt der
Mensch einsehen, daß sein Wohlverhalten allein ihn der Glückseligkeit
würdig mache. Das göttliche Gesetz muß zugleich als Naturgesetz er=
scheinen, denn es ist nicht willkürlich. Daher gehört Religion zu aller Mo=
ralität.

Man muß aber nicht von der Theologie anfangen. Die Religion,
die blos auf Theologie gebaut ist, kann niemals etwas Moralisches ent=
halten. Man wird bei ihr nur Furcht auf der einen und lohnsüchtige
Absichten und Gesinnungen auf der andern Seite haben, und dies giebt

dann blos einen abergläubischen Cultus ab. Moralität muß also vorhergehen, die Theologie ihr dann folgen, und das heißt Religion.

Das Gesetz in uns heißt Gewissen. Das Gewissen ist eigentlich die
Application unserer Handlungen auf dieses Gesetz. Die Vorwürfe des-
5 selben werden ohne Effect sein, wenn man es sich nicht als den Repräsen-
tanten Gottes denkt, der seinen erhabenen Stuhl über uns, aber auch in
uns einen Richterstuhl aufgeschlagen hat. Wenn die Religion nicht zur
moralischen Gewissenhaftigkeit hinzukommt: so ist sie ohne Wirkung.
Religion ohne moralische Gewissenhaftigkeit ist ein abergläubischer Dienst.
10 Man will Gott dienen, wenn man z. E. ihn lobt, seine Macht, seine
Weisheit preist, ohne darauf zu denken, wie man die göttlichen Gesetze
erfülle, ja, ohne einmal seine Macht, Weisheit u. s. w. zu kennen und denselben nachzuspüren. Diese Lobpreisungen sind ein Opiat für das Gewissen solcher Leute und ein Polster, auf dem es ruhig schlafen soll.

15 Kinder können nicht alle Religionsbegriffe fassen, einige aber muß
man ihnen demungeachtet beibringen; nur müssen diese mehr negativ als
positiv sein. — Formeln von Kindern herbeten zu lassen, das dient zu
nichts und bringt nur einen verkehrten Begriff von Frömmigkeit hervor.
Die wahre Gottesverehrung besteht darin, daß man nach Gottes Willen
20 handelt, und dies muß man den Kindern beibringen. Man muß bei
Kindern, wie auch bei sich selbst darauf sehen, daß der Name Gottes nicht
so oft gemißbraucht werde. Wenn man ihn bei Glückwünschungen, ja
selbst in frommer Absicht braucht: so ist dies eben auch ein Mißbrauch.
Der Begriff von Gott sollte den Menschen bei dem jedesmaligen Aus-
25 sprechen seines Namens mit Ehrfurcht durchdringen, und er sollte ihn daher
selten und nie leichtsinnig gebrauchen. Das Kind muß Ehrfurcht vor
Gott empfinden lernen, als vor dem Herrn des Lebens und der ganzen
Welt; ferner als vor dem Vorsorger der Menschen und drittens endlich als
vor dem Richter derselben. Man sagt, daß Newton immer, wenn er den
30 Namen Gottes ausgesprochen, eine Weile inne gehalten und nachgedacht
habe.

Durch eine vereinigte Deutlichmachung des Begriffes von Gott und
der Pflicht lernt das Kind um so besser die göttliche Vorsorge für die Ge-
schöpfe respectiren und wird dadurch vor dem Hange zur Zerstörung und
35 Grausamkeit bewahrt, der sich so vielfach in der Marter kleiner Thiere
äußert. Zugleich sollte man die Jugend auch anweisen, das Gute in dem
Bösen zu entdecken, z. E. Raubthiere, Insecten sind Muster der Reinlich-

keit und des Fleißes. Böse Menschen ermuntern zum Gesetze. Vögel, die
den Würmern nachstellen, sind Beschützer des Gartens, u. s. w.

Man muß den Kindern also einige Begriffe von dem höchsten Wesen
beibringen, damit sie, wenn sie Andre beten sehen u. s. w., wissen mögen,
gegen wen und warum dieses geschieht. Diese Begriffe müssen aber nur
wenige an der Zahl und, wie gesagt, nur negativ sein. Man muß sie ihnen
aber schon von früher Jugend an beizubringen anfangen, dabei aber ja
dahin sehen, daß sie die Menschen nicht nach ihrer Religionsobservanz
schätzen, denn ungeachtet der Verschiedenheit der Religionen giebt es doch
überall Einheit der Religion.

Wir wollen hier nun noch zum Schlusse einige Bemerkungen beibringen, die vorzüglich von der Jugend bei ihrem Eintritte in die Jüng-
lingsjahre sollten beobachtet werden. Der Jüngling fängt um diese Zeit
an, gewisse Unterschiede zu machen, die er vorher nicht machte. Nämlich
erstens den Unterschied des Geschlechtes. Die Natur hat hierüber eine
gewisse Decke des Geheimnisses verbreitet, als wäre diese Sache etwas,
das dem Menschen nicht ganz anständig und blos Bedürfniß der Thierheit
in dem Menschen ist. Die Natur hat aber gesucht, diese Angelegenheit
mit aller Art von Sittlichkeit zu verbinden, die nur möglich ist.*) Selbst
die wilden Nationen betragen sich dabei mit einer Art von Scham und
Zurückhaltung. Kinder legen den Erwachsenen bisweilen hierüber vor-
witzige Fragen vor, z. E. wo die Kinder herkämen. Sie lassen sich aber
leicht befriedigen, wenn man ihnen entweder unvernünftige Antworten,
die Nichts bedeuten, giebt, oder sie mit der Antwort, daß dieses Kinder-
frage sei, abweist.

Die Entwickelung dieser Neigungen bei dem Jünglinge ist mechanisch,
und es verhält sich dabei, wie bei allen Instincten, daß sie sich entwickeln,
auch ohne einen Gegenstand zu kennen. Es ist also unmöglich, den Jüng-

---

*) Schön ist, was Cicero schon in Beziehung hierauf bemerkt: Principio corporis
nostri magnam natura ipsa videtur habuisse rationem: quae formam nostram reli-
quamque figuram, in qua esset species honesta, eam posuit in promptu: quae partes
autem corporis, ad naturae necessitatem datae, adspectum essent deformiturae atque turpem, eas contexit atque abdidit. Hanc naturae tam diligentem fabricam
imitata est hominum verecundia, u. s. w. Gerne schriebe ich diese ganze schöne Stelle
hier ab, aber der Raum verbietet es mir, und sonach muß ich bitten, daß ein jeder sie
de officiis Lib. I, c. 35 selbst nachlese. A. d. H.

ling hier in der Unwissenheit und in der Unschuld, die mit ihr verbunden ist,
zu bewahren. Durch Schweigen macht man das Übel aber nur noch ärger.
Dieses sieht man an der Erziehung unserer Vorfahren. Bei der Erziehung
in neuern Zeiten nimmt man richtig an, daß man unverhohlen, deutlich
5 und bestimmt mit dem Jünglinge davon reden müsse. Es ist dies freilich ein
delicater Punkt, weil man ihn nicht gern als den Gegenstand eines öffent=
lichen Gespräches ansieht. Alles wird aber dadurch gut gemacht, daß man
mit würdigem Ernste davon redet, und daß man in seine Neigungen
entrirt.*)

10      Das 13te oder 14te Jahr ist gewöhnlich der Zeitpunkt, in dem sich
bei dem Jünglinge die Neigung zu dem Geschlechte entwickelt (es müßten
denn Kinder verführt und durch böse Beispiele verdorben sein, wenn es
früher geschähe). Ihre Urtheilskraft ist dann auch schon ausgebildet, und
die Natur hat sie um die Zeit bereits präparirt, daß man mit ihnen davon
15 reden kann.

        Nichts schwächt den Geist wie den Leib des Menschen mehr, als die
Art der Wollust, die auf sich selbst gerichtet ist, und sie streitet ganz wider
die Natur des Menschen. Aber auch diese muß man dem Jünglinge nicht
verhehlen. Man muß sie ihm in ihrer ganzen Abscheulichkeit darstellen,
20 ihm sagen, daß er sich dadurch für die Fortpflanzung des Geschlechtes
unnütz mache, daß die Leibeskräfte dadurch am allermeisten zu Grunde
gerichtet werden, daß er sich dadurch ein frühes Alter zuziehe, und sein
Geist sehr dabei leide**), u. s. w.

        Man kann den Anreizen dazu entgehen durch anhaltende Beschäftigung,
25 dadurch daß man dem Bette und Schlafe nicht mehr Zeit widmet, als
nöthig ist. Die Gedanken daran muß man sich durch jene Beschäftigungen
aus dem Sinne schlagen, denn wenn der Gegenstand auch nur blos in der
Imagination bleibt, so nagt er doch an der Lebenskraft. Richtet man
seine Neigung auf das andere Geschlecht, so findet man doch noch immer
30 einigen Widerstand, richtet man sie aber auf sich selbst, so kann man sie
zu jeder Zeit befriedigen. Der physische Effect ist überaus schädlich, aber
die Folgen in Absicht der Moralität sind noch weit übler. Man über=
schreitet hier die Grenzen der Natur, und die Neigung wüthet ohne Auf=

----

*) Siehe hierüber besonders: Salzmann, über die heimlichen Sünden
35 der Jugend.                                                    A. d. H.
        **) Vergl. außer dem eben angeführten Buche Tissot, Campe's Revision
des gesammten Schul= und Erziehungswesens u. s. w.            A. d. H.

halt fort, weil keine wirkliche Befriedigung Statt findet. Lehrer bei er=
wachsenen Jünglingen haben die Frage aufgeworfen: ob es erlaubt sei,
daß ein Jüngling sich mit dem andern Geschlechte einlasse. Wenn eines von
beiden gewählt werden muß: so ist dies allerdings besser. Bei jenem
handelt er wider die Natur, hier aber nicht. Die Natur hat ihn zum
Manne berufen, sobald er mündig wird, und also auch seine Art fortzu=
pflanzen; die Bedürfnisse aber, die der Mensch in einem cultivirten Staate
nothwendig hat, machen, daß er dann noch nicht immer seine Kinder
erziehen kann. Er fehlt hier also wider die bürgerliche Ordnung. Am
besten ist es also, ja, es ist Pflicht, daß der Jüngling warte, bis er im
Stande ist, sich ordentlich zu verheirathen. Er handelt dann nicht nur
wie ein guter Mensch, sondern auch wie ein guter Bürger.*)

Der Jüngling lerne frühzeitig, eine anständige Achtung vor dem
andern Geschlechte hegen, sich dagegen durch lasterfreie Thätigkeit desselben
Achtung erwerben und so dem hohen Preise einer glücklichen Ehe entgegen=
streben.

Ein zweiter Unterschied, den der Jüngling um die Zeit, da er in die
Gesellschaft eintritt, zu machen anfängt, besteht in der Kenntniß von dem
Unterschiede der Stände und der Ungleichheit der Menschen. Als Kind
muß man ihn diese gar nicht merken lassen. Man muß es ihm selbst
nicht einmal zugeben, dem Gesinde zu befehlen. Sieht es, daß die
Eltern dem Gesinde befehlen: so kann man ihm allenfalls sagen:
wir geben ihnen Brod, und dafür gehorchen sie uns, du thust das nicht,
und also dürfen sie dir auch nicht gehorchen. Kinder wissen davon auch
nichts, wenn Eltern ihnen nur nicht selbst diesen Wahn beibringen. Dem
Jünglinge muß man zeigen, daß die Ungleichheit der Menschen eine Ein=
richtung sei, welche entstanden ist, da ein Mensch Vortheile vor dem andern
zu erhalten gesucht hat. Das Bewußtsein der Gleichheit der Menschen bei
der bürgerlichen Ungleichheit kann ihm nach und nach beigebracht werden.

Man muß bei dem Jünglinge darauf sehen, daß er sich absolut und
nicht nach Andern schätze. Die Hochschätzung Anderer in dem, was den
Werth des Menschen gar nicht ausmacht, ist Eitelkeit. Ferner muß man

---

*) Aber auch die vage Befriedigung sinnlicher Neigungen bei dem andern Ge=
schlechte schadet der Gesundheit, erhitzt die Einbildungskraft, stört in einer zweckmäßigen
Beschäftigung und untergräbt die Moralität. Reiner Sinn der Liebe in der unent=
weihten Brust des Jünglings und Mädchens dagegen schützt die Unschuld, erhebt die
Seele und ist Anreiz zum Bessern.                                   A. d. H.

ihn auch auf Gewissenhaftigkeit in allen Dingen hinweisen, und daß er auch darin nicht blos scheine, sondern alles zu sein sich bestrebe. Man muß ihn darauf aufmerksam machen, daß er in keinem Stücke, wo er einen Vorsatz wohl überlegt hat, ihn zum leeren Vorsatze werden lasse; lieber

5 muß man keinen Vorsatz fassen und die Sache im Zweifel lassen; — auf Genügsamkeit mit äußern Umständen und Duldsamkeit in Arbeiten: Sustine et abstine; — auf Genügsamkeit in Vergnügungen. Wenn man nicht blos Vergnügungen verlangt, sondern auch geduldig im Arbeiten sein will, so wird man ein brauchbares Glied des gemeinen Wesens und

10 bewahrt sich vor Langeweile.

Auf Fröhlichkeit ferner und gute Laune muß man den Jüngling hin= weisen. Die Fröhlichkeit des Herzens entspringt daraus, daß man sich nichts vorzuwerfen hat; — auf Gleichheit der Laune. Man kann sich durch Übung dahin bringen, daß man sich immer zum aufgeräumten Theilnehmer

15 der Gesellschaft disponiren kann. —

Darauf, daß man vieles immer wie Pflicht ansieht. Eine Handlung muß mir werth sein, nicht weil sie mit meiner Neigung stimmt, sondern weil ich dadurch meine Pflicht erfülle. —

Auf Menschenliebe gegen Andere und dann auch auf weltbürgerliche

20 Gesinnungen. In unserer Seele ist etwas, daß wir Interesse nehmen 1) an unserm Selbst, 2) an Andern, mit denen wir aufgewachsen sind, und dann muß 3) noch ein Interesse am Weltbesten Statt finden. Man muß Kinder mit diesem Interesse bekannt machen, damit sie ihre Seelen daran erwärmen mögen. Sie müssen sich freuen über das Weltbeste, wenn

25 es auch nicht der Vortheil ihres Vaterlandes oder ihr eigner Gewinn ist. —

Darauf, daß er einen geringen Werth setze in den Genuß der Ergötzlichkeiten des Lebens. Die kindische Furcht vor dem Tode wird dann wegfallen. Man muß dem Jünglinge zeigen, daß der Genuß nicht liefert, was der Prospect versprach. —

30 Auf die Nothwendigkeit endlich der Abrechnung mit sich selbst an jedem Tage, damit man am Ende des Lebens einen Überschlag machen könne in Betreff des Werthes seines Lebens.

# Nachwort

Band IX der Akademieausgabe ist 1923 erschienen. Die vorliegende Studienausgabe enthält den vollständigen Text ohne die Anmerkungen (S. 501—572).

Zur Logik von Jäsche sind die in XXIV enthaltenen Logiknachschriften zu vergleichen; die Reflexionen Kants, die Jäsche für seine Ausgabe zu benutzen versuchte, finden sich in XVI.

Zur Vorgeschichte der von Rink herausgegebenen Physischen Geographie siehe XIII 526—532. Reflexionen zur Physischen Geographie finden sich in XIV 539—635. Band XXV wird die Nachschriften zur Physischen Geographie (einschließlich des Diktattextes) bringen.

Kants Pädagogik ist durch die „Nachricht von der Einrichtung seiner Vorlesungen in dem Winterhalbenjahre von 1765—1766", II 303—314, die Philanthropin-Aufsätze II 445—452, die Methodenlehren der Kritik der praktischen Vernunft V 149—163 und der Tugendlehre VI 475 ff. zu vervollständigen. Materialien zur Didaktik siehe ferner in XXIV, 1. Halbband.

———

Z 3.80    26.6.68 d Bed with